S. FISCHER

Arundhati Roy

Mein aufrührerisches Herz

Essays

Aus dem Englischen von Anette Grube, Jan Wilm,
Marie-Luise Bezzenberger, Helmut Dierlamm,
Matthias Fienbork, Wolfram Ströle und Elvira Willems

S. FISCHER

Aus Verantwortung für die Umwelt hat sich der S. Fischer Verlag zu einer nachhaltigen Buchproduktion verpflichtet. Der bewusste Umgang mit unseren Ressourcen, der Schutz unseres Klimas und der Natur gehören zu unseren obersten Unternehmenszielen. Gemeinsam mit unseren Partnern und Lieferanten setzen wir uns für eine klimaneutrale Buchproduktion ein, die den Erwerb von Klimazertifikaten zur Kompensation des CO_2-Ausstoßes einschließt. Weitere Informationen finden Sie unter: www.klimaneutralerverlag.de

FSC www.fsc.org MIX Papier | Fördert gute Waldnutzung FSC® C083411

Erschienen bei S. FISCHER

Die Originalausgabe erschien 2019 unter dem Titel »My Seditious Heart« bei Haymarket Books, Chicago, Illinois.

Siehe auch Einzelnachweise am Ende des Bandes.

Lektorat: Eva Berié, Berlin
Satz: Dörlemann Satz, Lemförde
Druck und Bindung: CPI books GmbH, Leck
Printed in Germany
ISBN 978-3-10-397033-3

Für Vinod Mehta,
ich hatte keine Vorstellung, wie sehr ich
dich vermissen würde –

Inhalt

Vorwort

Im Winter 1961 wurde in Kothie, einem kleinen Dorf in Gujarat, die Stammesbevölkerung von ihrem seit Jahrhunderten angestammten Land vertrieben, als wären die Menschen Eindringlinge. Aus Kothie wurde rasch Kevadiya Colony, eine trostlose Siedlung aus Beton für die Ingenieure und Bürokraten der Regierung, die während der nächsten Jahrzehnte den gigantischen 138,68 Meter hohen Sardar-Sarovar-Damm bauen sollten. Er war einer der vier Megadämme – und Tausender kleinerer Dämme –, die Teil des Narmada Valley Development Project waren, geplant für die Narmada und ihre 41 Zuflüsse. Die Bewohner von Kothie schlossen sich den Hunderttausenden von Menschen – Bauern, Landarbeiter und Fischer in den Ebenen, alteingesessene indigene Stämme in den Hügeln – an, deren Häuser und Land ebenfalls überflutet werden sollten, um gegen die in ihren Augen fahrlässige Zerstörung zu kämpfen. Eine Zerstörung nicht nur ihres Lebensunterhalts und ihrer Gemeinschaften, sondern der Erde, des Wassers, der Wälder und der Tiere – eines ganzen Ökosystems, einer ganzen Flusslandschaft und Zivilisation. Der materielle Wohlstand der Menschen war nie ihre einzige Sorge.

Unter dem Banner der Narmada Bachao Andolan (Rettet-die-Narmada-Bewegung) taten sie alles Menschenmögliche und gemäß der indischen Verfassung legal Zulässige, um den Dammbau zu verhindern. Sie wurden geschlagen, ins

Gefängnis geworfen, misshandelt und als »antinational« beschimpft, als ausländische Agenten bezeichnet, die Indiens »Entwicklung« sabotieren wollten. Sie kämpften jahrzehntelang gegen den Sardar Sarovar, während er Meter um Meter in die Höhe wuchs. Sie traten in den Hungerstreik, sie zogen vor Gericht, sie marschierten nach Delhi, sie veranstalteten einen Sitzstreik, als das steigende Wasser im Stausee ihre Felder und Häuser überflutete. Dennoch verloren sie. Die Regierung hielt kein einziges der Versprechen, die sie ihnen gegeben hatte. Am 17. September 2017 weihte der indische Premierminister, Narendra Modi, den Sardar-Sarovar-Damm ein. Es war sein Geburtstagsgeschenk an sich selbst an dem Tag, als er 67 Jahre alt wurde.

Obwohl sie kämpfend untergingen, erteilten die Menschen an der Narmada der Welt ein paar wichtige Lektionen – über Ökologie, Gerechtigkeit, Nachhaltigkeit und Demokratie. Sie lehrten mich, dass wir sichtbar sein müssen, auch wenn wir verlieren, *was immer* wir verlieren – Land, Lebensunterhalt oder eine Weltsicht. Und dass wir es den Mächtigen unmöglich machen müssen, vorgeben zu können, sie würden die Kosten und Konsequenzen dessen, was sie tun, nicht kennen. Sie lehrten mich auch die Grenzen des konstitutionell legitimen Widerstands. Dieser Widerstand hat mein Denken fundamental geprägt. Heute müssen sogar die schärfsten Kritiker der Narmada Bachao Andolan zugeben, dass die Bewegung in fast allem recht hatte. Aber es ist zu spät. Seit Jahrzehnten saugt der Sardar Sarovar das gesamte Bewässerungsbudget von Gujarat auf. Er hat nichts von dem geliefert, was die Planer und Politiker versprochen haben. Ebenso wenig kam sein Nutzen, so gering er ist, den Bauern zugute, in deren Namen er gebaut wurde. Jetzt thront er über dem Fluss, den er auf dem Gewissen hat, wie ein Ungeheuer über einer Beute, die es nicht fressen kann. Ein Denkmal menschlicher Dummheit.

Man hätte meinen können, es wäre Lektion genug gewesen.

Fast genau ein Jahr später, am 31. Oktober 2018, reiste der Premierminister wieder nach Kevadiya Colony, diesmal um die weltgrößte Statue einzuweihen. Die Statue der Einheit ist ein 182 Meter hohes Bronzeabbild von Sardar Vallabhbhai Patel, einem weithin verehrten Freiheitskämpfer und dem ersten Vizepremierminister Indiens, nach dem der Sardar-Sarovar-Damm benannt ist. Sardar Patel war dem Vernehmen nach ein Mann, der ein anspruchsloses Leben führte. Doch an der 430-Millionen-US-Dollar-Statue, die zu seinem Andenken gebaut wurde, ist nichts anspruchslos. Sie ragt aus einem zwölf Quadratkilometer großen künstlichen See auf, besteht aus 200 000 Kubiktonnen Beton und 25 000 Tonnen verstärktem Stahl, alles mit 1700 Tonnen Bronze überzogen.[1] Indische Kompetenz war einer Aufgabe dieses Ausmaßes nicht gewachsen, weswegen die Statue in einer chinesischen Gießerei hergestellt und von chinesischen Arbeitern unter chinesischer Aufsicht errichtet wurde. So viel zum Nationalismus. Die Statue der Einheit ist fast viermal so hoch wie die Freiheitsstatue und über sechsmal so hoch wie Christus der Erlöser in Rio de Janeiro. An einem klaren Tag ist sie aus sieben Kilometer Entfernung zu sehen. Das Dorf Kothie, so es noch existierte, hätte in einen großen Zeh gepasst. Kothies frühere Bewohner und ihre Kampfgenossen sollen sich wahrscheinlich wie der Dreck unter den Zehennägeln der Statue fühlen. Ebenso die Autoren, die über sie schreiben.

Vierhundert Kilometer südlich der Statue der Einheit, in der Altamount Road in Mumbai, Heim des größten Slums Asiens, steht das andere große Denkmal Indiens, Antilia, das teuerste Privathaus, das je gebaut wurde. Es ist 27 Stockwerke hoch, verfügt über drei Hubschrauberlandeplätze, neun Aufzüge, hängende Gärten und sechs Parkdecks. Es gehört Mukesh Ambani, dem reichsten Mann Indiens und CEO von Indiens reichstem Unternehmen, Reliance Industries Limited (RIL), mit einem Börsenwert von 93 Milliarden US-Dollar. Mukesh Ambanis persönliches Vermögen wird auf 20 Milliarden US-Dollar geschätzt. Seine globalen Geschäftsinteressen umfassen Petrochemie, Öl, Gas, Lebensmitteleinzelhandel und ein Fernsehkonsortium, das in Indien 27 Nachrichtensender in fast allen Regionalsprachen betreibt. Reliance Jio Infocomm Limited ist das größte Telekommunikationsnetzwerk Indiens mit 250 Millionen Abonnenten. Jio Institute, eine supermoderne Privatuniversität, deren Gründung Reliance *plant*, die jedoch noch nicht existiert, hat es bereits auf die Regierungsliste der sechs »Institutionen hohen Ansehens« geschafft. So groß ist das Bedürfnis, Mukesh Ambani, dem wahren Herrscher Indiens, zu gefallen. Im Dezember 2018 tanzten alle Bollywood-Superstars wie Statisten auf der 100-Millionen-US-Dollar teuren Hochzeit seiner Tochter. Beyoncé trat auf. Hillary Clinton kam, um ihren Respekt zu bekunden. Im Land herrschte vermutlich vorübergehend Knappheit an Blumen und Schmuck.

Ich betrachte die Essays in diesem Buch als Wäschestücke – armer Leute Wäsche –, aufgehängt über der Landschaft zwischen diesen beiden Monumenten, wo sie die amtliche Bekanntmachung guter Nachrichten stören und die Aussicht verschandeln.

Sie wurden in einem Zeitraum von 20 Jahren geschrieben, in denen sich Indien rasanter als je zuvor veränderte. Die Öffnung des indischen Markts für internationale Investitionen hat eine neue Mittelklasse geschaffen – einen Millionenmarkt –, und Investoren überschlugen sich, um einen Fuß in die Tür zu bekommen. Die internationalen Medien bemühten sich überwiegend, das neue bevorzugte Land der Kapitalgeber in bestmöglichem Licht darzustellen. Doch nicht alle Nachrichten waren positiv. Die Schaffung der neuen Kohorte brandneuer Milliardäre und neuer Konsumenten hatte einen immens hohen Preis für die Umwelt und einen noch höheren für die Unterschicht. Hinter der Bühne, fernab vom großen Tamtam, wurden Arbeitsschutzgesetze abgeschafft und Gewerkschaften aufgelöst. Der Staat zog sich von seiner Verantwortung zurück, Ernährung, Bildung und die Gesundheitsversorgung bereitzustellen. Öffentliche Vermögenswerte wurden privaten Unternehmen überlassen, massive Infrastruktur- und Bergbauprojekte trieben Hunderttausende Menschen vom Land in die großen Städte, die sie nicht wollten. Die Armen befanden sich im freien Fall.

Zur gleichen Zeit, als sie den geschützten Markt öffnete, richtete die damalige Kongress-Regierung (die Kongresspartei nennt sich liberal und säkular) den Blick auf die »Hindu-Stimmen« und öffnete ein weiteres Schloss. Das Schloss einer alten Moschee aus dem 16. Jahrhundert. Die Babri-Moschee in Ayodhya war 1949 von den Gerichten geschlossen worden infolge eines Streits zwischen Hindus und Muslimen, die beide den Ort für sich beanspruchten – die Muslime mit der Begründung, dass es ein historischer Ort der Gottesverehrung sei, die Hindus behaupteten, es sei der Geburtsort von Lord Ram. Die Öffnung der Babri-Moschee, angeblich damit Hindus dort ihre Religion ausüben können, hat Indien für immer verändert. Die Kongresspartei wurde hinweggefegt. Führende Köpfe der hindu-nationalistischen Bharatiya Janata Party (BJP) reisten durch das ganze Land und wirbelten einen Sturm religiöser Raserei auf. Während ein schockiertes Land und ein rückgratloser Kongress-Premierminister zuschauten, versammelten sie sich am 6. Dezember 1992 mit Mitgliedern der Vishwa Hindu Parishad in Ayodhya und forderten einen Mob von 150 000 »Freiwilligen« auf, das Gebäude zu stürmen und die Babri-Moschee dem Erdboden gleichzumachen.

Die Zerstörung der Moschee und die gleichzeitige Öffnung des Marktes war der Beginn eines komplizierten Walzers der beiden Tanzpartner, unternehmerische Globalisierung und mittelalterlicher religiöser Fundamentalismus. Schon früh war offensichtlich, dass diese Strömungen bei weitem keine antagonistischen Kräfte waren, die das alte und das neue Indien repräsentierten, sondern ein Liebespaar, das ein raffiniertes Ritual der Verführung und Koketterie vollführte, das bisweilen als Feindseligkeit missverstanden werden konnte.

Für mich persönlich war es eine Zeit merkwürdiger Unruhe. Während ich zusah, wie sich das große Drama entfaltete, erschien es mir, als wäre ich selbst vom Glück verfolgt. Mein erster Roman, *Der Gott der kleinen Dinge*, hatte einen großen internationalen Preis gewonnen. Ich stand ganz vorn in der Schlange derjenigen, die erwählt wurden, um das zuversichtliche, neue, marktfreundliche Indien zu personifizieren, das endlich am Tisch der Reichen und Wichtigen Platz nahm. Auf gewisse Weise war es schmeichelhaft, andererseits auch zutiefst beunruhigend. Während ich zusah, wie Menschen ins Elend gestoßen wurden, verkaufte sich mein Buch millionenfach. Mein Bankkonto wuchs. Geld in diesem Ausmaß verwirrte mich. Was hieß es, in Zeiten wie diesen eine Schriftstellerin zu sein?

Während ich darüber nahezu unfreiwillig nachdachte, begann ich, eine lange, verwirrende, episodenhafte, erstaunlich brutale Geschichte über das Balzritual dieses ungewöhnlichen Liebespaars und die Spur der Zerstörung zu schreiben, die es hinterließ. Und über die bemerkenswerten Menschen, die ihm Widerstand leisteten.

Die Reaktion auf die Veröffentlichung nahezu aller Essays – polizeiliche Ermittlungen, Vorladungen, Strafverfahren und sogar eine kurze Gefängnisstrafe – war oft so zermürbend, dass ich beschloss, keine Artikel mehr zu schreiben. Andererseits führte mich fast jeder Artikel – jeder ein gebrochenes Versprechen, das ich mir selbst gegeben hatte – tiefer und tiefer in Welten, die mein Verständnis der Zeiten, in denen wir leben, bereicherten und meine Ansichten dazu komplexer machten. Sie öffneten mir Türen zu geheimen Orten, an denen man nur wenigen vertraut, führten mich in das Herz von Aufständen, an Orte des Schmerzes, des Zorns und wütender Respektlosigkeit. Auf diesen Reisen fand ich meine liebsten Freunde und wahrhaftigsten Lieben. Das sind meine wirklichen Tantiemen, meine größte Belohnung.

Obwohl Schriftsteller meistens allein unterwegs sind, entstand, was ich schrieb, meistens mitten aus einer Menschenmenge heraus. Es war nie als neutraler Kommentar oder als Beobachtung einer unbeteiligten Zuschauerin gemeint. Jeder Essay war ein weiterer Fluss, der in die schnelle, starke, rauschende Strömung floss, über die ich schrieb. Mein Beitrag zur kollektiven Weigerung, gehorsam in den Hintergrund zu treten.

Als meine Verleger vorschlugen, die Essays in einem einzigen Band zu veröffentlichen, dachten wir lange darüber nach, wie sie am besten anzuordnen wären. Thematisch? Wir versuchten, uns sinnvolle Überschriften für Teilabschnitte auszudenken, doch bald wurde uns klar, dass es nicht funktionierte, denn obwohl die meisten Essays spezifische Themen oder Ereignisse behandelten – Atomwaffen, Dämme, Privatisierung, Kaste, Klasse, Krieg, Imperialismus, Kolonialismus, Kapitalismus, Militarismus, Terroranschläge, von der Regierung gedeckte Massaker und der Aufstieg des Hindu-Nationalismus –, sind diese Themen doch eng miteinander verwoben und bedingen sich gegenseitig. Wir beschlossen, die Aufsätze chronologisch anzuordnen. Da jeder für sich allein erschien, manchmal durch Monate oder auch Jahre getrennt, musste ich oft Fakten wiederholen oder Teile einer Geschichte noch einmal erzählen. Ich bitte um Entschuldigung, dass ich diese Wiederholungen habe stehen lassen.

Für die Leser dieses Buches hätte ich gern die Atmosphäre wiederauferstehen lassen, in der jeder Essay publiziert wurde. Ich schrieb sie, wenn ein bestimmter politischer Raum geschlossen oder ein fauler Kompromiss verkauft wurde, wenn ich die unerbittliche Propaganda und das bösartige Drangsalieren verletzlicher Menschen durch zunehmend vereinheitlichte Medien und ihre zunehmend privatisierten Kommentatoren nicht mehr ertrug. Meistens schrieb ich, weil es einfacher war zu schreiben, als das wütende hartnäckige Rauschen meines eigenen Schweigens zu ertragen. Ich schrieb auch, um mir die Sprache wieder anzueignen. Weil es quälend war, mitanzusehen, wie Worte in einem Kontext benutzt wurden, in dem sich ihre Bedeutung ins Gegenteil verkehrte. (»Demokratie vertiefen« hieß, sie zu zerstören. »Ein für alle gleiches Spielfeld« bedeutete einen steilen Abhang, »freier Markt« stand für einen manipulierten Markt. »Frauen stärken« hieß, sie auf jede nur mögliche Weise zu schwächen.)

Ich schrieb, weil ich begriff, dass es meine Fähigkeiten als Schriftstellerin herausfordern würde. In der Vergangenheit hatte ich Drehbücher und einen Roman geschrieben. Ich hatte über Liebe und Verlust, über Kindheit, Kaste, Gewalt und Familien geschrieben – die ewigen Themen von Schriftstellern und Dichtern. Konnte ich ebenso spannend über *Bewässerung* schreiben? Über die Versalzung von Böden? Über Stromkosten? Über Gesetze? Über die Dinge, die das Leben gewöhnlicher Menschen betrafen? Konnte ich diese Themen in Prosa umsetzen? Ich habe es versucht.

Meine unerschütterlichen Partner bei diesem Unterfangen waren N. Ram, damals Herausgeber von *Frontline*, und der verstorbene Vinod Mehta, Herausgeber von *Outlook*, damals zwei der besten Nachrichtenmagazine in Indien. Fast jeder Essay wurde in einer oder beiden Zeitschriften veröffentlicht. Gleichgültig, worüber ich schrieb, ungeachtet des Inhalts und der Länge, Mehta zuckte nie mit der Wimper. Nicht, wenn ich schneidend und schonungslos über einen gewählten Premierminister schrieb; nicht einmal, wenn ich meine Meinung zum umstrittensten aller Themen äußerte: die militärische Besetzung Kaschmirs durch Indien. Gegen Ende seiner Zeit bei *Outlook* widmete er eine ganze Ausgabe »Bei den Genossen«, meinem Bericht über die Wochen, die ich mit der maoistischen Guerilla im Wald von Bastar verbrachte. Unser stillschweigender Pakt war, dass er alles veröffentlichen würde, was ich schrieb, und ich mich nie über die – seitenweisen – Beleidigungen beschweren würde, die er schadenfroh in den Wochen darauf auf der Leserbriefseite (der frühe Avatar des Trollens) publizierte. Manchmal erschienen die Beleidigungen schon, bevor ich überhaupt etwas geschrieben hatte. In Erwartung dessen, was ich möglicherweise schreiben würde. Ich lernte, sie als Ehrenabzeichen zu tragen.

1998 führte die von der BJP geführte Koalitionsregierung eine Reihe Atomtests durch. Die Tests, die Art und Weise, wie sie angekündigt wurden, und die Begeisterung, mit der sie gefeiert wurden – von Akademikern, Journalisten, Künstlern, Liberalen und säkularen Nationalisten –, waren der Beginn einer gefährlichen neuen öffentlichen Debatte, die von einem aggressiven Nationalismus der Mehrheit zeugte – der von der Regierung offiziell gutgeheißen wurde. Mein Entsetzen, dass ein Atomkrieg zwischen Indien und Pakistan zu einer realen Möglichkeit geworden war, war ebenso groß wie meine Befürchtungen, was diese hässliche neue Sprache unserer Phantasie, unserer Vorstellung von uns selbst antun könnte. Im Rückblick wird mir klar, dass die Atomtests jeden Riss und jeden Sprung in einer sowieso schon auf Spaltung ausgelegten Politik vergrößerten. Die Bedrohung durch einen Atomkrieg, der den ganzen Planeten gefährdet, darf nicht kleingeredet werden. Fast genau 20 Jahre nach den Atomtests, im Februar 2019, waren Indien und Pakistan nach einem tragischen Selbstmordattentat in Kaschmir die ersten zwei Atommächte in der Geschichte, die sich gegenseitig bombardierten.

Der 11. September 2001 und der von den USA ausgerufene »Krieg gegen den Terror« waren ein Geschenk für die Faschisten auf der ganzen Welt. Die steigende Flut des Hindu-Nationalismus (Hindutva) machte sich sofort die internationale Islamophobie im Gefolge der Anschläge zunutze. Ein paar Wochen nach dem 11. September entließ die BJP in Gujarat ihren Chief Minister und setzte für ihn einen nicht gewählten politischen Novizen ein. Sein Name war Narendra Modi. Seit Jahren war er Aktivist der Rashtriya Swayamsevak Sangh (RSS), dieser hindu-nationalistischen Gilde, die seit langem forderte, die indische Verfassung aufzuheben und Indien zu einer Hindu-Nation zu erklären. Vier Monate später, im Februar 2002, verbrannten 59 Hindu-Pilger in einem Eisenbahnwaggon in Gujarat, woraufhin ein Pogrom gegen Muslime stattfand, bei dem 2000 Menschen öffentlich von

Hindu-Mobs abgeschlachtet wurden. Nach dem Massaker setzte Modi Neuwahlen an, die er gewann. Er blieb für die nächsten zwölf Jahre Chief Minister in Gujarat. Bei einem offiziellen Treffen indischer Industrieller kurz nach dem Pogrom in Gujarat sprachen sich mehrere Konzernchefs, darunter Mukesh Ambani, begeistert für Modi als zukünftigen Kandidaten für das Amt des indischen Premierministers aus. Nach einem opulenten Wahlkampf, wie ihn Indien noch nie zuvor gesehen hatte, und einem weiteren gut organisierten Massaker in Muzaffarnagar, Uttar Pradesh, wurde der beste Freund der RSS 2014 Premierminister von Indien, mit einer riesigen Mehrheit im Parlament.

Die RSS, das Zugpferd der Hindutva, wurde 1925 gegründet. Heute ist sie die mächtigste Organisation in Indien. Sie verfügt über Tausende Zweigstellen und Hunderttausende engagierter »Freiwilliger« im ganzen Land. Ihre Leute sitzen heute in nahezu jeder Institution. Sie hat die Armee, die Geheimdienste, Gerichte, Schulen, Universitäten, Banken infiltriert. Die Institutionen, die die Türken den »Staat im Staat« nennen, sind entweder völlig unter ihrer Kontrolle oder stark von ihr beeinflusst. Indien ist zu einem Land geworden, in dem Schriftsteller und Intellektuelle kaltblütig ermordet werden und Lynchmobs, die regelmäßig Muslime totprügeln, durch Städte und Dörfer ziehen in der Gewissheit, straffrei auszugehen. Die Ideologie der RSS – die indische Variante des Faschismus – ist nicht mehr auf Wahlsieger angewiesen, sondern wird weiterhin eine existenzielle Bedrohung für das Gewebe des Landes darstellen, ungeachtet welche politische Partei an der Macht ist.

Über das Verschmelzen von Neoliberalismus und Hindu-Nationalismus zu schreiben, hieß Spießrutenlaufen. Über den US-Imperialismus nach dem 11. September 2001 und die

US-Invasionen in Afghanistan und Irak zu schreiben, war eine ganz andere Sache. Ich rechnete damit, dass zahllose der Exemplare von *Der Gott der kleinen Dinge* – das Buch hatte sich in den USA eine Million Mal verkauft – auf dem Scheiterhaufen landen würden. Ich hatte verfolgt, was mit Leuten wie Susan Sontag und fast allen anderen Personen geschah, die eine nicht mit dem Establishment übereinstimmende Meinung geäußert hatten. Ja, ich bekam ein Exemplar meines Buchs zurück, mit einer zittrigen Botschaft der Empörung. Doch es gab keine Bücherverbrennungen. Als ich in die USA reiste, um am ersten Jahrestag des 11. September im Lensic Theatre in New Mexico und kurz nach der Invasion des Iraks in der Riverside Church in New York zu sprechen, war ich zuerst erschrocken und dann begeistert über die vielen Leute, die kamen. Sie vertraten nicht die gängige Meinung. Natürlich nicht. Aber es gab sie. Sie kamen trotz der bösartigen Atmosphäre aggressiven Nationalismus, der wir uns während dieser Tage alle stellen mussten. (Wer kann George W. Bushs Verdikt vergessen: »Wer nicht für uns ist, ist gegen uns.«) Es war eine gute Lektion in aufrührerischem Denken. Ich lernte, Länder, die Politik ihrer Regierungen und die Menschen, die in diesen Ländern leben, nicht in einen Topf zu werfen. Ich lernte, von grundlegenden Prinzipien auszugehen, die der Existenz von Nationalstaaten vorausgehen.

Der längste Essay in diesem Band »Der Doktor und der Heilige« handelt von der Diskussion zwischen Dr. B. R. Ambedkar und Mohandas Gandhi, *den* zwei ikonischen Gestalten Indiens. Er wurde zum ersten Mal als Einleitung zu der kommentierten Ausgabe von *Annihilation of Caste* (Abschaffung des Kastenwesens) publiziert, Ambedkars beißendem und legendärem Text von 1936. Das Kastensystem, das uralte eisenharte Raster institutionalisierter Ungleichheit, ist weiterhin der Motor, der das moderne Indien antreibt, und die Ambedkar-Gandhi-Diskussion gehört dieser Tage zu den umstrittensten Themen. Da Dalit-Bewegungen Fahrt aufnehmen, steht Ambedkar mehr als jeder andere, ob lebend oder tot, im Zentrum aktueller indischer Politik. Er sollte in seiner ganzen Komplexität gelesen, gehört und studiert werden. Was Gandhis Aussagen und Verhalten insbesondere bezüglich Kaste, Klasse, Ethnie und Geschlecht angeht – sie bedürfen dringend einer ernsten Überprüfung. »Der Doktor und der Heilige« ist wahrscheinlich wegen der Fußnoten der »akademischste« Aufsatz, den ich je geschrieben habe.

Dieses Buch über gebrochene Versprechen geht zu einem Zeitpunkt in Druck, da sich eine Ära, von der wir glauben, dass wir sie verstehen, ihrem Ende zuneigt. Die Kriege des Kapitalismus und die mit ihm einhergehende Gier haben das Leben auf unserem Planeten in größte Gefahr gebracht und ihn mit Flüchtenden überzogen. Sie haben der Erde während der vergangenen 100 Jahre mehr Schaden zugefügt als in den Jahrtausenden zuvor. In den letzten 30 Jahren hat sich das Ausmaß des Schadens exponentiell gesteigert. Der World Wildlife Fund berichtet, dass die Populationen der Wirbeltiere – Säugetiere, Vögel, Fische, Amphibien und Reptilien – in den letzten 40 Jahren um 60 Prozent zurückgegangen sind. Wir haben uns zu einer Zeit unvorhergesehener Katastrophen verurteilt – Buschfeuer und Waldbrände, Stürme, Erdbeben und Überflutungen. Doch die neuen Imperialisten in China, die alten weißen Rassisten im Weißen Haus und die wohltätigen Neonazis auf den Straßen Europas werden uns mit ruhiger Hand durch diese neue Ära geleiten.

In Indien marschieren die Hindu-Faschisten und fordern

einen großen Tempel an der Stelle, wo einst die von ihnen zerstörte Moschee stand. Hochverschuldete Bauern demonstrieren für ihr Überleben, die Arbeitslosen für Arbeit.

Mehr Tempel? Einfach. Aber mehr Arbeit?

Wie wir wissen, steht uns das Zeitalter der künstlichen Intelligenz bevor. Menschliche Arbeitskraft wird bald weitgehend überflüssig sein. Menschen werden konsumieren. Doch viele werden an der neuen Ökonomie nicht mehr teilhaben (oder für ihre Teilhabe entlohnt werden).

Wir stehen demnach vor der Frage, wer – oder *was* – die Welt regieren wird. Und was wird aus den vielen überschüssigen Menschen? Die nächsten 30 Jahre werden anders als alles, was wir als Spezies je erlebt haben. Um uns auf das Kommende vorzubereiten, um uns das Werkzeug an die Hand zu geben, das Unvorstellbare zu denken, werden alte Ideen – von der Linken, der Rechten oder aus der Mitte – nicht ausreichen.

Wir werden Algorithmen brauchen, die uns zeigen, wie wir unseren trägen, dummen, wahnsinnigen Königen das Zepter aus der Hand nehmen können.

Bis dahin, liebe Leser, überlasse ich euch … mein aufrührerisches Herz.

Arundhati Roy,
Dezember 2018

Das Ende des Vorstellbaren

»Die Wüste bebte«, teilte die indische Regierung uns (ihrem Volk) mit.

»Der ganze Berg wurde weiß«, reagierte die Regierung von Pakistan.

»Am Nachmittag hatte sich der Wind über Pokhran gelegt. Um 15.45 wurden mittels einer Schaltuhr drei Sprengkörper gezündet. Die rund 200 bis 300 Meter tief in der Erde erzeugte Hitze entsprach einer Million Grad Celsius – das ist so heiß wie die Temperaturen auf der Sonne. Augenblicklich verdampfte Gestein mit einem Gewicht um tausend Tonnen, ein kleiner unterirdischer Berg … die Druckwellen der Explosion drückten einen Erdhügel von der Größe eines Fußballfelds einige Meter nach oben. Ein Wissenschaftler sagte bei diesem Anblick: ›Jetzt glaube ich die Geschichte, in der Krishna einen Berg hochhebt.‹«[1]

Mai 1998. Es wird in die Geschichtsbücher eingehen, vorausgesetzt natürlich, wir haben noch Geschichtsbücher, in die es eingehen kann. Und vorausgesetzt, wir haben noch eine Zukunft. Über Atomwaffen gibt es nichts Neues oder Originelles mehr zu sagen. Es kann für eine Schriftstellerin nichts Demütigenderes geben, als noch einmal ein Anliegen vorzutragen, das schon seit Jahren von anderen Menschen in anderen Teilen der Welt vorgetragen wird, und zwar mit Leidenschaft, Eloquenz und fundiertem Wissen.

Ich bin bereit, mich in den Staub zu werfen. Mich zutiefst zu demütigen, denn Schweigen wäre unter diesen Umständen unentschuldbar. Wer also bereit ist: Schlüpfen wir in unsere Rollen, ziehen wir die ausrangierten Kostüme an und sprechen wir unsere abgenützten Zeilen in diesem traurigen abgenützten Stück. Vergessen wir aber nicht, dass der Einsatz, um den es geht, gewaltig ist. Scham und Erschöpfung könnten unser Ende bedeuten. Das Ende unserer Kinder und Kindeskinder, von allem, das uns lieb ist. Wir müssen in uns die Kraft finden, zu denken. Zu kämpfen.

Wieder einmal hinken wir der Zeit erbärmlich hinterher – nicht nur wissenschaftlich und technisch (hört nicht auf die leeren Behauptungen), sondern, wichtiger noch, mit unserer Fähigkeit zu begreifen, was Kernwaffen in Wirklichkeit sind. Unser Verständnis der Schreckenskammer ist hoffnungslos veraltet. Da diskutieren wir, die Bürger Indiens und Pakistans, über politische Detailfragen, über Außenpolitik und tun vor den Augen der Welt so, als hätten unsere Staaten lediglich eine neue, größere Bombe gebaut, eine Art großer Handgranate, mit der sie den Feind (einander) vernichten und uns vor Schaden bewahren werden. Wie verzweifelt wir uns das einreden. Was für mustergültige, gehorsame, brave und einfältige Untertanen wir doch sind. Die restliche Menschheit (ja, ja, ich weiß, ich *weiß*, wirklich, aber lassen wir *die* einmal außer Acht, *die* haben ihr Stimmrecht längst verwirkt), also der Rest der restlichen Menschheit mag uns das vorwerfen, aber vielleicht – je nachdem, wer ihm die Meinung vorgibt – weiß er ja gar nicht, was für ein müdes, mutloses und gebrochenes Volk wir sind. Vielleicht begreift er nicht, wie dringend wir ein Wunder brauchen. Wie sehr wir uns nach dem Wunderbaren sehnen.

Wenn der Atomkrieg doch *nur* eine andere Art von Krieg

wäre. Wenn es doch nur um übliche Dinge ginge – Staaten und Territorien, Götter und Geschichte. Wenn nur die von uns, die vor ihm Angst haben, verächtliche moralische Feiglinge wären, die nicht für die Verteidigung unseres Glaubens sterben wollen. Wenn der Atomkrieg nur einer von den Kriegen wäre, in denen Länder gegen Länder und Menschen gegen Menschen kämpfen. Aber das ist er nicht. Wenn es einen Atomkrieg gibt, heißt unser Gegner nicht China oder Amerika oder Pakistan. Unser Gegner ist dann der ganze Planet. Die Elemente selbst – der Himmel, die Luft, die Erde, der Wind und das Wasser – werden sich gegen uns wenden, und ihr Zorn wird furchtbar sein.

Unsere Städte und Wälder, unsere Äcker und Dörfer werden tagelang brennen. Flüsse werden zu Gift werden, die Luft zu Feuer, und der Wind wird die Flammen ausbreiten. Wenn alles verbrannt ist, was verbrennen kann, und das Feuer erlischt, wird Rauch aufsteigen und die Sonne verdunkeln. Finsternis wird die Erde einhüllen. Es wird nicht mehr Tag sein, nur noch endlose Nacht. Die Temperatur wird tief unter den Gefrierpunkt fallen, und der nukleare Winter wird anbrechen. Wasser wird zu giftigem Eis erstarren. Radioaktiver Niederschlag wird durch die Erde sickern und das Grundwasser verseuchen. Die meisten lebenden Organismen, Tiere und Pflanzen, Fische und Vögel, werden sterben. Nur Ratten und Kakerlaken werden sich weitervermehren und mit den übrig gebliebenen Menschen um die wenige Nahrung kämpfen, die es noch gibt.

Was tun dann wir, die wir überlebt haben? Verbrannt und blind, ohne Haare und krank, auf den Armen die vom Krebs zerfressenen Leichen unserer Kinder, wohin gehen wir? Was essen wir? Was trinken wir? Was atmen wir?

Der Leiter der Abteilung für Gesundheit, Umwelt und Sicherheit am Atomforschungszentrum Bhabha in Mumbai hat sich das überlegt. Er hat in einem Interview erklärt, Indien könne einen Atomkrieg überleben.[2] Für den Fall eines Atomkrieges rät er zu denselben Sicherheitsmaßnahmen, wie sie Wissenschaftler bei Unfällen in Atomkraftwerken empfehlen.

Er schlägt vor, Jodtabletten einzunehmen. Des Weiteren, drinnen zu bleiben, nur Wasser aus Flaschen und Essen aus Konserven zu sich zu nehmen und keine Milch zu trinken. Säuglinge sollten Milchpulver erhalten. »Menschen in der Gefahrenzone sollten sich unverzüglich ins Erdgeschoss, wenn möglich in den Keller begeben.«

Was soll man mit solchen Ausmaßen des Wahnsinns anfangen? Was tut man, wenn man in einer Irrenanstalt eingesperrt ist und die Ärzte alle gefährliche Irre sind?

Hört nicht auf sie, wird es heißen, sie ist doch nur eine naive Schriftstellerin und übertreibt wie alle Weltuntergangspropheten. Das wird nie geschehen. Es *wird* keinen Krieg geben. Atomwaffen dienen dem Frieden, nicht dem Krieg. »Abschreckung« lautet das Schlagwort derer, die sich gerne als Falken bezeichnen. (Schöne Vögel. Kalt, elegant, räuberisch. Schade, dass es sie nach dem Krieg nicht mehr geben wird. Wir müssen uns an das Wort »Aussterben« gewöhnen.) Das mit der Abschreckung ist eine alte Theorie, die jetzt wieder belebt und mit etwas Lokalkolorit ausgestattet wurde. Sie nimmt für sich in Anspruch, die Eskalation des Kalten Krieges zum Dritten Weltkrieg verhindert zu haben. Über den Dritten Weltkrieg lässt sich aber nur so viel sagen, dass er, wenn er kommt, nach dem Zweiten Weltkrieg ausgefochten wird. In anderen Worten, der Zeitpunkt steht noch nicht fest. In anderen Worten, er kann noch kommen. Und vielleicht hat der Doppelsinn des Wortes – Dritte-Welt-Krieg – ja eine prophetische Bedeutung. Der Kalte Krieg ist vorbei, stimmt, aber lassen wir uns nicht von der zehnjährigen Ruhepause der nuklearen Drohgebärden hinters Licht führen. Sie ist nur ein grausamer Witz, eine vorübergehende Besserung. Keine Heilung, kein Beweis für irgendeine Theorie. Was sind zehn Jahre in der Weltgeschichte? Jetzt ist sie wieder da, die Krankheit, verbreiteter und resistenter gegen jede Behandlung denn je. Nein, die Theorie der Abschreckung hat einige fundamentale Mängel. Ihr erster Mangel ist, dass sie ein umfassendes, tiefes Verständnis der Psyche des Gegners voraussetzt. Sie geht davon aus, dass, was einen selbst abschreckt (die Angst vor der Vernichtung), auch die anderen abschreckt. Aber wenn sich jemand dadurch *nicht* abschrecken lässt? Ist die Psyche des Bombenattentäters, der sein eigenes Leben opfert – die »Wir-nehmen-euch-mit«-Mentalität – wirklich etwas so Abwegiges?

Überhaupt, wer steht auf der einen und wer auf der anderen Seite? Beide Seiten sind nur Regierungen. Regierungen verändern sich. Sie tragen Masken unter Masken. Sie häuten sich und erfinden sich die ganze Zeit neu. Die zum Beispiel, die wir gerade haben, hat nicht einmal genügend Sitze, um eine ganze Amtsperiode zu überstehen. Sie verlangt, dass wir ihren Pirouetten und Kabinettstückchen mit der Atombombe vertrauen, während sie verzweifelt versucht, Tritt zu fassen und eine einfache Mehrheit im Parlament zu halten.

Der zweite Mangel ist, dass die Abschreckung auf Angst basiert. Voraussetzung der Angst ist aber Wissen. Wissen um das wahre Ausmaß der Zerstörung, die ein Atomkrieg anrichtet. Man denkt bei Atombomben nicht auf wundersame Weise automatisch an Frieden. Im Gegenteil, den Atomkrieg abgewendet oder auch nur verschoben hat der unermüdliche Widerstand von Menschen, die den Mut hatten, die Bombe anzuprangern – mit Märschen, Demonstrationen, Filmen, öffentlicher Empörung. Abschreckung wird und kann nicht funktionieren angesichts von Ignoranz und Analphabetentum, die wie zwei dichte, undurchdringliche Schleier über unseren beiden Ländern liegen. (Der Vishwa Hindu Parishad [VHP] – der Welthindurat – etwa will radioaktiven Staub aus der Wüste Pohkran als *prasad* über ganz Indien verteilen. Ein Krebs-*Yantra*?) Die Theorie der Abschreckung ist in einer Welt, in der gegen atomare Strahlung vorbeugend Jodtabletten verschrieben werden, nur ein gefährlicher Witz.

Indien und Pakistan haben jetzt Atombomben, und zwar, wie sie meinen, vollkommen zu Recht. Andere werden bald folgen. Israel, Iran, Irak, Saudi-Arabien, Norwegen, Nepal (ich zähle die Länder auf, wie sie mir einfallen), Dänemark, Deutschland, Bhutan, Mexiko, Libanon, Sri Lanka, Myanmar, Bosnien, Singapur, Nordkorea, Schweden, Südkorea, Vietnam, Kuba, Afghanistan, Usbekistan ... und warum nicht? Jedes Land der Welt hat seine besonderen Gründe. Alle haben Grenzen und Überzeugungen. Und wenn unsere Speisekammern prallvoll mit glänzenden Bomben gefüllt sind und unsere Mägen leer (die Abschreckung ist eine unersättliche Bestie), können wir Bomben gegen Nahrungsmittel tauschen. Und wenn die Atomtechnik dann auf den Markt kommt, wenn konkurrierende Anbieter sie verkaufen und die Preise fallen, können sich nicht nur Staaten, sondern alle, die genug Geld haben, ein privates Arsenal einrichten – Geschäftsleute, Terroristen, hin und wieder vielleicht sogar eine wohlhabende Schriftstellerin (wie ich). Unser Planet wird vor schönen Waffen starren. Eine neue Weltordnung wird entstehen. Die Diktatur der Kernwaffenelite. Einander zu bedrohen gibt uns den ganz besonderen Kick. Das ist dann wie Bungee-Jumping ohne zuverlässiges Seil oder den ganzen Tag lang russisches Roulette spielen. Ein zusätzlicher Kitzel wird es sein, nicht zu wissen, wem man glauben darf. Wir sind der räuberischen Phantasie jedes Scharlatans ausgeliefert, der auf der Suche nach einer Aufenthaltsgenehmigung mit wirren Geschichten unmittelbar bevorstehender Raketenangriffe im Westen auftaucht. Wir haben die schöne Aussicht, dass jeder kleine Störenfried und Gerüchtemacher uns erpressen kann, je mehr, desto besser. Um die Wahrheit zu sagen, wir geben alles für einen Grund, noch mehr Bomben herzustellen. Man sieht, es gibt auch ohne Krieg viel Grund zur Freude.

Doch lasst uns innehalten. Ehre, wem Ehre gebührt. Wem haben wir für all dies zu danken?

Denen, die es möglich gemacht haben. Den Herren des Universums. Meine Damen und Herren, den Vereinigten Staaten von Amerika! Kommt rauf, Leute, tretet vor uns und verbeugt euch. Danke für euer Geschenk an die Welt. Danke dafür, dass ihr es möglich gemacht habt. Danke dafür, dass ihr uns den Weg gezeigt habt. Danke dafür, dass ihr dem Leben eine neue Bedeutung gegeben habt.

Von jetzt an müssen wir nicht mehr vor dem Sterben Angst haben, sondern vor dem Leben.

Die größte Narrheit ist es, zu glauben, Atomwaffen seien nur bei Gebrauch tödlich. Allein die Tatsache ihrer Existenz, ihre bloße Gegenwart in unserem Leben wird sich verheerender auswirken, als wir bisher ahnen. Atomwaffen durchsetzen unser Denken, lenken unser Verhalten, verwalten unsere Gesellschaft, beherrschen unsere Träume. Sie graben sich wie Fleischerhaken tief in unsere Hirne. Sie verbreiten Wahnsinn. Sie sind der schlimmste Kolonialherr, weißer als jeder Weiße, der je lebte, die Inkarnation des Weißen.

Ich kann nur allen Männern, Frauen und Kindern hier in Indien und drüben in Pakistan, das uns so nah ist, zurufen:

Ihr seid persönlich betroffen. Was immer ihr seid, ob Hindus, Muslime, Städter oder Bauern, spielt dabei keine Rolle. Das einzig Gute am Atomkrieg ist, dass er das Egalitärste ist, was der Mensch sich je ausgedacht hat. Am Tage der Abrechnung wird niemand nach seinen Referenzen gefragt werden. Die Zerstörung wird unterschiedslos alle treffen. Die Bombe liegt nicht bei dir im Garten, sie ist in deinem Körper. Und in meinem. *Niemand,* kein Land, kein Staat, kein Mensch, kein Gott hat das Recht, sie dort abzulegen. Wir sind schon radioaktiv, und der Krieg hat noch gar nicht begonnen. Also steht auf und sagt etwas. Macht euch nichts daraus, wenn es schon gesagt worden ist. Sprecht für euch. Für euch ganz persönlich.

Die Bombe und ich

Anfang Mai 1998 (vor der Bombe) verreiste ich für drei Wochen. Ich dachte, ich würde wieder zurückkommen. Ich war fest entschlossen dazu. Aber die Dinge hatten sich nicht so entwickelt, wie ich es geplant hatte.

Auf meiner Reise begegnete ich einer Freundin, an der ich unter anderem eines mag, nämlich ihre Fähigkeit, tiefe Zuneigung mit einer an Grausamkeit grenzenden Offenheit zu verbinden.

»Ich habe über dich nachgedacht«, sagte sie, »über den *Gott der kleinen Dinge* und alles, was irgendwie damit zu tun hat ...«

Sie verstummte. Ich war nervös und keineswegs sicher, ob ich den Rest dessen, was sie zu sagen hatte, hören wollte. Sie dagegen hatte keine Bedenken. »Du hast in diesem letzten

Jahr – genau genommen weniger als einem Jahr – zu viel von allem gehabt – Ruhm, Geld, Preise, Schmeicheleien, Kritik, Verurteilung, Spott, Liebe, Hass, Wut, Neid, Großzügigkeit – von allem. In gewisser Hinsicht eine vollkommene Geschichte. Das ist alles so total – total barock in seinem Exzess. Das Problem ist, die Geschichte hat nur einen passenden Schluss, kann nur einen haben.« Sie hatte die Augen auf mich gerichtet, sie leuchteten, als sie mich abschätzend, forschend ansah. Sie wusste, dass ich wusste, was sie sagen wollte. Sie war verrückt.

Sie wollte sagen, dass nichts, was mir in der Zukunft noch zustoßen konnte, der Aufregung dieses Jahres gleichkommen würde. Dass der Rest meines Lebens irgendwie unbefriedigend sein würde und dass deshalb der einzige passende Schluss der Geschichte der Tod wäre. *Mein* Tod.

Der Gedanke war mir auch schon gekommen, natürlich. Dass sich all das, der Rummel, das Scheinwerferlicht in meinen Augen, der Applaus, die Blumen, die Fotografen, die Journalisten, die tiefes Interesse an meinem Leben heuchelten (und zugleich Mühe hatten, ein einziges Detail richtig hinzukriegen), die um mich scharwenzelnden Männer in Anzügen, die blitzenden Hotelbäder mit ihren endlosen Handtüchern, dass sich all das wahrscheinlich nicht wiederholen würde. Würde ich es vermissen? Hatte ich mich so daran gewöhnt, dass ich es brauchte? War ich nach Ruhm süchtig? Würde ich unter Entzugserscheinungen leiden?

Je mehr ich darüber nachdachte, desto klarer wurde mir, dass ständiger Ruhm mich umbringen, mich mit seinen guten Manieren und seiner Hygiene ersticken würde. Ich gebe zu, ich habe meine fünf Minuten davon ungeheuer genossen, aber vor allem, *weil* es nur fünf Minuten waren. Weil ich wusste (oder zu wissen glaubte), dass ich, wenn mir langweilig wurde, nach Hause gehen und darüber lachen konnte. Dass ich alt und unzurechnungsfähig werden konnte. Im Mondschein Mangos essen konnte. Vielleicht einige Bücher schreiben konnte, die durchfielen – »Worstsellers« –, um zu erfahren, wie man sich dabei fühlte. Ein ganzes Jahr lang bin ich kreuz und quer durch die Welt gejettet. Was mich aufrecht hielt, waren immer die Gedanken an zu Hause und das Leben, zu dem ich zurückkehren würde. Das war entgegen allen Voraussagen meiner bevorstehenden Auswanderung und entsprechenden Anfragen die Quelle, in die ich eintauchte. Das war mein Nährboden, gab mir Kraft.

Ich antwortete meiner Freundin, es gebe keine vollkommenen Geschichten. Ich sagte, die Annahme, das Glück einer Person, oder sagen wir, ihre Erfüllung, habe den Gipfelpunkt erreicht (nach dem es nur noch abwärts gehen könne), nur weil diese Person zufällig »Erfolg« gehabt habe, sei eine rein äußerliche Sicht der Dinge. Sie basiere auf der phantasielosen Vorstellung, alle Menschen träumten zwangsläufig von Reichtum und Ruhm.

Du lebst schon zu lange in New York, sagte ich. Es gibt andere Welten, andere Arten von Träumen. Träume, zu denen auch das Scheitern gehört. In denen es ehrenhaft ist, manchmal sogar erstrebenswert. Welten, in denen Anerkennung nicht der einzige Maßstab für den Verstand oder Wert eines Menschen ist. Viele Menschen, die ich kenne und liebe, Menschen, die viel wertvoller sind als ich, ziehen täglich in den Kampf, obwohl sie von vornherein wissen, dass sie scheitern werden. Zugegeben, sie sind weniger »erfolgreich« im vulgärsten Sinn des Wortes, aber mitnichten weniger erfüllt.

Der einzige Traum, den es sich lohne zu träumen, sagte ich, sei der Traum, dass man lebt, solange man lebt, und erst stirbt, wenn man tot ist. (Eine Vorahnung? Vielleicht.)

»Und was genau soll das heißen?« (Hochgezogene Augenbrauen, leicht verärgert.)

Ich wollte es erklären, aber es gelang mir nicht recht. Manchmal muss ich schreiben, um denken zu können. Also schrieb ich meine Gedanken für sie auf eine Papierserviette. Ich schrieb Folgendes: *Lieben. Geliebt werden. Nie vergessen, wie unwichtig man selbst ist. Sich nie an die unaussprechliche Gewalt und vulgäre Ungleichheit des Lebens um einen herum gewöhnen. Am traurigsten Ort nach Freude suchen. Der Schönheit in ihr Versteck folgen. Nie vereinfachen, was kompliziert ist, oder kompliziert machen, was einfach ist. Stärke achten, nie Macht. Vor allem beobachten. Zu verstehen versuchen. Nie wegsehen. Und nie, nie vergessen.*

Ich kenne sie seit Jahren, meine Freundin. Sie ist auch Architektin.

Sie sah mich zweifelnd an, von meiner Serviettenrede nicht überzeugt. Ich begriff, dass sie sich – rein als gedankliches Konstrukt, aus Gründen der narrativen Ausgewogenheit und auch, weil sie mich gernhatte – so sehr und selbstlos über meinen Erfolg freute, dass sich ihre Begeisterung mit ihrer Angst vor meinem möglichen Tod die Waagschale hielt. Ich begriff, dass es sich nicht um etwas Persönliches handelte. Es war nur eine Frage der Form.

Zwei Wochen nach diesem Gespräch kehrte ich nach Indien zurück, in das Land, das ich für meine Heimat halte / hielt. Etwas war gestorben, aber nicht ich. Etwas unendlich viel Wertvolleres. Eine Welt, die schon eine Zeit lang krank gewesen war und endlich den letzten Atemzug getan hatte. Jetzt wurde sie eingeäschert. Die Atmosphäre ist verpestet, und der unverkennbare Geruch des Faschismus liegt in der Luft.

In Leitartikeln, im Rundfunk, in Fernsehtalkshows und in

MTV (du meine Güte) laufen sie täglich über – Menschen, denen man glaubte vertrauen zu können, Schriftsteller, Maler, Journalisten. Eiseskälte kriecht mir in die Knochen, als täglich aufs Neue schmerzhaft klar wird, dass es wahr ist, was man in Geschichtsbüchern liest. Dass der Faschismus genauso viel mit Menschen zu tun hat wie mit Regierungen. Dass er zu Hause beginnt. Im Wohnzimmer, im Schlafzimmer, im Bett. »Wir sind wieder wer«, »Auf dem Weg nach oben«, »Ein Augenblick des Stolzes«, so lauteten an den Tagen nach den Atomtests die Schlagzeilen.[3] »Wir haben gezeigt, dass wir keine Eunuchen mehr sind«, sagte Mr. Thackeray, der Vorsitzende von Shiv Sena.[4] (Wer hat das denn behauptet? Sicher, ziemlich viele von uns sind Frauen, aber meines Wissens ist das etwas anderes.) Man konnte bei der Zeitungslektüre oft gar nicht sagen, ob von Viagra die Rede war (das auf den Titelseiten um den zweiten Platz konkurrierte) oder von der Bombe – »Wir sind stärker und potenter.« (Das sagte unser Verteidigungsminister, nachdem Pakistan seine Tests abgeschlossen hatte.)[5]

»Nicht nur die Atombombe, die ganze Nation steht hier auf dem Prüfstand«, hieß es.

Immer wieder wurde es uns eingehämmert. Die Bombe ist Indien, Indien ist die Bombe. Nicht einfach nur Indien, das *hinduistische* Indien. Seid deshalb gewarnt, Kritik trifft nicht nur die Nation, sondern auch den Hinduismus. (In Pakistan haben sie natürlich eine muslimische Bombe. Davon abgesehen gelten in politischer Hinsicht die gleichen Gesetzmäßigkeiten.) Das ist ein unerwarteter weiterer Vorteil der Atombombe. Die Regierung kann damit nicht nur dem Feind drohen, sie kann dem eigenen Volk den Krieg erklären. Uns.

Im Jahr 1975, ein Jahr nach Indiens ersten nuklearen Gehversuchen, rief Indira Gandhi den Notstand aus. Was wird die Zukunft bringen? Es ist die Rede von der Überwachung staatsfeindlicher Aktivitäten durch eigens dafür geschaffene Einheiten. Von einer Änderung der Mediengesetze, um Sender verbieten zu können, die »die nationale Kultur schädigen«.[6] Von Kirchen, die von der Liste religiöser Stätten gestrichen werden sollen, weil dort »Wein ausgeschenkt« wird (angekündigt und wieder zurückgenommen).[7] Künstler, Schriftsteller, Schauspieler und Sänger werden verfolgt und bedroht (und lassen sich von den Drohungen einschüchtern). Nicht nur von Schlägertrupps, sondern von behördlichen Maßnahmen. Und von Gerichten. Im Internet sind Briefe und Artikel im Umlauf, schöpferische Interpretationen der Prophezeiungen des Nostradamus, laut denen eine mächtige hinduistische Eroberernation entstehen wird, ein starkes Indien, das sich »gegen seine ehemaligen Unterdrücker wenden und sie auslöschen wird«. Durchaus möglich, dass dahinter ein verrückter Einzelgänger oder eine obskure Gruppe religiöser Fanatiker steckt. Das Problem ist nur, dass der Besitz einer Atombombe solche Gedanken durchführbar erscheinen lässt. Die Bombe *erzeugt* solche Gedanken. Sie gibt dem Menschen ein grundfalsches, tödliches Bewusstsein seiner Macht. Und dann passiert es. Dann passiert es. Ich wollte, ich könnte sagen: »Langsam, aber sicher« – aber ich kann nicht. Es geht alles ziemlich schnell.

Warum kommt einem das alles so vertraut vor? Weil sich die Wirklichkeit, noch während man hinsieht, auflöst und nahtlos in die stummen Schwarz-Weiß-Bilder alter Filme verwandelt – Bilder von Menschen, die aus ihrem Leben gejagt, zusammengetrieben und in Lager gesperrt werden. Von Massakern, blutigem Chaos, endlosen Schlangen gebrochener Menschen auf dem Weg ins Nichts. Warum gibt es keinen Ton? Warum ist es im Saal so still? Habe ich zu viele Filme gesehen? Bin ich verrückt? Oder habe ich recht? Sind diese Bilder vielleicht der unausweichliche Höhepunkt dessen, was wir in Gang gesetzt haben? Entwickelt sich unsere Zukunft in rasendem Tempo zu unserer Vergangenheit? Ich glaube ja. Es sei denn natürlich, ein Atomkrieg löst das Problem ein für alle Mal.

Als ich meinen Freunden erzählte, dass ich an diesem Essay schrieb, mahnten sie zur Vorsicht. »Schreibe ihn«, sagten sie, »aber sorge zuerst dafür, dass du nicht selbst verwundbar bist. Sieh zu, dass deine Papiere in Ordnung sind. Sieh zu, dass du deine Steuern gezahlt hast.«

Meine Papiere sind in Ordnung. Meine Steuern habe ich bezahlt. Aber wie sollte man in einem solchen Klima *nicht* verwundbar sein? Jeder ist das. Passieren kann immer etwas. Sicher ist nur, wer sich fügt. Während ich dies schreibe, erfüllen mich böse Vorahnungen. Ich habe in diesem Land erfahren, was es für eine Schriftstellerin bedeutet, geliebt (und bis zu einem gewissen Grad auch gehasst) zu werden. 1997 gehörte ich zu den Erfolgsmenschen, die von den indischen Medien stolz zum Jahresende präsentiert wurden. Zu meinem großen Ärger gehörten auch ein Bombenbauer und eine internationale Schönheitskönigin dazu. Jedes Mal, wenn auf der Straße jemand strahlend auf mich zukam und sagte: »Indien ist stolz auf Sie« (was sich auf den Preis bezog, den ich gewonnen hatte, nicht auf mein Buch), war mir unbehaglich zumute. Es machte mir damals Angst, und es erschreckt mich heute, weil ich weiß, wie leicht diese Bewunderung, diese Woge der Zuneigung in ihr Gegenteil umschlägt. Vielleicht ist es jetzt so weit. Ich trete aus dem Licht der Scheinwerfer und sage, was mir am Herzen liegt.

Nämlich das:

Wenn der Protest dagegen, eine Atombombe ins Gehirn

eingepflanzt zu bekommen, antihinduistisch und staatsfeindlich ist, dann sage ich mich von diesem Staat los. Dann erkläre ich mich hiermit zu einer unabhängigen mobilen Republik. Ich bin eine Erdenbürgerin. Ich besitze kein Land und habe keine Fahne. Ich bin eine Frau, habe aber nichts gegen Eunuchen. Meine Politik ist einfach. Ich bin bereit, jeden nur denkbaren Atomsperrvertrag und jedes Atomteststoppabkommen zu unterschreiben. Einwanderer sind willkommen.

Meine Welt ist tot. Ich schreibe, um ihr Ende zu betrauern.

Zugegeben, sie hatte Fehler. War so nicht lebensfähig und voller Narben und Wunden. Es war eine Welt, die ich selbst schonungslos kritisiert habe, aber doch nur, weil ich sie liebte. Sie hat den Tod nicht verdient. Sie hat es nicht verdient, zerstückelt zu werden. Verzeihung, ich weiß schon, Sentimentalität ist nicht modern – aber wohin soll ich mit meinem Elend?

Ich liebe diese Welt einfach deshalb, weil sie der Menschheit die Wahl ließ. Sie war ein Felsen draußen im Meer. Sie war ein Lichtspalt, der hartnäckig anzeigte, dass man auch anders leben konnte. Sie war eine funktionierende Möglichkeit. Eine wirkliche Alternative. Damit ist jetzt Schluss. Nichts kann die indischen Atomtests rechtfertigen – die Art, wie sie durchgeführt wurden, die Begeisterung, mit der sie (von uns) begrüßt wurden. Für mich sind sie ein schrecklicher Wendepunkt. Das Ende des Vorstellbaren. Ja, das Ende der Freiheit, denn darum geht es doch letztlich bei der Freiheit. Um die Wahl.

Am 15. August 1997 feierten wir den 50. Jahrestag der Unabhängigkeit Indiens. Von nun an können wir eine Zukunft der atomaren Knechtschaft feiern.

Warum haben sie das getan?

Es war politisch nützlich, lautet die naheliegende, zynische

Antwort, nur dass das eine weitere, grundsätzlichere Frage aufwirft: Inwiefern war es politisch nützlich?

Offiziell werden drei Gründe genannt: China, Pakistan und die Entlarvung der westlichen Heuchelei.

Nimmt man diese Gründe ernst und betrachtet man jeden für sich, gerät man ins Stutzen. Ich will überhaupt nicht abstreiten, dass sich dahinter wirkliche Probleme verbergen. Ich sage nur, dass sie nicht neu sind. Das einzig Neue am alten Horizont ist die indische Regierung. In einem erschreckend anmaßenden Brief an den US-Präsidenten (warum überhaupt schreiben, wenn man so schreibt?) sagt unser Premierminister, der Grund für Indiens Entscheidung zur Durchführung der Atomtests sei die »sich verschlechternde Sicherheitslage«. Dann kommt er auf den Krieg mit China 1962 zu sprechen und auf die »drei Aggressionen« Pakistans, »die wir in den vergangenen 50 Jahren über uns ergehen lassen mussten. Und seit zehn Jahren sind wir Opfer eines von Pakistan finanzierten erbarmungslosen Terrorismus und kriegerischer Übergriffe, vor allem in Jammu und Kaschmir.«[8]

Der Krieg mit China ist mehrere Jahrzehnte her. Wenn es nicht irgendein wichtiges Staatsgeheimnis gibt, von dem wir nicht wissen, dann drängte sich doch der Eindruck auf, als hätte sich die Lage zwischen uns etwas entspannt. Nur wenige Tage vor den Tests war General Fu Quanyou, der Generalstabschef der chinesischen Volksbefreiungsarmee, bei unserem Generalstabschef zu Gast. Von Krieg war dabei nichts zu hören.

Der letzte Krieg mit Pakistan liegt 27 Jahre zurück. Zugegeben, Kaschmir ist eine immer noch von heftigen Unruhen erschütterte Region, und zweifellos schürt Pakistan den Konflikt lustvoll. Aber schüren kann man doch wohl nur, wo es Flammen gibt? Wo genügend Zunder bereitliegt? Kann Indien sich, wenn es auch nur einen Funken Ehrlichkeit besitzt, von jeder Mitschuld an den Unruhen in Kaschmir freisprechen? Kaschmir wie übrigens auch Assam, Tripura und Nagaland – im Grunde der ganze Nordosten –, Jharkhand, Uttarakhand und die Krisen, die noch auf uns zukommen, sind nur Symptome einer tiefer liegenden Krankheit. Sie lässt sich nicht durch auf Pakistan gerichtete Atomraketen heilen.

Auch der Konflikt mit Pakistan selbst kann nicht durch auf Pakistan gerichtete Atomraketen gelöst werden. Wir sind zwei verschiedene Länder, aber wir haben einen gemeinsamen Himmel, gemeinsame Winde, gemeinsames Wasser. Wo der radioaktive Fallout niedergeht, hängt von der Richtung ab, aus der Wind und Regen kommen. Lahore und Amritsar liegen 48 Kilometer auseinander. Wenn wir Lahore bombardieren, brennt Punjab. Wenn wir Karatschi bombardieren, brennen Gujarat und Rajasthan, vielleicht sogar Mumbai. Ein Atomkrieg gegen Pakistan wäre ein Krieg gegen uns selbst.

Und der dritte offizielle Grund, die Bloßstellung der westlichen Heuchelei – wie viel mehr kann sie denn noch bloßgestellt werden? Welcher anständige Mensch gibt sich darüber noch Illusionen hin? Die Geschichte der Völker des Westens ist getränkt mit dem Blut anderer. Kolonialismus, Apartheid, Sklaverei, ethnische Säuberungen, biologische Kriegführung, chemische Waffen – sie haben praktisch alles erfunden. Sie haben Nationen ausgeplündert, Kulturen ausgelöscht, ganze Völker ausgerottet. Sie stehen splitternackt auf der Bühne der Welt, ohne dass ihnen dies im Mindesten peinlich wäre, denn sie wissen, dass sie mehr Geld, mehr zu essen und größere Bomben haben als alle anderen. Sie wissen, dass sie uns an einem einzigen, ganz normalen Werktag auslöschen können. Ich persönlich halte das mehr für Arroganz als für Heuchelei.

Wir haben weniger Geld, weniger zu essen und kleinere Bomben. Aber wir haben – oder hatten – alle möglichen anderen Reichtümer. Wunderbare Dinge, nicht quantitativ messbar. Wir haben damit das Gegenteil von dem gemacht, was wir glauben gemacht zu haben. Wir haben alles versetzt, eingetauscht. Für was? Für einen Vertrag mit ebenden Menschen, die wir angeblich verachten. Wir haben uns bereit erklärt, im Großen und Ganzen ihr Spiel zu spielen und es auf ihre Weise zu spielen. Wir haben ihre Bedingungen kritiklos übernommen. Verglichen damit, zählt das Abkommen über einen umfassenden Atomteststopp (CTBT) nichts.

Alles in allem kann man, glaube ich, sagen, dass *wir* die Heuchler sind. Wir haben selbst aufgegeben, was man einen moralischen Standpunkt nennen konnte, nämlich: *Wir haben zwar die Technologie, wir können Bomben herstellen, wenn wir wollen, aber wir tun es nicht. Wir glauben nicht daran.*

Wir selbst haben das ganze aufgeregte Geschrei angestimmt, um in den Club der Supermächte aufgenommen zu werden. (Wenn wir drin sind, machen wir sicher frohen Herzens die Tür hinter uns zu und lassen alle guten Vorsätze für den Kampf gegen diskriminierende Weltordnungen zur Hölle fahren.) Die Forderung Indiens nach dem Status einer Supermacht ist so lächerlich wie die Forderung nach Teilnahme an der Fußballweltmeisterschaft, nur weil wir einen Ball haben. Macht ja nichts, dass wir uns nicht qualifiziert haben, dass wir gar nicht viel Fußball spielen und keine Mannschaft haben.

Da wir nun schon beschlossen haben, das Spielfeld zu betreten, wäre es vielleicht keine schlechte Idee, die Spielregeln zu lernen. Die erste Regel ist: Erkenne, wer dir überlegen ist. Wer sind die besten Spieler? Die mit mehr Geld, mehr Essen und mehr Bomben.

Die zweite Regel ist: Finde deinen Platz im Verhältnis zu ihnen, also: Schätze deine Situation und Fähigkeit ehrlich ein. Eine solche Einschätzung (in quantitativ messbaren Begriffen) lautet in unserem Fall:

Wir sind ein Land mit einer Milliarde Menschen. In Sachen Entwicklung stehen wir unter den 175 auf dem Human Development Index des UN-Entwicklungsprogramms aufgeführten Ländern auf Platz 138.[9] Über 400 Millionen Inder sind Analphabeten und leben in völliger Armut, über 600 Millionen haben nicht einmal Zugang zu elementaren sanitären Einrichtungen, und über 200 Millionen haben kein sauberes Trinkwasser.

Für sich betrachtet, sind die drei offiziellen Gründe also nicht besonders stichhaltig. Betrachtet man sie zusammen, zeigt sich jedoch eine Art verbogener Logik, die mehr mit uns als mit den Gründen zu tun hat.

Die Schlüsselwörter im Brief unseres Premierministers an den US-Präsidenten sind »ergehen lassen müssen« und »Opfer«. Darum geht es eigentlich. Das ist unser Fleisch und Brot. Wir brauchen Feinde. Wir können uns so wenig als Nation definieren, dass wir ständig etwas suchen, von dem wir uns wenigstens absetzen können. Zurzeit gilt als der politischen Weisheit letzter Schluss, dass wir ein gemeinsames Ziel brauchen, wenn wir den Zerfall des Staates verhindern wollen, nur dass wir außer unserer Währung (und natürlich der Armut, dem Analphabetentum und den Wahlen) nichts Gemeinsames haben. Das ist der Kern des Problems. Das ist die Straße, die uns zur Bombe geführt hat. Die Suche nach uns selbst. Wenn wir hier einen Ausweg finden wollen, brauchen wir ehrliche Antworten auf einige unbequeme Fragen. Auch diese Fragen sind schon gestellt worden. Nur antworten wir immer ganz leise und hoffen, dass niemand gehört hat.

Gibt es so etwas wie eine indische Identität?

Brauchen wir denn eine?

Wer ist ein authentischer Inder und wer nicht?

Ist Indien indisch?

Ist das wichtig?

Ob es je eine einheitliche Kultur gegeben hat, die sich »indische Kultur« nennen könnte, ob Indien eine zusammenhängende kulturelle Einheit war, ist oder sein wird, hängt davon ab, ob man die Unterschiede oder die Gemeinsamkeiten in der Kultur der Völker betont, die den Subkontinent seit Jahrhunderten bewohnen. Indien als moderner Nationalstaat mit präzisen geographischen Grenzen wurde erst im Jahr 1899 durch ein britisches Gesetz geschaffen. Unser Land, wie wir es kennen, wurde auf dem Amboss des britischen Empire aus ganz unsentimentalen, kommerziellen und bürokratischen Gründen geschmiedet. Aber schon in seiner Geburtsstunde begann es, sich gegen seine Schöpfer aufzulehnen. Ist Indien also indisch? Das ist eine schwierige Frage. Sagen wir einfach, wir sind ein altes Volk, das lernt, in einem jungen Staat zu leben.

Die Mehrheit der indischen Staatsbürger ist bis heute nicht in der Lage, auf einer Karte die indischen Grenzen zu zeigen oder zu sagen, welche Sprache wo gesprochen und welcher Gott wo verehrt wird. Für sie ist Indien bestenfalls ein Schlagwort, das immer zu Wahl- oder Kriegszeiten ertönt. Oder eine Montage von Menschen in den Sendungen des staatlichen Fernsehens, die die jeweilige Landestracht tragen und *Mera Bharat Mahaan* sagen (»Mein Indien ist das Höchste«).

Die Menschen, die ein vitales (oder, genauer, ein geschäftliches) Interesse an einer ausgeprägten nationalen Identität Indiens haben, sind die Politiker der großen politischen Parteien. Der Grund dafür liegt nahe: Ihr ganzes Bemühen und ihre Karriere sind – notgedrungen – darauf ausgerichtet, mit dieser Identität *eins zu werden.* Mit ihr identifiziert zu werden. Wenn es keine gibt, müssen sie eine schaffen und die Menschen dazu überreden, für diese Identität zu stimmen. Ihre Schuld ist das nicht. Es hängt mit dem indischen Staatsgebiet zusammen. Es gehört zum Wesen unseres Systems einer zentralistischen Regierung. Es ist ein Geburtsfehler unserer Art von Demokratie. Je totaler der moralische Bankrott der Politiker, desto abstruser werden die Vorstellungen, was diese Identität ausmachen könnte. In einer solchen Lage eine tragfähige »nationale Identität« Indiens zusammenzuschustern, wäre allerdings zugegebenermaßen auch für einen Weisen oder einen Visionär eine gewaltige Herausforderung. Jeder einzelne indische Staatsbürger könnte sich, wenn er oder sie wollte, auf die Zugehörigkeit zu irgendeiner Minderheit berufen. Die Risse verlaufen, wenn man nach ihnen Ausschau hält, vertikal, horizontal, in Schichten und Wirbeln, kreisförmig, spiralig, von innen nach außen und von außen nach innen. Feuer breiten sich, einmal entzündet, entlang dieser Risse aus und setzen dabei gewaltige Mengen an politischer Energie frei, ähnlich dem, was passiert, wenn man ein Atom spaltet.

Es ist diese Energie, die Gandhi nutzbar zu machen versuchte, als er die Wunderlampe rieb und Rama und Rahim einlud, an einer menschlichen Politik und Indiens Unabhängigkeitskrieg gegen die Briten teilzunehmen. Es war ein raffinierter, großartiger, phantasievoller Kampf, doch sein Ziel war klar umrissen, das Opfer gut sichtbar, leicht auszumachen und strotzend vor politischer Sünde. Unter solchen Umständen fand die Energie leicht einen Sammelpunkt. Leider ist die Situation heute völlig verändert, aber der Geist ist aus der

Lampe und will nicht mehr in sie zurück. (Man *könnte* ihn zwar wieder hineinkriegen, aber das will niemand, er hat sich als zu nützlich erwiesen.) Ja, er hat uns die Freiheit gebracht, aber auch die blutige Teilung. Und jetzt, in den Händen minderer Staatsmänner, hat er uns die hinduistische Atombombe beschert.

Man darf Gandhi und den anderen Führern der Unabhängigkeitsbewegung nicht Unrecht tun. Hinterher ist man oft klüger, und sie konnten unmöglich wissen, was die langfristigen Folgen ihrer Strategie sein würden. Sie konnten nicht vorhersehen, wie schnell die Situation außer Kontrolle geraten würde, was geschehen würde, wenn sie die Fackel in die Hände ihrer Nachfolger gaben, und wie korrupt diese Hände sein konnten.

Der eigentliche Umbruch wurde durch Indira Gandhi ausgelöst. Sie machte den Geist der Lampe zum permanenten Staatsgast. Sie spritzte das Gift in unsere politischen Adern. Sie erfand die besonders bösartige indische Variante von politischem Zweckdenken. Sie zeigte uns, wie man aus dünner Luft Feinde beschwört und wie man auf Phantome schießt, die man zuvor eigens zu diesem Zweck geschaffen hat. Und sie entdeckte, wie vorteilhaft es war, die Toten nicht zu begraben, sondern die verwesenden Leichen bei passender Gelegenheit herauszuholen, um alte Wunden aufzureißen. Gemeinsam mit ihren Söhnen gelang es ihr, das Land in die Knie zu zwingen. Die neue Regierung hat uns nur noch einen Fußtritt verpasst und unsere Köpfe auf den Richtblock gelegt.

Die BJP, die Bharatiya Janata Party, ist in mancher Hinsicht ein von Indira Gandhi und der Kongresspartei geschaffenes Schreckgespenst. Oder, weniger hart formuliert, ein Schreckgespenst, das in der vom Kongress gehegten und gepflegten, von Misstrauen geprägten politischen Landschaft wuchs und gedieh. Die Partei hat dem Stil des Regierens eine neue Farbe gegeben. Während Frau Gandhi mit Politikern und Parteien versteckte Spiele spielte, bediente sie sich bei öffentlichen Auftritten einer schrillen, mit abgedroschenen Phrasen gespickten Klosterschulenrhetorik. Die BJP dagegen beschloss, ihre Feuer direkt auf der Straße und in den Wohnungen und Herzen der Menschen zu entzünden. Sie ist bereit, am Tag zu tun, was der Kongress nur nachts tut, und zu legitimieren, was bis dahin als unakzeptabel galt (aber trotzdem getan wurde). Daraus ließe sich womöglich ein schwaches Argument zugunsten der Heuchelei ableiten. Deutet die Heuchelei der Kongresspartei, die Tatsache, dass sie ihre dunklen Geschäfte im Verborgenen und nicht in aller Öffentlichkeit abwickelt, vielleicht auf einen entfernten Anflug von Schuldbewusstsein hin? Einen letzten Rest Anstand?

Leider nein.

Nein.

Was tue ich hier eigentlich? Warum suche ich nach einem Hoffnungsschimmer?

Funktioniert hat das bei der Zerstörung der Babri-Moschee in Ayodhya oder bei der Herstellung der Atombombe so: Der Kongress säte den Samen, hegte und pflegte die Saat, dann kam die BJP und fuhr die hässliche Ernte ein. Eng umschlungen tanzen die beiden Walzer. Sie sind trotz ihrer lautstark bekundeten Verschiedenheit unzertrennlich. Gemeinsam haben sie uns hierher, in diese furchtbare Lage gebracht.

Die hohnlachenden jungen Männer, die die Babri-Moschee zerstörten, sind dieselben wie die, deren Bilder in den Tagen nach den Atomtests in der Zeitung erschienen. Auf der Straße feierten sie Indiens Atombombe und »verurteilten« zugleich die westliche Kultur, indem sie Kästen mit Cola und Pepsi in die Gullys leerten. Ich verstehe diese Logik nicht ganz: Cola ist also westliche Kultur, aber die Atombombe ist eine alte indische Tradition?

Ja, ich habe davon gehört – das mit der Bombe steht bereits in den Veden. Möglich, aber wer genau hinsieht, findet dort auch Coca-Cola. Das ist ja so großartig an religiösen Texten: Man findet in ihnen alles, was man will – solange man weiß, was man sucht.

Aber zurück zu den nicht vedischen 90er Jahren des 20. Jahrhunderts: Wir heißen die Inkarnation des Weißen, die teuflischste Schöpfung westlicher Wissenschaftler stürmisch willkommen und reklamieren sie für uns. Aber wir protestieren gegen ihre Musik, ihr Essen, ihre Kleider, ihre Filme und ihre Literatur. Das zeugt nicht von Heuchelei, sondern von Humor.

Es könnte einen Totenschädel zum Lachen bringen.

Wir sitzen wieder im alten Boot. Im Dampfschiff *Authentizität & Indischsein.*

Wenn es einen Trend hin zu Authentizität und weg vom Nationalismus gibt, sollte der Staat seine Geschichte vielleicht erst einmal berichtigen und falsche Fakten ausmerzen. Und das sollte er, wenn er schon dabei ist, gleich gründlich tun.

Erstens einmal waren die Ureinwohner dieses Landes keine Hindus. So alt der Hinduismus ist, es gab auch schon vor ihm Menschen auf der Erde. Die indischen Stammesvölker, die Adivasi, können mit größerem Recht als alle anderen darauf pochen, Ureinwohner dieses Landes zu sein, und wie werden sie vom Staat und seinen Lakaien behandelt? Unterdrückt, betrogen, ihres Landes beraubt, herumgeschoben wie überschüssige Waren. Vielleicht wäre es ein guter Anfang, ihnen die Würde zurückzugeben, die sie einst besaßen. Vielleicht könnte der Staat ganz öffentlich dafür sorgen, dass mehr Dämme wie der Sardar Sarovar an der Narmada nicht gebaut und mehr Menschen nicht vertrieben werden.

Aber das ist natürlich unvorstellbar, oder? Warum? Weil es unpraktisch ist. Weil die Adivasi doch nicht wichtig sind. Wir können ohne ihre Geschichte, ihre Bräuche und ihre Götter auskommen. Sie müssen eben lernen, diese Dinge dem Allgemeinwohl zu opfern, der Nation (die ihnen alles weggenommen hat, was sie je besaßen). Gut, das wäre abgehakt.

Was das weitere Vorgehen betrifft, könnte ich eine praktische Liste von zu verbietenden Dingen und zu zerstörenden Gebäuden zusammenstellen. Dazu ist einige Recherche notwendig, aber hier ganz spontan einige Vorschläge:

Man könnte zunächst einige Zutaten aus unserer Küche verbannen: Chilis (Mexiko), Tomaten (Peru), Kartoffeln (Brasilien), Kaffee (Marokko), Tee, weißen Zucker und Zimt (China) … Dann könnte man mit Rezepten weitermachen, etwa Tee mit Milch und Zucker (Großbritannien).

Rauchen käme nicht mehr in Frage. Der Tabak stammt aus Nordamerika.

Kricket, Englisch und die Demokratie sollten verboten werden. Kricket könnte durch *kabaddi* oder *kho-kho* ersetzt werden. Ich will keinen Aufstand provozieren, deshalb zögere ich, einen Ersatz für Englisch vorzuschlagen (Italienisch …? Es ist auf einem freundlicheren Weg zu uns gelangt: durch Heirat, nicht Imperialismus)[10]. Über die im Entstehen begriffene, offenbar akzeptable Alternative zur Demokratie haben wir schon weiter oben gesprochen.

Alle Krankenhäuser, die mit westlichen Therapien arbeiten oder westliche Medikamente verschreiben, sollten zugemacht, alle überregionalen Zeitungen eingestellt, die Eisenbahn abgebaut, die Flughäfen geschlossen werden. Und unser neuestes Spielzeug – das Handy? Können wir ohne das

Handy leben, oder sollte ich vorschlagen, hier eine Ausnahme zu machen? Man könnte es in eine Spalte mit der Überschrift »Universal« eintragen. (Hier finden sich nur die für das tägliche Leben unentbehrlichen Gegenstände. Weder Musik noch Kunst noch Literatur.)

Überflüssig zu sagen, dass sich strafbar macht, wer seine Kinder auf eine amerikanische Universität schickt oder selbst hinfährt, um sich an der Prostata operieren zu lassen.

Der Abriss von Gebäuden könnte mit dem Präsidentenpalast in Delhi beginnen, dann allmählich von den Städten aufs Land ausgedehnt werden und in der Zerstörung aller Denkmäler (Moscheen, Kirchen und Tempel) gipfeln, die auf ehemaligen Wald- oder Stammesgebieten gebaut wurden.

Es wird eine sehr, sehr lange Liste sein. Man müsste jahrelang an ihr arbeiten. Einen Computer dürfte ich dabei natürlich nicht einsetzen, das wäre ja nicht authentisch von mir, oder?

Ich will nicht witzig sein, nur deutlich machen, dass dieser Weg geradewegs in die Hölle führt. So etwas wie ein authentisches oder echtes Indien gibt es nicht. Es gibt keinen göttlichen Ausschuss, der berechtigt wäre festzulegen, was genau Indien ist oder sein sollte. Keine Religion, Sprache, Kaste, Region, Person oder Geschichte und kein Buch hat einen Alleinvertretungsanspruch auf Indien. Es kann nur Ansichten über Indien geben, verschiedene Perspektiven – ehrliche, unehrliche, bewundernswerte, abstruse, moderne, traditionelle, männliche, weibliche. Man kann sie ablehnen, kritisieren, preisen oder verachten, aber nicht verbieten oder unterdrücken, nicht verfolgen.

Auf die Vergangenheit zu schimpfen bringt uns nicht weiter. Die Geschichte ist *geschehen.* Sie ist vorbei und erledigt. Wir können ihren Lauf nur verändern, indem wir fördern, was wir lieben, statt zu zerstören, was wir nicht lieben. Sogar in der brutalen, beschädigten Welt, in der wir leben, gibt es Schönheit. Eine verborgene, ungestüme, gewaltige Schönheit. Eine Schönheit, die nur uns gehört, die wir, ohne uns zu verleugnen, von anderen empfangen und dann verstärkt, neu begriffen und uns angeeignet haben. Wir müssen sie suchen, pflegen und lieben. Bomben zu bauen macht uns kaputt. Egal ob wir sie einsetzen oder nicht, sie machen uns in jedem Fall kaputt.

Die indische Atombombe ist der endgültige Verrat einer herrschenden Klasse an ihrem Volk.

Wir mögen unseren Wissenschaftlern noch so viele Kränze flechten und Medaillen an die Brust heften, wahr bleibt trotzdem, dass es viel leichter ist, eine Bombe zu bauen, als 400 Millionen Menschen Lesen und Schreiben beizubringen.

Meinungsumfragen sollen uns glauben machen, dass eine ganze Nation dasselbe empfindet. Jetzt ist es offiziell. Alle lieben die Bombe. (Deshalb ist sie gut.)

Wie soll denn einer, der seinen eigenen Namen nicht schreiben kann, auch nur in Ansätzen verstehen, was Atomwaffen sind? Hat ihm jemand gesagt, dass der Atomkrieg mit seiner herkömmlichen Vorstellung von Krieg rein gar nichts zu tun hat? Nichts mit Ehre, mit Stolz? Hat jemand sich die Mühe gemacht, ihm zu erklären, was thermische Strahlung, radioaktiver Fallout oder nuklearer Winter ist? Verfügt er in seiner Sprache überhaupt über Wörter, mit denen sich angereichertes Uran, Spaltmaterial und kritische Masse beschreiben ließen? Oder ist seine ganze Sprache veraltet? Ist er in einer Zeitkapsel gefangen und sieht die Welt an sich vorbeiziehen, unfähig, sie zu verstehen oder mit ihr zu kommunizieren, weil seine Sprache nicht zur Beschreibung der Gräuel taugt, die die Menschheit ausgebrütet hat? Ist er also ganz unwichtig, dieser Mensch? Sollen wir ihn einfach wie einen Idioten behandeln? Ihn, wenn er Fragen stellt, mit Jodtabletten abspeisen und mit Gleichnissen von Krishna, der einen Berg in die Höhe stemmt, und von der Verwüstung der Insel Lanka durch Hanuman, die notwendig war, um Sitas Tugend und Ramas guten Ruf unbefleckt zu erhalten? Seine eigenen schönen Geschichten als Waffen gegen ihn einsetzen? Sollen wir ihn nur zur Wahlzeit aus seiner Kapsel herauslassen und ihn, sobald er gewählt hat, mit einem Händedruck und einigen blödsinnigen Schmeicheleien über die Weisheit des kleinen Mannes wieder hineinstecken?

Ich spreche natürlich nicht von einem einzigen Menschen, ich spreche von den Millionen und Abermillionen von Menschen, die in diesem Land leben. Denn es ist auch ihr Land. Sie haben das Recht, sachkundige Entscheidungen über seine Zukunft zu treffen, doch so viel ich weiß, hat niemand sie je über irgendetwas kundig gemacht. Das Tragische daran ist, dass niemand es könnte, selbst wenn er wollte. Es gibt dafür wahrhaftig buchstäblich keine Sprache. Das ist doch das eigentlich Furchtbare an Indien. Die Welten der Mächtigen und der Machtlosen driften immer weiter auseinander, sie überschneiden sich nicht, sie haben nichts gemeinsam. Keine Sprache. Nicht einmal ein Land.

Wer, verdammt nochmal, hat diese Meinungsumfragen durchgeführt? Wer, verdammt noch mal, ist der Premierminister, dass er sich anmaßt zu entscheiden, wessen Finger auf dem atomaren Knopf liegt, der alles, was uns lieb und teuer ist – unseren Planeten, unseren Himmel, unsere Berge, unsere Ebenen, unsere Flüsse, unsere Städte und Dörfer – von einem Augenblick auf den anderen in Asche verwandeln kann? Wer ist er, dass er uns versichert, Unfälle werde es nicht geben? Woher weiß er das? Warum sollten wir ihm trauen? Womit hätte er sich je unser Vertrauen verdient? Womit hat sich überhaupt einer von denen je unser Vertrauen verdient?

Die Atombombe ist das demokratiefeindlichste, indienfeindlichste und menschenfeindlichste Ding, das absolute Böse, das je von Menschen ersonnen wurde.

Wer religiös ist, vergesse nicht: Diese Bombe ist die Herausforderung des Menschen an Gott.

Die Herausforderung lautet schlicht so: *Wir haben die Macht, alles zu zerstören, was du geschaffen hast.*

Wer es nicht ist (religiös), der stelle sich Folgendes vor: Diese unsere Welt ist 4600 Millionen Jahre alt.

Sie könnte an einem Nachmittag untergehen.

Der größere gemeinsame Nenner

»Wenn ihr schon leiden müsst, dann sollt ihr im Interesse des Landes leiden …«

Jawaharlal Nehru in einer Rede vor Dorfbewohnern, die 1948 für den Bau des Hirakud-Staudamms umgesiedelt werden sollten[1]

Ich stand auf einem Hügel und lachte laut.

Ich hatte mit dem Schiff von Jalsindhi über die Narmada gesetzt und war die Anhöhe am anderen Ufer hinaufgestiegen. Von dort sah ich, verteilt über die Kuppen niedriger, kahler Hügel, die Adivasi-Stammesdörfer Sikka, Surung, Neemgavan und Domkhedi. Ich sah die luftigen, zerbrechlichen Häuser, die Äcker und Wälder dahinter, die kleinen Kinder, die mit noch kleineren Ziegen durch die Landschaft sausten wie motorisierte Erdnüsse. Ich wusste, die Kultur, die ich vor mir sah, war älter als der Hinduismus – und dazu verurteilt (mit dem Segen des Obersten Gerichts im Lande), während des nächsten Monsuns im steigenden Wasser des Sardar-Sarovar-Stausees unterzugehen.

Warum lachte ich?

Weil mir plötzlich einfiel, wie väterlich besorgt sich die Richter des Obersten Gerichtshofes in Delhi (bevor sie den gerichtlich verfügten Baustopp am Sardar-Sarovar-Damm aufhoben) danach erkundigt hatten, ob für die Kinder der Adivasi, der indischen Ureinwohner, in den Umsiedlungsdörfern auch Spielplätze vorgesehen seien. Die Anwälte der

Regierung hatten sich beeilt zu versichern, dass dem so sei und dass es auf allen Spielplätzen Wippen, Rutschen und Schaukeln gebe. Ich sah zum endlosen Himmel auf und hinunter zum dahinströmenden Fluss, und einen kurzen, ganz kurzen Augenblick lang verkehrte die Absurdität des Ganzen meine Wut ins Gegenteil, und ich lachte. Ich wollte niemandes Gefühle verletzen.

Ich sage vorab, dass ich nichts gegen Städte habe. Ich habe lange genug in einem Dorf gelebt, um die Isolation, die Ungerechtigkeit und die latente Gewalttätigkeit des Lebens dort aus erster Hand zu kennen. Ich will weder die Entwicklung anhalten noch mich an alte Bräuche und Traditionen klammern. Aber ich bin neugierig. Die Neugier brachte mich ins Narmada-Tal. Ich spürte instinktiv, hier ging es ums Ganze. Um einen Kampf, in dem die Fronten klar vorgezeichnet und die gegnerischen Armeen aufmarschiert waren. Einen Kampf, der die Chance bot, sich durch den ganzen erstarrten Morast aus Hoffnung, Zorn, Information, Desinformation, politischer Intrige, technischem Ehrgeiz, falschem Sozialismus, radikalem Aktivismus, bürokratischen Ausflüchten, irregeleiteten Gefühlen und natürlich der allgegenwärtigen, stets zweifelhaften internationalen Entwicklungshilfe zu kämpfen.

Mein Instinkt hieß mich Joyce und Nabokov zur Seite legen und die Lektüre von Don DeLillos großem Buch auf später verschieben. An ihre Stelle traten Berichte über Be- und Entwässerung, Zeitschriften, Bücher und Dokumentarfilme über Staudämme, warum man sie baut und was sie bewirken.

Meine ersten vorsichtigen Fragen belehrten mich, dass nur wenige Menschen wissen, was im Narmada-Tal wirklich passiert. Wer es weiß, weiß es ganz genau. Die meisten wissen gar nichts. Trotzdem hat fast jeder eine Überzeugung, die er leidenschaftlich vertritt. Keiner ist neutral. Ich merkte schnell, dass ich mich auf vermintes Gelände begeben hatte.

Seit zehn Jahren wird in Indien gegen den Sardar-Sarovar-Damm gekämpft, und es geht inzwischen um viel mehr als um einen Fluss. Das ist die Stärke, aber auch die Schwäche dieses Kampfes. Vor einigen Jahren drang die Auseinandersetzung ins öffentliche Bewusstsein. Das hat den Einsatz erhöht und dem Kampf eine neue Färbung gegeben. Aus dem Kampf um das Schicksal eines Flusstals erwuchsen Zweifel an einem ganzen politischen System. Heute steht das Wesen unserer Demokratie auf dem Prüfstand. Wem gehört dieses Land? Wem gehören seine Flüsse? Seine Wälder? Seine Fische? Das sind gewaltige Fragen, und der Staat nimmt sie sehr ernst. Alle seine Institutionen – die Armee, die Polizei, die Verwaltung, die Gerichte – antworten darauf mit einer Stimme. Und nicht nur das, ihre Antworten sind eindeutig, heftig, brutal.

Für die Bewohner des Tals hatte die Erhöhung des Einsatzes zur Folge, dass ihre wirksamste Waffe – konkrete Fakten zu konkreten Problemen in einem konkreten Tal – in der Debatte über die großen Fragen abstumpfte. Die Sache, um die es eigentlich ging, wurde aufgeblasen, bis sie in 1000 Teile zerplatzte, die sich im Lauf der Zeit verflüchtigten. Gelegentlich treibt ein zusammenhangloses Teil des Puzzles vorbei – ein emotionsgeladener Bericht über die Gleichgültigkeit der Behörden gegenüber den Umgesiedelten, ein empörter Aufschrei, weil die Bewegung »Rettet die Narmada« (Narmada Bachao Andolan – NBA), »eine Handvoll Aktivisten«, angeblich das ganze Land erpresst; ein Korrespondentenbericht über den Kampf der NBA vor dem Obersten Gerichtshof.

Zwar wurde zu diesem Thema eine Menge geschrieben, doch meist nur für Leser bestimmter Interessengruppen. Neue Berichte befassen sich in der Regel mit einzelnen Aspekten des Projekts. Akten der Behörden werden unter Verschluss gehalten. Experten und Berater haben unterschiedliche Aspekte des Problems für sich vereinnahmt – Entwurzelung, Umsiedlung, Hydrologie, Entwässerung, Versumpfung, Behandlung der betroffenen Gebiete, leidenschaftliche Gefühle, Politik – und schotten sie nun mit aller Macht vor der Neugierde interessierter, aber unbefugter Laien ab. Gesellschaftsforscher streiten sich aufs Heftigste mit Ökonomen darüber, in welchen Bereich die Angelegenheit nun fällt. Ingenieure weigern sich, über Politik zu diskutieren, wenn sie ihre Vorschläge präsentieren. Politik von Wirtschaft, Emotionen und der menschlichen Tragödie der Entwurzelung zu trennen ist wie die Auflösung einer Band. Einzeln spielen die Musiker einfach nicht mehr so wie früher. Statt der Musik bleibt nur noch Lärm. Ich denke, man kann mit Recht sagen, dass die Öffentlichkeit nur eine ungefähre Vorstellung davon hat, worum es geht, und dass sich diese Vorstellung ganz grob in zwei Kategorien einteilen lässt:

Für die einen geht es um einen Kampf der modernen, rationalen, progressiven Kräfte des »Fortschritts« gegen eine Art moderner Maschinenstürmer – einen irrationalen, emotionalen fortschrittsfeindlichen Widerstand, genährt vom Traum einer vorindustriellen Idylle.

Für die anderen geht es um eine Auseinandersetzung zwischen Nehru und Gandhi. Das hebt die ganze leidige Angelegenheit aus dem Sumpf von Irreführung, Lügen, Versprechungen und zunehmend erfolgreicher Propaganda (um die es *eigentlich* geht) heraus und verleiht ihr eine falsche Legitimität. Demnach hätten beide Seiten das Wohl der Nation im Auge – bei dem Streit ginge es nur um die Mittel zum Zweck.

Beide Interpretationen verlagern den Disput auf die Ebene abgedroschener Klischees. Beide schüren Emotionen, die die konkreten Konturen einer konkreten Auseinandersetzung verwischen. Beide sind Anzeichen dafür, wie dringend wir neue Helden brauchen – neue *Arten* von Helden – und wie sehr wir unsere alten verschlissen haben. Mit dem Verweis auf Nehru und Gandhi in diesem Zusammenhang wird das aktuelle Problem in eine alte Schublade gesteckt. Nehru und Gandhi waren hochherzige Menschen. Ihre Vorstellungen von Fortschritt setzten eine natürliche Moral voraus. Im Fall Nehrus war es die paternalistische, fürsorgliche Moral des nach sowjetischem Vorbild zentralisierten Staates, im Fall Gandhis die nährende, mütterliche Moral verklärter Dorfrepubliken. Beides wäre wunderbar, wenn wir nur bessere Menschen wären. Wenn wir alle handgesponnene Baumwolle tragen und unsere niederen Bedürfnisse unterdrücken würden. Heute, 50 Jahre später, kann man mit Bestimmtheit sagen, dass wir das Ziel nicht erreicht haben. Nicht einmal nahe gekommen sind wir ihm. Wir brauchen ein neues Konzept gegen unsere niederen Triebe.

Vielleicht haben wir als Nation unser Kontingent an Helden für das 20. Jahrhundert ausgeschöpft. Aber während wir auf neue, strahlende Helden warten, müssen wir den Schaden begrenzen. Wir müssen unsere kleinen Helden fördern. (Davon haben wir viele. Viele.) Wir müssen die Kämpfe mit den geeigneten Waffen führen. Wer weiß, vielleicht ist es das, was das 21. Jahrhundert für uns auf Lager hat: die Demontage des Großen. Großer Bomben, großer Staudämme, großer Ideologen, großer Widersprüche, großer Länder, großer Kriege, großer Helden, großer Fehler. Vielleicht macht sich gerade jetzt, in diesem Augenblick, droben im Himmel ein kleiner Gott für uns bereit. Ist das denkbar? Ist das *wirklich* denkbar? Für mich klingt es so gut, dass ich mir die Finger danach ablecken könnte.

Es zog mich ins Tal, weil ich spürte, dass der Kampf um die Narmada in ein neues, noch traurigeres Stadium eingetreten war. Ich ging hin, weil Schriftsteller von Geschichten angezogen werden wie Geier vom Aas. Mein Motiv war nicht Mitleid. Es war schiere Gier. Ich behielt recht. Ich bekam meine Geschichte.

Und was für eine Geschichte …

»Die Menschen sagen, der Sardar-Sarovar-Staudamm sei ein teures Projekt. Aber er versorgt Millionen mit Trinkwasser. Er ist unsere Lebensader. Ist dafür ein Preis zu teuer? Was kostet die Luft, die wir atmen? Wir werden leben, wir werden trinken, und das alles zum Ruhme des Staates Gujarat.«

Urmilaben Patel, die Frau des Chief Ministers von Gujarat, Chimanbhai Patel, auf einer öffentlichen Kundgebung in Delhi 1993

»Nach Errichtung des Staudamms werden wir euch auffordern, eure Häuser zu verlassen. Wenn ihr das tut, ist es gut. Wenn nicht, werden wir die Schleusen öffnen und euch alle ertränken.«

Morarji Desai auf einer öffentlichen Versammlung in der Überflutungszone des Pong-Staudamms 1961[2]

»Warum hat man uns nicht einfach vergiftet? Dann müssten wir nicht in diesem Scheißloch hausen, und nur noch der Staat wäre da und hätte seinen tollen Staudamm für sich allein.«

Ram Bai, deren Dorf nach dem Bau des Bargi-Staudamms an der Narmada überflutet wurde. Sie lebt heute in den Slums von Jabalpur.[3]

In den 50 Jahren seit der Unabhängigkeit hat Nehrus berühmte Rede von den Staudämmen als »Tempeln des modernen Indiens« (eine Rede, die er später bereute)[4] in die Grundschulbücher sämtlicher indischer Sprachen Eingang gefunden. Jedes Schulkind lernt, dass große Dämme das indische Volk von Hunger und Armut erlösen werden. Nehrus Hilfstruppen gingen mit hysterischer Begeisterung daran, Staudämme zu bauen. Der Bau von Dämmen wurde zum Synonym für den Aufbau der Nation. Schon dieser Überschwang hätte misstrauisch machen müssen. Man baute nicht nur neue Dämme und neue Bewässerungssysteme, man entzog den Dorfgemeinschaften auch die Kontrolle über die kleinen, traditionellen Bewässerungssysteme, mit denen sie seit Jahrtausenden gewirtschaftet hatten, und ließ sie verkümmern.[5] Zum Ausgleich für den Verlust baute man immer mehr Staudämme. Große, kleine, hohe, niedrige. Als Ergebnis dieser Anstrengungen brüstet sich Indien heute damit, der drittgrößte Dammbauer der Welt zu sein. Laut der Zentralen Wasserkommission haben wir 3600 Dämme, die als groß gelten können. Davon wurden 3300 nach der Unabhängigkeit gebaut, weitere 695 befinden sich im Bau.[6] Das bedeutet, dass 40 Prozent aller weltweit im Bau befindlichen Dämme in Indien errichtet werden. Trotzdem hat ein Fünftel unserer Bevölkerung kein sauberes Trinkwasser und zwei Drittel besitzen keinen Zugang zu den elementarsten sanitären Einrichtungen.[7]

Es gab eine Zeit, in der alle die Dämme wollten, alle sie bauten – Kommunisten, Kapitalisten, Christen, Muslime, Hindus und Buddhisten. Anfangs war nichts Zynisches an ihnen, sie begannen als Traum und enden als Albtraum. Es wird Zeit aufzuwachen. Mittlerweile nehmen die Proteste gegen die großen Dämme auf der ganzen Welt zu.

In der Ersten Welt werden Bauvorhaben storniert und Dämme gesprengt.[8] Dass sie mehr schaden als nützen, ist inzwischen keine bloße Vermutung mehr. Große Dämme sind veraltet, nicht mehr zeitgemäß. Sie sind undemokratisch. Sie sind ein Mittel des Staates, immer noch mehr Macht an sich zu raffen (durch die Entscheidung, wer wie viel Wasser bekommt und wer was wo anbaut). Die Folge ist, dass die Bauern mit ihrem Wissen nichts mehr anfangen können. Man nimmt den Armen dreist Wasser, Land und Bewässerung weg und schenkt es den Reichen. Die Stauseen machen ganze Völker heimatlos und stürzen sie ins Elend.

Auch ökologisch sind die Dämme in Misskredit geraten.[9] Sie machen das Land unfruchtbar. Sie verursachen Überschwemmungen, Versumpfung und Versalzung, und sie bewirken die Ausbreitung von Krankheiten. Es mehren sich Hinweise auf einen Zusammenhang zwischen Staudämmen und Erdbeben.

Große Staudämme sind ihrer Rolle als Denkmäler der modernen Zivilisation, als Symbole für die Herrschaft des Menschen über die Natur nicht gerecht geworden. Denkmäler sollten zeitlos sein, aber die Lebenszeit von Dämmen ist nur zu begrenzt. Sie halten nur so lange, wie die Natur braucht, das Staubecken mit Schlamm zu füllen.[10] Es ist heute allgemein bekannt, dass große Dämme das Gegenteil dessen bewirken, was ihre Anhänger behaupten – der Mythos vom kleinen Übel um des großen Nutzens willen hat jede Glaubwürdigkeit eingebüßt.

Das alles hat die Dammbauindustrie in der Ersten Welt in Schwierigkeiten gebracht und arbeitslos gemacht. Also wird sie im Namen der Entwicklungshilfe in die Dritte Welt exportiert,[11] zusammen mit anderem Müll wie alten Waffen, veralteten Flugzeugträgern und verbotenen Pestiziden.

Auf der einen Seite wettert die indische Regierung, wettert *jede* indische Regierung selbstgerecht gegen die Erste Welt, auf der anderen Seite *zahlt* sie noch dafür, den als Geschenk verpackten Müll zu bekommen. Die Entwicklungshilfe ist ein paternalistisches Unternehmen. Wie seinerzeit der Kolonialismus. Sie hat den größten Teil Afrikas zerstört. Bangladesch ächzt unter der Last ihrer Gaben. Wir *wissen* das alles bis in die schrecklichen Einzelheiten, und trotzdem heißen unsere Führer in Indien sie mit unterwürfigem Lächeln willkommen (und bauen zum Ausgleich für ihr angeschlagenes Selbstbewusstsein Atombomben).

Indien hat in den vergangenen 50 Jahren 870 Milliarden Rupien[12] allein im Bewässerungssektor ausgegeben.[13] Trotzdem gibt es in Indien heute mehr von Dürre und Überschwemmung heimgesuchte Gebiete als 1947.[14] Trotz alarmierender Dürrekatastrophen, durch Dämme verursachter Überschwemmungen und einer raschen Ernüchterung über die grüne Revolution[15] (sinkende Erträge, ausgelaugte Böden) hat der Staat bei keinem einzigen seiner 3600 Dämme im Nachhinein prüfen lassen, ob der Damm die in ihn gesetzten Erwartungen erfüllt hat, ob die (stets gigantischen) Kosten gerechtfertigt und wie hoch sie überhaupt waren.

Der indische Staat verfügt über genaue Zahlen, wie viel Millionen Tonnen Getreide oder Speiseöl das Land produziert und um wie viel diese Produktion seit 1947 gestiegen ist. Er kann Auskunft darüber geben, wie viel Bauxit jährlich abgebaut wird oder wie groß die Gesamtfläche der Bundesstraßen ist. Man kann minütlich aktuelle Informationen über die Börse oder den Wert der Rupie auf dem Weltmarkt abrufen. Wir wissen, wie viele Kricketspiele wir an einem Freitag in Schardscha verloren haben. Man kann ganz leicht feststellen, wie viele Hochschulabsolventen es in Indien gibt oder wie viele Männer sich in einem bestimmten Jahr einer Vasektomie unterzogen haben. Doch der Staat kann nicht die Zahl der Menschen beziffern, die durch Dämme heimatlos gemacht oder aus anderen Gründen auf den Altären des »nationalen Fortschritts« geopfert wurden. Aber ist das nicht *hanebüchen*? Wie kann man Fortschritt messen, wenn man nicht weiß, was er kostet und wer ihn bezahlt hat? Wie kann der »Markt« Dingen wie Nahrung, Kleidern, elektrischem Strom oder Trinkwasser einen Preis geben, ohne dabei die *wirklichen* Herstellungskosten zu berücksichtigen?

Laut einer ausführlichen Studie des Indian Institute of Public Administration über 54 große Staudämme sind durch einen dieser Dämme in Indien im *Schnitt* 44182 Menschen heimatlos gemacht worden.[16] Vierundfünfzig von 3300 Dämmen sind zugegebenermaßen keine repräsentative Menge. Aber wir haben nur diese Zahlen, versuchen wir es also mit einer einfachen Rechnung. Einer ersten Schätzung.

Lassen Sie uns vorsichtig schätzen und die Zahl der Menschen halbieren. Oder lassen Sie uns übervorsichtig sein und von einem Schnitt von 10 000 Menschen pro großem Staudamm ausgehen. Das ist wahnsinnig wenig, ich weiß, aber … egal. Taschenrechner auf den Tisch.

3300 × 10 000 = 33 000 000.

Das kommt dabei heraus. Dreiunddreißig *Millionen* Menschen. Die allein in den letzten 50 Jahren durch große Staudämme heimatlos gemacht wurden. Und die Menschen, die durch Tausende anderer Entwicklungsprojekte vertrieben wurden? N. C. Saxena, Sekretär der Planungskommission, sprach in einem internen Vortrag von etwa 50 Millionen Vertriebenen (von denen 40 Millionen Staudämmen weichen mussten).[17] Wir trauen uns nicht, das zu sagen, weil es nicht offiziell ist. Es ist nicht offiziell, weil wir uns nicht trauen, es zu sagen.[18] Man darf es nur ganz leise sagen aus Angst, als Lügner beschimpft zu werden. Man muss es sich selbst ins Ohr flüstern, so unglaublich klingt es. Es *kann* nicht stimmen, habe ich mir eingeredet. Sicher bin ich mit den Nullen durcheinandergekommen. *Es kann nicht stimmen.* Ich wage kaum, die Zahl laut auszusprechen. Zu riskieren, dass ich wie ein LSD schluckender Hippie aus den 60ern klinge (»Das System ist schuld, Mann«) oder wie ein schizophrener Paranoiker mit Verfolgungswahn. Aber das System *ist* schuld. Was denn sonst?

50 Millionen Menschen.

Auf, ihr Beamten und Staatsdiener! Feilscht, handelt, druckst herum, sagt *irgendetwas*!

Mir ist zumute wie jemandem, der soeben ein Massengrab entdeckt hat.

Fünfzig Millionen, das sind mehr Menschen, als in Gujarat leben. Fast dreimal so viel wie in Australien. Mehr als dreimal so viel wie die Flüchtlinge aufgrund der Teilung Indiens. Zehnmal so viel wie die palästinensischen Flüchtlinge. Im Westen macht man sich gegenwärtig schreckliche Sorgen um die Zukunft der einen Million Flüchtlinge aus dem Kosovo.

Ein großer Prozentsatz der Zwangsumgesiedelten sind Adivasi (im Fall des Sardar-Sarovar-Dammes 57,6 Prozent).[19] Addiert man dazu die Unberührbaren, die Dalits, wird daraus eine skandalöse Zahl. Laut dem Commissioner für Scheduled Castes and Tribes, der für die Kastenordnung sowie für ethnische Minderheiten zuständig ist, liegt der Gesamtprozentsatz bei etwa 60 Prozent.[20] Berücksichtigt man, dass die Adivasi nur acht und die Dalits weitere 15 Prozent der indischen Bevölkerung ausmachen, bekommt die Geschichte ihrer Vertreibung eine ganz neue Dimension. Die ethnische »Andersartigkeit« der Opfer macht es dem Staat leichter. Das ist wie bei einer Spesenabrechnung. Zahlen tut jemand anders. Die Menschen eines anderen Landes, einer anderen Welt. Indiens Ärmste subventionieren den Lebensstil der Reichsten.

Hat da jemand etwas von der größten Demokratie der Welt gesagt?

Was ist mit diesen Millionen Menschen passiert? Wo sind sie heute? Wovon leben sie? Keiner weiß es genau. (Der *Indian Express* berichtete vor kurzem, Adivasi würden nach ihrer Zwangsumsiedlung aus dem Gebiet des Nagarjunasagar-Staudamm-Projekts ihre Babys zur Adoption an ausländische Agenturen verkaufen.[21] Die Behörden intervenierten und wiesen die Babys in staatliche Krankenhäuser ein, wo sechs von ihnen an Vernachlässigung starben.) Was die Wiedereingliederung der Umgesiedelten angeht, hat der Staat klare Prioritäten. Ein landesweites Wiedereingliederungsprogramm gibt es in Indien nicht. Nach dem Land Acquisition Act von 1894 (ergänzt 1984) ist der Staat gegenüber einer umgesiedelten Person gesetzlich lediglich zu einer Entschädigung in Bargeld verpflichtet. Man stelle sich das vor. Eine Geldentschädigung, die ein indischer Beamter einem männlichen Ureinwohner zahlen soll (Frauen bekommen sowieso nichts), der weder lesen noch schreiben kann, und das in einem Land, in dem sogar der Postbote für die Zustellung ein Trinkgeld verlangt! Die meisten Adivasi haben keine Besitzurkunden für ihr Land und können deshalb sowieso keine Entschädigung beantragen. Die meisten von ihnen – oder sagen wir die meisten Kleinbauern – können mit Geld so viel anfangen wie ein Richter des Obersten Gerichtshofs mit einem Sack Dünger.

Die Millionen zwangsumgesiedelter Menschen existieren nicht mehr. In den Geschichtsbüchern werden sie nicht auftauchen. Nicht einmal als Statistik. Einige von ihnen wurden nacheinander drei-, viermal umgesiedelt – wegen eines Staudamms, eines Artillerieübungsgeländes, eines Uranbergwerks, eines Kraftwerks. Sind sie einmal unterwegs, kommen sie nicht mehr zur Ruhe. Die große Mehrheit wird schließlich von den Slums an den Rändern unserer Großstädte verschluckt. Aus ihnen speist sich ein gewaltiges Reservoir billiger Arbeitskräfte, die dann an weiteren Projekten mitarbeiten, durch die weitere Menschen vertrieben werden. Zugegeben, sie werden nicht umgebracht oder in Gaskammern geschickt, aber ihre Unterbringung ist schlimmer als in den Konzentrationslagern des Dritten Reiches. Sie sind keine Gefangenen, aber von Freiheit kann auch keine Rede sein.

Und immer noch ist der Albtraum nicht zu Ende. Sogar aus ihren infernalischen Löchern in den Slums werden sie vertrieben von den Planierraupen des Staates, die immer dann zu Aufräumaktionen ausschwärmen, wenn die nächsten Wahlen in beruhigend weiter Ferne liegen und die reichen Städter sich um die Hygiene sorgen. In Städten wie Delhi laufen die Vertriebenen Gefahr, bei Erledigung ihrer Bedürfnisse auf öffentlichen Plätzen von der Polizei erschossen zu werden – wie zuletzt erst vor zwei Jahren mit drei Slumbewohnern geschehen.

In den Kriegen gegen das französische Kanada im 18. Jahrhundert rottete Lord Amherst die meisten Indianer Kanadas aus, indem er ihnen mit dem Pockenvirus infizierte Decken schenkte. Zweihundert Jahre später haben wir in Indien unauffälligere Methoden für denselben Zweck entwickelt.

Die Millionen Vertriebener in Indien sind nichts anderes

als Flüchtlinge eines verdeckten Krieges. Und wir, ähnlich den Bürgern des weißen Amerikas, des französischen Kanadas und Hitlerdeutschlands, billigen diesen Krieg, indem wir wegsehen. Warum? Weil uns gesagt wird, dass all dies dem Nutzen der Allgemeinheit dient. Dass alles im Namen des Fortschritts getan wird, im Namen des nationalen Interesses (das natürlich vor allem Vorrang hat). Deshalb glauben wir froh, unkritisch, geradezu dankbar, was uns gesagt wird. Wir glauben, dass es uns nützt, daran zu glauben.

Erlauben Sie mir, diesen Glauben zu erschüttern. Geben Sie mir die Hand und lassen Sie sich von mir durch das Labyrinth führen. Folgen Sie mir, denn es ist wichtig, dass Sie begreifen. Wenn Sie dann anderer Meinung sind, widersprechen Sie mir, unbedingt. Aber bitte verschließen Sie sich nicht, schauen Sie nicht einfach weg. Es ist nicht leicht, diese Geschichte zu erzählen. Sie ist voller Zahlen und Erklärungen. Bei Zahlen sind mir früher die Augen zugefallen. Jetzt nicht mehr. Nicht mehr, seit ich der Richtung zu folgen begann, in die sie weisen.

Vertrauen Sie mir. Hören Sie mir zu.

Es stimmt, dass Indien Fortschritte gemacht hat. Heute hat Indien mehr bewässertes Land als jeder andere Staat der Erde. In den letzten 50 Jahren haben sich die bewässerten Flächen um etwa 140 Prozent vergrößert. Es stimmt, dass Indien 1947, als der Kolonialismus offiziell endete, ein Nahrungsmitteldefizit hatte. 1951 produzierten wir 51 Millionen Tonnen Getreide, heute sind es an die 200 Millionen Tonnen.[22] Das ist bestimmt ein gewaltiger Fortschritt. (Auch wenn es besorgniserregende Anzeichen dafür gibt, dass er sich vielleicht nicht aufrechterhalten lässt.)

Die unausgesprochene Annahme lautet, dass der massive Anstieg der Getreideproduktion auf die großen Dämme zurückzuführen ist. Dass die großen Dämme der Schlüssel zur Sicherung der Ernährung von Indiens Bevölkerung sind.

Bei 90 Prozent von Indiens großen Dämmen handelt es sich um Bewässerungsdämme. Aber sind sie tatsächlich der Schlüssel zur Sicherung der Ernährung von Indiens Bevölkerung?

Eine solche Frage überhaupt zu stellen bedeutet, den Verdacht der Aufwiegelung, der Gefühle gegen Nation und Fortschritt, der Unterstützung fremder Mächte und der Entgegennahme »fremder Gelder« auf sich zu ziehen. Aber die Frage muss nun mal gestellt werden.

Erstaunlich ist, dass es keine Antwort darauf gibt. Es gibt keine offiziellen Angaben der Regierung, wie hoch die Anteile der mechanischen Grundwassernutzung, der Verwendung ertragreicher Hybridsorten, des Einsatzes chemischer Dünger und der Bewässerung durch die großen Dämme an der gesamten Getreideproduktion sind.

Wie sonst sollte man dies nennen als unverzeihliche Missachtung der Bürger durch den Staat? Angesichts der Tatsache, dass die Bewohner des Narmada-Tals nun schon seit mehr als 15 Jahren kämpfen, könnte die Regierung doch wenigstens ihre Behauptung belegen, dass die großen Dämme Indiens einzige Chance auf eine Versorgung der wachsenden Landesbevölkerung mit Nahrungsmitteln ist.

Die einzige mir bekannte Studie wurde der World Commission on Dams von Himanshu Thakker vorgelegt. Darin heißt es, dass die großen Dämme lediglich für 12 Prozent der gesamten Getreideproduktion Indiens die Grundlage bilden![23]

Zwölf Prozent der Gesamtproduktion, das sind 24 Millionen Tonnen. 1995 lagerten in den staatlichen Getreidespeichern 30 Millionen unverkauftes Getreide, während 350 Millionen Menschen unterhalb der Armutsgrenze lebten.[24]

Nach Angaben des Ministry of Food and Civil Supplies gehen 10 Prozent von Indiens gesamter Getreideproduktion, das heißt 20 Millionen Tonnen, wegen schlechter und unpassender Lagermöglichkeiten an Nagetiere und Insekten verloren. Wir sind vermutlich das einzige Land der Welt, das Dämme baut, Dorfgemeinschaften entwurzelt und Wälder überflutet, um Ratten zu ernähren. Wir brauchen also ganz eindeutig dringend bessere Lager als Dämme.

So scheint Indien Fortschritte gemacht zu haben, der Großteil seiner Einwohner aber nicht.

Die Inder sind zu arm, um die Nahrungsmittel zu kaufen, die ihr Land produziert. Man zwingt sie, Sorten von Nahrungsmitteln anzubauen, die sie sich selbst nicht leisten können. Was passierte denn im Distrikt Kalahandi im westlichen Orissa, bekannt vor allem für seine Hungersnöte? Während der Dürre 1996 starben Menschen an Hunger (nach staatlichen Angaben 16, laut der Presse über 100).[25] Dabei wurde in diesem Jahr in Kalahandi mehr Reis produziert als im Landesdurchschnitt! Der Reis wurde vom Distrikt ins Zentrum exportiert.[26]

Unsere Führer sagen, wir bräuchten Atomraketen, um uns vor der Bedrohung durch China und Pakistan zu schützen. Aber wer schützt uns vor uns selbst?

Was für ein Land ist das? Wem gehört es? Wer verwaltet es? Was geht hier vor?

Es ist an der Zeit, einige Staatsgeheimnisse zu lüften. Den Mythos eines bei aller Ineffizienz, Stümperhaftigkeit und Korruption letztlich doch gütigen und im Wesentlichen demokratischen indischen Staates zu zerstören. Mit Fahrlässigkeit lässt sich das Verschwinden von 50 Millionen Menschen nicht erklären. Auch mit dem Karma nicht. Machen wir uns nichts vor. Das hat Methode – eine exakte, erbarmungslose und zu 100 Prozent von Menschen geschaffene Methode.

Der indische Staat ist keineswegs gescheitert. Er kann sogar, was seine Ziele betrifft, eindrucksvolle Erfolge vorweisen. Er hat sich mit skrupelloser Effizienz die Ressourcen des Landes angeeignet – Boden, Wasser, Wälder, Fische, Fleisch, Eier, Luft – und sie an einige wenige Privilegierte umverteilt (zweifellos im Gegenzug für die eine oder andere Gefälligkeit). Er weiß die Interessen der Kader seiner hochbezahlten Elite hervorragend zu schützen und hat perfekte Methoden entwickelt, all jene zu vernichten, die seinen Absichten im Weg stehen. Seine größte Leistung ist allerdings, dass er das alles schafft und dabei eine weiße Weste bewahrt. Dass er Geheimnisse unter Verschluss hält und Informationen, die für das tägliche Leben von einer Milliarde Menschen von größter Wichtigkeit sind, in Akten versteckt, die nur den Bannerträgern der Staatsmacht zugänglich sind: Ministern, Beamten, Ingenieuren, Verteidigungsstrategen. Natürlich machen wir, die Nutznießer des Staates, es ihnen leicht. Wir achten darauf, nicht allzu tief zu graben. Denn im Grunde *wollen* wir die hässlichen Details gar nicht wissen.

Dank uns kam (und ging) die Unabhängigkeit, kommen und gehen Wahlen, doch die Karten wurden nie neu gemischt. Im Gegenteil, die alte Ordnung wurde heiliggesprochen, der Graben zementiert. Wir, die Herrschenden, haben keine Zeit, von unserem gedeckten Tisch aufzusehen. Wir scheinen nicht zu wissen, dass die Ressourcen, an denen wir uns gütlich tun, begrenzt sind und rasch schwinden. Unser Geld liegt auf der Bank, aber bald wird man sich davon nichts mehr kaufen können. In der Küche geht das Essen aus, und die Diener haben noch keinen Bissen bekommen. Genau genommen haben sie schon seit langer Zeit nichts mehr gegessen.

Indien lebt in seinen Dörfern, wird uns scheinheilig in jeder zweiten öffentlichen Rede versichert. Das ist blanker Unsinn, nur ein weiteres Feigenblatt der an Feigenblättern so reichen Garderobe des Staates. Indien lebt nicht in seinen Dörfern. Indien *stirbt* in seinen Dörfern. Indien wird in seinen Dörfern geschunden und geschlagen. Es lebt in seinen Städten. Indiens Dörfer leben nur, um den Städten zu dienen. Die Dorfbewohner sind die Sklaven der Städter. Man muss deshalb auf sie aufpassen und sie am Leben halten, aber eben gerade nur am Leben.

Dieses Bild eines Staates, der unter dem schieren Gewicht und Ausmaß seiner Probleme fast zusammenbricht, ist alarmierend. Tatsache ist, dass der Staat das Hauptproblem selbst schafft. Der Staat ist eine gigantische Armut produzierende Maschine. Er versteht es meisterhaft, die Armen gegen die noch Ärmeren auszuspielen. Er wirft ihnen einige Krumen hin, auf dass sie ihre Kraft im Kampf gegeneinander erschöpfen, während in den Häusern der Herren Frieden herrscht (und die Werbung).

Solange dieser Mechanismus nicht in seinem Wesen erkannt und gezielt bekämpft wird, werden Wahlen – sie mögen noch so leidenschaftlich geführt werden – weiter Scheingefechte sein, durch die schreiendes Unrecht nur festgeschrieben wird. Die Demokratie (unsere Version davon) wird weiterhin die gütige Maske sein, hinter der ungehindert das Verderben wütet. In einem Ausmaß, das frühere Kriege und Katastrophen wie zahme Experimente aussehen lässt. Mit 50 Millionen Menschen ist die Mühle des Fortschritts schon gefüttert worden. Heraus kamen dabei Klimaanlagen, Popcorn und Anzüge aus Kunstseide – *subventionierte* Klimaanlagen, *subventioniertes* Popcorn und *subventionierte* Anzüge aus Kunstseide. Wenn wir diese schönen Dinge unbedingt brauchen – und schön sind sie ja –, sollten wir wenigstens für sie zahlen müssen.

In der Fahne ist ein Loch, das gestopft werden muss.

So traurig es klingt, aber solange wir glauben – gibt es keine Hoffnung. Um hoffen zu können, müssen wir mit dem Glauben *brechen*. Wir müssen die Kämpfe mit den geeigneten Waffen führen, und wir müssen kämpfen, um zu siegen. Hören Sie sich also die Geschichte des Narmada-Tals an. Begreifen Sie. Und, wenn Sie wollen, machen Sie mit. Wer weiß, vielleicht geschieht dann ein Wunder.

Die Narmada entspringt in der Ebene von Amarkantak im Distrikt Shahdol in Madhya Pradesh. Von dort fließt sie 1300 Kilometer durch herrliche Laubwälder und den vielleicht fruchtbarsten Ackerboden Indiens. 25 Millionen Menschen leben im Flusstal, und ihr Dasein ist aufs Engste verknüpft mit dem Ökosystem und einem uralten, komplexen Netz gegenseitiger Abhängigkeit (und zweifellos Ausbeutung).

Seit über 50 Jahren wird eine Erschließung der Wasserressourcen der Narmada angestrebt. Der Fluss entging nur deshalb bis vor kurzem noch der Vereinnahmung und Zerstückelung, weil er durch drei Bundesstaaten fließt – Madhya Pradesh, Maharashtra und Gujarat.

Die Narmada fließt zu 90 Prozent durch Madhya Pradesh. Dann streift sie die nördliche Grenze von Maharashtra, fließt etwa 180 Kilometer durch Gujarat und mündet bei Bharuch ins Arabische Meer.

Bereits 1946 gab es Pläne, den Fluss bei Gora in Gujarat aufzustauen. 1961 legte Nehru den Grundstein für einen 49,8 Meter hohen Damm – einer Miniaturausgabe des Sardar Sarovar.

Um dieselbe Zeit ließ das indische Vermessungsamt neue topographische Karten des Flussbeckens anfertigen. Die

Dammplaner in Gujarat gelangten beim Studium dieser Karten zu der Ansicht, dass es profitabler sei, einen wesentlich größeren Damm zu bauen. Das bedeutete allerdings, dass man sich mit den Nachbarstaaten zusammenraufen musste.

Jahrelang zankten die drei Staaten sich, ohne zu einer Einigung über die Aufteilung des Wassers zu gelangen. 1969 schließlich richtete die Zentralregierung das Narmada Water Disputes Tribunal ein. Das Tribunal brauchte weitere zehn Jahre, um einen Schiedsspruch zu fällen.

Die Menschen, deren Leben zerstört werden würde, wurden weder informiert noch gefragt oder angehört.

Um das Wasser aufteilen zu können, musste das Tribunal zuallererst feststellen, wie viel Wasser der Fluss überhaupt führte. Für eine zuverlässige Schätzung verwendet man üblicherweise die Daten der tatsächlichen Abflussmenge in einem Zeitraum von wenigstens 40 Jahren. Da solche Daten nicht zur Verfügung standen, beschloss man, die entsprechenden Zahlen aus der Menge der Niederschläge zu extrapolieren. So kam man auf 33,6 Milliarden Kubikmeter.[27]

Diese Zahl bildet das statistische Fundament des Narmada Valley Project. Wir leben heute noch mit ihren Auswirkungen. Sie trägt mehr oder weniger die Gesamtanlage des Projekts – was die Höhe, den Ort und die Zahl der Dämme betrifft. Aus ihr kann man auch auf die Kosten des Projekts schließen, auf die Größe des überfluteten Gebietes, auf die Zahl der Menschen, die umgesiedelt werden müssen, und auf den voraussichtlichen Nutzen.

1992, als man auf Daten zur Abflussmenge der Narmada für die letzten 45 Jahre zurückgreifen konnte (1948 bis 1992), stellte sich heraus, dass man nur mit 28 Milliarden Kubikmetern rechnen durfte – mit 18 Prozent weniger![28]

Die Zentrale Wasserkommission räumt ein, dass die Narmada weniger Wasser führt, als bisher angenommen.[29] Die indische Regierung erklärt:

Anzumerken bleibt, dass Absatz 11 (der Entscheidung des Tribunals) bezüglich der Festsetzung der verlässlichen Abflussmenge auf 34,5 Milliarden Kubikmeter keiner Überprüfung bedarf.![30]

Ganz gleich, was die Zahlen sagen – die Narmada ist durch Menschengesetz verpflichtet, so viel Wasser zu liefern, wie der indische Staat will.

Die Anhänger des Narmada Valley Project sprechen stolz vom ehrgeizigsten Staudammprojekt der Menschheitsgeschichte. Sie wollen 3200 Dämme bauen, die die Narmada und ihre 41 Nebenflüsse in eine abgestufte Folge von Staubecken verwandeln sollen – eine gigantische Treppe nutzbar gemachten Wassers. Geplant sind 30 große Dämme, 135 mittlere und Hunderte von kleinen. Zwei der großen Dämme werden multifunktionale Megadämme sein. Der Sardar Sarovar in Gujarat und der Narmada Sagar in Madhya Pradesh werden zusammen mehr Wasser aufstauen als jeder andere Staudamm des indischen Subkontinents.

Aus welcher Perspektive man es auch sieht, das Narmada Valley Development Project ist in jeder Beziehung gigantisch. Es wird die Ökologie des gesamten Beckens eines der größten indischen Flüsse umkrempeln. Das Leben der 25 Millionen im Tal lebenden Menschen wird sich verändern, ob nun zum Besseren oder zum Schlechteren. 4000 Quadratkilometer unberührter Laubwälder werden überflutet und vernichtet werden.[31] Trotzdem erbot sich die Weltbank, noch bevor das indische Umweltministerium grünes Licht gab, das Kernstück des Projekts zu finanzieren – den Sardar-Sarovar-Damm, dessen Staubecken in Madhya Pradesh und

Maharashtra Menschen heimatlos macht, während Gujarat davon profitiert. Die Weltbank zückte das Scheckbuch, noch *bevor* die Kosten kalkuliert und genauere Untersuchungen angestellt worden waren und *bevor* irgendjemand eine noch so vage Vorstellung davon hatte, welche ökologischen Auswirkungen der Bau des Staudamms haben würde und welchen Preis die Menschen zahlen müssten!

Der 450-Millionen-US-Dollar-Kredit für das Sardar-Sarovar-Projekt wurde 1985 bewilligt. Die Genehmigung durch das indische Umweltministerium erfolgte erst 1987! Was heißt hier Begeisterung? So etwas grenzt an missionarischem Eifer. Für wen ist das so wichtig?

Woher dieser Eifer?

Die Mitarbeiter der Weltbank haben dem Exekutivdirektorium zwischen 1947 und 1994 6000 Projekte vorgeschlagen. Das Direktorium hat in keinem einzigen Fall abgelehnt. *Keinem einzigen.* Ausdrücke wie »Geld bewegen« und »ein bestimmtes Kreditvolumen erreichen« bekommen plötzlich einen Sinn.

Indien befindet sich heute in einer Situation, in der es der Weltbank mehr Geld für Zinsen und Tilgungsraten zahlt, als es von ihr bekommt. Wir müssen neue Schulden aufnehmen, um alte zurückzahlen zu können. Laut dem Jahresbericht der Weltbank hat Indien der Weltbank 1998 478 Millionen US-Dollar mehr gezahlt, als es von ihr geliehen hat. Von 1993 bis 1998 hat Indien 1,475 Milliarden mehr gezahlt als bekommen.[32]

Die Beziehung zwischen uns entspricht genau der Beziehung zwischen einem hochverschuldeten landlosen Arbeiter und dem lokalen Bania, dem Geldverleiher – es ist eine zärtliche Beziehung: Der Arme liebt seinen Bania, weil er immer da ist, wenn er ihn braucht. Nicht umsonst nennen wir die

Welt ein globales Dorf. Der einzige Unterschied zwischen dem landlosen Arbeiter und dem indischen Staat ist, dass der eine das Geld zum Leben braucht, während der andere es in die Privatschatullen seiner Beamten weiterleitet und so das Land in eine wirtschaftliche Knechtschaft zwingt, von der es sich vielleicht nie mehr befreit.

Die internationale Dammbauindustrie setzt jährlich 20 Milliarden US-Dollar um.[33] Wer den Spuren der großen Dämme auf der ganzen Welt folgt, ob nun in China, Japan, Malaysia, Thailand, Brasilien oder Guatemala, der trifft immer wieder auf dieselbe Geschichte und dieselben Akteure: auf das »eiserne Dreieck« (Dammbauerjargon für die Verflechtung zwischen Politik, Bürokratie und Dammbaugesellschaften), auf die Gangster, die sich internationale Umweltberater nennen (meist direkt angestellt von den Dammbauern oder deren Tochterfirmen) und, in der Mehrheit der Fälle, auf die Weltbank, deinen Freund und Helfer. Mit der Zeit erkennt man die immer gleichen Sprechblasen, dieselben edlen Worte vom Damm für das Volk und dieselbe schnelle, brutale Unterdrückung, sobald sich in der Bevölkerung Widerstand regt. (In letzter Zeit, vor allem nach den Erfahrungen im Narmada-Tal, ist die Weltbank vorsichtiger bei der Wahl der Länder, in denen sie Projekte finanziert, die Massenvertreibungen beinhalten. Gegenwärtig ist China ihr liebster Kunde. Darin liegt die große Ironie unserer Zeit – amerikanische Bürger protestieren gegen das Massaker auf dem Tiananmen-Platz, während die Weltbank mit dem Geld derselben Bürger Untersuchungen für den chinesischen Drei-Schluchten-Damm finanziert, dem 1,3 Millionen Menschen weichen sollen. Die Weltbank ist heute der wichtigste ausländische Geldgeber für große Staudammprojekte in China.)[34]

Es ist ein eingespielter Zirkus, dessen Akrobaten einander gut kennen. Gelegentlich tauschen sie die Rollen – ein Beamter geht zur Weltbank, ein Banker mutiert zum Projektberater. Am Ende der Vorstellung fließt ein großer Prozentsatz der sogenannten »Entwicklungshilfe« in die Länder zurück, aus denen sie kam, verbrämt als Gerätekosten, Beratungsgebühren oder Gehälter der Entwicklungshelfer. Oft ist die Hilfe ganz unverblümt an Bedingungen geknüpft (der japanische Kredit für den Sardar-Sarovar-Damm etwa an einen Kaufvertrag für Turbinen der Sumitomo Corporation).[35] In anderen Fällen sind solche Zusammenhänge weniger offensichtlich. Großbritannien finanzierte 1993 den Pergau-Damm in Malaysia mit einem zinsverbilligten Kredit von 234 Millionen Pfund, obwohl ein Bericht der Overseas Development Administration den Damm als »schlechten Kauf« für Malaysia einstufte. Später stellte sich heraus, dass man Malaysia mit dem Kredit zur Unterzeichnung eines Kaufvertrags für britische Waffen im Wert von 1,3 *Milliarden* Pfund »ermutigt« hatte.[36]

Britische Berater haben 1994 an Projekten in Übersee 2,5 Milliarden Pfund verdient.[37] Nach dem Bereich Projektmanagement bildeten Untersuchungen zur Einschätzung der Umweltfolgen den zweitgrößten Sektor des Markts. In dieser Branche sind die Regeln einfach. Wer von einer Behörde beauftragt wird, eine solche Untersuchung für ein großes Staudammprojekt durchzuführen, und dann auf ein Problem aufmerksam macht (etwa über die verfügbare Wassermenge eines Flusses streitet oder, Gott behüte, darauf hinweist, dass der Preis, den die dort lebenden Menschen zahlen, womöglich zu hoch ist), der kann gleich seinen Hut nehmen. Er wird sofort gefeuert. Und schwupp! Weg ist der Range Rover, weg der Urlaub in der Toskana, weg die teure Privatschule für die Kinder. Mit Armut lässt sich gutes Geld verdienen. Plus Spesen.

Wie weltweit üblich, inszenierte die Regierung zeitgleich mit dem Bau des 138,68 Meter hohen Sardar-Sarovar-Damms ein aufwendiges Spektakel. Studien wurden erstellt, um die tatsächlichen Kosten des Baus und seine voraussichtlichen Folgen für Mensch und Umwelt abzuschätzen. Die Weltbank spielte bei dieser Farce engagiert ihren Part – nur gelegentlich runzelte sie die Stirn und verlangte halbherzig mehr Informationen zu Problemen wie der Umsiedlung und Wiedereingliederung der sogenannten PAPs, der Project Affected Persons. (Sie helfen, diese Kürzel, sie verwandeln Fleisch und Blut in kalte Statistik. PAPs hören schnell auf, Menschen zu sein.)

Einige spärliche Informationen genügten der Weltbank, und sie setzte das Projekt fort. Zwischen den beteiligten Behörden herrschte die stillschweigende, informelle, aber dennoch offenkundige Übereinkunft, das Projekt ungeachtet des Preises – für Wirtschaft, Umwelt und Mensch – durchzuziehen. Es würde sich im Verlauf seiner Verwirklichung von selbst rechtfertigen. Die Beteiligten wussten dabei sehr wohl, dass vor Gericht oder einem Ausschuss letztlich kein Argument so viel zählt wie vollendete Tatsachen.

Jede Verzögerung kostet das Land täglich 20 Millionen Rupien, Euer Gnaden.

In der Sprache der Behörden ist das Sardar-Sarovar-Projekt das »bestuntersuchte Projekt Indiens«. Die Wirklichkeit sieht in etwa so aus: Als das Tribunal seine Entscheidung fällte und Gujarat bekannt gab, wie es seinen Anteil am Wasser nutzen wollte, *war von Trinkwasser für die Dörfer in Kutch und Saurashtra,* den Dürregebieten von Gujarat, *nicht die Rede.* Als das Projekt dann politisch in Schwierigkeiten geriet, entdeckte der Staat plötzlich die emotionale Wirkung des Durstes. Das Anliegen, den Durst der ausgedörrten Kehlen in Kutch und Saurashtra zu stillen, avancierte auf einmal zum *alleinigen Zweck* des Sardar-Sarovar-Projekts. (Ungeachtet dessen, dass das Wasser zweier Flüsse – des Sabarmati und des Mahi, die beide einige Kilometer näher an Kutch und Saurashtra vorbeifließen als die Narmada – aufgestaut und nach Ahmedabad, Mehsana und Kheda umgeleitet wurde. Weder Kutch noch Saurashtra haben einen Tropfen davon zu sehen bekommen.) In offiziellen Verlautbarungen ist die Zahl derer, die durch den Sardar-Sarovar-Kanal mit Trinkwasser versorgt werden, von 28 Millionen (1983) auf 32,5 Millionen (1989) – irgendwie rührend, die Stelle nach dem Komma! –, schließlich auf 40 Millionen (1992) gestiegen und dann auf 25 Millionen gesunken (1993).[38]

Die Zahl der Dörfer, die mit Trinkwasser versorgt werden sollten, lag 1979 bei null, Anfang der 1980er Jahre bei 4719, 1990 bei 7234 und 1991 bei 8215.[39] Auf Druck räumten die Behörden ein, dass in den Zahlen für 1991 auch 236 *nicht mehr bewohnte* Dörfer enthalten waren![40]

Jeder Aspekt des Projekts wird auf diese geradezu spielerische Weise angegangen, als handle es sich um ein Brettspiel im Familienkreis. Auch wenn Leben und Zukunft einer Unzahl von Menschen bedroht sind.

1979 wurde die Zahl der durch den Sardar-Sarovar-Stausee voraussichtlich vertriebenen Familien auf etwas über 6000 geschätzt. 1987 stieg sie auf 12 000, vier Jahre später schnellte sie auf 27 000 hoch. 1992 räumten die Behörden ein, dass 40 000 Familien betroffen seien. Heute schwanken die offiziellen Zahlen zwischen 40 000 und 41 500.[41] (Natürlich ist auch das eine abstruse Zahl, da die Menschen ja nicht nur durch das Staubecken heimatlos werden. Laut der NBA liegt die tatsächliche Zahl der Familien bei 85 000 – das sind eine *halbe Million* Menschen.)

Die geschätzten Kosten des Projekts stiegen von unter 50 Milliarden Rupien auf (offiziell) 200 Milliarden.[42] Der NBA zufolge werden es 440 Milliarden Rupien sein.[43]

Laut offizieller Darstellung sollen durch das Sardar-Sarovar-Projekt 1450 Megawatt Strom erzeugt werden.[44] Das Problem bei multifunktionalen Dämmen wie dem Sardar Sarovar ist allerdings, dass ihre »Funktionen« (Bewässerung, Stromerzeugung und Hochwasserschutz) einander widersprechen. Durch Bewässerung wird das Wasser verbraucht, das schon für die Stromerzeugung benötigt wird. Um Überschwemmungen zu verhindern, muss das Staubecken während der Monsunmonate leer sein, um die erwarteten Fluten aufnehmen zu können. Wenn es dann weniger regnet als erwartet, bleibt das Staubecken leer. Was wiederum die Bewässerung unmöglich macht, für die man das Monsunwasser braucht. Das alles erinnert an das Scherzrätsel, wie man mit einem Fuchs, einer Henne und einem Sack Getreide einen Fluss überquert. Aufgrund dieser widersprüchlichen Ziele wird der Sardar-Sarovar-Staudamm Untersuchungen zufolge nach seiner Fertigstellung bei voller Auslastung nur 3 Prozent der von den Planern vorausgesagten Strommenge liefern. Ungefähr 50 Megawatt. Zieht man davon noch den Strom ab, den man braucht, um das Wasser durch das gewaltige Netz von Kanälen zu pumpen, *verbraucht* die ganze Anlage mehr Strom, als sie produziert![45]

In einer so langwierigen Auseinandersetzung verfolgt jeder eigene Ziele. Wie findet man sich in diesem Dickicht widersprüchlicher Interessen zurecht? Wie soll man beurteilen, auf welche Prognosen Verlass ist? Eine Möglichkeit ist ein Blick auf die Zahlen bisher in Indien gebauter Dämme.

Der Bargi-Damm bei Jabalpur wurde 1990 als erster Staudamm an der Narmada fertiggestellt. Er kostete zehnmal mehr als veranschlagt, und das von ihm überflutete Gebiet war dreimal so groß wie von den Ingenieuren vorausgesagt. Etwa 70 000 Menschen aus 101 Dörfern sollten umgesiedelt werden, doch als das Staubecken (ohne Vorwarnung) geflutet wurde, wurden 162 Dörfer überschwemmt. Einige der vom Staat gebauten Umsiedlungsdörfer wurden ebenfalls überschwemmt. Die Menschen wurden wie Ratten aus dem Land gespült, in dem sie jahrhundertelang gelebt hatten. Sie retteten, was sie konnten, und mussten dann mitansehen, wie ihre Häuser untergingen. 114 000 Menschen verloren ihre Heimat.[46] Ein Programm für ihre Wiedereingliederung gab es nicht. Einige erhielten eine dürftige finanzielle Entschädigung, viele bekamen keinen Heller. Einige wurden in vom Staat errichteten Dörfern angesiedelt. Die Siedlung bei Gorakhpur ist laut staatlicher Propaganda ein »Musterdorf«. Zwischen 1990 und 1992 starben dort fünf Menschen an Unterernährung. Der Rest kehrte entweder in die Wälder am Rand des Stausees zurück, um dort illegal zu leben, oder zog in die Slums von Jabalpur.

Der Bargi-Damm bewässert heute nur so viel Land, wie durch ihn überflutet wurde – *und nur 5 Prozent der Fläche, die er laut seinen Planern bewässern sollte.*[47] Und selbst dieses Gebiet ist versumpft.

Es ist immer wieder dieselbe Geschichte. Im Zusammenhang mit dem Bewässerungsprojekt Andhra Pradesh Irrigation II sollten 63 000 Menschen umgesiedelt werden. Nach Fertigstellung hatten 150 000 Menschen ihre Heimat verloren.[48] Beim Projekt Gujarat Medium Irrigation II wurden 140 000 Menschen umgesiedelt statt der angekündigten 63 600.[49] Die korrigierte Schätzung der Zahl von Menschen, die im Zusammenhang mit dem Bewässerungsprojekt Upper Krishna in Karnataka umgesiedelt werden sollen, beläuft sich auf 240 000 gegenüber anfangs 20 000.[50]

Das sind die Zahlen der Weltbank. Nicht der NBA. Man kann sich ausrechnen, was das für unsere vorsichtige Schätzung von 33 Millionen bedeutet.

Die heiße Phase der Bauarbeiten am Sardar-Sarovar-Damm, die seit 1961 mit großen Unterbrechungen durchgeführt wurden, begann 1988. Damals wusste niemand – weder die Behörden noch die Weltbank –, dass eine Frau namens Medha Patkar durch die zum Untergang verurteilten Dörfer zog und die Bewohner befragte, ob sie wüssten, was die Regierung mit ihnen vorhabe. Bei ihrer Ankunft im Tal hatte Medha Patkar nicht einmal im Traum daran gedacht, gegen den Bau des Damms zu kämpfen. Ihre Hauptsorge war vielmehr gewesen, dass die betroffenen Dörfler auf gerechte, humane Weise umgesiedelt werden sollten. Nach und nach erkannte sie jedoch, dass der Staat keineswegs ehrenhafte Absichten gegenüber den Dorfbewohnern verfolgte. 1986 hatte sich das dann herumgesprochen, und es gab in jedem der Bundesstaaten eine Initiative, die die von den Behörden in Umlauf gebrachten Versprechungen bezüglich der Umsiedlung und Wiedereingliederung kritisch hinterfragte. Erst einige Jahre später kam allmählich die ganze schreckliche Wahrheit ans Licht – die Folgen der Dämme sowohl für die zur Umsiedlung vorgesehenen Menschen als auch für die vermeintlichen Nutznießer. Das Narmada Valley Development Project wurde »die größte geplante Umweltkatastrophe Indiens« genannt. Die Initiativen schlossen sich zu einer einzigen Organisation zusammen, und so wurde die Narmada Bachao Andolan geboren – die bemerkenswerte NBA.

1988 verlangte die NBA offiziell, sämtliche Arbeiten am

Narmada Valley Development Project einzustellen. Die Talbewohner erklärten, sie wollten notfalls lieber ertrinken als ihre Häuser verlassen. Zwei Jahre später war der Kampf voll entbrannt, und andere Widerstandsbewegungen leisteten Hilfe. Im September 1989 versammelten sich 50 000 Menschen aus ganz Indien im Tal und gelobten, gegen die drohende Zerstörung zu kämpfen. Amtlicherseits kam, zur Einschränkung der Informationsfreiheit auf der Baustelle und den angrenzenden Gebieten, das Verbot von Versammlungen von mehr als fünf Personen. Das ganze Gelände wurde von Polizeikräften besetzt. Ein Jahr später, am 28. September 1990, strömten trotz der Absperrungen Tausende von Dörflern zu Fuß und mit Booten zu dem Städtchen Badwani in Madhya Pradesh und erneuerten dort ihr Gelübde, lieber zu ertrinken, als ihre Häuser zu verlassen.

Die Nachricht vom Widerstand der Bevölkerung gegen das Projekt drang auch ins Ausland. Die japanische Sektion von »Friends of Earth« bewirkte mit einer Kampagne in ihrem Heimatland, dass die japanische Regierung ihren 27-Milliarden-Yen-Kredit zur Finanzierung des Sardar-Sarovar-Damms zurückzog. (Der Kaufvertrag für die Turbinen gilt weiter.) Nach dem Rückzug der Japaner sah sich die Weltbank zunehmend dem Druck internationaler Umweltorganisationen ausgesetzt, die den Kampf unterstützten.

Dies führte natürlich zu einer Eskalation der Repressalien im Tal. Die Regierung beabsichtigte, in den Worten eines besonders geistreichen Ministers, »das Tal mit Uniformen zu überfluten«.

Am Weihnachtstag 1990 begaben sich 6000 Männer und Frauen auf einen 100 Kilometer langen Marsch, im Gepäck Verpflegung und Nachtzeug. Die Menschen begleiteten eine siebenköpfige Opfergruppe, deren Mitglieder beschlossen hatten, ihr Leben für den Fluss hinzugeben. In Ferkuwas, an der Grenze von Gujarat, wurden sie von bewaffneten Polizeibataillonen und einer Menschenmenge aus der Stadt Baroda gestoppt. Von den Menschen aus Baroda waren viele gekauft worden; einige glaubten vielleicht wirklich, der Sardar Sarovar sei für Gujarat lebenswichtig. Es war ein Zusammentreffen mit Symbolkraft: das städtische Indien der Mittelschicht gegen eine ländliche, mehrheitlich aus Adivasi bestehende Armee. Die Marschierenden verlangten, über die Grenze und zur Baustelle ziehen zu dürfen. Die Polizei weigerte sich, sie passieren zu lassen. Die Dörfler hatten sich, um ihr Bekenntnis zur Gewaltlosigkeit deutlich zu machen, die Hände zusammengebunden. Alle ohne Ausnahme widersetzten sich den Polizeibataillonen. Sie wurden geschlagen, verhaftet und zu wartenden Lastwagen geschleift. Dann wurden sie weggefahren und einige Kilometer weiter ausgesetzt. Sie kehrten zurück und begannen von vorn.

Die Kraftprobe dauerte fast zwei Wochen. Am 7. Januar 1991 kündigten die sieben Mitglieder der Opfergruppe schließlich an, dass sie in einen unbefristeten Hungerstreik treten würden. Die Spannungen erreichten ein gefährliches Ausmaß. Vertreter der indischen und internationalen Presse, Filmteams und Dokumentarfilmer strömten in Scharen herbei, die Zeitungen berichteten fast täglich, Umweltaktivisten erhöhten den Druck in Washington. Endlich, peinlich berührt vom Scheinwerferlicht der feindseligen Medien, gab die Weltbank bekannt, sie wolle eine unabhängige Kommission mit der Untersuchung des Sardar-Sarovar-Projekts beauftragen – ein in ihrer Geschichte beispielloses Unterfangen.

Die Menschen im Tal reagierten darauf mit Argwohn und Skepsis. Sie hatten keinen Grund, der Weltbank zu trauen. Immerhin aber hatten sie so etwas wie einen Sieg errungen. Verständlicherweise besorgt über die dramatische Verschlechterung des Zustands ihrer Kameraden, die seit 22 Tagen nichts gegessen hatten, beschworen sie diese, das Fasten zu beenden. Am 28. Januar wurde der Hungerstreik in Ferkuwa abgebrochen, und die tapfere Lumpenarmee kehrte mit dem Ruf »*Hamara Gaon Mein Hamara Raj!*« (Unsere Herrschaft in unseren Dörfern) nach Hause zurück.

Eine solche Armee hat es noch nicht gegeben, nirgendwo auf der Welt. In anderen Ländern – China (der Vorsitzende Mao bekam zum 77. Geburtstag einen großen Staudamm), Malaysia, Guatemala, Paraguay – wurde jedes Anzeichen einer Revolte im Keim erstickt. Hier in Indien geht sie immer weiter. Natürlich möchte der Staat sich das selbst auf die Fahnen schreiben. Wir sollen dankbar dafür sein, dass er die Bewegung nicht zertreten hat, dass er ihr *erlaubt*, weiter zu existieren. Eine solche Bewegung sei letztlich doch Zeichen einer gesunden Demokratie, in der der Staat eingreifen muss, wenn seine Bürger sich streiten.

Wahrscheinlich kann man das so sehen. (Ist das vielleicht mein Stichwort, mich zu verbeugen und zu sagen: »Danke, danke dafür, dass ich schreiben darf, was ich schreibe«?)

Aber wir brauchen uns beim Staat nicht zu bedanken, dass er uns protestieren lässt. Dafür müssen wir uns bei uns selbst bedanken. *Wir* haben auf diesem Recht bestanden. *Wir* haben uns geweigert, darauf zu verzichten. Wenn wir als Volk auf etwas stolz sein dürfen, dann darauf.

Der Kampf im Narmada-Tal geht weiter, *trotz* des Staates.

Der indische Staat führt einen verdeckten Krieg. Neben seinem scheinbaren Wohlwollen ist seine andere große Waffe die Fähigkeit zu warten. In Deckung zu gehen. Die Opposition zu zermürben. Der Staat wird nie müde oder alt, er braucht nie eine Pause. Er läuft ein endloses Rennen.

Aber Menschen, die kämpfen, werden müde. Sie werden krank, sie werden alt. Sogar die Jungen altern vorzeitig. Seit 20 Jahren, seit dem Schiedsspruch des Tribunals, lebt die Lumpenarmee des Tales in Angst, vertrieben zu werden. Seit 20 Jahren gibt es dort in den meisten Gebieten keine »Entwicklung« mehr – keine Straßen, keine Schulen, keine Brunnen, keine medizinische Versorgung. Seit 20 Jahren ist das Land mit dem Stigma seiner späteren Überflutung behaftet und damit vom Rest der Gesellschaft isoliert (keine Heiratsanträge, keine Landkäufe und -verkäufe). Die »Errungenschaften der Moderne« brachten, als sie endlich kamen, nur Schrecken mit sich. Straßen brachten Landvermesser, Landvermesser Lastwagen, Lastwagen Polizisten und Polizisten Kugeln, Schläge, Vergewaltigung, Verhaftung und in einem Fall Mord. Die einzige wirkliche Errungenschaft, die die Menschen erreichte, kam aus Versehen – das Recht, die Stimme zu erheben, das Recht, gehört zu werden. Doch die Menschen kämpfen jetzt seit 20 Jahren. Wie lange werden sie noch durchhalten?

Der Kampf im Tal wird schwächer. Er ist nicht mehr in aller Munde wie früher. Die internationalen Kamerateams und die radikalen Journalisten sind (wie die Weltbank) in andere Jagdgründe abgewandert. Die Dokumentarfilme sind gedreht und gezeigt worden. Die allgemeine Sympathie ist aufgebraucht. Doch der Damm wird weitergebaut. Er wird immer höher …

Heute mehr denn je braucht die Lumpenarmee Verstärkung. Wenn wir sie zugrunde gehen lassen, wenn wir zulassen, dass der Widerstand erstickt, wenn wir die Verrohung der Menschen dulden, verlieren wir das Wichtigste, das wir haben: unsere Moral oder was davon übrig ist.

»Indien wird weiter bestehen«, hört man weise Philosophen sagen, die mit dem banalen Tagesgeschehen nichts zu tun haben wollen. Als sei »Indien« irgendwie mehr wert als seine Bevölkerung.

Alte Nazis trösten sich wahrscheinlich auf ähnliche Weise.

Es ist zu spät, sagen einige. Zu viel Zeit und Geld ist in das Projekt investiert worden, um es jetzt noch zu stoppen.

Bisher hat der Sardar-Sarovar-Stausee nur ein Viertel des Gebietes überflutet, das er überfluten wird, wenn (falls) der Damm seine volle Höhe erreicht. Wenn wir das Projekt jetzt abbrächen, würden wir immer noch 325 000 Menschen vor der sicheren Zwangsumsiedlung retten. Was die Wirtschaftlichkeit betrifft – es stimmt, dass der Staat bereits 75 Milliarden Rupien investiert hat, aber das Projekt fortzusetzen hieße, gutes Geld schlechtem hinterherzuwerfen. Wir würden rund 350 Milliarden Rupien an öffentlichen Geldern sparen, genug, um lokale Projekte der Wassererschließung in jedem einzelnen Dorf dieses riesigen Landes zu finanzieren. Was könnte den Kampf mehr lohnen?

Der Kampf um das Narmada-Tal ist nicht nur ein Kampf exotischer Ureinwohner oder einer abgelegenen ländlichen Region, er ist nicht einmal ausschließlich auf Indien beschränkt. Es geht um die Flüsse, Berge und Wälder der Erde. Alle Menschen aus der ganzen Welt, alle, die mitkämpfen wollen, sind willkommen. Alle werden gebraucht. Ärzte, Anwälte, Lehrer, Richter, Journalisten, Studenten, Sportler, Maler, Schauspieler, Sänger, Liebende … Die Grenzen sind offen, Leute! Kommt.

Doch zurück zu meiner Geschichte.

Im Juni 1991 ernannte die Weltbank Bradford Morse, den früheren Leiter des UN-Entwicklungsprogramms, zum Vorsitzenden der unabhängigen Prüfungskommission. Er sollte eine umfassende Beurteilung des Sardar-Sarovar-Projekts durchführen. Dafür erhielt er freien Zugang zu allen mit dem Projekt in Zusammenhang stehenden Geheimdokumenten der Bank.

Morse und sein Team trafen im September 1991 in Indien ein. Überzeugt, dass es sich wieder um ein abgekartetes Spiel handelte, weigerte sich die NBA zunächst, mit ihm Kontakt aufzunehmen. Die Regierung von Gujarat dagegen hieß das Team als geheimen Verbündeten mit einem roten Teppich (und einem verschwörerischen Augenzwinkern) willkommen.

Ein Jahr später, im Juni 1992, veröffentlichte die Kommission ihren sensationellen Bericht, den sogenannten Morse-Report.

Der Bericht legt behutsam Schicht für Schicht des Staudammprojekts frei, wie die Schalen einer Zwiebel. Für den Forschungseifer der Kommissionsmitglieder war nichts zu groß, nichts zu klein. Sie trafen mit Ministern und anderen Amtsträgern zusammen, sprachen mit NGO-Funktionären, zogen von Dorf zu Dorf und besuchten die Vertriebenen in ihren neuen Siedlungen. Sie besuchten gute Unterkünfte und schlechte, provisorische und ständige. Sie sprachen mit Hunderten von Menschen. Sie bereisten eingehend die geplante Überflutungszone und das geplante Bewässerungsgebiet. Sie besuchten Kutch und andere Dürregebiete in Gujarat. Sie gaben selbst Untersuchungen in Auftrag. Sie beleuchteten jeden Aspekt des Projekts: Aspekte der Hydrologie und Wasserwirtschaft, ökologische Gegebenheiten stromaufwärts, Sedimentierung, Maßnahmen im Einzugsgebiet, ökologische Gegebenheiten stromabwärts, zu erwartende Probleme im Bewässerungsgebiet wie Versumpfung, Versalzung, Entwässerung, Krankheiten, Folgen für die Tierwelt.

Was der Morse-Report in maßvollen, nüchternen Worten

(die ich bewundere, aber selbst nicht fertigbringe) enthüllt, ist ein Skandal. Der Bericht ist eine vollkommen sachlich und objektiv gehaltene, zugleich aber vernichtende Anklage des Verhältnisses zwischen dem indischen Staat und der Weltbank. Fast unmerklich, vielleicht sogar unbeabsichtigt, dringt der Bericht bis zu dem trauten Winkel vor, wo Staat und Bank einander in inniger Symbiose umarmen (eine Koexistenz, die von Lippenbekenntnissen abhängt).

Die Empfehlung des 357-seitigen Berichts war unmissverständlich und völlig überraschend:

»Unserer Meinung nach sind die Sardar-Sarovar-Projekte in ihrer gegenwärtigen Form mit Mängeln behaftet. Wir glauben, dass eine Umsiedlung und Wiedereingliederung aller durch das Projekt Vertriebenen unter den gegenwärtigen Umständen nicht möglich ist und dass die Folgen der Projekte für die Umwelt nicht genügend berücksichtigt wurden. Darüber hinaus sind wir der Ansicht, dass außer dem Kreditnehmer auch die Bank für die gegenwärtige Situation verantwortlich ist … es erscheint offensichtlich, dass die Projekte vor allem ingenieurtechnischen und wirtschaftlichen Erwägungen zu genügen hatten und dabei humanitäre und ökologische Bedenken außer Acht gelassen wurden … Indien und die beteiligten Staaten … haben viel Geld investiert. Niemand will dieses Geld verloren geben. Doch bitten wir zu bedenken, dass eine Fortführung ohne genaue Kenntnis des Preises für Mensch und Umwelt zu noch größeren Verlusten führen könnte … Wir sind zu dem Ergebnis gelangt, dass die Bank am klügsten daran täte, sich aus den Projekten zurückzuziehen und sie noch einmal zu überprüfen …«[51]

Vier engagierte, gebildete, wahrhaft unparteiische Männer – ein wohltuender Ausgleich für das durch Hunderte anderer, korrupter und käuflicher Gutachter erschütterte Vertrauen.

Die Weltbank wollte freilich noch immer nicht aufgeben und unterstützte das Projekt weiter. Zwei Monate nach Veröffentlichung des Berichts entsandte sie die Pamela-Cox-Kommission, die dann genau das tat, wovor der Morse-Report gewarnt hatte (»… es wäre unverantwortlich, angesichts der in unseren Augen offensichtlichen Mängel der Projekte einige improvisierte Empfehlungen für ihre Durchführung zu geben …«)[52]: Sie schlug ein Bündel von Maßnahmen vor, um das Projekt zu retten. Im Oktober 1992 forderte die Weltbank auf ihre Empfehlung hin die indische Regierung auf, innerhalb eines halben Jahres einige minimale Grundbedingungen zu erfüllen.[53] Die Regierung war allerdings nicht einmal dazu imstande. Am 30. März 1993 zog sich die Weltbank endlich aus dem Sardar-Sarovar-Projekt zurück. (Offiziell forderte die indische Regierung die Weltbank am 29. März, einen Tag vor Ablauf der Frist, zu diesem Schritt auf.)[54] Aber verlieren wir uns nicht in Einzelheiten.

Nie zuvor hatte jemand erreicht, dass die Weltbank sich aus einem Projekt zurückzog, erst recht kein bunt zusammengewürfelter Haufen der Ärmsten eines der ärmsten Länder der Welt. Eine Gruppe von Leuten, die Lewis Preston, der damalige Präsident der Weltbank, bei seinem Besuch in Indien nicht in seinem Terminkalender unterbrachte.[55] Dieser Rausschmiss für die Bank war und ist für die Menschen im Tal ein gewaltiger moralischer Sieg.

Die Euphorie hielt nicht lange an. Die Regierung von Gujarat gab bekannt, dass sie die fehlenden 200 Millionen US-Dollar selbst aufbringen und das Projekt fortsetzen würde.

Während der Arbeit an dem Morse-Report und nach seiner Veröffentlichung gingen die Zusammenstöße zwischen Bevölkerung und Behörden im Tal unvermindert weiter – Demütigungen, Verhaftungen, Prügeleien ohne Ende. Unbefristete Hungerstreiks, beendet durch vorläufige und immer wieder gebrochene Versprechen. Menschen, die eingewilligt hatten, das Tal zu verlassen und umzuziehen, kehrten aus ihren neuen Dörfern in die alten zurück. In Manibeli, einem Dorf in Maharashtra und einem der Zentren des Widerstands, nahmen Hunderte von Dorfbewohnern an einer Monsun-Satyagraha teil. Als das Wasser 1993 stieg, blieben Familien aus Manibeli in ihren Häusern. Sie klammerten sich mit ihren Kindern auf dem Arm an Holzpfosten und weigerten sich, zu gehen. Polizisten rissen sie schließlich los und trugen sie weg. Die NBA erklärte, wenn die Behörden nicht einer Überprüfung des Projekts zustimmten, würden sich am 6. August 1993 einige Aktivisten im steigenden Wasser des Staubeckens ertränken. Am 5. August richtete die Zentralregierung eine weitere Kommission ein, die sogenannte Five Member Group (FMG), die das Sardar-Sarovar-Projekt einer kritischen Prüfung unterziehen sollte.

Gujarat verweigerte ihr die Einreise.[56]

Der FMG-Bericht (ein »Bericht nach Aktenlage«) wurde im folgenden Jahr vorgelegt.[57] Er schloss sich stillschweigend den schwerwiegenden Bedenken des Morse-Reports an. Freilich ohne etwas zu bewirken. Nichts änderte sich. Auch das ist eine bewährte staatliche Strategie. Der Staat erledigt dich mit Ausschüssen und Kommissionen.

Im Februar 1994 ordnete Gujarat die permanente Schließung der Schleusentore des Damms an.

Im Mai 1994 stellte die NBA in einer Eingabe an den Obersten Gerichtshof das ganze Dammprojekt grundsätzlich in Frage und forderte die Einstellung der Bauarbeiten.[58]

Während des Monsuns in jenem Jahr stieg das Wasser im Stausee und stürzte donnernd auf der anderen Seite des Damms hinunter. 65 000 Kubikmeter Beton und 35 000 Kubikmeter Gestein wurden aus einem Tosbecken gerissen, zurück blieb ein 65 Meter breiter Krater. Das Flusskraftwerk wurde überflutet. Der Schaden wurde monatelang geheim gehalten.[59] Erst im Januar 1995 erschienen in der Presse erste Berichte.

Anfang 1995 verfügte der Oberste Gerichtshof aufgrund der mangelhaften Wiedereingliederung der Vertriebenen eine vorläufige Einstellung der Bauarbeiten.[60] Die Höhe des Damms betrug 80 Meter über dem Meeresspiegel.

Inzwischen hatten die Bauarbeiten an zwei weiteren Dämmen in Madhya Pradesh begonnen – am Narmada Sagar (ohne den der Sardar Sarovar um 17 bis 30 Prozent weniger Leistung bringen würde) und am Maheshwar-Damm.[61] Der Maheshwar-Damm folgt flussaufwärts auf den Sardar Sarovar. Nach dem Rückzug der Weltbank aus dem Sardar-Sarovar-Projekt hatte der Bundesstaat Madhya Pradesh 1994 die Finanzierung und Konstruktion des Staudamms der S. Kumar Group übertragen, einem der führenden Textilgroßunternehmen Indiens, und einen Stromabnahmevertag mit S. Kumar unterzeichnet.

Die Lage im Gebiet des Sardar Sarovar entspannte sich vorübergehend, und die Auseinandersetzungen verlagerten sich stromaufwärts nach Maheshwar, in die fruchtbaren Ebenen von Nimad.

Der vor dem Obersten Gerichtshof anhängige Streitfall bewirkte einen spürbaren Rückgang der Repressalien im Tal. Die Bauarbeiten am Damm waren eingestellt worden, die Umsiedlungsfarce dagegen ging weiter. Wälder im künftigen Überschwemmungsgebiet wurden weiter abgeholzt und in Lastwagen abtransportiert. Die Menschen, denen damit die Lebensgrundlage entzogen wurde, sahen sich gezwungen, wegzuziehen.

Obwohl der Damm noch nicht einmal annähernd seine geplante Höhe erreicht hat, ist seine Auswirkung auf die Umwelt und die am Fluss lebenden Menschen bereits jetzt verheerend.

Die Zahl der Malariafälle ist in der Umgebung der Baustelle und den umliegenden Dörfern auf das Sechsfache gestiegen.[62]

Einige Kilometer stromaufwärts vom Sardar-Sarovar-Damm haben gewaltige, hüfttiefe und über 200 Meter breite Schlammablagerungen den Zugang zum Fluss abgeschnitten. Frauen mit Wassereimern müssen jetzt kilometerweit gehen, buchstäblich *kilometerweit,* um einen Zugang zum Fluss zu finden. Kühe und Ziegen sinken im Schlamm ein und verenden jämmerlich. Die kleinen Einbäume der Adivasi sind in den durch die Talsperre stromabwärts verursachten Wirbeln kein sicheres Verkehrsmittel mehr.

Stromaufwärts sind Schlammablagerungen noch kein Problem, aber dort vollzieht sich eine andere Tragödie. Landlose Menschen (überwiegend Adivasi und Dalits) bauen im fruchtbaren Uferschlamm, von dem der Fluss sich in der Trockenzeit zurückzieht, traditionell Reis, Melonen, Gurken und Kürbisse an. Die Ingenieure des Bargi-Damms (weiter stromaufwärts bei Jabalpur) lassen hin und wieder ohne Vorwarnung Wasser aus dem Staubecken ab, worauf das Wasser stromabwärts plötzlich steigt. Die Ernte von Hunderten von Familien wurde wiederholt weggespült, die Menschen hatten nichts mehr zu essen.

Sie können ihrem Fluss auf einmal nicht mehr trauen. Das ist, als sei ein geliebter Mensch an einer Psychose erkrankt. Jeder, der einen Fluss liebt, weiß, wie schrecklich es ist, ihn zu verlieren. Aber ich verdiene einen Klaps auf die Finger, wenn ich so weitermache. Schließlich sprechen wir hier vom Wohl einer ganzen Nation. Da ist kein Platz für Gefühle. Man halte sich gefälligst an die Fakten. Entschuldigung also, wenn ich meinem Herzen freien Lauf gelassen habe.

Die Bundesstaaten Madhya Pradesh und Maharashtra

behandeln die Vertriebenen nach wie vor mit größter Rücksichtslosigkeit. Gujarat hat (auf dem Papier) ein Wiedereingliederungsprogramm beschlossen, das die beiden anderen Staaten mittelalterlich aussehen lässt. Stolz nennt es sich das beste Wiedereingliederungsprogramm der Welt.[63] Es bietet den aus Maharashtra und Madhya Pradesh Vertriebenen im Austausch Land an und anerkennt die Ansprüche der »Geschädigten« (meist Adivasi ohne Papiere). Der Haken liegt freilich darin, wer als »vom Projekt betroffen« gilt.

In Wirklichkeit war Gujarat nicht einmal imstande, die Bewohner der auf seinem Staatsgebiet liegenden 19 Dörfer der Überflutungszone zu entschädigen, von den 226 Dörfern der anderen beiden Staaten ganz zu schweigen. Die Bewohner der 19 Dörfer wurden auf 175 verschiedene Umsiedlungsdörfer verteilt. Soziale Bindungen wurden zerstört, Dorfgemeinschaften auseinandergerissen.

In der Praxis ist die Umsiedlung weiterhin von Gewissenlosigkeit und gebrochenen Versprechen geprägt (von ein paar »Musterdörfern« abgesehen). Einige Menschen haben Land erhalten, andere nicht. Das Land der einen ist steinig und nicht kultivierbar, das der anderen unrettbar versumpft. Wieder andere sind von Landbesitzern vertrieben worden, die ihr Land zwar dem Staat verkauft haben, aber nicht dafür bezahlt wurden.[64]

Einige, die am Rand anderer Dörfer angesiedelt wurden, wurden von den Bewohnern ihrer Gastdörfer ausgeraubt, verprügelt und weggejagt. Zuweilen haben Menschen, die zwei völlig verschiedenen Dammprojekten weichen mussten, benachbartes Land erhalten. In einem Fall wurden die Opfer dreier Dämme – des Ukai-, des Sardar-Sarovar- und des Karjan-Damms – sogar auf *demselben* Land angesiedelt.[65] Zusätzlich zu Kämpfen untereinander um die Ressourcen –

Wasser, Weideland und Arbeit – mussten sie sich gegen eine Gruppe landloser Arbeiter zur Wehr setzen, die das Land von anderswo lebenden Landbesitzern gepachtet hatten. Die Landbesitzer hatten das Land im Anschluss an die Verpachtung an den Staat verkauft.

Es gibt eine weitere Kategorie von Vertriebenen – Menschen, deren Land der Staat für Umsiedlungsdörfer erworben hat. Sogar unter den Ärmsten der Armen gibt es eine Hackordnung – Sardar-Sarovar-Opfer genießen höheres Prestige als andere, weil sie gelegentlich in den Nachrichten vorkommen und vor Gericht geklagt haben. (Bei anderen Entwicklungsprojekten gibt es keine Presse, keine NBA, keine Klage vor Gericht, keine sonstige Berichterstattung. Die Vertriebenen hinterlassen überhaupt keine Spur.)

In einigen Umsiedlungsdörfern wurden die Menschen in Wellblechbaracken gestopft, die im Sommer Öfen und im Winter Kühlschränke sind. Einige stehen in ausgetrockneten Flussbetten, die sich während des Monsuns in reißende Ströme verwandeln. Ich habe einige dieser »Siedlungen« selbst besucht. Andere habe ich in Filmen gesehen:[66] Zitternde Kinder hocken wie Vögel auf der Kante ihrer Betten, während das Wasser in die Baracken schäumt. Mit angstvoll aufgerissenen Augen sehen sie Töpfen und Pfannen nach, die von der Strömung durch die Tür auf die überfluteten Felder hinausgetrieben werden. Ausgemergelte Väter schwimmen hinterher, um zu retten, was zu retten ist.

Wenn das Wasser wieder sinkt, hinterlässt es eine Wüste. Malaria, Durchfall, im Schlamm stecken gebliebene kranke Rinder. Die alten Teakholzbalken aus den früheren Häusern, sorgfältig weggepackt wie auf später verschobene Träume, haben sich mit Wasser vollgesogen und sind verfault, nutzlos geworden.

Aus Manibeli wurden 40 Familien in eine Siedlung in Gujarat verlegt. Im ersten Jahr starben 38 Kinder. Im *Indian Express* vom 26. April 1999[67] steht ein Bericht über neun Todesfälle in einer einzigen solchen Siedlung in Gujarat. Innerhalb einer einzigen Woche. Das macht – für den, der es ganz genau wissen will – täglich 1,2857 PAPs oder Project Affected Persons.

Viele Umgesiedelte sind Menschen, die bisher abgeschieden und ohne jeden Kontakt mit Geld und der modernen Welt im Wald gelebt haben. Sie stehen plötzlich vor der Alternative, entweder zu verhungern oder einige Kilometer in die nächste Stadt zu laufen, sich dort auf den Marktplatz zu setzen (Männer und Frauen!) und sich wie eine Ware als Arbeitskraft anzubieten.

Sie, die bisher im Wald sammelten, was sie brauchten – Nahrung, Brennholz, Futter, Seile, Gummi, Tabak, Zahnpulver, Heilkräuter und Materialien für den Hausbau –, verdienen jetzt zehn bis 20 Rupien am Tag, wovon sie ihre Familien ernähren müssen. Statt eines Flusses haben sie eine Handpumpe. In ihren alten Dörfern gab es kein Geld, aber sie waren »versichert«. Wenn der Regen ausblieb, konnten sie sich im Wald versorgen. Im Fluss fischen. Ihr Vieh war ihr Vermögen. Ohne all das trennt sie nur ein kleiner Schritt von der völligen Verarmung.

Ich besuchte Vadaj, ein Umsiedlungsdorf in der Nähe von Baroda. Der Mann, mit dem ich sprach, wiegte ein krankes Baby im Arm. Auf den geschlossenen Lidern des Säuglings saßen Trauben von Fliegen. Kinder versammelten sich um uns. Sie hielten sich sorgfältig von den glühend heißen Blechwänden der Baracke, die sie ihr Zuhause nennen, fern, um sich nicht die nackte Haut zu verbrennen. Der Mann war in Gedanken weit weg von seinem kranken Baby. Er zählte für mich die Früchte auf, die er früher im Wald geerntet hatte. Auf 48 Sorten kam er. Er glaube nicht, sagte er, dass er oder seine Kinder es sich je wieder leisten könnten, diese Früchte zu essen. Es sei denn, er würde sie stehlen. Ich fragte, was seinem Baby fehle. Er erwiderte, für das Baby sei es besser zu sterben, als so zu leben. Ich fragte auch die Mutter des Babys. Sie antwortete nicht. Sie starrte nur vor sich hin.

Die Menschen, die umgesiedelt werden, müssen alles neu lernen, alles, von den kleinen bis zu den großen Dingen: aufs Klo gehen (wo macht man das, wenn man sich nicht einfach in den Wald zurückziehen kann?), eine Busfahrkarte kaufen, eine neue Sprache sprechen, mit Geld umgehen. Und am schlimmsten: Sie müssen lernen, Bittsteller zu sein. Befehlen zu gehorchen, Herren über sich zu haben, nur zu antworten, wenn sie gefragt werden.

Zusätzlich zu alldem müssen sie, wenn irgendwelche Probleme auftauchen, lernen, sich schriftlich und in dreifacher Ausfertigung an den Schlichtungsausschuss oder die Sardar Sarovar Narmada Nigam Company zu wenden. Vor kurzem kamen 3000 Menschen nach Delhi, um gegen ihre Situation zu protestieren – sie reisten nachts im Zug und verbrachten den Tag in der sengenden Hitze der Straßen.[68] Der Präsident wollte sie nicht empfangen, weil er eine Augenentzündung hatte. Maneka Gandhi, Ministerin für soziale Gerechtigkeit und Rechte der Minderheiten, empfing sie auch nicht, sondern bat um eine schriftliche Darstellung des Problems. Als sie das Schriftstück in Händen hielt, machte sie der kleinen Delegation Vorhaltungen, den Text nicht in Englisch abgefasst zu haben. *(Liebe Maneka, bitte bau den Damm nicht. Mit freundlichen Grüßen, dein Volk.)*

Von einem selbstgenügsamen und freien Leben zu einem Leben in Armut, ausgeliefert den Launen einer Welt, über die man nichts, aber auch gar nichts weiß – was für ein Gefühl das wohl ist?

Wirklich, *keine* Regierung der Welt wäre imstande, ein so gefährdetes Volk in einem so gigantischen Maßstab zu verpflanzen, keine. Das ist, als versuchte man, die Fingernägel eines Säuglings mit einer Heckenschere zu schneiden. Es geht nicht, ohne dass man dabei auch die Finger abzwackt.

Land gegen Land, das klingt nach einem einleuchtenden Tausch, aber wie ihn bewerkstelligen? Wie reißt man 200 000 Menschen (so die realitätsferne offizielle Schätzung) – von denen 117 000 Adivasi sind – aus ihrer Umgebung und siedelt sie auf humanitäre Weise um? Wie kann man diese Gemeinschaften in einem Land, in dem um jeden Zentimeter Boden gekämpft wird und Prozesse fast nur um Land geführt werden, erhalten?

Wo ist das fruchtbare und noch freie Ackerland, das diese intakten Gemeinschaften aufnehmen könnte?

Die einfache Antwort darauf lautet, dass es dieses Land gar nicht gibt. Nicht einmal für die »offiziell« Umgesiedelten eines einzigen Damms.

Und die restlichen 3199 Dämme?

Und die verbleibenden Tausende von PAPs, vorgemerkt für die Vernichtung? Sollen wir an ihre Türen einfach den Judenstern hängen und die Sache hinter uns bringen?

Zweihunderttausend Menschen umzusiedeln, um 40 Millionen Menschen mit Trinkwasser zu versorgen (angeblich zu versorgen) – hier stimmen doch die Proportionen nicht. Das ist faschistische Mathematik. Das würgt Geschichten ab, walzt Details platt und blendet mit seinem falschen Glanz ansonsten vollkommen vernünftige Menschen.

Als ich Ende März 1999 am Ufer der Narmada eintraf, war es einen Monat her, dass der Oberste Gerichtshof den Baustopp am Sardar-Sarovar-Damm überraschend aufgehoben hatte. Ich hatte so ziemlich alles gelesen, was ich in die Finger bekommen konnte (all die »geheimen« Akten der Behörden). Ich hatte eine klare Vorstellung davon, was wann wo und mit wem geschehen war. Die Geschichte entfaltete sich vor meinen Augen wie ein tragischer Film, dessen Akteuren ich persönlich begegnet war. Hätte ich die Hintergründe nicht gekannt, ich hätte nichts begriffen. Denn es gibt im Tal Geschichten innerhalb von Geschichten, und die Klarheit des Zorns geht leicht im Morast der Sorgen anderer Menschen unter.

Ich beendete meine Reise in Kevadia Colony, wo alles begonnen hatte.

Vor 38 Jahren beschloss Gujarat, hier die für den Dammbau nötige Infrastruktur anzusiedeln: Gästehäuser, Büroblocks, Unterkünfte für Ingenieure und ihre Mitarbeiter, Straßen, die zur Baustelle führten, und Lagerhäuser für Baumaterialien.

Kevadia Colony liegt westlich des Sardar-Sarovar-Staubeckens und des Wunderkanals, der »Lebensader« Gujarats, die den Durst von Millionen löschen soll.

Niemand weiß es, aber Kevadia Colony ist der Schlüssel zur Welt. Geh dorthin, und dir wird so manches Geheimnis offenbart werden.

Im Winter 1961 traf ein Regierungsbeamter in dem Dorf Kothie ein. Er teilte den Dorfbewohnern mit, ein Teil ihres Landes würde für den Bau eines Hubschrauberlandeplatzes gebraucht, da eine sehr wichtige Persönlichkeit sie in Kürze besuchen werde. Wenige Tage später traf eine Planierraupe ein und walzte das Getreide auf den Feldern platt. Die Dörfler mussten Papiere unterschreiben und bekamen eine Geldsumme für, wie sie glaubten, die vernichtete Ernte. Dann war der Landeplatz fertig. Ein Hubschrauber landete, und ihm entstieg Premierminister Nehru. Nur wenige Dorfbewohner sahen ihn, weil er von Polizisten umringt war. Nehru hielt eine Ansprache. Dann drückte er auf einen Knopf, und auf der anderen Seite des Flusses gab es eine Explosion. Nach der Explosion flog er wieder weg.[69] Dies war die Geburtsstunde des späteren Sardar-Sarovar-Damms.

Hätte Nehru, als er auf den Knopf drückte, wissen können, dass er damit einen Albtraum entfesselte?

Nach Nehru trat der Bundesstaat Gujarat tatkräftig in Erscheinung. Er erwarb von 950 Familien aus sechs Dörfern 650 Hektar Land.[70] Die Bewohner gehörten zur Stammesgruppe der Tadvi, die aufgrund ihrer Nähe zur Stadt Baroda bereits einige Erfahrung mit der Marktwirtschaft gesammelt hatten. Man eröffnete ihnen, dass sie in Bargeld und mit Arbeitsplätzen auf der Dammbaustelle entschädigt würden. Damit begann der Albtraum.

Lastwagen und Planierraupen rollten heran. Wälder wurden gefällt und Ernten vernichtet. Überall waren auf einmal Jeeps, Ingenieure, Beton und Stahl. Mohan Bhai Tadvi musste mitansehen, wie drei Hektar seines Landes, auf denen Jowar, Tovar und Baumwolle wuchsen, platt gewalzt wurden. Über Nacht wurde er zum landlosen Arbeiter. *Drei Jahre später* bekam er eine Bargeldentschädigung von 250 Rupien pro 40 Ar, zahlbar in drei Raten.

Der Vater von Dersukh Bhai Vesa erhielt für sein Haus und seine zwei Hektar Land einschließlich der Ernte und sämtlicher Bäume 3500 Rupien. Dersukh Bhai Vesa erinnert sich, wie er als kleiner Junge an der Hand seines Vaters zu Fuß bis Rajpipla marschierte, in die Hauptstadt des Distrikts. Er weiß noch, wie schrecklich aufgeregt sie waren, als sie in das Büro des Tehsildar gerufen wurden. Dort mussten sie die Benachrichtigung über die Entschädigung abgeben und eine Quittung unterschreiben. Da sie nicht lesen konnten, wussten sie nicht, auf welchen Betrag die Quittung ausgestellt war.

Alle Dorfbewohner mussten nach Rajpipla, allerdings nacheinander an verschiedenen Tagen. Sie konnten also keine Informationen austauschen und ihre Erfahrungen vergleichen.

Nach und nach erhob sich zwischen Staub und Planierraupen eine hässliche, weit verstreute Anlage. Kevadia Colony. Reihe für Reihe entstanden aus Beton Wohnungen, Büros, Gästehäuser, Straßen. Die ganze hässliche Infrastruktur des Dammbaus. Die Häuser der Dorfbewohner wurden abgebaut und an den Rand der Kolonie versetzt, wo sie bis heute stehen, Fremdlinge auf ihrem eigenen Land. Wer Schwierigkeiten machte, wurde von Polizei und Baugesellschaft eingeschüchtert. Die Dörfler erzählten mir, in der Zentrale der Gesellschaft gebe es eine »Arrestzelle« wie bei der Polizei. Dort würden widerspenstige Dörfler eingesperrt und geschlagen.

Die Menschen, die für den Bau von Kevadia Colony vertrieben wurden, gelten nach dem Wiedereingliederungsprogramm von Gujarat nicht als »projektbetroffen«.

Einige von ihnen arbeiten als Bedienstete in den Bungalows der Beamten und als Kellner im Gästehaus, erbaut auf dem Land, auf dem einst ihre Häuser standen. Ist das nicht unvorstellbar bitter?

Wer noch Land besaß, versuchte, es zu bebauen, doch setzte die Verwaltung von Kevadia Schweine aus, die den Abfall auf den Straßen fressen sollten. Die Schweine suchten auch die Felder der Dörfler heim und vernichteten die Ernte.

Im Jahre 1992, 30 Jahre später, wurden jeder Familie 12 000

Rupien pro Hektar angeboten, bis zu einer Gesamtsumme von höchstens 36 000 Rupien, *vorausgesetzt* sie erklärte sich einverstanden, ihre Heimat zu verlassen und wegzuziehen! 40 Prozent des aufgekauften Landes werden nicht genutzt, doch der Staat weigert sich, es zurückzugeben. Die viereinhalb Hektar von Deviben, die inzwischen Witwe ist, wurden dem Swami Narayan Trust übergeben (einer großen religiösen Sekte). Der Trust betreibt auf einem bescheidenen Teil davon eine kleine Schule, der Rest wird landwirtschaftlich genutzt, wie Deviben durch den Stacheldrahtzaun sehen kann. Im Dorf Gora wurden 80 Hektar beschlagnahmt. Die Dörfler wurden vertrieben, und Wohnblocks wurden gebaut. Sie standen jahrelang leer. Schließlich vermietete der Staat sie für einen geringfügigen Betrag an Jai Prakash Associates, die mit dem Dammprojekt beauftragten Bauunternehmer, die die Wohnungen laut Auskunft der Dorfbewohner für monatlich 32 000 Rupien privat untervermieten. (Jai Prakash Associates, das größte Dammbauunternehmen des Landes und die *eigentlichen* Baumeister der Nation, sind Eigentümer der Hotels Siddharth Continental und Vasant Continental in Delhi.)

Auf einem Gebiet von rund zwölf Hektar steht eine groteske Betonreplik des im Staubecken untergegangenen alten Tempels von Shoolpaneshwar, ausgeführt vom Ministerium für öffentliche Arbeiten. Derselbe politische Klüngel, der das ganze Land in einen blutigen, an das Mittelalter gemahnenden Albtraum gestürzt hat, weil er unbedingt eine alte Moschee abreißen musste, um einen gar nicht existierenden Tempel auszugraben, denkt sich nichts dabei, wenn ein heiliger Pilgerweg und Hunderte seit alter Zeit verehrte Tempel in den Fluten untergehen.

Er denkt sich nichts dabei, wenn die heiligen Berge und

Haine, die Kultstätten, die uralten Stätten der Götter und Dämonen der Adivasi zerstört werden.

Er denkt sich nichts dabei, wenn ein Tal überflutet wird, in dem man Fossilien, steinzeitliche Mikrolithen und Felsmalereien gefunden hat, das einzige Tal Indiens, in dem sich laut Archäologen Zeugnisse einer ununterbrochenen Siedlungsgeschichte seit der Altsteinzeit befinden.

Was soll man dazu noch sagen?

Der barbarischste Witz von Kevadia Colony ist das Naturkundemuseum. Das Shoolpaneshwar Sanctuary Interpretation Centre vermittelt einen raschen, umfassenden Einblick in das rückhaltlose Engagement des Staates für den Naturschutz.

Wenn der Sardar-Sarovar-Staudamm einmal seine volle Höhe erreicht hat, wird das Staubecken rund 13 000 Hektar hochwertiger Wälder überfluten. (In Erwartung der Überflutung hat man bereits vor vielen Jahren gierig damit begonnen, die Bäume abzuholzen.) Zwischen dem Narmada-Sagar-Damm und dem Sardar-Sarovar-Damm werden 50 000 Hektar alter Laubwälder untergehen. In Madhya Pradesh schrumpft der Wald stärker als sonstwo in Indien. Dies ist mitverantwortlich für den verminderten Wasserabfluss der Narmada und die stärkere Verschlammung. Haben die Ingenieure sich den Zusammenhang zwischen Wald, Fluss und Regen vor Augen geführt? Wohl kaum. Das gehört nicht zu ihren Aufgaben. Umwelt- und Naturschützer waren zu Recht über den Verlust an Artenvielfalt und Lebensraum für wild lebende Tiere alarmiert, den die Überflutung verursachen wird. Um diesen Verlust abzumildern, beschloss der Staat, das Shoolpaneshwar-Naturschutzgebiet in der Nähe des Damms südlich des Flusses zu vergrößern. Es ist schon reichlich verrückt zu erwarten, dass die ertrinkenden Tiere der überfluteten Wälder zu den eigens für sie geschaffenen Korridoren schwimmen und sich dann in dem wunderbaren neuen Naturschutzgebiet niederlassen werden.

Tier- und Pflanzenwelt und ihre Artenvielfalt können vermutlich nur dann geschützt und erhalten werden, wenn die Eingriffe des Menschen eingeschränkt und traditionelle Rechte der Waldnutzung beschnitten werden. 40 000 Adivasi aus 101 Dörfern innerhalb der Grenzen des Shoolpaneshwar-Naturschutzgebietes leben vom Wald. Man wird sie dazu »überreden«, den Wald zu verlassen.

Sie fallen nicht unter die Kategorie der »Projekt-Betroffenen«. Wohin werden sie gehen? Das dürfte jetzt nicht mehr schwer zu erraten sein.

Was immer ihre Probleme in der wirklichen Welt sein mögen, im Shoolpaneshwar Sanctuary Interpretation Centre (wo sich ein alter ausgestopfter Leopard und ein angeschimmelter Lippenbär eine Ecke teilen müssen) haben die Adivasi jedenfalls einen Raum für sich. An den Wänden hängen unbeholfene Schnitzereien, die staatlich autorisierte Stammeskunst, auf Schildern beschriftet mit »Stammeskunst«. Mitten im Raum befindet sich in natürlicher Größe eine strohgedeckte Hütte mit offener Tür. Der Topf steht auf dem Feuer, der Hund schläft auf dem Boden, alles ist in schönster Ordnung. Vor der Hütte stehen Herr und Frau Ureinwohner und heißen den Besucher willkommen. Ein grob aus Papiermaché gefertigtes Paar, lächelnd.

Lächelnd. Nicht einmal die Würde ihres Zorns hat man ihnen gelassen. Das macht mich so fassungslos.

Oder verstehe ich hier etwas falsch? Lächeln sie aus nationalem Stolz? Überglücklich darüber, dass sie ihr Leben opfern durften, um den durstigen Millionen von Gujarat Trinkwasser zu bescheren?

Seit 20 Jahren wartet die Bevölkerung von Gujarat jetzt auf das Wasser, das der Wunderkanal bringen soll. Gujarat investiert seit Jahren 85 Prozent des staatlichen Bewässerungsbudgets in das Sardar-Sarovar-Projekt. Alle anderen kleineren, lokal begrenzten und leichter und schneller durchführbaren Projekte wurden deswegen zurückgestellt. Eine Wahl nach der anderen wurde mit dem »Wasser-Programm« geführt und gewonnen. Alle Hoffnungen richten sich auf den Wunderkanal. Wird er die Träume Gujarats erfüllen?

Die Narmada fließt vom Sardar-Sarovar-Damm 180 Kilometer durch fruchtbares Tiefland und mündet bei Bharuch ins Arabische Meer. Durch den Wunderkanal wird der größte Teil des Flussbetts verlegt, in einer Kurve von fast 90 Grad nach Norden. Das ist für einen Fluss eine ziemlich dramatische Veränderung. Das Mündungsgebiet der Narmada bei Bharuch ist einer der letzten bekannten Laichplätze des Hilsa, des in Indien vielleicht beliebtesten Speisefischs.

Durch den Stanley-Damm wurde der Hilsa im südindischen Fluss Kaveri ausgerottet, der Ghulam-Mohammed-Damm in Pakistan zerstörte seinen Laichplatz im Indus. Der Hilsa gehört wie der Lachs zu den Anadromen – er wird im Süßwasser geboren, wandert als Jungfisch ins Meer und kehrt zum Laichen in den Fluss zurück. Die dramatische Reduzierung des Wasserabflusses und die veränderte chemische Zusammensetzung des Wassers aufgrund des *hinter* dem Damm aufgestauten Sediments werden das Ökosystem der Flussmündung drastisch verändern und das labile Gleichgewicht von Süßwasser und Salzwasser stören, was wiederum Auswirkungen auf das Laichverhalten haben wird. Gegenwärtig bringt das Narmada-Delta 13 000 Tonnen Hilsa und Süßwassergarnelen hervor (die sich auch im Brackwasser fortpflanzen). Zehntausend Fischerfamilien beziehen daraus ihren Lebensunterhalt.[71]

Morses Kommission stellte entsetzt fest, dass keinerlei Untersuchung der ökologischen Gegebenheiten stromabwärts durchgeführt worden war[72] – keine Dokumentation des Ökosystems der Flusslandschaft, seiner jahreszeitlichen Veränderungen, der biologischen Arten oder der Nutzung seiner Ressourcen. Die Dammbauer hatten keine Ahnung, welche Folgen der Damm für Mensch und Natur stromabwärts haben würde, geschweige denn eine Vorstellung davon, wie man diese abschwächen könnte.

Der Staat behauptet einfach, er werde die Verluste der Hilsa-Fischer durch Bestückung des Staubeckens mit Zuchtfischen ausgleichen. (Wer hat dort dann das Sagen? Wer vergibt die Fangrechte an welche zahlenden Kunden?) Der Haken dabei ist nur, dass es bisher noch nicht gelungen ist, den Hilsa zu züchten. Für die Aufzucht braucht man Laich von frei lebenden ausgewachsenen Fischen, und diese werden durch den Damm sehr wahrscheinlich ausgerottet. Durch Dämme wurde weltweit ein Fünftel der Süßwasserfische ausgerottet oder auf die Rote Liste gebracht.[73]

Also! Quizfrage – was wird aus den 40 000 Fischern?

Antworten bitte per E-Mail an Die-Regierung-die-sich-kümmert.com.

Auch auf die Gefahr hin, Leser zu verlieren – man hat mich wiederholt gewarnt: »Wie können Sie über *Bewässerung* schreiben? Wen interessiert das denn?« –, lassen Sie mich erklären, was der Wunderkanal ist und was er bewirken soll. Wer seine Zukunft den verschwitzten Händen des »eisernen Dreiecks« entreißen will, muss sich dafür interessieren.

Die meisten Flüsse Indiens werden von Monsunwasser gespeist. Achtzig bis 85 Prozent ihrer Wassermenge fließt in den Regenmonaten zu – normalerweise zwischen Juni und September. Ein Damm, ein Bewässerungsdamm, soll in seinem Staubecken Monsunwasser sammeln und es den Rest des Jahres wohlüberlegt durch ein Netz von Kanälen auf das trockene Land verteilen.

Wie wird dieses Gebiet, das bisher nur jahreszeitliche Bewässerung kennt und dessen gesamte Ökologie auf den einmal im Jahr fallenden Monsunregen abgestimmt ist, auf eine ganzjährige Bewässerung reagieren? Ständige Bewässerung ist für einen Boden in etwa das, was Anabolika für den menschlichen Körper sind. Anabolika können aus einem Durchschnittssportler einen Olympiasieger machen; Dauerbewässerung kann aus einem Boden, der bisher nur eine Ernte im Jahr hervorgebracht hat, einen Boden mit *mehreren* Ernten pro Jahr machen. Auf einem Boden, auf dem traditionell Feldfrüchte angebaut wurden, die nur wenig Wasser brauchen (Mais, Hirse, Gerste und verschiedene Hülsenfrüchte), wachsen plötzlich bewässerungsintensive, für den Verkauf bestimmte Feldfrüchte – Baumwolle, Reis, Sojabohnen und der überhaupt größte Schluckspecht (ähnlich den Autos der 1950er Jahre mit ihren Heckflossen), das Zuckerrohr. Die herkömmlich angebauten Feldfrüchte verschwinden aus dem Bewässerungsgebiet. Die Menschen bauen nicht mehr an, was sie sich zum Essen leisten können, sondern nur noch, was sie *verkaufen* können. So machen sie sich vom »Markt« abhängig.

Auch ökologisch gesehen ist der Gewinn zweifelhaft. Selbst wenn die Märkte das verkraften, der Boden tut es nicht. Nach einiger Zeit ist er der außergewöhnlichen Beanspruchung nicht mehr gewachsen. Wie ein Anabolika nehmender Sportler zum Invaliden wird, erschöpft sich auch ein Boden allmählich, und der Ertrag sinkt.[74]

In Indien ist heute mit Brunnenwasser bewässertes Land doppelt so ertragreich wie mit Kanälen bewässertes Land.[75] Bestimmte Bodenarten eignen sich weniger für eine Dauerbewässerung als andere. Dauerbewässerung lässt den Wasserspiegel steigen. Beim Aufstieg durch den Boden absorbiert das Wasser Salz. Salzhaltiges Wasser wird durch Kapillaren zur Oberfläche befördert, und der Boden versumpft. Das Wasser wird dann durch Pflanzen an die Atmosphäre abgegeben, was die Konzentration des Salzes im Boden weiter vergrößert. Erreicht die Salzkonzentration ein Prozent, wächst nichts mehr. Das nennt man dann Versalzung.

Laut einer Studie des Centre for Resource and Environmental Studies der Australian National University ist weltweit ein Fünftel der bewässerten Gebiete von Versalzung betroffen.[76]

Schätzungen zufolge waren Mitte der 1980er Jahre in Pakistan 25 Millionen Hektar der 37 Millionen Hektar bewässerten Landes versalzen und / oder versumpft.[77] Für Indien schwanken die Schätzungen zwischen sechs und zehn Millionen Hektar.[78] Laut »geheimen« staatlichen Untersuchungen drohen über 52 Prozent des Sardar-Sarovar-Bewässerungsgebietes zu versumpfen und zu versalzen.[79]

Und damit sind wir noch lange nicht am Ende der schlechten Nachrichten.

Der 160 Kilometer lange, in Beton gegossene Sardar-Sarovar-Wunderkanal und die von ihm abzweigenden, insgesamt 75 000 Kilometer langen Haupt- und Nebenkanäle sollen ein zwei Millionen Hektar großes, auf zwölf Distrikte verteiltes Gebiet bewässern. Die Distrikte Kutch und Saurashtra (auf die Gujarat bei seiner Durstkampagne besonders abhebt) liegen ganz am Ende dieses Netzes.

Das Kanalsystem überzieht das bereits existierende System

der natürlichen Entwässerung mit einem willkürlichen Netz aus Beton. Das ist ein wenig so, als wollte man die Anordnung der Adern eines Blattes verändern. Durchschneidet ein Kanal einen natürlichen Entwässerungsgraben, verhindert das den Abfluss des jahreszeitlichen Regenwassers und führt zu Versumpfung. Technisch gelöst werden kann dies, indem man die natürliche Entwässerung eines Gebietes kartographiert und dann durch ein künstliches Entwässerungssystem ersetzt, das zusammen mit den Kanälen gebaut wird. Problematisch sind dabei nur, wie man sich leicht vorstellen kann, die ungeheuren Kosten. Die Kosten der Entwässerung sind im Sardar-Sarovar-Projekt nicht einkalkuliert. Sie fehlen bei den meisten Bewässerungsprojekten.

David Hopper, Vizepräsident der Weltbank für Südasien, gibt offen zu, dass die Weltbank bei ihren Bewässerungsprojekten in Südasien die Kosten für Drainsysteme meist nicht berücksichtigt, weil solche Projekte *mit* entsprechender Entwässerung schlicht zu teuer werden.[80] Ein bestimmtes Gebiet richtig zu entwässern kostet fünfmal so viel wie die Bewässerung. Ein solches Projekt wäre dann aus Kostengründen nicht mehr durchführbar.

Die Weltbank löst das Problem dadurch, dass sie das Bewässerungssystem einfach bauen lässt und dann wartet – bis Versalzung und Versumpfung eintreten. Wenn das Geld dann verbraucht, das Land verwüstet und die Menschen verzweifelt sind, wer spielt dann den Retter in der Not? Natürlich die Bank, dein Freund und Helfer! Und was ist der dicke Wulst in ihrer Hosentasche? Womöglich ein Kredit für ein Entwässerungsprojekt?

In Pakistan hat die Weltbank den Tarbela-Damm (1977) und den Mangla-Damm (1967) am Indus finanziert. Die Bewässerungsgebiete sind versumpft.[81] Jetzt hat die Weltbank

Pakistan einen 785-Millionen-US-Dollar-Kredit für ein Entwässerungsprojekt gewährt. In den indischen Bundesstaaten Punjab und Haryana tut sie dasselbe.

Bewässerung ohne Entwässerung ist wie ein Netz von Arterien ohne Venen. Der blanke Unsinn.

Seit die Weltbank sich aus dem Sardar-Sarovar-Projekt zurückgezogen hat, ist unklar, woher das Geld für die Entwässerung kommen soll. Das hat den Staat nicht vom Bau des Kanalnetzes abgeschreckt. Die Folge davon ist, dass noch vor Fertigstellung des Damms und Freigabe des Wunderkanals, also noch bevor ein einziger Tropfen Wasser zur Bewässerung geflossen ist, die Versumpfung eingesetzt hat. Mit am schlimmsten sind davon die Umsiedlungsdörfer betroffen.

Die Planer des Sardar-Sarovar-Bewässerungssystems unterscheiden sich von den Planern früherer Projekte. Sie geben wenigstens zu, dass Versumpfung und Versalzung ernst zu nehmende Probleme sind, die gelöst werden müssen.

Ihre Lösungen sind dann allerdings so rührend naiv, dass es einem Brüllaffen das Brüllen verschlagen könnte.

So sollen im Bewässerungsgebiet alle 100 Quadratkilometer elektronische Grundwassersensoren installiert werden. (Man bräuchte rund 1800 solcher Sensoren.) Die Sensoren sollen mit einem zentralen Computer verbunden werden, der die gelieferten Daten analysiert und Befehle an die Kanaleingänge sendet, den Durchfluss in von Versumpfung bedrohten Gebieten zu stoppen. Ein System von »Nur zur Bewässerung«, »Nur zur Entwässerung« oder zu beidem gedachten Tiefbrunnen soll ausgehoben und vom zentralen Computer elektronisch abgestimmt werden. Salzhaltiges Wasser wird herausgepumpt, mit genau berechneten Mengen Süßwasser vermischt und wieder in ein Netz ober- und unterirdischer

Draingräben eingespeist (für die noch mehr Land aufgekauft werden muss).[82]

Wenn das Bewässerungssystem so effizient sein soll wie behauptet, müssen laut einer Studie von Dr. Rahul Ram für Kalpavriksh 82 Prozent des Wassers, das durch die Kanäle fließt, wieder herausgepumpt werden.[83]

Ein solches elektronisches Bewässerungssystem ist noch nie gebaut worden, nicht einmal als Pilotprojekt. Offenbar kam niemand auf die Idee, es erst einmal an bereits unbrauchbar gewordenem Boden auszuprobieren, nur um zu sehen, ob es funktioniert. Nein, man installiert es mit unserem Geld gleich auf einer Fläche von zwei Millionen Hektar und wartet dann ab, ob es funktioniert.

Und wenn nicht? Den Planern wäre das egal. Ihr Gehalt wird dadurch nicht kleiner. Sie bekommen weiter ihre Pensionen und Vergünstigungen und was man sonst noch bekommt, wenn man in den Ruhestand geht, nachdem man jahrelang ein ganzes Volk malträtiert hat.

Wie kann es denn überhaupt funktionieren? Wie kann man ein gigantisches elektronisches Bewässerungssystem bauen wollen, solange man nicht einmal verhindern kann, dass die Kanäle einstürzen und dabei Menschen und Ernten vernichten?

Solange man nicht einmal verhindern kann, dass der große Damm selbst zu bröckeln anfängt, wenn es regnet?

Um aus einer ihrer eigenen Untersuchungen zu zitieren: »Die Planung, Umsetzung und Verwaltung der Integration von Grund- und Oberflächenwasser im oben gegebenen Zusammenhang ist komplex.«[84]

Das stimmt. Um das Mindeste zu sagen.

Ihre Empfehlung für den Umgang mit dieser Komplexität: »Die Umsetzung eines solchen Systems ist nur dann möglich, wenn alle Grund- und Oberflächenwasservorräte von einer einzigen Behörde verwaltet werden.«[85]

Aha!

Jetzt wird das allmählich klar. Wem wird das Wasser gehören? Der einzigen Behörde. Wer wird das Wasser verkaufen? Die einzige Behörde. Wer wird vom Verkauf profitieren? Die einzige Behörde.

Die einzige Behörde hat schon einen Plan, nach dem sie das Wasser literweise verkaufen wird, nicht an Einzelpersonen, sondern an bäuerliche Genossenschaften (die es noch gar nicht gibt, aber die einzige Behörde kann solche Genossenschaften sicher schaffen und die Bauern zwingen mitzumachen).

Computerwasser ist, im Unterschied zu gewöhnlichem Flusswasser, teuer. Nur wer es sich leisten kann, bekommt es. Kleinbauern werden nach und nach von Großbauern verdrängt werden, und der ganze Kreislauf der Vertreibung beginnt von vorn.

Als Eigentümerin des Computerwassers kann die einzige Behörde auch bestimmen, wer was anbaut. Sie sagt, dass Bauern, die Computerwasser bekommen, kein Zuckerrohr anbauen dürfen, weil sonst für die durstigen Millionen am Ende des Kanals nichts mehr übrig bleibt. Aber die einzige Behörde *hat* bereits zehn große Zuckerraffinerien am Anfang des Kanals genehmigt.[86] Der Hauptbefürworter einer dieser Raffinerien ist Sanat Mehta, der mehrere Jahre lang Vorsitzender von Sardar Sarovar Narmada Nigam war. Eine andere wurde von Chimanbhai Patel, dem früheren Chief Minister von Gujarat, unterstützt. Er war (zusammen mit seiner Frau) der glühendste Verfechter des Sardar-Sarovar-Projekts. Nach seinem Tod wurde seine Asche über dem Damm verstreut.

In Maharashtra bekommt die politisch mächtige Zuckerlobby, die ein Zehntel des vom Staat bewässerten Gebietes bewirtschaftet, dank einer anderen Abteilung der einzigen Behörde die *Hälfte* des staatlichen Wassers.

Zusätzlich zu den Zuckerraffinerien hat die einzige Behörde vor kurzem einen Plan bekannt gegeben, dem zufolge entlang des Wunderkanals eine Reihe von Fünfsternehotels, Golfplätzen und Feriengebieten entstehen sollen.[87] Wie um Himmels willen sollte das gerechtfertigt sein?

Die einzige Behörde sagt, dass nur so das Geld zur Fertigstellung des Projekts aufgebracht werden kann!

Ich mache mir wirklich Sorgen um die Millionen braver Menschen in Kutch und Saurashtra.

Wird das Wasser sie je erreichen? In den Verhandlungen über die Zuteilung des Narmada-Flusswassers verlangte die Regierung von Gujarat mehr, als sie nach der normalen Berechnung der Flussrechte – für Gujarat ungefähr 2 Prozent der veranschlagten Gesamtmenge von 27,22 Millionen Kubikmeter – erhalten hätte, und ihre Forderung wurde erfüllt. Die Regierung argumentierte, sie brauche Wasser zur Bewässerung von 1,1 Millionen Hektar Land in den dürregefährdeten Regionen Kutch und Saurashtra. Daraufhin sprach das Tribunal Gujarat 9,5 Millionen Kubikmeter Wasser zu, ohne die Verwendung dieses Wassers näher festzulegen.

Als das Projekt dann in Angriff genommen wurde und man Bewässerungspläne erstellte, senkte die Regierung von Gujarat die 1,1 Millionen Hektar auf weniger als ein Zehntel, nämlich auf 100 000 Hektar! Das sind 1,8 Prozent der kultivierbaren Fläche in Kutch und 9 Prozent der kultivierbaren Fläche in Saurashtra. So steht es auf dem Papier. (Wenn man die Regierung fragt, was sie mit den restlichen dürregefährdeten Regionen zu tun gedenkt, ist die Rede von »Alternativen«. Von Wassereinzugsgebiet-Management. Von Regenwasserernte. Von Anreicherungsbrunnen. Es erhebt sich folgende Frage: Wenn es Alternativen gibt, die für 98,2 Prozent von Kutch und 91 Prozent von Saurashtra tauglich sind, warum funktionieren sie dann nicht für die ganzen 100 Prozent?)

Wie hoch sind die Chancen, dass die Bevölkerung von Kutch und Saurashtra auch nur diese reduzierte Wassermenge erhält?

Erstens wissen wir, dass der Fluss sehr viel weniger Wasser führt, als die einzige Behörde behauptet.

Zweitens sinkt die Bewässerungskapazität des Sardar-Sarovar-Projekts ohne den Narmada-Sagar-Damm um 17 bis 30 Prozent.

Drittens wurde der Wirkungsgrad der Bewässerung durch den Wunderkanal, also die durch das System *tatsächlich* beförderte Wassermenge, willkürlich auf 60 Prozent festgelegt. Der *höchste* in Indien erreichte Wirkungsgrad liegt aber, unter Berücksichtigung lecker Stellen und der Oberflächenverdunstung, bei 35 Prozent.[88] Das heißt, wahrscheinlich reicht das Wasser nur für die *Hälfte* des vorgesehenen Gebietes.

Welche Hälfte denn? Die erste natürlich.

Viertens fließt der Wunderkanal auf dem Weg nach Kutch und Saurashtra zuerst an den zehn Zuckerraffinerien, den Golfplätzen, den Fünfsternehotels und den Feriengebieten vorbei und durch die für den Export produzierenden, politisch mächtigen Distrikte Baroda, Kheda, Ahmedabad, Gandhinagar und Mehsana, in denen viele Angehörige der landbesitzenden Kaste der Patels wohnen. (Schon jetzt hat die einzige Behörde in krassem Widerspruch zu ihren eigenen Direktiven der Stadt Baroda eine beträchtliche Wassermenge zugesagt.[89] Wenn Baroda aber Wasser bekommt, kann man es dann Ahmedabad abschlagen? Der politische Einfluss der mächtigen städtischen Ballungsräume von Gujarat garantiert ihnen ihren Anteil im Voraus.)

Fünftens müsste das Wasser selbst in dem (zu 100 Prozent) unwahrscheinlichen Fall, dass es nicht vorher verbraucht wird, erst noch zu den 8000 wartenden Dörfern gepumpt und dort verteilt werden.

Man muss wissen, dass von der einen Milliarde Menschen auf der Welt, die keinen Zugang zu sauberem Trinkwasser haben, 855 Millionen im ländlichen Raum leben.[90] Verantwortlich dafür sind die abschreckenden Kosten der Installierung eines energieaufwendigen Netzes von Tausenden von Kilometern Rohrleitungen, Aquädukten, Pumpen und Aufbereitungsanlagen, die für die Trinkwasserversorgung der verstreuten ländlichen Bevölkerung nötig wären. Niemand baut Dämme, um die ländliche Bevölkerung mit Trinkwasser zu versorgen. Niemand kann sich das leisten.

Die Morse-Kommission war bei ihrer Ankunft in Indien beeindruckt davon, wie engagiert sich die Regierung von Gujarat für die Trinkwasserversorgung abgelegener ländlicher Distrikte einsetzte.[91] Als die Mitglieder der Kommission freilich detaillierte Pläne sehen wollten, gab es keine. (Es gibt sie bis heute nicht.)

Die Kommissionsmitglieder fragten, ob die Kosten einer solchen Versorgung schon kalkuliert worden seien. »Ein paar Tausend Millionen Rupien«, war die flapsige Antwort.[92] Ein Experte rechnet dagegen mit einer Milliarde US-Dollar. Bei den Projektkosten taucht diese Summe nicht auf. Woher soll das Geld kommen?

Nichts für ungut. War ja nur eine Frage.

Interessanterweise haben infolge der Farakka-Talsperre, die Wasser vom Ganges in den Hafen von Kalkutta umleitet, die 40 Millionen Menschen, die stromabwärts in Bangladesch leben, heute weniger Trinkwasser zur Verfügung.[93]

Nationalismus hat manchmal etwas so mathematisch Exaktes, dass es einem kalt über den Rücken läuft.

Da baut man einen Damm, um 40 Millionen Menschen das Wasser *wegzunehmen*. Aber man tut so, als wollte man damit 40 Millionen Menschen mit Wasser *versorgen*.

Was sind das für Götter, die uns regieren? Ist ihre Macht denn grenzenlos?

Der Letzte, den ich im Tal kennenlernte, war Bhaiji Bhai von der Stammesgruppe der Tadvi aus Undava, einem der ersten Dörfer, in dem der Staat Land für den Wunderkanal und das 75 000 Kilometer lange Kanalnetz aufkaufte. Bhaiji Bhai musste 17 seiner 19 Hektar für den Wunderkanal abgeben. Der Kanal schneidet mitten durch sein Land, eine mit den seitlichen Wegen und steilen Böschungen 200 Meter breite Schneise, ähnlich einer Radrennbahn für Rad fahrende Riesen.

Über 200 000 Familien sind von den Kanälen betroffen. Die Menschen haben Brunnen und Bäume verloren. Der Kanal hat ihre Häuser von den Feldern abgeschnitten, so dass sie zwei oder drei Kilometer bis zur nächsten Brücke gehen müssen und auf der anderen Seite dieselbe Strecke zurück. 23 000 Familien, schätzungsweise 100 000 Personen, werden wie Bahiji Bhai ernsthaft betroffen sein. Sie gelten allerdings nicht als PAPs und haben deshalb auch keinen Anspruch auf Wiedereingliederung.

Bhaiji Bhai ist wie seine Nachbarn in Kevadia Colony über Nacht verarmt.

Es gibt Fotos von Bhaiji Bhai und den Seinen in offiziellen Kalendern der Regierung. Menschen, die man zum Lächeln gezwungen hat, denen man nicht einmal die Würde ihres

Zornes lässt. Zertreten wie Käfer von diesem Land, das ihre Heimat sein will.

Spätabends traf ich vor seinem Haus ein. Wir setzten uns auf den Boden und tranken im letzten Dämmerlicht stark gesüßten Tee. Als er sprach, regte sich in mir eine Erinnerung, das Gefühl eines Déjà-vu. Ich hatte keine Ahnung warum. Ich wusste, dass ich ihm noch nie begegnet war. Dann begriff ich auf einmal. Nicht an ihn erinnerte ich mich, aber an seine Geschichte. Ich hatte einen alten Dokumentarfilm über ihn gesehen, der vor über zehn Jahren im Tal gedreht worden war. Er war gealtert, sein Bart dünner geworden. Doch seiner Geschichte hatte das nichts anhaben können. Sie war jung geblieben, voll innerer Glut. Die Geduld, mit der er sie erzählt haben musste, in der Hoffnung, der verzweifelten Hoffnung, dass er einst in einem durch Undava kommenden Fremden dem Glück begegnen würde. Oder Gott.

Bhaiji Bhai, wann wirst du dich auflehnen? Wann wirst du aufhören zu warten? Wann wirst du sagen »Genug!« und nach deinen Waffen greifen, welche Waffen auch immer das sind? Wann wirst du uns deine ganze klingende, schreckliche, unbezwingliche Kraft zeigen? Wann wirst du mit dem Glauben brechen? *Wirst* du mit dem Glauben brechen? Oder wird der Glaube dich brechen?

Wer ein Tier aufhalten will, bricht ihm die Glieder. Wer ein Land aufhalten will, bricht seinem Volk das Rückgrat. Du raubst ihm den Willen. Du zeigst, dass du absoluter Herr über sein Schicksal bist. Du machst klar, dass du selbst letztlich über Leben und Tod entscheidest, über Gedeih und Verderb. Als Beweis demonstrierst du, was du alles kannst und wie mühelos. Wie mühelos du einen Knopf drücken und die Erde vernichten kannst. Dass du jederzeit Krieg anfangen oder Frieden schließen kannst. Dass du dem einen den Fluss wegnehmen und ihn einem anderen geben kannst. Dass du eine Wüste begrünen und einen Wald fällen und woanders anpflanzen kannst. Mit willkürlichen Launen zerrüttest du den Glauben eines Volkes an uralte Dinge – an Erde, Wald, Wasser, Luft.

Wenn das getan ist, was bleibt ihnen dann noch? Nur du. Sie werden sich an dich wenden, denn du bist alles, was sie haben. Sie werden dich lieben, während sie dich gleichzeitig verachten. Sie werden dir vertrauen, obwohl sie dich kennen. Sie werden dich wählen, während du den letzten Atemzug aus ihnen herauspresst. Sie werden trinken, was du ihnen zu trinken gibst. Sie werden atmen, was du ihnen zu atmen gibst. Sie werden wohnen, wo du ihre Habe fallen lässt. Sie müssen es. Was sollten sie sonst tun? Es gibt kein Gericht, an das sie sich wenden könnten. Du bist ihre Mutter und ihr Vater. Du bist der Richter und die Geschworenen. Du bist die ganze Welt. Du bist Gott.

Macht wird gestärkt nicht nur durch das, was sie zerstört, sondern auch durch das, was sie schafft. Nicht nur durch das, was sie nimmt, sondern auch durch das, was sie gibt. Und Machtlosigkeit wird bestätigt nicht nur durch die Hilflosigkeit der Verlierer, sondern auch durch die Dankbarkeit derer, die etwas gewonnen haben (oder das zumindest *glauben*).

Diese kalte, zeitgenössische Form der Macht verbirgt sich zwischen den Zeilen nobel klingender Sätze in demokratisch klingenden Verfassungen. Sie wird von den gewählten Vertretern eines scheinbar freien Volkes ausgeübt. Doch hat kein Monarch, kein Despot, kein Diktator zu irgendeiner Zeit der Menschheitsgeschichte solche Waffen zur Verfügung gehabt.

Tag für Tag, Fluss für Fluss, Wald für Wald, Berg für Berg, Rakete für Rakete, Bombe für Bombe – fast ohne dass wir es merken – wird uns das Rückgrat gebrochen.

Große Staudämme sind für die Entwicklung eines Landes, was Atombomben für sein Waffenarsenal sind. Beides sind Massenvernichtungswaffen, Waffen, mit denen die Staaten ihre eigenen Völker unter Kontrolle halten, Symbole des 20. Jahrhunderts für eine Zeit, in der die menschliche Intelligenz den Selbsterhaltungstrieb des Menschen überflügelt hat, bösartige Wucherungen einer Zivilisation, die sich gegen sich selbst wendet. Staudämme wie Atombomben symbolisieren das Ende der Verbindung, und nicht nur der Verbindung, der Verständigung zwischen den Menschen und dem Planeten, auf dem sie leben. Sie verwirren das Denken, das Eier mit Hühnern, Milch mit Kühen, Nahrung mit Wäldern, Wasser mit Flüssen, Luft mit Leben und die Erde mit der Existenz des Menschen verbindet.

Können wir das wieder entwirren?

Vielleicht. Zentimeter für Zentimeter. Bombe für Bombe. Damm für Damm. Vielleicht, indem wir die Kämpfe mit den geeigneten Waffen führen. Anfangen könnten wir im Narmada-Tal.

Der Juli 1999 bringt den letzten Monsun des 20. Jahrhunderts. Die Lumpenarmee im Narmada-Tal hat erklärt, dass sie ausharren wird, wenn das Wasser im Sardar-Sarovar-Stausee steigt und Land und Häuser überflutet. Ob man den Damm liebt oder hasst, ob man ihn will oder nicht, man sollte wenigstens begreifen, welchen Preis man für ihn zahlt. Den Mut haben zuzusehen, wenn Schulden beglichen und Bücher in Ordnung gebracht werden.

Unsere Schulden. Unsere Bücher. Nicht ihre.

Seid da.

Die Algebra grenzenloser Gerechtigkeit

Im Nachklang der skrupellosen Selbstmordanschläge auf das Pentagon und das World Trade Center erklärte ein amerikanischer Nachrichtensprecher: »Selten zeigen sich Gut und Böse so deutlich wie am letzten Dienstag. Leute, die wir nicht kennen, haben Leute, die wir kennen, hingemetzelt. Und sie haben es voller Verachtung und Schadenfreude getan.«[1] Dann brach der Mann in Tränen aus.

Hier haben wir das Problem: Amerika führt einen Krieg gegen Leute, die es nicht kennt (weil sie nicht oft im Fernsehen zu sehen sind). Noch bevor die amerikanische Regierung den Feind richtig identifiziert, geschweige denn angefangen hat, sein Denken zu verstehen, hat sie, mit großem Tamtam und peinlicher Rhetorik, eine »internationale Allianz gegen den Terror« zusammengeschustert, die Streitkräfte und die Medien mobilisiert und auf den Kampf eingeschworen.

Allerdings wird Amerika, sobald es in den Krieg gezogen ist, kaum zurückkehren können, ohne eine Schlacht geschlagen zu haben. Wenn es den Feind nicht findet, wird es, der aufgebrachten Bevölkerung daheim zuliebe, einen Feind konstruieren müssen. Kriege entwickeln ihre eigene Dynamik, Logik und Begründung, und wir werden auch diesmal aus dem Blick verlieren, warum er überhaupt geführt wird.

Wir erleben hier, wie das mächtigste Land der Welt in seiner Wut reflexartig einem alten Instinkt folgt, um einen neuartigen Krieg zu führen. Nun, da Amerika sich selbst verteidigen muss, sehen die schnittigen Kriegsschiffe, die Cruise-Missiles und F-16-Kampfjets auf einmal ziemlich alt und schwerfällig aus. Amerikas nukleares Arsenal taugt nicht zur Abschreckung. Teppichklingen, Taschenmesser und kalte Wut sind die Waffen, mit denen die Kriege des neuen Jahrhunderts geführt werden. Wut ist der Schlüssel. Ihn bekommt man unbemerkt durch den Zoll, durch die Gepäckkontrolle.

Gegen wen kämpft Amerika? Am 20. September erklärte das FBI, es bestünden Zweifel an der Identität einiger der beteiligten Flugzeugentführer. Am selben Tag erklärte Präsident Bush, er wisse genau, wer diese Leute sind und welche Regierungen hinter ihnen stehen.[2] Es scheint, als wüsste der Präsident etwas, was FBI und amerikanische Öffentlichkeit nicht wissen.

In seiner Rede vor dem Kongress am 20. September bezeichnete Präsident Bush die Feinde Amerikas als »Feinde der Freiheit«. »Die Bürger Amerikas fragen, warum sie uns hassen«, sagte er. »Sie hassen unsere Freiheiten – unsere Religionsfreiheit, unsere Redefreiheit, unsere Freiheit zu wählen, uns zu versammeln und nicht immer einer Meinung zu sein.«[3] Zweierlei wird uns abverlangt. Zum einen sollen wir glauben, dass der Feind der ist, der von dieser Regierung als Feind deklariert wird, obwohl sie keine konkreten Beweise vorlegen kann. Und zum anderen sollen wir glauben, dass die Motive des Feindes genauso aussehen, wie sie von der Regierung dargestellt werden, obwohl es auch dafür keine Beweise gibt.

Aus strategischen, militärischen und ökonomischen Gründen muss die amerikanische Öffentlichkeit unbedingt davon überzeugt werden, dass Freiheit und Demokratie und der *American Way of Life* bedroht sind. In der gegenwärtigen Atmosphäre von Trauer, Empörung und Wut ist derlei leicht zu vermitteln. Wenn das tatsächlich stimmt, stellt sich jedoch die Frage, warum die Anschläge den Symbolen der wirtschaftlichen und militärischen Macht Amerikas, dem World Trade Center und dem Pentagon, galten. Warum nicht der Freiheitsstatue? Könnte es sein, dass die finstere Wut, die zu den Anschlägen führte, nichts mit Freiheit und Demokratie zu tun hat, sondern damit, dass amerikanische Regierungen genau das Gegenteil unterstützt haben – militärischen und wirtschaftlichen Terrorismus, Konterrevolution, Militärdiktaturen, religiöse Bigotterie und unvorstellbaren Genozid *(außerhalb* Amerikas)?

Für die trauernden Amerikaner ist es gewiss schwer, mit Tränen in den Augen auf die Welt zu schauen und eine Haltung zu bemerken, die ihnen vielleicht als Gleichgültigkeit erscheint. Doch es handelt sich nicht um Gleichgültigkeit. Es ist eine Ahnung, ein Nichtüberraschtsein. Es ist eine alte Erkenntnis, dass jede Saat irgendwann auch aufgeht. Die Amerikaner sollten wissen, dass der Hass nicht ihnen gilt, sondern der Politik ihrer Regierung. Wir alle waren bewegt von dem Mut und der Würde der Feuerwehrleute, der Rettungskräfte und der gewöhnlichen Büroangestellten in den Tagen und Wochen nach den Anschlägen. Den Amerikanern kann unmöglich entgangen sein, dass ihre außergewöhnlichen Musiker, ihre Schriftsteller, Schauspieler, ihre phänomenalen Sportler und ihre Filme überall auf der Welt beliebt sind.

Amerikas Trauer ist immens und immens öffentlich. Es wäre grotesk, von den Amerikanern zu erwarten, dass sie ihren Schmerz relativieren oder mäßigen. Aber es wäre schade, wenn sie, statt zu versuchen, die Ereignisse des 11. September zu begreifen, das Mitgefühl der gesamten Welt beanspruchten und nur die eigenen Toten rächen wollten. Denn dann wäre es an uns, unangenehme Fragen zu stellen und harte

Worte zu sagen. Und weil wir zum falschen Zeitpunkt die falschen Bedenken äußern, wird man uns tadeln, ignorieren und am Ende vielleicht zum Schweigen bringen.

Die Welt wird wohl nie erfahren, was die Flugzeugentführer motiviert hat, die Maschinen in ebendiese amerikanischen Gebäude zu lenken. Sie hinterließen keine Abschiedsbriefe, keine politischen Botschaften, keine Organisation hat die Anschläge für sich reklamiert. Wir wissen nur, dass der Glaube an die Richtigkeit ihres Tuns stärker war als der menschliche Überlebenswille oder der Wunsch, erinnert zu werden. Es ist fast, als hätte ihnen die Gewalt ihres Zorns nur diese eine Möglichkeit gelassen. Ihre Tat hat ein Loch in die Welt gerissen. Und in Ermangelung konkreter Informationen werden Politiker, Kommentatoren und Schriftstellerinnen (wie ich) diesen Akt mit den jeweils eigenen politischen Begriffen und Interpretationen versehen. Diese Spekulationen, diese Analysen des politischen Klimas, in dem die Anschläge stattfanden, können nur von Nutzen sein.

Doch die Zeichen stehen auf Krieg. Was gesagt werden muss, sollte rasch gesagt werden.

Bevor Amerika das Steuer der »internationalen Allianz gegen den Terror« übernimmt, bevor es andere Länder auffordert (und zwingt), sich an seiner nachgerade göttlichen Mission – die den Namen »Operation Infinite Justice« (Grenzenlose Gerechtigkeit) trug, bis darauf hingewiesen wurde, dass der Name von Muslimen als Beleidigung empfunden werden könnte, die glauben, nur Gott könne grenzenlose Gerechtigkeit walten lassen, und die daraufhin in »Operation Enduring Freedom« (Dauerhafte Freiheit) umbenannt wurde – aktiv zu beteiligen, sollten vielleicht ein paar Dinge geklärt werden. Grenzenlose Gerechtigkeit / Dauerhafte Freiheit für wen? Führt Amerika Krieg gegen den Terror in Amerika oder gegen Terror ganz allgemein? Was genau wird gerächt? Der tragische Verlust von mehr als 3000 Menschenleben, die Vernichtung von über zwei Millionen Quadratmetern Bürofläche in Manhattan,[4] die Zerstörung eines Flügels des Pentagon, der Verlust von Hunderttausenden von Arbeitsplätzen, der Bankrott einiger Fluggesellschaften und der Absturz der New Yorker Börse? Oder geht es um mehr?

Als Madeleine Albright 1996 in ihrer damaligen Funktion als amerikanische Botschafterin der Vereinten Nationen gefragt wurde, was sie dazu sage, dass 500 000 irakische Kinder infolge des amerikanischen Wirtschaftsembargos gestorben seien, sprach sie von einer sehr schweren Entscheidung, doch der Preis sei, alles in allem, nicht zu hoch gewesen.[5] Frau Albright hat ihr Amt nach diesen Worten keineswegs verloren. Sie fuhr weiterhin durch die Welt und vertrat die Ansichten und Absichten der amerikanischen Regierung. Die Sanktionen gegen den Irak sind übrigens noch immer in Kraft, und noch immer sterben Kinder.

Genau darum geht es. Um die willkürliche Unterscheidung zwischen Zivilisation und Barbarei, zwischen »Ermordung unschuldiger Menschen« oder »Krieg der Kulturen« und »Kollateralschäden«. Die Sophisterei und eigenwillige Algebra der Grenzenlosen Gerechtigkeit. Wie viele tote Iraker sind notwendig, damit es besser zugeht auf der Welt? Wie viele tote Afghanen für jeden toten Amerikaner? Wie viele tote Frauen und Kinder für einen toten Mann? Wie viele tote Mudschahedin für einen toten Investmentbanker?

Wie gebannt verfolgt die ganze Welt am Fernsehen, wie die Operation Dauerhafte Freiheit anläuft. Eine Koalition der Supermächte der Welt schließt einen Ring um Afghanistan, eines der ärmsten und am stärksten verwüsteten Länder der Welt, dessen Taliban-Regierung Osama bin Laden Unterschlupf gewährt, dem Mann, dem die Anschläge vom 11. September zur Last gelegt werden.

Das Einzige, was in Afghanistan überhaupt noch zerstört werden könnte, sind die Menschen. (Darunter eine halbe Million verkrüppelte Waisenkinder. Es wird berichtet, dass es zu wildem Gedrängel der Humpelnden kommt, wenn über entlegenen, unzugänglichen Dörfern Prothesen abgeworfen werden.)[6] Die afghanische Wirtschaft ist ruiniert. Für eine Invasionstruppe stellt sich ohnehin das Problem, dass es keine konventionellen Orientierungspunkte gibt, die auf Messtischblättern eingetragen wären – keine Militärbasen, keine Industrieanlagen, keine Wasserwerke. Aus Bauernhöfen sind Massengräber geworden. Das Land ist übersät mit Landminen – nach jüngsten Schätzungen zehn Millionen.[7] Die amerikanische Armee müsste vor einem Einmarsch zuerst Minen räumen und Straßen bauen. Eine Million Menschen sind aus Furcht vor einem amerikanischen Angriff zur pakistanischen Grenze geflohen. Nach Schätzungen der Vereinten Nationen benötigen acht Millionen Afghanen dringend Hilfe.[8] Es gibt keine Nahrungsmittel mehr, Hilfsorganisationen mussten das Land verlassen, und nach Berichten der BBC steht eine der schlimmsten humanitären Katastrophen der jüngsten Zeit bevor.[9] So werden wir Zeugen der Grenzenlosen Gerechtigkeit des neuen Jahrhunderts. Die halbverhungerten Menschen warten nun darauf, getötet zu werden.

In Amerika heißt es, man werde »Afghanistan in die Steinzeit zurückbombardieren«. Vielleicht sollte man zur Kenntnis nehmen, dass Afghanistan dort schon längst angekommen ist.[10] Amerika war daran übrigens in nicht geringem Maße beteiligt (falls das ein Trost ist). Auch wenn den Amerikanern vielleicht nicht ganz klar ist, wo Afghanistan genau liegt (es soll inzwischen eine große Nachfrage nach Karten von Afghanistan geben), die amerikanische Regierung und Afghanistan sind jedenfalls alte Freunde.[11] 1979, nach der sowjetischen Invasion, begannen die CIA und der pakistanische Militärgeheimdienst ISI (Inter Services Intelligence) die größte verdeckte Operation seit dem Vietnamkrieg.[12] Beabsichtigt war, den afghanischen Widerstand zu steuern und das islamische Element so weit zu stärken, dass sich die muslimischen Sowjetrepubliken gegen das kommunistische Regime erheben und es am Ende destabilisieren würden. Zu Beginn glaubte man, diese Operation werde das Vietnam der Sowjetunion. Sie wurde aber viel mehr als das. Im Laufe der Jahre rekrutierte und unterstützte die CIA mit Hilfe der ISI zigtausend radikale Mudschahedin aus 40 islamischen Ländern für den amerikanischen Stellvertreterkrieg.[13] Diese Leute wussten nicht, dass sie ihren Dschihad für Uncle Sam führten. (Welche Ironie, dass die Amerikaner ebenso wenig wussten, dass sie einen späteren Krieg gegen sich selbst finanzierten!)

Die CIA lieferte Geld und Waffen, doch die laufenden Kosten waren so enorm, dass immer mehr Geld benötigt wurde. Auf Befehl der Mudschahedin mussten die Bauern Opium (als »Revolutionssteuer«)[14] anbauen. Der ISI richtete in Afghanistan Hunderte von Heroinlabors ein, und zwei Jahre nach dem Eintreffen der CIA war das pakistanisch-afghanische Grenzgebiet der größte Heroinproduzent der Welt und die größte Quelle für Heroin auf den amerikanischen Straßen geworden. Die jährlichen Gewinne, zwischen 100 und 200 Milliarden US-Dollar, flossen zurück in die Ausbildung und Bewaffnung von Militanten.[15] Nach zehn Jahren erbitterten Kampfes zogen sich die Russen 1989 zurück und hinterließen ein verwüstetes Land. Der Bürgerkrieg in Afghanistan tobte weiter. Der Dschihad griff über nach Tschetschenien, in den Kosovo und schließlich nach Kaschmir.

Im Jahr 1996 kämpften sich die Taliban, seinerzeit eine marginale Sekte von gefährlichen Fundamentalisten, in Afghanistan an die Macht. Finanziert wurden sie vom ISI, dem alten Freund der CIA, und sie genossen die Unterstützung vieler Parteien in Pakistan.[16] Die Taliban errichteten ein Terrorregime, dessen erstes Opfer die eigene Bevölkerung war, vor allem Frauen. Mädchenschulen wurden geschlossen, Frauen aus dem Staatsdienst entfernt, die Bestimmungen der Scharia praktiziert (»unmoralisches« Verhalten bei Frauen wird mit Steinigung bestraft, und Witwen, die sich des Ehebruchs schuldig gemacht haben, werden bei lebendigem Leib verbrannt).[17] Angesichts der Menschenrechtsverletzungen der Taliban spricht wenig dafür, dass sich das Regime durch Kriegsdrohungen oder die Gefahr für die Zivilbevölkerung einschüchtern ließe.

Kann es nach allem, was passiert ist, etwas Ironischeres geben, als dass Russland und Amerika mit vereinten Kräften darangehen wollen, Afghanistan abermals zu zerstören? Die Frage ist nur, kann man Zerstörung zerstören? Bomben werden nur Ruinen treffen, alte Gräber zerwühlen und die Ruhe der Toten stören. Die trostlose Landschaft Afghanistans war der Friedhof des Sowjetkommunismus und das Sprungbrett für eine amerikanisch beherrschte unipolare Welt. Sie bot Platz für Neokapitalismus und Globalisierung, abermals unter amerikanischer Dominanz. Und nun soll Afghanistan also der Friedhof für die Soldaten sein, die diesen Krieg für Amerika gekämpft und gewonnen haben.

Auch Pakistan, Amerikas treuer Verbündeter, hat enorm gelitten. Die amerikanischen Regierungen haben noch stets Militärdiktatoren unterstützt, die kein Interesse an demokratischen Verhältnissen im Land hatten. Vor dem Auftauchen der CIA gab es einen kleinen ländlichen Markt für Opium in Pakistan. Zwischen 1979 und 1985 stieg die Zahl der Heroinsüchtigen von praktisch null auf eine enorme Anzahl an.[18] Bereits vor dem 11. September lebten Millionen afghanischer Flüchtlinge in Zeltlagern entlang der Grenze. Die pakistanische Wirtschaft liegt darnieder. Gewaltsame Konflikte zwischen Religionsgruppen, globalisierungsbedingte Transformationsprozesse und Drogenbosse zerreißen das Land.[19] Die Madrasas und Ausbildungslager für Terroristen, ursprünglich eingerichtet zum Kampf gegen die Sowjets, brachten Fundamentalisten hervor, die in Pakistan großen Rückhalt haben. Die Taliban, von der pakistanischen Regierung seit Jahren unterstützt und finanziert, haben in den pakistanischen Parteien materielle und strategische Verbündete.[20] Auf einmal bittet (bittet?) Amerika die pakistanische Regierung, den Schoßhund, den es in seinem Hinterhof jahrelang großgezogen hat, abzustechen. Präsident Musharraf, der den Amerikanern Unterstützung versprochen hat, könnte sich bald mit einer bürgerkriegsähnlichen Situation konfrontiert sehen.[21]

Indien kann von Glück reden, dass es, dank seiner geographischen Lage und der Weitsicht früherer Politiker, bislang nicht in dieses *Great Game* hineingezogen wurde. Unsere Demokratie hätte das höchstwahrscheinlich nicht überlebt. Heute müssen wir entsetzt mitansehen, wie die indische Regierung die Amerikaner inständig darum bittet, ihre Operationsbasis in Indien statt in Pakistan zu errichten.[22] Für jemanden, der das Schicksal Pakistans aus nächster Nähe beobachten kann, ist ein solches Ansinnen nicht nur merkwürdig, sondern geradezu unfassbar. Jedes Land der Dritten Welt mit einer schwachen Wirtschaft und einem unruhigen sozialen Fundament müsste wissen, dass eine Einladung an eine Supermacht wie die Vereinigten Staaten (ganz gleich, ob die Amerikaner für länger bleiben oder nur kurz vorbeischauen wollen) fast so ist, als würde ein Autofahrer darum bitten, ihm einen Stein in die Windschutzscheibe zu werfen.

In dem Medienspektakel nach dem 11. September haben die großen Fernsehsender die Geschichte des amerikanischen Engagements in Afghanistan weitgehend totgeschwiegen. Für all jene, die von diesen Dingen nichts wissen, hätte die Berichterstattung über die Anschläge informativ und aufrüttelnd sein können, wenn Zyniker sie vielleicht auch übertrieben gefunden hätten. Für uns aber, die wir die jüngste Geschichte Afghanistans kennen, sind die amerikanische Berichterstattung und das Gerede von der »internationalen Allianz gegen den Terror« einfach eine Beleidigung. Amerikas »freie Presse« ist dafür genauso verantwortlich wie der »freie Markt«.

Die Operation Dauerhafte Freiheit wird angeblich zur Aufrechterhaltung amerikanischer Werte durchgeführt. Doch sie wird noch mehr Zorn und Angst in der ganzen Welt erzeugen, und am Ende dürften diese Werte völlig erschüttert sein. Für die gewöhnlichen Amerikaner bedeutet das, dass sie in einem Klima schrecklicher Ungewissheit leben werden: Wird mein Kind in der Schule in Sicherheit sein? Wird es in der U-Bahn einen Angriff mit Nervengas geben? Eine Bombe im Kino? Wird der Mensch, den ich liebe, heute Abend nach Hause kommen? Schon gibt es Warnungen vor der Möglichkeit eines biologischen Krieges (Pocken, Beulenpest, Milzbrand), der mit harmlosen Sprühflugzeugen geführt werden kann.[23] Wenn immer mal eine Handvoll Menschen umkommt, könnte das am Ende schlimmer sein, als wenn durch eine Atombombe die gesamte Bevölkerung auf einmal ausgelöscht wird.

Die Regierung Amerikas und wohl Regierungen überall auf der Welt werden die Kriegsatmosphäre als Vorwand benutzen, um Meinungsfreiheit und andere Bürgerrechte einzuschränken, Arbeiter zu entlassen, ethnische und religiöse Minderheiten zu schikanieren, Haushaltseinsparungen vorzunehmen und viel Geld in die Militärindustrie zu stecken.

Und wozu? Präsident Bush kann die Welt ebenso wenig »von Übeltätern befreien«, wie er sie mit Heiligen bevölkern kann.[24] Es ist absurd, wenn die amerikanische Regierung auch nur mit dem Gedanken spielt, der Terrorismus ließe sich mit noch mehr Gewalt und Unterdrückung ausmerzen. Der Terrorismus ist ein Symptom, nicht die Krankheit. Der Terrorismus ist in keinem Land zu Hause. Er ist ein supranationales, weltweit tätiges Unternehmen wie Coca-Cola oder Pepsi oder Nike. Beim geringsten Anzeichen von Schwierigkeiten brechen Terroristen die Zelte ab und ziehen, genau wie die Multis, auf der Suche nach besseren Möglichkeiten mit ihren »Fabriken« von Land zu Land.

Der Terrorismus als Phänomen wird wohl nie verschwinden. Will man ihm aber Einhalt gebieten, muss Amerika zunächst einmal erkennen, dass es nicht allein auf der Welt ist, sondern zusammen mit anderen Nationen, mit anderen Menschen, die, auch wenn sie nicht im Fernsehen gezeigt werden, lieben und trauern und Geschichten und Lieder und Kummer haben und weiß Gott auch *Rechte*. Doch als der Verteidigungsminister Donald Rumsfeld gefragt wurde, was er als einen Sieg im neuen amerikanischen Krieg bezeichnen würde, meinte er, ein Sieg wäre, wenn er die Welt davon überzeugen könne, dass es den Amerikanern möglich sein müsse, an ihrem *Way of Life* festzuhalten.[25]

Die Anschläge vom 11. September waren die monströse

Visitenkarte einer aus den Fugen geratenen Welt. Die Botschaft könnte, wer weiß, von Osama bin Laden stammen und von seinen Kurieren übermittelt worden sein, aber sie könnte durchaus unterzeichnet sein von den Geistern der Opfer von Amerikas alten Kriegen.

Die Millionen Toten in Korea, Vietnam und Kambodscha, die 17 500 Menschen, die getötet wurden, als Israel (mit Unterstützung Amerikas) 1982 im Libanon einmarschierte, die Zehntausende Iraker, die bei der Operation Wüstensturm starben, die Tausende Palästinenser, die im Kampf gegen die israelische Besetzung des Westjordanlands den Tod fanden.[26] Und die Millionen, die in Jugoslawien, Somalia, Haiti, Chile, Nicaragua, El Salvador, Panama, in der Dominikanischen Republik starben, ermordet von all den Terroristen, Diktatoren und Massenmördern, die amerikanische Regierungen unterstützt, ausgebildet, finanziert und mit Waffen versorgt haben. Und diese Aufzählung ist keineswegs vollständig.

Für ein Land, das an so vielen Kriegen und Konflikten beteiligt war, hat Amerika außerordentlich viel Glück gehabt. Die Anschläge vom 11. September waren erst der zweite Angriff auf amerikanischem Territorium innerhalb eines Jahrhunderts. Der erste war Pearl Harbor. Die Revanche dafür endete, nach einem langen Umweg, in Hiroshima und Nagasaki. Heute wartet die Welt mit angehaltenem Atem auf den Schrecken, der uns bevorsteht.

Unlängst sagte jemand, dass die Amerikaner Osama bin Laden, wenn es ihn nicht gäbe, hätten erfinden müssen.[27] In gewissem Sinne haben sie ihn tatsächlich erfunden. Er gehörte zu den Kämpfern, die 1979 nach Afghanistan gingen, als die CIA mit den Operationen begann. Osama bin Laden zeichnet sich dadurch aus, dass er von der CIA hervorgebracht wurde und vom FBI gesucht wird. Binnen zweier Wochen avancierte er vom Verdächtigen zum Hauptverdächtigen, und inzwischen will man ihn, trotz des Mangels an Beweisen, »tot oder lebendig« haben.

Nach Lage der Dinge dürfte es unmöglich sein, stichhaltige Beweise für eine Beteiligung Osama bin Ladens an den Anschlägen vom 11. September beizubringen.[28] Der bislang gravierendste Beweis scheint die Tatsache zu sein, dass er die Anschläge nicht verurteilt hat.

Nach allem, was über seinen Aufenthaltsort bekannt ist, könnte es durchaus möglich sein, dass er die Anschläge nicht persönlich geplant hat und an der Ausführung auch nicht beteiligt war – dass er vielmehr der führende Kopf ist, der Vorstandsvorsitzende des Unternehmens.[29] Die Reaktion der Taliban auf die amerikanische Forderung, bin Laden auszuliefern, war ungewöhnlich realistisch: Legt Beweise vor, dann händigen wir ihn euch aus. Präsident Bush erklärte seine Forderung für nicht verhandelbar.[30]

(Da gerade über die Auslieferung von Vorstandsvorsitzenden gesprochen wird – dürfte Indien ganz nebenbei um die Auslieferung von Warren Anderson bitten? Der Mann war als Chef von Union Carbide verantwortlich für die Katastrophe von Bhopal 1984, bei der 16 000 Menschen umkamen. Wir *haben* die nötigen Beweise zusammengetragen, alle Dokumente liegen vor. Also gebt ihn uns bitte!)[31]

Wer ist Osama bin Laden aber wirklich?

Ich möchte es anders formulieren: *Was* ist Osama bin Laden?

Er ist das amerikanische Familiengeheimnis. Er ist der dunkle Doppelgänger des amerikanischen Präsidenten. Der brutale Zwilling alles angeblich Schönen und Zivilisierten. Er ist aus der Rippe einer Welt gemacht, die durch die amerikanische Außenpolitik verwüstet wurde, durch ihre Kanonenbootdiplomatie, ihr Atomwaffenarsenal, ihre unbekümmerte Politik der »unumschränkten Vorherrschaft«, ihre kühle Missachtung des Lebens aller nicht amerikanischen Menschen, ihre barbarischen Militärinterventionen, ihre Unterstützung despotischer und diktatorischer Regimes, ihre wirtschaftlichen Bestrebungen, die sich gnadenlos wie ein Heuschreckenschwarm durch die Wirtschaft armer Länder gefressen haben.[32] Ihre marodierenden Multis, die sich die Luft aneignen, die wir einatmen, die Erde, auf der wir stehen, das Wasser, das wir trinken, unsere Gedanken.

Nun, da das Familiengeheimnis gelüftet ist, werden die Zwillinge allmählich eins und sogar austauschbar. Ihre Gewehre und Bomben, ihr Geld und ihre Drogen haben sich eine Zeitlang im Kreis bewegt. (Die Stinger-Raketen, die die amerikanischen Hubschrauber begrüßen werden, wurden von der CIA geliefert. Das Heroin, das von amerikanischen Rauschgiftsüchtigen konsumiert wird, stammt aus Afghanistan. Die Regierung Bush ließ der afghanischen Regierung unlängst 43 Millionen US-Dollar zur Drogenbekämpfung zukommen …)[33] Inzwischen werden sich die beiden auch in der Sprache immer ähnlicher. Jeder bezeichnet den anderen als »Kopf der Schlange«. Beide berufen sich auf Gott und greifen gern auf die Erlösungsrhetorik von Gut und Böse zurück. Beide sind in eindeutige politische Verbrechen verstrickt. Beide sind gefährlich bewaffnet – der eine mit dem nuklearen Arsenal des obszön Mächtigen, der andere mit der glühenden, zerstörerischen Macht des absolut Hoffnungslosen. Feuerball und Eispickel. Keule und Axt. Man sollte nur nicht vergessen, dass der eine so wenig akzeptabel ist wie der andere.

Präsident Bushs Ultimatum an die Völker der Welt – »Entweder ihr seid für uns, oder ihr seid für die Terroristen« – offenbart eine unglaubliche Arroganz.[34]

Kein Volk will diese Wahl treffen, kein Volk braucht diese Wahl zu treffen und keines sollte dazu gezwungen werden.

Über das Recht aller Bürger auf freie Meinungsäußerung

Im Februar 2001 reichten fünf Rechtsanwälte beim Obersten Gerichtshof Indiens Klage ein. Sie beschuldigten Medha Patkar (Führerin der Narmada Bachao Andolan), Prashant Bhushan (Rechtsberater der NBA) und Arundhati Roy der Missachtung des Gerichts, weil sie eine Demonstration vor den Toren des Obersten Gerichtshofs organisiert und an ihr teilgenommen hatten. Die Protestaktion hatte sich gegen das Urteil des Gerichtshofs zum Sardar-Sarovar-Staudamm am Fluss Narmada gerichtet. Aufgrund der Klage ließ der Gerichtshof den drei Beschuldigten für den 23. April 2001 eine persönliche Vorladung zustellen.

Das Verfahren ist noch immer anhängig. Die Höchststrafe für Missachtung des Gerichts beträgt in Indien sechs Monate Haft.

Arundhati Roy war bei dem Verfahren nicht durch einen Anwalt vertreten. Hier abgedruckt ist die eidesstattliche Erklärung, mit der sie die Klage erwiderte.

OBERSTER GERICHTSHOF INDIENS
ERSTINSTANZLICHE ZUSTÄNDIGKEIT
KLAGE WEGEN MISSACHTUNG DES GERICHTS (CR) NR. 2/2001
IN DER ANGELEGENHEIT:
J. R. PARASHAR U. A.
GEGEN
PRASHANT BHUSHAN U. A.

EIDESSTATTLICHE ERKLÄRUNG EINGEREICHT ALS ERWIDERUNG VON BEKLAGTER NR. 3

Die Gründe der gegen mich erhobenen Anklage sind in der ursprünglichen Anzeige enthalten, die die Kläger laut eigener Aussage am 14. Dezember 2000 im Polizeirevier von Tilak Marg einreichten. Diese Anzeige befindet sich im Anhang der Hauptklage und ist im Folgenden wörtlich wiedergegeben.

Anzeige vom 14. Dezember 2000

Ich, Jagdish Prasar, verließ mit meinen Kollegen Shri Umed Singh und Rajender um 19.00 Uhr den Gerichtshof und sah, dass Tor Nr. C geschlossen war. Wir kamen auf einem anderen Weg aus dem Grundstück des Gerichtshofs heraus und fragten, warum das Tor geschlossen war. Sie wurden [wir wurden] von Prashant Bhushan, Medha Patkar und Arundhati Roy und ihrem Begleiter umringt, und sie sagten, dass der Oberste Gerichtshof der Besitz ihres Vaters ist. Daraufhin sagten wir ihnen, sie könnten vor dem Tor nicht in einer *dharna* sitzen und das Tor blockieren. Der richtige Ort für eine *dharna* ist das Parlament. Inzwischen sagte Prashant Bhushan: »Jagdish Prasar, du bist der Spitzel der Richter.« Medha wiederum sagte: *»Sale ko jaan se maar do«* [Töte ihn]. Arundhanti Roy befahl der [M]Enge, dass der Oberste Gerichtshof Indiens der Dieb ist und all diese seine Spitzel sind. Tötet sie, Prashant Bhushan zog, indem er mich an den Hahren [sic] packte, und sagte, wenn ihr euch wieder im Gerichtshof blicken lasst, werde er sie töten lassen. Aber sie schrien trotz der Anwesenheit von S. H. O. und ACP Bhashar von der Tilak Marg [Polizeirevier]. Wir rannten in höchster Not davon, sonst hätten ihre *goonda* uns vielleicht etwas Böses angetan, weil sie in betrunkenem Zustand waren.

Deshalb werden Sie gebeten, die angemessenen Maßnahmen zu ergreifen, wenn Sie unsere Anzeige aufgenommen haben, um Leben und Besitz zu retten. Wir Kläger wären ihnen dafür sehr verbunden.

gez. die Kläger

Die Hauptklage ist genauso schlampig aufgesetzt wie die Erstanzeige. Die Lügen, die Unlogik, die Lächerlichkeit der Beschuldigungen zeigen eine größere Missachtung des höchsten Gerichts als irgendeines der Vergehen, dessen wir, Prashant Bhushan, Medha Patkar und ich, uns angeblich schuldig gemacht haben. Ihr Inhalt ist offenkundig falsch und böswillig. Das Polizeirevier von Tilak Marg, wo die Erstanzeige aufgenommen wurde, registrierte die Sache nicht als Fall. Kein Polizeibeamter nahm je Kontakt mit mir auf, es gab keine polizeiliche Untersuchung, keinen Versuch, den Wahrheitsgehalt der Beschuldigungen zu überprüfen und herauszufinden, ob die in der Klageschrift genannten Menschen bei der *dharna* anwesend waren und ob sich der in der Erstanzeige beschriebene Vorfall (auf dem die ganze Anklage wegen Missachtung des Gerichts beruht) überhaupt ereignete.

Angesichts dieser Umstände ist es beunruhigend, dass der Oberste Gerichtshof es für richtig hielt, die Klage zuzulassen. Dass er mich und die anderen Beklagten für den 23. April 2001 persönlich vorlud und dass er außerdem »ihr Erscheinen vor Gericht auch an allen folgenden Tagen, solange die Klage gegen sie anhängig ist, bis zur endgültigen Urteilsverkündung [anordnete]. MISSACHTEN SIE DIESE ANORDNUNG NICHT.«

Für den berufstätigen Normalbürger bedeutet dieses erzwungene Erscheinen vor Gericht, dass die Strafe für das nicht begangene Verbrechen schon vor der Urteilsverkündung beginnt.

Die Tatsachen im Zusammenhang mit der Klage sind Folgende: Im Gegensatz zu allem, was die Klage aussagt, andeutet oder impliziert, gehöre ich nicht zur Führung der Bewegung Narmada Bachao Andolan. Ich bin eine Schriftstellerin und unabhängige Bürgerin mit unabhängigen Ansichten, die den Kampf von Andolan bewundert und unterstützt. Ich gehörte nicht zu den Klägern im Rechtsstreit um das Sardar-Sarovar-Projekt. Ich bin keine »Prozessbeteiligte«. Prashant Bhushan ist nicht mein Anwalt und hat mich nie vertreten.

Außerdem versichere ich in aller Demut, dass ich nicht weiß, wer die Kläger sind. Dass ich nie versuchte, am helllichten Tag, vor den Toren des Obersten Gerichtshofs und unter den Augen der Polizei von Delhi jemanden zu ermorden oder zum Mord anzustiften. Dass ich keine Sprechchöre gegen den Obersten Gerichtshof anstimmte. Dass ich nicht sah, wie Prashant Bhushan irgendjemanden »zog«, indem er ihn an den »Haaren« packte, und sagte, »wenn ihr euch wieder im Gerichtshof blicken lasst«, werde er sie töten lassen. Dass ich nicht gesehen habe, wie sich Medha Patkar, die Führerin der bekanntesten gewaltfreien Widerstandsbewegung Indiens, in eine mittelmäßige Filmschauspielerin verwandelte und *»sale ko jaan se maar do«* (Töte den Bastard) sagte. Dass ich keine *»goondas«* in »betrunkenem Zustand« bemerkte. Und schließlich, dass mein Name falsch geschrieben ist.

Am Morgen des 13. Dezember 2000 erfuhr ich, dass sich Menschen aus dem Narmada-Tal vor den Toren des Obersten Gerichtshofs versammelt hatten. Als ich gegen 11.30 Uhr vor dem Gerichtshof ankam, war Tor C bereits geschlossen. Vier- bis fünfhundert Menschen standen davor. Die meisten waren Adivasi, die im diesjährigen Monsun durch das steigende

Wasser im Stausee ihr Land und ihre Häuser verlieren werden, weil der Oberste Gerichtshof in einem kürzlich ergangenen Urteil den Weiterbau des Sardar-Sarovar-Staudamms genehmigt hat. Sie wurden nicht rehabilitiert. In ein paar Monaten werden sie mittellos sein und nicht wissen, wohin sie gehen sollen. Diese Menschen waren den weiten Weg vom Narmada-Tal angereist, um dem Gericht ihre Angst und Verzweiflung persönlich zu zeigen. Auch wollten sie dem Gerichtshof mitteilen, dass man ihnen in Missachtung seines Urteils kein Land für die Rehabilitation angeboten hatte und dass sich die Realität im Narmada-Tal grundlegend von den im Urteil des Obersten Gerichtshofs geschilderten Verhältnissen unterscheidet. Sie baten in der Geschäftsstelle des Gerichts um eine Unterredung mit dem Gerichtspräsidenten.

Eine Anzahl Vertreter von Volksbewegungen aus Delhi und andere Unterstützer der Andolan wie ich selbst waren ebenfalls anwesend, um ihre Solidarität zu demonstrieren. Ich möchte betonen, dass ich den Hauptangeklagten Prashant Bhushan bei der *dharna* nicht gesehen habe. Medha Patkar war anwesend und bat mich, eine fünfminütige Rede zu halten.

Sie hatte folgenden Wortlaut: »*Mujbe paanch minute bhi nahi chahiye aapke saamne apni baut rakhne ke liye. Mein aapke saath hoon.*« (Ich brauche keine fünf Minuten, um euch zu sagen, warum ich hier bin. Ich bin hier, weil ich euch unterstütze.) Dies ist leicht zu verifizieren, weil mehrere Kamerateams von Film und Fernsehen das Ereignis aufzeichneten. Die Dorfbewohner hatten Stoffschals um den Hals mit der Aufschrift »*Project-Affected* durch 90 Meter« (der damaligen Höhe des Staudamms). Als die Zeit verging und klar wurde, dass ihnen die Unterredung mit dem Gerichtspräsidenten nicht gewährt werden würde, verloren die Leute den Mut.

Mehrere (die ich nicht kenne oder erkannte) hielten Reden, in denen sie das Gericht wegen seiner Unzugänglichkeit für das einfache Volk und wegen des Verfahrens kritisierten. Andere sprachen über die Korruption in der Justiz und darüber, wie weit die Richter von der eigentlichen Wirklichkeit entfernt seien. Ich gebe zu, dass ich keinerlei Anstalten machte zu intervenieren. Ich bin kein Polizist oder Staatsbeamter. Als Schriftstellerin bin ich daran interessiert, wie Menschen die Arbeit einer der wichtigsten Institutionen dieses Landes wahrnehmen.

Ich will jedoch klarstellen, dass ich niemals – weder in meinen Schriften noch auf irgendeinem öffentlichen Forum – Vorwürfe hinsichtlich des Charakters oder der Integrität der Richter erhoben habe. Ich glaube, dass der reflexhafte Instinkt der Mächtigen, die Mächtigen zu schützen, eine hinreichende Erklärung für die Art von ungerechtem Urteil ist, wie es in dem Prozess um das Sardar-Sarovar-Projekt gefällt wurde. Ich stimmte keine Sprechchöre gegen das Gericht an. Ich sagte nicht, wie in der Klageschrift behauptet wird: »*Supreme Court bika hua hai*« (Der Oberste Gerichtshof hat uns betrogen). Und ganz gewiss befahl ich nicht »der Enge (vielleicht meinten die Kläger »Menge«), dass der Oberste Gerichtshof Indiens der Dieb ist und all diese seine Spitzel sind«.

Ich ging zu der *dharna,* weil ich über das mehrheitlich getroffene – und deshalb rechtswirksame – Urteil des Obersten Gerichtshofs zum Sardar-Sarovar-Projekt zutiefst betrübt und zornig war. Das Urteil erlaubte die Fortsetzung des Projekts, obwohl dem Gerichtshof wohl bekannt war, dass die Entscheidungen des Narmada Water Disputes Tribunal seit 13 Jahren ständig missachtet wurden. Kein einziges Dorf war gemäß den Bestimmungen des Tribunals umgesiedelt worden, und die Regierung von Madhya Pradesh (die für 80 Prozent der Vertriebenen verantwortlich ist) hatte dem Gericht in einer eidesstattlichen Erklärung versichert, dass sie nicht über das für die Wiederansiedlung notwendige Land verfügte. In der Tat hatte der Oberste Gerichtshof also die Verletzung des Grundrechts auf Leben und Lebensunterhalt von Hunderttausenden indischer Staatsbürger angeordnet, bei denen es sich größtenteils um Dalit und Adivasi handelte.

Wegen des Urteils des Obersten Gerichtshofs sind diese unglücklichen Bürger im Begriff, ihre Häuser, ihre Existenzgrundlage, ihren Besitz und ihre Geschichte zu verlieren.

Als sie am Morgen des 13. Dezember 2000 nach Delhi kamen, um an den Gerichtshof zu appellieren, baten sie das Gericht, ihre Würde wiederherzustellen. Die Beschuldigung, *sie* hätten die Würde des Gerichts verletzt, lässt vermuten, dass die Würde des Gerichts und die Würde indischer Bürger nicht miteinander vereinbare, gegensätzliche, einander feindlich gegenüberstehende Dinge sind – dass die Würde des einen nur auf Kosten des anderen bestehen kann. Wenn dem so ist, handelt es sich um eine traurige und beschämende Tatsache. In seiner Rede zum Tag der Republik rief K. R. Narayanan das Volk und insbesondere die Justiz dazu auf, besondere Rücksicht auf diese empfindlichen Gemeinschaften zu nehmen: »Der Entwicklungspfad, den wir eingeschlagen haben, verletzt sie – die sozial randständigen, registrierten Kasten und Stämme – und bedroht sogar ihre Existenz.«

Ich glaube, dass die Menschen aus dem Narmada-Tal das verfassungsmäßige Recht haben, friedlich gegen ein Urteil zu demonstrieren, das sie als ungerecht und unfair empfinden. Was mich betrifft, so habe ich das Recht, an jeder friedlichen Protestversammlung teilzunehmen, an der ich teilnehmen will – selbst vor den Toren des Obersten Gerichtshofs. Als Schriftstellerin habe ich das uneingeschränkte Recht, meine Ansichten, Gründe und Argumente zu äußern und zu erklären, warum ich das Urteil zum Sardar-Sarovar-Projekt für fehlerhaft und ungerecht halte und es meiner Ansicht nach die Grundrechte indischer Staatsbürger verletzt. Ich habe das Recht, all meine Fähigkeiten und Stärken und alle mir bekannten Fakten und Zahlen einzusetzen, um andere von meiner Ansicht zu überzeugen.

Die Klage ist ein jämmerlicher Versuch, die drei nach Ansicht der Kläger wichtigsten »Aushängeschilder« der Widerstandsbewegung im Narmada-Tal als Zielscheibe zu nehmen. Die Aktivistin Medha Patkar, Führerin der Narmada Bachao Andolan und Vertreterin der Menschen in dem Tal; Prashant Bhushan, den Anwalt und Rechtsberater der Narmada Bachao Andolan; und die Schriftstellerin (mich), die als eine derjenigen betrachtet wird, die der Bewegung eine Stimme in der Außenwelt verleiht. Es ist bezeichnenderweise schon das dritte Mal, dass ich als Schriftstellerin im Zusammenhang mit meinen Schriften juristischen Schikanen ausgesetzt bin.

Im Juli 1999 nahm die dreiköpfige Kammer des Obersten Gerichtshofs, die über die Klage gegen das Sardar-Sarovar-Projekt verhandelte, Anstoß an dem Essay »... dann ertrinken wir eben«, den ich in den Zeitschriften *Outlook* und *Frontline* publiziert hatte. Während das Wasser im Narmada-Tal stieg, während die Dorfbewohner in ihren Häusern tagelang ununterbrochen im brusthohen Wasser standen, um gegen die einstweilige Verfügung des Gerichtshofs zu protestieren, veranstaltete der Oberste Gerichtshof drei Anhörungen, in denen es hauptsächlich darum ging, ob ich mit meinem Essay die Würde des Gerichts verletzt hatte oder nicht. Am 15. Oktober 1999 erließ das Gericht, ohne dass ich angehört worden wäre, eine beleidigende Verfügung. Hier ein Auszug:

> … Verfahren und Institution des Gerichts dürfen nicht auf derart unverschämte Art verächtlich gemacht und frech missachtet werden, wie sie [Arundhati Roy] dies getan hat … giftiger Hohn und vulgäre Entlarvung dürfen den Strom des Rechts nicht verschmutzen … Wir sind unglücklich über die Art, wie die Führer der NBA und Ms. Arundhati Roy versucht haben, die Würde des Gerichts zu untergraben. Wir erwarten, dass sie sich besser benehmen …

Die Verfügung war eine verschleierte Warnung, mit meinen »anstößigen Schriften« aufzuhören.

Im Jahr 1997 wurde ich vor einem Bezirksgericht in Kerala angeklagt, weil ich mit meinem Buch *Der Gott der kleinen Dinge* angeblich die öffentliche Moral zersetzt hätte. Das Verfahren ist seit vier Jahren anhängig. Ich musste Rechtsanwälte nehmen, eidesstattliche Erklärungen verfassen und die weite Reise nach Kerala machen, um vor Gericht zu erscheinen.

Und nun muss ich mich gegen diese dritte, lächerliche Anklage verteidigen.

Als Schriftstellerin will ich so nachdrücklich wie möglich feststellen, dass dies ein gefährlicher Trend ist. Wenn der Gerichtshof zulässt, dass Bürger das Gesetz über die Missachtung des Gerichts zur Einschüchterung und Schikanierung von Schriftstellern einsetzen, bedeutet dies eine massive Störung der Imagination der betroffenen Schriftstellerin und des kreativen Prozesses selbst. Aus Furcht vor juristischer Verfolgung wird eine Schriftstellerin, schon bevor sie überhaupt zur Feder greift, vorauszuahnen versuchen, wie das Gericht ihr Werk beurteilen könnte. Sie wird eine Art erzwungene, angsterfüllte Selbstzensur üben. Dies wäre schlimm für das

Recht, noch schlimmer für die Literatur und traurig für die Welt der Kunst und Schönheit.

Ich habe mehrere Essays und Artikel über das Narmada-Problem und das Urteil des Obersten Gerichtshofs geschrieben. Mit keinem wollte ich Missachtung für das Gericht zeigen. Ich habe jedoch jedes Recht, über das Thema anderer Ansicht zu sein als das Gericht und meine abweichende Meinung in jeder Publikation und jedem öffentlichen Forum meiner Wahl zu äußern. Ungeachtet aller für das rechtsgültige Urteil des Obersten Gerichtshofs über das Sardar-Sarovar-Projekt genannten Gründe, bin ich nach wie vor gegen große Staudämme. Ich glaube immer noch, dass sie wirtschaftlich unrentabel, ökologisch verheerend und zutiefst undemokratisch sind. Ich glaube immer noch, dass das Gericht bei der Urteilsfindung vorgelegte Beweise ignorierte. Und ich schreibe weiterhin, was ich glaube. Dies nicht zu tun würde die Würde der Schriftsteller untergraben, ihre Kunst, ja ihre Existenzberechtigung. Ich muss wohl kaum hinzufügen, dass ich das Recht auf freie Rede und Meinungsäußerung auch jedem zugestehe, der andere Ansichten vertritt als ich und meine eigene Position kritisieren oder anprangern will.

Ich verließ die *dharna* gegen 18.00 Uhr. Und ich kann beeiden, dass im Widerspruch zu dem grellen Szenario in der Erstanzeige der Kläger bis zu diesem Zeitpunkt kein Blut vergossen wurde, kein betrunkener Mob vorhanden war, niemand an den Haaren gezogen wurde und kein Mordversuch stattfand. Etwas *khichdi* wurde gekocht und gegessen. Kein Abfall wurde zurückgelassen. Über 100 einfache Polizisten und mehrere höhere Polizeioffiziere waren am Schauplatz des Geschehens. Ich würde gerne aussagen, dass ich die Kläger nie gesehen habe, kann dies jedoch nicht guten

Gewissens tun, weil ich nicht weiß, wer sie sind und wie sie aussehen. Sie hätten sich durchaus unter den Hunderten von Menschen befinden können, die sich an jenem Tag vor dem Gericht versammelt hatten. Doch wer immer sie auch sind und was immer ihre Motive sein mögen, dass sie das Gesetz über die Missachtung des Gerichts missbrauchen und den Obersten Gerichtshof in Anspruch nehmen, um Kritik zu ersticken und abweichende Meinungen zu unterdrücken, ist ein Schlag gegen die Wurzeln der Demokratie.

Der Gerichtshof hat in den letzten Monaten Urteile über mehrere bedeutende öffentliche Streitfragen gesprochen: über die Schließung umweltschädlicher Industriebetriebe in Delhi, über die Umstellung der Busse im öffentlichen Transportwesen von Dieselkraftstoff auf komprimiertes Erdgas und über den Weiterbau des Sardar-Sarovar-Staudamms. All diese Entscheidungen hatten weitreichende und häufig unerwartete Konsequenzen. Sie hatten – positive oder negative – materielle Auswirkungen auf Leben und Existenzgrundlage von Millionen indischer Bürger. Gleichgültig, ob diese Urteile gerecht oder ungerecht waren und wie ihre genaue juristische Begründung lautete, wenn das Gericht keine Kritik und keine abweichenden Meinungen mehr dulden würde, wäre dies der Anfang vom Ende der Demokratie.

Eine »aktivistische« Judikative, die sich als Korrektiv für eine korrupte, nicht mehr richtig funktionierende Exekutive in öffentliche Angelegenheiten einmischt, muss sich auf jeden Fall verantwortungsbewusster verhalten, als eine, die politisch passiv bleibt. Für eine Gesellschaft, die ohnehin schon unter politischem Bankrott, wirtschaftlichen Schwierigkeiten und religiöser und kultureller Intoleranz leidet, wäre jede Form richterlicher Intoleranz ein verheerender Schlag. Wenn die Justiz sich ihrer Verantwortung und Rechenschaftspflicht gegenüber der Öffentlichkeit entzieht und ihre Verbindungen zu der Gesellschaft abschneidet, der zu dienen sie überhaupt geschaffen wurde, dann wird ein weiterer Grundpfeiler der indischen Demokratie zerbrechen. Die Aussicht auf eine Diktatur der Justiz ist nicht weniger furchterregend als die auf eine Militärdiktatur oder irgendeine andere Form totalitärer Herrschaft.

Die kürzlich im landesweiten Fernsehen übertragenen Videobänder des Online-Magazins *Tehelka.com*[1] zeigen die abstoßende Szene, wie die Präsidenten der Bharatiya-Janata-Partei und der Samata-Partei (die beide der regierenden Koalition angehören) von falschen Waffenhändlern Bestechungsgeld annehmen. Obwohl dies als Prima-facie-Beweis für Korruption hätte gelten müssen, wies das höchste Gericht in Delhi eine Klage ab, die auf eine Untersuchung der in den Bändern erwähnten Rüstungsgeschäfte abzielte. Die zuständige Kammer warf dem Kläger vor, sich ohne stichhaltige Beweise an das Gericht gewandt zu haben, und warnte sogar den Anwalt des Klägers, sein Mandant werde die Kosten des Verfahrens zu tragen haben, wenn er seine Vorwürfe nicht beweisen könne.

Mit der Begründung, die Richter des Obersten Gerichtshofs seien zu beschäftigt, weigerte sich der Präsident des Gerichts, ein Mitglied seines Gerichtshofs den Vorsitz in der juristischen Untersuchung des Tehelka-Skandals führen zu lassen,[2] obwohl es dabei um die nationale Sicherheit und die Korruption höchster Stellen ging.

Wenn es jedoch um eine absurde, verachtungswürdige, völlig haltlose Klage geht, bei der alle drei Beklagten zufällig Menschen sind, die – wenn auch auf sehr verschiedene Weise – öffentlich die Politik der Regierung in Frage gestellt und ein kürzlich ergangenes Urteil des Obersten Gerichtshofs scharf kritisiert haben, dann zeigt der Gerichtshof eine beunruhigende Bereitschaft, ein Verfahren zu eröffnen.

Dieses Verhalten weckt den bösen Verdacht, dass das Gericht die bedenkliche Neigung hat, Kritiker zum Schweigen zu bringen, Opposition zu ersticken und alle, die mit seinen Urteilen nicht einverstanden sind, zu schikanieren und einzuschüchtern. Indem der Oberste Gerichtshof eine Klage zulässt, die auf einer Anzeige beruht, welche nicht einmal ein lokales Polizeirevier für glaubwürdig genug hält, um zu ermitteln, fügt er seinem Ruf und seiner Glaubwürdigkeit beträchtlichen Schaden zu.

Zum Schluss möchte ich noch einmal betonen, dass ich als Schriftstellerin das Recht habe, meine Ansichten und Überzeugungen zu äußern. Als freie Bürgerin Indiens habe ich das Recht, an jeder friedlichen *dharna,* jeder Demonstration und jedem Protestmarsch teilzunehmen. Ich habe das Recht, jedes Urteil jedes Gerichts zu kritisieren, wenn ich es für ungerecht halte. Ich habe das Recht, mit den Menschen gemeinsame Sache zu machen, mit denen ich übereinstimme. Ich hoffe, dass ich nicht jedes Mal, wenn ich von diesen Rechten Gebrauch mache, aufgrund falscher Beschuldigungen vor Gericht gezerrt und gezwungen werde, meine Handlungen zu erklären.

Die Kläger haben sich zivil- und strafrechtlich der Verleumdung schuldig gemacht. Sie sollten wegen Meineids angeklagt und verurteilt werden. Und sie sollten eine Entschädigung bezahlen müssen, weil sie mit ihren falschen Beschuldigungen die Zeit dieses höchsten Gerichtshofs verschwendet haben. Vor allem jedoch sollten sie sich bei all jenen Bürgern entschuldigen, die geduldig darauf warten, dass der Oberste Gerichtshof seine Aufmerksamkeit wichtigeren Dingen zuwendet.

POSTSKRIPT: In dem darauffolgenden Prozess forderte der Oberste Gerichtshof Arundhati Roy auf, sich für diese eidesstattliche Erklärung zu entschuldigen. Als sie sich weigerte, wurde sie wegen Missachtung des Gerichts zu einem Tag Gefängnis verurteilt. Sie verbüßte die Strafe im Tihar-Gefängnis in Delhi.

September

Schriftsteller stellen sich gerne vor, sie würden Geschichten aus dieser Welt pflücken wie Blumen. Ich denke, dass ihnen dies ihre Eitelkeit einflüstert. In Wahrheit ist es genau umgekehrt. Geschichten suchen sich Schriftsteller aus. Geschichten offenbaren sich uns. Sie nisten sich in uns ein, stellen uns in ihren Dienst, bestehen darauf, erzählt zu werden. Ob Belletristik oder Sachliteratur – sie unterscheiden sich nur durch verschiedene Erzähltechniken. Aus Gründen, die sich mir nicht ganz erschließen, tanzt die Belletristik aus mir heraus, während Sachliteratur von der schmerzenden, zerrütteten Welt, in der ich jeden Morgen aufwache, regelrecht aus mir herausgezerrt wird.

Das Thema vieler meiner Schriften, ob Belletristik oder Sachliteratur, ist die Beziehung zwischen Macht und Machtlosigkeit sowie der endlose, sich im Kreis drehende Konflikt, in dem sie gefangen sind. John Berger, den ich sehr schätze, schrieb einmal: »Nie wieder wird eine einzelne Geschichte so erzählt werden, als wäre sie die einzige.«[1]

Es kann niemals wieder eine einzelne Geschichte geben, nur verschiedene Sehweisen. Wenn ich also eine Geschichte erzähle, tue ich dies nicht als Ideologin, die eine absolutistische Ideologie gegen eine andere ins Feld führen möchte, sondern als Geschichtenerzählerin, die über ihre Art zu sehen sprechen möchte. Obwohl dies vielleicht anders erscheinen mag, geht es in meinen Texten eigentlich nicht um Nationen und Geschichten, es geht um Macht. Um die Paranoia und die Skrupellosigkeit der Macht. Um die Physik der Macht. Ich glaube, dass die Anhäufung von großer, unbeschränkter Macht durch einen Staat oder ein Land, eine Aktiengesellschaft oder eine Institution – oder sogar durch ein Individuum, einen Ehemann, einen Freund, eine Schwester oder einen Bruder – ungeachtet jeglicher Ideologie zu solchen Exzessen führt wie jenen, von denen ich hier erzählen will.

Ich lebe wie Millionen Menschen unter dem drohenden Schatten des atomaren Holocaust, den die Regierungen von Indien und Pakistan ihren gehirngewaschenen Bürgerschaften ununterbrochen versprechen, und in globaler Nachbarschaft zum Krieg gegen den Terror (den Präsident Bush biblisch *The Task That Does Not End* – die immerwährende Aufgabe nennt). Und ich muss feststellen, dass ich sehr viel über die Beziehung zwischen Bürgern und ihrem Staat nachdenke.[2]

In Indien werden diejenigen, die ihre Ansichten über Atombomben, große Staudammprojekte, die Globalisierung und die wachsende Gefahr durch den Hindu-Faschismus, der ethnische Minderheiten bedroht, zum Ausdruck gebracht haben, als »antinational« gebrandmarkt, wenn ihre Äußerungen nicht mit denen der indischen Regierung übereinstimmen. Diese Anschuldigung empört mich nicht, denn sie trifft nicht das, was ich tue oder denke. Ein Antinationaler ist ein Mensch, der gegen seine eigene Nation und folglich für eine andere ist. Aber man muss nicht notwendigerweise antinational sein, um jeglichem Nationalismus zutiefst skeptisch gegenüberzustehen, um also antinationalistisch zu sein. Nationalismus jeder Couleur war der Grund für die meisten Genozide des 20. Jahrhunderts. Flaggen sind bunte Stoffstücke, die von Regierungen zuerst dazu benutzt werden, um sie um die Köpfe der Menschen zu wickeln, und dann als zeremonielle Leichentücher, um die Toten zu beerdigen. Wenn unabhängige, denkende Menschen (und zu diesen zähle ich die Vertreter der Medienkonzerne nicht) anfangen, sich unter Flaggen zu versammeln, wenn Schriftsteller, Maler, Musiker, Filmemacher ihre Urteilsfähigkeit einstellen und ihre Kunst blind in den Dienst des Staates stellen, ist es Zeit, dass wir aufhorchen und uns Sorgen machen. In Indien haben wir zugesehen, wie dies kurz nach den Atomtests 1998 und während des Kargil-Kriegs gegen Pakistan 1999 geschah. In den USA haben wir es während des Golfkriegs gesehen und sehen es auch jetzt, während des Kriegs gegen den Terror, diesen Blizzard aus amerikanischen Flaggen, made in China.[3]

In letzter Zeit werden diejenigen, welche die Handlungen der US-Regierung kritisieren (ich eingeschlossen), des »Antiamerikanismus« bezichtigt. Antiamerikanismus ist dabei, die Weihen einer Ideologie zu erhalten.

Der Begriff »Antiamerikanismus« wird normalerweise vom amerikanischen Establishment benutzt, um seine Kritiker zu diskreditieren und mit einem – nicht ganz falschen, aber doch ungenauen – Etikett zu schmücken. Sobald jemand als »antiamerikanisch« gebrandmarkt ist, besteht die Chance, dass sie oder er verurteilt wird, ohne angehört zu werden, und die Einwände gehen im Tumult des angeschlagenen Nationalstolzes unter.

Was *bedeutet* der Begriff »Antiamerikanismus«? Bedeutet er, dass man gegen Jazz ist? Oder gegen die freie Meinungsäußerung? Dass man keinen Gefallen an den Büchern von Toni Morrison oder John Updike findet? Dass man etwas gegen Mammutbäume hat? Bedeutet er, dass man keine Bewunderung hegt für die Hunderttausende von amerikanischen Bürgern, die gegen Atombomben demonstriert haben, oder die Tausende von Kriegsdienstverweigerern, die ihre Regierung zwangen, sich aus Vietnam zurückzuziehen? Bedeutet er, dass man alle Amerikaner hasst?

Diese raffinierte Verschmelzung amerikanischer Kultur, Musik und Literatur, der atemberaubenden Schönheit des Landes, der gewöhnlichen Freuden ganz normaler Menschen mit der Kritik an der Außenpolitik der US-Regierung (über welche traurigerweise die meisten Amerikaner dank der »freien Presse« in Amerika nur sehr wenig wissen) ist eine bewusste und äußerst erfolgreiche Strategie. Es ist, als suchte eine sich zurückziehende Armee in einer dichtbevölkerten Stadt Deckung und hoffte, der Feind würde bei der Aussicht, zivile Ziele zu treffen, von einer Bombardierung absehen.

Viele Amerikaner wären gekränkt, würden sie mit der Politik ihrer Regierung identifiziert. Die klügste, vernichtendste, schärfste, weitreichendste Kritik der Heuchelei und der Widersprüche in der Politik der US-Regierung kommt von amerikanischen Bürgern. Wenn der Rest der Welt wissen will, was die US-Regierung vorhat, wendet sie sich an Noam Chomsky, Edward Said, Howard Zinn, Edward S. Herman, Amy Goodman, Michael Albert, Chalmers Johnson, William Blum und Anthony Arnove. Sie sagen uns, was wirklich vor sich geht.

Ähnlich wären in Indien nicht Hunderte, sondern Millionen beschämt und beleidigt, würden wir in irgendeiner Weise mit der faschistischen Politik der indischen Regierung identifiziert, die, abgesehen davon, dass sie (im Namen des Kampfes gegen den Terror) im Tal von Kaschmir staatlichen Terrorismus verübt, auch bei dem kürzlich stattgefundenen staatlich kontrollierten Pogrom gegen Muslime in Gujarat ein Auge zugedrückt hat. Es wäre absurd, diejenigen, welche die indische Regierung kritisieren, als »antiindisch« abzustempeln – obwohl die Regierung selbst keinesfalls zögert, genau das zu tun. Es ist gefährlich, das Recht zur Definition dessen, was »Indien« und »Amerika« ist, an die indische oder die amerikanische Regierung – oder sonst irgendjemanden – abzutreten.

Jemanden antiamerikanisch zu nennen oder tatsächlich antiamerikanisch zu sein (oder, was das angeht, antiindisch oder antitimbuktisch) ist nicht nur rassistisch, es beweist auch einen Mangel an Einfallsreichtum. Eine Unfähigkeit, die Welt anders zu sehen als in den vom Establishment aufgestellten Begriffen: Wenn du kein Bush-Anhänger bist, bist du Taliban-Fan. Wenn du uns nicht liebst, hasst du uns. Wenn du nicht Gott bist, bist du der Teufel. Wenn du nicht auf unserer Seite stehst, stehst du auf der Seite der Terroristen.

Im vergangenen Jahr habe ich, wie viele, den Fehler begangen, über diese nach dem 11. September aufkommende Rhetorik zu spotten und sie als albern und anmaßend abzutun. Inzwischen ist mir klar geworden, dass sie keineswegs albern ist. Sie ist eigentlich eine Werbekampagne für einen falschen, gefährlichen Krieg. Ich bin jeden Tag aufs Neue bestürzt, wie viele Menschen glauben, wenn man den Krieg in Afghanistan ablehnte, liefe das auf eine Unterstützung des Terrorismus oder die Stimmabgabe für die Taliban hinaus. Nachdem das ursprüngliche Kriegsziel – Osama bin Laden gefangen zu nehmen (tot oder lebendig) – nicht erreicht wurde, wurden flugs die Spielregeln geändert.[4] Jetzt gilt als ausgemacht, dass der ganze Zweck des Krieges der war, das Taliban-Regime zu stürzen und afghanische Frauen von der Burka zu befreien. Man will uns wirklich glauben machen, die US-Marines seien in einer feministischen Mission unterwegs. (Wenn dem so ist, wird ihr nächster Halt dann Saudi-Arabien sein, der militärische Verbündete Amerikas?) Betrachten Sie es einmal so: In Indien gibt es einige ziemlich üble soziale Gewohnheiten – gegenüber »Unberührbaren«, gegenüber Christen und Muslimen, gegenüber Frauen. Pakistan und Bangladesch gehen noch rigider mit ihren Minderheiten und den Frauen um. Sollte man sie bombardieren? Sollten Delhi, Islamabad und Dhaka zerstört werden? Ist es möglich, Indien seinen Fanatismus mit Bomben auszutreiben? Können wir uns unseren Weg in ein feministisches Paradies frei bomben? Haben die Frauen in den Vereinigten Staaten so das Stimmrecht erstritten? Wurde so die Sklaverei abgeschafft? Können wir Wiedergutmachung für den Genozid an den Millionen amerikanischer Ureinwohner, auf deren Leichen die Vereinigten Staaten gegründet wurden, erreichen, indem wir Santa Fe bombardieren?

Wir brauchen keine Jahrestage, um uns an das zu erinnern, was wir nicht vergessen können. Und so ist es nichts weiter als ein Zufall, dass ich im September hier auf amerikanischem Boden bin – diesem Monat voller schrecklicher Jahrestage. Was alle am meisten beschäftigt, besonders hier in Amerika, ist der Schrecken dessen, was als »9/11« bekannt wurde. Mehr als 3000 Zivilisten verloren bei diesem tödlichen terroristischen Angriff ihr Leben.[5] Der Schmerz ist immer noch groß. Die Wut immer noch heftig. Die Tränen sind noch nicht getrocknet. Und in der Welt tobt ein befremdlicher tödlicher Krieg. Dennoch weiß jeder, der einen geliebten Menschen verloren hat, insgeheim und ganz tief im Innern, dass kein Krieg, kein Vergeltungsakt, keine Daisy-Cutter-Bomben, die auf die geliebten Menschen oder die Kinder anderer Menschen niederregnen, ihrem Schmerz den Stachel nehmen oder ihre Lieben zurückbringen können. Krieg kann die Toten nicht rächen. Krieg ist nur eine brutale Entweihung ihres Gedenkens.

Einen weiteren Krieg zu entfachen – diesmal gegen den Irak –, indem man zynisch die Trauer der Menschen manipuliert, indem man sie in Sondersendungen im Fernsehen vorführt, die von Konzernen, die Waschmittel oder Joggingschuhe verkaufen wollen, gesponsert werden, bedeutet, die Trauer herabzusetzen und abzuwerten, ihn seiner Bedeutung zu berauben. Was wir jetzt zu sehen bekommen, ist eine vulgäre Zurschaustellung des *Geschäfts* des Trauerns, des Handels mit Trauer, der Plünderung der persönlichsten menschlichen Gefühle aus politischen Motiven heraus. Es ist grausam und brutal, dass ein Staat seinen Menschen so etwas antut.

Das Thema ist nicht so geistreich, dass man darüber öffentlich sprechen könnte, aber worüber ich wirklich gerne zu Ihnen sprechen würde, ist Verlust. Verlust und verlieren. Trauer, Scheitern, Gebrochenheit, Erstarrung, Unsicherheit, Angst, der Tod des Fühlens und der Tod der Träume. Die allumfassende, unbarmherzige, unendliche, allgegenwärtige Ungerechtigkeit der Welt. Was bedeutet Verlust für ein Individuum? Was bedeutet er für ganze Kulturen, ganze Völker, die gelernt haben, mit ihm als ständigem Begleiter zu leben?

Da wir über den 11. September sprechen, ist es wohl angemessen, uns daran zu erinnern, was dieses Datum nicht nur denjenigen bedeutet, die im letzten Jahr in Amerika ihre geliebten Menschen verloren haben, sondern jenen Menschen in anderen Weltteilen, für die das Datum auch vorher schon von Bedeutung war. Dieses Graben in der Geschichte soll nicht als Anschuldigung oder Provokation vorgebracht werden, sondern vielmehr, um die Trauer der Geschichte zu teilen. Um den Nebel ein wenig zu lichten. Um den Bürgern

Amerikas auf freundlichste, menschlichste Weise zu sagen: Willkommen in der Welt.

Vor 29 Jahren stürzte General Pinochet am 11. September 1973 in einem von der CIA unterstützten Putsch die demokratisch gewählte Regierung von Salvador Allende. »Ich sehe nicht ein, warum wir danebenstehen und mitansehen sollten, wie ein Land sich wegen der Verantwortungslosigkeit seiner Bürger dem Kommunismus zuwendet«, sagte Henry Kissinger, Nobelpreisträger und damals Nationaler Sicherheitsberater von Präsident Nixon.[6]

Nach dem Putsch wurde Präsident Allende tot im Präsidentenpalast aufgefunden. Ob er umgebracht wurde oder Selbstmord beging, werden wir niemals erfahren. Unter dem anschließenden Terrorregime wurden Tausende von Menschen ermordet. Noch mehr »verschwanden« einfach. Exekutionskommandos führten öffentliche Hinrichtungen durch. Überall im Land wurden Konzentrationslager und Folterkammern eingerichtet. Die Toten wurden in Förderschächten und anonymen Gräbern beerdigt. Mehr als 16 Jahre lebten die Menschen in Chile in Angst vor dem mitternächtlichen Klopfen an der Tür, davor, einfach zu verschwinden, plötzlich verhaftet und gefoltert zu werden.[7]

Im Jahr 2000 gab die US-Regierung im Anschluss an die Verhaftung von General Pinochet Tausende von Geheimdokumenten frei.[8] Sie enthalten eindeutige Beweise, dass die CIA in den Putsch verwickelt war und die US-Regierung ausführliche Informationen über Chile während der Herrschaft von General Pinochet hatte. Und doch versicherte Kissinger dem General: »Wir in den Vereinigten Staaten sympathisieren, wie Sie wissen, mit dem, was Sie tun«, sagte er. »Wir wünschen Ihrer Regierung alles Gute.«[9]

Wer nur das Leben in einer, wenn auch mit Mängeln behafteten, Demokratie kennt, der kann sich kaum vorstellen, was das Leben in einer Diktatur und der völlige Verlust der Freiheit wirklich bedeuten. Es zählen nicht nur diejenigen, die Pinochet umbringen ließ, es zählen auch die vielen Leben, die er den Lebenden gestohlen hat.

Traurigerweise war Chile nicht das einzige Land in Südamerika, das die Aufmerksamkeit der US-Regierung auf sich zog. Guatemala, Costa Rica, Ecuador, Brasilien, Peru, die Dominikanische Republik, Bolivien, Nicaragua, Honduras, Panama, El Salvador, Mexiko und Kolumbien – all diese Staaten waren Tummelplätze für geheime – und offene – Aktionen der CIA.[10] Hunderttausende Lateinamerikaner wurden umgebracht, gefoltert oder verschwanden unter den despotischen Regimes und lumpigen Diktatoren, Drogenkurieren und Waffenhändlern, die in ihren Ländern auftauchten und von denen viele ihr Handwerk in der berüchtigten, von der US-Regierung finanzierten School of the Americas in Fort Benning, Georgia, lernten, die 60 000 Absolventen hervorgebracht hat.[11] Als wäre dies noch nicht Demütigung genug, mussten die Menschen in Südamerika auch noch das Kreuz tragen, als Menschen gebrandmarkt zu werden, die unfähig zur Demokratie sind – als lägen ihnen Putsche und Massaker irgendwie im Blut.

In dieser Liste fehlen natürlich noch die Länder in Afrika und Asien, die unter Interventionen des US-Militärs zu leiden hatten – Somalia, Vietnam, Korea, Indonesien, Laos und Kambodscha.[12] Wie viele Jahrzehnte lang wurden Millionen von Menschen in Asien im September bombardiert, ausgebrannt und niedergemetzelt? Wie viele September gingen seit August 1945 vorbei, als Hunderttausende japanischer Zivilisten durch die Atombombenabwürfe in Hiroshima und Nagasaki ausgelöscht wurden? Wie viele September haben die Tausende, die das Missgeschick hatten, diese Atomschläge zu überleben, die Hölle auf Erden erlitten, die sie, ihre ungeborenen Kinder und ihre Enkelkinder ebenso heimgesucht hat wie die Erde, den Himmel, den Wind, das Wasser und alle schwimmenden, kriechenden und fliegenden Kreaturen? Nicht weit von hier, in Albuquerque, befindet sich das National Atomic Museum, in dessen Souvenirladen Fat Man und Little Boy (die liebevollen Spitznamen für die Bomben, die über Hiroshima und Nagasaki abgeworfen wurden) als Ohrringe verkauft werden. Verrückte junge Leute tragen sie, ein Massaker an jedem Ohr.

Aber ich komme vom Thema ab. Wir sprechen über September, nicht August.

Der 11. September hat auch im Nahen Osten einen unseligen Beigeschmack. Am 11. September 1922 proklamierte die britische Regierung das Mandat für Palästina, eine Fortsetzung der Balfour-Deklaration von 1917, die das britische Empire herausgegeben hatte, während seine Armee sich vor den Toren der Stadt Gaza konzentrierte.[13] Die Balfour-Deklaration versprach europäischen Zionisten »eine nationale Heimstätte für das jüdische Volk«.[14] (Damals hatte das Empire, in dem die Sonne niemals unterging, die Freiheit, nationale Heimstätten an sich zu reißen und zu vermachen wie der Fiesling auf dem Schulhof, wenn er Murmeln verteilt.) Zwei Jahre nach der Deklaration sagte der britische Außenminister Lord Arthur James Balfour: »Wir schlagen in Palästina nicht einmal vor, uns der Form halber anzuhören, was die gegenwärtigen Bewohner des Landes wünschen. [...] Der Zionismus, ob richtig oder falsch, gut oder schlecht, ist in einer jahrhundertelangen Tradition, in gegenwärtigen Bedürfnissen und zukünftigen Hoffnungen von weit größerer Bedeutung als die Wünsche und Einwände der 700 000 Araber, die dieses alte Land jetzt bewohnen.«[15]

Wie unbekümmert die imperiale Macht darüber verfügte, wessen Bedürfnisse wichtig waren und wessen nicht. Wie unbekümmert sie alte Kulturen lebendig sezierte. Palästina und Kaschmir sind die schwärenden, blutgetränkten Geschenke des britischen Empire an die moderne Welt. Beide sind Verwerfungslinien in den wütenden internationalen Konflikten von heute.

1937 sagte Winston Churchill über die Palästinenser:

> Ich bin nicht der Meinung, dass der Hund am Futtertrog das unwiderrufliche Recht auf den Futtertrog hat, auch wenn er dort schon sehr lange liegt. Ich räume auch nicht ein, dass den nordamerikanischen Indianern oder den Schwarzen in Australien großes Unrecht widerfahren ist. Ich räume nicht ein, dass diesen Menschen Unrecht widerfahren ist, weil eine stärkere Rasse, eine höherrangige, eine weltgewandtere Rasse […] an ihre Stelle getreten ist.[16]

Das bestimmte die Richtung für die Haltung des israelischen Staates gegenüber den Palästinensern. 1969 sagte die israelische Premierministerin Golda Meir: »Palästinenser gibt es nicht.« Ihr Vorgänger, Premierminister Levi Eshkol, sagte: »Wo sind Palästinenser? Als ich hierher kam [nach Palästina], gab es hier 25 0000 Nichtjuden, größtenteils Araber und Beduinen. Es war Wüste, mehr als unterentwickelt. Nichts.« Premierminister Menachem Begin nannte die Palästinenser »zweibeinige Bestien«. Premierminister Yitzhak Shamir nannte sie »Grashüpfer, die man zertreten kann«.[17] So reden führende Staatsleute, nicht der Mann auf der Straße. 1947 teilte die UN Palästina formal auf und sprach 25 Prozent des palästinensischen Landes den Zionisten zu. Innerhalb eines Jahres hatten sie mehr als 76 Prozent erobert.[18] Am 14. Mai 1948 wurde die Gründung des Staates Israel verkündet. Minuten nach der Erklärung erkannten die Vereinigten Staaten Israel an. Die Westbank wurde von Jordanien annektiert. Der Gazastreifen kam unter militärische Kontrolle Ägyptens.[19] Formal hörte Palästina auf zu existieren, außer in den Köpfen und Herzen Hunderttausender Palästinenser, die zu Flüchtlingen wurden.

Im Sommer 1967 besetzte Israel die Westbank und den Gazastreifen. Man bot Siedlern staatliche Subventionen und Entwicklungshilfe, wenn sie in die besetzten Gebiete zogen. Fast jeden Tag werden weitere palästinensische Familien gezwungen, ihr Land zu verlassen und in Flüchtlingslager zu ziehen. Palästinenser, die weiterhin in Israel leben, haben nicht die gleichen Rechte wie Israelis und leben in ihrem ehemaligen Heimatland als Bürger zweiter Klasse.[20]

Im Laufe der Jahrzehnte gab es Aufstände, Kriege, Intifadas. Tausende haben ihr Leben verloren.[21] Abkommen und Verträge wurden unterzeichnet. Waffenruhen erklärt und verletzt. Aber das Blutvergießen findet kein Ende. Palästina ist immer noch illegal besetzt. Sein Volk lebt unter unmenschlichen Bedingungen – in sogenannten Bantustans, wo die Palästinenser ständig kollektiver Bestrafung und 24-stündigen Ausgehverboten ausgesetzt sind, wo sie jeden Tag gedemütigt und brutal misshandelt werden. Sie wissen nicht, wann ihre Häuser zerstört, wann ihre Kinder erschossen und wann ihre Straßen gesperrt werden, oder wann man ihnen erlaubt, zum Markt zu gehen, um Lebensmittel und Medikamente einzukaufen. Und wann nicht. Sie leben ohne den geringsten Anschein von Würde. Ohne große Hoffnung. Sie haben keine Kontrolle über ihr Land, ihre Sicherheit, ihre Bewegungsfreiheit, ihre Kommunikationsmittel, ihre Wasserversorgung. Wenn also Abkommen unterzeichnet und Worte wie »Autonomie« und sogar »Eigenstaatlichkeit« hervorgezaubert werden, sollte man stets fragen: Was für eine Art von Autonomie? Was für eine Art von Staat? Was für Rechte werden seine Bürger haben?

Junge Palästinenser, die ihren Zorn nicht im Zaum halten können, verwandeln sich in menschliche Bomben und ziehen durch Israels Straßen und über öffentliche Plätze, wo sie sich in die Luft jagen, Menschen töten, das Alltagsleben mit Terror vergiften und das Misstrauen beider Gesellschaften und den wechselseitigen Hass aufeinander letztendlich noch verstärken. Jede Bombardierung zieht unbarmherzige Vergeltungsmaßnahmen und noch mehr Elend für die Palästinenser nach sich. Aber sich selbst in die Luft zu sprengen ist ein Akt individueller Verzweiflung, keine revolutionäre Taktik. Die palästinensischen Angriffe terrorisieren israelische Zivilisten, und zugleich liefern sie der israelischen Regierung die Rechtfertigung für das tägliche Eindringen in palästinensisches Gebiet, die perfekte Ausrede für altmodischen Kolonialismus nach dem Vorbild des 19. Jahrhunderts, herausgeputzt als neumodischer Krieg des 21. Jahrhunderts.

Israels treuester politischer und militärischer Verbündeter ist und war stets die US-Regierung. Die US-Regierung hat zusammen mit Israel fast jede UN-Resolution, die eine friedliche, gerechte Lösung des Konflikts anstrebte, blockiert.[22] Sie hat fast alle Kriege unterstützt, die Israel gekämpft hat. Wenn Israel Palästina angreift, dann sind es amerikanische Raketen, die palästinensische Wohnhäuser zerstören. Und jedes Jahr erhält Israel mehrere Milliarden US-Dollar von den Vereinigten Staaten. Zusätzlich zu den mehr als drei Milliarden US-Dollar jährlich im Rahmen des Foreign-Military-Financing-Programms unterstützt die US-Regierung

Israel mit Wirtschaftshilfen, Krediten, Technologietransfer und Waffenlieferungen.[23]

Welche Lehren sollen wir aus diesem tragischen Konflikt ziehen? Ist es dem jüdischen Volk, das selbst so entsetzlich gelitten hat – entsetzlicher vielleicht als jedes andere Volk in der Geschichte –, unmöglich, die Verwundbarkeit und die Sehnsucht jener zu verstehen, die von ihnen vertrieben wurden? Weckt extremes Leiden stets Grausamkeit? Welche Hoffnung bleibt dem menschlichen Geschlecht dann noch? Was geschieht mit dem palästinensischen Volk im Falle eines Sieges? Was für ein Staat wird das sein, wenn eine Nation ohne Staat schließlich einen Staat gründet? Welches Grauen wird unter seiner Flagge verübt? Sollten wir für einen eigenen Staat kämpfen oder für das Recht auf ein Leben in Freiheit und Würde, ungeachtet ethnischer und religiöser Zugehörigkeit?

Einst war Palästina ein säkulares Bollwerk im Nahen Osten. Aber jetzt verliert die schwache, undemokratische, nach allem, was man hört, korrupte, aber eingestandenermaßen nicht sektiererische Palästinensische Befreiungsorganisation (PLO) Boden an die Hamas, die sich einer unverhohlen sektiererischen Ideologie verschrieben hat und im Namen des Islams kämpft. Um aus ihrer Charta zu zitieren: »Wir werden seine Soldaten sein und das Brennholz für sein Feuer, welches die Feinde verbrennen wird.«[24]

Die Welt ist aufgerufen, Selbstmordattentate zu verurteilen. Aber können wir ignorieren, welch langen Weg die Attentäter zurückgelegt haben, bevor sie an diesem Punkt angelangt sind? Vom 11. September 1922 bis zum 11. September 2002 – 80 Jahre sind eine lange, lange Zeit, um Krieg zu führen. Kann die Welt dem Volk Palästinas einen Rat geben? Können wir den Palästinensern einen Hoffnungsschimmer in Aussicht stellen? Sollen sie sich einfach mit den Krumen zufriedengeben, die man ihnen hinwirft, und sich wie die Grashüpfer oder zweibeinigen Bestien verhalten, als die man sie beschrieben hat? Sollten sie einfach Golda Meirs Vorschlag aufgreifen und sich wirklich Mühe geben, nicht zu existieren?

An einem anderen Ort im Nahen Osten schlägt der 11. September erst seit kurzem eine Saite an. Am 11. September 1990 hielt George W. Bush sen., damals Präsident der Vereinigten Staaten, eine Rede vor dem Kongress, um zu verkünden, seine Regierung habe beschlossen, Krieg gegen den Irak zu führen.[25]

Die US-Regierung sagt, Saddam Hussein sei ein Kriegsverbrecher, ein grausamer Militärdiktator, der Genozid an seinem eigenen Volk verübt habe. Das ist eine ziemlich zutreffende Beschreibung des Mannes, der 1988 im Nordirak Hunderte von Dörfern schleifte und chemische Waffen und Maschinengewehre einsetzen ließ, um Tausende von Kurden zu töten. Heute wissen wir, dass die US-Regierung ihm im gleichen Jahr 500 Millionen US-Dollar Subventionen gewährte, um amerikanische Agrarprodukte zu kaufen. Im folgenden Jahr, nach dem erfolgreich abgeschlossenen Völkermord, verdoppelte die US-Regierung ihre Subventionen auf eine Milliarde US-Dollar.[26] Sie versorgte ihn auch mit Anthrax-Erregern sowie mit Hubschraubern und Gütern, die sowohl zum Bau chemischer wie biologischer Waffen verwendet werden können.[27]

Die Regierungen der USA und Großbritanniens waren also, wie sich herausstellte, in der Zeit, in der Saddam Hussein seine schlimmsten Gräueltaten verübte, seine engen Verbündeten. Heute ist die Regierung der Türkei, über die einer der niederschmetterndsten Menschenrechtsberichte in der Welt existiert, einer der engsten Verbündeten der US-Regierung. Die Tatsache, dass die türkische Regierung jahrelang Kurden unterdrückt und ermordet hat, hat die US-Regierung nicht daran gehindert, die Türkei mit Waffen und Entwicklungshilfe zu überhäufen.[28] Es war sicher nicht die Sorge um das kurdische Volk, die Präsident Bush zu seiner Rede vor dem Kongress bewegte.

Was hat sich seither verändert? Im August 1990 fiel Saddam Hussein in Kuwait ein. Seine Sünde bestand nicht so sehr darin, dass er einen Krieg begonnen hatte, sondern, dass er unabhängig gehandelt hatte, ohne Befehl »von oben«. Diese Demonstration von Unabhängigkeit reichte, um das Machtgefüge in der Golfregion aus dem Gleichgewicht zu bringen. Also wurde beschlossen, Saddam Hussein zu beseitigen, wie ein Haustier, an dem sein Besitzer keinen Spaß mehr hat.

Der erste Angriff der Alliierten auf den Irak fand im Januar 1991 statt. Die ganze Welt hat diesem Krieg zugesehen, der zur Hauptsendezeit im Fernsehen ausgestrahlt wurde. (In Indien musste man damals in die Lobby eines Fünfsternehotels gehen, um CNN sehen zu können.) Innerhalb eines Monats vernichtender Bombardements wurden Zehntausende Menschen getötet.[29] Was viele nicht wissen, ist, dass der Krieg damals nicht endete. Das anfängliche Wüten beruhigte sich zum längsten Dauerluftangriff auf ein Land seit dem Vietnamkrieg. In den letzten zehn Jahren haben amerikanische und britische Streitkräfte Zehntausende Raketen und Bomben auf den Irak abgeschossen. Iraks Felder und Weiden wurden mit 300 Tonnen abgereicherten Urans beschossen.[30] Bei ihren Bombeneinsätzen zerstörten die Alliierten Wasseraufbereitungsanlagen. Sie waren sich dabei durchaus der Tatsache bewusst, dass diese nicht ohne fremde Hilfe wieder aufgebaut werden können.[31] Im Südirak stieg die Rate der Krebserkrankungen bei Kindern um das Vierfache. In der Dekade wirtschaftlicher Sanktionen, die dem Krieg folgte, wurde den irakischen Zivilisten das Lebensnotwendigste verweigert – Nahrungsmittel, Medikamente, Krankenhausausstattungen, Krankenwagen und sauberes Wasser.[32]

Rund eine halbe Million irakischer Kinder sind als Folge der Sanktionen gestorben. Über sie sagte Madeleine Albright, damalige US-Botschafterin der Vereinten Nationen: »Ich denke, dies ist eine sehr schwere Entscheidung, aber der Preis – ich glaube, der Preis ist alles in allem nicht zu hoch.«[33] »Moralische Äquivalenz« war der Begriff, mit dem man diejenigen brandmarkte, die den Krieg gegen Afghanistan kritisierten. Madeleine Albright kann »moralischer Äquivalenz« nicht beschuldigt werden. Ihre Aussage basierte auf einfacher Algebra.

Mit einem Jahrzehnt Bombardierung ist es nicht gelungen, Saddam Hussein, die »Bestie von Bagdad«, zu vertreiben. Jetzt, fast zwölf Jahre später, hat Präsident George Bush jun. die Rhetorik noch einmal angekurbelt. Er schlägt einen Krieg mit allen verfügbaren Mitteln vor, dessen Ziel kein geringeres ist als ein »Regimewechsel«. In der *New York Times* heißt es, die Bush-Administration »verfolgt eine sorgfältig geplante Strategie, um die Öffentlichkeit, den Kongress und die Verbündeten von der Notwendigkeit zu überzeugen, der Bedrohung durch Saddam Hussein mutig zu begegnen«. Andrew Card, der Stabschef im Weißen Haus, hat beschrieben, wie die Administration ihre Kriegspläne zum Herbst hin verstärkt: »Unter Marketinggesichtspunkten«, sagte er, »führt man neue Produkte nicht im August in den Markt ein.«[34] Diesmal ist der Slogan für das »neue Produkt« Washingtons nicht die Notlage der kuwaitischen Bevölkerung, sondern die Behauptung, der Irak besitze Massenvernichtungswaffen. Vergessen Sie »das vergebliche Moralisieren von ›Friedens‹-Lobbyisten«, schrieb Sicherheitsberater Richard Perle, Vorsitzender des US Defense Policy Board, die Vereinigten Staaten werden »notfalls allein handeln« und einen »Präventivschlag« führen, falls dies im US-Interesse liege.[35]

Die Waffeninspektoren liefern widersprüchliche Berichte über den Status von Iraks »Massenvernichtungswaffen«. Etliche haben deutlich gesagt, das Waffenarsenal des Irak sei zerstört und Hussein besitze nicht die Möglichkeiten, ein neues aufzubauen.[36] Über das Ausmaß und die Reichweite des US-amerikanischen Arsenals an atomaren und chemischen Waffen sind sich dagegen alle einig. Würde die US-Regierung Waffeninspektoren willkommen heißen? Großbritannien etwa? Oder Israel?

Und wenn der Irak tatsächlich Atomwaffen besitzt? Rechtfertigt das einen US-amerikanischen Präventivschlag? Die Vereinigten Staaten besitzen das weltweit größte Arsenal atomarer Waffen. Sie sind das einzige Land der Welt, das Atomwaffen je gegen eine Zivilbevölkerung eingesetzt hat. Wenn die Vereinigten Staaten sich berechtigt fühlen, einen Präventivschlag gegen den Irak zu führen, dann ist jede Atommacht berechtigt, einen Präventivschlag gegen eine andere zu führen. Indien könnte Pakistan angreifen oder umgekehrt. Sollte die US-Regierung plötzlich eine Abneigung gegen den indischen Premierminister verspüren, kann sie ihn dann einfach mit einem Präventivschlag »wegputzen«?

Vor kurzem haben die Vereinigten Staaten eine wichtige Rolle dabei gespielt, einen bevorstehenden Krieg zwischen Indien und Pakistan zu verhindern. Fällt es ihnen dermaßen schwer, ihren eigenen Rat zu befolgen? Wer ist des vergeblichen Moralisierens schuldig? Wer predigt Frieden und führt gleichzeitig Krieg? Die Vereinigten Staaten, die George Bush die »friedfertigste Nation der Welt« nennt, haben in den vergangenen 50 Jahren jedes Jahr mit irgendeinem Land Krieg geführt.[37]

Kriege werden nicht aus altruistischen Gründen geführt. Normalerweise geht es dabei um Hegemonie, um Geschäftsinteressen. Nicht zu vergessen das Geschäft des Krieges selbst. Die Kontrolle über die weltweiten Erdölvorkommen ist für die US-Außenpolitik von fundamentaler Bedeutung. Die jüngsten militärischen Interventionen der US-Regierung auf dem Balkan und in Zentralasien haben mit Öl zu tun. Hamid Karzai, der von den Vereinigten Staaten eingesetzte Marionetten-Präsident Afghanistans, sei, so heißt es, ein ehemaliger Angestellter von Unocal, einer Ölgesellschaft mit Sitz in Amerika.[38] Der Grund für das paranoide Patrouillieren der US-Regierung im Nahen Osten liegt darin, dass dort zwei Drittel der weltweiten Ölreserven liegen.[39] Erdöl sorgt dafür, dass Amerikas Maschinen schön rundlaufen. Wer die weltweiten Ölreserven kontrolliert, kontrolliert auch die Weltmärkte.

Und wie kontrolliert man Erdölvorkommen? Niemand hat dies eleganter formuliert als Thomas Friedman, Kolumnist der *New York Times.* In einem Artikel mit der Überschrift »Verrücktheit lohnt sich« schreibt er: »Die USA müssen dem Irak und den US-Verbündeten klarmachen, dass [...] Amerika seine Streitkräfte einsetzen wird, ohne Verhandlungen, ohne Zögern, ohne Billigung durch die UN.«[40] Sein Rat wurde wohl befolgt, sowohl in den Kriegen gegen den Irak und Afghanistan, als auch in der fast täglichen Demütigung der UN durch die US-Regierung. In seinem Buch über die Globalisierung, *The Lexus and the Olive Tree,* schreibt Friedman: »Die verborgene Hand des Markts wird niemals ohne eine verborgene Faust funktionieren. McDonald's kann ohne McDonnell Douglas nicht gedeihen [...] Und die verborgene Faust, welche dafür sorgt, dass die Welt sicher ist und die Technologien aus Silicon Valley florieren können, heißt US-Army, -Air-Force, -Navy und -Marine-Corps.«[41]

Vielleicht wurde dies in einem Augenblick der Verunsicherung geschrieben, aber es ist sicher die lakonischste, prägnanteste Beschreibung zum Thema Globalisierung, die ich je gelesen habe.

Nach dem 11. September 2001 und dem Krieg gegen den Terror haben die verborgene Hand und die verborgene Faust ihre Deckung aufgeben müssen, so dass wir jetzt deutlich sehen können, wie Amerikas andere Waffe – der freie Markt –, ein verbissenes Lächeln auf den Lippen, auf die Entwicklungsländer losgeht. *The Task That Does Not End* ist Amerikas perfekter Krieg, das ideale Vehikel für die unaufhörliche Expansion des US-amerikanischen Imperialismus. Auf Urdu lautet das Wort für Profit *faida. Al-Qaida* bedeutet: das Wort, das Wort Gottes, das Gesetz. Also nennen in Indien einige von uns den Krieg gegen den Terror *al-Qaida* kontra *al-Faida* – das Wort gegen den Profit.

Im Augenblick sieht es so aus, als würde *al-Faida* den Sieg davontragen. Aber man weiß nie ...

In den vergangenen zehn Jahren ungezügelter Konzernglobalisierung ist das Gesamteinkommen weltweit um durchschnittlich 2,5 Prozent pro Jahr gestiegen, wogegen die Zahl der Armen in der Welt um 100 Millionen anwuchs. Von den 100 umsatzstärksten Unternehmen sind 51 Aktiengesellschaften, nicht Länder. Das oberste Prozent der Weltbevölkerung hat zusammen das gleiche Einkommen wie die unteren 57 Prozent, und die Kluft wird immer größer.[42] Unter dem ausladenden Dach des Krieges gegen den Terror wird dieser Prozess jetzt weiter vorangetrieben. Die Männer in Anzügen haben es ungebührlich eilig. Während Bomben auf uns niederregnen und Cruise-Missiles über den Himmel jagen, werden Atombomben gehortet, um die Welt zu einem sicheren Ort zu machen, Verträge unterzeichnet, Patente angemeldet, Pipelines verlegt, natürliche Ressourcen geplündert, Wasser privatisiert und Demokratien unterminiert.

In einem Land wie Indien reißt die durch die Globalisierung erzwungene »strukturelle Anpassung« das Leben der Menschen entzwei. »Entwicklungs«-Projekte, umfassende Privatisierungsmaßnahmen und »Reformen« der Arbeitswelt verdrängen Menschen von ihrem Land und aus ihren Jobs, was zu einer Art barbarischen Enteignung führt, die in der Geschichte nahezu beispiellos ist. Der freie Markt schützt schamlos die westlichen Märkte und zwingt die Entwicklungsländer, ihre Handelsschranken aufzuheben, und so werden überall in der Welt die Armen ärmer und die Reichen reicher. Doch im globalen Dorf erhebt sich ziviler Ungehorsam. In Ländern wie Argentinien, Brasilien, Mexiko, Bolivien und Indien wächst der Widerstand gegen die Globalisierung. Um ihn einzudämmen, verstärken die Regierungen ihre Kontrolle. Demonstranten werden als »Terroristen« abgestempelt und als solche behandelt. Aber ziviler Ungehorsam bedeutet nicht nur Protestmärsche, Demonstrationen und Widerstand gegen die Globalisierung. Leider bedeutet er auch eine verzweifelte Abwärtsspirale in Verbrechen und Chaos und alle Arten von Verzweiflung und Desillusionierung. Dies kann, wie wir aus der Geschichte (und aus dem, was sich vor unseren Augen abspielt) wissen, nach und nach zum fruchtbaren Nährboden für schreckliche Dinge werden – für Nationalismus, religiösen Fanatismus, Faschismus und natürlich Terrorismus.

All dies geht Hand in Hand mit der Globalisierung einher. Es herrscht die Ansicht, und sie gewinnt immer mehr Anhänger, der freie Markt reiße nationale Schranken nieder und das Ziel der Globalisierung sei letztendlich ein Hippie-Paradies, wo das Herz das einzige Ausweisdokument ist und wir alle glücklich zusammen wie in einem Lied von John Lennon (»Imagine there's no country …«) leben. Dies ist ein Irrglaube.

Der freie Markt untergräbt nicht die nationale Souveränität, sondern die *Demokratie.* Während die Kluft zwischen Arm und Reich immer größer wird, weiß die verborgene Faust, was sie zu tun hat. Multinationale Konzerne, die auf weitere Möglichkeiten zur Vetternwirtschaft und riesige Profite aus sind, können diese Geschäfte in Entwicklungsländern nicht durchdrücken ohne die aktive oder stillschweigende Duldung des Staatsapparats – der Polizei, der Gerichte und manchmal sogar der Armee. Die Globalisierung ist heute auf ein internationales Bündnis loyaler, korrupter, autoritärer Regierungen in ärmeren Ländern angewiesen, um unpopuläre Reformen durchzusetzen und Aufstände niederzuschlagen. Sie braucht eine Presse, die vorgibt, frei zu sein. Sie braucht Gerichte, die vorgeben, Recht zu sprechen. Sie braucht Atombomben, stehende Heere, strengere Einwanderungsgesetze und aufmerksame Küstenpatrouillen, die dafür sorgen, dass Geld, Waren, Patente und Dienstleistungen globalisiert werden – aber weder die Reisefreiheit noch der Respekt vor den Menschenrechten oder internationale Verträge über Rassendiskriminierung, chemische und atomare Waffen oder Treibhausgasemissionen, Klimawandel oder – Gott bewahre! – gar Gerechtigkeit.[43] Es ist, als würde allein eine Geste in Richtung internationaler Verantwortlichkeit das ganze Unternehmen dem Untergang weihen.

Fast ein Jahr, nachdem der Krieg gegen den Terror in den Ruinen von Afghanistan offiziell für beendet erklärt worden ist, werden in immer mehr Ländern Freiheiten beschnitten, um, wie es heißt, die Freiheit zu schützen, bürgerliche Freiheiten ausgesetzt, um, wie es heißt, die Demokratie zu schützen.[44] Jedes Aufbegehren wird als »Terrorismus« etikettiert, und man verabschiedet alle möglichen Gesetze, um es einzudämmen. Osama bin Laden scheint sich in Luft aufgelöst zu haben. Von Mullah Omar heißt es, er sei auf einem Motorrad geflohen.[45] (Sie hätten ihm Tintin hinterherschicken sollen.) Die Taliban sind vielleicht verschwunden, aber ihr Geist und ihr System der Schnelljustiz taucht an den unwahrscheinlichsten Orten wieder auf. In Indien, in Pakistan, in Nigeria, in Amerika, in allen zentralasiatischen Republiken, die von allen möglichen Despoten regiert werden, und natürlich in Afghanistan unter der von den USA unterstützten Nordallianz.[46]

Inzwischen ist unten im Einkaufszentrum Schlussverkauf. Alles ist billiger – Ozeane, Flüsse, Erdöl, Erbmasse, Gallwespen, Blumen, Kindheiten, Aluminiumfabriken, Telefongesellschaften, Weisheit, Wildnis, Bürger- und Menschenrechte, Ökosysteme, Luft – die ganzen 4,6 Milliarden Jahre Evolution. Alles wird verpackt, versiegelt, etikettiert, bewertet und kann wie Konfektionsware erworben werden (allerdings ohne Umtauschgarantie). Was Gerechtigkeit betrifft, sagt man mir, sie sei gerade nicht im Angebot. Sonst kann man das Beste kriegen, was für Geld zu kaufen ist.

Donald Rumsfeld hat gesagt, seine Mission im Krieg gegen den Terror sei die gewesen, die Welt davon zu überzeugen, dass man den Amerikanern erlauben muss, so weiterzuleben wie bisher. Wenn der König wütend mit dem Fuß aufstampft, zittern die Sklaven in ihren Unterkünften. Es ist nicht einfach, heute hier zu stehen und das zu sagen, aber der *American Way of Life* ist einfach nicht aufrechtzuerhalten. Weil er nicht anerkennt, dass es außerhalb von Amerika auch noch eine Welt gibt.

Zum Glück ist auch Macht nur begrenzt haltbar. Wenn die Zeit kommt, wird dieses mächtige Reich sich vielleicht, wie andere zuvor, übernehmen und implodieren. Es sieht so aus, als seien bereits die ersten tektonischen Risse sichtbar geworden. Während der Krieg gegen den Terror sein Netz immer weiter auswirft, blutet den amerikanischen Konzernen das Herz. Trotz all des unaufhörlichen leeren Geredes über Demokratie wird die Welt heute von drei der mysteriösesten Institutionen der Welt regiert: dem Internationalen Währungsfonds, der Weltbank und der Welthandelsorganisation, die wiederum alle drei von den Vereinigten Staaten dominiert werden. Ihre Beschlüsse werden im Geheimen gefasst. Die Menschen, die ihnen vorstehen, werden hinter geschlossenen Türen berufen. Niemand weiß wirklich etwas über sie, ihre Politik, ihren Glauben, ihre Pläne. Niemand hat sie gewählt. Niemand hat gesagt, sie könnten in unserem Namen Entscheidungen treffen. Eine Welt, die von einer Handvoll machtgieriger Banker und Vorstandsvorsitzenden regiert wird, die niemand gewählt hat, kann unmöglich überleben.

Der Kommunismus sowjetischer Machart ist nicht gescheitert, weil er an sich böse war, sondern weil er einen Fehler hatte. Er ließ zu, dass zu wenige Menschen zu viel Macht an sich rissen. Der Kapitalismus des 21. Jahrhunderts nach amerikanischem Vorbild wird aus den gleichen Gründen scheitern: von menschlicher Intelligenz errichtet und von der menschlichen Natur wieder zugrunde gerichtet.

Die Zeit ist gekommen, sagte das Walross. Vielleicht werden die Dinge erst noch schlimmer und dann besser. Vielleicht ist oben im Himmel eine kleine Göttin, die sich für uns bereit macht. Eine andere Welt ist nicht nur möglich, sie ist im Entstehen. Vielleicht werden viele von uns nicht mehr hier sein, um sie zu begrüßen, aber an einem ruhigen Tag kann ich, wenn ich sehr genau lausche, ihren Atem hören.

Die Einsamkeit des Noam Chomsky

»Ich werde mich niemals für die Vereinigten Staaten von Amerika entschuldigen – es ist mir egal, wie die Faktenlage ist.«

Präsident Bush sen.[1]

Während ich zu Hause in New-Delhi sitze und mir einen Werbespot ansehe, in dem ein amerikanischer Nachrichtensender sich anpreist (»Wir berichten – Sie entscheiden«), stelle ich mir Noam Chomskys belustigtes Lächeln mit den schadhaften Zähnen vor.

Jeder weiß, dass autoritäre Regime, ungeachtet der Ideologie, die sie vertreten, die Massenmedien für Propagandazwecke nutzen. Doch was machen demokratisch gewählte Regime in der »freien Welt«?

Heute ist es, dank Noam Chomsky und anderen Medienwissenschaftlern, für Tausende, vielleicht sogar für Millionen von uns selbstverständlich, dass die öffentliche Meinung in Demokratien mit »freiem Markt« genauso produziert wird wie jedes andere Massenprodukt – Seife, Lichtschalter oder Schnittbrot.[2] Wir wissen, dass die Redefreiheit zwar rechtlich und verfassungsmäßig gewährleistet ist, uns aber die Räume, in denen von dieser Freiheit Gebrauch gemacht werden kann, entrissen und an den Meistbietenden versteigert worden sind. Im neoliberalen Kapitalismus geht es nicht nur um Kapitalansammlung (für manche). Es geht auch um die Konzentration von Macht (für manche), die Ausweitung von Freiheiten (für manche). Umgekehrt geht es für den Rest der Welt, für diejenigen, die von der regierenden Gemeinschaft des Neokapitalismus ausgeschlossen sind, um Kapital*erosion*, um Macht*verlust*, um die *Einschränkung* von Freiheiten. Auf dem »freien« Markt ist die Redefreiheit zu einer Ware geworden, ebenso wie alles andere – Gerechtigkeit, Menschenrechte, Trinkwasser, saubere Luft. Sie steht nur denen zur Verfügung, die sie sich leisten können. Und natürlich nutzen die, die sie sich leisten können, die Redefreiheit, um genau die Produktsorte herzustellen, die Art von öffentlicher Meinung zu erzeugen, die ihnen am dienlichsten ist (Nachrichten, die sie für sich verwenden können). Wie genau sie dies bewerkstelligen, thematisiert Noam Chomsky in vielen seiner politischen Schriften.

Der italienische Regierungschef Silvio Berlusconi etwa besitzt einen maßgeblichen Anteil an den großen italienischen Zeitungen, Zeitschriften, Fernsehsendern und Verlagen. Er »kontrolliert tatsächlich etwa 90 Prozent des italienischen Fernsehpublikums«, berichtet die *Financial Times*.[3]

Wie steht es mit der Redefreiheit? Redefreiheit für *wen?* Zugegeben, Berlusconi ist ein extremes Beispiel. In anderen Demokratien – besonders in den Vereinigten Staaten – sind Medienmogule, mächtige unternehmerische Interessengruppen und Regierungsbeamte auf kompliziertere, jedoch weniger offensichtliche Art und Weise miteinander verzahnt. (Die Verbindungen von George Bush jun. zum Ölgeschäft, zur Rüstungsindustrie und zu Enron sowie Enrons Infiltration diverser Institutionen der US-Regierung und der Massenmedien – all dies ist mittlerweile allgemein bekannt.)

Nach den Terroranschlägen in New York und Washington am 11. September 2001 wurde die offenkundige Pflichterfüllung der gängigen Medien als Sprachrohr der Regierung, ihr zur Schau gestellter rachsüchtiger Patriotismus, ihre Bereitschaft, Pressemitteilungen des Pentagon als aktuelle Nachrichten zu veröffentlichen, sowie ihre explizite Zensur anderslautender Meinungen in der restlichen Welt zur Zielscheibe ziemlich makabren Humors.

Dann stürzten die New Yorker Börsenkurse ab, bankrotte Fluggesellschaften appellierten an die Regierung, ihnen finanziell unter die Arme zu greifen, und es war die Rede davon, Patentrechte zu umgehen, um angesichts der grassierenden Furcht vor Anthrax kostengünstige Medikamente herstellen zu können (was natürlich *viel* wichtiger und dringlicher war als die Produktion kostengünstiger Mittel zur Bekämpfung von AIDS in Afrika).[4]

Plötzlich sah es so aus, als könnten die Zwillingsmythen Redefreiheit und freier Markt ebenso in sich zusammenbrechen wie die Zwillingstürme des World Trade Center.

Doch natürlich kam es nicht dazu. Die Mythen bestehen fort.

Nichtsdestotrotz haben all die Energie und all die finanziellen Mittel, die das Establishment in das »Management« der öffentlichen Meinung investiert, auch eine positive Seite. All dieser Aufwand deutet auf eine sehr reale *Angst* vor der öffentlichen Meinung hin. Er lässt eine beständige und berechtigte Besorgnis vermuten, dass die Menschen, würden sie die wahre Natur der Dinge, die in ihrem Namen getan werden, erkennen (und wirklich begreifen), aufgrund dieses Wissens *handeln* könnten. Die Mächtigen wissen, dass ganz gewöhnliche Menschen nicht automatisch rücksichtslos und selbstsüchtig sind. (Wenn ganz gewöhnliche Menschen Kosten und Nutzen gegeneinander abwägen, dann kann so etwas wie ein schlechtes Gewissen durchaus den Ausschlag geben.) Aus diesem Grunde müssen sie von der Realität abgeschirmt werden und in einem kontrollierten Umfeld aufwachsen, in einer abgewandelten Wirklichkeit, wie Batteriehühner oder Mastschweine.

Diejenigen unter uns, die es geschafft haben, diesem Schicksal zu entgehen, und die im Hof herumscharren, glauben nicht mehr alles, was sie in der Zeitung lesen und im Fernsehen sehen. Wir legen das Ohr an den Erdboden und suchen nach anderen Möglichkeiten, die Welt zu verstehen. Wir forschen nach der Geschichte, die nicht erzählt wurde, nach dem beiläufig erwähnten Militärschlag, dem Völkermord, über den nicht berichtet wurde. Nach dem Bürgerkrieg in einem afrikanischen Land, der in einer Zeitungsspalte auf zweieinhalb Zentimetern abgehandelt wird, gleich neben einer ganzseitigen Werbung für Spitzenunterwäsche.

Wir erinnern uns nicht immer daran, und viele von uns wissen es nicht einmal, dass diese Denkweise, diese mühelose Schärfe, dieses instinktive Misstrauen den Massenmedien gegenüber bestenfalls eine vage politische Vorahnung wäre, schlimmstenfalls eine schwammige Beschuldigung, gäbe es nicht die schonungslose, unbeirrbare Medienanalyse eines der genialsten Köpfe der Welt. Und dies ist nur *eine* Art und Weise von vielen, mit denen Noam Chomsky unser Verständnis der Gesellschaft, in der wir leben, radikal verändert hat. Oder sollte ich sagen, unser Verständnis der ausgefeilten Regeln jener Irrenanstalt, in der wir alle aus freien Stücken als Insassen fungieren?

Wo wir gerade bei den Anschlägen vom 11. September in New York und Washington sind: Präsident George W. Bush hat die Feinde der Vereinigten Staaten als »Feinde der Freiheit« bezeichnet. »Die Amerikaner fragen, warum hassen sie uns?«, sagte er. »Sie hassen unsere Freiheiten, unsere Religionsfreiheit, unsere Redefreiheit, unser freies Wahlrecht, unsere Versammlungsfreiheit, die Freiheit, anderer Meinung zu sein.«[5]

Wenn die Menschen in den Vereinigten Staaten eine wirkliche Antwort auf diese Fragen haben wollen (das heißt, im Gegensatz zu jenen im Handbuch *Antiamerikanismus für Vollidioten:* »Weil sie neidisch auf uns sind«; »Weil sie die Freiheit hassen«; »Weil sie Versager sind«; »Weil wir gut sind und sie böse« usw.), dann würde ich sagen, lest Chomsky. Lest, was Chomsky über die Militärinterventionen der USA in Indochina, in Lateinamerika, im Irak, in Bosnien, im ehemaligen Jugoslawien, in Afghanistan und im Nahen Osten schreibt. Würden ganz gewöhnliche Menschen in Amerika Chomsky lesen, dann würden sie ihre Fragen vielleicht ein wenig anders formulieren. Vielleicht: »Warum hassen sie uns nicht noch mehr?« oder: »Ist es nicht erstaunlich, dass das, was sich am 11. September ereignet hat, nicht schon viel früher passiert ist?«

Unglücklicherweise werden in diesen nationalistischen Zeiten Begriffe wie »wir« und »die anderen« ungenau verwendet. Die Trennung zwischen Bürgern und Staat wird absichtlich und erfolgreich verwischt, nicht nur von der Regierung, sondern auch von Terroristen. Die Logik, die sowohl Terroranschlägen als auch »Vergeltungskriegen« gegen Regime, die Terroristen unterstützen, zugrunde liegt, ist dieselbe: Beide bestrafen die Bürger für das, was ihre Regierungen tun.

(Ich möchte kurz abschweifen: Mir ist klar, dass es von besseren Manieren zeugt, wenn Noam Chomsky, ein amerikanischer Staatsbürger, seine eigene Regierung kritisiert, als wenn jemand wie ich, eine indische Staatsbürgerin, die Regierung der Vereinigten Staaten kritisiert. Ich bin keine Patriotin, und mir ist durchaus bewusst, dass Bestechlichkeit, Brutalität und Heuchelei in die bleierne Seele eines jeden Staates eingraviert sind. Wenn jedoch ein Land aufhört, lediglich ein Land zu sein und zu einem Imperium wird, dann ändert sich die Größenordnung der Unternehmungen dramatisch. Darf ich also klarstellen, dass ich als Untertanin des US-Imperiums spreche? Ich spreche als Sklavin, die sich erdreistet, ihren König zu kritisieren.)

Verlangte man von mir, *einen* von Noam Chomskys bedeutenderen Beiträgen zu dieser Welt auszuwählen, so würde ich mich für seine Enttarnung des hässlichen, rücksichtslosen, beständig alles und jeden manipulierenden Universums, das hinter dem schönen, sonnigen Wort »Freiheit« existiert, entscheiden. Er hat dies auf rationale, empirische Art und Weise getan. Die Masse der Beweise, die er aufgestellt hat, um seinen Standpunkt zu untermauern, ist gewaltig. Sogar furchterregend, um ehrlich zu sein. Die Prämisse von Chomskys Methode ist nicht ideologisch, doch sie ist ungemein politisch. Mit dem instinktiven Misstrauen eines Anarchisten jeglicher Macht gegenüber bricht er zu seinen Erkundigungen auf. Er nimmt uns mit auf eine Expedition durch den Sumpf des Establishments der USA und führt uns durch das verwirrende Labyrinth der Korridore, welche die Regierung, die Großunternehmen und das Geschäft des Managements der öffentlichen Meinung miteinander verbindet.

Chomsky zeigt auf, dass Phrasen wie »Redefreiheit«, »freier Markt« und »freie Welt« wenn überhaupt, dann nur wenig mit Freiheit zu tun haben. Er zeigt uns, dass zu den Myriaden von Freiheiten, die die amerikanische Regierung für sich beansprucht, auch die Freiheit gehört, andere Menschen zu ermorden, zu vernichten und zu beherrschen. Die Freiheit, überall auf der Welt Despoten und Diktatoren zu finanzieren und zu unterstützen. Die Freiheit, Terroristen auszubilden, zu bewaffnen und ihnen Zuflucht zu gewähren. Die Freiheit, demokratisch gewählte Regierungen zu stürzen. Die Freiheit, Massenvernichtungswaffen zu horten und zu benutzen – biologische, chemische und nukleare Waffen. Die Freiheit, gegen jedes Land Krieg zu führen, mit dessen Regierung sie nicht einer Meinung ist. Und, was am schrecklichsten ist, die Freiheit, diese Verbrechen gegen die Menschlichkeit im Namen der »Gerechtigkeit« zu begehen, im Namen der »Rechtschaffenheit«, im Namen der »Freiheit«.

Justizminister John Ashcroft hat erklärt, dass die US-Freiheiten »nicht durch irgendeine Regierung oder ein Dokument gewährt worden, sondern […] eine Gabe Gottes sind«.[6] Wir haben es also im Grunde genommen mit einem Land zu tun, das mit einem himmlischen Mandat ausgerüstet ist. Vielleicht erklärt dies, wieso die US-Regierung sich weigert, die gleichen moralischen Maßstäbe bei sich anzulegen, nach denen sie andere beurteilt. (Jeder dahin gehende Versuch wird als »moralische Äquivalenz« niedergebrüllt.) Ihre Technik besteht darin, sich als wohlmeinender Riese darzustellen, dessen gute Taten in fremden Ländern durch verschwörerische Einheimische zunichtegemacht werden, in Ländern, deren Märkte sie sich zu liberalisieren bemüht, deren Gesellschaft sie zu modernisieren sucht, deren Frauen sie befreien und deren Seelen sie retten will.

Vielleicht erklärt dieser Glaube an die eigene Göttlichkeit auch, warum sich die amerikanische Regierung selbst die Freiheit gewährt hat, Menschen »zu ihrem eigenen Besten« zu ermorden und auszurotten.

Als er die amerikanischen Luftangriffe auf Afghanistan bekannt gab, sagte Präsident Bush jun.: »Wir sind eine friedliche Nation.«[7] Er fuhr fort: »Dies ist die Berufung der Vereinigten Staaten von Amerika, der freiesten Nation der Welt, einer Nation, die auf grundlegenden Werten errichtet wurde, die Hass ablehnt, die Gewalt ablehnt, die Mörder ablehnt, die das Böse ablehnt. Und wir werden darin nicht nachlassen.«[8]

Das US-Imperium ruht auf einem schauerlichen Fundament: dem Massaker an Millionen von Ureinwohnern, dem Raub ihres Landes und daran anschließend der Entführung und Versklavung von Millionen schwarzer Menschen aus Afrika, um dieses Land zu bestellen. Tausende kamen auf See um, während sie wie in Käfige gesperrtes Vieh von einem Kontinent zum anderen verschifft wurden.[9]

»Stolen from Africa, brought to America« – Bob Marleys »Buffalo Soldier« enthält ein ganzes Universum unaussprechlicher Traurigkeit.[10] Das Lied erzählt vom Verlust der Würde, dem Verlust der Wildnis, dem Verlust der Freiheit, dem zerschmetterten Stolz eines Volkes. Völkermord und Sklaverei bilden den sozialen und wirtschaftlichen Unterbau der Nation, deren grundlegende Werte Hass, Mörder und das Böse ablehnen.

Chomsky schreibt in seinem Essay »The Manufacture of Consent« über die Gründung der Vereinigten Staaten von Amerika:

> Vor ein paar Wochen ging ich an Thanksgiving mit ein paar Freunden und Verwandten in einem Nationalpark spazieren. Wir stießen auf einen Grabstein, der folgende Inschrift trug: ›Hier ruht eine Indianerin, eine Wampanoag, deren Familie und Stamm von sich selbst und von ihrem Land gegeben haben, damit diese große Nation geboren werden und gedeihen konnte.‹

Natürlich ist es nicht ganz korrekt, zu sagen, dass die Ureinwohner zu einem noblen Zweck von sich selbst und von ihrem Land gegeben hätten. Vielmehr wurden sie im Verlauf eines der größten Genozide in der Geschichte der Menschheit abgeschlachtet, dezimiert und in alle Winde zerstreut [...], was wir jeden Oktober feiern, wenn wir am Columbus Day Kolumbus – seinerseits ein bemerkenswerter Massenmörder – ehren.
Hunderte von amerikanischen Bürgern, wohlmeinende, anständige Leute, kommen regelmäßig an diesem Grabstein vorbei und lesen die Inschrift, anscheinend ohne zu reagieren; außer vielleicht mit einem Gefühl der Befriedigung, dass wir endlich dem Opfer der Ureinwohner die gebührende Anerkennung zollen. [...] Vielleicht würden sie anders reagieren, kämen sie nach Auschwitz oder Dachau und fänden dort einen Grabstein mit den Worten: ›Hier ruht eine Frau, eine Jüdin, deren Familie und deren Volk von sich selbst und von ihren Besitztümern gaben, damit diese Große Nation wachsen und gedeihen konnte.‹[11]

Wie haben die Vereinigten Staaten ihre schreckliche Vergangenheit überlebt und sind so scheinbar unbescholten daraus hervorgegangen? Nicht indem sie dazu gestanden hätten, nicht durch Wiedergutmachung, nicht, indem sie sich bei den *Black Americans* oder den *Native Americans* entschuldigt hätten, und ganz sicher nicht, indem sie sich geändert hätten (heutzutage *exportieren* sie ihre Grausamkeiten). Wie die meisten anderen Länder haben auch die Vereinigten Staaten ihre Geschichte umgeschrieben. Was sie dabei jedoch von anderen Ländern unterscheidet und ihnen einen gewaltigen Vorsprung verschafft, ist, dass sie sich die Dienste der mächtigsten und erfolgreichsten Werbeagentur der Welt gesichert haben: Hollywood.

In der Bestseller-Version des als Geschichte präsentierten Populärmythos erreichte die amerikanische »Tugend« ihren Höhepunkt während des Zweiten Weltkriegs (auch als Amerikas Krieg gegen den Faschismus bekannt). Im Lärm der

Trompeten und Engelsgesänge ging die Tatsache unter, dass die US-Regierung weggesehen hatte, als der Faschismus in Europa in vollem Gange war. Als Hitler seine Pogrome gegen die Juden durchführte, verweigerten Beamte der Vereinigten Staaten jüdischen Flüchtlingen aus Deutschland die Einreise. Die USA traten erst in den Krieg ein, *nachdem* die Japaner Pearl Harbor bombardiert hatten. Übertönt von den lauten Hosiannas wurde auch die barbarischste Tat der Vereinigten Staaten, vielleicht der unmenschlichste Akt, den die Welt je erlebt hat: der Abwurf der Atombomben auf Hiroshima und Nagasaki. Der Krieg war fast vorbei. Die Hunderttausende von Japanern, die dabei getötet wurden, die unzähligen anderen, die noch auf Generationen hinaus von Krebserkrankungen heimgesucht wurden, stellten keine Bedrohung für den Weltfrieden dar. Sie waren *Zivilisten.* Genauso wie die Opfer der Anschläge auf das World Trade Center und das Pentagon Zivilisten waren. Genauso wie die Hunderttausende, die aufgrund der unter der Führung der USA diktierten Sanktionsmaßnahmen im Irak umkamen, Zivilisten waren. Der Bombenabwurf auf Hiroshima und Nagasaki war ein eiskalt kalkuliertes Experiment, durchgeführt, um Amerikas Macht zu demonstrieren. Damals bezeichnete Präsident Truman es als »das Größte in der Geschichte«.[12]

Der Zweite Weltkrieg, heißt es, war ein »Krieg für den Frieden«.

Die Atombombe war eine »Waffe des Friedens«. Wir sollen glauben, dass der Dritte Weltkrieg durch nukleare Abschreckung verhindert wurde. (Das war, bevor Präsident George Bush jun. die »Doktrin des Präventivschlags« erfand.)[13] Brach nach dem Zweiten Weltkrieg wirklich plötzlich der Frieden aus? Gewiss herrschte (verhältnismäßiger) Frieden in Amerika und in Europa – aber zählt dies als Weltfrieden? Nicht, wenn unmenschliche Stellvertreterkriege in Ländern, wo die Farbigen leben, die mit einer endlosen Kanonade an Schmähworten bedacht wurden, als Kriege zählen.

Seit dem Zweiten Weltkrieg haben die USA unter anderem Korea, Guatemala, Kuba, Laos, Vietnam, Kambodscha, Grenada, Libyen, El Salvador, Nicaragua, Panama, den Irak, Somalia, den Sudan, Jugoslawien und Afghanistan angegriffen oder gegen sie Kriege geführt. Auf dieser Liste sollten auch die verdeckten Operationen der US-Regierung in Afrika, Asien und Lateinamerika aufgeführt werden, die Staatsstreiche, die sie eingefädelt, und die Diktatoren, die sie bewaffnet und gefördert hat. Israels von den USA unterstützter Krieg gegen den Libanon sollte aufgeführt werden, in dem Tausende getötet wurden. Die Schlüsselrolle, die Amerika in dem Konflikt im Nahen Osten gespielt hat, sollte ebenfalls nicht fehlen, ein Konflikt, in dem Zehntausende im Kampf gegen Israels unrechtmäßige Besetzung palästinensischen Territoriums ums Leben kamen. Ebenso die Rolle, die Amerika während der 1980er Jahre im afghanischen Bürgerkrieg gespielt hat, der mehr als eine Million Menschen das Leben gekostet hat.[14] Und auch die Embargos und Sanktionen, die unmittelbar zum Tod Hunderttausender geführt haben, am augenfälligsten im Irak.[15] Bündelt man dies alles, so hört es sich ganz danach an, als habe sehr wohl ein Dritter Weltkrieg stattgefunden und als sei die Regierung der Vereinigten Staaten einer seiner Hauptprotagonisten gewesen (oder sei es noch immer).

Die meisten von Chomskys Essays in *For Reasons of State* thematisieren die Aggression der USA in Südvietnam, Nordvietnam, Laos und Kambodscha. Es war ein Krieg, der mehr als zwölf Jahre andauerte. 58 000 Amerikaner und annähernd zwei Millionen Vietnamesen, Kambodschaner und Laoten kamen dabei ums Leben.[16] Die USA setzten eine halbe Million Mann Bodentruppen ein und warfen über sechs Millionen Tonnen Bomben ab.[17] Und trotzdem, obgleich man es nicht glauben würde, wenn man sich die meisten Hollywoodfilme ansieht, verlor Amerika den Krieg.

Der Krieg begann in Südvietnam und griff dann auf Nordvietnam, Laos und Kambodscha über. Nachdem sie ein ihr höriges Regime in Saigon eingesetzt hatte, übernahm es die US-Regierung unaufgefordert, einen kommunistischen Aufstand zu bekämpfen – Vietkong-Guerillas, die die ländlichen Gebiete Südvietnams infiltriert hatten, wo sie von Dorfbewohnern versteckt wurden. Genau das war die Vorlage, die Russland 1979 kopierte, als es unaufgefordert in Afghanistan auf den Plan trat. Niemand in der »freien Welt« bezweifelt die Tatsache, dass Russland in Afghanistan einmarschiert ist. Nach *Glasnost* bezeichnete sogar ein sowjetischer Außenminister die sowjetische Invasion in Afghanistan als »illegal und unmoralisch«.[18] In den Vereinigten Staaten jedoch gab es keine derartige Innenschau. 1984 schrieb Chomsky in einer niederschmetternden Offenbarung:

> Während der letzten 22 Jahre habe ich in den vorherrschenden journalistischen Veröffentlichungen oder in der gängigen wissenschaftlichen Lehre nach einer Bezugnahme auf eine amerikanische Invasion in Südvietnam im Jahre 1962 (oder überhaupt), auf einen amerikanischen Angriff auf Südvietnam oder auf amerikanische Aggressionen gegen Indochina gesucht – ohne Erfolg. In der Geschichte kommt ein solches Ereignis nicht vor. Vielmehr hat eine amerikanische *Verteidigung* Südvietnams stattgefunden, gegen Terroristen, die von auswärts unterstützt wurden (nämlich von Vietnam).[19]

In der Geschichte kommt ein solches Ereignis nicht vor!

1962 begann die amerikanische Luftwaffe die ländlichen Regionen Südvietnams zu bombardieren, wo 80 Prozent der Bevölkerung lebten. Das Bombardement währte über zehn Jahre. Tausende wurden getötet. Der Grundgedanke war, in einem so gewaltigen Ausmaß zu bombardieren, dass eine panische Massenflucht aus den Dörfern in die Städte ausgelöst würde, wo die Menschen in Flüchtlingslagern festgehalten werden konnten. Samuel P. Huntington nannte dies einen Prozess der »Urbanisierung«.[20] (Als ich in Indien Architektur studierte, habe ich einiges über Urbanisierung gelernt. Irgendwie erinnere ich mich nicht, dass Luftangriffe auf dem Vorlesungsplan gestanden hätten.) Huntington – heute berühmt für sein Werk *The Clash of Civilizations* – war damals Vorsitzender des Council on Vietnamese Studies der Southeast Asia Development Advisory Group. Chomsky zitiert seine Beschreibung des Vietkong als »eine mächtige Streitmacht, die nicht von ihrer Anhängerschaft gelöst werden kann, solange diese Anhängerschaft existiert«.[21] Des Weiteren empfahl Huntington die »direkte Anwendung mechanischer und konventioneller Gewalt« – mit anderen Worten, um einen Krieg des Volkes niederzuschlagen, eliminiert man das Volk.[22] (Oder vielleicht, um die These zu aktualisieren – um eine gewaltsame Auseinandersetzung der Kulturen zu verhindern, vernichtet man eine Kultur.)

Hier ein Beobachter von damals zu den Grenzen, die den mechanischen Möglichkeiten Amerikas gesetzt waren: »Das Problem ist, dass Amerikas Maschinen der Aufgabe, kommunistische Soldaten zu töten, nicht gewachsen sind, es sei denn als Teil einer Politik der verbrannten Erde, die auch alles andere zerstört.«[23] Dieses Problem ist mittlerweile gelöst. Nicht durch weniger zerstörerische Bomben, sondern durch eine phantasievollere Sprachregelung. Es gibt eine elegantere Formulierung für »auch alles andere zerstören«. Sie lautet »Kollateralschäden«.

Und hier ist ein Bericht aus erster Hand darüber, was Amerikas »Maschinen« (Huntington bezeichnete sie als »Modernisierungsinstrumente«, die Stabsoffiziere im Pentagon nannten sie »Bomb-o-grams«) anrichten können.[24] T. D. Allman berichtet von einem Flug über die laotische Ebene von Jars:

Auch wenn der Krieg in Laos morgen enden würde, könnte die Wiederherstellung des wirtschaftlichen Gleichgewichts des Landes mehrere Jahre dauern. Der Wiederaufbau der völlig zerstörten Dörfer und Städte der Ebene könnte ebenso viel Zeit in Anspruch nehmen. Und selbst wenn dies geschähe, könnte sich die Ebene wegen Hunderttausender von Blindgängern, Minen und versteckten Selbstschussanlagen noch lange als sehr gefährliches Siedlungsgebiet erweisen.

Ein vor kurzem unternommener Rundflug über die Ebene von Jars hat gezeigt, was intensives amerikanisches Bombardement über nicht mal drei Jahre in einem ländlichen Gebiet hat ausrichten können – selbst nach der Evakuierung der Zivilbevölkerung. In weiten Bereichen hat ein abstraktes Muster aus Schwarz sowie grelle Metallfarben den Platz des typischen tropischen Grüns eingenommen. Ein großer Teil der verbliebenen Vegetation ist verkrüppelt und durch Entlaubungsmittel entstellt.

Heute ist Schwarz die vorherrschende Farbe in den nördlichen und östlichen Bereichen der Ebene. Regelmäßig wird Napalm abgeworfen, um das Gras und das Unterholz niederzubrennen, das die Ebene bedeckt und ihre vielen schmalen Schluchten ausfüllt. Die Feuer scheinen ununterbrochen zu brennen und hinterlassen schwarze Rechtecke. Während des Fluges waren Rauchwolken zu sehen, die von kürzlich bombardierten Arealen aufstiegen.

Die Hauptrouten, die aus dem von den Kommunisten gehaltenen Territorium auf die Ebene führen, werden erbarmungslos bombardiert, allem Anschein nach ohne Pause. Dort sowie am Rande der

Ebene ist Gelb die vorherrschende Farbe. Jegliche Vegetation wurde vernichtet. Die Bombenkrater sind nicht zu zählen. [...] [D]as Gebiet ist so oft bombardiert worden, dass das Land den pockennarbigen, aufgewühlten Einöden in den von Stürmen heimgesuchten Teilen der nordafrikanischen Wüste ähnelt.
Weiter im Südosten liegt Xieng Khouangville – einst die Stadt mit der größten Einwohnerzahl im kommunistischen Laos – leer und zerstört. Im Norden der Ebene wurde der kleine Erholungsort Khang Kay ebenfalls dem Erdboden gleichgemacht.
Um die Landebahn der Basis King Kong herum dominieren die Farben Gelb (der umgepflügte Boden) und Schwarz (vom Napalm), hier und da von leuchtendem Rot oder Blau unterbrochen: Fallschirme, an denen Versorgungsgüter abgeworfen wurden.
[D]ie letzten Bewohner der Ebene wurden in Transportflugzeuge verfrachtet. Aufgegebene Gemüsegärten, in denen nie wieder geerntet werden wird, lagen neben verlassenen Häusern, in denen noch Teller auf den Tischen standen und Kalender an den Wänden hingen.[25]

(Nie zu den »Kosten« des Krieges hinzugezählt werden die toten Vögel, die verkohlten Tiere, gemeuchelten Fische, verbrannten Insekten, vergifteten Wasserstellen und die zerstörte Vegetation. Nur selten wird die Arroganz der Menschen gegenüber allen anderen Lebewesen erwähnt, mit denen sie diesen Planeten teilen. Sie alle sind vergessen im Kampf um Märkte und Ideologien. Diese Arroganz wird dem menschlichen Geschlecht wahrscheinlich letzten Endes zum Verhängnis werden.)

Den Hauptteil von *For Reasons of State* bildet ein Essay mit dem Titel »The Mentality of the Backroom Boys«, in dem Chomsky eine außerordentlich subtile, erschöpfende Analyse der Pentagon Papers durchführt, die, wie er sagt, »dokumentarische Belege für eine Verschwörung liefern, unter Missachtung geltenden Rechts in internationalen Angelegenheiten Gewalt anzuwenden«.[26] Auch hier nimmt Chomsky von der Tatsache Notiz, dass die Invasion in Südvietnam in den Pentagon Papers kaum einer Erwähnung für wert befunden wird, während die Bombenangriffe auf Nordvietnam dort recht ausführlich diskutiert werden.[27]

Die Pentagon Papers sind eine fesselnde Lektüre, nicht als geschichtliche Dokumentation des amerikanischen Krieges in Indochina, sondern als Einblick in das Denken der Männer, die diesen Krieg geplant und durchgeführt haben. Es ist faszinierend, teilzuhaben an den Ideen, die aufgeworfen, den Empfehlungen, die abgegeben, den Vorschlägen, die gemacht wurden. In einem Unterkapitel mit dem Titel »The American Mind – the Asian Mind« untersucht Chomsky die Diskussion über die Mentalität des Feindes, der »stoisch die Vernichtung von Vermögenswerten und den Verlust von Menschenleben akzeptiert«, während wir »nach Leben, Glück, Wohlstand und Macht streben« und für uns »Tod und Leid eine irrationale Wahl ist, wenn Alternativen existieren«.[28] So erfahren wir, dass die Armen Asiens, vermutlich weil sie die Bedeutung von Glück, Wohlstand und Macht nicht verstehen können, Amerika dazu herausfordern, diese »strategische Logik zu ihrem Abschluss zu bringen, der im Genozid besteht«. Dann jedoch schrecken »wir« davor zurück, weil »Völkermord eine zu schreckliche Bürde ist«.[29] (Natürlich haben »wir« schließlich doch Völkermord begangen und haben dann so getan, als sei es nie passiert.)

Selbstverständlich enthalten die Pentagon Papers auch ein paar moderate Vorschläge:

Die Bevölkerung (per se) zum Ziel von Angriffen zu machen, wird wahrscheinlich nicht nur sowohl im Ausland als auch in den Vereinigten Staaten eine kontraproduktive Woge der Entrüstung auslösen, sondern auch das Risiko einer verschärften kriegerischen Auseinandersetzung mit China und der Sowjetunion massiv vergrößern. Die Zerstörung von Schleusen und Dämmen jedoch – wenn korrekt durchgeführt – könnte [...] vielversprechend sein. Dies sollte überprüft werden. Solche Zerstörungen töten oder ertränken keine Menschen. Indem die Reisfelder überflutet werden, führt dies nach einiger Zeit zu ausgedehnter Hungersnot (über eine Million Betroffene?), wenn keine Lebensmittel geliefert werden, was wir ›am Verhandlungstisch‹ anbieten könnten.[30]

Schicht für Schicht nimmt Chomsky den Entscheidungsprozess der US-Regierung auseinander und enthüllt in dessen Kern das gnadenlose Herz der amerikanischen Kriegsmaschinerie, vollkommen abgeschottet von den Realitäten des Krieges, von Ideologie verblendet und willens, Millionen von Menschen auszulöschen, Zivilisten, Soldaten, Frauen, Kinder, Dörfer, ganze Städte, ganze Ökosysteme – mit wissenschaftlich geschliffenen Methoden der Brutalität.

Hier spricht ein amerikanischer Pilot über die Freuden des Napalms:

Wir sind wirklich froh über die Backroom Boys bei Dow [Chemical Company]. Das erste Zeug hat nicht viel getaugt – wenn die *gooks* schnell waren, konnten sie's abkratzen. Also haben die Jungs angefangen, Polystyrol dazuzumischen, und jetzt klebt es wie Scheiße an 'ner Decke. Aber dann hat's aufgehört zu brennen, wenn die *gooks* ins Wasser gesprungen sind, also haben sie Willie Peter [weißen Phosphor] drangetan, damit es besser brennt. Jetzt brennt's sogar unter Wasser. Und ein einziger Tropfen reicht, das brennt bis auf den Knochen runter, so dass sie auf jeden Fall an Phosphorvergiftung sterben.[31]

Die *gooks* hatten also Glück und wurden zu ihrem eigenen Besten getötet. Lieber tot als rot.

Dank Hollywoods verführerischem Charme und dem unwiderstehlichen Reiz der amerikanischen Massenmedien betrachtet die Welt den Krieg, viele Jahre später, als eine *amerikanische* Geschichte. Indochina lieferte den üppigen tropischen Hintergrund, vor dem die Vereinigten Staaten ihre Gewaltphantasien auslebten, ihre neueste Technologie erprobten, ihre Ideologie förderten, ihr Gewissen erforschten, unter ihren moralischen Dilemmas litten und sich mit ihrer Schuld auseinandersetzten (oder so taten als ob). Die Vietnamesen, die Kambodschaner und Laoten waren lediglich Requisiten. Namenlose, gesichtslose, schlitzäugige menschenähnliche Wesen. Sie waren nur diejenigen, die ums Leben kamen: *gooks.*

Die einzige Lektion, die die US-Regierung aus ihrem Krieg gegen Indochina lernte, war, wie man in den Krieg zieht, ohne amerikanische Truppen einzusetzen und das Leben von Amerikanern zu riskieren. Jetzt haben wir also Kriege, die mit Langstreckenraketen, Black-Hawk-Hubschraubern und »Bunk Busters« geführt werden. Kriege, in denen die »Alliierten« mehr Journalisten verlieren als Soldaten.

Als Kind machte ich mir schreckliche Sorgen, weil ich ein *gook* war, während ich im südindischen Staat Kerala heranwuchs – wo 1959, dem Jahr, in dem ich geboren wurde, die erste demokratisch gewählte kommunistische Regierung an die Macht kam. Kerala lag nur ein paar Tausend Meilen westlich von Vietnam. Wir hatten Dschungel und Reisfelder, und Kommunisten hatten wir auch. Ich malte mir immer wieder aus, wie meine Mutter, mein Bruder und ich durch eine Granate aus den Büschen herausgeschleudert oder von einem Kaugummi kauenden, muskulösen amerikanischen Marineinfanteristen niedergemäht wurden, mit lauter Hintergrundmusik, wie die *gooks* in den Filmen. In meinen Träumen war ich selbst das brennende Mädchen auf dem berühmten Foto, das auf der Straße von Trang Bang aufgenommen worden war.

Als jemand, der während des Höhepunkts sowohl amerikanischer als auch sowjetischer Propaganda aufgewachsen war (die sich gegenseitig mehr oder weniger neutralisierten), kam es mir, als ich das erste Mal Noam Chomsky las, so vor, als sei sein Aufreihen von Beweisen, deren schiere Masse, ihre Unerbittlichkeit, ein bisschen – wie soll ich sagen? – verrückt. Schon ein Viertel der Beweismittel, die er zusammengetragen hatte, hätte ausgereicht, um mich zu überzeugen. Ich fragte mich immer wieder, warum er sich so viel *Arbeit* machte. Jetzt jedoch verstehe ich, dass der Umfang und die Intensität von Chomskys Werk ein Messgerät für die Größe, die Reichweite und die Unnachgiebigkeit der Propagandamaschine ist, der er gegenübersteht. Er ist wie der Holzbock, der im dritten Regalbrett meines Bücherregals haust. Tag und Nacht höre ich seine Kiefer durch das Holz knirschen, es zu feinem Staub zermahlen. Es ist, als sei er nicht einverstanden mit der Literatur und wolle die Struktur zerstören, auf der sie ruht. Ich nenne ihn Chomsky.

Amerikaner zu sein, in Amerika zu arbeiten, zu schreiben, um Amerikaner von seinem Standpunkt zu überzeugen, das muss wirklich so sein, als bohre man sich durch hartes Holz hindurch. Chomsky gehört zu einer kleinen Gruppe von Individuen, die gegen einen ganzen Industriezweig angetreten sind. Und das macht ihn nicht nur brillant, sondern auch heldenhaft.

In einem ergreifenden Interview mit James Peck sprach Chomsky über seine Erinnerungen an den Tag, an dem Hiroshima bombardiert wurde. Er war 16 Jahre alt:

Ich weiß noch, dass ich im wahrsten Sinne des Wortes mit niemandem reden konnte. Es gab niemanden. Ich bin einfach allein weggegangen. Ich war damals im Ferienlager, und ich bin in den Wald gegangen und ein paar Stunden allein geblieben, als ich davon gehört habe. Ich konnte nie mit irgendjemandem darüber reden und habe nie die Reaktionen irgendwelcher anderen Leute verstanden. Ich habe mich völlig isoliert gefühlt.[32]

Diese Isolation brachte einen der größten, radikalsten öffentlichen Denker unserer Zeit hervor.

Wenn die Sonne des amerikanischen Imperiums sinkt, wie es geschehen wird, wie es geschehen muss, dann wird Noam Chomskys Werk überdauern. Es wird mit einem kühlen, anklagenden Finger auf ein gnadenloses, machiavellistisches Imperium zeigen, das ebenso grausam, selbstgerecht und heuchlerisch ist wie die, an deren Stelle es getreten ist. (Mit dem einzigen Unterschied, dass es mit Technologien ausgestattet ist, die Verwüstungen von einem Ausmaß über die Welt bringen können, wie sie die Geschichte nie gekannt hat und die sich das menschliche Geschlecht nicht vorstellen kann.) Als Beinahe-*gook*, und, wer weiß, vielleicht als potenzieller *gook*, vergeht kaum ein Tag, an dem ich nicht aus dem einen oder anderen Grund denke: »Chomsky Zindabad.«

Azadi

Seit ungefähr zwei Monaten, seit Ende Juni, sind die Menschen in Kaschmir frei. Frei im umfassendsten Sinn des Wortes. Sie haben den Terror abgeschüttelt, ihr Leben vor den Zielfernrohren von über einer halben Million Soldaten in der am stärksten militarisierten Zone der Welt verbringen zu müssen.

Nachdem sie Kaschmir 18 Jahre lang militärisch besetzt hatte, wurde der schlimmste Albtraum der indischen Regierung wahr. Sie erklärte den militanten Aufstand für niedergeschlagen und sieht sich jetzt einem gewaltlosen Massenprotest gegenüber, ohne zu wissen, wie sie damit fertigwerden soll.[1] Er wird genährt von der Erinnerung an die Jahre der Unterdrückung, als Zehntausende starben, Tausende »verschwanden«, Hunderttausende gefoltert, verstümmelt und gedemütigt wurden.[2] Wenn diese Art Zorn einmal ein Ventil gefunden hat, lässt er sich nicht mehr so leicht unter Kontrolle bringen, deckeln und mundtot machen.

Während dieser vielen Jahre hat der indische Staat beziehungsweise der Staat im Staat, alles in seiner Macht Stehende getan, um die Stimme der Kaschmiris zu zersetzen, zu unterdrücken, zu übernehmen, zu verfälschen, zu deuten, zu kaufen, einzuschüchtern – oder sie einfach zum Schweigen zu bringen. Er hat Geld benutzt (jede Menge), Gewalt (jede Menge), Falschinformationen, Propaganda, Folter, ein ausgeklügeltes Netzwerk von Kollaborateuren und Informanten,

Terror, Haft, Erpressung und manipulierte Wahlen, um zu unterdrücken, was Demokraten »den Willen des Volkes« nennen. Doch jetzt ist der Staat im Staat über seine eigene Hybris gestolpert, wozu Staaten im Staat neigen, und hat seiner eigenen Publicity geglaubt. Er hat den Fehler begangen anzunehmen, dass Herrschaft Sieg bedeutet, dass die »Normalität«, die er mit vorgehaltener Pistole erzwungen hat, tatsächlich normal ist und dass das verdrossene Schweigen der Menschen Zustimmung signalisiert.

Die gut ausgestattete Friedensindustrie, die im Namen der Menschen sprach, setzte uns davon in Kenntnis, dass »die Kaschmiris die Gewalt satthaben und Frieden wollen«. Was für eine Art Frieden sie wollten, wurde nie geklärt. Bollywoods Vorrat an Filmen über Kaschmir / muslimische Terroristen hat die meisten Inder einer Gehirnwäsche unterzogen, und jetzt glauben sie, dass alle Schwierigkeiten in Kaschmir von bösen, menschenverachtenden Terroristen verursacht werden.

Jedem, der sich die Mühe machte zu fragen oder, noch wichtiger, zuzuhören, war klar, dass die Menschen in Kaschmir auch in den dunkelsten Augenblicken die Hoffnung nicht aufgaben und sich nicht nur nach Frieden sehnten, sondern auch nach Freiheit. Während der letzten beiden Monate wurde das sorgfältig in Szene gesetzte Bild eines unschuldigen Volkes, das zwischen »zwei Gewehren«, beide gleichermaßen gehasst, in der Falle saß, ad absurdum geführt.

Eine plötzliche Wendung des Schicksals, der schlecht durchdachte Transfer von fast 40 Hektar staatlichen Waldes an den Vorstand des Amarnath-Schreins (der die jährliche Wallfahrt der Hindus zu einer Höhle tief im Kaschmir-Himalaya organisiert) wurde plötzlich zu dem brennenden

Streichholz, das ein Benzinfass entzündet.[3] Bis 1989 pilgerten jährlich in einem Zeitraum von zwei Wochen ungefähr 20 000 Menschen zur Amarnath-Höhle. 1990, als der offen militante muslimische Aufstand im Kaschmir-Tal mit der Ausbreitung der virulenten Hindutva in Indien zusammenfiel, begann die Zahl der Pilger exponentiell anzuwachsen. 2008 besuchten über eine halbe Million Pilger in großen Gruppen die Höhle, deren Wallfahrt häufig von indischen Firmen gesponsert wurde. Viele Kaschmiris betrachteten die dramatische Zunahme der Pilgerzahlen als aggressives politisches Statement eines zunehmend hindu-fundamentalistischen indischen Staates.[4] Ob richtig oder falsch, die Überlassung des Landes war jedenfalls der Tropfen, der das Fass zum Überlaufen brachte. Man befürchtete, dass es sich um den Beginn eines ausgeklügelten Vorhabens zum Bau von Siedlungen im Stil Israels handelte, das die Demographie des Tals verändern würde. Tagelange Demonstrationen erzwangen die vollständige Schließung des Tals. Innerhalb von Stunden sprangen die Proteste von den Städten auf die Dörfer über. Junge Steinewerfer auf den Straßen standen bewaffneten Polizisten gegenüber, die auf sie schossen und über 50 von ihnen töteten. Das rief sowohl bei den Kaschmiris als auch bei der Regierung Erinnerungen an den Aufstand zu Beginn der 1990er Jahre wach. Während wochenlang demonstriert und gestreikt wurde und die Polizei schoss, während die Publicity-Maschine der Hindutva in Indien den Kaschmiris vorwarf, jedes nur erdenkliche, religiös motivierte Verbrechen zu begehen, beendeten die 500 000 Amarnath-Pilger ihre Wallfahrt, nicht nur unverletzt, sondern gerührt von der Gastfreundschaft der Kaschmiris.[5]

Von der Heftigkeit der Reaktion überrascht, machte die Regierung den Landtransfer schließlich rückgängig.[6] Doch da war er schon kein Thema mehr, und die Proteste waren außer Kontrolle geraten.

Im hindu-dominierten Jammu brachen nach dem Widerruf des Transfers massive Proteste aus. Auch hier verselbständigte sich die Angelegenheit. Die Menschen beklagten, dass der indische Staat sie vernachlässigte und diskriminierte. (Aus unerfindlichem Grund schoben sie die Schuld daran den Kaschmiris in die Schuhe.) Schließlich blockierten die Demonstranten die Straße zwischen Jammu und Srinagar, die einzige intakte Verbindung zwischen Kaschmir und Indien.[7] Die Armee wurde gerufen, um die Blockade zu beenden und Lkws eine sichere Fahrt zwischen Jammu und Srinagar zu ermöglichen. Doch es wurde von gewaltsamen Ausschreitungen gegen kaschmirische Lastwagenfahrer berichtet, auch aus so weit entfernten Gebieten wie dem Punjab, wo sie von niemandem geschützt wurden.[8] Infolgedessen weigerten sich die kaschmirischen Fahrer, die um ihr Leben fürchteten, die Straße zu befahren. Ladungen mit verderblichem frischen Obst und Gemüse aus dem Kaschmir-Tal begannen zu verrotten. Durch die Straßenblockade war die Situation ganz offensichtlich außer Kontrolle geraten. Die Regierung erklärte, dass die Blockade beendet sei und die Lkws fahren würden. Eingebettete Journalisten zitierten die unvermeidlichen »Geheimdienstquellen« und schrieben bald von einer »eingebildeten« Blockade und deuteten an, dass es nie eine gegeben habe.[9]

Aber für diese Spiele war es zu spät, der Schaden war bereits angerichtet. Den Menschen in Kaschmir war unzweideutig vor Augen geführt worden, dass sie nur geduldet wurden, und wenn sie sich nicht benahmen, konnten sie belagert und ausgehungert werden, wesentliche Waren und Medikamente konnten ihnen vorenthalten werden. Die reale

Blockade wurde zu einer psychologischen. Die letzte Verbindung zu Indien war nahezu gekappt.

Zu erwarten, dass die Sache damit beendet wäre, war natürlich absurd. War noch niemandem aufgefallen, dass sich selbst kleinere Proteste wegen Dingen wie Wasser oder Strom in Kaschmir unvermeidlich in die Forderung nach Azadi verwandeln? Der Bevölkerung mit massenweisem Hungertod zu drohen, kam politischem Selbstmord gleich.

Die Stimme, die die indische Regierung zum Schweigen bringen wollte, hat sich zu einem ohrenbetäubenden Schrei erhoben. Hunderttausende unbewaffneter Menschen fordern ihre Städte, ihre Straßen, ihre Mohallas zurück. Sie haben die bewaffneten Sicherheitskräfte schlicht mit ihrer Zahl und ihrem bemerkenswerten Mut überwältigt.

Aufgewachsen zwischen Armeecamps, Kontrollpunkten und Bunkern, in Hörweite der Schreie aus den Folterkammern, hat die junge Generation plötzlich die Macht von Massenprotesten entdeckt, die Würde des aufrechten Gangs und der Fähigkeit, für sich selbst zu sprechen, sich für ihre Rechte einzusetzen. Für sie ist das nichts weniger als eine Offenbarung. Sie sind in Fahrt, nicht einmal die Angst vor dem Tod scheint sie zurückhalten zu können. Und wenn diese Angst nicht mehr existiert, was nützt dann noch die größte oder zweitgrößte Armee der Welt? Wer könnte das besser wissen als die Inder, die ihre Unabhängigkeit auf gewaltlose Weise errungen haben?

So wie die Lage in Kaschmir jetzt ist, können die Meinungsmacher nicht mehr auf ihre alte Routine zurückgreifen und behaupten, der pakistanische ISI stecke dahinter oder die Leute würden von Militanten auf die Straße gezwungen. Seit den 1930er Jahren ist heftig umstritten, wer das Recht für sich beanspruchen kann, dieses flüchtige Ding, »die kaschmirische Volksseele«, zu vertreten. War es Scheich Abdullah? Die Muslim-Conference? Wer ist es heute? Die großen politischen Parteien? Die Hurriyat? Die Aufständischen? Jetzt ist die Bevölkerung an der Reihe. Auch in der Vergangenheit hat es Massendemonstrationen gegeben, doch seit langem sind sie nicht so weit verbreitet und lang anhaltend gewesen. Die großen politischen Parteien Kaschmirs – National Conference und People's Democratic Party –, die vom Staat im Staat und den indischen Medien trotz der erbärmlichen Wahlbeteiligung nach jeder Wahl gefeiert werden, nehmen pflichtbewusst an Diskussionsrunden in den Fernsehstudios Neu Delhis teil, bringen jedoch nicht den Mut auf, sich in den Straßen von Kaschmir zu zeigen. Die bewaffneten Aufständischen, die während der schlimmsten Jahre der Unterdrückung als einzige die Fackel von Azadi weiterzutragen schienen, sind es zufrieden, sich zurückzuhalten und zur Abwechslung das Volk kämpfen zu lassen – falls sie überhaupt dabei sind.

Die wenigen Anführer der Separatisten, die bei Demonstrationen sprechen, sind eher Gefolgsleute als Anführer, denn sie lassen sich von der phänomenalen, spontanen Kraft eines eingesperrten, zornigen Volkes leiten, das die Straßen Kaschmirs für sich erobert hat. Sie sehen sich einer ausgewachsenen Revolution gegenüber. Die einzige Bedingung, die ihnen gestellt wird, scheint zu sein, dass sie tun, was die Leute sagen. Wenn sie etwas sagen, was die Menschen nicht hören wollen, werden sie überredet vorzutreten, sich zu entschuldigen und ihren Kurs zu korrigieren. Das gilt für alle, einschließlich Syed Ali Shah Geelani, der sich bei einer öffentlichen Versammlung kürzlich selbst zum einzigen Anführer der Bewegung ernannte. Das war ein denkwürdiger politischer Patzer, an dem die neue Allianz zwischen den einzelnen Fraktionen fast zerbrochen wäre. Innerhalb von Stunden nahm er die Aussage zurück.[10] Ob es einem gefällt oder nicht, das ist Demokratie. Kein Demokrat kann das leugnen.

Jeden Tag zieht es Hunderttausende an Orte, mit denen sie schreckliche Erinnerungen verbinden. Sie zerstören Bunker, schneiden sich durch Stacheldraht, stellen sich unerschrocken vor den Maschinengewehren der Soldaten auf und sagen, was in Indien nur sehr wenige hören wollen. *Hum Kya Chahtey? Azaadi!* Wir wollen die Freiheit. Und, es darf nicht unterschlagen werden, genauso häufig und nachdrücklich: *Jeevey Jeevey Pakistan.* Lang lebe Pakistan.

Der Lärm hallt im ganzen Kaschmir-Tal wider wie das Prasseln des Regens auf einem Blechdach, wie das Donnergrollen während eines Gewitters. Das ist der Volksentscheid, der nie durchgeführt, das Referendum, das auf unbestimmte Zeit verschoben wurde.

Am 15. August, dem indischen Unabhängigkeitstag, wurde Srinagar vollkommen stillgelegt. Das Bakshi-Stadion, wo der Gouverneur die Flagge hisste, war leer, abgesehen von ein paar Offiziellen. Ein paar Stunden später wurde Lal Chowk, das Nervenzentrum der Stadt (wo 1992 Murli Manohar Joshi, führender BJP-Politiker und Pate der kontroversen »Hinduisierung« von Schulgeschichtsbüchern, die Tradition begründete, die Fahne von Grenzsicherheitskräften hissen zu lassen), von Tausenden Menschen übernommen, die die pakistanische Flagge aufzogen und sich gegenseitig »nachträglich« einen schönen Unabhängigkeitstag (Pakistan feiert seine Unabhängigkeit am 14. August) und einen »schönen Tag der Sklaverei« wünschten. Der Humor hat Indiens zahlreiche Gefängnisse und Folterkammern in Kaschmir anscheinend überlebt.

Am 16. August marschierten Hunderttausende nach Pampore, das Dorf des Hurriyat-Führers Scheich Abdul Aziz, der fünf Tage zuvor kaltblütig erschossen worden war.[11] Er hatte an einem großen Marsch zur Line of Control, der Demarkationslinie teilgenommen und, da die Straße über Jammu blockiert war, gefordert, die Straße Srinagar–Muzaffarabad zu öffnen, damit Personen und Güter wie vor der Teilung Kaschmirs transportiert werden könnten.

Am 18. August versammelten sich Hunderttausende in Srinagar auf dem riesigen TRC-Gelände (Tourist Reception Centre und nicht etwa Truth and Reconciliation Committee / Wahrheits- und Versöhnungskomitee) in der Nähe der militärischen Beobachtergruppe der Vereinten Nationen in Indien und Pakistan (United Nations Military Observer Group in India and Pakistan; UNMOGIP), um eine Petition mit drei Forderungen abzugeben: die indische Herrschaft zu beenden, eine UN-Friedenstruppe zu stationieren und die Kriegsverbrechen aus zwei Jahrzehnten aufzuklären, die die indische Armee und Polizei nahezu völlig straffrei begangen hatten.[12]

Am Tag vor der Demonstration brach der Staat im Staat in hektische Aktivität aus. Ein Freund, ein Journalist, rief mich an und erzählte, dass das Innenministerium am späten Nachmittag eine hochrangige Besprechung in Neu Delhi einberufen habe. Anwesend seien der Verteidigungsminister und Geheimdienstdirektoren gewesen. Der Zweck der Veranstaltung sei gewesen, so sagte er, die Chefredakteure der Nachrichtensendungen davon zu informieren, dass die Regierung Anlass habe zu der Annahme, dass der Aufstand von einer kleinen Splittergruppe des ISI organisiert werde, und die Fernsehsender zu bitten, diese exklusive, hochgeheime Information im Hinterkopf zu haben, wenn sie über Kaschmir berichteten (oder besser nicht berichteten?). Zum großen Bedauern des Staats im Staat sind die Dinge so weit fortgeschritten, dass die Fernsehsender sich lächerlich machen würden, hielten sie sich an diese Anweisungen. Dankenswerterweise sieht es so aus, als würde über diese Revolution im Fernsehen berichtet werden.

Am Abend des 17. August riegelte die Polizei Srinagar ab. Straßenbarrikaden wurden errichtet, Tausende bewaffneter Polizisten bezogen Stellung. Die Straßen, die in die Stadt führten, wurden gesperrt. Zum ersten Mal seit 18 Jahren musste die Polizei die Hurriyat-Führer bitten, mit den Demonstranten auf dem TRC-Gelände zu sprechen, statt direkt zum Sitz der UNMOGIP in der Gupkar Street in Srinagars Grüner Zone zu gehen, in der sich das indische Establishment seit Jahren prunkvoll verbarrikadiert.

Am Morgen des 18. August drängten Menschen aus Dörfern und Städten im Kaschmir-Tal in die Stadt. Sie kamen mit Lkws, Rikschas, Jeeps, Bussen und zu Fuß. Die Barrikaden wurden durchbrochen, und die Menschen eroberten ihre Stadt zurück. Die Polizei stand vor der Wahl, sich entweder zurückzuhalten oder ein Massaker anzurichten. Sie hielt sich zurück. Nicht ein Schuss fiel.

Die Stadt schwamm in einem Meer von lächelnden Gesichtern. Die Atmosphäre war ekstatisch. Alle hatten Plakate dabei; Hausbootbesitzer, Händler, Studenten, Anwälte, Ärzte. Auf einem stand: »Wir sind alle Gefangene, befreit uns«. Auf einem anderen: »Demokratie ohne Freiheit = Dämon-kratie«. Das war ein guter Ausdruck. Vielleicht war damit die verquere Logik eines Landes gemeint, das ein religiös motiviertes Blutbad anrichten musste, um seine säkulare Glaubwürdigkeit unter Beweis zu stellen. Oder der Wahnsinn, der es der größten Demokratie der Welt erlaubt, die größte militärische Besatzung der Welt durchzuführen und sich weiterhin Demokratie zu nennen.

An jedem Laternenpfahl, auf jedem Dach, an jeder Bushaltestelle und jeder orientalischen Platane war ein grünes Fähnchen angebracht. Eine große Flagge flatterte auf dem Gebäude von All India Radio. Straßenschilder, die die Richtung nach Hazratbal, Batmaloo, Sopore wiesen, waren übermalt. Rawalpindi stand jetzt darauf. Oder einfach Pakistan. Es wäre falsch anzunehmen, dass diese öffentlich zur Schau gestellte Zuneigung zu Pakistan automatisch den Wunsch beinhaltet, sich Pakistan anzuschließen. Sie hat etwas mit Dankbarkeit für die Unterstützung – zynisch oder nicht – des Freiheitskampfes der Kaschmiris zu tun, den Indien als terroristischen Aufstand betrachtet. Und sicher auch mit Provokation – damit, die Dinge zu tun und zu sagen, die Indien am meisten ärgern.

Es ist leicht, über einen »Freiheitskampf« zu spotten, der sich von einem Land distanzieren will, das angeblich eine Demokratie ist, um sich mit einem anderen Land zu verbünden, das überwiegend von Militärdiktatoren regiert wurde. Mit einem Land, dessen Armee Völkermord im jetzigen Bangladesch beging. Mit einem Land, in dem sich die Ethnien untereinander bekriegen. Das sind wichtige Aspekte, aber im Augenblick ist es vielleicht wichtiger zu fragen, was diese sogenannte Demokratie in Kaschmir getan hat, dass das Volk sie so hasst.

Überall waren pakistanische Flaggen, überall wurde der Ruf laut: *Pakistan se rishta kya? La illaha illallah.* Was verbindet uns mit Pakistan? Es gibt keinen Gott außer Allah.

Azadi ka matlab kya? La illaha illallah. Was heißt Freiheit? Es gibt keinen Gott außer Allah.

Für jemanden wie mich, die ich keine Muslimin bin, ist diese Interpretation von Freiheit schwer – wenn nicht unmöglich – zu verstehen. Ich fragte eine junge Frau, ob Freiheit für Kaschmir nicht weniger Freiheit für sie als Frau bedeuten würde. Sie zuckte die Achseln und sagte: »Was für eine Freiheit haben wir jetzt? Die Freiheit, von indischen Soldaten vergewaltigt zu werden?« Ihre Antwort brachte mich zum Verstummen.

Auf dem TRC-Gelände, umgeben von einem Meer grüner Flaggen, war es mir unmöglich, die zutiefst islamische Natur des Aufstandes zu bezweifeln oder zu ignorieren. Ebenso unmöglich war es mir, ihn als hinterhältigen, terroristischen Dschihad zu etikettieren. Für die Kaschmiris war er eine Katharsis. Ein historischer Augenblick in einem langen, komplizierten Freiheitskampf mit allen Fehlern, Grausamkeiten und Wirrnissen, die Freiheitskämpfe mit sich bringen. Dieser Freiheitskampf ist keineswegs unschuldig, und er wird für alle Zeit unter anderem mit der brutalen Ermordung kaschmirischer Pandits in den frühen Jahren des Aufstands belastet sein, der im Exodus nahezu der gesamten Hindu-Gemeinde aus dem Kaschmir-Tal kulminierte.

Als die Menge anwuchs, hörte ich genau auf die Slogans, weil Rhetorik oft klärend und der Schlüssel zu besserem Verständnis ist. Viele Slogans hatte ich ein paar Jahre zuvor bei der Beerdigung eines Aufständischen gehört. Ein neuer, offensichtlich nach der Blockade Kaschmirs geprägter Spruch lautete: *Kashmir ki mandi! Rawalpindi!* (Das ist nicht wirklich zu übersetzen, aber die Bedeutung ist: Kaschmirs Marktplatz? Rawalpindi!) Ein anderer war: *Khooni lakir tod do, aar paar jod do.* (Schafft die blutgetränkte Line of Control ab, Kaschmir soll wieder vereinigt sein.) Für Indien gab es viele Beleidigungen und Demütigungen: *Ay jabiron ay zalimon, Kashmir hamara chhod do.* (Oh, ihr Unterdrücker, oh, ihr Bösen, verschwindet aus Kaschmir.) *Jis Kashmir ko khoon se seencha, voh Kashmir hamara hai!* (Das Kaschmir, das wir mit unserem Blut genährt haben, das Kaschmir gehört uns!)

Der Spruch, der mich wie ein Messerschnitt schmerzte und mein Herz brach, lautete: *Nanga bhookha Hindustan, jaan se pyaara Pakistan*. (Nacktes, hungerndes Indien. Kostbarer als das Leben – Pakistan.) Warum war es so empörend, so schmerzhaft, diesen Slogan zu hören? Ich versuchte dahinterzukommen und brachte es auf drei Gründe. Erstens, weil wir alle wissen, dass der erste Teil des Spruchs die peinliche, ungeschminkte Wahrheit über Indien, die zukünftige Supermacht ist. Zweitens, weil alle Inder, die weder *nanga* (nackt) noch *bkooka* (hungrig) sind, auf komplexe Weise Komplizen des vielschichtigen kulturellen und wirtschaftlichen Systems sind, das für die grausame und vulgäre Ungleichheit der indischen Gesellschaft verantwortlich ist. Und drittens, weil es wehtat, wie Menschen, die selbst viel gelitten haben, andere verhöhnen, die auf andere Art, aber deswegen nicht weniger intensiv unter dem gleichen Unterdrücker leiden. In diesem Slogan erkannte ich, wie leicht aus Opfern Täter werden.

Mirwaiz Umar Farooq und Syed Ali Shah Geelani brauchten Stunden, um sich einen Weg durch die Menschenmenge auf das Podium zu bahnen. Irgendwann nahmen junge Männer sie auf die Schultern und trugen sie zum Podium. Der Lärm, mit dem sie begrüßt wurden, war ohrenbetäubend. Mirwaiz Umar sprach als Erster. Er wiederholte die Forderung, dass der Armed Forces Special Power Act, der Disturbed Areas Act und der Public Safety Act – unter denen Tausende getötet, verhaftet und gefoltert wurden – aufgehoben würden. Er verlangte die Freilassung politischer Gefangener, die Öffnung der Straße zwischen Srinagar und Muzaffarabad für den Transport von Personen und Waren und die Demilitarisierung des Kaschmir-Tals.

Syed Ali Shah Geelani begann seine Rede mit einem Zitat aus dem Koran. Dann sagte er, was er früher schon bei zahllosen Anlässen gesagt hatte. Der Kampf könne nur erfolgreich sein, wenn man sich an den Koran halte. Der Islam werde den Kampf leiten und sei ein vollständiger sozialer und moralischer Kodex, der die Menschen eines freien Kaschmir regieren würde. Er sagte, Pakistan sei als Heimatland des Islams erschaffen worden und dieses Ziel dürfe nie aufgegeben werden. Er sagte, so wie Pakistan zu Kaschmir gehöre, gehöre Kaschmir zu Pakistan. Er sagte, religiöse Minderheiten sollten alle Rechte haben, und ihre Kultstätten müssten sicher sein. Zu jedem Punkt erhielt er Applaus.

Durch die scheinbare doktrinäre Eindeutigkeit seines Standpunkts wurde seltsamerweise alles etwas konfus. Ich fragte mich, wie die verschiedenen Ansichten der unterschiedlichen Fraktionen in diesem Freiheitskampf zu vereinbaren wären – die Vision eines unabhängigen Staates der Jammu and Kashmir Liberation Front, Geelanis Wunsch, ein Teil Pakistans zu werden, und Mirwaiz Umar, der irgendwo dazwischen stand.

Neben mir sagte ein alter Mann mit einem roten Auge: »Früher war Kaschmir ein Land. Die eine Hälfte nahm sich Indien, die andere Hälfte nahm sich Pakistan. Beide mit Gewalt. Wir wollen Freiheit.« Ich fragte mich, ob der alte Mann in dieser neuen Zeit Gehör finden würde. Ich fragte mich, was er von den Lkws hielte, die durch die Ebenen Indiens fuhren, am Steuer Männer, die keine Ahnung von Geschichte oder Kaschmir hatten, doch auf dem Heck Sprüche anbringen ließen wie: »*Doodh maango to kheer denge, Kashmir mango to chir denge.*« (Bitte um Milch, und wir geben dir Sahne; bitte um Kaschmir, und wir schneiden dir den Bauch auf.)

Kurz schoss mir ein anderer Gedanke durch den Kopf. Ich

stellte mir vor, dass ich mitten in einer Versammlung der RSS oder VHP stünde und L. K. Advani eine Rede hielte. Statt Islam hörte ich das Wort Hindutva, statt Pakistan Hindustan, statt eines Meeres grüner Fahnen sähe ich safrangelbe, und die albtraumhafte Vision der BJP eines idealen Indiens wäre wahr geworden.

Sollen wir das als unsere Zukunft akzeptieren? Monolithische religiöse Staaten, die einen vollständigen sozialen und moralischen Kodex, »einen vollständigen Lebensstil« bereithalten? Millionen Inder wollen nichts zu tun haben mit dem Hindutva-Projekt. Unsere Zurückweisung wurzelt in Liebe, in Leidenschaft, in Idealismus, in unserem emotionalen Einsatz für diese Gesellschaft, in der wir leben. Was unsere Nachbarn tun, wie sie ihre Angelegenheiten handhaben, ändert unseren Standpunkt nicht, es stärkt ihn nur.

Argumente aus Liebe sind gefährlich. Die Menschen in Kaschmir müssen entscheiden, ob sie das islamische Vorhaben wollen oder nicht (das von Muslimen auf der ganzen Welt auf ähnlich komplexe Weise in Frage gestellt wird wie die Hindutva von den Hindus). Vielleicht ist es jetzt, da die Bedrohung durch Gewalt geringer ist und es Raum gibt, um Vorstellungen zu diskutieren und Ideen zu äußern, an der Zeit, dass die Kämpfer eine Vision der Gesellschaft skizzieren, in der sie leben möchten. Vielleicht ist es an der Zeit, den Menschen mehr zu bieten als Märtyrer, Slogans und vage Verallgemeinerungen. Jemand, der sich an den Koran halten will, wird dort zweifellos Leitlinien finden. Aber was wird mit denen, die das nicht wollen oder für die der Koran keinen Platz hat? Haben die Hindus von Jammu und andere Minderheiten ebenfalls das Recht auf Selbstbestimmung? Werden die Hunderttausende Kaschmiri-Pandits, die im Exil in zum Teil schrecklicher Armut leben, zurückkehren dürfen? Werden sie Reparationszahlungen für ihre entsetzlichen Verluste erhalten? Oder wird ein freies Kaschmir seinen Minderheiten antun, was Indien seit 61 Jahren den Kaschmiris antut? Was wird mit Homosexuellen, Ehebrechern und Häretikern geschehen? Was mit den Dieben und Lafangas und Schriftstellern, die mit dem »vollständigen sozialen und moralischen Kodex« nicht einverstanden sind? Werden sie exekutiert wie in Saudi-Arabien? Wird sich der Teufelskreis aus Tod, Unterdrückung und Blutvergießen fortsetzen? Die Geschichte bietet viele Modelle an, die die Vordenker, Intellektuellen und Politiker in Kaschmir studieren können. Wie wird das Kaschmir ihrer Träume aussehen? Wie Algerien? Wie der Iran? Wie Südafrika? Wie die Schweiz? Wie Pakistan?

Zu einer so entscheidenden Zeit wie dieser gibt es kaum etwas Wichtigeres als Träume. Ein allzu bequemes Utopia und ein mangelhafter Sinn für Gerechtigkeit werden Konsequenzen haben, die man sich nicht ausmalen mag. Es ist nicht die Zeit für intellektuelle Trägheit und das Widerstreben, eine Situation klar und ehrlich einzuschätzen. Man könnte anführen, dass die Unentschlossenheit von Maharadscha Hari Singh 1947 die große moderne Tragödie Kaschmirs darstellte, die schließlich zu unvorstellbarem Blutvergießen und der langen Knechtschaft eines Volkes führte, das schon fast frei war.

Das Gespenst der Teilung hat bereits sein Haupt erhoben. In den Netzwerken der Hindutva kursieren Gerüchte von Hindus in Kaschmir, die angegriffen und zur Flucht gezwungen werden. Anrufer aus Jammu berichten, dass als Reaktion darauf bewaffnete Hindu-Milizen mit einem Massaker drohen und sich Muslime in den zwei überwiegend von Hindus bevölkerten Distrikten auf die Flucht vorbereiten. (Erinnerungen an das Blutbad im Zuge der Teilung von Indien und Pakistan, das über eine Million Menschenleben forderte, werden wieder wach. Dieser Albtraum wird nie aufhören, uns zu verfolgen.)

Es gibt absolut keinen Grund zu der Annahme, dass sich die Geschichte immer wiederholt. Außer man will es so. Außer die Menschen arbeiten aktiv darauf hin. Dennoch können die Befürchtungen, was die Zukunft bringen wird, die fortgesetzte militärische Okkupation eines Landes und eines Volkes nicht rechtfertigen. Genauso wenig wie das alte kolonialistische Argument, dass die Einheimischen noch nicht reif für die Freiheit waren, den Fortbestand der Kolonien rechtfertigte.

Der indische Staat hat natürlich viele Möglichkeiten, an Kaschmir festzuhalten. Er könnte tun, was er am besten kann. Warten. Und hoffen, dass die Energie der Menschen in Ermangelung eines konkreten Plans verpufft. Er könnte versuchen, die fragile Koalition, die im Entstehen begriffen ist, zu zerbrechen. Er könnte den gewaltlosen Widerstand niederschlagen und erneut militanten Widerstand provozieren. Er könnte die halbe Million Soldaten auf eine ganze Million aufstocken. Ein paar strategische Massaker, ein paar gezielte Morde, massive Verhaftungen und ein paar verschwundene Menschen sollten den Zweck für ein paar weitere Jahre erfüllen.

Doch die unvorstellbaren Summen öffentlichen Geldes, die für die militärische Besetzung Kaschmirs aufgewendet werden, sollten besser für Schulen, Krankenhäuser und Lebensmittel für die verarmte, unterernährte Bevölkerung Indiens ausgegeben werden. Welche Regierung kann allen Ernstes glauben, es für mehr Waffen, mehr Stacheldraht und mehr Gefängnisse in Kaschmir verschwenden zu dürfen?

Die militärische Besetzung Kaschmirs macht aus uns allen Ungeheuer. Sie ermöglicht Hindu-Chauvinisten Muslime in Indien zu attackieren und zu Opfern zu machen, indem sie sie in Sippenhaft nehmen für den Freiheitskampf der Muslime in Kaschmir. Das alles wird zu einem giftigen Gebräu verrührt und uns intravenös injiziert, direkt in unseren Blutkreislauf.

Letztlich ist es eine Frage der Moral. Hat irgendeine Regierung das Recht, mit militärischer Macht Menschen ihrer Freiheit zu berauben?

Indien braucht Azadi von Kaschmir so sehr – wenn nicht mehr –, wie Kaschmir Azadi von Indien braucht.

Der Krieg des Herrn Chidambaram

Die niedrigen Tafelberge im Süden Orissas waren die Heimat der Dongria Kondh, lange bevor es ein Land namens Indien oder einen Bundesstaat namens Orissa gab. Die Berge wachten über die Kondh. Die Kondh wachten über die Berge und verehrten sie als lebendige Gottheiten. Diese Berge wurden wegen des darin lagernden Bauxits verkauft. Für die Kondh ist das, als wäre Gott verkauft worden. Sie fragen, wie viel man für Gott bekommen würde, wenn es sich dabei um Rama oder Allah oder Jesus Christus handelte.

Vielleicht sollten die Kondh dankbar sein, weil ihre Niyamgiri-Berge, der Sitz ihres Niyam Raja, des Gottes der universellen Gesetze, an eine Firma mit dem Namen Vedanta (der Zweig der hinduistischen Philosophie, der das höhere Wissen lehrt) verkauft wurde. Es ist eins der größten Bergbauunternehmen der Welt, sein Besitzer ist Anil Agarwal, der indische Milliardär, der in London in der Villa lebt, die einst dem Schah von Persien gehörte. Vedanta ist nur eine der vielen multinationalen Firmen, die sich über Orissa hermachen.[1]

Die Tafelberge werden zerstört, die Wälder, die sie bedecken, werden zerstört. Gleiches gilt für die Bäche und Flüsse, die dort entspringen und die Ebenen unterhalb davon bewässern. Und es gilt für die Dongria Kondh. Und für die vielen anderen Stämme, die im bewaldeten Herzen Indiens leben und ihr Land ähnlichen Angriffen ausgesetzt sehen.

In unseren versmogten, überbevölkerten Großstädten sagen manche: »Na und? Jemand muss den Preis für den Fortschritt bezahlen.« Andere sagen sogar: »Seien wir ehrlich, das sind die Menschen, deren Stunde geschlagen hat. Schaut euch nur die Länder der ersten Welt an, Europa, die Vereinigten Staaten von Amerika, Australien – sie alle haben eine ›Vergangenheit‹.« Das stimmt. Warum also nicht auch wir?

Gemäß dieser Maxime hat die Regierung die Operation Green Hunt verkündet, einen Krieg, der angeblich gegen die »maoistischen« Rebellen in den Urwäldern Zentralindiens geführt wird. Natürlich sind es nicht nur die Maoisten, die rebellieren. Im ganzen Land kämpfen Menschen – Landlose, Obdachlose, Dalits, Arbeiter, Bauern, Weber. Sie wehren sich gegen ein verheerendes Übermaß an Unrecht, darunter die Strategie, die es Firmen erlaubt, ganze Landstriche und ihre Ressourcen en gros an sich zu reißen. Die Regierung jedoch hat die Maoisten als größte Bedrohung herausgegriffen.

Vor ein paar Jahren, als die Lage noch längst nicht so schlimm war wie jetzt, nannte der Premierminister die Maoisten »das größte interne Sicherheitsrisiko, dem sich unser Land je gegenüber sah«.[2] Das wird wahrscheinlich der beliebteste und am häufigsten zitierte Satz, den er je gesagt hat. Aus unerfindlichem Grund scheint der Kommentar, den er im Januar 2009 bei einem Treffen der Chief Minister abgab, nämlich dass die Armee der Maoisten »von bescheidenen Proportionen« sei, keineswegs ebenso populär zu sein.[3] Am 9. Juni 2009 benannte er vor dem Parlament die wahre Sorge seiner Regierung: »Wenn der linke Extremismus weiterhin Zulauf hat in wichtigen Regionen unseres Landes, in denen sich ungeheure Mengen an Bodenschätzen und weitere wertvolle natürliche Ressourcen befinden, dann wird das Investitionsklima selbstverständlich davon beeinflusst werden.«[4]

Wer sind die Maoisten? Sie sind Mitglieder der verbotenen Kommunistischen Partei Indiens (Maoisten) – der CPI (Maoist) – eine von mehreren Nachfolgeparteien der Kommunistischen Partei Indiens (Marxisten-Leninisten), die 1969 den Aufstand der Naxaliten anführte und daraufhin von der indischen Regierung zerschlagen wurde. Die Maoisten sind der Überzeugung, dass die strukturelle Ungleichheit der indischen Gesellschaft nur durch einen gewaltsamen Umsturz des indischen Staates überwunden werden kann. In ihren früheren Inkarnationen als das Maoist Communist Centre (MCC) in Jharkhand und Bihar und die People's War Group (PWG) in Andhra Pradesh fanden die Maoisten große Unterstützung. (Als das Verbot 2004 kurz aufgehoben wurde, nahmen über eine Million Menschen an einer Kundgebung der Maoisten in Warangal teil.)

Doch dieses Zwischenspiel in Andhra Pradesh fand schließlich ein böses Ende. Sie hinterließen Gewalt, die viele ihrer eifrigsten Unterstützer in harte Kritiker verwandelte. Nachdem sich die Maoisten und die Polizei gegenseitig umgebracht hatten, war die PWG dezimiert. Die Überlebenden flohen aus Andhra Pradesh ins benachbarte Chhattisgarh, wo sie sich tief im Wald Gleichgesinnten anschlossen, die seit Jahrzehnten dort arbeiteten.

Nur wenige »Außenstehende« haben eigene Erfahrungen mit der maoistischen Bewegung im Wald gemacht. Ein vor kurzem von der Zeitschrift *Open* veröffentlichtes Interview mit einem ihrer Anführer, Genosse Ganapathy, war nicht dazu angetan, das Bild der Maoisten als einer Partei mit einer unerbittlichen totalitären Vision, die keinerlei Kritik zulässt, zu revidieren.[5] Genosse Ganapathy sagte nichts, was die Menschen davon überzeugt hätte, dass die Maoisten, sollten sie jemals an die Macht kommen, in der Lage wären, die verrückte Vielgestaltigkeit des indischen Kastensystems anzugehen. Seine beiläufige Billigung der Befreiungstiger (Liberation Tigers of Tamil Eelam, LTTE) von Sri Lanka jagte jedem noch so wohlwollenden Sympathisanten einen Schauder über den Rücken, nicht nur wegen der grausamen Art und Weise, wie die LTTE Krieg führen, sondern auch wegen der von ihnen mit zu verantwortenden verheerenden Tragödie, die die angeblich von ihnen repräsentierten Tamilen von Sri Lanka erleben mussten.

Die Guerillaarmee der Maoisten in Zentralindien besteht im Moment nahezu ausschließlich aus völlig mittellosen Stammesangehörigen, die unter Bedingungen chronischen Hungers leben, wie wir ihn eigentlich nur aus Schwarzafrika kennen. Es sind Menschen, die auch 60 Jahre nach Indiens sogenannter Unabhängigkeit keinen Zugang zu Bildung, medizinischer Versorgung oder einem Rechtsbeistand haben. Es sind Menschen, die seit Jahrzehnten gnadenlos ausgebeutet, von kleinen Geschäftsleuten und Geldverleihern betrogen werden; die Frauen werden von Polizisten und Mitarbeitern der Waldbehörde vergewaltigt, als hätten diese das Recht dazu. Dass sie ihre Würde andeutungsweise zurückerobern konnten, geht überwiegend auf das Konto der maoistischen Kader, die seit Jahren mit ihnen leben, arbeiten und kämpfen.

Wenn die Stämme zu den Waffen gegriffen haben, dann weil eine Regierung, die ihnen nichts als Gewalt gebracht und sie vernachlässigt hat, ihnen jetzt auch noch das Letzte nehmen will, was sie besitzen – ihr Land. Sie glauben der Regierung nicht, wenn sie behauptet, ihre Region nur »entwickeln« zu wollen. Sie glauben nicht, dass die Straßen, so breit und flach wie Flugzeuglandebahnen, die von der National Mineral Development Corporation durch ihre Wälder in Dantewada gebaut werden, für den Schulweg ihrer Kinder bestimmt sind. Sie glauben jedoch, dass sie ausgelöscht werden, wenn sie nicht um ihr Land kämpfen. Deswegen haben sie zu den Waffen gegriffen.

Auch wenn das Ziel der maoistischen Ideologen der Umsturz des indischen Staates ist, wissen sie doch, dass ihre zerlumpten unterernährten Soldaten, von denen die meisten noch nie einen Zug oder einen Bus oder auch nur eine Kleinstadt gesehen haben, nur ums Überleben kämpfen.

2008 legte eine von der Planungskommission beauftragte Expertengruppe ihren Bericht mit dem Titel *Herausforderungen der Entwicklung in extremistisch geprägten Regionen* vor. Darin heißt es:

> Die Bewegung der Naxaliten (Maoisten) muss als politische Bewegung mit einer starken Basis unter den landlosen und armen Bauern und Adivasi begriffen werden. Ihr Entstehen und Anwachsen müssen im Kontext der sozialen Lebensbedingungen und Erfahrungen der Menschen gesehen werden, die ihre Mitglieder ausmachen. Zu diesen Bedingungen gehört die kolossale Diskrepanz zwischen den von der Regierung geäußerten Vorhaben und deren Umsetzung. Obwohl die maoistische Ideologie langfristig einen gewaltsamen Sturz der Regierung vorsieht, manifestiert sie sich tagtäglich letztlich als Kampf um soziale Gerechtigkeit, Gleichheit, Absicherung, Sicherheit und regionale Entwicklung.[6]

Das hört sich ganz und gar nicht nach dem »größten internen Sicherheitsrisiko« an.

Da die maoistische Rebellion das Thema schlechthin ist, scheint jeder, von den aalglatten Bonzen bis zum zynischsten Herausgeber der auflagenstärksten Zeitung in diesem Land, plötzlich geneigt einzugestehen, dass das über Jahrzehnte akkumulierte Unrecht den Kern des Problems darstellt. Doch statt das Problem zu diskutieren, was bedeuten würde, diesen Goldrausch des 21. Jahrhunderts zu bremsen, versuchen sie, die Diskussion mit lautstarker Empörung über den maoistischen »Terrorismus« in eine ganz andere Richtung zu lenken. Doch sie sprechen nur mit ihresgleichen.

Die Menschen, die zu den Waffen gegriffen haben, sehen nicht den ganzen Tag fern (oder treten im Fernsehen auf) oder lesen Zeitungen oder führen Telefonumfragen zur moralischen Frage des Tages durch: Ist Gewalt gut oder schlecht? Senden Sie eine SMS an … Sie stehen mitten im Leben. Sie kämpfen. Sie glauben, das Recht zu haben, ihre Häuser und ihr Land zu verteidigen. Sie glauben, dass sie Gerechtigkeit verdienen.

Um die wohlhabenderen Bürger zu schützen, hat die Regierung diesen gefährlichen Menschen den Krieg erklärt. Einen Krieg, den sie laut eigener Aussage innerhalb von drei bis fünf Jahren gewinnen wird. Es wird nichts von »Gesprächen« oder »Verhandlungen« gemunkelt. Merkwürdig, nicht wahr, dass die Regierung sogar nach den Attentaten von Mumbai am 26.11.2008 bereit war, mit Pakistan zu reden. Sie ist bereit, mit China zu reden. Doch wenn es um den Krieg gegen die Armen geht, bleibt sie hart.

Es ist nicht genug, dass Spezialeinheiten der Polizei – mit totemistischen Namen wie Windhunde, Kobras und Skorpione – die Wälder mit einer Lizenz zum Töten durchkämmen. Es ist nicht genug, dass die Bundespolizei (Central Reserve Police Force, CRPF), die Grenzpolizei (Border Security Force, BSF) und das berüchtigte Naga-Bataillon Chaos und Verwüstung bringen und skrupellose Gräueltaten in entlegenen Dörfern begehen. Es ist nicht genug, dass die Regierung die Salwa Judum unterstützt und bewaffnet, die »Volksmiliz«, die sich ihren Weg durch die Wälder von Dantewada gemordet, vergewaltigt und gebrannt und dabei 50 000 Menschen in Polizeilager verfrachtet und die restliche Bevölkerung der Region (ungefähr 300 000 Personen) obdachlos gemacht oder zur Flucht gezwungen hat. Jetzt will die Regierung auch noch die Indo-Tibetische Grenzpolizei und Zehntausende paramilitärische Truppen einsetzen.[7] Laut einem Bericht plant sie, in Bilaspur das Hauptquartier für eine Brigade einzurichten, wodurch neun Dörfer umgesiedelt werden müssen, und einen Luftwaffenstützpunkt in Rajnandgaon (dem sieben Dörfer zum Opfer fallen werden).[8] Diese Entscheidungen wurden offenbar schon vor einer Weile getroffen. Studien wurden durchgeführt, Orte ausgewählt. Interessant. Krieg deutete sich an. Und jetzt haben die Hubschrauber der indischen Luftwaffe das Recht, in »Notwehr« zu schießen, ein Recht, dass die Regierung ihren ärmsten Bürgern verweigert.

Auf wen zu schießen? Wie in Gottes Namen sollen die Sicherheitskräfte einen Maoisten unterscheiden von einer gewöhnlichen Person, die in Todesangst durch den Wald rennt? Gelten ab jetzt auch die Adivasi, die seit Jahrhunderten Pfeil und Bogen tragen, als Maoisten? Sind nicht aktiv an den Kampfhandlungen teilnehmende Sympathisanten der Maoisten gerechtfertigte Ziele? Als ich in Dantewada war, zeigte mir der Polizeidirektor Bilder von 19 »Maoisten«, die »seine Jungs« getötet hatten. Ich fragte ihn, woran ich erkennen sollte, dass es sich um Maoisten handelte. Er sagte: »Sehen Sie, Ma'am, sie haben Medizin gegen Malaria, Flaschen mit Dettol, alles Sachen, die es hier nicht gibt.«

Was für ein Krieg wird Operation Green Hunt werden? Werden wir es je erfahren? Aus den Wäldern erreichen uns kaum Nachrichten. Lalgarh in Westbengalen wurde abgeriegelt. Wer versucht, hineinzukommen, wird geschlagen und verhaftet. Und selbstverständlich als Maoist bezeichnet. In Dantewada wurde der Vanvasi-Chetana-Aschram, ein gandhischer Aschram, geführt von Himanshu Kumar, in ein paar

Stunden mit einem Bulldozer dem Erdboden gleichgemacht. Es war der letzte neutrale Außenposten vor dem Kriegsgebiet, ein Ort, an dem Journalisten, Aktivisten, Forscher und Untersuchungsteams unterkommen konnten, wenn sie in dem Gebiet arbeiteten.

Unterdessen bringt das indische Establishment seine mächtigste Waffe zum Einsatz. Nahezu über Nacht veröffentlichen unsere Medien keine erfundenen, haltlosen, hysterischen Geschichten über den »islamistischen Terror« mehr, sondern nur noch erfundene, haltlose, hysterische Geschichten über den »roten Terrorismus«. Inmitten dieses Lärms, an Ground Zero, wird das Schweigen zunehmend unerbittlich. Eine »Sri-Lanka-Lösung« ist gut vorstellbar. Ist das vielleicht der Grund, warum Indien einen Antrag der Europäischen Union im Menschenrechtsrat der UN blockiert hat, der eine internationale Untersuchung von Kriegsverbrechen der Regierung von Sri Lanka während der Offensive gegen die Befreiungstiger forderte?[9]

Der erste Schritt in diese Richtung ist eine konzertierte Kampagne mit dem Ziel, die Myriaden Formen des Widerstands in diesem Land mit einer simplen Alternative à la George Bush zu diskreditieren: Wer nicht für uns ist, ist für die Maoisten. Die vorsätzliche Übertreibung der maoistischen »Gefahr« ermöglicht es dem Staat, die Militarisierung zu rechtfertigen. (Und schadet den Maoisten bestimmt nicht. Welche politische Partei wäre unglücklich über so viel Aufmerksamkeit?) Während aller Sauerstoff von diesem neuen Doppelgänger des Kriegs gegen den Terrorismus aufgebraucht wird, wird der Staat die Gelegenheit nutzen, um im Zuge seiner militärischen Operationen Hunderte anderer Widerstandsbewegungen zu vernichten, indem er sie als Sympathisanten der Maoisten bezeichnet.

Ich benutze das Futur, doch dieser Prozess hat bereits eingesetzt. Die Regierung von Westbengalen versuchte genau das in Nandigram und Singur, allerdings vergeblich. Zur Zeit wird in Lalgarh das Pulishi Santrash Birodhi Janasadharaner Committee, das Volkskomitee gegen Polizeiübergriffe – eine Organisation, die zwar mit den Maoisten sympathisiert, nicht jedoch der maoistischen Bewegung angehört – routinemäßig als politischer Flügel der CPI (Maoist) bezeichnet. Sein Vorsitzender, Chhatradhar Mahato, der stets ein »Anführer der Maoisten« genannt wird, wurde verhaftet und darf nicht auf Kaution freigelassen werden. Wir alle kennen die Geschichte von Dr. Binayak Sen, einem Arzt und Bürgerrechtsaktivisten, der zwei Jahre aufgrund der fadenscheinigen Anschuldigung, ein Kurier der Maoisten zu sein, im Gefängnis saß. Während Operation Green Hunt in vollem Scheinwerferlicht stattfindet, werden sich in anderen Teilen Indiens, außerhalb des Kriegsgebiets, die Angriffe auf die Rechte der Armen, der Arbeiter, der Landlosen und derjenigen, deren Land die Regierung zum »öffentlichen Zweck« erwerben will, beschleunigen. Das Leiden dieser Menschen wird sich verschlimmern, und es wird ihnen noch schwerer fallen als jetzt, Gehör zu finden.

Hat der Krieg erst einmal begonnen, wird er wie alle Kriege eine eigene Wucht entwickeln, eine eigene Logik und eine eigene Ökonomie. Er wird zu einer Lebensweise werden, die kaum mehr umzukehren sein wird. Von der Polizei wird erwartet werden, dass sie sich wie eine Armee verhält, wie eine ruchlose Tötungsmaschine. Die paramilitärischen Truppen sollen werden wie die Polizei, eine korrupte aufgeblähte administrative Gewalt. So war es in Nagaland, Manipur und Kaschmir. Der einzige Unterschied wird darin bestehen, dass die Sicherheitskräfte im »Herzen« des Landes sehr bald begreifen werden, dass sie nur ein bisschen weniger elend dran sind als die Menschen, gegen die sie kämpfen. Mit der Zeit wird die Grenze zwischen der Bevölkerung und den Gesetzeshütern durchlässig werden. Waffen und Munition werden gekauft und verkauft werden. Es geschieht bereits. Ob es die Sicherheitskräfte, die Maoisten oder Zivilisten sein werden, die Ärmsten des Landes werden im Krieg der reichen Leute sterben. Und sollte jemand glauben, dass ihn dieser Krieg nicht betrifft, sollte er noch einmal darüber nachdenken. Die Ressourcen, die er verbrauchen wird, werden der Wirtschaft dieses Landes fehlen.

Letzte Woche trafen sich Bürgerrechtsgruppen aus dem ganzen Land in Delhi, um darüber zu diskutieren, wie das Blatt zu wenden und der Krieg zu verhindern wäre. Die Abwesenheit von Dr. Balagopal, einem der bekanntesten Bürgerrechtsaktivisten aus Andhra Pradesh, der vor zwei Wochen gestorben ist, war spürbar wie ein physischer Schmerz. Er war einer der kühnsten und klügsten politischen Denker unserer Zeit und hat uns verlassen, als wir ihn am meisten brauchten. Doch ich bin sicher, dass er zufrieden gewesen wäre, hätte er einen Redner nach dem anderen die Visionen, die Eindringlichkeit, die Erfahrung, die Weisheit, den politischen Scharfsinn und vor allem die echte Menschlichkeit der Gemeinschaft von Aktivisten, Akademikern, Anwälten, Richtern und anderen Mitgliedern der indischen Bürgerrechtsbewegung zum Ausdruck bringen gehört. Ihre Anwesenheit in der Hauptstadt signalisierte, dass außerhalb der gleißenden Scheinwerfer der Fernsehstudios und jenseits des Getöses der Medienhysterie, sogar in Indiens Mittelschicht, noch ein menschliches Herz schlägt. Insofern ist es kein Wunder, dass der indische Innenminister genau diese Leute kürzlich beschuldigte, ein dem »Terrorismus« förderliches

»intellektuelles Klima« zu schaffen. Wenn diese Anschuldigung den Leuten Angst einjagen, sie einschüchtern sollte, so hatte sie die gegenteilige Wirkung.

Die Redner repräsentierten eine Bandbreite an Meinungen, die von liberal bis zu radikal links reichten. Obwohl keiner der Redner sich selbst als Maoisten bezeichnet hätte, waren nur wenige grundsätzlich nicht der Ansicht, dass die Menschen das Recht haben, sich gegen staatliche Gewaltanwendung zu wehren. Viele hatten Probleme mit der maoistischen Gewalt, mit den »Volksgerichten«, die summarisch Recht sprechen, mit dem Autoritarismus, der den bewaffneten Kampf durchzieht und alle zu marginalisieren droht, die keine Waffen tragen. Doch noch während sie ihr Unbehagen in Worte fassten, wussten sie, dass es Volksgerichte nur gibt, weil die indischen Gerichte gewöhnlichen Menschen so gut wie unzugänglich sind, und dass der bewaffnete Kampf, der in Zentralindien ausgebrochen ist, nicht die erste, sondern die allerletzte Option eines verzweifelten Volkes ist, das an den Rand der Existenz gedrängt wurde. Die Redner waren sich der Gefahr bewusst, aus einzelnen Fällen ruchloser Gewaltanwendung schlichte moralische Lehren ziehen zu wollen, noch dazu in einer Situation, die einem Krieg schon sehr nahe kommt. Schon lange setzte keiner von ihnen mehr die strukturelle Gewalt des Staates mit der Gewalt des bewaffneten Widerstands gleich. Ja, der pensionierte Richter P. B. Sawant ging sogar so weit, den Maoisten dafür zu danken, dass sie das Establishment dieses Landes gezwungen hatten, die ungeheuerliche Ungerechtigkeit des Systems wahrzunehmen.[10] Haragopal aus Andhra Pradesh sprach von seinen Erfahrungen als Bürgerrechtsaktivist während der Jahre des maoistischen Zwischenspiels in diesem Bundesstaat. Er gab zu bedenken, dass Hindu-Mobs im Gujarat 2002, angeführt von der Bajrang Dal und dem Vishwa Hindu Parishad (VHP), in wenigen Tagen mehr Menschen umbrachten als die Maoisten in ihren blutigsten Tagen in Andhra Pradesh.[11]

Menschen, die aus den Kriegsgebieten gekommen waren, aus Lalgarh, Jharkhand, Chhattisgarh, Orissa, beschrieben die Repressionen durch die Polizei, die Verhaftungen, die Folter, die Morde, die Korruption und die Tatsache, dass die Polizei zum Beispiel in Orissa ihre Befehle direkt von den Angestellten der Bergbaufirmen zu erhalten scheint. Sie beschrieben die zweifelhafte, wenn nicht gar bösartige Rolle bestimmter NGOs, die von Hilfsorganisationen finanziert werden, die ihrerseits Firmeninteressen vertreten. Wieder und wieder erzählten sie, dass in Jharkhand und Chhattisgarh sowohl Aktivisten als auch gewöhnliche Menschen – jeder, der als Andersdenkender betrachtet wird – als Maoisten abgestempelt und verhaftet werden. Sie erklärten, dass es vor allem das ist, was die Menschen dazu treibt, zu den Waffen zu greifen und sich den Maoisten anzuschließen. Sie fragten, wie eine Regierung, die nach eigener Auskunft nicht in der Lage ist, einen Bruchteil der 50 Millionen aufgrund von »Entwicklungsprojekten« Vertriebenen neu anzusiedeln, plötzlich 140 000 Hektar bestes Land auffinden konnte, um es Industriellen für Sonderwirtschaftszonen zur Verfügung zu stellen, Indiens Steuerparadiese für Reiche.[12] Sie fragten, welche Art von Gerechtigkeit der Oberste Gerichtshof im Auge hatte, als er sich weigerte, die Bedeutung des »öffentlichen Zwecks« im Land Acquisition Act zu bestimmen, obwohl bekannt war, dass die Regierung im Namen des »öffentlichen Zwecks« zwangsweise Land erwarb, um es privaten Firmen zur Verfügung zu stellen. Sie fragten, warum nur Polizeireviere und nicht etwa Schulen, Krankenhäuser, Wohnungen gebaut werden, da die Regierung doch behauptet, dass »die

Erlasse des Staates umgesetzt werden müssen«. Sie fragten, warum die Versorgung mit sauberem Wasser oder ein fairer Preis für die Produkte aus dem Wald nicht sichergestellt sind oder die Menschen nicht in Ruhe gelassen werden und in ständiger Angst vor der Polizei leben müssen – warum nicht irgendetwas unternommen wird, was das Leben der Menschen ein bisschen leichter macht. Sie fragten, warum »die Erlasse der Regierung« nie Gerechtigkeit bedeuten.

Es gab eine Zeit, vor ungefähr zehn Jahren, als die Leute bei Treffen wie diesem über das Modell der »Entwicklung« diskutierten, das ihnen von der neuen Wirtschaftspolitik aufgezwungen wurde. Jetzt wird dieses Modell abgelehnt. Vollständig. Absolut. Alle sind sich diesbezüglich einig, von den Gandhianern bis zu den Maoisten. Die einzige Frage, die sich jetzt noch stellt, lautet: Wie kann man es am effektivsten verhindern?

Ein alter Studienfreund eines Freundes, ein großes Tier in der Wirtschaft, war aus morbider Neugier auf die Welt, von der er nichts wusste, zu einem Treffen gekommen. Obwohl er sich mit einer *kurta* von Fabindia verkleidet hatte, sah er reich aus (und roch auch so). Irgendwann neigte er sich zu mir und sagte: »Jemand sollte ihnen sagen, dass sie sich die Mühe sparen können. Sie werden nicht gewinnen. Sie haben keine Ahnung, mit wem sie sich anlegen. Die Firmen, um die es hier geht, haben so viel Geld, dass sie Minister und Medienunternehmen und Politiker kaufen können. Sie können ihre eigenen NGOs gründen, ihre eigenen Milizen, sie können ganze Regierungen kaufen. Sie können sogar die Maoisten kaufen. Diese Leute hier sollten sich die Worte sparen und sich was Besseres suchen.«

Wenn Menschen brutal behandelt werden, was für eine »bessere« Möglichkeit gibt es für sie, als sich zu wehren? Es wird ihnen ja keine Wahl geboten, außer Selbstmord zu begehen wie die 180 000 Bauern, die sich in einer Spirale aus Schulden verfangen hatten. (Bin ich die Einzige, die das ungute Gefühl hat, dass sich das indische Establishment und seine Vertreter in den Medien weitaus wohler fühlen mit der Vorstellung, dass sich arme Leute aus Verzweiflung umbringen, als mit dem Gedanken, dass sie sich wehren?)

Mehrere Jahre lang haben es die Menschen – manche von ihnen Maoisten, viele nicht – in Chhattisgarh, Orissa, Jharkhand und Westbengalen geschafft, sich die großen Firmen vom Leib zu halten. Jetzt lautet die Frage, wie Operation Green Hunt den Kampf verändern wird. Mit wem genau haben es die Menschen zu tun?

Es stimmt, historisch gesehen haben die Bergbaufirmen den Kampf gegen die Menschen vor Ort fast immer gewonnen. Von allen Branchen, die Waffenindustrie vielleicht ausgenommen, haben sie vermutlich die grausamste Vergangenheit. Sie sind zynische, kampferprobte Veteranen, und wenn die Leute sagen, »*Jaan denge par jameen nahin denge*« (Wir geben unser Leben, aber niemals unser Land), dann perlt es an ihnen wahrscheinlich ab wie Nieselregen von einem Luftschutzbunker. Sie haben es schon so oft gehört, in 1000 verschiedenen Sprachen, in 100 verschiedenen Ländern.

Gerade in Indien angekommen sitzen viele von ihnen noch in der »Erste-Klasse-Lounge«, bestellen Cocktails, blinzeln träge wie faule Raubtiere und warten darauf, dass sich die Absichtserklärungen, die sie unterschrieben haben – manche schon 2005 –, in barem Geld auszahlen. Aber vier Jahre in der Erste-Klasse-Lounge stellen sogar die Geduld der wahrhaft Toleranten auf eine schwere Probe. Der Raum, den sie den komplizierten, wenn auch zunehmend gehaltlosen Ritualen einer Demokratie einräumen, ist begrenzt: die (manipulierten) öffentlichen Anhörungen, die (gefälschten) Umweltgutachten, die (gekauften) Genehmigungen diverser Ministerien, die sich hinziehenden Gerichtsverfahren. Selbst eine Scheindemokratie erfordert Zeit. Und Zeit ist Geld.

Über welche Beträge reden wir hier? In ihrem grundlegenden Buch *Out of this Earth: East India Adivasis and the Aluminum Cartel* beziffern Felix Padel und Samarendra Das den Wert der Bauxitvorkommen allein in Orissa auf 2,27 Billionen US-Dollar (zweimal so viel wie das indische Bruttoinlandsprodukt).[13] Das waren die Preise von 2004. Heutzutage sind sie 4 Billionen US-Dollar wert. Eine Billion hat zwölf Nullen.

Davon bekommt die Regierung offiziell noch nicht einmal 7 Prozent. Wenn das Bergbauunternehmen international bekannt ist und als zuverlässig gilt, wird das Erz häufig schon auf dem Futures-Markt gehandelt, auch wenn es noch nicht abgebaut ist. Während der Berg für die Adivasi noch eine lebendige Gottheit ist, der Quell von Leben und Glauben, das Fundament der ökologischen Gesundheit der Region, ist er für das Unternehmen nur eine billige Lagerstätte. Gelagerte Güter müssen zugänglich sein. Das Unternehmen steht auf dem Standpunkt, dass das Bauxit aus dem Berg herausgeholt werden muss. Wenn das nicht friedlich vonstattengeht, dann wird eben Gewalt angewendet. Das sind die Zwänge und Erfordernisse des freien Marktes.

Das ist nur die Geschichte des Bauxits in Orissa. Zu den vier Billionen US-Dollar müssen der Wert der Millionen Tonnen hochwertigen Eisenerzes in Chhattisgarh und Jharkhand und von 28 weiteren Bodenschätzen hinzugefügt werden, darunter Uran, Kalkstein, Dolomit, Kohle, Zinn, Granit, Marmor, Kupfer, Diamanten, Gold, Quarzit, Korund, Beryll, Alexandrit, Kieselerde, Fluorit und Granat. Dazu kommt noch der Wert der Kraftwerke, Dämme, Autobahnen, der Stahl- und Zementwerke, der Aluminiumhütten und aller weiteren Infrastrukturprojekte, die Bestandteil der zahllosen unterzeichneten Absichtserklärungen sind (allein in Jharkhand sind es über 90). Man kann sich das Ausmaß des Vorhabens und der Verzweiflung der Stakeholder vorstellen.

Der Wald, der einst unter dem Namen Dandakaranya bekannt war und sich von Westbengalen durch Jharkhand, Orissa, Chhattisgarh, Teile von Andhra Pradesh und Maharashtra erstreckt, ist der Lebensraum von Millionen von Stammesangehörigen. Die Medien sind dazu übergegangen, ihn den Roten oder Maoistischen Korridor zu nennen. Man könnte ihn genauso gut Korridor der Absichtserklärungen nennen. Der 5. Verfassungszusatz schützt die Adivasi und untersagt die Enteignung ihres Landes. Das scheint von keinerlei Bedeutung mehr zu sein. Es scheint vielmehr, als diente der Zusatz nur dem Zweck, die Verfassung gut aussehen zu lassen – ein bisschen Schönfärberei, eine Spur Make-up. Zahllose Unternehmen, von relativ unbekannten bis zu den größten Bergbaufirmen und Stahlwerken der Welt, kämpfen darum, sich das Land der Adivasi unter den Nagel zu reißen – als da sind die Mittals, Jindals, Tata, Essar, Posco, Rio Tinto, BHP Billiton und natürlich Vedanta.

Es gibt eine Absichtserklärung für jeden Berg, Fluss und Wald. Wir sprechen hier von einem Sozial- und Umweltumbau von unvorstellbarem Ausmaß. Und das meiste davon ist geheim. Nicht-öffentlich. Ich glaube nicht, dass die Pläne, die in Vorbereitung sind, um eines der unberührtesten Wald- und Ökosysteme der Welt und die Menschen, die dort leben, zu vernichten, auf der Klimakonferenz in Kopenhagen diskutiert werden. Unsere Rund-um-die-Uhr-Nachrichtensender, die so eifrig nach makabren Geschichten über maoistische

Gräueltaten fahnden – und sie erfinden, wenn ihnen die wahren ausgehen –, scheinen daran überhaupt kein Interesse zu haben. Ich frage mich, warum?

Vielleicht liegt es daran, dass die Lobby, in deren Fängen sie sich befinden, behauptet, dass die Bergbauindustrie das Wachstums des BIP dramatisch steigern und den Menschen, die sie vertreibt, Arbeit geben wird. Dieser Standpunkt stellt die immensen Kosten der katastrophalen Umweltschäden nicht in Rechnung. Aber auch abgesehen davon entspricht er einfach nicht der Wahrheit. Das meiste Geld geht auf die Bankkonten der Bergbauunternehmen. Die Staatskasse erhält weniger als 10 Prozent. Ein winziger Prozentsatz der Vertriebenen findet Arbeit und verdient einen Hungerlohn für menschenunwürdige Schinderei. Und indem wir in diesen Taumel der Gier geraten, fördern wir die Wirtschaft anderer Länder auf Kosten unserer Ökologie.

Wenn es um so viel Geld geht, sind die Stakeholder nicht immer leicht zu identifizieren. Zwischen den Firmendirektoren in ihren Privatjets und den elenden Stammesangehörigen in den »Volksmilizen« – die für ein paar Tausend Rupien im Monat gegen ihr eigenes Volk kämpfen, vergewaltigen, töten und ganze Dörfer niederbrennen, um das Land für die Bergbauunternehmen zu räumen – gibt es eine große Bandbreite primärer, sekundärer und tertiärer Interessengruppen. Sie müssen ihre Interessen nicht erklären, doch sie dürfen ihre guten Positionen nutzen, um sie zu fördern. Wie sollen wir je erfahren, welche politischen Parteien, Minister, Abgeordnete, Politiker, Richter, NGOs, Berater, Polizeibeamte ein direktes oder indirektes Geschäftsinteresse an der Beute haben? Wie sollen wir je erfahren, welche Zeitungen, die über die »Gräueltaten« der Maoisten schreiben, welche Fernsehsender, die »direkt von Ground Zero« berichten – oder denen vielmehr daran gelegen ist, nicht von Ground Zero zu berichten oder, noch präziser, unverhohlen über Ground Zero lügen –, Stakeholder sind?

Woher stammen die Milliarden US-Dollar (ein Vielfaches des indischen BIP), die Inder auf Schweizer Bankkonten versteckt haben? Woher stammten die zwei Milliarden US-Dollar, die in die letzte Parlamentswahl gesteckt wurden? Woher stammten die Hunderte Millionen Rupien, die, wie der Journalist P. Sainath erst kürzlich berichtet hat, politische Parteien und Politiker den Medien vor den Wahlen für »einfache, erstklassige oder Live-Berichterstattungspakete« bezahlt haben?[14] (Das nächste Mal, wenn ein Fernsehmoderator einen benommenen Studiogast schikaniert und schreit: »Warum nehmen die Maoisten nicht an den Wahlen teil? Warum begeben sie sich nicht in die Mitte der Gesellschaft?«, texten Sie dem Sender: »Weil sie sich Ihre Preise nicht leisten können!«)

Was sollen wir davon halten, dass der indische Innenminister, P. Chidambaram, der Chef der Operation Green Hunt, als Anwalt mehrere Bergbauunternehmen vertreten hat? Was sollen wir davon halten, dass er Mitglied des Aufsichtsrats von Vedanta war – ein Posten, den er aufgab, als er 2004 Finanzminister wurde? Was sollen wir davon halten, dass er als Finanzminister der Twinstar Holdings, einer auf Mauritius angesiedelten Firma, eine der ersten Genehmigungen für ausländische Direktinvestitionen erteilte, so dass sie Anteile an Sterlite, das zur Vedanta-Gruppe gehört, kaufen konnte?[15]

Was sollen wir davon halten, dass Richter Kapadia, als Aktivisten aus Orissa im Obersten Gerichtshof eine Klage gegen Vedanta wegen Missachtung der Regierungrichtlinien einreichten und darauf hinwiesen, dass ein norwegischer Pensionsfonds seine Gelder wegen der immensen Umweltschäden und Menschenrechtsverletzungen seitens Vedanta aus der Firma zurückgezogen hat, vorschlug, Vedanta durch Sterlite zu ersetzen, ein Unternehmen derselben Gruppe? Bei einer öffentlichen Sitzung verkündete er dann unbekümmert, dass auch er Aktien von Sterlite besäße. Er erteilte Sterlite die Genehmigung, den Wald zu roden, obwohl die Expertenkommission des Obersten Gerichtshofes ausdrücklich empfohlen hatte, die Genehmigung zu verweigern, da der Abbau der Bodenschätze die Wälder, die Wasserressourcen, die Umwelt und das Leben und den Lebensunterhalt Tausender dort lebender Stammesangehöriger zerstören würde. Richter Kapadia bewilligte die Rodung, ohne den Bericht der Expertenkommission des Gerichts entkräften zu können.[16]

Was sollen wir davon halten, dass die Salwa Judum, die brutale Rodungsoperation in Dantewada, bemäntelt als »spontane« Volksmiliz, formell 2005 ins Leben gerufen wurde, nur Tage nachdem eine Absichtserklärung mit den Tatas unterzeichnet wurde? Und dass das Dschungelkrieg-College in Bastar ungefähr zur gleichen Zeit gegründet wurde?[17]

Was sollen wir davon halten, dass am 12. Oktober 2009 die vorgeschriebene öffentliche Anhörung für das Tata-Stahlwerk in Lohandiguda, Dantewada, in Anwesenheit von 50 angeheuerten Stammesmitgliedern stattfand, die in einem Konvoi von Regierungsjeeps aus zwei Dörfern in Bastar nach Jagdalpur gebracht worden waren? (Die öffentliche Anhörung wurde zu einem Erfolg erklärt, und der Distriktverwalter beglückwünschte die Leute aus Bastar zu ihrer Kooperationsbereitschaft.)

Was sollen wir davon halten, dass ungefähr zu der Zeit, als der Premierminister die Maoisten zum »größten inneren Sicherheitsrisiko« erklärte (es war das Signal, dass die Regierung die Jagd auf sie aufnehmen würde), der Wert der Aktien vieler Bergbauunternehmen sprunghaft anstieg?

Die Bergbaufirmen brauchen diesen »Krieg«. Es ist ein altbekanntes Manöver. Sie hoffen, dass das gewaltsame Vorgehen die Menschen zur Flucht zwingen wird, die bislang den Versuchen, sie zu vertreiben, widerstanden haben. Ob das tatsächlich eintreten oder ob der Krieg bloß die Reihen der Maoisten füllen wird, muss sich erst noch erweisen.

Dr. Ashok Mitra, früherer Finanzminister von Westbengalen, dreht in einem Artikel mit dem Titel »Der Phantomfeind« dieses Argument um und behauptet, dass die »grausigen Serienmorde«, die die Maoisten begehen, eine klassische Taktik der in Handbüchern nachzulesenden Guerillakriegsführung ist. Er schreibt, dass die Maoisten eine Guerillaarmee aufgebaut und ausgebildet haben, die jetzt bereit ist, gegen den indischen Staat anzutreten, und dass ihr »Amoklauf« ein vorsätzlicher Versuch ist, den Zorn des indischen Staates auf sich zu ziehen in der Hoffnung, dass er sich ungeschickt verhalten und Akte der Grausamkeit begehen wird, die ihrerseits die Adivasi erzürnen werden. Die Wut der Adivasi, so schreibt Dr. Mitra weiter, hoffen die Maoisten nutzen und in einen Aufstand kanalisieren zu können.[18]

Das ist natürlich der Vorwurf des »Abenteurertums«, den viele Linke den Maoisten schon immer gemacht haben. Er suggeriert, dass die maoistischen Ideologen nicht davor zurückscheuen, genau den Menschen zu schaden, die sie angeblich repräsentieren, um eine Revolution anzuzetteln, die ihnen die Macht einbringen wird. Ashok Mitra ist ein alter Kommunist, der während des Naxilitenaufstands der 1960er und 70er Jahre in Westbengalen an vorderster Front stand. Seine Meinung kann nicht völlig abgetan werden. Aber man darf nicht vergessen, dass die Adivasi auf eine lange und mutige Geschichte des Widerstands zurückblicken, der weiter in die Vergangenheit zurückreicht als der Maoismus. Sie als hirnlose Marionetten zu betrachten, die von ein paar maoistischen Ideologen aus der Mittelschicht manipuliert werden, heißt, ihnen einen Bärendienst zu erweisen.

Vermutlich spricht Dr. Mitra über die Lage in Lalgarh, wo bis jetzt keine Rede von Bodenschätzen ist. (Nur damit wir es nicht vergessen – der aktuelle Aufstand in Lalgarh entzündete sich an der Einweihung des Jindal-Stahlwerks durch den Chief Minister. Und kann das Eisenerz weit sein, wo es ein Stahlwerk gibt?) Der Zorn der Menschen rührt von ihrer verzweifelten Armut und dem jahrzehntelangen Leiden unter der Polizei und den »Harmads«, den bewaffneten Milizen der Kommunistischen Partei (Marxisten), die Westbengalen seit über 30 Jahren regieren.

Selbst wenn wir um des Argumentes willen nicht danach fragen, was Tausende von Polizisten und paramilitärischen Truppen in Lalgarh tun, und die Hypothese des maoistischen »Abenteurertums« akzeptieren, erklärt das nur einen sehr kleinen Ausschnitt des Bilds.

Das wahre Problem besteht darin, dass das Flaggschiff des wundersamen indischen Wirtschaftswachstums auf Grund gelaufen ist. Und dabei riesige Sozial- und Umweltschäden angerichtet hat. Und jetzt, da die Flüsse austrocknen und die Wälder verschwinden, da der Grundwasserspiegel sinkt und die Menschen begreifen, was ihnen angetan wird, rächt es sich. Im ganzen Land gibt es Unruhen; Menschen, die sich weigern, ihr Land und den Zugang zu ihren Ressourcen aufzugeben, die sich weigern, weiterhin an falsche Versprechungen zu glauben, protestieren. Plötzlich sieht es so aus, als wären 10 Prozent Wachstum und Demokratie unvereinbar.

Um das Bauxit aus den Tafelbergen und das Eisenerz aus

dem Waldboden zu holen und 85 Prozent der indischen Bevölkerung von ihrem Land und in die Großstädte zu treiben (und das hätte Herr Chidambaram gern), muss Indien zu einem Polizeistaat werden. Die Regierung muss aufrüsten. Um die Aufrüstung zu rechtfertigen, braucht sie einen Feind. Der Feind sind die Maoisten. Für die Wirtschaftsfundamentalisten sind sie, was die Muslime für die Hindu-Fundamentalisten sind. (Gibt es eine Brüderschaft der Fundamentalisten? Hält deswegen die RSS mit ihrer Bewunderung für Herrn Chidambaram nicht hinter dem Berg?)

Es wäre ein schwerer Fehler anzunehmen, dass die paramilitärischen Truppen, der Luftwaffenstützpunkt in Rajnandgaon, das Brigadehauptquartier in Bilaspur, das Gesetz zur Verhinderung ungesetzlicher Aktivitäten, das Sondergesetz zur Öffentlichen Sicherheit von Chhattisgarh und die Operation Green Hunt nur dem Zweck dienen, ein paar Tausend Maoisten aus den Wäldern zu vertreiben. Ob Herr Chidambaram nun losstürmen und »auf den Knopf drücken« wird oder nicht, ich entdecke in dem ganzen Gerede von der Operation Green Hunt den Kern einer bevorstehenden Ausrufung des Notstands. (Eine Rechenaufgabe: Wenn 600 000 Soldaten notwendig sind, um das kleine Kaschmirtal unter Kontrolle zu halten, wie viele Soldaten sind dann notwendig, um die wachsende Wut Hunderter Millionen Menschen zu kontrollieren?)

Statt Kobad Gandhy, den kürzlich festgenommen Maoistenführer, zu narkoanalysieren, wäre es vielleicht besser, mit ihm zu sprechen.

Wird jemand, der später in diesem Jahr zur Klimakonferenz nach Kopenhagen fahren wird, bitte unterdessen die einzige Frage stellen, die zu stellen sich lohnt: Können wir bitte das Bauxit in den Bergen lassen?

Unterwegs mit Kameraden

Die knappe, maschinengeschriebene Notiz wurde in einem versiegelten Umschlag unter meiner Tür hindurchgeschoben und enthielt die Bestätigung meines Treffens mit Indiens »größtem inneren Sicherheitsrisiko«. Seit Monaten hatte ich darauf gewartet, von ihnen zu hören. Ich sollte mich am Danteshwari-Tempel in Dantewada, Chhattisgarh, zu vier genannten Zeiten an zwei bestimmten Tagen einfinden. Diese Maßnahme sollte schlechtem Wetter, Reifenschäden, Verkehrsblockaden oder -streiks und schierem Pech Rechnung tragen. Auf dem Zettel stand: »Autor sollte Tika tragen, Fotoapparat und Kokosnuss dabeihaben. Abholer wird Kappe tragen, Hindi-Ausgabe von *Outlook* und Bananen dabeihaben. Losung: Namashkar Guruji.«

Namashkar Guruji. Ich fragte mich, ob ein Mann erwartet wurde. Und ob ich mir einen Schnurrbart ankleben sollte.

Dantewada kann man auf viele Arten beschreiben. Es ist ein Oxymoron. Es ist eine Grenzstadt mitten im Herzen Indiens. Es ist das Epizentrum eines Krieges. Es ist eine kopfstehende Stadt im Ausnahmezustand.

In Dantewada tragen die Polizisten zivil und die Rebellen Uniform. Der Gefängnisdirektor sitzt im Gefängnis. Die Häftlinge sind frei (vor zwei Jahren flüchteten 300 Häftlinge aus dem Gefängnis in der Altstadt). Vergewaltigte Frauen befinden sich in Polizeigewahrsam. Die Vergewaltiger halten Reden im Basar.

Jenseits des Flusses Indravati befindet sich das Gebiet, das die Maoisten kontrollieren und die Polizei »Pakistan« nennt. Die Dörfer dort stehen leer, doch der Wald wimmelt von Menschen. Kinder, die in die Schule gehen sollten, laufen frei herum. Die Schulgebäude in den hübschen Urwalddörfern wurden entweder gesprengt und sind nur noch Ruinen oder die Polizei hat sie besetzt. Der tödliche Krieg, der im Dschungel ausgetragen wird, ist ein Krieg, auf den die indische Regierung einerseits stolz ist, der ihr andererseits peinlich ist. Operation Green Hunt wird verkündet wie auch geleugnet. P. Chidambaram, Indiens Innenminister (und CEO des Krieges), behauptet, dass sie nicht existiert, dass die Medien sie erfunden haben. Dennoch werden für Green Hunt beträchtliche Geldbeträge zur Verfügung gestellt und Zehntausende Soldaten mobilisiert. Obwohl der Krieg im Urwald Zentralindiens stattfindet, wird er ernste Konsequenzen für uns alle haben.

Wenn Geister auf jemanden oder etwas verweisen, was nicht mehr existiert, dann ist vielleicht die neue vierspurige Autobahn, die sich durch den Urwald fräst, das Gegenteil eines Geistes. Vielleicht ist sie ein Vorbote dessen, was noch kommen wird.

Die Gegner, die sich im Wald gegenüberstehen, könnten ungleicher nicht sein. Auf der einen Seite massive paramilitärische Einheiten, ausgerüstet mit dem Geld, den Waffen, den Medien und der Hybris einer jungen Supermacht. Auf der anderen Seite gewöhnliche Dorfbewohner, bewaffnet mit traditionellen Waffen und unterstützt von einer hervorragend organisierten, hochmotivierten Guerillatruppe, die auf eine ungewöhnliche und gewaltreiche Geschichte bewaffneter Aufstände zurückblickt. Die Maoisten und das Paramilitär sind alte Widersacher und haben sich in früheren Avataren bereits mehrmals bekämpft: in den 1950er Jahren in Telangana, in den späten 1960ern und in den 70er Jahren in Westbengalen, Bihar, Srikakulam in Andhra Pradesh und seit den 1980er Jahren bis heute erneut in Andhra Pradesh, Bihar und Maharashtra. Sie kennen die Taktik ihres Gegners und haben seine Kampfhandbücher genau studiert. Jedes Mal schien es, als wären die Maoisten (oder ihre früheren Avatare) nicht nur besiegt, sondern auch buchstäblich bis auf den letzten Mann ausgemerzt worden. Jedes Mal sind sie wieder auferstanden, besser organisiert, entschlossener und einflussreicher als je zuvor. Heute hat sich der Aufstand in den an Bodenschätzen reichen Wäldern von Chhattisgarh, Jharkhand, Orissa und Westbengalen ausgebreitet – der Heimat von Millionen Menschen der indigenen Stämme Indiens, dem Traumland der indischen Industrie.

Das liberale Gewissen glaubt gern, dass der Krieg in den Wäldern ein Krieg der Regierung Indiens gegen die Maoisten ist, die Wahlen eine Augenwischerei und das Parlament einen Saustall nennen und öffentlich die Absicht erklärt haben, den indischen Staat zu Fall zu bringen. Da kommt es gelegen zu vergessen, dass die Stämme in Zentralindien auf eine Geschichte des Widerstands zurückblicken, die um Jahrhunderte älter ist als Mao. (Das ist eine Binsenweisheit. Wenn es nicht so wäre, würden sie nicht mehr existieren.) Die Ho, die Oraon, die Kol, die Santhal, die Munda und die Gond haben mehrmals gegen die Briten, gegen Großgrundbesitzer und Geldverleiher gekämpft. Die Rebellionen wurden grausam niedergeschlagen, viele Tausende verloren ihr Leben, und doch wurden die Stämme nie besiegt. Und nach der Unabhängigkeit bildeten Stammesmitglieder den Kern des ersten Aufstandes, den man maoistisch nennen könnte und der in dem Dorf Naxalbari in Westbengalen stattfand (woher das Wort »Naxaliten«, das heute wahlweise mit »Maoisten« gebraucht wird, seinen Ursprung hat). Seit damals ist die Politik der Naxaliten unentwirrbar mit Stammesaufständen verwoben, was ebenso viel über sie wie die Stämme sagt.

Das Vermächtnis der Rebellion hat ein erzürntes Volk zurückgelassen, das von der indischen Regierung vorsätzlich isoliert und marginalisiert wird. Die indische Verfassung, die moralische Grundlage der indischen Demokratie, wurde 1949 vom Parlament verabschiedet und trat 1950 in Kraft. Es war ein tragischer Tag für die Stämme. Die Verfassung bestätigte die koloniale Politik und setzte den Staat als Verwalter der Stammesgebiete ein. Über Nacht wurden alle Stämme zu Besetzern ihres eigenen Landes. Die Verfassung verweigerte ihnen das traditionelle Recht auf die Produkte des Waldes, sie kriminalisierte ihre Lebensweise. Sie gab ihnen das Wahlrecht, nahm ihnen dafür aber das Recht auf einen Lebensunterhalt und Würde.

Nachdem die Regierung sie enteignet und in eine Abwärtsspirale der Armut gestoßen hatte, begann sie mit einem grausamen Handstreich, die Armut der Stämme gegen sie einzusetzen. Jedes Mal, wenn sie große Bevölkerungsteile umsiedeln musste – wegen eines Staudamms, eines Bewässerungsprojekts, der Ausbeutung von Bodenschätzen –, sprach sie davon, die »Stämme in die Gesellschaft einzugliedern« und ihnen »die Früchte moderner Entwicklung« zukommen zu lassen. Die überwiegende Mehrheit der mehreren zehn Millionen Vertriebenen (über 30 Millionen allein für den Bau von Staudämmen), den Flüchtlingen von Indiens »Fortschritt«, waren Mitglieder von Stämmen. Sobald die Regierung vom Wohlergehen der Stämme spricht, ist es Zeit, sich Sorgen zu machen.

Die jüngste Äußerung der Besorgnis stammt von Innenminister P. Chidambaram, der nicht will, dass die indigene Bevölkerung in »musealen Kulturen« lebt. Ihr Wohlergehen schien ihm während seiner Laufbahn als Firmenanwalt, der die Interessen mehrerer großer Bergbauunternehmen vertrat, nicht sonderlich am Herzen gelegen zu haben. Es ist also keine schlechte Idee, sich die Gründe für diese neue Besorgnis näher anzusehen.

Während der letzten fünf Jahren haben die Regierungen von Chhattisgarh, Jharkhand, Orissa und Westbengalen insgeheim Hunderte von Absichtserklärungen im Wert von mehreren Milliarden US-Dollar mit Firmen unterzeichnet – zum Bau von Stahlwerken, Eisenschwammfabriken, Kraftwerken, Aluminiumraffinerien, Staudämmen und Bergwerken. Um die Absichtserklärungen zu hartem Geld zu machen, müssen die Stämme umgesiedelt werden. Das ist der Grund für diesen Krieg.

Wenn ein Land, das sich demokratisch nennt, innerhalb seiner Grenzen offen einen Krieg erklärt, wie sieht dieser Krieg dann aus? Hat der Widerstand eine Chance? Sollte er eine Chance haben? Wer sind die Maoisten? Sind sie gewalttätige Nihilisten, die den Ureinwohnern eine überholte Ideologie aufzwingen und sie zu einem aussichtslosen Aufstand anstacheln? Was für Lektionen haben sie aus früheren Erfahrungen gelernt? Ist grundsätzlich jeder bewaffnete Kampf undemokratisch? Ist die Sandwich-Theorie – »gewöhnliche« Stammesmitglieder gefangen im Kreuzfeuer zwischen Staat und Maoisten – zutreffend? Sind die »Maoisten« und die »Stämme«, wie verlautbart, zwei vollkommen voneinander unabhängige Kategorien? Haben sie gemeinsame Interessen? Haben sie voneinander gelernt? Haben sie sich wechselseitig verändert?

Am Tag vor meiner Abreise rief meine Mutter an. Sie klang ein bisschen verschlafen. »Ich habe mir gedacht«, sagte sie mit dem unheimlichen Instinkt einer Mutter, »dass dieses Land eine Revolution braucht.«

In einem Artikel im Internet wird behauptet, dass der israelische Mossad 30 hochrangige indische Polizeioffiziere in den Techniken gezielten Tötens ausbildet, um die Maoisten »führungslos« zu machen. In der Presse wird über die neue Hardware geschrieben, die von Israel gekauft wurde: Laserentfernungsmesser, Infrarotkameras und unbemannte Drohnen, die sich in der US-Armee so großer Beliebtheit erfreuen. Die perfekte Ausrüstung, um gegen die Armen vorzugehen.

Die Fahrt von Raipur nach Dantewada dauert zehn Stunden und führt durch Gegenden, die von Maoisten »infiziert« sind. Das ist kein unbedacht gewähltes Wort. »Infiziert / Infizierung« impliziert »Krankheit / Plage«. Krankheiten müssen geheilt werden. Plagen müssen ausgerottet werden. Die Maoisten müssen eliminiert werden. Auf diese schleichende, unauffällige Weise nimmt das Vokabular des Genozids unsere Sprache als Geisel.

Um die Autobahn zu schützen, »sichern« Sicherheitskräfte ein schmales Stück Dschungel zu beiden Seiten der Trasse. Jenseits davon befindet sich das Raj des »*Dada log*«. Das Reich der Brüder. Der Genossen, der Kameraden.

Am Stadtrand von Raipur wirbt eine riesengroße Tafel für das Vedanta-Krebskrankenhaus (Vedanta ist die Firma, die unser Innenminister einst vertreten hat). In Orissa, wo es um Bauxit geht, finanziert Vedanta eine Universität. Auf diese schleichende, unauffällige Weise dringt die Bergbauindustrie in unsere Phantasie vor: die sanften Riesen, denen wir wirklich am Herzen liegen. Man nennt es Corporate Social

Responsibility, die soziale Verantwortung der Firmen. Es erlaubt den Bergbaukonzernen, so zu sein, wie es der legendäre Schauspieler und frühere Chief Minister von Andhra Pradesh, N. T. Rama Rao, war, der in mythologischen Telugu-Filmen gern sowohl die Rolle des Guten als auch die des Bösen spielte. Die soziale Verantwortung maskiert die unerhörte Wirtschaftspolitik, die die Grundlage der Bergbauindustrie in Indien bildet. So erhält zum Beispiel die Regierung laut dem jüngsten Lokayukta-Bericht für Karnataka für jede Tonne Eisenerz, die von einer privaten Firma abgebaut wird, 27 Rupien, die Firma 5000 Rupien. Für Bauxit und Aluminium sind die Zahlen noch unglaublicher. Wir sprechen hier von Milliarden-US-Dollar-Diebstählen bei helllichtem Tag. Von genug Geld, um Wahlen, Regierungen, Richter, Zeitungen, TV-Sender, NGOs und andere Hilfsorganisationen zu kaufen. Was bedeutet da schon ein Krebskrankenhaus hier oder dort?

Ich erinnere mich nicht, den Namen Vedanta auf der langen Liste der Absichtserklärungen gelesen zu haben, die die Regierung von Chhattisgarh unterschrieben hat. Doch ich vermute, dass es irgendwo einen Berg voller Bauxit gibt, wenn ein Krebskrankenhaus gebaut wurde.

Wir kommen durch Kanker, berühmt für sein College, in dem Terrorismusbekämpfung und Dschungelkriegsführung gelehrt wird. Geleitet wird es von Brigadegeneral B. K. Ponwar, dem Rumpelstilzchen dieses Kriegs, dem die Aufgabe anvertraut wurde, aus bestechlichen, nachlässigen Polizisten (Stroh) Dschungelkommandos (Gold) zu machen. Das Motto der Kriegsschule »Kämpfe wie ein Guerilla gegen die Guerillas« ist auf einen Felsen gemalt. Den Männern wird beigebracht zu laufen, über den Boden zu robben, aus Hubschraubern abzuspringen und sich von ihnen wieder aufnehmen zu lassen, (aus unerfindlichem Grund) zu reiten, Schlangen zu essen und sich vom Dschungel zu ernähren. Der Brigadegeneral ist sehr stolz darauf, Straßenköter zum Kampf gegen »Terroristen« auszubilden. Alle sechs Wochen schließen 800 Polizisten die Ausbildung ab. Zwanzig weitere Schulen dieser Art sind in ganz Indien geplant. Die Polizei wird schrittweise zu einer Armee. (In Kaschmir ist es umgekehrt. Die Armee wird in eine aufgeblähte, administrative Polizei umgewandelt.) Auf den Kopf gestellt. Umgekrempelt. Nur eins bleibt gleich: Der Feind ist immer das Volk.

Es ist spät. Jagdalpur schläft. Auf zahllosen Plakaten bittet Rahul Gandhi die Leute, seinem Youth Congress, der Nachwuchsorganisation der Kongresspartei, beizutreten. In den letzten Monaten war er zweimal im Distrikt Bastar, zum Krieg hat er jedoch nicht viel gesagt. Wahrscheinlich ist es derzeit zu riskant für den Kronprinzen, sich einzumischen. Seine Medienmanager müssen ein Machtwort gesprochen haben. Die Tatsache, dass die Salwa Judum – eine gefürchtete, von der Regierung finanzierte Miliz, die die Verantwortung trägt für Vergewaltigungen, Morde, das Niederbrennen von Dörfern und die Vertreibung von Hunderttausenden von Menschen aus ihren Dörfern – von Mahendra Karma geführt wird, einem Abgeordneten der Kongresspartei im Parlament von Chhattisgarh, wird kaum erwähnt von der sorgfältig orchestrierten Publicity um Rahul Gandhi.

Ich traf zur verabredeten Zeit vor dem Danteshwari-Tempel ein (erster Tag, erster Termin). Ich hatte meinen Fotoapparat und eine kleine Kokosnuss dabei und trug eine pudrige Tika auf der Stirn. Ich fragte mich, ob mich jemand beobachtete und sich kaputtlachte. Nach ein paar Minuten näherte sich ein kleiner Junge. Er trug eine Kappe und einen Rucksack als Schulranzen. Auf den Fingernägeln Reste von rotem Nagellack. Keine Hindi-Ausgabe von *Outlook*, keine Bananen. »Bist du die, die reingehen will?«, fragte er mich. Kein Namashkar Guruji. Ich wusste nicht, was ich sagen sollte. Er nahm einen schmutzigen Zettel aus der Tasche und reichte ihn mir. Darauf stand: »*Outlook nahin mila* (*Outlook* nicht gefunden).«

»Und die Bananen?«

»Die habe ich gegessen«, sagte er. »Ich hatte Hunger.«

Er war wirklich ein Sicherheitsrisiko.

Auf seinem Rucksack stand *Charlie Brown – Not your ordinary blockhead* [Kein gewöhnlicher Dummkopf]. Seinen Namen gab er mit Mangtu an. Bald sollte ich feststellen, dass der Dandakaranya, der Wald, in den ich gehen sollte, voller Menschen mit zahlreichen Namen und vielfältigen Identitäten war. Diese Vorstellung war Balsam für mich. Es war angenehm, nicht ich selbst sein zu müssen, eine Weile jemand anders zu sein.

Wir gingen zur Bushaltestelle, die nur ein paar Minuten vom Tempel entfernt war und wo sich viele Menschen aufhielten. Alles ging sehr schnell. Zwei Männer auf Motorrädern warteten. Niemand sprach ein Wort – ein auffordernder Blick, ein Verlagern des Gewichts, ein Aufheulen der Motoren. Ich hatte keine Ahnung, wohin wir fuhren. Wir kamen am Haus des Polizeidirektors (PD) vorbei, den ich von meinem letzten Besuch kannte. Der PD war ein freimütiger Mann. »Sehen Sie, Ma'am, offen gesagt, kann dieses Problem von der Polizei oder dem Militär nicht gelöst werden. Diese Stammesleute wissen einfach nicht, was Gier heißt. Solange sie nicht gierig sind, gibt es keine Hoffnung für uns. Ich habe zu meinem Chef gesagt, ziehen wir die Streitkräfte ab und stellen wir einen Fernseher in jede Hütte. Dann löst sich das Problem von selbst.«

In kürzester Zeit waren wir aus der Stadt. Niemand folgte uns. Es war eine lange Fahrt, drei Stunden nach meiner Uhr. Sie endete abrupt mitten im Nirgendwo, auf einer verlassenen Straße im Wald. Mangtu stieg ab. Ich auch. Die Männer auf den Motorrädern fuhren weiter, ich nahm meinen Rucksack und folgte dem kleinen inneren Sicherheitsrisiko in den Wald. Es war ein schöner Tag, der Waldboden ein goldener Teppich.

Nach einer Weile kamen wir zu dem sandigen weißen Ufer eines breiten Flusses. Er wurde offenbar vom Monsun gespeist und war jetzt mehr oder weniger ein trockenes Sandbett, in der Mitte ein kleines, knöcheltiefes Rinnsal, leicht zu durchwaten. Am anderen Ufer begann »Pakistan«. »Dort draußen, Ma'am«, hatte der freimütige PD gesagt, »schießen meine Jungs, um zu töten.« Daran dachte ich, als wir uns auf den Weg ans jenseitige Ufer machten. Ich sah uns im Zielfernrohr eines Polizisten – winzige Gestalten in der Landschaft, leicht ins Visier zu nehmen. Aber Mangtu schien unbesorgt, und ich hielt mich an ihn.

Am anderen Ufer wartete Chandu, in einem limonengrünen Hemd mit dem Aufdruck *Horlicks!* Ein etwas älteres Sicherheitsrisiko. Vielleicht 20. Er hatte ein hübsches Lächeln, ein Fahrrad, einen Kanister mit abgekochtem Wasser und mehrere Päckchen Kekse, ein persönliches Geschenk der Partei für mich. Wir verschnauften und setzten unseren Marsch dann fort. Das Fahrrad stellte sich als Ablenkungsmanöver heraus. Der Weg war praktisch unbefahrbar. Wir stiegen auf steile Anhöhen und kletterten felsige Pfade an ziemlich gefährlichen Abhängen wieder hinunter. Wenn Chandu das Rad nicht schieben konnte, hob er es über den Kopf und trug es, als würde es nichts wiegen. Seine verträumte Dorfjungenart stimmte mich nachdenklich. Viel später erfuhr ich, dass er jede Art von Waffe bedienen konnte, »außer ein leichtes Maschinengewehr«, wie er mir fröhlich erklärte.

Drei gutaussehende betrunkene Männer mit Blumen in den Turbanen begleiteten uns eine halbe Stunde lang, bis sich unsere Wege trennten. Als die Sonne unterging, krähte es in den Taschen, die sie über der Schulter trugen. Sie hatten Hähne darin zum Markt getragen, sie jedoch nicht verkaufen können.

Chandu scheint im Dunkeln sehen zu können. Ich muss meine Taschenlampe einschalten. Die Grillen beginnen zu zirpen, und bald ist es ein ganzes Orchester, eine Kuppel von Lauten über uns. Ich würde gern zum nächtlichen Himmel aufblicken, traue mich aber nicht. Ich muss auf den Boden schauen, einen Schritt nach dem anderen machen. Mich konzentrieren.

Ich höre Hunde bellen, kann aber nicht sagen, wie weit entfernt sie sind. Das Terrain wird flacher. Ich schaue rasch zum Himmel empor. Ich bin hingerissen und hoffe, dass wir bald anhalten werden. »Bald«, sagt Chandu. Es dauert noch über eine Stunde. Ich sehe die Silhouetten riesiger Bäume. Wir sind da.

Das Dorf wirkt weitläufig, die Häuser stehen weit auseinander. Das Haus, das wir betreten, ist wunderschön. Ein Feuer brennt, ein paar Leute sitzen darum. In der Dunkelheit draußen sind noch mehr Menschen. Ich weiß nicht wie viele. Ich kann sie gerade noch sehen. Ich höre Murmeln. *Lal Salaam Kaamraid* (Einen roten Gruß, Genossin). Lal Salaam, sage ich. Ich bin todmüde. Die Dame des Hauses bittet mich hinein und serviert mir ein Hühnercurry mit grünen Bohnen und etwas rotem Reis. Ausgezeichnet. Ihr Baby schläft neben mir, ihre silbernen Fußkettchen blitzen im Feuerschein auf.

Nach dem Essen ziehe ich den Reißverschluss meines

Schlafsacks auf. Es ist ein fremdes aufdringliches Geräusch. Jemand schaltet ein Radio ein. Der Hindi-Dienst der BBC. Die Kirche von England zieht die finanzielle Unterstützung des Niyamgiri-Projekts von Vedanta zurück unter Berufung auf Umweltschäden und Verletzung der Rechte der Dongria Kondh. Ich höre Kuhglocken, Geschnüffel, Gescharre und Rinderfurzen. Die Welt ist in Ordnung. Ich schließe die Augen.

Um fünf Uhr stehen wir wieder auf. Um sechs brechen wir auf. Nach zwei Stunden überqueren wir einen weiteren Fluss. Wir kommen durch ein paar hübsche Dörfer. Über jedes Dorf wacht eine Familie von Tamarindenbäumen wie riesengroße, wohlwollende Götter. Die süßen Tamarinden von Bastar. Um elf steht die Sonne hoch, und das Marschieren ist kein Vergnügen mehr. Mittags essen wir etwas in einem Dorf. Chandu scheint die Leute im Haus zu kennen. Ein hübsches junges Mädchen flirtet mit ihm. Er wirkt verlegen, vielleicht weil ich dabei bin. Das Mittagessen besteht aus roher Papaya mit Dal aus roten Linsen und rotem Reis. Und rotem Chilipulver. Wir werden warten, bis die Sonne etwas von ihrer Aggressivität verloren hat, bevor wir wieder aufbrechen. Wir dösen in einer Art Laube. Das Dorf ist von einer sparsamen Schönheit. Alles ist sauber und auf das Notwendige reduziert. Nirgendwo Gerümpel. Ein schwarzes Huhn schreitet vor einer niedrigen Lehmmauer auf und ab. Ein Bambusgitter stützt die Sparren des strohgedeckten Dachs und dient zugleich als Ablage. Ich sehe einen Reisigbesen, zwei Trommeln, einen geflochtenen Weidenkorb, einen kaputten Regenschirm und einen Stapel flachgedrückter, leerer, gewellter Kartons. Irgendetwas springt mir ins Auge. Ich brauche meine Lesebrille. Auf den Kartons steht: Ideal Power 90 High Energy Emulsion Explosive (Class-2) SD CAT ZZ.

Um zwei Uhr geht es weiter. In einem Dorf sollen wir eine Didi (Schwester, Genossin) treffen, die die nächste Etappe der Strecke kennt. Chandu kennt sie nicht. Auch mit Informationen wird sparsam umgegangen. Niemand soll alles wissen. Doch als wir in dem Dorf ankommen, ist Didi nicht da. Niemand hat etwas von ihr gehört. Zum ersten Mal sehe ich eine kleine Furche der Besorgnis auf Chandus Stirn. Ich dagegen mache mir große Sorgen. Ich weiß nicht, wie die Kommunikation organisiert ist, aber was ist, wenn etwas schiefgelaufen ist?

Wir stehen vor einem verlassenen Schulgebäude etwas außerhalb des Dorfes. Warum werden alle staatlichen Dorfschulen als Betonfestungen gebaut mit Fensterläden und Faltschiebetüren aus Stahl? Warum nicht wie die Häuser in den Dörfern aus Lehm und Stroh? Weil sie zugleich als Kasernen und Bunker dienen. »In den Dörfern von Abujhmad«, sagt Chandu, »sind die Schulen so gebaut.« Mit einem Zweig kratzt er einen Bauplan in die Erde. Drei aneinander anschließende Oktagone wie bei einer Bienenwabe. »Damit sie in alle Richtungen schießen können.« Er zeichnet Pfeile, um es zu veranschaulichen; es sieht aus wie ein Plan für ein Kricketspiel – das Wagenrad eines Schlagmanns. In den Schulen gibt es keine Lehrer, sagt Chandu. Sie sind davongelaufen. Oder habt ihr sie vertrieben? Nein, wir vertreiben nur die Polizei. Aber warum sollten Lehrer hierher in den Dschungel kommen, da sie auch bezahlt werden, wenn sie zu Hause sitzen? Gutes Argument.

Er erklärt mir, dass wir uns in einem »neuen Gebiet« befinden. Die Partei ist erst seit kurzem hier.

Ungefähr 20 junge Leute kommen, Jungen und Mädchen. Jugendliche, manche Anfang 20. Chandu sagt, dass sie die Miliz auf Dorfebene bilden, die unterste Stufe der maoistischen Militärhierarchie. Nie zuvor habe ich junge Leute wie sie gesehen. Sie tragen Saris und Lunghis, manche auch ausgefranste olivgrüne Hosen. Die Jungen tragen sowohl Schmuck als auch Kopfschmuck. Jeder ist mit einem Vorderladergewehr bewaffnet, das hier *bharmaar* genannt wird. Manche haben zudem ein Messer, eine Axt, Pfeil und Bogen. Ein Junge schleppt einen primitiven Mörser aus einem schweren, fast einen Meter langen Stahlrohr. Er ist gefüllt mit Schießpulver und Schrapnell und kann jederzeit abgefeuert werden. Er macht einen Mordskrach, kann aber nur einmal benutzt werden. Aber er jagt der Polizei eine Heidenangst ein, sagen sie und kichern. Der Krieg scheint sie nicht sonderlich zu beschäftigen. Vielleicht weil diese Gegend nicht zum Operationsgebiet der Salwa Judum gehört. Sie haben heute dabei geholfen, Häuser einzuzäunen, um die Ziegen von den Feldern fernzuhalten. Sie sind gutgelaunt und neugierig. Die Mädchen sind selbstsicher und haben einen lockeren Umgang mit den Jungen. Ich habe ein Gespür für diese Dinge und bin beeindruckt. Ihre Aufgabe besteht darin, erklärt Chandu, in vier oder fünf Dörfern zu patrouillieren und sie zu beschützen, auf den Feldern zu helfen, Brunnen zu säubern oder Häuser zu reparieren – was gerade nötig ist.

Didi ist immer noch nicht da. Was sollen wir tun? Nichts. Warten. Beim Kochen helfen.

Nach dem Essen stellen sich alle ohne viele Worte in einer Reihe auf. Wir brechen auf. Und nehmen alles mit, den Reis, das Gemüse, Töpfe und Pfannen. Wir verlassen das Schulgelände und gehen im Gänsemarsch in den Wald. Nach einer knappen halben Stunde erreichen wir eine Lichtung, auf der wir schlafen werden. Es herrscht vollkommene Stille. In wenigen Minuten haben alle ihre blaue Plastikplane ausgebreitet, die allgegenwärtige »Jhilli« (ohne die keine Revolution stattfinden kann). Chandu und Mangtu teilen sich eine Plane und legen eine für mich aus. Sie überlassen mir den besten Platz neben dem besten grauen Felsen. Chandu sagt noch, dass er Didi eine Botschaft geschickt habe. *Falls* sie sie bekommt, wird sie morgen früh hier sein. Falls.

Es ist der schönste Raum, in dem ich seit langem schlafe. Meine ganz private Suite in einem Tausend-Sterne-Hotel. Umgeben von diesen seltsamen hübschen Kindern mit ihrem kuriosen Arsenal. Sie sind alle Maoisten. Werden sie alle sterben? Ist das College für die Dschungelkriegsführung ihretwegen gegründet worden? Wurden die Kampfhubschrauber, die Infrarotkameras und die Laserentfernungsmesser ihretwegen angeschafft?

Warum müssen sie sterben? Wozu? Um hier ein Bergwerk zu bauen? Ich denke an meinen Besuch im Eisentagebau in Keonjhar, Orissa. Das Gelände war einst bewaldet. Jugendliche wie diese lebten dort. Jetzt sieht das Land aus wie eine aufgeschürfte rote Wunde. Roter Staub dringt in Nasen und Lungen. Das Wasser ist rot, die Luft ist rot, die Menschen sind rot, ihre Lungen und Haare sind rot. Den ganzen Tag und die ganze Nacht rumpeln Lastwagen durch die Dörfer, Stoßstange an Stoßstange, Abertausende Lastwagen, die das Eisenerz in den Hafen von Paradip fahren, von wo es nach China verschifft wird. Dort wird es zu Autos und Rauch und zu Städten verarbeitet, die über Nacht aus dem Boden sprießen. Zu einer »Wachstumsrate«, bei der Ökonomen der Atem stockt. Zu Waffen, um Krieg zu führen.

Alle schlafen außer den Wachen, die jeweils nach eineinhalb Stunden abgelöst werden. Endlich kann ich die Sterne betrachten. Meine Kindheit verbrachte ich am Fluss Meenachal und glaubte, dass das Zirpen der Grillen – das immer in der Dämmerung einsetzte – der Lärm der Sterne war, die aufstanden und sich auf das Funkeln vorbereiteten. Ich bin überrascht, wie sehr ich mich freue, hier zu sein. Es gibt keinen Ort auf der Welt, an dem ich lieber wäre. Wer bin ich heute Abend? Genossin Rahel unter den Sternen?[1] Vielleicht wird Didi morgen kommen.

Sie kommen am frühen Nachmittag. Ich sehe sie schon von weitem. Fünfzehn olivgrüne Uniformen laufen auf uns zu. Noch aus einiger Entfernung erkenne ich an ihrem Laufstil, dass sie große Bonzen sind. Die People's Liberation Guerrilla Army (PLGA). Ihretwegen wurden die Infrarotkameras und lasergesteuerten Gewehre angeschafft. Ihretwegen wurde das College für die Dschungelkriegsführung gegründet.

Sie tragen ernst zu nehmende Gewehre, INSAS, Sturmgewehre der indischen Armee, Selbstladegewehre, zwei haben eine AK-47. Der Anführer der Truppe ist Genosse Madhav, der seit seinem neunten Lebensjahr in der Partei ist. Er ist aus Warangal, Andhra Pradesh. Er ist aufgebracht und entschuldigt sich vielmals. Mehrmals erklärt er, dass der Informationsaustausch nicht geklappt habe, was normalerweise nie passiere. Ich hätte schon am ersten Abend im Hauptlager sein sollen. Im Dschungelrennen habe jemand den Staffelstab verloren. Der Motorradfahrer hätte mich ganz woanders absetzen wollen. »Wir haben dich warten lassen. Wegen uns hast du einen so langen Fußmarsch machen müssen. Als wir die Nachricht erhalten haben, dass du hier bist, sind wir sofort losgelaufen.« Ich sagte, dass es nicht schlimm sei, dass ich darauf eingestellt sei zu warten, zu marschieren und zuzuhören. Er will sofort aufbrechen, weil die Leute im Camp sich Sorgen machten und warteten.

Nach ein paar Stunden Marsch sind wir dort. Es wird bereits dunkel. Um das Lager befinden sich mehrere konzentrische Kreise aus Wachen und Patrouillen. Ungefähr 100 Genossen haben in zwei Reihen Stellung bezogen. Jeder hat eine Waffe. Und lächelt. Sie singen: *Lal lal salaam, lal lal salaam, aane vaale saathiyon ko lal lal salaam* (einen roten Gruß an die Genossen, die angekommen sind). Sie singen inbrünstig, als wäre es ein Volkslied über einen Fluss oder eine Blume im Wald. Das Lied, die Begrüßung, der Händedruck, die geballte Faust. Jeder grüßt jeden und murmelt *Lalslaam, mlaslaa, mlaslslaam …*

Abgesehen von einer gut zweieinhalb Quadratmeter großen Jhilli auf dem Boden gibt es keine Anzeichen für ein »Camp«. Sie ist mit einer ebenso großen Jhilli überdacht. Das ist mein Schlafzimmer. Entweder soll ich im Nachhinein für die langen Märsche oder im Voraus für weitere Strapazen entschädigt werden. Oder beides. Jedenfalls ist es das letzte Mal während dieser ganzen Zeit, dass ich ein Dach über dem Kopf habe. Während des Essens lerne ich Genossin Narmada kennen, zuständig für die Krantikari Adivais Mahila Sangathan (KAMS), auf die ein Kopfgeld ausgesetzt ist; Genossin Saroja von der PLGA, die nur so groß wie ihr Gewehr ist; Genossin Maase (was in Gondi schwarzes Mädchen bedeutet), auf die auch ein Kopfgeld ausgesetzt ist; Genossen Rupi, den Technikkünstler; Genossen Raju, der verantwortlich ist für das Gebiet, durch das ich marschiert bin; und Genossen Venu (oder Murali oder Sonu oder Sushil oder wie immer man ihn nennen will), eindeutig der Ranghöchste von allen. Vielleicht aus dem Zentralkomitee oder sogar dem Politbüro. Man sagt es mir nicht, ich frage nicht. Es wird Gondi, Halbi, Telugu, Punjabi und Malayalam gesprochen. Nur Maase spricht Englisch. (Deshalb unterhalten wir uns alle zusammen in Hindi!) Genossin Maase ist groß und still und scheint erst eine Schicht Schmerz durchbrechen zu müssen, bevor sie am Gespräch teilnimmt. So wie sie mich umarmt, ist mir klar, dass sie liest. Und im Dschungel Bücher vermisst. Später, wenn sie Vertrauen zu mir gefasst hat, wird sie mir ihre Geschichte erzählen.

Wie so oft im Urwald treffen schlechte Nachrichten ein. Ein Läufer mit »Biskuits«: Handgeschriebene Mitteilungen auf Papierzetteln, gefaltet und zu kleinen Vierecken zusammengetackert. Eine ganze Tüte voll. Wie eine Tüte mit Chips. Neuigkeiten aus einem großen Gebiet. Im Dorf Ongnaar hat die Polizei fünf Personen erschossen, vier Milizionäre und einen gewöhnlichen Dörfler: Santhu Pottai (25), Phoolo Vadde (22), Kande Pottai (22), Ramoli Vadde (20), Dalsai Koram (22). Sie hätten die Jugendlichen aus dem sternenübersäten Schlafsaal der letzten Nacht sein können.

Dann kommen die guten Nachrichten. Ein kleines Kontingent Leute mit einem dicklichen jungen Mann. Auch er trägt eine grüne Hose, doch sie scheint brandneu. Alle bewundern sie und loben die Passform. Er wirkt schüchtern und erfreut. Er ist Arzt, der mit den Genossen im Wald leben und arbeiten wird. Es ist viele Jahre her, dass ein Arzt im Dandakaranya war.

Im Radio wird von einem Treffen des Innenministers mit den Chief Ministern der Bundesstaaten berichtet, die von »linkem Extremismus heimgesucht« werden. Die Chief Minister von Jharkhand und Bihar zieren sich und nehmen nicht teil. Die um das Radio Sitzenden lachen. Während der Wahlen, sagen sie, während des Wahlkampfs und dann vielleicht noch einen oder zwei Monate nach der Regierungsbildung erklären alle Politiker der großen Parteien: »Die Naxaliten sind unsere Kinder.« Man kann die Uhr danach stellen, wann sie ihre Meinung ändern und bissig werden.

Ich werde Genossin Kamla vorgestellt und angewiesen,

mich keinesfalls weiter als eineinhalb Meter von meiner Jhilli zu entfernen, ohne sie zu wecken. Weil in der Dunkelheit jeder die Orientierung verliert und sich verirren kann. (Ich wecke sie nicht. Ich schlafe wie ein Stein.) Am Morgen gibt mir Genossin Kamla eine gelbe Kunststoffpackung, an der eine Ecke abgeschnitten ist. Sie enthielt einst Abis Goldenes Sojaöl, jetzt ist sie mein Nachttopf. Auf dem Weg zur Revolution wird nichts verschwendet.

(Auch heute noch denke ich ständig an Genossin Kamla. Sie ist 17 Jahre alt. An der Hüfte trägt sie eine selbstgebastelte Pistole. Und was für ein Lächeln sie hat. Doch wenn Polizisten sie erwischen, werden sie sie umbringen. Vielleicht vorher noch vergewaltigen. Niemand wird Fragen stellen. Weil sie ein inneres Sicherheitsrisiko ist.)

Nach dem Frühstück erwartet mich Genosse Venu (Sushil, Sonu, Murali). Er sitzt im Schneidersitz auf der Jhilli und sieht dabei aus wie ein etwas schwächlicher Dorflehrer. Er wird mir eine Geschichtslektion erteilen. Oder genauer eine Lektion über die Geschichte der letzten 30 Jahre im Wald von Dandakaranya, die in dem heute hier wütenden Krieg kulminiert. Selbstverständlich ist es eine parteiische Version. Aber welche Version von Geschichte ist das nicht? Jedenfalls muss diese verschwiegene Version an die Öffentlichkeit, damit sie angezweifelt und diskutiert werden kann und nicht nur von Lügen entstellt wird, wie es derzeit der Fall ist.

Genosse Venu hat eine stille, beruhigende Art und eine leise Stimme. Er wird während der nächsten Tage in einem Zusammenhang das Wort ergreifen, der mich in meinen Grundfesten erschüttern wird. An diesem Morgen spricht er stundenlang und nahezu ohne Unterbrechung. Er ist wie der Besitzer eines kleinen Ladens mit einem riesigen Schlüsselbund, mit denen er eine Schublade nach der anderen voller Geschichten, Lieder und Einsichten aufschließt.

Genosse Venu gehörte einem der sieben bewaffneten Trupps an, die vor 30 Jahren, im Juni 1980 von Andhra Pradesh aus den Fluss Godavari überquerten und in den Dandakaranya (DK in Parteisprache) eindrangen. Er ist einer der ersten 49. Sie waren Mitglieder der People's War Group (PWG), einer Splittergruppe der Kommunistischen Partei Indiens (Marxisten-Leninisten) oder CPI (ML), den ersten Naxaliten. Im April 1980 wurde die PWG unter Kondapalli Seetharamiah als eigenständige, unabhängige Partei etabliert. Die PWG beschloss, eine Armee aufzubauen, für die sie eine Basis brauchte. DK sollte diese Basis werden, und die ersten Truppen wurden in das Gebiet geschickt, um es auszukundschaften und damit zu beginnen, Guerillazonen einzurichten. Die Debatte, ob eine kommunistische Partei eine Armee braucht, und ob eine »Volksarmee« ein Widerspruch in sich ist, ist eine uralte Debatte. Die Entscheidung der PWG, eine Armee aufzubauen, resultierte aus ihrer Erfahrung in Andhra Pradesh, wo ihre »Der Boden den Bauern«-Kampagne zu direkten Zusammenstößen mit den Großgrundbesitzern geführt und Repressionen seitens der Polizei zur Folge gehabt hatte, denen die Partei ohne eigene ausgebildete Streitkräfte keinen Widerstand leisten zu können meinte. (Bis zum Jahr 2004 hatte sich die PWG mit anderen Splittergruppen der CPI [ML] zusammengeschlossen: der Party Unity [PU] und dem Maoist Communist Centre [MCC] – das überwiegend in Bihar und Jharkhand operiert. Gemeinsam bilden sie jetzt die CPI [Maoist], die Kommunistische Partei Indiens [Maoisten].)

Dandakaranya ist Teil dessen, was die Briten auf Art des weißen Mannes Gondwana nannten, Land der Gond. Heute zerschneiden die Grenzen der Bundesstaaten Madhya Pradesh, Chhattisgarh, Orissa, Andhra Pradesh und Maharashtra den Wald. Lästige Völker auf unterschiedliche Verwaltungseinheiten zu verteilen, ist ein alter Trick. Doch die Maoisten und die maoistischen Gond kümmern sich recht wenig um Staatsgrenzen. Sie haben andere Landkarten im Kopf, und wie andere Geschöpfe des Waldes haben sie eigene Wege. Straßen sind für sie nicht etwas, worauf man geht. Man überquert sie, oder, und das ist zunehmend der Fall, man lauert in einem Hinterhalt daneben. Die Gond (unterteilt in die Stämme der Koya und der Dorla) stellen bei weitem die Mehrheit, aber es gibt auch kleine Siedlungen von anderen Stämmen. Gemeinschaften, Händler und Siedler, die nicht zu den Adivasi gehören, leben am Rand des Waldes in der Nähe von Straßen und Märkten.

Die Mitglieder der PWG waren nicht die ersten Missionare im Dandakaranya. Baba Amte, der bekannte Gandhi-Anhänger, eröffnete 1975 einen Aschram und ein Leprakrankenhaus in Warora. Die Ramakrishna-Mission gründete Dorfschulen in den abgelegenen Wäldern von Abujhmad. Im Norden von Bastar startete Baba Bihari Das eine aggressive Kampagne, um »die Stämme in den Schoß des Hinduismus« zu holen, wobei er die Stammeskulturen verunglimpfte, den Menschen Selbsthass einimpfte und das große Geschenk des Hinduismus mitbrachte – das Kastenwesen. Den ersten Konvertiten, den Dorfoberhäuptern und Großgrundbesitzern – Leuten wie Mahendra Karma, dem Gründer der Salwa Judum – wurde der Status eines Dwij, eines zweimal geborenen Brahmanen verliehen. (Das war natürlich Schwindel, denn niemand kann Brahmane werden. Sonst wären wir ein Volk ausschließlich von Brahmanen.) Doch diese gefälschte Version des Hinduismus ist gut genug für die Stämme, so wie die gefälschten Produkte – Kekse, Seifen, Zündhölzer, Öl –, die auf den Märkten verkauft werden, gut genug für sie sind. Im Zuge der Hindutva-Kampagne erhielten die Dörfer Katasternamen, infolgedessen haben die meisten jetzt zwei Namen, den Namen der Bewohner und den Namen der Regierung. Aus dem Dorf Innar wurde so zum Beispiel Chinnari. In den Wählerverzeichnissen wurden die Stammesnamen durch Hindu-Namen ersetzt. (Massa Karma wurde zu Mahendra Karma.) Diejenigen, die sich nicht in den Schoß des Hinduismus begeben wollten, wurden zu »Katwas« erklärt (das heißt zu Unberührbaren) – die spätere natürliche Gefolgschaft der Maoisten.

Die PWG begann ihre Arbeit im Süden der Distrikte Bastar und Gadchiroli. Genosse Venu beschreibt die ersten Monate ausführlich: Die Dorfbewohner waren misstrauisch und wollten sie nicht in ihre Häuser lassen. Niemand bot ihnen etwas zu essen und zu trinken an. Die Polizei brachte Gerüchte in Umlauf, dass sie Diebe seien. Die Frauen versteckten ihren Schmuck in der Asche der Öfen. Es gab enorm viele Repressionen. Im November 1980 eröffnete die Polizei in Gadchiroli das Feuer auf eine Dorfversammlung und tötete einen gesamten Trupp. Das war der erste »Encounter-Mord« in DK. Es war ein traumatischer Rückschlag, und die Genossen zogen sich über den Godavari nach Adilabad zurück, kamen jedoch 1981 wieder. Sie organisierten die Stammesmitglieder, damit sie einen höheren Preis für Tendu-Blätter forderten (aus denen Beedis gedreht werden). Damals zahlten Händler drei Paise für ein Bündel von ungefähr 50 Blättern. Es war eine gewaltige Aufgabe, die Menschen zu organisieren, die mit dieser Art Politik nicht vertraut waren, und sie dazu zu bringen zu streiken. Der Streik war schließlich erfolgreich, und der Preis wurde verdoppelt auf sechs Paise für ein Bündel. Doch der eigentliche Erfolg der Partei bestand darin, den Wert von Einigkeit bewiesen und eine neue Möglichkeit, politische Verhandlungen zu führen, aufgezeigt zu haben. Nach mehreren Streiks und Kampagnen wird heute eine Rupie für ein Bündel bezahlt.

Jedes Jahr werden Tendu-Blätter im Wert von mehreren Hundert Crore Rupien umgesetzt. Jedes Jahr macht die Regierung eine Ausschreibung und gestattet den Auftragnehmern, eine bestimmte Menge Tendu-Blätter aufzukaufen – normalerweise zwischen 1500 und 5000 Standardsäcken, sogenannten *manak boras*. Jeder Manak bora enthält ungefähr 1000 Bündel. (Es gibt selbstverständlich keine Möglichkeit zu kontrollieren, dass die Auftragnehmer nicht mehr als die ihnen zugestandene Menge aufkaufen.) Wenn die Tendu-Blätter auf den Markt kommen, werden sie kiloweise verkauft. Die undurchsichtige Arithmetik und das gerissene System, Bündel in Manak boras und dann in Kilos umzurechnen, wird von den Auftragnehmern kontrolliert und lässt Raum für Manipulationen der schlimmsten Art. Die konservativsten Schätzungen gehen von einem Profit pro Standardsack von 1100 Rupien aus. (Nach Abzug einer Provision von 120 Rupien pro Sack für die Partei.) Selbst nach dieser zurückhaltenden Schätzung verdient ein kleiner Händler (1500 Säcke) 16 Lakh Rupien pro Jahr und ein großer (5000 Säcke) bis zu 55 Lakh. Eine realistischere Schätzung geht von einem Vielfachen dieses Betrags aus. Währenddessen nimmt das größte innere Sicherheitsrisiko gerade so viel ein, dass es bis zum nächsten Jahr überleben kann.

Wir werden von Gelächter unterbrochen und sehen Nilesh, einen jungen Genossen der PLGA, der rasch zur provisorischen Küche geht und sich dabei immer wieder einen Schlag versetzt. Er hält ein Blätternest mit wütenden roten Ameisen in der Hand, die auf seinem Oberkörper herumkrabbeln und ihn in Arme und Nacken beißen. Auch Nilesh lacht. »Hast du schon mal Ameisen-Chutney gegessen?«, fragt mich Genosse Venu. Ich kenne rote Ameisen aus meiner Kindheit in Kerala. Ich wurde von ihnen gebissen, aber ich habe sie nie gegessen. (Das *chapoli* stellt sich als gut heraus. Sauer. Sehr viel Folsäure.)

Nilesh kommt aus Bijapur, dem Zentrum der Salwa Judum. Nileshs jüngerer Bruder trat der Judum bei, die ihn auf ihre Raubzüge, zum Plündern und Niederbrennen ganzer Dörfer mitnahm und ihn zu einem Special Police Officer (SPO) ernannte. Er lebt mit seiner Mutter im Basaguda Camp. Sein Vater weigerte sich mitzukommen und blieb im Dorf. Es herrscht mittlerweile eine Blutfehde innerhalb der Familie. Später, als ich Gelegenheit hatte, mit ihm zu sprechen, fragte ich Nilesh, warum sein Bruder das getan hatte. »Er war noch sehr jung«, sagte Nilesh, »und lief Amok, drosch auf Menschen ein und brannte Häuser nieder. Er drehte durch und tat schreckliche Dinge. Jetzt ist es zu spät. Er kann nicht mehr in unser Dorf zurück. Was er getan hat, ist unverzeihlich. Und er weiß es.«

Wir nehmen den Geschichtsunterricht wieder auf. Der nächste große Kampf der Partei, erzählt Venu, galt der Papiermühle in Ballarpur. Die Regierung hatte den Besitzern, der Familie Thapar, einen Vertrag mit 45-jähriger Laufzeit über 150 000 Tonnen Bambus pro Jahr zu einem hoch subventionierten Preis gegeben. (Kinkerlitzchen im Vergleich zu Bauxit, aber immerhin.) Die Leute bekamen 10 Paise für ein Bündel mit 20 Bambusstangen. (Ich werde der vulgären Versuchung, ihr Einkommen mit dem Profit der Thapars zu vergleichen, nicht nachgeben.) Eine lange Aufklärungskampagne, ein Streik, gefolgt von Verhandlungen mit Vertretern der Papiermühle in Anwesenheit der Arbeiter verdreifachte den Preis auf 30 Paise pro Bündel. Für die Stämme war das ein großer Erfolg. Andere politische Parteien hatten Versprechungen, aber keinerlei Anstalten gemacht, sie auch zu erfüllen. Die Menschen kamen jetzt zur PWG und fragten, ob sie ihr beitreten könnten.

Aber die Preiskämpfe für Tendu-Blätter, Bambus und andere Waldprodukte waren nicht das eigentliche Problem. Das wahre Problem, der wahre Fluch der Menschen war der größte Landbesitzer, das Forstministerium. Jeden Morgen fielen Forstbeamte, sogar gerade erst rekrutierte, wie in einem Albtraum in die Dörfer ein, hinderten die Menschen daran, ihre Felder zu bewirtschaften, Feuerholz zu sammeln, Blätter zu pflücken, Früchte zu ernten, Vieh zu weiden, ja, sie hinderten sie am Leben. Sie brachten Elefanten mit, die die Felder zertrampelten, und verstreuten Akaziensamen, um den Boden auszulaugen. Die Leute wurden geschlagen, verhaftet, gedemütigt, ihre Ernten zerstört. Vom Standpunkt des Ministeriums waren diese Menschen Gesetzesbrecher, die verfassungswidrige Taten begingen, und die Beamten verhalfen lediglich der Rechtsstaatlichkeit zur Geltung. (Die sexuelle Ausbeutung der Frauen war ein zusätzlicher Leistungsanreiz in diesem mühseligen Job.)

Da sich die örtliche Bevölkerung an den Kämpfen beteiligte, beschloss die Partei, dem Forstministerium entgegenzutreten. Es forderte die Leute auf, Waldland zu besetzen und zu bewirtschaften. Das Ministerium schlug zurück und ließ im Wald neu entstandene Dörfer niederbrennen. 1986 verkündete es die Einrichtung eines Nationalparks in Bijapur, und das bedeutete die Vernichtung von 60 Dörfern.

Nachdem über die Hälfte der Dörfer bereits entsiedelt war und der Bau der Infrastruktur begonnen hatte, nahm sich die Partei der Sache an. Sie zerstörte die Bauten für den Nationalpark und verhinderte, dass die Bewohner aus den verbliebenen Dörfern vertrieben wurden. Sie hinderte die Forstbeamten daran, das Gebiet zu betreten. Gelegentlich wurden Beamte gefangen genommen, an Bäume gefesselt und von den Dorfbewohnern geschlagen. Es war eine kathartische Rache für jahrzehntelange Ausbeutung. Schließlich räumten die Forstbeamten das Feld. Zwischen 1986 und 2000 verteilte die Partei 120 000 Hektar Waldland neu. Heute, so sagt Genosse Venu, gibt es keine landlosen Bauern im Dandakaranya.

Für die derzeitige Generation junger Leute ist das Forstministerium eine vage Erinnerung, der Stoff für Geschichten über eine mythologische Vergangenheit der Knechtschaft und Demütigung, die Mütter ihren Kindern erzählen. Für die ältere Generation bedeutete Freiheit vom Forstministerium echte Freiheit. Sie konnten sie anfassen, schmecken. Sie bedeutete wesentlich mehr als Indiens Unabhängigkeit den Stämmen je bedeutet hatte. Sie begannen sich für die Partei zu engagieren, die für sie gekämpft hatte.

Die sieben Trupps haben es weit gebracht. Ihr Einflussgebiet erstreckt sich jetzt über 60 000 Quadratkilometer Wald, Tausende von Dörfern und Millionen Menschen.

Aber der Rückzug des Forstministeriums kündigte die Ankunft der Polizei an. Und damit begann der Teufelskreis des Blutvergießens. Von der Polizei gestellte »Encounter«, die Überfälle der PWG. Mit der Neuverteilung des Landes gingen neue Aufgaben einher: Bewässerung, landwirtschaftliche Produktivität und das Problem einer wachsenden Bevölkerung, die willkürlich Wald rodete. Es fiel die Entscheidung, »Massenarbeit« von »Militärarbeit« zu trennen.

Heute wird der Dandakaranya über eine ausgeklügelte Struktur von Janatana Sarkars (Volksregierungen) verwaltet. Das Organisationsprinzip stammt aus der chinesischen Revolution und dem Vietnamkrieg. Jede Janatana Sarkar wird von einer Gruppe Dörfer gewählt, deren Gesamtbevölkerung zwischen 500 und 5000 Menschen variiert. Sie besteht aus neun Zuständigkeitsbereichen: Krishi (Landwirtschaft), Vyapar-Udyog (Handel und Industrie), Arthik (Wirtschaft), Nyay (Justiz), Raksha (Verteidigung), Hospital (Gesundheit), Jan Sampark (Öffentlichkeitsarbeit), School-Riti Rivaj (Erziehung und Kultur) und Jungle (Dschungel). Eine Gruppe Janatana Sarkars unterstehen einem Gebietskomitee. Drei Gebietskomitees bilden eine Division. Im Dandakaranya gibt es zehn Divisionen.

»Wir haben jetzt einen Rettet-den-Dschungel-Bereich«, sagte Genosse Venu. »Hast du den Regierungsbericht gelesen, in dem steht, dass in den Gebieten der Naxaliten die Waldflächen zugenommen haben?«

Ironischerweise, erklärt Genosse Venu, waren die Ersten, die vom Kampf der Partei gegen das Forstministerium profitierten, die Mukhias (Dorfoberhäupter) – die Dwij-Brigade. Sie benutzten ihre Arbeitskräfte und Ressourcen, um sich so viel Land wie möglich unter den Nagel zu reißen, solange die Gelegenheit günstig war. Doch dann kamen die Leute mit ihren »inneren Widersprüchen« zur Partei, wie Genosse Venu es ausdrückt. Die Partei wandte sich Fragen von Gleichheit, Klasse und Ungerechtigkeit *innerhalb* der Stammesgesellschaften zu. Die Großgrundbesitzer witterten Ärger. Während sich der Einfluss der Partei vergrößerte, verringerte sich ihrer. Die Menschen gingen mit ihren Problemen zunehmend zur Partei und nicht mehr zu den Mukhias. Alte Formen der Ausbeutung wurden in Frage gestellt. Traditionellerweise sollten die Leute an dem Tag, an dem der erste Regen fiel, das Land des Mukhias bestellen. Das hörte auf. Sie brachten ihnen nicht länger den Ertrag des ersten Erntetages. Es musste etwas unternommen werden.

An dieser Stelle betritt Mahendra Karma die Bühne, einer der größten Landbesitzer der Region und damals Mitglied der Kommunistischen Partei Indiens (CPI). 1990 trommelte er eine Gruppe Mukhias und Landbesitzer zusammen und rief eine Kampagne mit dem Titel Jan Jagran Abhiyaan (öffentliche Erweckungskampagne) ins Leben. Ihre Art, »die Öffentlichkeit zu wecken« bestand darin, eine Jagdgesellschaft von ungefähr 300 Männern zu bilden, mit ihnen den Wald zu durchkämmen, wahllos Menschen umzubringen, Häuser niederzubrennen und Frauen zu vergewaltigen. Die damalige Regierung von Madhya Pradesh – Chhattisgarh existierte noch nicht – schickte zur Unterstützung die Polizei. In Maharashtra verfolgte eine ähnliche Gruppierung namens »Demokratische Front« den gleichen Ansatz. Die People's War Group reagierte darauf auf wahre Volkskriegsweise, indem sie ein paar der berüchtigsten Landbesitzer tötete. Innerhalb weniger Monate war die Jan Jagran Abhiyaan – der »weiße Terror« ist Genosse Venus Ausdruck dafür – beendet. 1998 versuchte Mahendra Karma, der mittlerweile Mitglied der Kongresspartei war, sie wiederzubeleben. Diesmal erfolgte ihre Auflösung noch schneller.

Doch dann, im Sommer 2005, kam seine Chance. Im April unterzeichnete die von der hindu-nationalistischen Bharatiya Janata Partei (BJP) gestellte Regierung von Chhattisgarh zwei Absichtserklärungen (mit geheimen Bedingungen) zum Bau von zwei integrierten Hüttenwerken. Eins für 7000 Crore Rupien mit Essar Steel in Bailadila und ein zweites für 10 000 Crore mit Tata Steel in Lohandiguda. Im gleichen Monat machte Premierminister Manmohan Singh seine berühmte Feststellung, dass die Maoisten Indiens »größtes inneres Sicherheitsrisiko« seien. (Eine merkwürdige Aussage zum damaligen Zeitpunkt, denn das Gegenteil entsprach den Tatsachen. Die Regierung der Kongresspartei in Andhra Pradesh hatte die Maoisten eben erst ausmanövriert und dezimiert. Diese hatten 1600 Kader verloren und waren vollkommen desorganisiert.) Die Aussage des Premierministers ließ die Aktienkurse der Bergwerksgesellschaften explodieren. Und sie war ein Signal an die Medien, dass die Maoisten Freiwild waren, das nach Belieben gejagt werden durfte. Im Juni 2005 lud Mahendra Karma die Mukhias zu einem geheimen Treffen in das Dorf Kutroo und verkündete die Salwa Judum (Jagd der Reinigung). Eine hübsche Mischung aus bodenständigem Stammesdenken und der Geisteshaltung der Dwij / Nazis.

Im Gegensatz zur Jan Jagran Abhiyaan war die Salwa Judum eine Kahlschlagoperation. Die Menschen sollten aus ihren Dörfern in Lager neben den Straßen umgesiedelt werden, wo sie überwacht und kontrolliert werden konnten. Die militärische Ausdruckweise dafür lautet »strategische Umsiedlung«. Ausgedacht hat sie sich General Sir Harold Briggs im Jahr 1950, als die Briten die Kommunisten in Malaya bekämpften. Sie erfreute sich großer Beliebtheit bei der indischen Armee, die sie in Nagaland, Mizoram und Telangana anwandte. Der BJP-Chief-Minister von Chhattisgarh, Raman Singh, gab bekannt, dass Dorfbewohner, die sich weigerten, in die Lager zu ziehen, in den Augen seiner Regierung Maoisten seien. Wenn also in Bastar ein gewöhnlicher Dorfbewohner in seinem Haus blieb, machte er sich gefährlicher terroristischer Aktivitäten schuldig.

Zusammen mit einem Blechbecher mit schwarzem Tee, eine Seltenheit, reicht mir jemand einen Kopfhörer und schaltet einen kleinen MP3-Player ein. Ich höre eine knisternde Aufnahme von Mr. Manhar, dem damaligen Polizeidirektor von Bijapur, der einen Polizeibeamten über Funk darüber informiert, welche Zuwendungen und Anreize die Regierungen auf Landes- und Bundesebene »*jagrit*«-Dörfern (erweckten Dörfern) und ihren Bewohnern bieten, die bereit sind, in Lager zu ziehen. Dann gibt er die unmissverständliche Anweisung, dass Dörfer, deren Bewohner die Umsiedlung verweigern, niedergebrannt, und Journalisten, die über die »Naxaliten« berichten wollen, erschossen werden sollen. (Ich hatte damals in den Zeitungen davon gelesen. Nachdem die Sache bekannt geworden war, wurde der Mann zur Strafe – es ist unklar, wer damit bestraft werden sollte – in die staatliche Menschenrechtskommission versetzt.)

Das erste Dorf, das die Salwa Judum niederbrannte (am 18. Juni 2005), war Ambeli. Zwischen Juni und Dezember 2005 brannte, mordete, vergewaltigte und plünderte sie sich einen Weg durch Hunderte von Dörfern südlich von Dantewada. Das Zentrum der Ausschreitungen waren die Distrikte Bijapur und Bhairamgarh, in der Nähe von Bailadila, wo Essar Steel das Hüttenwerk bauen wollte. Es war kein Zufall, dass diese Gebiete auch Hochburgen der Maoisten waren, wo die Janatana Sarkars eine Menge Arbeit geleistet hatten, vor allem beim Bau von Wasserspeichern. Die Salwa Judum nahm insbesondere die Janatana Sarkars ins Visier. Hunderte Personen wurden auf grausamste Weise getötet. Ungefähr 60 000 Menschen zogen in Lager, manche freiwillig, andere aus Angst. 3000 von ihnen wurden zu einem Monatsgehalt von 1500 Rupien zu SPOs ernannt.

Für diese mickrigen Almosen haben sich junge Menschen

wie Nileshs Bruder selbst zu lebenslanger Haft in einem mit Stacheldraht gesicherten Lager verurteilt. Welche Gräueltaten sie auch begangen haben, sie könnten zu den elendsten Opfern dieses schrecklichen Krieges werden. Kein Urteil des Obersten Gerichthofes, das die Salwa Judum verböte, könnte an ihrem Schicksal etwas ändern.

Die verbliebenen Hunderttausende von Menschen sind vom Radarschirm der Regierung verschwunden. (Nicht jedoch die Gelder für die 644 Dörfer. Was geschieht mit dieser kleinen Goldmine?) Viele sind nach Andhra Pradesh oder Orissa gegangen, wo sie sich normalerweise während der Chiliernte als Saisonarbeiter verdingen. Doch Zehntausende haben im Dschungel Zuflucht gesucht, wo sie immer noch ohne Dach über dem Kopf leben und nur untertags zu ihren Feldern und Häusern zurückkehren.

Im Windschatten der Salwa Judum wurden zahllose Polizeireviere und -camps eingerichtet, um die »schleichende Wiederbesetzung« maoistisch kontrollierter Gebiete zu verhindern. Dahinter stand die Annahme, dass es die Maoisten nicht wagen würden anzugreifen, wenn die Sicherheitskräfte wie in einem Gitter über den Wald verteilt wären. Die Maoisten ihrerseits begriffen, dass sie die Menschen, deren Vertrauen sie in 25 Jahren gemeinsamer Arbeit erworben hatten, im Stich lassen würden, sollten sie nicht angreifen. Sie schlugen zurück mit einer Reihe von Angriffen in das Herz des Sicherheitsgitters.

Am 26. Januar 2006 griff die PLGA das Polizeicamp von Gangalaur an und tötete sieben Personen. Am 17. Juli 2006 war das Camp der Salwa Judum in Erabor das Ziel eines Anschlags, 20 Personen wurden getötet und 150 verletzt. (In den Zeitungen stand: »Maoisten griffen ein von der Regierung eingerichtetes Auffanglager an, in das Dorfbewohner geflohen waren, nachdem die Naxaliten ihre Dörfer mit Terror überzogen hatten.«) Am 13. Dezember 2006 griffen sie das »Auffanglager« von Basaguda an, töteten drei SPOs und einen Polizeiwachtmeister. Am 15. März 2007 erfolgte der dreisteste Angriff. Einhundertzwanzig Guerillas der PLGA griffen den Rani-Bodili-Kanya-Aschram an, ein Wohnheim für Mädchen, das als Kaserne für 80 Polizisten (und SPOs) aus Chhattisgarh zweckentfremdet worden war. Die Mädchen benutzten sie als lebende Schilde. Die PLGA stürmte das Gelände, riegelte den Anbau ab, in dem die Mädchen wohnten, und griffen die Kaserne an. Fünfundfünfzig Polizisten und SPOs wurden getötet. Keines der Mädchen trug eine Verletzung davon. (Der freimütige PD von Dantewada hatte mir seine PowerPoint-Präsentation mit grauenerregenden Fotos der verbrannten, ausgeweideten Leichen der Polizisten zwischen den Ruinen des gesprengten Schulgebäudes vorgeführt. Die Bilder waren so makaber, dass ich wegsehen musste. Er schien erfreut über meine Reaktion.)

Der Angriff auf das Rani Bodili löste einen Aufruhr im Land aus. Menschenrechtsorganisationen warfen den Maoisten nicht nur ihr gewaltsames Vorgehen vor, sondern auch dass sie Schulen angriffen. Doch im Dandakaranya wurde der Anschlag auf das Rani Bodili zu einer Legende: Lieder, Gedichte und Theaterstücke wurden darüber geschrieben.

Die Gegenoffensive der Maoisten durchbrach das Sicherheitsgitter und verschaffte den Menschen Raum zum Atmen. Die Polizei und die Salwa Judum zogen sich in ihre Camps zurück, aus denen sie sich jetzt – normalerweise mitten in der Nacht – nur noch in Trupps von 300 bis 1000 Mann herauswagen, um Dörfer abzuriegeln und zu durchsuchen. Die Menschen in den Lagern der Salwa Judum kehrten bis auf die SPOs und ihre Familien allmählich in ihre Dörfer zurück. Die Maoisten hießen sie willkommen und erklärten, dass auch die SPOs zurückkehren könnten, wenn sie ihre Taten aufrichtig und öffentlich bereuten. Die jungen Leute traten scharenweise der PLGA bei. (Die PLGA wurde formell im Dezember 2000 gegründet. Im Lauf der letzten 30 Jahre erweiterten sich ihre bewaffneten Trupps zu Abteilungen, die Abteilungen nahmen Zugstärke an, und aus den Zügen wurden Kompanien. Und nach den Raubzügen der Salwa Judum war die PLGA rasch in der Lage, Bataillone zu bilden.)

Die Salwa Judum war nicht nur gescheitert, der Schuss war nach hinten losgegangen.

Wie wir heute wissen, war es nicht nur eine örtlich begrenzte Operation eines kleinen Ganoven. Ungeachtet dessen, was die Medien verlautbarten, war die Salwa Judum ein gemeinsames Unternehmen der Regierung von Chhattisgarh und der Kongresspartei, die in Delhi an der Macht war. Sie durfte nicht scheitern. Nicht solange die vielen Absichtserklärungen auf der Warteliste standen wie welkende Kandidatinnen auf dem Heiratsmarkt. Die Regierung stand unter enormem Druck, einen neuen Plan aufzutischen. Sie verfiel auf die Operation Green Hunt. Die SPOs der Salwa Judum werden jetzt Koya-Commandos genannt. Sie lässt aufmarschieren: Die Streitkräfte von Chhattisgarh, die indische Polizeireserve (CRPF), den Grenzschutz (BSF), die Indo-Tibetische Grenzpolizei (ITBP), die indischen Industriesicherheitskräfte (CISF), Greyhound-Panzer, Skorpion-Maschinenpistolen, Cobra-Revolver. Und nennt diese Politik liebevoll WHAM – Winning Hearts and Minds (Herzen und Köpfe gewinnen).

Wichtige Kriege werden oft an unwahrscheinlichen Orten geführt. Der Kapitalismus hat den Sowjetkommunismus in den zerklüfteten Bergen Afghanistans besiegt. Hier in den Wäldern von Dantewada wütet ein Kampf um die Seele Indiens. Viel wurde über die sich verschärfende Krise der indischen Demokratie und das geheime Einverständnis der großen Konzerne, der großen Parteien und der Sicherheitskräfte gesagt. Wenn sich jemand davon überzeugen will, dann nichts wie auf nach Dantewada.

In dem *Entwurf des Berichts über Landwirtschaftliche Verhältnisse und die unbeendete Aufgabe der Landreform (Band 1)* steht, dass Tata Steel und Essar Steel die ersten Geldgeber der Salwa Judum waren. Da es sich um einen Bericht der Regierung handelte, sorgte er für Aufregung, als in den Medien darüber berichtet wurde. (Im endgültigen Bericht fehlt diese Aussage. War es tatsächlich ein Fehler, oder wurde jemandem mit Stahl auf die Finger geklopft?)

Am 12. Oktober 2009 fand die vorgeschriebene öffentliche Anhörung für das Hüttenwerk von Tata, das eigentlich in Lohandiguda unter Beteiligung der örtlichen Bevölkerung abgehalten werden sollte, meilenweit entfernt in einem kleinen Saal der Verwaltung in Jagdalpur statt, die von einem massiven Aufgebot an Sicherheitskräften abgeriegelt war. Eine gekaufte Zuhörerschaft von 50 Stammesmitgliedern wurde in einem bewachten Konvoi in Jeeps der Regierung herangeschafft. Nach der Anhörung beglückwünschte der oberste Verwaltungsbeamte des Distrikts »die Menschen von Lohandiguda« zu ihrer Kooperation. Die örtlichen Zeitungen zitierten die Lüge, obwohl sie es besser wussten. (Werbeeinnahmen flossen.) Trotz der Einsprüche der Dorfbewohner begann man mit dem Landerwerb für das Projekt.

Die Maoisten sind nicht die Einzigen, die den indischen

Staat abschaffen wollen. Er wurde bereits mehrmals abgeschafft von den Hindu-Fundamentalisten und von ökonomischem Totalitarismus.

Lohandiguda, fünf Autostunden von Dantewada entfernt, war früher kein Naxaliten-Gebiet. Doch jetzt ist es eins. Genossin Joori, die neben mir saß, als ich das Ameisenchutney aß, arbeitet in dem Gebiet. Sie erzählt, dass die Partei beschloss, dort aktiv zu werden, als an den Hausmauern in den Dörfern Graffiti auftauchten: *Naxali aao, hamein bachao* (Naxaliten kommt und rettet uns)! Vor ein paar Monaten wurde Vimal Meshram, der Vorsitzende des Dorf-Panchayats, auf dem Markt erschossen. »Er war Tatas Mann«, sagt Joori. »Er zwang die Leute dazu, ihr Land aufzugeben und das Geld anzunehmen. Es ist gut, dass es ihn nicht mehr gibt. Wir haben auch einen Genossen verloren. Sie haben ihn erschossen. Willst du noch mehr *chapoli*?« Sie ist erst 20. »Wir werden nicht zulassen, dass die Tatas kommen. Die Leute wollen sie nicht.« Joori gehört nicht der PLGA an. Sie ist Mitglied der Chetna Natya Manch (CNM), dem Kulturflügel der Partei. Sie singt und schreibt Lieder. Sie ist aus Abujhmad. (Sie ist mit dem Genossen Madhav verheiratet, in dessen Stimme sie sich verliebte, als er mit einer CNM-Truppe in ihr Dorf kam.)

Ich meine, an dieser Stelle etwas sagen zu müssen. Über die Sinnlosigkeit von Gewalt, über die Unannehmbarkeit standrechtlicher Erschießungen. Doch was sollte ich den Menschen hier raten? Vor Gericht zu gehen? Einen Sitzstreik vor der Sternwarte in New Delhi zu veranstalten? Zu demonstrieren? In den Hungerstreik zu treten? Das ist lächerlich. Die Befürworter der Neuen Wirtschaftspolitik – denen es so leichtfällt, »Es gibt keine Alternative« zu sagen – sollten eine alternative Widerstandspolitik vorschlagen. Eine ganz spezifische, für diese spezifischen Menschen, in diesem spezifischen Wald. Hier. Jetzt. Welche Partei sollen sie wählen? An welche demokratische Institution in diesem Land sollen sie sich wenden? An welche Tür hat die Narmada Bachao Andolan nicht geklopft während der vielen Jahre, die sie gegen die großen Staudämme an der Narmada kämpfte?

Es ist dunkel. Im Camp herrscht rege Aktivität, aber ich kann nichts erkennen. Nur sich bewegende Lichter. Schwer zu sagen, ob es Sterne oder Glühwürmchen oder Maoisten sind. Der kleine Mangtu taucht aus dem Nirgendwo auf. Ich weiß jetzt, dass er zur ersten Gruppe gehört, die in der mobilen Schule der Jungkommunisten lesen und schreiben lernt und mit den grundlegenden Prinzipien des Kommunismus bekannt gemacht wird. (»Indoktrination junger Gehirne!«, schreien die Medien auf. Die Fernsehwerbung, die Kindern eine Gehirnwäsche verpasst, wird nicht als Indoktrination betrachtet.) Die Jungkommunisten dürfen keine Waffen oder Uniformen tragen. Doch sie folgen den PLGA-Truppen mit leuchtenden Augen wie Groupies einer Rockband.

Mangtu hat mich adoptiert, als würde ich zu ihm gehören. Er hat meine Wasserflasche gefüllt und sagt, ich solle packen. Ein Pfiff ertönt. Das blaue Jhilli-Zelt wird in fünf Minuten abgebaut und zusammengelegt. Noch ein Pfiff, und alle 100 Genossen stellen sich in fünf Reihen auf. Genosse Raju leitet die Operation. Es folgt ein Anwesenheitsappell. Auch ich stehe in der Reihe und rufe meine Nummer, als Genossin Kamla vor mir steht und mich dazu auffordert. (Es wird bis 20 gezählt und dann von vorn angefangen, denn weiter können die meisten Gond nicht zählen. Zwanzig reicht ihnen. Vielleicht sollte es uns auch reichen.) Chandu trägt jetzt einen Tarnanzug und ein Sten-Gewehr. Genosse Raju weist die Gruppe mit leiser Stimme ein. Auf Gondi, deswegen verstehe ich nichts, nur den Ausdruck »RV«. Später erklärt mir Raju, dass die Buchstaben Rendezvous bedeuten. Es ist jetzt ein Gondi-Wort. »Wir machen RV-Punkte aus, damit wir wissen, wo wir uns treffen, falls wir unter Beschuss geraten und uns trennen müssen.« Er kann sich unmöglich die Panik vorstellen, die mich bei dieser Erklärung erfasst. Nicht weil ich Angst davor habe, dass auf mich geschossen wird, sondern weil ich Angst davor habe, mich zu verlaufen. Ich habe überhaupt keinen Orientierungssinn und verirre mich zwischen meinem Schlafzimmer und meinem Bad. Wie soll ich mich in 60 000 Quadratkilometern Wald zurechtfinden? Gleichgültig, was passieren wird, ich werde mich an Genosse Rajus Tuch festhalten.

Bevor wir aufbrechen, kommt Genosse Venu zu mir. »Also gut, Genossin. Ich will mich verabschieden.« Ich bin erschrocken. Er sieht aus wie ein kleiner Moskito mit einer Wollmütze und Sandalen, umgeben von seinen Wachen, drei Frauen und drei Männern. Schwer bewaffnet. »Wir sind dir sehr dankbar, Genossin, dass du den weiten Weg gekommen bist«, sagt er. Er schüttelt mir die Hand, ballt die Faust. »Lal Salaam, Genossin.« Er verschwindet im Wald, der Wächter der Schlüssel. Und es ist, als wäre er nie dagewesen. Ich bin ein bisschen traurig. Aber ich habe stundenlange Aufnahmen, die ich mir anhören kann. Und während aus den Tagen Wochen werden, treffe ich viele Menschen, die das von ihm gezeichnete Raster mit Farben und Details füllen. Wir marschieren in die entgegengesetzte Richtung. Genosse Raju, der heftig nach Jod riecht, lächelt zufrieden und sagt: »Meine Knie sind kaputt. Ich kann nur gehen, wenn ich eine Handvoll Schmerztabletten geschluckt habe.«

Genosse Raju spricht fehlerfreies Hindi und erzählt die komischsten Geschichten mit staubtrockenem Humor. Er hat 18 Jahre als Rechtsanwalt in Raipur gearbeitet. Er und seine Frau Malti waren Parteimitglieder und gehörten dem Maoisten-Netzwerk in der Stadt an. Ende 2007 wurde eine Schlüsselperson des Netzwerks von Raipur verhaftet, gefoltert und gezwungen, Informationen preiszugeben. Er wurde in einem geschlossenen Polizeiauto durch Raipur gefahren und gezwungen, seine früheren Kollegen zu verraten. Genossin Malti war eine von ihnen. Am 22. Januar 2008 wurde sie zusammen mit anderen verhaftet. Ihr wurde vorgeworfen, CDs mit Videoaufnahmen der Gräueltaten der Salwa Judum an mehrere Abgeordnete geschickt zu haben. Ihr Fall wird wahrscheinlich lange nicht verhandelt werden, da die Polizei weiß, dass die Beweislage fadenscheinig ist. Doch aufgrund des neuen Sondergesetzes zur öffentlichen Sicherheit in Chhattisgarh kann die Polizei sie mehrere Jahre lang festhalten, ohne dass sie die Möglichkeit hätte, auf Kaution freizukommen. »Jetzt setzt die Regierung Bataillone ein, um die armen Abgeordneten vor ihrer eigenen Post zu schützen«, sagt Genosse Raju. Er wurde nicht festgenommen, weil er zu dem fraglichen Zeitpunkt bei einem Treffen im Dandakaranya war. Seitdem ist er hier. Seine zwei schulpflichtigen Kinder, die allein zu Hause blieben, wurden eingehend von der Polizei befragt. Schließlich wurde ihr Haus verschlossen, und seitdem leben sie bei einem Onkel. Erst ein paar Wochen zuvor hatte Genosse Raju zum ersten Mal wieder von ihnen gehört. Woher nimmt er die Kraft, an seinem beißenden Humor festzuhalten? Was hält sie alle aufrecht trotz allem, was sie durchgemacht haben? Ihre Hoffnung, ihr Glaube an die Partei – und ihre Liebe zu ihr. Auf diese tiefempfundene Liebe stoße ich immer wieder.

Wir gehen im Gänsemarsch. Ich und 100 »besinnungslos gewalttätige«, blutrünstige Aufständische. Bevor wir aufbrachen, hatte ich mich noch einmal im Lager umgesehen. Es gab keine Hinweise, dass nahezu 100 Personen hier campiert hatten, abgesehen von ein paar Aschehäufchen an den Feuerstellen. Ich kann es nicht fassen. Diese Armee ist gandhischer als jeder Gandhi-Anhänger und hinterlässt einen unauffälligeren ökologischen Fußabdruck als jeder Prediger des Klimawandels. Und im Moment begeht sie auch Sabotage auf die Art Gandhis: Bevor ein Polizeifahrzeug verbrannt wird, wird es ausgeschlachtet. Das Lenkrad wird gerade gebogen und Bestandteil eines *bharmaar*, eines Vorderladergewehrs; der Kunstlederbezug der Sitze wird herausgerissen und zu Munitionstaschen verarbeitet, die Batterie als Solarzelle benutzt. (Die neue Anweisung des Oberkommandos lautet, dass erbeutete Fahrzeuge nicht verbrannt, sondern vergraben werden sollen, um sie im Bedarfsfall wieder auszugraben.) Soll ich ein Stück schreiben – *Gandhi Get Your Gun?* Oder werde ich dann gelyncht?

Es ist stockdunkel, und wir marschieren schweigend. Ich bin die Einzige, die eine Taschenlampe benutzt. Ich halte sie nach unten, so dass ich im Lichtschein nur die nackten Fersen von Genossin Kamla in ihren abgewetzten schwarzen Sandalen sehe und genau weiß, wo ich auftreten muss. Sie trägt zehnmal mehr Gewicht als ich. Ihren Rucksack, ihr Gewehr, auf dem Kopf eine große Tasche mit Vorräten, einen großen Kochtopf und zwei über die Schultern geschlungene Taschen mit Gemüse. Die Tasche auf ihrem Kopf ist vollkommen ausbalanciert, und sie kann damit Abhänge und felsige Wege hinuntersteigen, ohne hinfassen zu müssen. Sie ist ein Wunder. Es wird ein langer Marsch. Ich bin dankbar für den Geschichtsunterricht, denn abgesehen von allem anderen konnte ich einen Tag ausruhen. Nachts durch den Wald zu marschieren ist wunderschön.

Und das werde ich von jetzt an jede Nacht tun.

Wir gehen zur Hundertjahrfeier des Bhumkal-Aufstandes von 1910, in dem die Koyas gegen die Briten rebellierten. Bhumkal bedeutet Erdbeben. Genosse Raju erzählt, dass die Menschen tagelang unterwegs sind, um an der Feier teilzunehmen. Der Wald muss voller marschierender Menschen sein. In allen DK-Divisionen gibt es Feierlichkeiten. Wir sind privilegiert, weil Genosse Leng, der Zeremonienmeister, bei uns ist. Leng ist Gondi und bedeutet »die Stimme«. Genosse Leng ist ein großer Mann mittleren Alters aus Andhra Pradesh, ein Kollege des legendären und beliebten Sängers und Dichters Gadar, der 1972 die radikale Kulturorganisation Jan Natya Manch (JNM) gründete. Die JNM wurde dann zu einem offiziellen Teil der PWG, und zu ihren Veranstaltungen kamen bis zu mehreren Zehntausend Zuschauer. Genosse Leng trat ihr 1977 bei und wurde selbst als Sänger berühmt. Während der schlimmsten Repressionen, als »Encounter«-Morde an der Tagesordnung waren und nahezu jeden Tag Freunde starben, lebte er in Andhra. Er selbst wurde eines Nachts von einer Polizistin, die sich als Ärztin verkleidet hatte, aus dem Krankenhausbett geholt und in den Wald außerhalb von Warangal gebracht, um in einem »Encounter« erschossen zu werden. Doch glücklicherweise erfuhr Gadar davon und schlug Alarm. Als die PWG 1998 beschloss, in DK eine Kulturorganisation aufzubauen, wurde Genosse Leng der Leiter der Chetna Natya Manch (CNM). Und hier ist er, geht neben mir und trägt aus unerfindlichem Grund ein olivgrünes Hemd und eine lila Hose mit aufgdruckten rosa Häschen. »Heute hat die CNM 10 000 Mitglieder«, erzählt er mir. »Wir haben 500 Lieder in Hindi, Gondi, Chhattisgarhi und Halbi. Wir haben ein Buch mit 140 unserer Lieder gedruckt. Alle schreiben Lieder.« Als ich das erste Mal mit ihm sprach, klang er sehr ernst und sehr zielstrebig. Doch Tage später, als wir um ein Feuer sitzen und er noch immer die lila Hose trägt, erzählt er uns von einem Freund, einem sehr erfolgreichen Telugu-Regisseur, der in seinen eigenen Filmen immer einen Naxaliten spielt. »Ich habe ihn gefragt«, sagte Genosse Leng in seinem schönen Hindi mit dem Telugu-Akzent, »warum glaubst du, dass Naxaliten immer so ausschauen?« Und er parodierte einen geduckten, gehetzt wirkenden Mann, der staksend mit einer AK-47 aus dem Wald kommt. Und wir schüttelten uns vor Lachen.

Ich weiß nicht, ob ich mich auf die Bhumkal-Feiern freuen soll. Ich fürchte, traditionelle Stammestänze, unterbrochen von linientreuer maoistischer Propaganda und aufstachelnden Reden, und ein gefügiges Publikum mit glänzenden Augen zu erleben. Wir kommen spätabends an. Ein Bambusgerüst, umwickelt mit rotem Tuch, wurde errichtet, ein zeitweiliges Denkmal. Ganz oben, über Hammer und Sichel der maoistischen Partei, wurden Pfeil und Bogen der Janatana Sarkars, eingewickelt in Alufolie, angebracht. Eine stimmige Hierarchie. Die ebenfalls zeitweilige Bühne ist riesig. Sie befindet sich auf einem massiven Gerüst und ist mit einer dicken Schicht hart gewordenem Lehm bedeckt. Verstreut auf dem Gelände brennen kleine Feuer, die bereits eingetroffenen Leute kochen ihr Abendessen. In der Dunkelheit sind sie nur als Silhouetten erkennbar. Wie bahnen uns einen Weg zwischen ihnen hindurch (*lalsalaam, lalsalamm, lalsalaam*) und marschieren eine Viertelstunde weiter, bis wir erneut im Wald sind.

An unserer Lagerstelle müssen wir uns wieder aufstellen.

Und werden wieder durchgezählt. Dann folgen Anweisungen zu den Positionen der Wachtposten und zu »Schussfeldern« – Entscheidungen, wer welches Gebiet im Fall eines Polizeiangriffs verteidigen soll. RV-Punkte werden ausgemacht. Eine Vorhut hat bereits das Abendessen gekocht. Zum Nachtisch bringt mir Kamla eine wilde Guave, die sie unterwegs gepflückt und für mich aufgehoben hat.

Ab der Morgendämmerung finden sich immer mehr Menschen für die heutige Feier ein. Es baut sich spürbar Erregung auf. Menschen, die sich seit langem nicht mehr gesehen haben, begrüßen sich. Mikrophone werden getestet. Flaggen, Banner, Plakate, Wimpel werden aufgehängt. Ein Plakat mit den Fotos der fünf Menschen, die am Tag meiner Ankunft in Ongnaar ums Leben gekommen sind, taucht auf.

Ich trinke Tee mit den Genossinnen Narmada, Maase und Rupi. Genossin Narmada erzählt von den vielen Jahren, die sie in Gadchiroli gearbeitet hat, bevor sie die Leiterin der Krantikari Adivasi Mahila Sangathan (KAMS) in DK wurde. Rupi und Maase waren Aktivistinnen in den Städten von Andhra Pradesh und berichten von dem jahrelangen Kampf der Frauen *in* der Partei, nicht nur um ihre Rechte, sondern auch um die Einsicht, dass Gleichberechtigung ein zentraler Bestandteil des Traums einer gerechten Gesellschaft ist. Wir unterhalten uns über die 1970er Jahre und die Geschichten von Frauen bei den Naxaliten, die enttäuscht waren von den männlichen Genossen. Die Männer hielten sich zwar für große Revolutionäre, waren aber von den alten patriarchalischen Vorstellungen, den alten chauvinistischen Ideen geprägt. Maase sagt, dass sich die Dinge seither gewaltig verändert hätten, doch liege noch ein langer Weg vor ihnen. (Weder im Zentralkomitee noch im Politbüro der Partei gibt es bislang eine Frau.)

Gegen Mittag trifft ein weiteres Kontingent der PLGA ein. Es wird angeführt von einem großen, schlanken, jungenhaften Mann. Dieser Genosse hat zwei Namen – Sukhdev und Gudsa Usendi –, beide Namen sind falsch. Sukhdev hieß ein sehr beliebter Genosse, der zu Tode gefoltert wurde. (In diesem Krieg tragen nur die Toten ihren richtigen Namen.) Und Gudsa Usendi hießen schon viele Genossen. (Ein paar Monaten zuvor zum Beispiel Raju.) Gudsa Usendi ist der Name des Parteisprechers für den Dandakaranya. Obwohl Sukhdev die restliche Zeit meines Aufenthalts mit mir verbringen wird, habe ich keine Ahnung, wie ich ihn jemals wiederfinden könnte. Sein Lachen allerdings würde ich überall erkennen. Er kam 1988 nach DK, als die PWG beschloss, ein Drittel ihrer Streitkräfte aus dem Norden von Telangana abzuziehen und nach DK zu schicken. Er trägt schicke Zivilkleidung und könnte als junge Führungskraft durchgehen. Ich frage ihn, warum er keine »Uniform« trägt. Er erklärt, dass er unterwegs war und gerade von den Keshkal Ghats in der Nähe von Kanker zurückgekehrt ist. Dort lagern Berichten zufolge drei Millionen Tonnen Bauxit, auf die eine Firma namens Vedanta ein Auge geworfen hat.

Bingo. Zehn von zehn Punkten für meinen Instinkt.

Sukhdev war dort, um die Temperatur der Leute zu messen und herauszufinden, ob sie bereit sind zu kämpfen. »Sie wollen Truppen. Und Gewehre.« Er wirft den Kopf zurück und lacht schallend. »Ich habe ihnen gesagt, dass das nicht so einfach ist, bhai.« Aus gelegentlichen leisen Gesprächen und der Lässigkeit, mit der er sein Ak-47 trägt, schließe ich, dass er ein ranghoher und zupackender Genosse der PLGA ist.

Die Dschungelpost wird verteilt. Auch für mich ist ein Biskuit dabei! Vom Genossen Venu. Auf einem winzigen, mehrfach gefalteten Stück Papier hat er den Text eines Liedes geschrieben, den zu schicken er mir versprochen hat. Genossin Narmada liest ihn lächelnd vor. Sie kennt die Geschichte. Sie geht zurück auf die 1980er Jahre, als die Leute begannen, Vertrauen zur Partei zu fassen und mit ihren Problemen – ihren »inneren Widersprüchen«, wie Genosse Venu sich ausdrückte – zu ihr zu kommen. Die Frauen waren die Ersten. Eines Abends stand eine Frau, die am Feuer saß, auf und sang ein Lied für den *Dada log*. Sie war eine Maadiya, bei denen es Brauch war, dass eine Frau nach der Heirat ihre Bluse auszog und fortan ihre Brüste entblößte.

Jumper polo intor Dada, Dakoniley
Taane tasom intor Dada, Dakoniley
Bata papam kittom Dada, Dakoniley
Duniya kadile maata Dada, Dakoniley.

Sie sagen, wir dürfen unsere Blusen
Nicht anbehalten, Dada, Dakoniley
Wir müssen sie ausziehen, Dada.
Was haben wir Böses getan, Dada?
Die Welt hat sich verändert, Dada.

Aatum hatteke Dada, Dakoniley
Aada nanga dantom Dada, Dakoniley
Id pisval manni Dada, Dakoniley
Mava koyaturku vehat Dada, Dakoniley.

Aber wenn wir zum Markt gehen, Dada,
Müssen wir halbnackt gehen, Dada,
So wollen wir nicht leben, Dada,
Sag das unseren Vorfahren, Dada.

Das war das erste Frauenthema, dessen sich die Partei annahm. Es musste vorsichtig angefasst werden, mit Glacéhandschuhen. 1986 gründete sie die Adivasi Mahila Sangathan (AMS), die später zur Krantikari Adivasi Mahila Sangathan (KAMS) wurde und jetzt 90 000 eingeschriebene Mitglieder hat. Gut möglich, dass es die zahlenmäßig größte Frauenorganisation des Landes ist. (Sie sind übrigens alle Maoisten, alle 90 000. Sollen sie »ausgemerzt« werden? Und was ist mit den 10 000 Mitgliedern der CNM? Sie auch?) KAMS setzt sich gegen die Adivasi-Traditionen der erzwungenen Ehe und Entführungen ein. Gegen den Brauch, dass menstruierende Frauen außerhalb des Dorfes in einer Hütte im Wald leben müssen. Gegen Bigamie und häusliche Gewalt. Sie gewinnt nicht alle Schlachten, aber welche feministische Organisation tut das schon? Zum Beispiel dürfen Frauen im Dandakaranya nicht säen. In Parteisitzungen sind sich die Männer einig, dass dieses Verbot unfair ist und abgeschafft werden sollte. Aber in der Praxis lassen sie es einfach nicht zu. Deswegen entschied die Partei, dass Frauen auf gemeinsam bewirtschaftetem Land, das der Janatana Sarkar gehört, säen dürfen. Auf diesem Land säen sie, pflanzen Gemüse an und bauen Rückhaltedämme. Ein halber Sieg, kein ganzer.

Da die Polizeirepressionen in Bastar zunehmen, bilden die Frauen der KAMS eine beeindruckende Streitmacht, die sich zu Hunderten, manchmal zu Tausenden der Polizei entgegenstellt. Allein die Tatsache, dass es die KAMS gibt, hat die traditionellen Einstellungen gegenüber Frauen radikal verändert und viele eingefahrene Formen ihrer Diskriminierung aufgehoben. Für viele junge Frauen ist die Mitgliedschaft in der Partei, insbesondere in der PLGA, eine Möglichkeit, der Unterdrückung in der eigenen Gesellschaft zu entfliehen. Genossin Sushila, eine hochrangige Funktionärin in der KAMS, schildert die Gräueltaten der Salwa Judum an den

Frauen der KAMS. Ein Slogan lautete *Hum do bibi layenge! Layenge!* (Wir werden uns zwei Frauen nehmen! Das werden wir!) Viele Mitglieder der KAMS wurden vergewaltigt und auf entsetzliche Weise sexuell verstümmelt. Und viele junge Frauen, die Zeugen dieser Grausamkeiten waren, traten der PLGA bei. Heute sind 45 Prozent ihrer Kader Frauen. Genossin Narmada lässt ein paar von ihnen holen, und nach einer Weile setzen sie sich zu uns.

Genossin Rinki hat sehr kurzes Haar. Einen Bubikopf. Das ist mutig von ihr, denn »Bubikopf« bedeutet hier »Maoistin«. Für die Polizei ist das Beweis genug, um eine Frau standrechtlich zu erschießen. 2005 wurde Korma, das Dorf von Genossin Rinki, vom Naga-Bataillon und der Salwa Judum angegriffen. Damals war Rinki Mitglied der Dorfmiliz. Genau wie ihre Freundinnen Lukki und Sukki, die auch Mitglieder der KAMS waren. Nachdem die Soldaten das Dorf niedergebrannt hatten, griffen sie sich Lukki und Sukki und ein weiteres Mädchen, vergewaltigten sie mehrfach und brachten sie um. »Sie haben sie auf der Wiese vergewaltigt«, erzählt Rinki. »Doch als sie fertig waren, war kein Gras mehr da.« Das ist Jahre her, das Naga-Bataillon ist nicht mehr da, aber die Polizei kommt immer wieder. »Sie kommen, wann immer sie Frauen brauchen oder Hühner.«

Auch Ajitha hat einen Bubikopf. Die Judum kam in ihr Dorf, Korseel, und tötete drei Menschen, indem sie sie in einem Fluss ertränkten. Ajitha war bei der Miliz und folgte der Judum in einigem Abstand zu einem Ort in der Nähe des Dorfes Paral Nar Todak. Sie musste mitansehen, wie sie sechs Frauen vergewaltigten und einen Mann in den offenen Mund schossen.

Genossin Laxmi, ein sehr hübsches Mädchen mit einem langen Zopf, wurde Zeugin, wie die Judum 30 Häuser in ihrem Dorf Jojor niederbrannte. »Wir hatten damals keine Waffen«, sagt sie. »Wir mussten tatenlos zusehen.« Bald darauf trat sie der PLGA bei. Laxmi gehörte zu den 150 Guerillas, die dreieinhalb Monate durch den Dschungel nach Nayargarh in Orissa marschierten, um ein Waffenlager der Polizei zu überfallen. Sie erbeuteten 1200 Gewehre und 200 000 Schuss Munition.

Genossin Sumitra ist Mitglied der PLGA seit 2004, das Jahr, bevor das Wüten der Judum begann. Sie wollte von zu Hause weg. »Frauen werden auf jede nur erdenkliche Weise kontrolliert«, erzählt sie. »In unserem Dorf durften Mädchen nicht auf Bäume klettern. Wenn sie es trotzdem taten, mussten sie zur Strafe 500 Rupien zahlen oder ein Huhn abliefern. Wenn ein Mann eine Frau schlägt und sie schlägt zurück, muss sie dem Dorf eine Ziege übergeben. Die Männer ziehen monatelang in die Berge, um zu jagen. Frauen dürfen nicht in die Nähe der erbeuteten Tiere, die besten Stücke Fleisch kriegen immer die Männer. Frauen dürfen keine Eier essen.« Gute Gründe, um einer Guerillaarmee beizutreten?

Sumitra erzählt die Geschichte von zwei Freundinnen, Telam Parvati und Kamla, die für die KAMS arbeiteten. Telam Parvati war aus dem Dorf Polekaya im Süden von Bastar. Wie alle anderen aus der Gegend musste auch sie dabei zusehen, wie die Judum ihr Dorf niederbrannte. Sie trat der PLGA bei und arbeitete in den Keshkal Ghats. 2009 organisierten sie und ihre Freundin Kamla die Feiern für den 8. März, den Weltfrauentag, in der Gegend. Am Abend des Tages befanden sie sich in einer Hütte etwas außerhalb des Dorfes Vadgo. Nachts umstellte die Polizei die Hütte und schoss. Kamla schoss zurück, wurde jedoch getötet. Parvati entkam. Doch am nächsten Tag fand sie die Polizei und tötete sie.

Das geschah letztes Jahr am Weltfrauentag. Und hier ein

Artikel aus einer landesweit erhältlichen Zeitung zum Weltfrauentag in diesem Jahr:

Bastar-Rebellen setzen sich für Frauenrechte ein

Sahar Khan, *Mail Today,* Raipur, 7. März 2010
Die Regierung hat bei der Bekämpfung der maoistischen Bedrohung jegliche Zurückhaltung aufgegeben. Doch eine Abteilung der Rebellen in Chhattisgarh ist mit dringenderen Dingen beschäftigt als mit dem Überleben. Da der Internationale Frauentag bevorsteht, haben die Maoisten in Bastar für eine Woche »Feierlichkeiten« ausgerufen, um sich für die Rechte der Frauen einzusetzen. Plakate sind auch in Bijapur aufgetaucht, das zum Distrikt Bastar gehört. Die Polizei staunte über den Aufruf der selbsternannten Kämpfer für die Frauenrechte. Der Generalinspektor (IG) von Bastar, T. J. Longkumer, sagte: »So einen Aufruf der Naxaliten, die nur an Gewalt und Blutvergießen interessiert sind, habe ich noch nie gesehen.

Und dann heißt es weiter in dem Bericht:

Ich glaube, die Maoisten versuchen, unsere überaus erfolgreiche Jan Jagran Abhiyaan (Kampagne zur Bildung eines Massenbewusstseins) zu kontern. Wir haben die laufende Kampagne ins Leben gerufen, um die Unterstützung der Bevölkerung für die Operation Green Hunt zu gewinnen, die die Polizei durchführt, um den linken Extremismus auszumerzen«, sagte der IG.

Die Mischung aus Bosheit und Unwissenheit ist nicht ungewöhnlich. Gudsa Usendi, der Parteichronist der Gegenwart, weiß mehr darüber als jeder andere. Sein kleiner Computer und sein MP3-Player sind voller Pressemitteilungen, Dementis, Gegendarstellungen, Parteiliteratur, Listen von Toten, TV-Clips und anderem Audio- und Videomaterial. »Das Schlimmste daran, Gudsa Usendi zu sein«, sagt er, »ist, dass man Gegendarstellungen herausgeben muss, die nie veröffentlicht werden. Wir könnten ein dickes Buch mit nicht veröffentlichten Gegendarstellungen zu den Lügen herausbringen, die sie über uns verbreiten.« Er sagt es ohne eine Spur von Empörung, ja sogar ein bisschen amüsiert.

»Was war der lächerlichste Vorwurf, den ihr dementieren musstet?«

Er denkt nach. »2007 mussten wir folgendes Statement herausgeben: ›*Nahin bhai, hamne gai ko hathode se nahin mara* (Nein, Bruder, wir haben die Kühe nicht mit einem Hammer erschlagen).‹ 2007 verkündete die Regierung des Bundesstaats von Chhattisgarh unter Raman Singh einen »*Gai Yojana*« (Kuhplan). Es war ein Wahlversprechen, eine Kuh für jeden Adivasi. Eines Tages berichteten die Fernsehsender und Zeitungen, dass die Naxaliten eine Herde Kühe angegriffen und – mit Hämmern – erschlagen habe, weil sie gegen die Hindus und gegen die BJP wären. Du kannst dir denken, was passiert ist. Wir haben eine Gegendarstellung herausgegeben. Kaum jemand hat sie veröffentlicht. Später hat sich herausgestellt, dass der Mann, der die Kühe verteilen sollte, ein Betrüger war. Er hat sie verkauft und behauptet, wir hätten ihm einen Hinterhalt gestellt und die Kühe getötet.«

Und der schlimmste Vorwurf?

»Da gibt es Dutzende, schließlich läuft eine Kampagne gegen uns. Als es mit der Salwa Judum losging, griffen sie am ersten Tag ein Dorf namens Ambeli an und brannten es nieder, und anschließend zogen alle – SPOs, das Naga-Bataillon, die Polizei – nach Kotrapal … Du hast von Kotrapal gehört? Es ist ein berühmtes Dorf, das 22 Mal niedergebrannt wurde, weil die Bewohner sich weigerten, es aufzugeben. Als die Judum in Kotrapal ankam, wartete unsere Miliz auf sie. Sie hatte einen Hinterhalt vorbereitet. Zwei SPOs kamen ums Leben. Sieben nahmen wir gefangen, der Rest ist davongelaufen.

Am nächsten Tag stand in den Zeitungen, dass die Naxaliten arme Adivasi massakriert hätten. Ein paar behaupteten, wir hätten Hunderte umgebracht. Sogar eine seriöse Zeitschrift wie *Frontline* schrieb, dass wir 18 unschuldige Adivasi getötet hätten. Selbst K. Balagopal, der Menschenrechtsaktivist, der es mit den Tatsachen sonst sehr genau nimmt, sogar er hat das behauptet. Wir schickten Gegendarstellungen. Niemand hat sie veröffentlicht. Balagopal hat später in seinem Buch seinen Fehler eingeräumt … Aber wer hat das schon mitgekriegt?«

Ich frage, was mit den sieben Gefangenen passiert sei. »Das für das Gebiet zuständige Komitee berief ein *jan adalat* (Volkstribunal) ein. Viertausend Leute kamen. Sie hörten sich die Geschichten an. Zwei SPOs wurden zum Tode verurteilt. Die fünf anderen wurden verwarnt und freigelassen. Die Menschen haben es so beschlossen. Auch bei Informanten – die heutzutage ein großes Problem sind – hören sich die Leute den Fall an, die Geschichte, das Geständnis und sagen: ›*Iska hum risk nahin le sakte* (Wir wollen nicht riskieren, dieser Person zu vertrauen)‹ oder ›*Iska risk hum lenge* (Wir wollen riskieren, dieser Person zu vertrauen)‹. Die Presse berichtet immer nur über Informanten, die getötet werden. Nie über die vielen, die freigelassen werden. Also denken alle, dass es ein blutrünstiges Verfahren ist, bei dem immer alle getötet werden. Es geht nicht um Rache, es geht ums Überleben und die Rettung von Leben … Natürlich gibt es Probleme, wir haben schreckliche Fehler gemacht, wir haben sogar die Falschen getötet, weil wir gedacht haben, es wären Polizisten, aber so wie es in den Medien dargestellt wird, ist es nicht.«

Die gefürchteten »Volkstribunale«. Wie können wir sie anerkennen? Oder dieser kruden Form von Rechtssprechung zustimmen?

Aber was ist mit »Encounters«, gestellten oder echten – die schlimmste Form standrechtlicher Hinrichtung –, für die Polizisten und Soldaten von der indischen Regierung mit Tapferkeitsmedaillen, Geld und Beförderungen außer der Reihe belohnt werden? Je mehr sie umbringen, umso mehr Belohnungen erhalten sie. »Bravehearts« werden sie genannt, die »Encounter-Spezialisten«. Und wir, die es wagen, sie in Frage zu stellen, werden »antinational« genannt. Und was ist mit dem Obersten Gerichtshof, der dreist zugab, nicht genügend Beweise zu haben, um Mohammad Afzal Guru (der im Fall des Anschlags auf das Parlament im Dezember 2001 angeklagt wurde) zum Tode zu verurteilen, es aber dennoch tat, weil »sich das kollektive Gewissen der Gesellschaft nur beruhigen wird, wenn über den Angeklagten die Höchststrafe verhängt wird«?

Im *jan adalat* von Kotrapal war das Kollektiv zumindest physisch präsent, um eine Entscheidung zu fällen. Sie stammte nicht von Richtern, die den Kontakt zum normalen Leben vor langer Zeit verloren haben und sich anmaßen, im Namen eines abwesenden Kollektivs zu sprechen.

Ich frage mich, was die Menschen von Kotrapal hätten tun sollen? Die Polizei rufen?

Das Geräusch der Trommeln ist jetzt wirklich laut. Es ist Bhumkal-Zeit. Wir gehen zum Festplatz. Ich traue meinen Augen kaum. Ein Meer von Menschen, von wilden, schönen Menschen, auf vielfältige Weise wild und schön gekleidet. Die Männer scheinen viel mehr Mühe auf ihr Aussehen verwendet zu haben als die Frauen. Sie tragen gefiederten Kopfschmuck und aufgemalte Tätowierungen im Gesicht. Viele haben geschminkte Augen und weiß gepuderte Gesichter. Eine Menge Miliz läuft herum, Mädchen in Saris von atemberaubenden Farben, die Gewehre achtlos über die Schulter geschlungen. Es sind alte Leute da, Kinder, und rote Wimpel hängen am Himmel. Die Sonne steht hoch und ist heiß. Genosse Leng spricht. Dann folgen diverse Funktionäre der Janatana Sarkars. Genossin Niti, eine außergewöhnliche Frau, die seit 1997 in der Partei ist, ist so ein großes Risiko für das Land, dass im Januar 2007 über 700 Polizisten das Dorf Innar umstellten, weil sie gehört hatten, sie würde sich dort aufhalten. Genossin Niti gilt als so gefährlich und wird so verzweifelt gejagt, nicht weil sie viele Überfälle angeführt hat (was sie getan hat), sondern weil sie eine Adivasi-Frau ist, die von den Bewohnern der Dörfer geliebt wird und ein Vorbild für die jungen Leute ist. Sie spricht mit ihrem AK über der Schulter. (Es ist ein Gewehr mit einer Geschichte. Nahezu jedes Gewehr hat eine Geschichte: Wem wurde es gestohlen, wie und von wem.)

Eine CNM-Truppe führt ein Stück über den Bhumkal-Aufstand auf. Die bösen weißen Kolonialherren tragen Hüte und gelbes Stroh als Haare und schlagen Adivasi zu Brei – das Publikum amüsiert sich köstlich. Eine Truppe aus dem Süden von Gangalaur spielt ein Stück mit dem Titel *Nitir Judum Pito* (Geschichte der blutigen Jagd). Joori übersetzt für mich. Es ist die Geschichte eines alten Paars, das sich auf die Suche nach dem Dorf ihrer Tochter macht. Sie verirren sich im Wald, weil alles verbrannt und nicht wiederzuerkennen ist. Die Salwa Judum hat sogar die Trommel und andere Musikinstrumente verbrannt. Es gibt nicht einmal mehr Asche, weil es geregnet hat. Sie finden ihre Tochter nicht. In ihrem Kummer fangen sie an zu singen, und als sie sie hört, antwortet ihre Tochter singend aus den Ruinen: Das Leben in unserem Dorf wurde zum Schweigen gebracht. Es wird kein Reis mehr gedroschen, niemand lacht mehr neben dem Brunnen.

Es gibt keine Vögel, keine meckernden Ziegen mehr. Die gespannte Saite des Glücks ist gerissen.

Ihr Vater singt: Meine schöne Tochter, weine heute nicht. Jeder, der geboren wird, muss sterben. Die Bäume werden fallen, Blumen werden blühen und verwelken, eines Tages wird diese Welt alt sein. Aber für wen sterben wir? Eines Tages werden die Plünderer lernen, eines Tages wird die Wahrheit siegen, doch unser Volk wird dich nie vergessen, nicht in 1000 Jahren.

Noch ein paar Reden, dann beginnt das Trommeln und Tanzen. Jede Janatana Sarkar hat eine eigene Truppe und einen eigenen Tanz vorbereitet. Eine nach der anderen tritt auf mit riesigen Trommeln und tanzt eine wilde Geschichte. Die einzige Figur, die allen Truppen gemeinsam ist, ist der Bad Mining Man (der böse Bergwerksbetreiber), ein Mann mit Helm und dunkler Brille, der gewöhnlich eine Zigarette raucht. Das Tanzen hat nichts Steifes oder Mechanisches. Staub wirbelt auf. Der Lärm der Trommeln wird ohrenbetäubend. Langsam beginnt die Menge sich zu wiegen. Und dann zu tanzen. Sie tanzen in kurzen Reihen, zu sechst oder siebt nebeneinander, Männer und Frauen getrennt, die Arme um die Taille des Nachbarn geschlungen. Tausende. Deswegen sind sie gekommen. Dafür. Hier im Wald von Dandakaranya wird das Glück sehr ernst genommen. Die Menschen marschieren meilenweit, tagelang, um gemeinsam ein Fest zu feiern und zu singen, Federn in ihre Turbane und Blumen in ihr Haar zu stecken, die Arme umeinander zu legen, Mahua zu trinken und eine Nacht lang zu tanzen. Niemand singt oder tanzt allein. Mehr als alles andere signalisiert das ihren unerbittlichen Widerstand gegen die Zivilisation, die sie vernichten will.

Ich kann nicht glauben, dass dies alles vor der Nase der Polizei passiert. Während der Operation Green Hunt.

Anfangs schauen die Genossen von der PLGA den Tänzern zu, stehen bewaffnet daneben. Doch wie Enten, die es nicht ertragen, am Ufer stehen zu bleiben und anderen Enten beim Schwimmen zuzusehen, treten sie dazu und tanzen mit. Bald gibt es Reihen olivgrün gekleideter Tänzer, die zwischen den anderen Farben herumwirbeln. Und dann, als sich Schwestern und Brüder, Eltern und Kinder, Freunde, die sich seit Monaten, manchmal sogar Jahren nicht mehr gesehen haben, wieder treffen, brechen die Reihen auf und bilden sich neu, und das Olivgrün mischt sich unter die Saris und Blumen, die Trommeln und Turbane. Das ist definitiv eine Volksarmee. Zumindest für heute. Und was der Vorsitzende Mao über die Guerillas gesagt hat – dass sie die Fische und die Menschen das Wasser sind, in dem sie schwimmen –, trifft im Augenblick buchstäblich zu.

Der Vorsitzende Mao. Auch er ist hier. Ein bisschen einsam vielleicht, aber anwesend. Auf einem roten Tuch prangt sein Foto. Auch Marx ist da. Und Charu Mazumdar, der Gründer und Cheftheoretiker der Naxaliten. Seine aggressive Rhetorik machte aus Gewalt, Blut und Märtyrertum einen Fetisch und bediente sich oft einer so brutalen Sprache, dass es fast nach Aufhetzung zum Völkermord klang. Während ich hier stehe, denke ich unwillkürlich, dass seine für die Struktur der Revolution so wichtige Analyse kaum etwas mit ihren Emotionen und ihrer Lebendigkeit gemein hat. Als er sagte, dass nur »eine Vernichtungskampagne den neuen Menschen produzieren könne, der dem Tod die Stirn bieten und frei von allem Eigeninteresse sein würde«, hat er sich da vorstellen können, dass seine Träume auf den Schultern dieses alten Volkes ruhen würden, das durch die Nacht tanzt?

Es ist ein großer Bärendienst an allem, was hier geschieht, dass überwiegend nur die harsche, unerbittliche Rhetorik der Ideologen einer Partei nach außen dringt, die auf eine problematische Vergangenheit zurückblickt. Als Charu Mazumdar sagte, »der Vorsitzende Chinas ist unser Vorsitzender, und Chinas Weg ist unser Weg«, war er bereit, es so weit zu fassen, dass die Naxaliten schwiegen, als General Yahya Khan in Ostpakistan (Bangladesch) einen Völkermord befahl, nur weil China damals ein verbündeter Pakistans war. Sie schwiegen auch zu den Roten Khmer und den Killing Fields in Kambodscha. Sie schwiegen zu den ungeheuerlichen Exzessen der chinesischen und russischen Revolutionen. Zu Tibet. Auch bei den Naxaliten selbst kam es zu gewalttätigen Exzessen, und es ist ausgeschlossen, viel von dem, was sie getan haben, zu rechtfertigen. Aber ist irgendetwas, was sie getan haben, vergleichbar mit den schmutzigen Errungenschaften der Kongresspartei und der BJP im Punjab, in Kaschmir, Delhi, Mumbai, in Gujarat … Und dennoch, Charu Mazumdar war trotz aller schrecklichen Widersprüche in vielem, was er schrieb und sagte, ein Visionär. Die Partei, die er gründete, (und viele ihrer Splittergruppen) erhält den Traum der Revolution in Indien lebendig und präsent. Man stelle sich eine Gesellschaft ohne diesen Traum vor. Allein aus diesem Grund dürfen wir ihn nicht allzu hart verurteilen. Vor allem nicht, solange wir Gandhis frommen Humbug von der Überlegenheit des »gewaltfreien Widerstands« und seine Idee der Treuhänderschaft vertreten: »Der reiche Mann wird seinen Reichtum behalten und sinnvollen Gebrauch davon machen, was seinen persönlichen Bedarf anbelangt. Den Rest wird er als Treuhänder verwalten und zum Wohl der Gesellschaft einsetzen.«

Wie seltsam, dass die derzeitigen Zaren des indischen Establishments – der Staat, der die Naxaliten so gnadenlos verfolgt – jetzt sagt, was Charu Mazumdar vor so langer Zeit sagte: Chinas Weg ist unser Weg.

Auf den Kopf gestellt. Umgekrempelt.

Chinas Weg hat sich geändert. China ist jetzt eine Großmacht, die andere Länder und die Ressourcen anderer Völker plündert. Aber die Partei hat immer noch recht, nur hat die Partei es sich mittlerweile anders überlegt.

Wenn die Partei (wie jetzt im Dandakaranya) auf Brautschau ist und das Volk umwirbt, seine Bedürfnisse ernst nimmt, dann ist sie eine wahre Volkspartei, und ihre Armee ist eine Volksarmee. Doch wie leicht wird aus einer Liebesaffäre nach einer Revolution eine Ehe voller Bitterkeit. Wie leicht kann sich eine Volksarmee gegen das eigene Volk wenden. Heute fordert die Partei im Dandakaranya, dass das Bauxit in den Bergen bleibt. Wird sie es sich morgen anders überlegen? Aber können wir, sollen wir zulassen, dass Zukunftsängste uns in der Gegenwart lähmen?

Es wird die ganze Nacht getanzt. Ich kehre zu unserem Camp zurück. Maase ist da und wach. Wir unterhalten uns bis spät in die Nacht. Ich schenke ihr meine Ausgabe von Nerudas *Die Verse des Kapitäns* (ich hatte sie dabei für den Fall des Falles). Mehrmals fragt sie mich: »Was denkt ihr da draußen über uns? Was sagen die Studenten? Erzähl mir von der Frauenbewegung, was sind jetzt die großen Themen?« Sie fragt mich nach meiner Arbeit. Ich versuche ihr einen ehrlichen Überblick über mein Chaos zu geben. Dann erzählt sie von sich, warum sie der Partei beigetreten ist. Ihr Partner wurde letztes Jahr im Mai umgebracht, in einem gestellten Encounter. Er wurde in Nashik verhaftet und nach Warangal gebracht, wo man ihn tötete. »Sie müssen ihn furchtbar gefoltert haben.« Sie war unterwegs, um sich mit ihm zu treffen, als sie von seiner Verhaftung erfuhr. Seitdem lebt sie im Wald. Nach einer langen Weile sagt sie, dass sie vor Jahren schon einmal verheiratet gewesen sei. »Auch er wurde bei einem Encounter getötet«, sagt sie und fügt mit herzzerreißender Korrektheit hinzu: »Aber in einem echten.«

Ich liege auf meiner Jhilli und denke an Maases langwierige Trauer, horche auf die Trommeln und die Geräusche der langwierigen Fröhlichkeit und denke an Charu Mazumdars Vorstellung vom langwierigen Krieg, die zentrale Maxime der maoistischen Partei. Wegen dieser Maxime halten die Leute das maoistische Angebot von »Friedensgesprächen« für eine List, ein Komplott, um sich eine Verschnaufpause zu verschaffen, neu zu bewaffnen und den langwierigen Krieg wiederaufzunehmen. Was ist ein langwieriger Krieg? Ist er seinem Wesen nach immer schrecklich oder hängt der Schrecken von der Natur des Krieges ab? Was wäre aus den Menschen im Dandakaranya geworden, wenn sie in den letzten 30 Jahren nicht ihren langwierigen Krieg geführt hätten?

Und sind die Maoisten die Einzigen, die an den langwierigen Krieg glauben? Nahezu von dem Augenblick an, als Indien ein souveräner Staat wurde, wurde es auch zu einer Kolonialmacht, annektierte Land und führte Krieg. Es hat nie gezögert, politische Probleme mit militärischen Interventionen anzugehen – Kaschmir, Hyderabad, Goa, Nagaland, Manipur, Telangana, Assam, Punjab, die naxalitischen Aufstände in Westbengalen, Bihar, Andhra Pradesh und jetzt in den Stammesgebieten in Zentralindien. Zehntausende wurden ungestraft getötet, Hunderttausende gefoltert. Und all das unter der wohlmeinenden Maske der Demokratie. Gegen wen wurde Krieg geführt? Muslime, Christen, Sikhs, Kommunisten, Dalits, Stämme und vor allem gegen die Armen, die es wagen, ihr Los in Frage zu stellen, statt sich mit den hingeworfenen Almosen zufriedenzugeben. Es ist schwer zu bestreiten, dass Indien im Grunde ein Staat der oberen Hindu-Kasten ist (gleichgültig, welche Partei regiert), der dem »anderen« automatisch feindselig begegnet, der auf wahrhaft koloniale Manier die Naga und Mizo zum Kämpfen nach Chhattisgarh schickt, Kaschmiris nach Orissa, Tamilen nach Assam und so weiter. Wenn das kein langwieriger Krieg ist, was dann?

Unangenehme Gedanken in einer schönen sternklaren Nacht. Sukhdev lächelt vor sich hin, sein Gesicht erhellt vom Licht des Computerbildschirms. Er ist ein verrückter Workaholic. Ich frage ihn, was so lustig ist. »Ich habe gerade an die Journalisten gedacht, die letztes Jahr zu den Bhumkal-Feiern hier waren. Für einen oder zwei Tage. Einer hat mit meiner AK posiert und sich damit fotografieren lassen. Dann ist er zurück und hat uns Mordmaschinen genannt.«

Der Tag bricht an, und Hunderte junger Leute tanzen noch immer in kleinen Reihen. »Sie werden erst aufhören, wenn wir anfangen einzupacken«, sagt Genosse Raju.

Auf dem Festplatz läuft mir Genosse Doktor über den Weg. Er hat am Rand der Tanzfläche eine kleine medizinische Station aufgeschlagen. Am liebsten würde ich ihn auf die dicken Backen küssen. Warum kann er sich nicht in 30 aufteilen? Warum gibt es nicht Tausende wie ihn? Ich frage ihn, wie es um die Gesundheit im Dandakaranya bestellt ist? Seine Antwort erschreckt mich zutiefst. Die meisten Leute, die er untersucht hat, darunter die PLGA-Mitglieder, haben einen Hämoglobinwert zwischen fünf und sechs (der Durchschnitt für indische Frauen ist elf). Es gibt Tuberkulose, verursacht durch chronische Anämie. Kleine Kinder leiden unter Protein-Energie-Unterernährung zweiten Grades, der medizinische Fachausdruck dafür lautet Kwashiorkor. (Ich habe ihn später nachgeschlagen. Das Wort stammt aus der Ga-Sprache, die an der Küste Ghanas gesprochen wird, und bedeutet, »die Krankheit, die ein Kind bekommt, wenn ein neues Kind geboren wird«. Das heißt, das ältere Kind bekommt keine Muttermilch mehr und erhält daraufhin nur eiweißarme Nahrung.) »Es ist wie eine Epidemie, wie in Biafra«, sagt Genosse Doktor. »Ich habe früher schon auf dem Land gearbeitet, aber so etwas habe ich noch nicht gesehen.«

Zudem gibt es Malaria, Osteoporose, Bandwürmer, schwere Ohren- und Zahninfektionen und primäre Amenorrhoe – aufgrund von Mangelernährung während der Pubertät tritt entweder kein Menstruationszyklus auf oder bricht ab.

»Im Wald gibt es keine medizinische Versorgung abgesehen von ein, zwei Krankenhäusern im Distrikt Gadchiroli. Keine Ärzte, keine Medikamente.«

Mit seinem kleinen Team bricht er auf zu einem achttägigen Marsch nach Abujhmad. Genosse Doktor trägt Uniform. Wenn sie ihn aufgreifen, werden sie ihn umbringen.

Genosse Raju erklärt, dass es nicht länger sicher sei, hier zu campen. Wir müssen weiter. Die Bhumkal-Feier zu verlassen heißt, sich von vielen zu verabschieden.

Lal lal salaam, lal lal salaam.
Jaane wale saathiyon ko lal lal salaam.
(Einen roten Gruß an die aufbrechenden Genossen.)
Phir milenge, phir milenge
Dandakaranya jungle mein phir milenge.
(Wir werden uns wiedersehen, eines Tages, im Wald von Dandakaranya.)

Die Begrüßung und der Abschied werden ernst genommen, weil jeder weiß, dass »wir werden uns wiedersehen« heißt, »wir werden uns vielleicht nie wiedersehen«.

Die Genossinnen Narmada, Maase und Rupi gehen getrennte Wege. Werde ich sie je wiedersehen?

Wieder einmal marschieren wir. Jeden Tag wird es heißer. Kamla pflückt die erste Tendu-Frucht für mich. Sie schmeckt wie Breiapfel. Ich bin Tamarindenfan geworden. Diesmal schlagen wir das Lager in der Nähe eines Flusses auf. Frauen und Männer baden abwechselnd in Gruppen. Abends bekommt Genosse Raju ein ganzes Paket »Biskuits«. Neuigkeiten:

- Die 60 Ende Januar in Manpur verhafteten Personen wurden noch nicht vor Gericht gestellt.
- Große Polizeikontingente sind im Süden Bastars eingetroffen. Willkürliche Einsätze finden statt.
- Am 8. November 2009 wurden im Dorf Kachlaram im Distrikt Bijapur Dirko Madka (60) und Kovasi Suklu (68) getötet.
- Am 24. November wurde Madavi Baman (15) im Dorf Pangodi getötet.
- Am 3. Dezember wurde Madavi Budram aus Korenjad getötet.
- Am 11. Dezember wurden im Dorf Gumiapal, Darba, sieben Personen getötet (Namen noch unbekannt).
- Am 15. Dezember wurden im Dorf Kotrapal Veko Sombar und Madavi Matti (beide bei der KAMS) getötet.
- Am 30. Dezember wurden im Dorf Vechapal Poonem Pandu und Poonem Motu (Vater und Sohn) getötet.
- Im Januar 2010 (genaues Datum unbekannt) wurde im Dorf Kaika, Gangalaur, der Leiter der Janatana Sarkar getötet.

- Am 9. Januar wurden im Dorf Surpangooden in der Gegend von Jagargonda vier Personen getötet.
- Am 10. Januar wurden im Dorf Pullem Pulladi drei Personen getötet (Namen noch unbekannt).
- Am 25. Januar wurden im Dorf Takilod in der Gegend der Indravati sieben Personen getötet.
- Am 10. Februar (Bhumkal-Tag) wurde im Dorf Dumnaar, Abujhmad, Kumli vergewaltigt und getötet. Sie stammte aus dem Dorf Paiver.
- 2000 Polizisten der Indo-Tibetischen Grenzpolizei (ITBP) haben ihr Lager im Wald von Rajnandgaon aufgeschlagen.
- 5000 zusätzliche BSF-Soldaten sind in Kanker eingetroffen.

Und dann:

- PLGA-Quote ist erfüllt.

Auch ein paar alte Zeitungen sind mit dabei. Es wird viel über die Naxaliten geschrieben. Eine schreiende Überschrift fasst das politische Klima treffend zusammen: »*Khadedo, Maaro, Samarpan Karao* (Eliminiert sie, tötet sie, bringt sie zum Aufgeben).« Darunter: »*Vaarta ke liye loktantra ka dwar khula hai* (Die Tür der Demokratie ist immer offen für Gespräche).« In einer anderen Zeitung steht, dass die Maoisten Cannabis anbauen, um Geld zu verdienen. In einer dritten behauptet ein Kommentar, dass die Gegend, in der wir gecampt haben und durch die wir jetzt marschieren, vollständig von der Polizei kontrolliert wird.

Die Jungkommunisten nehmen die Ausschnitte, um das Lesen zu üben. Sie schlendern durchs Lager und lesen die Artikel gegen die Maoisten laut im Stil von Nachrichtensprechern vor.

Ein neuer Tag. Ein neues Camp am Rand des Dorfes Usir, unter riesigen Mahuabäumen. Die Mahuas blühen und lassen ihre blassgrünen Blüten wie Edelsteine auf den Waldboden fallen. Die Luft ist erfüllt von ihrem leicht berauschenden Duft. Wir warten auf die Kinder der Bhatpal-Schule, die nach dem Encounter von Ongnaar geschlossen wurde. Sie ist jetzt eine Polizeikaserne. Die Kinder wurden nach Hause geschickt. Kasernen sind auch die Schulen von Nelwad, Moonjmetta, Edka, Vedomakot und Dhanora.

Die Kinder aus der Bhatpal-Schule kommen nicht.

Genossin Niti (dringend gesucht) und Genosse Vinod gehen mit uns eine weite Strecke, um uns die Wasserreservoirs und Bewässerungssysteme zu zeigen, die von der örtlichen Janatana Sarkar angelegt wurden. Genossin Niti erzählt von den landwirtschaftlichen Problemen. Nur 2 Prozent der Landfläche werden bewässert. In Abujhmad war Pflügen bis vor zehn Jahren unbekannt. In Gadchiroli dringen andererseits hybrides Saatgut und chemische Pestizide immer weiter vor. »Für die Landwirtschaft brauchen wir dringend Hilfe«, sagt Genosse Vinod. »Wir brauchen Leute, die sich mit Saatgut, organischen Pestiziden und Permakultur auskennen. Mit ein bisschen Hilfe könnten wir viel erreichen.«

Genosse Ramu ist der Bauer, der für das Gebiet der Janatana Sarkar zuständig ist. Stolz zeigt er uns die Felder mit Reis, Auberginen, Kenaf, Zwiebeln und Kohlrabi. Und genauso stolz weist er uns auf einen knochentrockenen Bewässerungsteich hin. »Was ist das?« »Während der Regenzeit sammelt sich hier kein Wasser. Er wurde an der falschen Stelle ausgehoben«, sagt er und grinst übers ganze Gesicht. »Nicht von uns. Er wurde von der Looti Sarkar (der Regierung, die plündert) angelegt.« Es gibt hier zwei parallele Verwaltungen, Janatana Sarkar und Looti Sarkar.

Ich muss an die Worte des Genossen Venu denken: Sie wollen uns vernichten, nicht nur wegen der Bodenschätze, sondern auch weil wir der Welt ein alternatives Lebensmodell vor Augen führen.

Noch ist sie keine wahre Alternative, diese Idee des Gram Swaraj (Selbstverwaltung) mit dem Gewehr. Es gibt hier zu viel Hunger, zu viel Krankheit. Aber sie hat definitiv die Möglichkeiten für eine Alternative geschaffen. Nicht für die ganze Welt, nicht für Alaska oder New Delhi, vielleicht nicht einmal für ganz Chhattisgarh, aber für sich selbst. Für den Dandakaranya. Es ist das bestgehütete Geheimnis der Welt. Sie hat das Fundament gelegt für eine Alternative zu ihrer eigenen Vernichtung. Sie leistet Widerstand gegen die Geschichte. Obwohl sie kaum eine Chance hatte, hat sie eine Blaupause für ihr Überleben erstellt. Sie braucht Hilfe und Phantasie, sie braucht Ärzte, Lehrer, Bauern.

Krieg braucht sie nicht.

Doch wenn ihr nichts anderes geboten wird als Krieg, wird sie kämpfen.

Während der nächsten Tage treffe ich Frauen, die für die KAMS arbeiten, Funktionäre der Janatana Sarkars, Mitglieder der Dandakaranya Adivasi Kisan Mazdoor Sangathan (DAKMS), Familien von Getöteten und gewöhnliche Menschen, die in diesen schrecklichen Zeiten versuchen zu überleben.

Ich lerne drei Schwestern kennen – Sukhiari, Sukdai und Sukkali. Sie sind nicht mehr jung, vielleicht in den 40ern, und stammen aus dem Distrikt Narayanpur. Seit zwölf Jahren sind sie in der KAMS. Die Dorfbewohner brauchen sie für den Umgang mit der Polizei. »Die Polizei kommt in Gruppen von 200 oder 300 Mann. Sie stehlen alles: Schmuck, Hühner,

Schweine, Töpfe, Pfannen, Pfeil und Bogen«, sagt Sukkali. »Sie lassen uns nicht einmal ein Messer.« Ihr Haus in Innar wurde zweimal niedergebrannt, einmal vom Naga-Bataillon und einmal von der CRPF. Sukhiari wurde verhaftet und saß sieben Monate im Gefängnis von Jagdalpur. »Einmal haben sie alle Männer im Dorf mitgenommen und behauptet, sie wären Naxaliten.« Sukhiari folgte ihnen mit allen Frauen und Kindern. Sie umstellten das Polizeirevier und weigerten sich abzuziehen, bis alle Männer freigelassen wurden. »Wenn sie jemanden mitnehmen«, sagt Sukdai, »muss man sie sofort zurückholen, bevor sie irgendeinen Bericht schreiben. Sobald sie irgendwas aufschreiben, wird es schwierig.«

Sukhiari, die als Kind entführt und zwangsweise mit einem älteren Mann verheiratet wurde (sie lief davon und lebte anschließend bei ihrer Schwester), organisiert jetzt Massenveranstaltungen und spricht auf Versammlungen. Die Männer sind auf ihren Schutz angewiesen. Ich frage sie, was ihr die Partei bedeutet. »*Naxalvaad ka matlab hamara parivaar* (Naxalvaad ist unsere Familie). Wenn wir von einem Angriff erfahren, ist das, als ob unserer Familie etwas angetan wurde«, sagt Sukhiari.

Ich frage, ob sie weiß, wer Mao war. Sie lächelt schüchtern. »Er war ein Führer. Wir kämpfen für seine Vision.«

Ich treffe Genossin Somari Gawde. Sie ist erst 20 und saß bereits zwei Jahre im Gefängnis von Jagdalpur. Am 8. Januar 2007 war sie in Innar, als 740 Polizisten auf der Suche nach Genossin Niti das Dorf umzingelten. (Genossin Niti war dort, doch als die Polizei kam, war sie bereits weg.) Aber die Dorfmiliz, zu der Somari gehörte, war noch da. Im Morgengrauen eröffnete die Polizei das Feuer. Sie töteten zwei Jungen, Suklal Gawde und Kachroo Gota, und verhafteten drei Personen, zwei Jungen, Dusri Salam und Ranai, und Somari.

Dusri und Ranai wurden gefesselt und erschossen. Somari wurde nahezu zu Tode geprügelt. Dann stahl die Polizei einen Traktor mit Anhänger und warf die beiden Leichen darauf. Somari musste bei den Toten sitzen und wurde nach Narayanpur gebracht.

Ich treffe Chamri, die Mutter des Genossen Dilip, der am 6. Juli 2009 erschossen wurde. Sie erzählt, dass die Polizisten, nachdem sie ihren Sohn umgebracht hatten, seine Leiche wie ein Tier an eine Stange banden und mit sich davontrugen. (Sie müssen Leichen liefern, damit sie ihr Geld bekommen, bevor sich jemand anders die Beute holt.) Chamri lief hinter ihnen her bis zum Polizeirevier. Als sie dort ankamen, hatte die Leiche keinen Fetzen Kleidung mehr am Körper. Unterwegs ließen sie die Leiche am Wegesrand liegen, während sie in einem *dhaba*, einem Gasthaus am Straßenrand, Tee tranken und Kekse aßen. (Wofür sie nicht bezahlten.) Man stelle sich einen Augenblick lang diese Mutter vor, die der Leiche ihres Sohnes durch den Wald folgt und in sicherem Abstand stehen bleibt und wartet, bis seine Mörder ihren Tee ausgetrunken haben. Sie gaben ihr die Leiche ihres Sohnes nicht zurück, damit sie ihn bestatten konnte. Sie ließen sie nur eine Handvoll Erde in die Grube werfen, in der sie die anderen an diesem Tag Getöteten beerdigten. Chamri sagt, dass sie Rache will. *Badla ku badla.* Blut für Blut.

Ich treffe die gewählten Mitglieder der Marskola Janatana Sarkar, die sechs Dörfer verwalten. Sie beschreiben einen Polizeiüberfall: Sie kommen nachts, 300, 400 Mann, manchmal 1000. Sie riegeln das Dorf ab und warten. Morgens nehmen sie die Ersten, die auf die Felder gehen, und benutzen sie als menschliche Schilde, um in das Dorf einzudringen. Dann müssen sie sie zu den versteckten Sprengfallen (Booby-traps) führen. (»Booby-trap« ist zu einem Gondi-Wort geworden.

Jeder lächelt, wenn er es sagt oder hört. Der Wald ist voller Sprengfallen, echten und vorgetäuschten. Auch die PLGA muss an den Dörfern vorbeigeführt werden.) Wenn die Polizei einmal in einem Dorf ist, plündert, stiehlt und brandschatzt sie. Sie kommt mit Hunden. Die Hunde hetzten sie auf die, die davonlaufen. Sie jagen Hühner und Schweine, die Polizei tötet sie und nimmt sie mit. SPOs sind mit dabei. Sie wissen, wo die Leute ihr Geld und ihren Schmuck verstecken. Sie verhaften Leute und nehmen sie mit. Und fordern Geld, bevor sie sie wieder freilassen. Sie haben stets naxalitische Uniformen dabei für den Fall, dass sie jemanden umbringen. Für das Töten von Naxaliten bekommen sie Geld, deswegen fabrizieren sie welche. Die Dorfbewohner haben zu große Angst, um zu Hause zu bleiben.

In diesem Wald, der so idyllisch wirkt, scheint das Leben vollkommen militarisiert. Die Menschen kennen englische Wörter wie »cordon« (abriegeln) und »search« (durchsuchen), »Firing!« (Feuer!), »advance« (Vorstoß) und »retreat« (Rückzug) und »Down, Action!« (Deckung, Feuer!). Um zu ernten, müssen sie von der PLGA bewacht werden. Auf den Markt zu gehen ist eine militärische Operation. Die Märkte sind voller *mukhbirs* (Informanten), die die Polizei mit Geld aus den Dörfern gelockt hat. Angeblich gibt es in Narayanpur ein *mukhbir mohalla* (Informantenviertel), in dem 4000 Informanten leben. Die Männer können nicht mehr auf den Markt gehen. Die Frauen gehen, aber sie werden nicht aus den Augen gelassen. Wenn sie auch nur ein bisschen mehr als gewöhnlich kaufen, werden sie von der Polizei beschuldigt, es für die Naxaliten zu kaufen. Apotheker sind angewiesen, Medikamente nur in kleinen Mengen abzugeben. Niedrigpreisrationen der öffentlichen Hand – Zucker, Reis, Kerosin – werden in und in der Nähe von Polizeirevieren gelagert, so dass die meisten sich nicht mehr trauen, sie zu kaufen.

Artikel 2 der UN-Konvention über die Verhütung und Bestrafung des Völkermordes definiert Genozid als:

> eine der folgenden Handlungen, die in der Absicht begangen wird, eine nationale, ethnische, rassische oder religiöse Gruppe als solche ganz oder teilweise zu zerstören: Tötung von Mitgliedern der Gruppe; Verursachung von schwerem körperlichem oder seelischem Schaden an Mitgliedern der Gruppe; vorsätzliche Auferlegung von Lebensbedingungen für die Gruppe, die geeignet sind, ihre körperliche Zerstörung ganz oder teilweise herbeizuführen; Verhängung von Maßnahmen, die auf die Geburtenverhinderung innerhalb der Gruppe gerichtet sind; gewaltsame Überführung von Kindern der Gruppe in eine andere Gruppe.

Die langen Märsche haben mich schließlich doch geschafft. Ich bin müde. Kamla bringt mir eine Schüssel mit heißem Wasser. Ich wasche mich im Dunkeln hinter einem Baum. Ich kann nichts essen und krieche in meinen Schlafsack. Genosse Raju kündigt an, dass wir weiter müssen. Das passiert oft, aber heute Abend fällt es mir sehr schwer. Unser Camp ist auf einer offenen Wiese, und in der Ferne sind Schüsse zu hören. Wir sind 104 Personen. Wieder gehen wir im Gänsemarsch durch den Wald. Grillen. Etwas riecht wie Lavendel. Es muss nach 23 Uhr sein, als wir unseren neuen Lagerplatz erreichen, ein felsiges Gelände. Aufstellung. Anwesenheitsappell. Jemand schaltet das Radio ein. Die BBC berichtet, dass ein Angriff auf das Camp der Eastern Frontier Rifles in Lalgarh, Westbengalen, stattgefunden hat. Sechzig Maoisten auf Motorrädern. Vierzehn Polizisten wurden getötet. Zehn werden vermisst. Waffen wurden erbeutet. Erfreutes Gemurmel um mich herum. Der Maoistenführer Kishenji wird interviewt. Wann werden Sie die Gewalt beenden und sich zu Verhandlungen bereit erklären? Sobald Operation Green Hunt eingestellt wird. Jederzeit. Sagen Sie Chidambaram, dass wir verhandeln werden. Nächste Frage: Es ist dunkel, Sie haben Landminen ausgelegt, Verstärkung wurde angefordert. Werden Sie die auch angreifen? Kishenji: Ja, natürlich, sonst werden meine Leute mich verprügeln. Lachen wird laut. Sukhdev, der immer alles klarstellt, sagt: »Sie reden immer von Landminen. Wir benutzen keine Landminen. Wir benutzen IEDs.«

Eine weitere Luxussuite im Tausend-Sterne-Hotel. Ich fühle mich krank. Es beginnt zu regnen. Leises Gekicher. Kamla wirft eine Jhilli über mich. Was brauche ich mehr? Alle anderen rollen sich in ihrer Jhilli ein.

Am nächsten Morgen werden in Lalgarh 21 Tote gezählt, zehn Menschen werden weiterhin vermisst.

Genosse Raju ist rücksichtsvoll heute. Wir marschieren erst wieder am Abend.

Eines Abends drängen sich die Leute wie Motten um eine winzige Lichtquelle. Es ist der kleine Computer des Genossen Sukhdev, von einer Solarzelle mit Strom versorgt, und sie schauen sich *Mother India*, einen indischen Filmklassiker von 1957, an, die Läufe ihrer Gewehre schwarze Striche vor dem Himmel. Kamla scheint nicht interessiert. Ich frage sie, ob sie nicht gern Filme sieht. »*Nahin, didi. Sirf ambush video* (Nein, Schwester. Nur Überfallvideos).« Später frage ich Genossen Sudhdev nach den Überfallvideos. Ohne mit der Wimper zu zucken, führt er mir eins vor.

Es beginnt mit Aufnahmen vom Dandakaranya, Flüsse, Wasserfälle, eine Nahaufnahme von einem nackten Ast, der Ruf eines Fiebervogels. Dann verkabelt plötzlich ein Genosse ein IED, versteckt es hinter trockenem Laub. Eine Motorradkavalkade wird in die Luft gejagt. Verstümmelte Leichen und brennende Motorräder. Waffen werden eingesammelt. Drei Polizisten, die unter Schock stehen, werden gefesselt.

Wer filmt? Wer leitet die Aktion? Wer versichert den gefangen genommenen Polizisten, dass sie freigelassen werden, wenn sie sich ergeben? (Sie wurden freigelassen. Ich habe es später überprüft.)

Ich kenne die leise, beruhigende Stimme. Es ist Genosse Venu.

»Das ist der Überfall bei Kudur«, sagt Genosse Sukhdev.

Sein Videoarchiv enthält verbrannte Dörfer, Aussagen von Augenzeugen und Verwandten von Toten. Auf der versengten Mauer eines verbrannten Hauses steht: »*Nagaaa!* Zum Töten geboren!« Ein kleiner Junge ist zu sehen, dem man die Finger abgehackt hat zur Eröffnung des Kapitels Bastar der Operation Green Hunt. (Auch ein Fernsehinterview mit mir. Mein Arbeitszimmer. Meine Bücher. Seltsam.)

Am Abend wird im Radio über einen weiteren Überfall der Naxaliten berichtet. Diesmal in Jamui, Bihar. Einhundertfünfundzwanzig Maoisten haben ein Dorf angegriffen und zehn Angehörige des Kora-Stammes getötet als Vergeltung dafür, dass sie der Polizei Informationen gegeben haben, die zur Tötung von sechs Maoisten führten. Natürlich wissen wir, dass der Bericht der Wahrheit entsprechen kann oder auch nicht. Doch wenn er zutrifft, dann ist die Aktion unverzeihlich. Genossen Raju und Sukhdev ist sichtlich unbehaglich zumute.

Die Nachrichten aus Jharkhand und Bihar sind verstörend. Die grausige Enthauptung des Polizisten Francis Induvar hat noch niemand vergessen. Sie ist eine Erinnerung daran, wie leicht die Disziplin des bewaffneten Kampfes in Akte krimineller Gewalt umschlagen kann oder in hässliche Kämpfe um Identität zwischen Kasten, Gemeinschaften und religiösen Gruppen. So wie der indische Staat Ungerechtigkeit institutionalisiert hat, hat er das Land zu einem Pulverfass gemacht. Die Regierung irrt sich gewaltig, wenn sie glaubt, die Gewalttätigkeiten beenden zu können, wenn sie »gezielte Tötungen« ausführen lässt, um die CPI (Maoisten) »führungslos« zu machen. Im Gegenteil, die gewaltsamen Auseinandersetzungen werden sich ausbreiten und intensivieren, und die Regierung wird niemanden mehr haben, mit dem sie verhandeln könnte.

Während meiner letzten Tage bei den Genossen mäandrieren wir durch das üppige, wunderschöne Tal der Indravati. Als wir auf einem Hügelkamm entlanggehen, sehen wir eine weitere Menschenreihe auf der anderen Flusseite in die gleiche Richtung marschieren. Ich erfahre, dass sie unterwegs sind in das Dorf Kudur zu einer Kundgebung gegen den geplanten Staudamm. Sie sind keine Untergrundkämpfer und nicht bewaffnet. Eine Demonstration für das Tal. Ich wechsle die Seite und schließe mich ihnen an.

Der Bodhghat-Damm wird das gesamte Gebiet überfluten, in dem wir uns seit Tagen bewegen. Den ganzen Wald, die ganze Geschichte, alle Geschichten. Über 100 Dörfer. Ist das das Vorhaben? Menschen wie Ratten zu ertränken, damit das integrierte Hüttenwerk von Lohandiguda und das Bauxitbergwerk und die Aluminiumraffinerie in den Keshkal Ghats den Fluss für sich haben können?

Auf der Kundgebung sagen die Menschen Dinge, die wir seit Jahren hören. Wir werden ertrinken, aber wir werden nicht weggehen! Sie sind begeistert, dass jemand aus Delhi hier ist. Ich erkläre ihnen, dass Delhi eine grausame Stadt ist, die nichts von ihnen wissen will und der sie gleichgültig sind.

Ein paar Wochen, bevor ich nach Dandakaranya kam, war ich in Gujarat. Der Stausee des Sardar-Sarovar-Damms ist jetzt nahezu voll geflutet. Und nahezu alles, was die Narmada Bachao Andolan vorhergesagt hat, ist eingetroffen. Die umgesiedelten Menschen wurden nicht in die Gesellschaft integriert, aber das hat auch niemand erwartet. Die versprochenen Kanäle wurden nicht gebaut. Es gibt kein Geld. Das Wasser der Narmada wird in das leere Flussbett des Sabarmati umgeleitet (der vor langer Zeit bereits gestaut wurde). Das meiste Wasser verbrauchen die Städte und die Industrie. Die Auswirkungen im Mündungsgebiet – das Eindringen des Salzwassers in das Delta ohne Fluss – sind immer schwieriger zu kontrollieren.

Es gab eine Zeit, als der Glaube an die großen Staudämme als die »Tempel des modernen Indien« ein Irrglaube, aber verständlich war. Doch heute, nach allem, was passiert ist, und da wir so viel mehr wissen als früher, sind diese Dämme ein Verbrechen an der Menschheit.

Nach Protesten der örtlichen Bevölkerung wurde der Bodhghat-Damm 1984 auf Eis gelegt. Wer soll ihn jetzt noch stoppen? Wer soll verhindern, dass der Grundstein gelegt wird? Dass die Indravati gestohlen wird? Jemand muss es tun.

In der letzten Nacht campen wir am Fuß eines steilen Hügels, den wir am Morgen besteigen werden. Oben auf der Straße wird mich ein Motorradfahrer abholen. Seitdem ich hier bin, hat sich der Urwald verändert. Die Chironji-, die Woll- und Mangobäume blühen.

Die Bewohner von Kudur bringen einen Topf mit frisch gefangenen Fischen ins Camp. Und für mich eine Liste mit 71 Arten von Früchten, Gemüsen, Hülsenfrüchten und Insekten, die sie aus dem Wald beziehen und auf Feldern anbauen, sowie den dazugehörigen Marktpreisen. Es ist nur eine Liste. Aber für sie ist es auch eine Landkarte ihrer Welt.

Dschungelpost trifft ein. Zwei »Biskuits« für mich sind dabei. Ein Gedicht und eine gepresste Blume von Genossin Narmada. Ein reizender Brief von Maase. (Wo ist sie? Werde ich es je erfahren?)

Genosse Sukhdev fragt, ob er die Musik von meinem iPod auf seinen Computer überspielen kann. Wir hören eine Aufnahme von Iqbal Bano, die Faiz Ahmad Faiz› *Hum Dekhenge* (Wir werden den Tag erleben) 1985 in dem berühmten Konzert von Lahore singt, als die Unterdrückung durch Pakistans Diktator Zia-ul-Haq am größten war.

Jab ahl-e-safa Mardud-e-haram
Masnad pe bithaiye jayenge
(Wenn die Häretiker und Geschmähten ganz oben sitzen)
Sab taaj uchhale jayenge
Sab takht giraye jayenge
(Werden alle Kronen heruntergerissen, alle Throne gestürzt)
Hum dekhenge

Fünfzigtausend Zuhörer in jenem Pakistan begannen daraufhin trotzig zu intonieren: *Inqilab Zindabad! Inqilab Zindabad!* (Lang lebe die Revolution!) Und so viele Jahre später schallt dieser Ruf durch den Dandakaranya. Seltsam, die Allianzen, die geschmiedet werden.

Der Innenminister droht indirekt jenen, die »die Maoisten irrigerweise intellektuell und materiell unterstützen«. Gehört dazu auch, gemeinsam Musik zu hören?

Bei Tagesanbruch verabschiede ich mich von den Genossen Madhav und Joori, vom jungen Mangtu und all den anderen. Genosse Chandu ist unterwegs, um die Motorräder zu organisieren und wird mich bis zur Hauptstraße begleiten.

Genosse Raju kommt nicht mit (der Aufstieg wäre die Hölle für seine Knie). Genossin Niti (dringend gesucht), Genosse Sukhdev, Kamla und fünf weitere steigen mit mir den Hügel hinauf. Als wir aufbrechen, entsichern die Genossen Niti und Sukhdev beiläufig ihre AKs. Ich bemerke es zum ersten Mal. Wir nähern uns der »Grenze«. »Weißt du, was du tun musst, wenn auf uns geschossen wird?«, fragt Sukhdev, als wäre es die natürlichste Sache der Welt.

»Ja«, sage ich, »sofort in einen unbegrenzten Hungerstreik treten.«

Er setzt sich auf einen Felsen und lacht. Der Aufstieg dauert ungefähr eine Stunde. Knapp unterhalb der Straße setzen wir uns in eine von Felsen gebildete Nische. Wir sind vollkommen verborgen wie ein Überfallkommando und horchen auf das Geräusch der Motorräder. Als wir es hören, verabschieden wir uns rasch. *Lal Salaam*, Genossen.

Als ich zurückblicke, stehen sie noch da. Winken. Ein kleines Häufchen. Menschen, die mit ihren Träumen leben, während der Rest der Welt mit seinen Albträumen lebt. Jede Nacht denke ich an diese Zeit. Den nächtlichen Himmel, die Wege durch den Wald. Ich sehe die Fersen von Genossin Kamla in den abgewetzten Sandalen, erhellt vom Schein meiner Taschenlampe. Ich weiß, dass sie unterwegs ist. Sie marschiert nicht nur für sich selbst, sondern um für uns alle die Hoffnung lebendig zu halten.

Kapitalismus – Eine Gespenstergeschichte

Ist es ein Haus oder ist es ein Zuhause? Ein Tempel für das neue Indien? Oder ein Speicher für seine Gespenster? Seitdem Antilia über die Altamond Road in Mumbai thront, eine Aura von Geheimnis und stiller Bedrohung verströmend, ist nichts mehr, wie es war. »Hier sind wir«, sagte ein Freund, der mir Antilia zeigte. »Huldige unserem neuen Herrscher.«

Antilia ist das Eigentum des reichsten Mannes Indiens: Mukesh Ambani. Ich hatte bereits darüber gelesen, über dieses teuerste Gebäude, das je gebaut worden ist, über die 27 Stockwerke, die drei Helipads, neun Aufzüge, hängende Gärten, Ballsäle, Wetterräume, Sporthallen, sechs Parkdecks – und 600 Bedienstete. Aber nichts hatte mich vorbereitet auf die vertikale Wiese – eine hoch aufragende, 27-stöckige Wand aus Gras gewachsen auf einem Metallgitter. An manchen Stellen war das Gras vertrocknet; flächenweise waren Rechtecke einfach herausgefallen. Offenbar hatte sich der Trickle-down-Effekt nicht eingestellt.

Der Gush-up-Effekt aber umso mehr. Aus diesem Grund besitzen die 100 wohlhabendsten Menschen in diesem Land von 1,2 Milliarden Einwohnern ein Vermögen, das so groß ist wie ein Viertel des gesamten Bruttoinlandsproduktes Indiens.[1]

Wie man hört (oder in der *New York Times* liest), sollen die Ambanis, nach all den Anstrengungen um Bau und Gartenbau, gar nicht mehr in Antilia wohnen.[2] Keiner weiß das so genau. Die Menschen hier tuscheln noch immer über Gespenster und Schicksal, über Vastu und Feng-Shui. Vielleicht ist Karl Marx an allem schuld. (An all dem Verfluchen.) Marx meinte, der Kapitalismus, der »so gewaltige Produktions- und Verkehrsmittel hervorgezaubert hat, gleicht dem Hexenmeister, der die unterirdischen Gewalten nicht mehr zu beherrschen vermag, die er heraufbeschwor.«[3]

Die 300 Millionen von uns, die in Indien zur neuen Mittelklasse gehören, jene durch »Reformen« des Internationalen Währungsfonds entstandene Mittelklasse – der Markt –, leben Seite an Seite mit den Gespenstern der Unterwelt, den Poltergeistern toter Flüsse, ausgetrockneter Brunnen, kahler Hügel und gelichteter Wälder; den Gespenstern von 250 000 hochverschuldeten Bauern, die sich in den Selbstmord geflüchtet haben, und von 800 Millionen, die ausgeblutet und enteignet wurden, um für uns Platz zu machen.[4] Und die heute mit weniger als 20 Rupien am Tag überleben müssen.[5]

Mukesh Ambanis Privatvermögen liegt bei 20 Milliarden US-Dollar.[6] Er hält eine kontrollierende Beteiligung an Reliance Industries Limited (RIL), einem Unternehmen mit einem Marktkapital von 47 Milliarden US-Dollar und globalen Wirtschaftsinteressen, unter anderem an Petrochemikalien, Öl, Erdgas, Polyesterfasern, Sonderwirtschaftszonen, Lebensmitteleinzelhandel, Gymnasien, Life-Science-Forschung und Stammzelleneinlagerung. RIL erwarb kürzlich 95 Prozent der Anteile an Infotel, einem Fernsehkonsortium, das 27 Nachrichten- und Unterhaltungssender, darunter CNN-IBN, IBN Live, CNBC, IBN Lokmat und ETV, in beinahe allen regionalen Sprachen kontrolliert.[7] Infotel besitzt die einzige landesweite 4G-Breitband-Lizenz, eine Highspeed-Informations-Pipeline, die – wenn die Technologie hält, was sie verspricht – die Zukunft des Datenaustauschs darstellen könnte.[8] Mister Ambani besitzt übrigens auch eine Cricket-Mannschaft.

RIL ist Teil einer Handvoll von Konzernen, die Indien regieren. Einige der anderen sind die Tatas, Jindals, Vedanta, die Mittals, Infosys, Essar sowie die andere Reliance Group, die Reliance Anil Dhirubhai Ambani Group, die Mukesh Ambanis Bruder Anil gehört. Ihr Rennen um das Wachstum ist übergeschwappt nach Europa, Zentralasien, Afrika und Lateinamerika. Ihre Netze werfen sie weit aus; sie sind sichtbar und unsichtbar, aktiv über und unter der Erde. Tata umfasst zum Beispiel mehr als 100 Konzerne in 80 Ländern. Tata ist einer der ältesten und größten Energieversorger Indiens im privaten Sektor. Tata besitzt Minen, Gasfelder, Stahlwerke, Telefon-, Kabelfernseh- und Breitbandnetzwerke und kontrolliert sogar ganze Städte. Tata produziert Pkw und Lkw und besitzt die Taj-Hotel-Kette, Jaguar, Land Rover, Daewoo, Tetley Tea, ein Verlagsunternehmen, eine Kette von Buchläden, eine führende Marke von Jodsalz und den Kosmetikriesen Lakme. Problemlos könnte Tatas Werbeslogan lauten: Ohne uns könnt ihr nicht leben.

Die Regel des Gush-up-Evangeliums besagt, je mehr man hat, desto mehr kann man haben.

Die Ära der Privatisierung der Welt hat aus Indien eine der am schnellsten wachsenden Volkswirtschaften des Planeten gemacht. Doch wie bei jeder altbewährten Kolonie bleiben die größten Exportmittel die Mineralstoffe. Die neuen Megakonzerne – Tata, Jindal, Essar, Reliance, Sterlite – haben es geschafft, sich an die Spitze eines Ansaugrohrs zu kämpfen, das aus der Tiefe der Erde kontinuierlich reinstes Kapital an die Oberfläche pumpt.[9] Ein Eldorado für Geschäftsleute: in der Lage sein zu verkaufen, was sie selbst nicht kaufen müssen.

Die zweite Hauptquelle des unternehmerischen Reichtums liegt im *Land Banking*. Überall auf der Welt waren es schwache, korrupte Regierungen, die es den Wall-Street-Brokern, Agrarkonzernen und chinesischen Milliardären ermöglichten, gewaltigen Landbesitz anzusammeln. (Natürlich bedeutet das auch die Aneignung und Kontrolle von Wasserreserven.)

In Indien wird der Landbesitz von Millionen Menschen aufgekauft und an private Konzerne übergeben im Sinne des »öffentlichen Interesses« – für Sonderwirtschaftszonen, Infrastruktur-Projekte, Dämme, Autobahnen, Automobilhersteller, Chemie-Standorte und Formel-1-Rennen.[10] (Die Unantastbarkeit von Privateigentum ist ein Luxus, den sich die Armen nie leisten können.) Wie üblich wird den ärmsten Menschen versichert, dass die Umsiedlung und die Zwangsenteignung von allem, was sie haben, stets im Sinne von Arbeitsplatzschaffung geschieht. Mittlerweile ist allerdings bekannt, dass der Zusammenhang zwischen BIP-Wachstum und Arbeitsplatzwachstum ein Mythos ist. Nach 20 Jahren »Wachstum« sind 60 Prozent der indischen Arbeitnehmerschaft selbständig, und 90 Prozent der indischen Erwerbsbevölkerung arbeiten im informellen Sektor.[11]

Nach der Unabhängigkeit Indiens, und noch bis in die 1980er Jahre, kämpften Volksbewegungen wie die der Naxaliten bis hin zu den Vertretern von Jayaprakash Narayans Idee der Totalrevolution Sampoorna Kraanti für Bodenreformen, für die Umverteilung von Landbesitz feudaler Großgrundbesitzer an arme Kleinbauern. Heute würde jede Diskussion über Umverteilung von Besitz nicht nur als undemokratisch betrachtet, sondern als wahnsinnig abgetan werden. Selbst die militantesten Bewegungen wurden reduziert auf einen Kampf um das wenige Land, das den Menschen noch geblieben ist. Die meisten der Millionen landloser Inder sind Nachfahren der indischen Ureinwohner der Dalits und Adivasi, und die meisten von ihnen wurden aus ihren Dörfern vertrieben und müssen heute in Slums und Shantytowns sowohl winziger Städtchen wie riesiger Megacitys leben – meistens bleiben sie gänzlich unerwähnt, selbst im radikalsten Diskurs.

Ein Gush-up konzentriert den Reichtum auf einer Nadelspitze, der zur Tanzfläche von Milliardären wird; Flutwellen an Geld brechen durch demokratische Institutionen wie Gerichte und das Parlament – und durch die Medien mit dem einzigen Ziel, deren Funktionen ernsthaft einzuschränken. Je geräuschvoller der Karneval um die Wahlen ist, desto sicherer sind wir, dass Demokratie wirklich existiert.

Jeder neue Korruptionsskandal, der in Indien an die Oberfläche kommt, lässt den vorangegangenen harmlos erscheinen. Im Sommer 2011 wurde der 2G-Spektrum-Skandal aufgedeckt. Man fand heraus, dass Unternehmen 40 Milliarden US-Dollar öffentlicher Gelder abgeschöpft hatten, indem sie eine gute Seele zum Minister für Kommunikation und Information ernannt hatten, der die Frequenzlizenzen für 2G-Spektren aufs Gröbste unterbewertet und illegal an seine Freunde verkauft hatte. Die aufgezeichneten Telefongespräche, die der Presse zugespielt wurden, zeigten, wie ein Netzwerk von Industriellen und deren Briefkastenfirmen, Minister, Chefreporter sowie ein Fernsehsprecher diesen Diebstahl bei Tageslicht ermöglichten. Die Mitschnitte waren lediglich die Röntgenaufnahmen, die eine lange vermutete Diagnose endgültig Gewissheit werden ließ.

Die Privatisierung und illegale Veräußerung der Frequenzspektren bedeutet nicht Krieg, Vertreibung und Umweltzerstörung. Die Privatisierung der Berge, Flüsse und

Wälder Indiens allerdings schon. Weil sie vielleicht nicht die klare Eindeutigkeit eines offensichtlichen und ausgemachten Skandals haben oder weil sie vielleicht im Namen des indischen »Fortschritts« geschehen, finden diese Privatisierungen bei der Mittelklasse nicht dieselbe Resonanz.

2005 unterzeichneten die Regierungen von Chhattisgarh, Orissa und Jharkhand Hunderte von Absichtserklärungen, durch die Bauxit, Eisenerz und andere Mineralien mit Milliardenwert für einen Hungerlohn verkauft wurden, und so trotzten die Regierungen sogar der verzerrten Logik der freien Marktwirtschaft. (Lizenzabgaben an die Regierungen reichten von 0,5 bis 7 Prozent.)[12]

Nur wenige Tage nachdem die Regierung von Chhattisgarh den Bau eines integrierten Stahlwerks in Bastar durch Tata Steel genehmigt hatte, wurde die Salwa Judum gegründet, eine Bürgermiliz. Die Regierung beteuerte, es handele sich dabei um einen spontanen Aufstand von Einheimischen gegen die Unterdrückung durch maoistische Guerillas aus den Wäldern. Wie sich herausstellte, handelte es sich dabei um eine Reinigungsoperation, bezahlt und bewaffnet durch die Regierung und unterstützt von der Bergbauindustrie. In anderen Bundesstaaten wurden ähnliche Milizen gegründet, die andere Namen trugen. Der Premierminister verkündete, die Maoisten seien die »größte Bedrohung der inneren Sicherheit Indiens«. Es war eine Kriegserklärung.[13]

Vielleicht um die Ernsthaftigkeit der Pläne der Regierung zu signalisieren, erreichten am 2. Januar 2006 zehn Polizeikolonnen ein Tata-Stahlwerk in Kalinganagar, in einem Nachbarstaat von Orissa, und eröffneten das Feuer auf Bürger, die sich versammelt hatten, um zu protestieren gegen die von ihnen als unzureichend empfundene Kompensation für ihr Land. Dreizehn Menschen, einschließlich eines Polizisten, wurden getötet und 37 verwundet.[14] Sechs Jahre sind vergangen, und obwohl die Ortschaften noch immer von Polizisten belagert sind, hat der Protest nicht nachgelassen.

In Chhattisgarh hat sich die Miliz Salwa Judum unterdessen ihren Weg durch Hunderte von Walddörfern gebrannt, vergewaltigt und gemordet. Sechshundert Dörfer sind vollkommen verlassen worden, 50 000 Menschen suchten Schutz in Polizeicamps, 350 000 Menschen flüchteten insgesamt.[15] Der Regierungschef erklärte, dass all jene, die die Wälder nicht verlassen haben, fortan als maoistische Terroristen gelten würden. Auf diese Weise wurden das Pflügen von Feldern und das Säen von Samen in Teilen des modernen Indiens zu Akten des Terrors. Schlussendlich waren die Gräueltaten der Salwa-Judum-Miliz nur darin erfolgreich, den Widerstand zu stärken und die Truppen der maoistischen Guerillakämpfer zu vergrößern. 2009 verkündete die Regierung die Operation »Green Hunt«. Zweihunderttausend paramilitärische Truppen wurden nach Chhattisgarh, Orissa, Jharkand und Westbengalen entsandt.[16]

Nach drei Jahren eines Kleinkriegs, durch den es nicht gelungen war, die Rebellen aus den Wäldern zu spülen, hatte die Zentralregierung entschieden, sie werde die indische Armee und die Luftwaffe entsenden.[17] In Indien nennen wir das aber nicht Krieg. Wir nennen es: »Schaffung eines guten Investitionsklimas«. Tausende von Soldaten hatten sich schon auf den Weg gemacht und es wurden bereits ein Brigadehauptquartier und Flugstützpunkte errichtet. Eine der größten Armeen der Welt plant derzeit ihre Kriegsführung, um sich zu »verteidigen« gegen die ärmsten, hungrigsten und unterernährtesten Menschen des Planeten. Wir warten nur auf die Erklärung des »Armed Forces Special Powers Act«, durch den der Armee legale Immunität gewährt wird, um schon bei dem kleinsten Misstrauen zu töten. Nach den Zehntausenden von anonymen Gräbern und Feuerbestattungen in Kaschmir, Manipur und Nagaland zu urteilen, haben wir es hier mit einer äußerst misstrauischen Armee zu tun.[18]

Während die Vorbereitungen für den Aufmarsch getroffen werden, sind die Dschungel von Zentralindien weiterhin belagert und die Menschen zu ängstlich, um hervorzukommen und auf dem Markt Nahrung oder Medizin einzukaufen. Hunderte von Menschen wurden festgenommen, als Maoisten beschuldigt und unter drakonischen, undemokratischen Gesetzen angeklagt. Die Gefängnisse sind überfüllt mit Adivasi, die ratlos sind, was ihre Verbrechen gewesen sein sollen. Vor kurzem wurde die Adivasi Soni Sori, eine Lehrerin an einer Schule in Bastar, festgenommen und in Polizeigewahrsam gefoltert. Steine wurden in ihre Vagina eingeführt, um aus ihr das Geständnis herauszupressen, sie sei eine Maoistin. Erst aufgrund eines öffentlichen Protests wurde sie zu einer medizinischen Untersuchung entlassen und die Steine konnten in einem Krankenhaus in Kalkutta entfernt werden. Bei einer Anhörung des obersten Gerichts präsentierten Aktivisten den Richtern die Steine in einem Plastikbeutel. Das einzige Ergebnis ihres Protests war, dass Soni Sori im Gefängnis geblieben ist, während Ankit Garg, der Polizeipräsident, der das Verhör durchgeführt hat, am Tag der Republik mit der polizeilichen Tapferkeitsmedaille ausgezeichnet wurde.[19]

Wir erfahren vom ökologischen und sozialen Umbau Zentralindiens nur aufgrund der Massenaufstände und des Krieges. Die Regierung gibt keinerlei Auskünfte. Einige Teile der Medien haben ihr Bestes getan, um die Zustände in Zentralindien an die Öffentlichkeit zu bringen. Allerdings sind die meisten indischen Massenmedien angreifbar, da ihre Einnahmen größtenteils aus den Werbeanzeigen großer

Konzerne stammen. Als wäre das nicht schon schlimm genug, so beginnt die Grenze zwischen den Medien und großen Unternehmen jetzt gefährlich zu verschwimmen. Wie bereits erwähnt, ist Reliance Industries Limited im Besitz von 27 Fernsehsendern. Doch das Gegenteil entspricht ebenfalls der Wahrheit. Einige Medienhäuser verfolgen derzeit ganz direkt unternehmerische Interessen. *Dainik Bhaskar*, eine der größten Tageszeitungen der Region zum Beispiel – und es ist nur ein Beispiel von vielen –, hat 17,5 Millionen Leser in 13 Bundestaaten und vier Sprachen, einschließlich Englisch und Hindi. *Dainik Bhaskar* besitzt außerdem 69 Unternehmen im Bergbau, der Energieindustrie, im Immobilienwesen und der Textilbranche. In einer jüngsten Anklageschrift des Obersten Gerichtshofs von Chhattisgarh wird der DB Power Limited (eines der Unternehmen der *Dainik-Bhaskar*-Gruppe) vorgeworfen, »vorsätzliche, illegale und manipulative Maßnahmen« durch eine ihrer Tageszeitungen angewendet zu haben, um den Ausgang einer öffentlichen Debatte über eine Steinkohlemine zu beeinflussen.[20] Ob diese Einflussnahme erfolgreich war oder nicht, ist gar nicht relevant. Entscheidend ist, dass Medienhäuser in einer Position sind, überhaupt derartigen Einfluss zu nehmen. Die Macht dazu haben sie. Die Landesgesetze erlauben es ihnen, in einer Position zu sein, die zu ernsthaften Interessenskonflikten führt.

Aus anderen Teilen des Landes hingegen kommen keinerlei Neuigkeiten. Im wenig besiedelten, aber militarisierten nordöstlichen Bundesstaat Arunachal Pradesh werden derzeit 168 Dämme gebaut; die meisten von ihnen sind in Privatbesitz.[21] Hohe Dämme, die ganze Bezirke unter Wasser setzen, werden auch gebaut in Manipur und Kaschmir, beides stark militarisierte Bundesstaaten, in denen die Menschen getötet werden können, wenn sie nur gegen die ständigen Stromausfälle protestieren. (Genau dies geschah vor einigen Wochen in Kaschmir.)[22] Wie sollen sie dann den Bau eines ganzen Dammes stoppen?

Das wahnhafteste dieser Projekte ist der Kalpasar-Damm in Gujarat. Er ist projektiert als 34 Kilometer langer Damm über den Golf von Khambhat, mit einer zehnspurigen Autobahn und einer Bahntrasse, die über ihn verlaufen sollen. Durch die Abtrennung des Meerwassers plant man, ein Süßwasserreservoir zu schaffen. (Nicht dass die Flüsse nicht schon zu Rinnsalen verkommen und mit Chemie-Abwässern verseucht wären.) Der Kalpasar-Damm, der den Meeresspiegel erhöhen und die ökologischen Verhältnisse für Hunderte von Küstenkilometern verändern würde, war 2007 Grund zur Sorge einer Reihe von Wissenschaftlern.[23] Jetzt hat das Projekt ein Comeback erlebt, um die Dholera-Sonderinvestmentregion, eine der wasserärmsten Regionen nicht nur in Indien, sondern der ganzen Welt, mit Wasser zu versorgen. Sonderinvestmentregion ist ein Euphemismus für eine selbstregierte, kapitalistische Hölle aus Industrieparks, Townships und Megacitys. Die Dholera-Sonderinvestmentregion soll mit Gujarats übrigen Städten durch eine zehnspurige Autobahn verbunden werden. Woher soll nur das Geld für all diese Pläne kommen?

Im Januar 2011 waltete Gujarats Chief Minister Narenda Modi über ein Treffen im Mahatma-Mandir-Zentrum von über 1000 Geschäftsleuten aus 100 Ländern. Nach Medienberichten versprachen sie 450 Milliarden US-Dollar in Gujarat zu investieren. Das Treffen wurde bewusst am zehnten Jahrestag des Massakers an 2000 Muslimen im Februar 2002 abgehalten. Modi wird nicht nur beschuldigt, die Tötungen geduldet, sondern sie aktiv unterstützt zu haben. Die Menschen, die zuschauen mussten, wie ihre Angehörigen vergewaltigt, ausgeweidet und lebendig verbrannt wurden, die Zehntausenden, die aus ihrer Heimat vertrieben wurden, warten noch immer auf eine Geste der Gerechtigkeit. Doch Modi hat seinen safrangelben Schal längst eingetauscht gegen einen eleganten Dreiteiler und hofft jetzt, die 450 Milliarden US-Dollar könnten als Blutgeld dienen, um die offenen Rechnungen zu begleichen.[24] Vielleicht tun sie das. Die Unterstützung des Big Business hat er in jedem Fall. Die Logik der grenzenlosen Gerechtigkeit wirkt auf mysteriöse Weise.

Die Dholera-Sonderinvestmentregion ist nur eines der kleineren Matroschka-Püppchen, eines der mittleren in der großen Dystopie, an der man tüftelt. Sie wird verbunden werden mit dem Delhi-Mumbai-Industrie-Korridor (DMIK), einem 1500 Kilometer langen und 300 Kilometer weiten Korridor mit neun Megaindustrie-Zonen, einer Hochgeschwindigkeits-Güterverbindung, drei Verkehrshäfen, sechs Flughäfen, einer sechsspurigen Autobahn und einem 4000-MW-Kraftwerk. Der DMIK ist ein Gemeinschaftsunternehmen der Regierungen von Indien und Japan sowie ihren Industriepartnern und wurde vom McKinsey Global Institute projektiert.

Auf der Homepage des DMIK erfährt man, dass etwa 180 Millionen Menschen von dem Projekt »beeinflusst« werden.[25] Auf welche Weise genau dieser Einfluss verlaufen wird, verrät sie nicht. Die Website verspricht die Entstehung einiger neuer Städte und man schätzt, dass die Bevölkerung der Region bis 2019 von derzeitig 231 auf 314 Millionen angestiegen sein wird. In kaum sieben Jahren. Wann hat zuletzt ein Staat, ein Despot, ein Diktator einen Bevölkerungsaustausch von Millionen von Menschen vorgenommen? Wird es sich dabei um einen friedlichen Prozess handeln? Die indische Armee wird vermutlich eine Rekrutierungskampagne einleiten müssen, um nicht kalt erwischt zu werden, wenn ihre Truppen durch ganz Indien entsandt werden sollen. Zur Vorbereitung auf seine Rolle in Zentralindien hat das Militär eine überarbeitete Doktrin seiner militärisch-psychologischen Einsatzführung veröffentlicht; demnach wolle die Armee »ein Signal an eine ausgewählte Zielgruppe senden, um Themen voranzutreiben, die in gewünschtem Verhalten münden, das die politischen und militärischen Ziele des Landes beeinflussen wird«. Dieser Prozess des »Wahrnehmungsmanagements«, so ließ die Armee verlauten, werde durchgeführt mit Hilfe der Medien, die der Armee zur Verfügung stünden.[26]

Das Militär ist erfahren genug, um zu wissen, dass Zwangsmittel und Gewalt allein nicht ausreichen, um ein Social Engineering der Größenordnung durchzuführen, die den Gesellschaftsplanern Indiens vorschwebt. Krieg gegen die Armen ist die eine Sache. Aber für den Rest von uns – die Mittelklasse, Angestellte, Intellektuelle, »Ideengeber« –, für uns muss es schon »Wahrnehmungsmanagement« sein. Und hierfür müssen wir uns der hohen Kunst der unternehmerischen Philanthropie zuwenden.

Neuerdings sind die großen Bergbauunternehmen besonders den schönen Künsten zugetan – dem Film, der Installationskunst und einer Vielzahl von Literaturfestivals, die als Ersatz zu gelten scheinen für die Obsession für Schönheitswettbewerbe der 1990er Jahre. Vedanta ist gerade dabei, mit seiner Gier nach Bauxit dem Volk der Dongria Kondh die Erde ihres Heimatlandes auszusaugen. Dabei sponsert Vedanta den Wettbewerb »Creating Happiness« (Wir schaffen Glück), ein Festival für junge Filmstudenten; die Teilnahmebedingungen sind, einen Film über Nachhaltigkeit zu drehen. Vedantas Werbespruch lautet »Mining Happiness«

(Wir bauen Glück ab). Die Jindal-Gruppe gibt ein Magazin über zeitgenössische Kunst heraus und unterstützt einige der bekanntesten indischen Künstler – natürlich arbeiten sie alle mit rostfreiem Stahl. Essar war der Hauptsponsor des Tehelka Newsweek Think Fest, einem Festival, das »hyper-dynamische« Diskussionen zwischen den wichtigsten Denkern der Welt versprach, unter ihnen bekannte Schriftsteller, Aktivisten und sogar der Architekt Frank Gehry.[27] (Und all das in Goa, wo Aktivisten und Journalisten schwere rechtswidrige Bergbauskandale zutage förderten und Essars Beteiligung am Krieg in Bastar an die Oberfläche kam.)[28] Tata Steel und Rio Tinto (die ähnlich schäbige Machenschaften zu verzeichnen haben) waren unter den Hauptfinanziers des Jaipur-Literaturfestivals (voller Name: Darshan Singh Construction Jaipur Literary Festival), das von seinen Organisatoren als »die größte Literaturshow der Welt« angepriesen wird. Counselage, der »strategische Markenmanager« von Tata, steuerte fürs Festival das Pressezelt bei. Einige der besten und klügsten Schriftsteller der Welt versammelten sich in Jaipur, um über die Liebe zu sprechen, über Literatur, Politik und die Lyrik des Sufismus. Einige versuchten das Recht der freien Meinungsäußerung von Salman Rushdie zu verteidigen, indem sie aus seinem geächteten Buch *Die satanischen Verse* vorlasen. In jeder Einstellung im Fernsehen und in Zeitungsfotografien schwebte das Tata-Logo – mit dem Slogan »Values Stronger than Steel« (Werte stärker als Stahl) hinter ihnen, wie ein milder, wohlwollender Gastgeber. Die Feinde der Meinungsfreiheit waren angeblich mörderische, muslimische Mobs, die – so die Festival-Organisatoren – sogar die anwesenden Schulkinder angegriffen haben könnten. (Wir beobachten gerade, wie hilflos die indische Regierung und die Polizei sich verhalten können, wenn es um Muslime geht.) Ja, die kompromisslose islamische Hochschule Dar ul-Ulum Deoband protestierte gegen die Einladung Rushdies zum Festival. Ja, einige Islamisten kamen zum Festivalgelände, um zu protestieren, und ja, unerhörterweise tat die Landesregierung nichts, um das Gelände abzusichern. Eben deshalb hat die ganze Angelegenheit genau so viel mit demokratischen Werten, mit »vote banks« und den Wahlen in Uttar Pradesh zu tun wie mit islamistischen Fundamentalisten. Aber die Schlacht für Meinungsfreiheit und gegen den islamistischen Fundamentalismus schaffte es in die Schlagzeilen. Das ist auch gut so. Doch es gab kaum Berichte über die Rolle der Festival-Organisatoren im Krieg in den Wäldern, wie sich die Leichen stapeln, wie sich die Gefängnisse füllen. Oder über den »Unlawful Activities Prevention Act« oder den »Chhattisgarh Special Public Security Act«, Verordnungen, die sogar das *Denken* eines regierungsfeindlichen Gedankens zu einem strafbaren Vergehen machen. Oder über die rechtsverbindlichen, öffentlichen Anhörungen zum Tata-Stahlwerk in Lohandiguda, die nach Bürgerberichten vor Ort tatsächlich Hunderte Meilen entfernt in Jagdalpur stattfanden, im Büro des obersten Verwaltungsbeamten des Distrikts, mit einem gekauften Publikum von 50 Zuhörern und mit bewaffneten Wärtern.[29] Was war dort aus der Meinungsfreiheit geworden? Niemand erwähnte Kalinganagar. Niemand erwähnte die Journalisten, Wissenschaftler und Filmemacher, die zu Themen arbeiten, die auf wenig Gegenliebe der indischen Regierung stoßen – zum Beispiel, welch verstohlene Rolle sie spielte im Genozid an den Tamilen im Krieg in Sri Lanka; oder die kürzlich entdeckten anonymen Gräber in Kaschmir – und wie diesen Denkern die Einreise nach Indien verboten wurde und sie direkt vom Flughafen wieder deportiert wurden.[30]

Aber welcher von uns Sündern würde den ersten Stein werfen? Ich nicht, die von den Tantiemen großer, internationaler Verlagshäuser lebt. Wir alle schauen Tata Sky im Fernsehen, wir surfen im Netz mit Tata Photon, wir fahren in Tata-Taxis, wir steigen ab in Tata-Hotels, trinken unseren Tata-Tee in Tata-Porzellan und rühren ihn um mit Teelöffeln aus Tata-Stahl. Wir kaufen Tata-Bücher in Tata-Buchläden. *Hum Tata kanamak Khatey hain.* Wir befinden uns in einem Belagerungszustand.

Wenn der Vorschlaghammer der moralischen Reinheit ein Kriterium fürs Steinewerfen ist, dann kommen nur diejenigen in Frage, die man schon zum Schweigen gebracht hat: diejenigen, die außerhalb des Systems existieren; die Gesetzlosen in den Wäldern; oder diejenigen, die protestieren, ganz gleich, ob die Medien von ihren Protesten berichten oder nicht; oder die braven Enteigneten, die von Tribunal zu Tribunal ziehen, die bezeugen, die aussagen.

Aber das Literaturfestival war für uns ein Moment der Erleuchtung. Oprah war gekommen.[31] Sie sagte, sie *liebe* Indien, dass sie von jetzt an *wieder* und *wieder* kommen wolle. Wir waren stolz.

Das ist nur die burleske Spitze des Eisbergs der schönsten Künste. Obwohl Tata schon seit knapp 100 Jahren in der unternehmerischen Philanthropie agiert, Stipendien vergibt und einige hervorragende Bildungsinstitute und Krankenhäuser unterhält, wurden indische Unternehmen erst vor kurzem in die Sternkammer eingeladen, in die Sternkammer der grellbeleuchteten Welt der globalen Corporate Governance, die für ihre Feinde tödlich ist, ansonsten aber so feinsinnig vorgeht, dass man ihre Präsenz kaum bemerken kann.

Was in diesem Essay folgt, könnte so wirken wie eine etwas zu harsche Kritik. Andererseits, in der Tradition der Würdigung seiner Feinde, könnte man es auch verstehen als Anerkennung der Vision, der Flexibilität, der Raffinesse und der unermüdlichen Entschlusskraft jener, die ihr Leben dafür geopfert haben, eine Welt zu schaffen für den internationalen Kapitalismus.

Ihre packende Geschichte ist aus dem Gedächtnis unserer Zeit verschwunden. Sie begann in den Vereinigten Staaten im frühen 20. Jahrhundert, als die unternehmerische Philanthropie – gut ausgestattet durch staatlich anerkannte Stiftungen – zum Ersatz von missionarischen Aktivitäten und damit der kapitalistische (und imperialistische) Wegbereiter und Wartungsdienst des Systems wurde.[32]

Unter den ersten Stiftungen in den USA waren die Carnegie Corporation, 1911 mit Mitteln der Carnegie Steel Company gegründet, sowie die Rockefeller Foundation, 1914 ins Leben gerufen von dem Gründer der Standard Oil Company, J. D. Rockefeller. Die Tatas und Ambanis von damals.

Einige der Institutionen, die Startkapital von der Rockefeller Foundation bekamen, sind die Vereinten Nationen, die CIA, der Council on Foreign Relations, New Yorks fabelhaftes Museum of Modern Art und natürlich das Rockefeller Center in New York (wo Diego Riveras Wandrelief von der Wand abgestrahlt werden musste, da es schändlicherweise ruchlose Kapitalisten darstellte und einen beherzten Lenin – die Meinungsfreiheit hatte sich den Tag frei genommen).

Rockefeller war der erste Milliardär der Vereinigten Staaten und der reichste Mann der Welt. Er war ein Gegner der Sklaverei, ein Unterstützer Abraham Lincolns und ein Gegner des Alkohols. Er war überzeugt, sein Geld sei ihm von Gott gegeben, was für ihn eine nette Entwicklung gewesen sein muss.[33]

Hier sind einige Verse eines frühen Gedichts von Pablo Neruda mit dem Titel »Die Standard Oil Co.«:

Ihre feisten Cäsaren leben in New York, sanfte
und lächelnde Mörder sinds,
die Seide kaufen, Nylon, Havannazigarren, kleine Tyrannen
 und Diktatoren.
Sie kaufen Länder, Völker, Meere, Polizeigewalten, Abgeord-
 nete, entlegene Gebiete, in denen
die Armen ihren Mais so hüten wie die Geizigen das Gold:
die Standard Oil scheucht sie auf, steckt sie in Uniformen, weist
 ihnen, wer der feindliche Bruder ist,
und der Paraguayer führt ihren Krieg, und der Bolivianer
 verschwindet
mit ihrem Maschinengewehr in der Wildnis.
Ein Präsident, ermordet wegen eines Tropfens Erdöl, eine
 Hypothek auf Millionen von Hektaren, eine übereilte
Erschießung an einem versteinten Morgen voll tödlichen
 Lichts, ein neues Konzentrationslager
für Rebellen in Patagonien,
ein Verrat, ein Waffengeplänkel unterm Petroleummond,
ein findiger Ministerwechsel
in der Hauptstadt, ein Gerücht wie eine Erdölflut,
und dann der Tatzenhieb, und du kannst sehen, wie über den
 Wolken,
über den Wassern, an deinem Haus
die Buchstaben glänzen der Standard Oil, ihre Machtgebiete
 erhellend.[34]

Als die von Großunternehmen finanzierten Stiftungen zum ersten Mal in den USA auftauchten, entbrannte eine scharfe Debatte um ihre Ursprünge, ihre Legalität und ihre fehlende Haftung. Es wurde vorgeschlagen, dass die Unternehmen ihre Gewinnüberschüsse doch verwenden sollten, um die Löhne ihrer Arbeiter zu erhöhen. (Damals machte man noch solche ungeheuerlichen Vorschläge, sogar in Amerika.)

Die Idee für diese Stiftungen – heute allzu alltäglich – war einst tatsächlich eine radikale Geschäftsidee. Steuerbefreite Unternehmen mit gewaltigen Ressourcen und beinahe unbegrenzten Handlungsmöglichkeiten – niemandem Rechenschaft schuldig und für niemanden transparent. Gibt es eine bessere Möglichkeit, ökonomischen Reichtum in politisches, soziales und kulturelles Kapital umzumünzen, Geld in Macht umzuwandeln? Gibt es eine bessere Möglichkeit für Wucherer, einen unbedeutenden Prozentsatz ihres Vermögens zu verwenden, um die Welt zu regieren? Wie sonst käme Bill Gates dazu, auch wenn er ein oder zwei Dinge über Computer weiß, Bildungs-, Gesundheits- und Agrarpolitik zu betreiben, und das nicht nur in den USA, sondern in der ganzen Welt?[35]

Da die Menschen über Jahre einige der wirklich sinnvollen Arbeiten der Stiftungen mit ansahen (Aufbau von Bibliotheken, Ausrottung von Krankheiten), begann die direkte Verbindung von Stiftungen und den Großunternehmen, die sie finanzierten, allmählich zu verblassen. Schließlich ist sie ganz verschwunden. Heutzutage zögern sogar jene, die sich als Linke bezeichnen, nicht mehr, die Freigebigkeit derartiger Stiftungen anzunehmen.

In den 1920er Jahren begann der amerikanische Kapitalismus seinen Blick über die Landesgrenzen hinauszurichten, um nach Rohstoffen und Märkten in Übersee zu schauen. Stiftungen formulierten die Idee einer globalen Corporate Governance, Leitlinien zur weltweiten Unternehmensführung, zur Unternehmensführung der Welt. Im Jahr 1924 schufen die Rockefeller Foundation und die Carnegie Foundation gemeinsam, was heute die mächtigste Interessensgruppe für Außenpolitik der Welt ist, der Council on Foreign Relations (CFR), später zusätzlich unterstützt durch die Ford Foundation. Von 1947 an wurde die gerade gegründete CIA vom CFR unterstützt und arbeitete eng mit ihm zusammen. Seitdem waren 22 US-Außenminister Mitglied im CFR. 1943 waren fünf Mitglieder des CFR auch Teil des Gründungskomitees der Vereinten Nationen, und eine Spende über 8,5 Millionen US-Dollar von J. D. Rockefeller ermöglichte den Kauf des Baulandes, auf dem heute das Headquarter der Vereinten Nationen in New York steht.[36]

Alle elf Präsidenten der Weltbank seit 1946 – Männer, die sich alle als Missionare für die Armen präsentierten – waren Mitglieder des CFR. (Die einzige Ausnahme war George Woods. Und er war Treuhänder der Rockefeller Foundation und Finanzdirektor der Chase Manhattan Bank.)[37]

Auf der Konferenz von Bretton Woods entschieden die Weltbank und der Internationale Währungsfonds, dass der US-Dollar die Welt-Reservewährung sein solle und dass es für den Durchbruch des globalen Kapitals nötig sein würde, Geschäftspraxen für einen offenen Markt zu universalisieren und zu standardisieren.[38] Mit diesem Ziel verwenden die Weltbank und der IWF bis heute große Geldsummen zur Förderung von verantwortungsvoller Führung (solange sie die Zügel in der Hand behalten können), des Konzepts der Rechtsstaatlichkeit (solange sie beim Erlassen von Gesetzen mitreden dürfen) sowie Hunderter von Antikorruptionsprogrammen (um das System, das sie erschaffen haben, zu glätten). Zwei der undurchsichtigsten und verantwortungslosesten Organisationen der Erde verlangen ständig Transparenz und Verantwortung von den Regierungen der ärmeren Länder.

Wenn man bedenkt, dass die Weltbank mehr oder weniger die Wirtschaftspolitik der Dritten Welt gesteuert hat, nach und nach Markt für Markt im Sinne des globalen Kapitalismus genötigt und aufgebrochen hat, könnte man sagen, die unternehmerische Philanthropie hätte es geschafft, die visionärste Geschäftsidee aller Zeiten zu werden.

Von Konzernen geförderte Stiftungen verabreichen, verwalten, verteilen und kanalisieren ihre Macht und platzieren ihre Figuren auf dem Schachbrett durch ein System von elitären Klubs und Denkfabriken, deren Mitgliedschaften überlappen und durch Drehtüren rein und rausführen. Entgegen den zahlreichen Verschwörungstheorien, die zirkulieren, besonders unter linksgerichteten Gruppen, ist eigentlich nichts Geheimes, Satanisches oder Freimaurerisches an diesem Arrangement. Es unterscheidet sich kaum davon, wie Unternehmen Strohfirmen und Steueroasen nutzen, um Vermögen zu transferieren und zu verwalten – nur dass die Währung hier Macht ist, nicht Geld.

Das transnationale Äquivalent des CFR ist die Trilaterale Kommission, gegründet 1973 von David Rockefeller, dem ehemaligen nationalen Sicherheitsberater der USA, Zbigniew Brzeziński (Gründungsmitglied der Mudschahedin, den Vorvätern der Taliban), der Chase Manhattan Bank und einigen weiteren privaten Eminenzen. Das Ziel war es, eine beständige Bande aus Freundschaft und Zusammenarbeit zwischen den Eliten Nordamerikas, Europas und Japans zu schaffen. Daraus ist inzwischen eine pentalaterale Kommission geworden, denn die Mitglieder stammen heute auch aus China und Indien (Tarun Das von der Confederation of Indian Industries; N.R. Narayana Murthy, ehemaliger Geschäftsführer von Infosys; Jamsheyd N. Godrej, Geschäftsführer von Godrej; Jamshed J. Irani, Geschäftsführer von Tata Sons; und Gautam Thapar, Geschäftsführer der Avantha Group).[39]

Das Aspen Institute ist ein internationaler Klub lokaler Eliten – Geschäftsleute, Bürokraten und Politiker – mit Konzessionen in verschiedenen Ländern. Präsident des Aspen Institute in Indien ist Tarun Das. Gautam Thapar ist Vorsitzender. Einige Mitglieder der Geschäftsleitung des McKinsey Global Institute (Ideengeber des Delhi-Mumbai-Industrie-Korridors) sind Mitglieder des CFR, der Trilateralen Kommission und des Aspen Institute.[40]

Die Ford Foundation (die liberale Kontrastfigur zur Rockefeller Foundation, obwohl ständig zusammengearbeitet wird) wurde 1936 gegründet. Obwohl dies immer wieder heruntergespielt wird, hat die Ford Foundation sehr klar definierte ideologische Grundsätze und arbeitet ausgesprochen eng mit dem Außenministerium der USA zusammen. Ihr Projekt, die Demokratie und verantwortungsvolle Führung zu stärken, ist Teil des Bretton-Woods-Systems, Geschäftspraxen zu standardisieren und Effizienz auf offenen Märkten voranzutreiben. Als nach dem Zweiten Weltkrieg die Kommunisten die Faschisten als Staatsfeind Nummer eins der USA ersetzt hatten, bedurfte es neuer Institutionen, um auf den Kalten Krieg zu reagieren. Ford finanzierte die Research and Development Corporation, kurz RAND, eine militärische Denkfabrik, die zur Waffenforschung für die US-Streitkräfte gegründet worden war. Um 1952 die »bestehenden kommunistischen Anstrengungen zur Infiltrierung und Zerstörung freier Nationen« zu zerschlagen, etablierte die RAND Corporation den Fund for the Republic, der schließlich umgebaut wurde zum Center for the Study of Democratic Institutions. Dessen Auftrag war es, intelligent und frei von McCarthy-artigen Exzessen Kalten Krieg zu führen.[41] Durch diese Linse müssen wir heute die Arbeit der Ford Foundation betrachten, die Millionen von US-Dollar in Indien investiert hat – ihre Förderung von Künstlern, Filmemachern und Aktivisten, ihre Stiftung von Universitätskursen und Stipendien.

Die von der Ford Foundation erklärten »Ziele für die Zukunft der Menschheit« beinhalten Interventionen in politische Basisbewegungen, auf lokalem und internationalem Gebiet. In den Vereinigten Staaten lieferte sie Millionen US-Dollar in Form von Zuschüssen und Krediten zur Unterstützung der Genossenschaftsbanken-Bewegung, deren Weg durch den Kaufhausbesitzer Edward Filene 1919 geebnet wurde. Filene glaubte an die Erschaffung einer Massenkonsumgesellschaft, ermöglicht durch die Bereitstellung von erschwinglichen Krediten an Arbeiter – zu der damaligen Zeit eine radikale Idee. In Wahrheit nur die Hälfte einer radikalen Idee, denn die andere Hälfte von Filenes Vorstellungen bestand aus einer gerechteren Verteilung des Nationaleinkommens. Die Kapitalisten stürzten sich auf die erste Hälfte von Filenes Vorschlag, und indem »erschwingliche« Kredite im Wert von zehn Millionen US-Dollar an Arbeiter bewilligt wurden, wurde die US-amerikanische Arbeiterklasse zu einer Volksgruppe von permanenten Schuldnern, ewig ihrem Lebensstil hinterherhechelnd.[42]

Viele Jahre später ist diese Idee in die verarmte Region Bangladeschs hinabgesickert, als Muhammad Yunus und die Grameen Bank die Idee der Mikrokredite an hungernde Bauern herangetragen haben – mit desaströsen Konsequenzen. Die Armen des Subkontinents haben immer mit Schulden gelebt, im Würgegriff von lokalen Kauf- und Geschäftsleuten ihrer Dörfer, den Bania. Doch auch die Kleinstfinanzierung ist aus staatlichen Händen genommen und »verkörperschaftet« worden. Mikrokredit-Unternehmen in Indien sind verantwortlich für Hunderte von Selbstmorden – 2010 allein 200 Menschen in Andhra Pradesh. Eine nationale Tageszeitung veröffentlichte kürzlich den Abschiedsbrief eines 18-jährigen Mädchens, das gezwungen wurde, ihre letzten

150 Rupien, ihr Schulgeld, an schikanierende Angestellte eines Mikrokredit-Unternehmens abzutreten. Ihre Abschiedsworte lauteten: »Arbeitet hart und verdient Geld. Nehmt keine Kredite auf.«[43]

Mit Armut ist viel Geld zu holen, und auch ein paar Nobelpreise.

Ab 1950 arbeitete die Rockefeller Foundation, durch ihre Finanzierung einiger NGOs und internationaler Bildungsinstitutionen, sozusagen als verlängerter Arm der US-Regierung, die zu jener Zeit demokratisch gewählte Regierungen in Lateinamerika, im Iran und in Indonesien stürzte. (Zu der Zeit drangen die USA auch nach Indien vor, das damals blockfrei war, aber deutlich Richtung Sowjetunion tendierte.) Die Ford Foundation implementierte ein Wirtschaftsstudium im US-amerikanischen Stil an Hochschulen Indonesiens. Indonesische Elitestudenten, die als Aufstandskämpfer von Offizieren der US-Armee ausgebildet waren, spielten eine entscheidende Rolle in dem von der CIA gestützten Coup in Indonesien, der General Suharto an die Macht brachte. Er vergütete seine Mentoren mit der Abschlachtung Tausender kommunistischer Rebellen.[44]

Zwanzig Jahre später wurden junge chilenische Studenten, die in den USA als »Chicago Boys« bekannt werden sollten, in die USA geholt, um die neoliberale Ökonomie von Milton Friedman an der University of Chicago zu erlernen (von J. D. Rockefeller finanziert) – und zur Vorbereitung für den von der CIA unterstützten Coup von 1973, in dem Salvador Allende getötet und ersetzt wurde durch Pinochet und eine Herrschaft von Todesschwadronen, gewaltsamem Verschwinden und Terror, der 17 Jahre andauern sollte.[45] Allendes Verbrechen bestand darin, dass er ein demokratisch gewählter Sozialist war und Chiles Minen nationalisieren wollte.

1957 stiftete die Rockefeller Foundation den Ramon-Magsaysay-Preis für Meinungsführer in Asien. Er wurde benannt nach dem philippinischen Präsidenten Ramon Magsaysay, einem wichtigen Partner der US-amerikanischen Kampagne gegen den Kommunismus in Südostasien. 2000 richtete die Ford Foundation den Robert Magsaysay Emergent Leadership Award für aufstrebende Führung ein. Der Magsaysay-Preis gilt als prestigeträchtig unter Künstlern, Aktivisten und Gemeindearbeitern in Indien.

M. S. Subbulakshmi und Satyajit Ray haben ihn gewonnen, und auch Jaiprakash Narain sowie einer der besten Journalisten Indiens, P. Sainath. Aber sie taten mehr für den Magsaysay-Preis, als der Preis für sie tat. Im Allgemeinen wurde er zu einem Schiedsrichter dafür, welche Art von Aktivismus »akzeptabel« ist und welche nicht.[46]

Interessanterweise bestand die Speerspitze von Kisan Baburao »Anna« Hazares jüngster Antikorruptionsbewegung aus drei Magsaysay-Preisträgern: Anna Hazare selbst, Arving Kejriwal und Kiran Bedi. Eine der NGOs von Arvind Kejriwal wird großzügig unterstützt durch die Ford Foundation. Kiran Bendis NGO wird gefördert von Coca-Cola und Lehman Brothers.

Auch wenn Anna Hazare sich als Gandhianer bezeichnet, war das Gesetz, das er forderte, die Jan Lokpal Bill, ganz und gar nicht gandhianisch, sondern elitär und gefährlich. Eine ununterbrochene, unternehmerisch gestützte Medienkampagne erhob ihn zur »Stimme des Volkes«. Anders als die Occupy-Wall-Street-Bewegung verlor die Hazare-Bewegung kein Wort der Kritik an Privatisierung, der Übermacht von Konzernen oder ökonomischen »Reformen«. Im Gegenteil: Seine Unterstützer aus den Medien hielten die Aufmerksamkeit ab von gewaltigen Korruptionsskandalen in Konzernen (die auch die Arbeit einiger berühmter Journalisten beleuchtete) und nutzten die öffentliche Demütigung der Politiker für die Forderung nach weiteren Aufhebungen von Regierungsbefugnissen, nach weiteren Reformen, nach weiterer Privatisierung. Aus Washington entsandte die Weltbank 2007 eine Einschätzung der Lage und verkündete, die Hazare-Bewegung harmoniere gut durch ihre verantwortungsvolle Führungsstrategie.[47] (2008 verlieh die Weltbank Anna Hazare den World Bank Award for Outstanding Public Service.)[48]

Wie alle guten Imperialisten haben sich die Philanthropoiden das Ziel gesteckt, einen internationalen Kader zu erschaffen und auszubilden, der glaubt, dass Kapitalismus – und mit ihm die Hegemonie der USA – in ihrem Interesse sei; und der aus jenem Grund das globale Konzernsystem bewirtschafte, wie einheimische Eliten schon immer den Kolonialismus bewirtschaftet hatten. So begann der Streifzug der Stiftungen in die Bildung und die Kunst; so wurden sie zum dritten Einflussbereich der Stiftungen, hinter internationaler und nationaler Wirtschaftspolitik. Die Stiftungen verausgabten (und verausgaben weiterhin) Millionen von US-Dollar für wissenschaftliche Institutionen und die Erziehungswissenschaften.

In ihrem wundervollen Buch über das Verhältnis von Stiftungen und Politik, *Foundations and Public Policy: The Mask of Pluralism* beschreibt Joan Roelofs, wie Stiftungen die alten Ideen der Lehre von Politikwissenschaft umstrukturiert und die Disziplinen der Internationalen Beziehungen und Regionalwissenschaften kreiert haben. So konnten die US-Geheimdienste und Sicherheitsbehörden mit einem Pool von Experten für Fremdsprachen und Kultur versorgt werden, aus dem sie freigebig ihre Reihen rekrutieren konnten. Die CIA und das US-Außenministerium arbeiten weiterhin mit

Studierenden und Lehrenden von US-amerikanischen Universitäten zusammen und werfen somit äußerst ernste Fragen über die Ethik von Lehre und Forschung auf.[49]

Die Ansammlung von Informationen zur Kontrolle der Bevölkerung gehört fundamental zum Bestandteil jeder Regierung, die an der Macht ist. Während der Protest gegen die Aneignung von Land und die neue Wirtschaftspolitik sich im ganzen Land ausbreitet im Schatten eines regelrechten Kriegs in Zentralindien, hat die Regierung Indiens als Eindämmungstaktik ein gewaltiges, biometrisches Programm gestartet, vielleicht eines der ehrgeizigsten und teuersten Programme zur Informationsbeschaffung weltweit – das Programm zur Generierung einer individuellen Identifikationsnummer, der Unique Identification Number (UID). Die Menschen haben zwar kein sauberes Trinkwasser, keine Toiletten, keine Nahrung, kein Geld, aber sie werden Wahlkarten haben *und* UIDs. Ist es Zufall, dass das UID-Projekt von Nandan Nilekani, dem ehemaligen Geschäftsführer von Infosys, geleitet wird und als angeblicher »Dienst für die Armen« gewaltige Kapitalsummen in eine etwas schlappe IT-Industrie spülen wird?[50] Ein Land, mit einer solch großen Population von illegitimen Menschen – Menschen, die größtenteils Slumbewohner, Hausierer und Adivasi ohne Landbesitz sind –, wird diese Menschen kriminalisieren und aus illegitimen Menschen illegale Menschen machen. Die Idee dahinter ist, ein digitalisiertes Netzwerk der Bürgerschaft zu erstellen und somit eine enorme Handlungsmacht in die Hände eines sich verhärtenden Polizeistaats zu geben. Nilekanis technokratische Fixierung auf Datensammlung ist im Einklang mit Bill Gates' Fixierung auf digitale Datenbanken, Zielkoordinaten und »Wertungslisten des Fortschritts«, als ob es der Informations- und Datenmangel wäre, der zum

Welthunger geführt hat, und nicht der Kolonialismus, Geldschulden und verzerrte profitorientierte Konzernpolitik.[51]

Konzerngestützte Stiftungen sind die wichtigsten Förderer der Sozialwissenschaften und der Künste; sie unterstützen Kurse und Stipendien in der Entwicklungsforschung, den Community Studies, den Kulturwissenschaften, Verhaltenswissenschaften sowie den Studien zu Menschenrechten.[52] Als US-amerikanische Universitäten ihre Türen einer internationalen Studierendenschaft öffneten, strömten Hunderttausende Studierende, die Kinder der Dritte-Welt-Elite, in die USA. Waren die Studiengebühren zu hoch für sie, wurde ihr Studium durch Stipendien finanziert. Heute gibt es in Ländern wie Indien und Pakistan fast keine Familie ohne ein Kind, das in den USA studiert hat. Aus ihren Reihen kamen gute Wissenschaftler, aber auch Premierminister, Finanzminister, Ökonomen, Firmenanwälte, Banker und Bürokraten, die alle dabei geholfen haben, die Wirtschaft in ihren Ländern für globale Konzerne zu öffnen.

Wissenschaftler der stiftungsfreundlichen Version von Wirtschafts- und Politikwissenschaften wurden entlohnt mit Stipendien, Forschungszuschüssen, Subventionen und Jobs. Diejenigen mit stiftungs*un*freundlichen Ansichten mussten feststellen, dass sie nicht gefördert wurden, sie wurden marginalisiert, ghettoisiert und ihre Kurse eingestellt. Allmählich begann eine spezielle Vorstellung den Diskurs zu dominieren: ein brüchiger, fadenscheiniger Vorwand von Toleranz und Multikulturalismus (jederzeit verwandelbar in Rassismus, radikalen Nationalismus, ethnischen Chauvinismus und kriegstreiberische Islamophobie), unter der Regie einer einzigen, übergreifenden und völlig partikularistischen wirtschaftlichen Ideologie. Dies geschah in einem solchen Ausmaß, dass sie nicht mehr als Ideologie wahrgenommen wurde. Sie wurde zur Grundeinstellung, zur natürlichen Seinsweise. Sie infiltrierte die Normalität, kolonisierte die Gewöhnlichkeit, und sie in Frage zu stellen wurde so absurd oder esoterisch, wie die Realität an sich in Frage zu stellen. Von hier war es nur ein winziger Schritt zur absoluten Alternativlosigkeit.

Erst jetzt flüstert, dank der Occupy-Bewegung, eine andere Sprache durch US-amerikanische Straßen und Uni-Campusse. Heute Studierende zu sehen, die Banner hochhalten mit Slogans wie »Klassenkampf« oder »Es ist uns egal, dass Ihr reich seid, aber nicht, dass Ihr unsere Regierung kauft«, ist, unter diesen Umständen, beinahe eine Revolution an sich.

Ein Jahrhundert nach dem Aufkommen von unternehmerischer Philanthropie ist sie so sehr Teil unseres Lebens geworden wie Coca-Cola. Es gibt derzeit Millionen von gemeinnützigen Organisationen, und die meisten von ihnen sind durch ein byzantinisches Netz mit den größeren Stiftungen verbunden. Unter sich teilt dieser »unabhängige« Sektor ein Vermögen von beinahe 450 Milliarden US-Dollar auf. Die größte der Stiftungen ist die Gates Foundation mit einem Kapital von 21 Milliarden US-Dollar, dicht gefolgt von Lilly Endowment (16 Milliarden) und der Ford Foundation (15 Milliarden).[53]

Als der IWF strukturelle Veränderung herbeiführte und Regierungen zwang, öffentliche Ausgaben für Gesundheit, Bildung, Kinderbetreuung und Entwicklung zu kürzen, betraten die NGOs das Spielfeld.[54] Die Privatisierung der Welt bedeutet auch die »Nicht-Regierungs-Organisierung« der Welt. Da Stellen und Lebensgrundlagen verschwanden, wurden die NGOs zu einer wichtigen Quelle der Beschäftigung, selbst für jene, die sie als das sehen, was sie sind. Sicher sind nicht alle NGOs schlecht. Unter den Millionen NGOs leisten manche beeindruckende und visionäre Arbeit, und es wäre falsch, sie alle über einen Kamm zu scheren. Nichtsdestoweniger, die von Unternehmen und Stiftungen finanzierten NGOs sind ein einfacher Weg des globalen Finanzwesens, sich in Widerstandsbewegungen einzukaufen, nicht anders als Aktionäre sich in Konzerne einkaufen, um sie dann von innen heraus zu steuern. Sie sind schließlich wie Knoten im zentralen Nervensystem des globalen Finanzwesens. Sie agieren wie Transmitter, Empfänger, Stoßdämpfer, registrieren jeden Impuls und geben acht, niemals die Regierungen ihrer Wirtsnationen zu stören. (Die Ford Foundation lässt sich das sogar von den Organisationen, die sie unterstützt, vertraglich unterzeichnen.) Unbeabsichtigt (und manchmal beabsichtigt) werden sie zu Horchposten und ihre Berichte und Workshops sowie andere missionarische Aktivitäten füttern Daten an ein mehr und mehr aggressives Überwachungssystem von mehr und mehr aggressiv verhärteten Staaten. Je größer die Not in einer Region, desto größer die Anzahl dort ansässiger NGOs.

Wenn die indische Regierung (oder Sektionen ihrer unternehmerisch gestützten Presse) eine Schmutzkampagne führen will gegen eine wirkliche Volksbewegung, zum Beispiel die Narmada Bachao Andolan gegen wuchernde Dammbauprojekte in ländlicher Umgebung, oder den Protest gegen den Koodankulam-Kernreaktor, so bezeichnet die Regierung diese Bewegungen als NGOs, die »ausländische Fördergelder« beziehen. Sie wissen sehr wohl, dass das Mandat der meisten NGOs, speziell der gutgeförderten, lediglich das Vorantreiben der konzernkontrollierten Globalisierung ist, nicht deren Verhinderung.

Bewaffnet mit Millionenvermögen, marschierten diese NGOs in die Welt und verwandelten Revolutionäre in festangestellte Aktivisten, Stiftungskünstler, Intellektuelle und Filmemacher; sie lockten sie sachte weg von radikaler Konfrontation und führten sie in Richtung Multikulturalismus, Geschlechtergleichheit und Stadtentwicklung – der Diskurs, der verpackt ist in die Sprache von Identitätspolitik und Menschenrechten.

Die Verwandlung der Gerechtigkeitsidee zum Menschenrechtsgeschäft war ein konzeptioneller Coup, an dem die NGOs entscheidend beteiligt waren. Der enge Fokus auf Menschenrechte ermöglicht einen Blick ausschließlich auf die geschehenen Grausamkeiten, mit der Folge, dass das Gesamtbild schnell ausgeblendet wird, bis schließlich beide Konfliktparteien – zum Beispiel die Maoisten und die indische Regierung, oder die israelische Armee und die Hamas – gleichermaßen als Menschenrechtsverletzer getadelt werden. Der Landraub durch Bergbauunternehmen und die Geschichte der Annexion von palästinensischem Boden durch den israelischen Staat werden einfach zu unwichtigen Fußnoten in einem größeren Diskurs. Dies soll nicht den Eindruck erwecken, Menschenrechte seien unwichtig. Das sind sie nicht. Aber sie sind ein ungeeignetes Prisma, um die großen Ungerechtigkeiten dieser Welt betrachten oder auch nur annähernd verstehen zu können.

Ein weiterer konzeptioneller Coup steht in Verbindung mit der Beteiligung von Stiftungen an der Feminismusbewegung. Warum bleiben die meisten »offiziellen« Feministinnen und Frauenbewegungen Indiens auf sicherer Distanz zu Organisationen wie der 90 000 Mitglieder starken Krantikari Adivasi Mahila Sanghatan (Revolutionäre Frauenbewegung der Adivasi), die das Patriarchat in ihren eigenen Gemeinden bekämpft und gegen die Vertreibung durch Bergbauunternehmen im Dandakaranya-Wald vorgeht? Wie kommt es, dass die Enteignung und Vertreibung von Millionen von Frauen von dem Land, das ihnen gehört und auf dem sie gearbeitet haben, nicht als feministisches Problem angesehen wird?

Die Abkoppelung des liberalen Feminismus von antiimperialistischen und antikapitalistischen Volksbewegungen begann nicht erst mit der verruchten Wirklichkeit von Stiftungen. Sie begann mit der Unfähigkeit dieser Bewegungen, sich an die schnelle Radikalisierung der Frauen in den 1960er und 70er Jahren anzupassen. Die Stiftungen bewiesen gehöriges Geschick, indem sie die wachsende Ungeduld unter Frauen mit der Gewalt und dem Patriarchat in traditionellen Gesellschaften und sogar unter den angeblich progressiven Frauen linker Bewegungen erkannten und sie schließlich mit Förderungsmitteln unterstützten. In einem Land wie Indien verlief das Schisma entlang der ländlich-urbanen Grenzen. Die meisten radikalen, antikapitalistischen Bewegungen waren auf dem Land angesiedelt, wo das Patriarchat die Frauen weiterhin fest in der Hand hatte. Städtische Aktivistinnen, die jenen Bewegungen beitraten (wie die Naxalitenbewegung), waren beeinflusst und inspiriert worden von westlichen Frauenbewegungen, und ihr langer Weg zur Befreiung war häufig im Widerspruch mit dem, was ihre männlichen Führer als ihre Pflicht verstanden: sich in »die Masse« einzufügen. Viele Aktivistinnen waren nicht mehr bereit, länger auf die »Revolution« zu warten, um ihre tagtägliche Unterdrückung und Diskriminierung zu beenden, auch die ihrer Kameraden. Sie forderten Geschlechtergleichheit als einen absoluten, sofortigen und nicht verhandelbaren Teil ihres revolutionären Prozesses und nicht nur als ein postrevolutionäres Versprechen. Intelligente, erzürnte und desillusionierte Frauen begannen sich abzuwenden und schauten sich nach alternativen Mitteln der Unterstützung und Förderung um.

Dies hatte zur Folge, dass Ende der 1980er Jahre, also zu der Zeit, als die indischen Märkte geöffnet wurden, die liberale Feminismusbewegung in Indien von NGOs gesteuert wurde.

Viele dieser NGOs haben wichtige Arbeit geleistet auf den Gebieten der Rechte von Homosexuellen, gegen häusliche Gewalt, gegen Aids und für die Rechte von Sexarbeiterinnen. Doch bezeichnenderweise war die liberale Frauenbewegung nicht vornan, die Grundsätze der New Economy zu hinterfragen, obwohl die Frauen unter ihr am meisten gelitten haben. Durch die Manipulation der Förderungsstrategien ist es den Stiftungen größtenteils gelungen, den Umfang von allem, was »politischer« Aktivismus sein könnte, beträchtlich einzugrenzen. Die Förderungsstatuten der NGOs schreiben heute fest, was als feministische »Angelegenheiten« gilt und was nicht.

Die Infiltration der Frauenbewegungen durch NGOs hat auch dazu geführt, dass die Form des westlichen, liberalen Feminismus (aufgrund der größten Förderung) heute als einziger Fahnenträger von Feminismus überhaupt gilt. Wie üblich wurden die Schlachten auf Frauenkörpern ausgetragen, auf der einen Seite hinter Botoxgesichtern versteckt und auf der anderen hinter Burkas. (Und dann gibt es diejenigen, die einen zweifachen Tiefschlag ertragen müssen: Botox *und* Burka.) Wenn, wie kürzlich in Frankreich, Versuche unternommen werden, Frauen zum Ablegen der Burka zu zwingen, anstatt Verhältnisse zu schaffen, in denen eine Frau darüber selbst entscheiden kann, dann geschieht das nicht mit dem Zweck der Befreiung der Frau, sondern mit dem ihrer Entkleidung. Es wird zu einem Akt von Erniedrigung und kulturellem Imperialismus. Eine Frau zu zwingen, ihre Burka abzulegen, ist so schlimm, wie sie zu zwingen, eine Burka zu tragen. Um die Burka geht es nicht. Es geht um den Zwang. Sich auf diese Arten mit dem Thema Gender zu beschäftigen, abgetrennt von sozialen, politischen und ökonomischen Kontexten, macht daraus eine Sache der Identität, ein Kampf der Requisiten und Kostüme. Genau dies war es, was es der US-Regierung ermöglichte, westlich-feministische, liberale Gruppen als eine moralische Maske vorzuschieben, als sie 2001 in Afghanistan einmarschierte. Afghanische Frauen befanden (und befinden) sich in schrecklichen Schwierigkeiten unter den Taliban. Aber sie mit Fliegerbomben zu beschießen hat das Problem nicht gelöst.

Im NGO-Universum, das eine eigene, seltsam beschwichtigende Sprache entwickelt hat, ist alles zu einer eigenen »Angelegenheit« geworden, einem separierten, professionalisierten Spezialgebiet. Stadtentwicklung, Menschenrechte, Gesundheit, Bildung, reproduktive und sexuelle Gesundheit und Rechte, Aids, Aidswaisen – jedes davon wurde hermetisch in seinem eigenen Silo abgeriegelt, jedes mit einem ausführlichen und präzisen Förderungsgrundsatz. Die Förderung hat die Solidarität auf eine Weise zerstückelt, wie es der Unterdrückung nie möglich war.

Selbst Armut wird – wie der Feminismus auch – häufig als Identitätsproblem behandelt. Als ob die Armen nicht durch Ungerechtigkeit zu Armen geworden, sondern ein verlorener Stamm wären, der eben einfach *da* ist und der kurzfristig gerettet werden könne durch ein System von Entschädigungen (ausgeführt durch NGOs auf individueller und persönlicher Basis) und dessen langfristige Auferstehung eingefädelt wird durch gute Regierungsführung. Im Regime des globalen Konzernkapitalismus ist das selbstverständlich.

Die indische Armut hat – nach kurzer Zeit in der Wildnis, während Indien »leuchtete« – ein Comeback erlebt als exotische Identität, und zwar in der Kunst, angeführt von Filmen wie *Slumdog Millionär*. In diesen Geschichten über die Armen – ihr beeindruckendes Temperament, ihr einmaliger Spirit des Widerstands – gibt es niemals Bösewichte – außer den paar unbedeutenden Außenseitern für erzählerische Spannung und Lokalkolorit. Die Autoren dieser Werke sind das zeitgenössische Pendant zu frühen Anthropologen, die gefeiert und verehrt wurden für ihre grundlegende Feldforschung, für ihre kühnen Reisen ins Unbekannte. Nur selten werden auch die Reichen einmal auf diese Weise betrachtet.

Nachdem man die Codes geknackt hatte fürs Management von Regierungen, politischen Parteien, Wahlen, Gerichtshöfen, den Medien und liberaler Meinung, blieb fürs neoliberale Establishment eine letzte Herausforderung: der Umgang mit zunehmendem Unmut, mit der Bedrohung durch die Macht des Volkes. Wie zähmt man es? Wie macht man aus demonstrierenden Bürgern domestizierte Bürger?

Auch hier haben die Stiftungen und ihre alliierten Organisationen eine lange und glänzende Geschichte. Ein aufschlussreiches Beispiel ist ihre Rolle in der Entschärfung und Entradikalisierung der Bürgerrechtsbewegung der Schwarzen in den USA der 1960er Jahre und der erfolgreichen Überführung von Black Power zu Black Capitalism.[55]

Dem Ideal von J. D. Rockefeller folgend, hatte die Rockefeller Foundation schon eng mit Martin Luther King sr. (dem Vater von Martin Luther King jr.) zusammengearbeitet. Aber sein Einfluss schwand mit dem Aufstieg von militanteren Organisationen – dem Student Non-Violent Coordinating Committee und den Black Panthers. Die Ford und Rockefeller Foundations nahmen sich der Sache an. 1970 gaben sie 15 Millionen US-Dollar an »gemäßigte« schwarze Organisationen; sie halfen mit Arbeitskräften, Forschungs- und

Studienstipendien, Arbeitsausbildungsprogrammen für Bildungsabbrecher und Startkapital für von Schwarzen geführte Unternehmen.[56] Unterdrückung, interne Machtkämpfe und die Honigfalle der Förderung führten zur allmählichen Verkümmerung von radikalen schwarzen Organisationen.

Martin Luther King jr. zog die verbotenen Verbindungen zwischen Kapitalismus, Imperialismus, Rassismus und dem Vietnamkrieg. Infolgedessen wurde nach seiner Ermordung sogar sein Andenken toxisch – eine Bedrohung der öffentlichen Sicherheit. Stiftungen und Unternehmen arbeiteten hart daran, sein Vermächtnis in ein marktfreundlicheres Format umzumodeln. Das Martin Luther King jr. Center for Nonviolent Social Change, mit Betriebszuschüssen von zwei Millionen US-Dollar, wurde unter anderem aufgebaut durch die Ford Motor Company, General Motors, Mobil, Western Electric, Procter and Gamble, US Steel und Monsanto. Das Zentrum unterhält die King Library, das Archiv der Bürgerrechtsbewegung. Unter den vielen Programmen, die vom King Center unterstützt werden, finden sich solche, die in »enger Zusammenarbeit stehen mit dem Verteidigungsministerium der Vereinigten Staaten, dem Armed Forces Chaplains Board und anderen«.[57] Das Zentrum finanzierte die Martin-Luther-King-jr.-Vorlesungsreihe mit Namen »Das System der freien Marktwirtschaft: Ein Mittel des gewaltlosen sozialen Wandels«.[58]

Amen.

Ein ähnlicher Coup gelang während der Antiapartheidbewegung in Südafrika. 1978 gründete die Rockefeller Foundation eine Untersuchungskommission zur US-amerikanischen Strategie gegenüber Südafrika. Ihr Bericht warnte vor dem wachsenden Einfluss der Sowjetunion auf den African National Congress (ANC) und befand, dass den US-amerikanischen strategischen und wirtschaftlichen Interessen (also dem Zugang zu südafrikanischen Mineralien) am besten gedient wäre, wenn politische Macht gleichwertig bei allen läge.

Die Stiftungen begannen nun, den ANC zu unterstützen. Der ANC wandte sich bald ab von radikaleren Organisationen wie Steve Bikos Black-Consciousness-Bewegung und brachte sie mehr oder minder zum Einstürzen. Als Nelson Mandela zum ersten schwarzen Präsidenten Südafrikas gewählt wurde, wurde er als lebender Heiliger kanonisiert, nicht nur weil er ein Freiheitskämpfer war, der 27 Jahre im Gefängnis verbracht hatte, sondern auch weil er sich vollends in den Konsens Washingtons fügte. Der Sozialismus verschwand von der Agenda des ANC. Südafrikas großartiger »friedlicher Wandel«, so oft gelobt und gepriesen, beinhaltete keine Bodenreformen, keine Reparationsforderungen, keine Verstaatlichung südafrikanischer Minen. Stattdessen gab es Privatisierungen und Strukturanpassungen. Mandela gab die höchste zivile Auszeichnung – die Order of Good Hope – an seinen alten Freund und Unterstützer General Suharto, den Kommunistenmörder Indonesiens. Heute wird Südafrika beherrscht von einem Gelege aus Mercedes fahrenden Ex-Radikalen und Gewerkschaftern. Aber das ist mehr als ausreichend, um den Mythos der schwarzen Freiheitsbewegung aufrechtzuerhalten.

Der Aufstieg von Black Power in den Vereinigten Staaten war ein inspirierender Moment für die aufsteigende radikale, progressive Dalit-Bewegung in Indien, und Gruppen wie die Dalit Panthers spiegelten sogar die militante Politik der Black Panthers wider. Aber auch Dalit Power wurde, wenn auch nicht auf dieselbe Weise, gebrochen und entschärft und ist heute, mit Hilfe von konservativen Hindu-Organisationen und der Ford Foundation, auf dem besten Weg, zu Dalit Capitalism zu werden.

»Dalit Inc. zeigt: Kapital schlägt Kaste«, berichtete der *Indian Express* im Dezember 2014. Die Zeitung zitierte einen Mentor der Dalit Indian Chamber of Commerce and Industry; er sagte: »Den Premierminister für eine Dalit-Kundgebung zu bekommen ist in unserer Gesellschaft nicht schwer. Aber Tata oder Godrej für ein Foto beim Lunch oder Tee zu gewinnen, ist für die Dalit-Unternehmer ein großes Ziel und ein Zeichen, dass sie angekommen sind.«[59] In Anbetracht der Verhältnisse im heutigen Indien wäre es kastenhaft und reaktionär, würde man sagen, die Dalit-Unternehmer dürften nicht auch einen Platz am Ehrentisch haben. Doch wenn dies das Ziel und der ideologische Rahmen der Dalit-Politik wären, wäre das äußerst bedauerlich. Und würde kaum den Millionen von Dalits helfen, die immer noch ihren Lebensunterhalt mit dem Reinigen von Trockenlatrinen verdienen, damit, menschlichen Kot auf ihren Köpfen durch die Gegend zu tragen.

Über junge Wissenschaftler der Dalit, die Fördermittel der Ford Foundation annehmen, sollte man nicht zu hart urteilen. Wer sonst gibt ihnen die Möglichkeit, aus der Senkgrube des indischen Kastensystems zu entkommen? Die Schande und ein Großteil der Schuld an dieser Entwicklung geht aufs Konto der kommunistischen Bewegung Indiens, deren Anführer noch immer hauptsächlich der Oberschicht angehören. Seit Jahren haben sie versucht, die Idee der Kasten in die marxistische Klassenanalyse hineinzuzwängen. Sie sind kläglich daran gescheitert, in Theorie wie Praxis. Die Kluft zwischen den Dalit und den Linken begann mit einem Zerwürfnis zwischen dem visionären Führer der Dalit, Bhimrao Ambedkar, und S. A. Dange, einem Gewerkschafter und

Gründungsmitglied der Kommunistischen Partei Indiens. Dr. Ambedkars Desillusionierung über die Kommunistische Partei begann mit dem Streik der Textilarbeiter von Mumbai im Jahr 1928, als er verstand, dass die Partei, trotz all ihrer Rhetorik der Solidarität mit der Arbeiterklasse, sich nicht daran störte, dass die »Unberührbaren« aus den Weberständen ausgeschlossen und nur für die schlechter bezahlten Spindelarbeiten zugelassen wurden – aus dem Grund, dass die Arbeit an den Webstühlen die Verwendung von Speichelflüssigkeit für das Garn erforderte und die anderen Kasten den Speichel der Dalit als verschmutzt ansahen.

Ambedkar verstand, dass in einer Gesellschaft, in der die heiligen Schriften der Hindus die Kategorien von Unberührbarkeit und Ungleichheit institutionalisierten, der Kampf für die »Unberührbaren«, für soziale und private Rechte, zu dringlich war, um auf die Einlösung von Versprechen der kommunistischen Revolutionäre zu warten. Die Kluft zwischen den Anhängern Ambedkars und der Linken brachte große Verluste für beide Seiten mit sich. Ein Großteil der Dalit-Bevölkerung, und also das Rückgrat der indischen Arbeiterklasse, hatte all seine Hoffnungen auf Befreiung und Menschenwürde in den Konstitutionalismus, den Kapitalismus und politische Parteien wie die Bahujan Samaj Party gesetzt, die eine wichtige, schließlich aber stagnierende Form von Identitätspolitik praktizierte.

Wie man gesehen hat, erzeugten die unternehmerisch unterstützten Stiftungen in den Vereinigten Staaten die Kultur der NGOs. In Indien begann die unternehmerische Philanthropie wirklich ernsthaft in den 1990er Jahren, im Zeitalter der New-Economy-Politik. Die Mitgliedschaft in der Sternkammer ist nicht billig. Die Tata Group spendete 50 Millionen US-Dollar an die bedürftige Institution der Harvard

Business School und weitere 50 Millionen an die Cornell University. Nandan Nilekani von Infosys und seine Frau Rohini spendeten fünf Millionen US-Dollar Gründungskapital an die India Initiative der Yale University. Das Harvard Humanities Center ist nun das Mahindra Humanities Center, nachdem es die größte Spende seiner Geschichte – zehn Millionen US-Dollar von Anand Mahindra von der Mahindra Group – erhalten hat.

Zu Hause betreibt die Jindal Group, durch ihre gewaltigen Beteiligungen am Bergbau und den Metall- und Energieindustrien, die Jindal School of Government and Public Policy. (Die Ford Foundation betreibt eine juristische Fakultät im Kongo.) Die New India Foundation, gegründet von Nadan Nilekani und finanziert durch Gewinne aus Infosys, vergibt Preise und Stipendien an Sozialwissenschaftler. Die Sitaram Jindal Foundation – gefördert durch den Vorstandsvorsitzenden und Geschäftsführer der Jindal Aluminum Limited – hat fünf jährliche Geldpreise im Wert von jeweils zehn Millionen Rupien ausgeschrieben, vergeben an Personen, die in der Landesentwicklung, in Programmen zur Armutsbekämpfung, Bildungsprogrammen, zur moralischen Erbauung, für den Umweltschutz, den Frieden und die soziale Harmonie arbeiten. Die Observer Research Foundation (ORF), derzeit gefördert durch Mukesh Ambani, wurde nach dem Beispiel der Rockefeller Foundation entworfen. In ihren Reihen finden sich Geheimagenten, strategische Analysten, Politiker (die vorgeben, im Parlament gegeneinander zu wettern), Journalisten und Entscheidungsträger als ihre »Stipendiaten« und Berater.

Die Ziele der ORF scheinen offensichtlich genug: »eine Einigkeit zu erreichen, um wirtschaftliche Reformen zu begünstigen«. Und die öffentliche Meinung zu gestalten und zu formen zur Erschaffung »brauchbarer, alternativer politischer Optionen in verschiedensten Bereichen, von der Schaffung von Arbeitsplätzen in rückständigen Gebieten bis zur Entwicklung von Echtzeit-Strategien gegen nukleare, biologische und chemische Bedrohungen«.[60]

Zunächst war ich verwirrt durch die Konzentration auf »nukleare, biologische und chemische Bedrohungen« in den formulierten Zielen der ORF. Meine Verwirrung legte sich, als ich auf der langen Liste ihrer »institutionellen Partner« die Namen Raytheon und Lockheed Martin fand, zwei der größten globalen Waffenhersteller. 2007 gab Raytheon bekannt, man würde sich nun auf Indien konzentrieren.[61] Könnte es womöglich sein, dass zumindest ein Teil des indischen jährlichen Verteidigungsetats von 32 Milliarden US-Dollar ausgegeben wird für Waffen, Lenkraketen, Flugzeuge, Kriegsschiffe und Überwachungstechnologie aus den Werken von Raytheon und Lockheed Martin?

Brauchen wir Waffen, um Kriege zu führen? Oder brauchen wir Kriege, um Märkte für Waffen zu haben? Schließlich sind die Haushalte der europäischen Länder, der Vereinigten Staaten und Israels wahrhaftig abhängig von der Waffenindustrie – die letzte Sparte, die man noch nicht nach China outgesourct hat.

Im Kalten Krieg zwischen den Vereinigten Staaten und China wird Indien umworben, jene Rolle zu spielen, die Pakistan als US-Partner im Kalten Krieg mit Russland gespielt hat. (Und sieh an, was mit Pakistan geschehen ist.) Viele jener Kolumnisten und »strategischen Analytiker«, die auf die Feindseligkeiten zwischen Indien und China aufmerksam machen, sind nachweislich direkt oder indirekt den indo-amerikanischen Denkfabriken und Stiftungen angegliedert. Ein »strategischer Partner« der Vereinigten Staaten zu sein bedeutet nicht, dass die Staatschefs hin und wieder am Telefon plauschen. Es bedeutet Kollaboration (Einmischung) auf allen Ebenen. Es bedeutet, US-Sondereinsatzkommandos auf indischem Boden zu haben. (Ein Befehlshaber des Pentagon bestätigte dies kürzlich gegenüber der BBC.) Es bedeutet, Geheimdienstinformationen zu teilen, landwirtschaftliche und energiepolitische Grundsätze zu ändern, das Gesundheits- und Bildungswesen für globale Investoren zu öffnen. Es bedeutet, den Einzelhandel zu öffnen. Es bedeutet eine ungleiche Partnerschaft, in der Indien in einem Schwitzkasten über das globale Parkett geschwoft wird von einem Partner, der Indien verbrennen wird, sobald es sich weigert zu tanzen.

Auf der Liste der »institutionellen Partner« der ORF findet man auch die RAND Corporation, die Ford Foundation, die Weltbank, die Brookings Institution (deren erklärte Mission es ist, »innovative und pragmatische Empfehlungen zu machen, die drei große Ziele verfolgen: die Stärkung der amerikanischen Demokratie; die Förderung von wirtschaftlichem und sozialem Wohlergehen, von Sicherheit und Chancen für alle Amerikaner; und die Sicherung eines offeneren, zuverlässigen, florierenden und partnerschaftlichen internationalen Systems«). Auf derselben Liste findet sich auch die deutsche Rosa-Luxemburg-Stiftung. (Arme Rosa, die für den Kommunismus gestorben ist und jetzt ihren Namen auf einer Liste wie dieser finden muss!)

Auch wenn der Kapitalismus auf Wettbewerb basieren soll, haben jene an der Spitze gezeigt, dass sie fähig sind zur Inklusivität und Solidarität. Die größten westlichen Kapitalisten haben Geschäfte gemacht mit Faschisten, Sozialisten, Despoten und Militärdiktatoren. Sie sind in der Lage, sich ständig anzupassen und weiterzuentwickeln. Sie beherrschen schnelles Denken und taktisches Geschick.

Aber auch wenn erfolgreich ökonomische Reformen durchgesetzt wurden, auch wenn Kriege geführt und Nationen militärisch besetzt wurden, um neoliberale »Demokratien« zu kreieren, so befindet sich der Kapitalismus in einer Krise, deren Schwere erst noch abzuwägen sein wird. Marx meinte, die Bourgeoisie »produziert vor allem ihre eigenen Totengräber. Ihr Untergang und der Sieg des Proletariats sind gleich unvermeidlich.«[62]

Das Proletariat, wie Marx es sah, stand unter kontinuierlichem Beschuss. Fabriken wurden geschlossen, Arbeitsplätze sind verschwunden, Gewerkschaften wurden aufgelöst. Diejenigen, die das Proletariat ausmachen, wurden über die Jahre auf jede erdenkliche Weise gegeneinander ausgespielt. In Indien sind es die Hindus gegen die Muslime gewesen, Hindus gegen Christen, Dalits gegen die Adivasi, Kaste gegen Kaste, Region gegen Region. Und dennoch: Überall auf der Erde schlagen sie zurück. In China gibt es zahllose Streiks und Aufstände. In Indien haben die ärmsten Menschen der Erde zurückgeschlagen und einige der reichsten Konzerne zum Stillstand gebracht.

Kapitalismus ist in der Krise. Trickle-down ist gescheitert. Und jetzt steckt auch Gush-up in Schwierigkeiten. Die internationale Finanzkrise zieht immer engere Kreise. Die Wachstumsrate Indiens ist auf 6,9 Prozent geschrumpft. Ausländische Investoren ziehen sich zurück. Große internationale Konzerne sitzen auf riesigen Geldbergen, ratlos, wo sie investieren sollen, ratlos, wohin sich die Finanzkrise entwickeln wird. Ein langer, struktureller Riss geht durch den Moloch des Weltkapitals.

Die wahren »Totengräber« des Kapitalismus enden vielleicht als ihre eigenen verirrten Kardinäle, die ihre Ideologie zum Glauben erhoben haben. Trotz ihrer strategischen

Brillanz scheinen sie Schwierigkeiten zu haben, eine einfache Tatsache zu verstehen: Der Kapitalismus zerstört den Planeten. Die zwei alten Allheilmittel, die ihn aus vergangenen Krisen rausgebuddelt haben – Krieg und Shopping –, werden hier einfach nicht rundlaufen.

Eine lange Weile stand ich draußen vor Antilia und sah der Sonne zu, wie sie sank und unterging. Ich stellte mir vor, dieser Turm wäre so tief, wie er hoch ist. Dass er eine 27 Stockwerk tiefe Pfahlwurzel hätte, die den Untergrund durchschlängelte, gierig darauf, dem Boden die Lebensgrundlage zu entsaugen und sie umzuwandeln in Gold und Rauch.

Warum entschieden sich die Ambanis, ihr Gebäude Antilia zu nennen? Antilia ist der Name einer Reihe von mythischen Inseln im Atlantik, deren Geschichte zurückgeht auf iberische Legenden im achten Jahrhundert. Als die Muslime Hispania eroberten, flüchteten sechs christlich-westgotische Bischöfe mit ihren Gemeinden auf Schiffe und erreichten nach vielen Tagen und Wochen auf See die Inseln von Antilia, wo sie sich niederließen und eine neue Zivilisation gründeten. Sie verbrannten ihre Schiffe und kappten so alle Verbindungen zu ihrer von Barbaren beherrschten Heimat.

Wenn sie ihren Turm Antilia nennen, hoffen die Ambanis darauf, alle Verbindungen zu Armut und Elend in ihrer Heimat zu kappen und eine neue Zivilisation aufzubauen? Ist dies der letzte Akt der erfolgreichsten Sezessionsbewegung Indiens: die Sezession der Mittel- und Oberschichten ins All? Als die Nacht sich über Mumbai niedersenkte, erschienen Wärter, in frischen Leinenhemden mit knisternden Walkie-Talkies, vor den unwirtlichen Toren von Antilia. Die Scheinwerfer flammten auf, vielleicht, um die Gespenster zu verscheuchen. Die Nachbarn beschweren sich, die grellen Scheinwerfer von Antilia hätten die Nacht gestohlen.

Vielleicht ist es an der Zeit, dass wir uns die Nacht jetzt zurückholen.

Ein perfekter Tag für die Demokratie

War es nicht erst gestern? In Delhi kündigte sich der Frühling an. Die Sonne schien, und das Gesetz nahm seinen Lauf. Kurz vor dem Frühstück wurde Mohammad Afzal Guru, der Hauptangeklagte im Prozess um die Angriffe auf das Parlament 2001, heimlich gehängt. Seine Leiche wurde im Tihar-Gefängnis begraben.[1] Neben Maqbool Butt? (Der andere Kaschmiri, der 1984 im Tihar gehängt worden war.) Afzals Frau und Sohn wurden nicht informiert. »Die Behörden setzten die Familie mit einem eingeschriebenen Expressbrief in Kenntnis«, sagte der Innenminister zur Presse. »Der Generaldirektor der Polizei von J & K wurde angewiesen, nachzuprüfen, ob sie ihn bekommen haben.«[2] Keine große Sache, es ist ja nur die Familie eines kaschmirischen Terroristen.

In einem Augenblick seltener Einigkeit kam die Nation oder zumindest ihre großen politischen Parteien, der Kongress, die Bharatiya Janata Party (BJP) und die Kommunistische Partei Indien CPI (Maoisten) zusammen (abgesehen von kleineren Meckereien wegen »Verzögerung« und »Zeitpunkt«), um den Triumph des Rechtsstaats zu feiern. Das Gewissen der Nation, das dieser Tage live aus Fernsehstudios sendet, ließ seinen kollektiven Intellekt auf uns los – den üblichen Cocktail aus päpstlicher Leidenschaft und einem wählerischen Umgang mit Fakten. Wie Feiglinge, die im Rudel jagen, schienen sie sich gegenseitig zu brauchen, um sich Mut zuzusprechen, obwohl der Mann tot war. Vielleicht wissen sie zuinnerst, dass sie alle gemeinsame Sache gemacht hatten, um etwas schrecklich Falsches zu tun.

Und die Fakten?

Am 13. Dezember 2001 fuhren fünf bewaffnete Männer in einem weißen Ambassador, der mit einer selbstgebauten Bombe beladen war, durch das Tor des Parlamentsgebäudes in New Delhi. Als sie aufgehalten wurden, sprangen sie aus dem Wagen und eröffneten das Feuer. Sie töteten acht Sicherheitsbeamte und einen Gärtner. In der darauffolgenden Schießerei kamen alle fünf Angreifer um. In einer seiner vielen Geständnisse, die Afzal Guru in Polizeigewahrsam ablegte, identifizierte er die Männer als Mohammed, Rana, Raja, Hamza und Haider. Mehr wissen wir auch heute noch nicht über sie. L. K. Advani, damals Innenminister, sagte, sie »sähen aus wie Pakistaner«. (Er sollte wissen, wie Pakistaner aussehen, nicht wahr? Er selbst stammt schließlich aus dem Sindh.) Aufgrund von Afzals Geständnis (das der Oberste Gerichtshof später nicht zuließ mit der Begründung, dass es »Fehler« und »Verletzungen verfahrenstechnischer Schutzmaßnahmen« enthielt) rief die indische Regierung ihren Botschafter in Pakistan zurück und schickte eine halbe Million Soldaten an die pakistanische Grenze. Es wurde von Atomkrieg gemunkelt. Ausländische Regierungen gaben Reisewarnungen heraus und evakuierten ihr Personal aus Delhi. Die verfahrene Situation dauerte Monate und kostete Indien Milliarden Rupien.

Am 14. Dezember 2001 behauptete die Antiterrorismuseinheit der Polizei von Delhi, sie habe den Fall geknackt. Am 15. Dezember verhaftete sie den »Drahtzieher« des Anschlags, Professor S. A. R. Geelani, in Delhi und Shaukat Guru und Afzal Guru auf dem Obstmarkt in Srinagar.[3] In der Folge nahmen sie auch Afsan Guru fest, Shaukats Frau.

Die Medien verbreiteten begeistert die Version der Spezialeinheit. Hier ein paar Schlagzeilen: »Professor an der Universität von Delhi war Dreh- und Angelpunkt des Terrorplans«, »Universitätsprofessor leitete Fedajin an«, »Professor dozierte in seiner Freizeit über Terror«. Zee TV sendete ein »Dokudrama« mit dem Titel *December 13th*, eine Nachstellung des Anschlags, in dem behauptet wurde, »die Wahrheit gemäß des Anklageprotokolls der Polizei« wiederzugeben. (Wenn die Version der Polizei die Wahrheit ist, wozu haben wir dann Gerichte?) Dann priesen Premierminister Atal Bihari Vajpayee und L. K. Advani den Film öffentlich. Der Oberste Gerichtshof weigerte sich, den Film zu sehen mit der Begründung, Richter ließen sich nicht von den Medien beeinflussen. Der Film wurde nur ein paar Tage vor dem Eilverfahren ausgestrahlt, bei dem Afzal, Shaukat und Geelani zum Tode verurteilt wurden. Später sprach das Gericht den »Drahtzieher« Geelani und Afsan Guru frei. Der Oberste Gerichtshof bestätigte den Freispruch. Doch am 5. August 2005 verurteilte er Afzal Guru dreimal zu lebenslänglich und zweimal zum Tode.

Im Gegensatz zu den Lügen, die manche erfahrene Journalisten, die es eigentlich besser hätten wissen müssen, in Umlauf brachten, war Afzal Guru keineswegs einer der »Terroristen, die das Parlamentsgebäude am 13. Dezember 2001 stürmten«, ebenso wenig gehörte er zu denen, die »das Feuer auf die Wachmänner eröffneten« und »dabei drei der sechs tötete, die ums Leben kamen«. (Das behauptete Chandan Mitra, BJP-Abgeordneter, im *Pioneer* am 7. Oktober 2006.) Nicht einmal im Protokoll der Polizei wird er dessen beschuldigt. Das Urteil des Obersten Gerichts stellt fest, dass es sich lediglich auf Indizien stützt: »Wie bei den meisten Fällen von Verschwörung gibt es und kann es keine direkten Beweise für eine kriminelle Verschwörung geben.« Doch dann fährt es fort: »Das Attentat, das viele Opfer forderte, hat die ganze Nation erschüttert, und das kollektive Gewissen der Gesellschaft wird sich nur beruhigen lassen, wenn der Täter zur Höchststrafe verurteilt wird.«[4]

Wer hat unser kollektives Gewissen im Fall des Angriffs auf das Parlament geprägt? Waren es vielleicht die Tatsachen, die wir aus den Medien zusammensammelten? Aus den Filmen, die wir im Fernsehen sahen?

Manche argumentieren, die Tatsache, dass S. A. R. Geelani freigesprochen und Afzal verurteilt wurde, beweise, dass die Verfahren fair und gerecht gewesen seien. Wirklich?

Das Eilverfahren begann im Mai 2002. Die Welt befand sich nach den Angriffen vom 11. September noch in Schockstarre. Die US-Regierung freute sich vorzeitig über ihren »Sieg« in Afghanistan. Im Gujarat fand ein Pogrom statt. Und im Fall des Angriffs auf das Parlament nahm das Gesetz in der Tat seinen eigenen Lauf. Während der entscheidenden Phase der Prozesse, als Beweise vorgelegt, als Zeugen ins Kreuzverhör genommen, als die Fundamente der Argumentation gelegt wurden – im Hohen Gericht und im Obersten Gerichtshof können nur juristische Aspekte diskutiert und keine neuen Beweise eingeführt werden –, saß Afzal Guru in einer Einzelzelle in einem Hochsicherheitstrakt und hatte keinen Anwalt. Der vom Gericht ernannte junge Pflichtverteidiger besuchte ihn kein einziges Mal im Gefängnis; er rief keine Zeugen zu Afzals Verteidigung auf und nahm die Zeugen der Anklage nicht ins Kreuzverhör. Der Richter äußerte seine Unfähigkeit, etwas gegen die Situation unternehmen zu können.

Von Beginn an fiel der Prozess in sich zusammen. Ein paar von vielen Beispielen:

Wie kam die Polizei auf Afzal? Sie behauptete, S. A. R. Geelani habe sie zu ihm geführt. Doch die Gerichtsakten belegen, dass der Befehl, Afzal zu verhaften, erlassen wurde, bevor sie Geelani festnahm. Das Gericht nannte es einen »materiellen Widerspruch« und beließ es dabei.

Die zwei belastendsten Beweise gegen Afzal waren ein Handy und ein Laptop, die zum Zeitpunkt seiner Verhaftung beschlagnahmt wurden. Das Festnahmeprotokoll wurde von Bismillah, Geelanis Bruder, in Delhi signiert. Das Beschlagnahmeprotokoll wurde von zwei Männern der Polizei von Jammu und Kaschmir unterzeichnet, einer von ihnen ein alter Peiniger aus Afzals Vergangenheit, ein übergelaufener »Militanter«. Der Computer und das Handy wurden nicht versiegelt, wie es für Beweismittel vorgeschrieben ist. Während des Prozesses stellte sich heraus, dass jemand nach der Verhaftung auf die Festplatte des Laptops zugegriffen hatte. Sie enthielt nur die gefälschten Ausweise des Innenministeriums und die gefälschten Ausweise, mit denen sich die »Terroristen« Zugang zum Parlament verschafft hatten. Und einen Clip von Zee TV über das Parlamentsgebäude. Laut Polizei hatte Afzal also alle Daten gelöscht außer denen, die ihn schwer belasteten, und lief damit zu Ghazi Baba, laut Protokoll der Verantwortliche der Operation.

Ein Zeuge der Anklage, Kamal Kishore, identifizierte Afzal und sagte vor Gericht aus, dass er ihm am 4. Dezember 2001 die inkriminierende SIM-Karte verkauft habe, die alle in dem Fall Angeklagten miteinander verband. Doch die Rufdatenaufzeichnungen der Staatsanwaltschaft selbst belegten, dass die SIM-Karte seit dem 6. November 2001 aktiv war.

Und so geht es weiter und weiter mit Lügen und manipulierten Beweisen. Das Gericht hält sie fest, doch für ihre Mühen versetzt es der Polizei nur einen leichten Klaps auf die Finger. Nichts weiter.

Und dann ist da noch die Vorgeschichte. Wie die meisten Militanten, die aufgegeben haben, war Afzal leichte Beute in Kaschmir – ein Opfer von Folter und Erpressung. Er war ein Niemand. Jeder, der wirklich daran interessiert gewesen wäre, das Rätsel des Angriffs auf das Parlament zu lösen, wäre der breiten Spur der Beweise gefolgt, die gelegt wurde. Niemand tat es. Und deswegen werden die wahren Urheber der Verschwörung nicht identifiziert und verfolgt werden.

Jetzt, da Afzal Guru hingerichtet ist, ist unser kollektives Gewissen hoffentlich beruhigt. Oder ist unser Glas mit Blut erst halbvoll?

Der Doktor und der Heilige[1]

Abschaffung des Kastenwesens ist der fast 80 Jahre alte Text einer Rede, die nie gehalten wurde. Als ich ihn zum ersten Mal las, war es, als wäre jemand in einen düsteren Raum getreten und hätte die Fenster geöffnet. Die Lektüre von Dr. Bhimrao Ramji Ambedkar füllt die Lücke zwischen dem, was den meisten Indern beigebracht wird zu glauben, und der Realität, wie wir sie tagtäglich erleben.

Mein Vater war Hindu, ein Brahmo aus Bengalen. Ich habe ihn erst als Erwachsene kennengelernt. Ich wuchs bei meiner Mutter in einer syrisch-christlichen Familie in Ayemenem auf, einem kleinen Dorf im kommunistisch regierten Kerala. Und doch waren um mich herum die Risse und Sprünge des Kastenwesens unübersehbar. In Ayemenem gab es eine gesonderte »Paraiyan«-Kirche, in der »Paraiyan«-Pfarrer für eine Gemeinde von »Unberührbaren« predigten. Die Kaste war am Namen der Leute abzulesen, an der Art und Weise, wie sie bezeichnet wurden, an der Arbeit, die sie verrichteten, an der Kleidung, die sie trugen, an den Ehen, die für sie arrangiert wurden, an der Sprache, die sie sprachen. Dennoch stieß ich in keinem einzigen Schulbuch auf das Thema Kaste. Ambedkars Text machte mich auf das klaffende Loch in unserem pädagogischen Universum aufmerksam. Er erklärte auch, warum dieses Loch existierte und so lange existieren wird, bis sich die indische Gesellschaft einem radikalen revolutionären Wandel unterzieht.

Revolutionen haben oft mit Lesen begonnen.

Wenn Sie von Malala Yousafzai gehört haben, aber nicht von Surekha Bhotmange, dann lesen Sie Ambedkar.

Malala war erst 15, hatte sich jedoch schon mehrerer Vergehen schuldig gemacht. Sie war ein Mädchen, sie lebte im Swat-Tal in Pakistan, sie war eine BBC-Bloggerin, sie trat in einem Video der *New York Times* auf, und sie ging in die Schule. Malala wollte Ärztin werden; ihr Vater wollte, dass sie Politikerin würde. Sie war ein mutiges Kind.

Sie und ihr Vater hörten nicht auf die Taliban, die erklärten, dass Mädchen nicht in die Schule gehen dürften, und drohten, sie umzubringen, wenn sie nicht aufhörte, die Stimme gegen sie zu erheben. Am 9. Oktober 2012 holte ein bewaffneter Mann sie aus dem Schulbus und schoss ihr in den Kopf. Malala wurde nach England geflogen, wo sie die beste medizinische Versorgung erhielt und überlebte. Es war ein Wunder.

Der Präsident und der Außenminister der USA brachten ihre Unterstützung und ihre Solidarität zum Ausdruck. Madonna widmete ihr einen Song. Angelina Jolie schrieb einen Artikel über sie. Malala wurde für den Friedensnobelpreis nominiert; ihr Foto war auf der Titelseite von *Time*. Nur Tage nach dem Mordversuch rief der ehemalige britische Premierminister und UN-Sondergesandte für Erziehung Gordon Brown in einer »Ich bin Malala«-Petition die Regierung von Pakistan auf, jedem Mädchen den Schulbesuch zu ermöglichen. In ihrer feministischen Mission greifen die USA Pakistan weiterhin mit Drohnen an, um frauenfeindliche islamistische Terroristen »auszuschalten«.

Surekha Bhotmange war 40 Jahre alt und hatte sich ebenfalls mehrerer Vergehen schuldig gemacht. Sie war eine Frau – eine »Unberührbare«, eine Dalit –, lebte in Indien und war nicht bettelarm. Sie war gebildeter als ihr Mann, deswegen war sie das Familienoberhaupt. Dr. Ambedkar war ihr Held. Wie er hatte ihre Familie dem Hinduismus den Rücken gekehrt und war zum Buddhismus konvertiert. Surekhas Kinder waren gebildet. Ihre beiden Söhne, Sudhir und Roshan, hatten ein College besucht. Ihre Tochter Priyanka war 17 und beendete gerade die Highschool. Surekha und ihr Mann hatten im Dorf Khairlanji im Bundesstaat Maharashtra ein kleines Stück Land gekauft. Die Bauernhöfe in der Umgebung waren im Besitz von Angehörigen von Kasten, die sich der Mahar-Kaste, aus der Surekha stammte, als überlegen betrachteten. Weil sie eine Dalit war und nicht das Recht hatte, nach einem guten Leben zu streben, verbot der Dorf-Panchayat, dass ihr Haus ans Stromnetz angeschlossen oder ihre Lehmhütte in ein gemauertes Haus umgebaut wurde. Die Dorfbewohner ließen nicht zu, dass die Familie ihre Felder mit dem Wasser aus dem Kanal bewässerte oder Wasser aus dem öffentlichen Brunnen holte. Sie versuchten, auf ihrem Land eine öffentliche Straße zu bauen, und als die Bhotmanges protestierten, trieben sie ihre Ochsengespanne darüber. Sie ließen ihr Vieh auf Surekhas Feldern weiden, auf denen die Ernte stand.

Dennoch gab Surekha nicht klein bei. Sie beschwerte sich bei der Polizei, die ihr keine Beachtung schenkte. Im Lauf der Monate stiegen die Spannungen im Dorf dramatisch an. Um sie zu warnen, erschlugen die Dorfbewohner einen ihrer Verwandten. Sie erstattete erneut Anzeige bei der Polizei. Die Polizei nahm ein paar Verhaftungen vor, doch die Beschuldigten wurden nahezu sofort auf Kaution wieder freigelassen. Um sechs Uhr abends am Tag ihrer Freilassung – am 29. September 2006 – kreisten ungefähr 70 aufgebrachte Dorfbewohner, Männer und Frauen, mit Traktoren das Haus der

Bhotmanges ein. Surekhas Mann Bhaiyalal, der auf dem Feld war, hörte den Lärm und rannte nach Hause. Er versteckte sich hinter einem Busch und sah zu, wie der Mob seine Familie angriff. Er lief in die nächste kleine Stadt, Dusala, und ließ einen Verwandten bei der Polizei anrufen. (Man braucht Beziehungen, damit die Polizei einen Anruf überhaupt entgegennimmt.) Sie ist nie erschienen. Der Mob zerrte Surekha, Priyanka und die beiden Jungen, einer von ihnen sehbehindert, aus dem Haus. Den Jungen wurde befohlen, ihre Mutter und ihre Schwester zu vergewaltigen; als sie sich weigerten, wurden ihre Genitalien verstümmelt, anschließend wurden sie gelyncht. Surekha und Priyanka wurden mehrmals vergewaltigt und erschlagen. Die vier Leichen warf man in einen nahen Kanal, in dem sie am nächsten Tag gefunden wurden.[2]

Anfänglich wurde in der Presse über einen Mord aus »sittlichen Gründen« berichtet und behauptet, dass die Dorfbewohner aufgebracht waren, weil Surekha eine Affäre mit einem Verwandten hatte (dem Mann, der kurz zuvor erschlagen worden war). Massenproteste von Dalit-Organisationen veranlassten die Justiz schließlich, das Verbrechen zur Kenntnis zu nehmen. Von Bürgern organisierte Untersuchungsausschüsse stellten fest, dass Beweise gefälscht und frisiert worden waren. Das Gericht verurteilte die Haupttäter schließlich zum Tode, weigerte sich jedoch, sich auf das Gesetz zu berufen, das Gräueltaten gegen gelistete Kasten und Stämme unter Verbot stellt – den Scheduled Caste and Scheduled Tribes Prevention of Atrocities Act. Der Richter war der Ansicht, dass das Massaker von Khairlanji aus »Rache« begangen worden war. Er stellte fest, dass es keine Beweise für Vergewaltigung gebe und Kastenzugehörigkeit nichts mit den Morden zu tun habe.[3] Wenn ein Urteil den gesetzlichen Rahmen eines Verbrechens abschwächt, für das es andererseits ein Todesurteil fällt, ist es für eine höhere Instanz einfacher, die Strafe zu reduzieren oder umzuwandeln. Dies ist keine ungewöhnliche Praxis in Indien.[4] Ein Todesurteil kann man wohl kaum gerecht nennen, wie abscheulich auch immer das Verbrechen war. Hätte das Gericht anerkannt, dass Vorurteile aufgrund von Kastenzugehörigkeit nach wie vor grausame Realität in Indien sind, hätte sich das als Geste in Richtung Gerechtigkeit werten lassen. Stattdessen hat der Richter »Kaste« aus dem Bild einfach herausretuschiert.

Surekha Bhotmange und ihre Kinder lebten in einer marktorientierten Demokratie. Deswegen gab es keine an die indische Regierung gerichteten »Ich bin Surekha«-Petitionen seitens der Vereinten Nationen und auch keine aufgebrachten Botschaften von Staatsoberhäuptern. Was nur gut ist, weil wir nicht wollen, dass wegen unseres Kastensystems Daisy-Cutter-Bomben auf uns abgeworfen werden.[5]

»Für die Unberührbaren«, sagte Ambedkar mit einer Unverschämtheit, die indische Intellektuelle heutzutage nur schwer aufbringen, »ist der Hinduismus ein wahres Gruselkabinett.«[6]

Die Begriffe »unberührbar«, »gelistete Kaste« (Scheduled Caste / SC), »benachteiligte Klasse« (Backward Class) und »weitere benachteiligte Klassen« (Other Backward Classes) benutzen zu müssen, um Mitmenschen zu beschreiben, bedeutet für eine Schriftstellerin, in einem Gruselkabinett zu leben. Da Ambedkar das Wort »unberührbar« mit kalter Wut benutzte, muss ich es auch tun. Das Wort »unberührbar« wurde durch das Marathi-Wort »Dalit« (gebrochener Mensch) ersetzt, das seinerseits gleichbedeutend mit »gelistete Kaste« gebraucht wird. Die Wissenschaftlerin Rupa Viswanath weist darauf hin, dass es sich dabei um ein nicht korrektes Vorgehen handelt, weil der Begriff »Dalit« Unberührbare mit einschließt, die zu anderen Glaubensgemeinschaften konvertiert sind, um dem Stigma der Kaste zu entgehen (wie die Paraiyans in meinem Dorf, die zum Christentum konvertiert sind), wohingegen »gelistete Kaste« genau das nicht tut.[7] Die offizielle Nomenklatur des Vorurteils ist ein Labyrinth, das jedes Schriftstück in die Aktennotiz eines bigotten Bürokraten verwandelt. Um das zu vermeiden benutze ich das Wort »unberührbar« meistens, wenn auch nicht immer, wenn ich über die Vergangenheit schreibe, und das Wort »Dalit«, wenn es um die Gegenwart geht. Wenn ich Dalits meine, die zu einer anderen Religion konvertiert sind, nenne ich sie Dalit-Sikhs, Dalit-Muslime oder Dalit-Christen.

Nun zurück zu Ambedkars Gruselkabinett.

Gemäß der landesweiten Verbrechensstatistik wird alle 16 Minuten von einem Nicht-Dalit ein Verbrechen an einem Dalit begangen; jeden Tag werden mehr als vier unberührbare Frauen von Berührbaren vergewaltigt; jede Woche werden 13 Dalits ermordet und sechs Dalits entführt. Allein im Jahr 2012, dem Jahr *der* Gruppenvergewaltigung mit Todesfolge in Delhi,[8] wurden 1574 Dalit-Frauen vergewaltigt (als Faustregel gilt, dass nur 10 Prozent aller Vergewaltigungen und anderer Verbrechen gegen Dalits angezeigt werden) und 651 Dalits ermordet.[9] Und das sind nur die Vergewaltigungen und Morde. Es fehlen das Nacktausziehen und Paradieren, das erzwungene Verzehren von Exkrementen,[10] die Beschlagnahme von Land, der soziale Boykott, die Einschränkung des Zugangs zu Trinkwasser. Diese Statistiken führen zum Beispiel den Fall von Bant Singh aus dem Punjab nicht an, einem Mazhabi Dalit-Sikh,[11] dem 2005 beide Arme und ein Bein abgeschlagen wurden, weil er es gewagt hatte, die Männer anzuzeigen, die seine Tochter vergewaltigt hatten. Es gibt keine eigene Statistik für dreifach Amputierte.

»Wenn die Grundrechte von der Gemeinschaft nicht anerkannt werden, kann kein Gesetz, kein Parlament, keine Justiz sie garantieren«, sagte Ambedkar. »Was nützen dem Schwarzen in Amerika, dem Juden in Deutschland und den Unberührbaren in Indien Grundrechte? Wie Burke gesagt hat, gibt es keine Methode, die Masse zu bestrafen.«[12]

Fragt man einen beliebigen Dorfpolizisten in Indien, worin seine Aufgabe besteht, wird er wahrscheinlich antworten, »den Frieden zu bewahren«. Das geschieht in den meisten Fällen, indem das Kastensystem aufrechterhalten wird. Ansprüche der Dalits sind ein Bruch des Friedens.

Abschaffung des Kastenwesens ist ein Bruch des Friedens.

Andere zeitgenössische Abscheulichkeiten wie Apartheid, Rassismus, Sexismus, ökonomischer Imperialismus und religiöser Fundamentalismus wurden auf internationalen politischen Foren angeprangert. Wie kommt es, dass sich das indische Kastenwesen – eine der brutalsten Formen hierarchischer sozialer Organisation, die es gibt – bislang ähnlicher Kontrolle und Kritik entzogen hat? Vielleicht weil es so sehr mit dem Hinduismus und infolgedessen mit so vielem assoziiert wird, das als freundlich und gut gilt – Mystizismus, Spiritualismus, Gewaltfreiheit, Toleranz, Vegetarismus, Gandhi, Yoga, Rucksackreisen, die Beatles –, dass es zumindest Nicht-Indern unmöglich erscheint, es isoliert zu betrachten und zu verstehen.

Das Problem wird noch vielschichtiger, da Kaste im Gegensatz zum Beispiel zu Apartheid nicht von der Hautfarbe bestimmt wird und deshalb nicht leicht zu *sehen* ist. Und ebenfalls im Gegensatz zu Apartheid hat das Kastensystem überschwängliche Bewunderer an hohen Stellen. Sie argumentieren öffentlich, dass Kaste ein soziales Bindemittel ist, dass die Menschen und Gemeinschaften auf interessante und insgesamt positive Weise zusammenhält und trennt. Das hat die indische Gesellschaft angeblich mit der Stärke und Flexibilität ausgestattet, die vielen Herausforderungen zu meistern, mit denen sie konfrontiert war.[13] Das indische Establishment erbleicht angesichts der Vorstellung, dass Diskriminierung und Gewalt auf der Basis von Kastenzugehörigkeit mit Rassismus und Apartheid verglichen werden können. Es attackierte die Dalits, die 2001 bei der Weltkonferenz gegen Rassismus in Durban versuchten, das Kastensystem zum Thema zu machen, und bestand darauf, dass es sich um eine »interne Angelegenheit« handelte. Es präsentierte Thesen bekannter Soziologen, die ausführlich darlegten, dass das Kastensystem nicht das Gleiche ist wie rassistische Diskriminierung und Kaste nicht mit Ethnie gleichgesetzt werden kann.[14] Ambedkar hätte ihnen zugestimmt. Die Dalit-Aktivisten auf der Konferenz argumentierten jedoch, dass Kaste zwar nicht gleich Ethnie ist, Kastensystem und Rassismus aber durchaus vergleichbar sind. Beides sind Formen der Diskriminierung, die Menschen aufgrund ihrer Abstammung ins Visier nehmen.[15] Anlässlich des 85. Geburtstags von Martin Luther King Jr. unterzeichneten am 15. Januar 2014 Afroamerikaner im Capitol in Washington D. C. bei einer öffentlichen Veranstaltung eine »Erklärung der Empathie«, die ein Ende »der Unterdrückung der Dalits in Indien« forderte.[16]

In den aktuellen Debatten über Identität und Gerechtigkeit, Wachstum und Entwicklung ist Kaste für viele der bekanntesten Wissenschaftler Indiens bestenfalls ein Tagesordnungspunkt unter vielen, eine Zwischenüberschrift und ziemlich oft nur eine Fußnote. Indem sie Kaste in das reduktive marxistische Klassenschema einpasste, hat es die fortschrittliche, linke Intelligenz noch erschwert, Kaste wahrzunehmen. Dieses Ausblenden, diese Praxis des Nichtsehens ist manchmal ein bewusster politischer Akt. Und manchmal erfolgt es von einem so exklusiven privilegierten Standpunkt aus, an dem man nicht einmal im Dunkeln über das Kastenwesen stolpert und deshalb annimmt, dass es wie Pocken ausgerottet ist.

Die Ursprünge des Kastensystems werden noch jahrelang von Anthropologen diskutiert werden, doch das Organisationsprinzip, das auf einer hierarchisch gestuften Skala von Rechten und Pflichten, von Reinheit und Unreinheit basiert, und die Art und Weise, wie es kontrolliert und durchgesetzt wurde und wird, sind nicht schwer zu verstehen. Die Spitze der Kastenpyramide gilt als rein und hat viele Rechte. Die Basis gilt als unrein und hat keine Rechte, aber viele Pflichten. Die Unreinheit-Reinheit-Matrix korreliert mit einem komplizierten System von Aufgaben, die den Kasten seit Urzeiten zugewiesen sind. In »Kasten in Indien«, einem Vortrag, den er für ein Seminar an der University of Columbia 1916 schrieb, definierte Ambedkar Kaste als eine endogame Einheit, eine »geschlossene Klasse«. Bei einer anderen Gelegenheit beschrieb er das System als eine »aufsteigende Skala des Respekts und eine absteigende Skala der Verachtung«.[17]

Was wir heute das Kastenwesen nennen, wird in den grundlegenden Texten des Hinduismus als *varnashrama dharma* oder *chaturvarna* bezeichnet, das System der vier Varnas. Die annähernd 4000 endogamen Kasten und Unterkasten (*jatis*) der hinduistischen Gesellschaft sind in vier Varnas unterteilt, jede verknüpft mit einer spezifischen erblichen Betätigung – Brahmanen (Priester), Kshatriyas (Krieger), Vaishyas (Händler) und Shudras (Dienstboten). Außerhalb dieser Varnas befinden sich die *avarna*-Kasten, die Ati-Shudras, die Untermenschen, organisiert in einer eigenen Hierarchie – die Unberührbaren, die Unsichtbaren, die, denen man sich nicht nähern darf –, deren Anwesenheit, deren Berührung, deren Schatten von Hindus in privilegierten Kasten als verunreinigend betrachtet wird. Um Inzucht zu vermeiden, wird in manchen Gemeinschaften die endogame Kaste in exogame *gotras* unterteilt. Exogamie wird mit der gleichen Strenge kontrolliert wie Endogamie – mit Enthauptungen und Lynchmorden, die von den Ältesten der Gemeinschaft abgesegnet werden.[18] Jede Region Indiens hat liebevoll ihre eigene Version kastenbasierter Grausamkeiten perfektioniert gemäß einem ungeschriebenen Code, der schlimmer ist als die Jim-Crow-Gesetze. Abgesehen davon, dass Unberührbare gezwungen wurden, in getrennten Siedlungen zu leben, durften sie die öffentlichen Straßen nicht benutzen, die den privilegierten Kasten vorbehalten waren, sie durften kein Wasser aus öffentlichen Brunnen holen, sie durften Hindu-Tempel nicht betreten, sie durften die Schulen der privilegierten Kasten nicht besuchen, sie durften ihren Oberkörper nicht bedecken, sie durften nur ganz bestimmte Kleidungs- und Schmuckstücke tragen. Manche Kasten wie die Mahars, zu der Ambedkar gehörte, mussten sich Besen an die Hüfte binden, um ihre eigenen unreinen Fußabdrücke wegzufegen, anderen mussten sich Spucknäpfe um den Hals hängen, um ihren unreinen Speichel aufzufangen. Männer der privilegierten Kasten hatten unangefochtene Rechte über die Körper unberührbarer Frauen. Liebe verunreinigt. Vergewaltigung ist rein. In vielen Teilen Indiens gilt manches davon bis zum heutigen Tag.[19]

Was ist von einer Phantasie zu halten, ob menschlich oder göttlich, die sich so eine soziale Organisation ausgedacht hat?

Als wäre das Dharma der Varnashrama noch nicht genug,

gibt es auch noch das Karma. Angeblich werden die, die in die untergeordneten Kasten geboren werden, bestraft für die schlechten Taten, die sie in einem früheren Leben begangen haben. Sie büßen mit ihrem Leben eine Gefängnisstrafe ab. Akte der Insubordination können eine verlängerte Strafe nach sich ziehen, das heißt eine weitere Wiedergeburt als Unberührbarer oder Shudra. Es ist demnach geraten, sich zu benehmen.

»Es kann kein entwürdigenderes System sozialer Organisation geben als das Kastensystem«, sagte Ambedkar. »Es ist ein System, das die Menschen daran hindert zu helfen, indem es sie abstumpft, lähmt und verkrüppelt.«[20]

Der berühmteste Inder, Mohandas Karamchand Gandhi, war anderer Ansicht. Er glaubte, dass die Kasten die Genialität der indischen Gesellschaft repräsentierten. In einer Rede bei einer Missionarskonferenz sagte er 1916 in Madras:

Die große Organisation der Kasten war nicht nur die Antwort auf die religiösen Wünsche der Gesellschaft, sondern auch auf ihre politischen Bedürfnisse. Die Dorfbewohner bewältigten ihre internen Angelegenheiten mittels des Kastensystems, und setzten es gegen jedwede Unterdrückung durch die herrschende Macht ein. Die wunderbare Organisationsfähigkeit einer Nation, die in der Lage war, das Kastensystem zu entwickeln, kann nicht geleugnet werden.[21]

1921 schrieb er in seiner Gujarati-Zeitschrift *Navjivan*:

Ich glaube, dass die Hindu-Gesellschaft überdauern konnte, weil das Kastensystem ihr Fundament ist … Das Kastensystem zu zerstören und das westeuropäische Sozialsystem anzunehmen bedeutet, dass die Hindus das Prinzip der erblichen Beschäftigung aufgeben müssen, das die Seele des Kastensystems ist. Das Prinzip der Vererbung ist ein ewiges Prinzip. Es abzuschaffen verursacht Konfusion. Ich brauche keinen Brahmanen, wenn ich ihn nicht Brahmane nennen kann. Es wird Chaos herrschen, wenn tagtäglich aus einem Brahmanen ein Shudra wird und aus einem Shudra ein Brahmane.[22]

Gandhi war zwar ein Befürworter des Kastenwesens, aber er war der Meinung, dass es keine Hierarchie der Kasten geben sollte, dass alle Kasten gleich sein und die Avarna-Kasten, die Ati-Shudras, in das Varna-System eingegliedert werden sollten. Ambedkars Reaktion darauf lautete, »dass die Ausgestoßenen ein Nebenprodukt des Kastensystems sind. Solange es Kasten gibt, wird es Ausgestoßene geben. Der Ausgestoßene kann nur durch die Zerstörung des Kastensystems emanzipiert werden.«[23]

Seit dem Übergang der Macht von der imperialen britischen Kolonialregierung auf die Regierung von Indien 1947 sind 70 Jahre vergangen. Gehören die Kasten der Vergangenheit an? Wie stellt sich das Varnashrama Dharma in unserer »Demokratie« dar?

Viel hat sich verändert. In Indien gab es den ersten Dalit-Präsidenten, und ein Dalit war sogar Oberster Richter. Der Aufstieg politischer Parteien, die von Dalits und anderen untergeordneten Kasten dominiert werden, ist bemerkenswert und in mancher Hinsicht eine revolutionäre Entwicklung. Auch wenn sie die Form angenommen hat, dass eine sichtbare Minderheit – die Führung – die Träume der großen Mehrheit auslebt, kann die aggressive Geltendmachung des Dalit-Stolzes in der politischen Arena angesichts unserer Geschichte nur gut sein. Die Klagen über Korruption und Herzlosigkeit, die gegen Parteien wie die Bahujan Samaj Party (BSP) vorgebracht werden, gelten in noch viel größerem Ausmaß für die älteren politischen Parteien, aber Vorwürfe gegen die BSP werden in einem schrilleren, verächtlicheren Tonfall vorgetragen, weil ihre Vorsitzende Mayawati ist, viermal Chief Minister von Uttar Pradesh – eine Dalit, eine unverheiratete Frau und stolz auf beides. Was immer die Schwächen der BSP sein mögen, ihr Beitrag, den Dalits Würde zu geben, ist eine enorme politische Aufgabe und kann nicht hoch genug eingeschätzt werden. Auch wenn die untergeordneten Kasten zunehmend zu einer Kraft werden, mit der in der parlamentarischen Demokratie zu rechnen ist, besteht doch die Sorge, dass ebendiese Demokratie auf gravierende strukturelle Weise unterminiert wird.

Nach dem Zusammenbruch der Sowjetunion hat sich Indien, einst an der Spitze der Blockfreien-Bewegung, als »natürlicher Verbündeter« der USA und Israels neu positioniert. In den 1990er Jahren hat die indische Regierung dramatische wirtschaftliche Reformen durchgeführt, einen vormals geschützten Markt für das globale Kapital geöffnet und natürliche Ressourcen, Dienstleistungen und Infrastruktur, die 50 Jahre lang mit öffentlichen Geldern entwickelt worden waren, privaten Investoren überlassen. Im Verlauf von 20 Jahren hat diese neue Wirtschaftspolitik trotz eines spektakulären Wachstums des Bruttoinlandsprodukts (das sich jetzt wieder abschwächt) zu einer Konzentration von Reichtum in immer weniger Händen geführt. Heute besitzen die 100 reichsten Personen in Indien ein Vermögen, das einem Viertel des gefeierten BIP entspricht.[24] Von den 1,2 Milliarden Indern leben 800 Millionen von weniger als 20 Rupien am Tag.[25] Riesige Firmen besitzen und kontrollieren buchstäblich das Land. Politiker und politische Parteien agieren als Filialen großer Unternehmen.

Wie hat sich diese Entwicklung auf das traditionelle Netzwerk der Kasten ausgewirkt? Die einen behaupten, dass das Kastenwesen die indische Gesellschaft geschützt und eine Fragmentierung und Atomisierung wie in westlichen Gesellschaften nach der industriellen Revolution verhindert hat.[26] Andere behaupten das Gegenteil; sie argumentieren, dass das nie dagewesene Ausmaß der Verstädterung und die Schaffung neuer Arbeitsfelder die alte Ordnung erschüttert und die Kastenhierarchie unwichtig, wenn nicht gar hinfällig gemacht haben. Beide Ansichten verdienen Aufmerksamkeit. Man möge das folgende Intermezzo entschuldigen, aber Verallgemeinerungen können Fakten nicht ersetzen.

Eine kürzlich von der Zeitschrift *Forbes* publizierte Liste von US-Dollar-Milliardären führt 55 Inder auf.[27] Die Zahlen beruhen natürlich auf öffentlich bekanntgegebenem Reichtum. Auch bei diesen Milliardären ist der Reichtum in Form einer steilen Pyramide verteilt: Die zehn Reichsten besitzen mehr als die restlichen 45 zusammen. Sieben der zehn Reichsten sind Vaishyas, alle Hauptgeschäftsführer (CEOs) großer Unternehmen, die in der ganzen Welt investieren. Ihnen gehören Häfen, Bergwerke, Ölfelder, Gasfelder, Reedereien, Pharmaunternehmen, Telefongesellschaften, petrochemische Anlagen, Aluminiumfabriken, Mobilfunknetze, Fernsehsender, Supermarktketten, Schulen, Filmproduktionsgesellschaften, Lagersysteme für Stammzellen, Stromversorgungsunternehmen und Sonderwirtschaftszonen. Es sind: Mukesh Ambani (Reliance Industries Ltd.), Lakshmi Mittal (Arcelor Mittal), Azim Premji, Dilip Shangvi (Sun Pharamceuticals), die Brüder Ruia (Ruia Group), K. M. Birla (Aditya Birla Group), Savitri Devi Jindal (O. P. Jindal Group), Gautam Adani (Adani Group), Sunil Mittal (Bharti Airtel) und Shiv Nadar. Von den übrigen 45 sind 19 ebenfalls Vaishyas. Die restlichen sind überwiegend Parsis, Bohras und Khattris (alles Händlerkasten) und Brahmanen. Auf der Liste stehen keine Dalits oder Adivasi.

Abgesehen von den großen Firmen haben Banias (Vaishyas) die mittelständischen und kleinen Unternehmen in den Städten und den traditionellen Geldverleih auf dem Land fest im Griff und Millionen verarmter Bauern und Adivasi – darunter Stämme, die in den Wäldern Zentralindiens leben – in eine tödliche Schuldenfalle gestürzt. Die überwiegend von Stämmen bevölkerten Bundesstaaten im Nordosten Indiens – Arunachal Pradesh, Manipur, Mizoram, Tripura, Meghalaya, Nagaland und Assam – erleben seit den Jahrzehnten der »Unabhängigkeit« Aufstände, Militarisierung und Blutvergießen. Währenddessen haben sich Marwari- und Bania-Händler dort niedergelassen, sich bedeckt gehalten und ihre Geschäfte konsolidiert. Heute kontrollieren sie nahezu die gesamte Wirtschaft in der Region.

In der Volkszählung von 1931, die letzte, die die Kastenzugehörigkeit erhob, machten Vaishyas 2,7 Prozent der Bevölkerung aus (unberührbar waren 12,5 Prozent).[28] Dank der besseren Gesundheitsversorgung und einer sichereren Zukunft ihrer Kinder hat die Zahl der Vaishyas wahrscheinlich ab- und nicht zugenommen. Wie auch immer, ihr ökonomischer Einfluss ist außergewöhnlich. In großen und kleinen Unternehmen, in der Landwirtschaft wie in der Industrie sind Kaste und Kapitalismus zu einer alarmierenden, einzigartig indischen Legierung verschmolzen. Nepotismus ist dem Kastensystem inhärent.

Vaishyas verrichten nur ihre göttlich vorherbestimmte Pflicht. Im *Arthashastra* (ca. 350 v. Chr.) steht, dass Wucher ein Recht der Vaishyas ist. Das *Manusmriti* (ca. 150 n. Chr.) geht noch weiter und schlägt unterschiedliche Zinssätze vor: 2 Prozent im Monat für Brahmanen, 3 Prozent für Khastriyas,

4 Prozent für Vaishyas und 5 Prozent für Shudras.[29] Aufs Jahr umgerechnet mussten die Brahmanen 24 Prozent Zinsen zahlen und die Shudras und Dalits 60 Prozent. Auch heute noch ist es normal, dass Geldverleiher von einem verzweifelten Bauern oder besitzlosen Arbeiter 60 Prozent (oder mehr) Zinsen für einen Kredit verlangen. Wenn sie das Geld nicht bezahlen können, müssen sie sogenannte »körperliche Zinsen« zahlen, das heißt, sie müssen sich über Generationen hinweg für den Geldverleiher abrackern, um eine unmögliche Zinsschuld zu begleichen. Unnötig zu erwähnen, dass gemäß dem *Manusmriti* niemand in den Dienst von jemandem gezwungen werden kann, der einer »niedrigeren« Kaste angehört.

Vaishyas kontrollieren Indiens Wirtschaft. Was tun die Brahmanen – die *Bhudevas* (Götter auf Erden)? Der Zensus von 1931 beziffert ihren Anteil an der Bevölkerung auf 6,4 Prozent, aber wie bei den Vaishyas ist diese Zahl aus ähnlichen Gründen vermutlich gesunken. Laut einer Untersuchung des Centre for the Study of Developing Societies (CSDS) haben Brahmanen, die überproportional viele Abgeordnete im Parlament stellten, einen dramatischen Rückgang erleben müssen.[30] Bedeutet das, dass auch ihr Einfluss zurückgegangen ist?

Laut Ambedkar hatten Brahmanen, die 1948 während der Madras-Präsidentschaft 3 Prozent der Bevölkerung ausmachten, 37 Prozent der in der *Gazette of India* amtlich bekanntgegebenen und 43 Prozent der nicht dort bekanntgegebenen Regierungsposten inne.[31] Es gibt keine verlässliche Möglichkeit mehr, diese Trends weiterhin zu verfolgen, denn nach 1931 setzte das Nichtsehen ein. Angesichts des Mangels an Informationen, über die wir eigentlich verfügen sollten, müssen wir uns mit dem begnügen, was wir auftreiben können. 1990 schrieb der Schriftsteller Khushwant Singh über »Die Macht der Brahmanen«:

Brahmanen stellen nicht mehr als 3,5 Prozent der Bevölkerung unseres Landes … heute besetzen sie 70 Prozent aller Regierungsstellen. Ich nehme an, dass sich diese Ziffer nur auf die amtlich bekanntgegebenen Posten bezieht. In den höheren Rängen des öffentlichen Dienstes sind vom Dienstgrad des stellvertretenden Sekretärs an aufwärts von 500 Beamten 310 Brahmanen, d. h. 63 Prozent; von den 26 State Chief Secretaries der Bundesstaaten sind 19 Brahmanen; von den 27 Gouverneuren und Vizegouverneuren sind 13 Brahmanen; von den 16 Richtern des Höchsten Gerichts sind 9 Brahmanen; von den 330 Richtern an Obersten Gerichtshöfen sind 166 Brahmanen; von 140 Botschaftern sind 58 Brahmanen; von insgesamt 3300 höchsten Regierungsbeamten sind 2376 Brahmanen. Bei den Abgeordneten sieht es ähnlich aus: von den 508 Mitgliedern der Lok Sabha (erste Kammer des indischen Parlaments) sind 190 Brahmanen; von den 244 Abgeordneten in der Rajya Sabha (zweite Kammer) sind 89 Brahmanen. Diese Statistik zeigt unmissverständlich, dass die 3,5 Prozent Brahmanen zwischen 36 und 63 Prozent der besten Stellen in diesem Land innehaben. Wie es dazu kommen konnte, weiß ich nicht. Aber ich kann mir nicht vorstellen, dass es gänzlich am höheren IQ der Brahmanen liegt.[32]

Die Statistik von Khushwant Singh mag fehlerhaft sein, aber höchstwahrscheinlich nicht dramatisch fehlerhaft. Sie ist jetzt ein Vierteljahrhundert alt. Neue verlässliche Daten wären hilfreich, aber es ist nicht damit zu rechnen.

Gemäß der CSDS-Studie waren zwischen 1950 und 2000 47 Prozent der Richter am Höchsten Gericht Brahmanen. Während dieser Zeit waren 40 Prozent der Richter an den Obersten Gerichtshöfen und anderen Gerichten Brahmanen. Die Backward Classes Commission stellte 2007 in einem Bericht fest, dass 31,17 Prozent der indischen Bürokratie von Brahmanen besetzt ist. Die meisten von ihnen hatten die hohen Posten inne.

Brahmanen dominieren traditionellerweise auch die Medien. Hier klingt noch nach, was Ambedkar 1945 schrieb:

> Die Unberührbaren haben keine Presse. Die Presse der Kongresspartei ist ihnen nicht zugänglich und fest entschlossen, ihnen keinerlei öffentliche Aufmerksamkeit zu verschaffen. Sie können aus offenkundigen Gründen keine eigene Presse haben. Keine Zeitung kann ohne Einkünfte aus Werbung überleben. Werbeeinkünfte können nur von Unternehmen kommen, und in Indien ist jedes Unternehmen, ob klein oder groß, mit der Kongresspartei verbandelt und wird keine andere Organisation unterstützen. Das Personal von Associated Press in Indien, die wichtigste Nachrichtenagentur hierzulande, besteht ausschließlich aus Madras-Brahmanen – die gesamte indische Presse ist in ihrer Hand –, und sie sind aus weithin bekannten Gründen für den Kongress und werden nicht zulassen, dass negative Nachrichten über den Kongress an die Öffentlichkeit gelangen. Das sind Gründe, über die die Unberührbaren keinerlei Kontrolle haben.[33]

2006 untersuchte das CSDS das soziale Profil von New Delhis Medienelite. Von den 315 wichtigsten Entscheidungsträgern der untersuchten 37 Publikationen und Fernsehsender in Hindi und Englisch sind fast 90 Prozent der Entscheidungsträger der englischsprachigen Printmedien aus den »oberen Kasten«. Bei den Fernsehsendern sind es 79 Prozent. Davon waren 49 Prozent Brahmanen. Nicht eine der 315 Personen war Dalit oder Adivasi; nur 4 Prozent gehörten zu den als Shudras bezeichneten Kasten, und 3 Prozent waren Muslime (die 13,4 Prozent der Bevölkerung stellen).

So viel zu den Journalisten und »Medienpersönlichkeiten«. Wer besitzt die großen Medienunternehmen, für die sie arbeiten? Von den vier wichtigsten, landesweit verbreiteten englischsprachigen Tageszeitungen gehören drei Vaishyas und eine einem Brahmanen-Familienkonzern. Die Times Group (Bennett, Coleman Company Ltd.), der größte Massenmedienkonzern in Indien, zu dem unter anderem *The Times of India* und der Nachrichtenkanal Times Now gehören, der 24 Stunden täglich sendet, befindet sich im Besitz der Familie Jain (Banias). Die Bhartiyas, Marwari-Banias, besitzen die *Hindustan Times*; den Goenkas, ebenfalls Marwari-Banias, gehört *The Indian Express; The Hindu* befindet sich im Besitz eines Brahmanen-Familienkonzerns; die *Dainik Jagran*, die mit einer Auflage von 55 Millionen Exemplaren am weitesten verbreitete Hindi-Tageszeitung, gehört der Familie Gupta, Banias aus Kanpur. *Dainik Bhaskar*, mit einer Auflage von 17,5 Millionen Exemplaren eine der einflussreichsten Hindi-Tageszeitungen, gehört den Agarwals, ebenfalls Banias. Reliance Industries Ltd. (im Besitz von Mukesh Ambani, einem Bania aus Gujarat) verfügt über die Kontrollmehrheit bei 27 großen nationalen und regionalen Fernsehsendern. Zee TV, einer der größten landesweiten Nachrichten- und Entertainmentsender, gehört Subhash Chandra, wiederum ein Bania. (In Südindien manifestiert sich Kaste etwas anders. Zum Beispiel befindet sich die Eenadu Group – der unter anderem Zeitungen, der größte Filmstudio-Komplex der Welt und Dutzende Fernsehsender gehören – im Besitz von Ramoji Rao aus der Kamma-Bauernkaste in Andhra Pradesh, was sich dem Trend widersetzt, dass Brahmanen und Banias Big Media besitzen. Ein weiterer großer Medienkonzern, die Sun-TV-Gruppe, gehört den Marans, Mitgliedern einer sogenannten »zurückgebliebenen« Kaste – »backward« caste –, die heute jedoch politisch mächtig sind.)

Um ein historisches Unrecht wiedergutzumachen, verschrieb sich die indische Regierung nach der Unabhängigkeit einer Politik der positiven Diskriminierung. Für gelistete Kasten (Scheduled Castes) und gelistete Stämme (Scheduled Tribes) wurden Plätze an Universitäten und Stellen in Regierungsbehörden reserviert.[34] Es ist ihre einzige Chance, um in den Mainstream einzubrechen. (Natürlich gilt diese Politik nicht für die Dalits, die zu einer anderen Religion konvertiert sind; sie werden weiterhin diskriminiert.) Um sich für die reservierten Plätze zu bewerben, muss ein Dalit die Highschool abgeschlossen haben. Laut Regierungsangaben brechen 71,3 Prozent der Schüler aus gelisteten Kasten die Schule vor dem Abschluss ab, was bedeutet, dass lediglich einer von vier Dalits auch nur für den niedrigsten Regierungsjob in Frage kommt.[35] Die Mindestanforderung für einen höheren Job ist ein Hochschulabschluss. Laut dem Zensus von 2001 schaffen das nur 2,24 Prozent der Dalits.[36] Diese Politik hat den Dalits zumindest die Chance gegeben, in den öffentlichen Dienst zu gelangen, Arzt, Wissenschaftler, Schriftsteller, Richter, Polizist zu werden. Es sind nur wenige, aber weil Dalits in die höheren Ränge der Macht aufgestiegen sind, haben sich alte soziale Gleichungen verändert. Die Politik schafft Situationen, die vor ein paar Jahrzehnten noch unvorstellbar waren, zum Beispiel dass ein Angestellter, der Brahmane ist, einem Dalit-Regierungsbeamten unterstellt ist.[37] Doch auch diese winzig Chance, die sich Dalits erstritten haben, trifft auf die Feindseligkeit der privilegierten Kasten.

Die Nationale Kommission für die gelisteten Kasten und Stämme berichtet zum Beispiel, dass in den bedeutendsten Unternehmen des öffentlichen Sektors nur 8,4 Prozent der Mitarbeiter auf höchster Ebene aus den untersten Kasten stammen, obwohl es eigentlich 15 Prozent sein sollten.

Derselbe Bericht enthält ein paar alarmierende Statistiken über den Anteil von Dalits und Adivasi im indischen Justizsystem: Von Delhis 20 Richtern am Obersten Gerichtshof kam nicht einer aus den gelisteten Kasten, und bei allen anderen Posten im Justizsystem betrug die Zahl 1,2 Prozent;

ähnliche Zahlen galten in Rajasthan; in Gujarat gab es keine Dalit- oder Adivasi-Richter; in Tamil Nadu mit seinem Vermächtnis sozialer Bewegungen waren nur vier der 38 Richter am Obersten Gerichtshof Dalits; in Kerala, das lange kommunistisch regiert wurde, war einer von 25 Richtern am Obersten Gerichtshof Dalit. Eine Untersuchung der Gefängnisinsassen käme vermutlich zu umgekehrten Verhältnissen.[38]

Der frühere Präsident Indiens, K. R. Narayanan, selbst ein Dalit, wurde von der juristischen Bruderschaft ausgelacht, als er vorschlug, dass gelistete Kasten und Stämme, die gemäß der Volkszählung von 2011 25 Prozent der 1,2 Milliarden Inder stellen, entsprechend als Richter am Höchsten Gericht repräsentiert sein sollten. »Geeignete Personen aus diesen Kategorien stehen zur Verfügung, und ihre Unterrepräsentation oder Nicht-Repräsentation ist nicht zu rechtfertigen«, sagte er 1999. »Jede Quote im Justizsystem stellt eine Bedrohung seiner Unabhängigkeit und der Rechtsstaatlichkeit dar«, lautete die Antwort eines ranghohen Anwalts am Höchsten Gericht. Eine andere Koryphäe sagte: »Quoten sind heutzutage ein schwieriges Thema. Ich bin der Ansicht, dass Leistung den Vorrang haben sollte.«[39]

»Leistung« ist die bevorzugte Waffe einer indischen Elite, die eine Gesellschaft angeblich aufgrund göttlicher Autorisierung kontrolliert und den untergeordneten Kasten seit Jahrtausenden den Zugang zu bestimmten Bildungswegen verweigert. Da das nicht mehr widerspruchslos hingenommen wird, gibt es leidenschaftliche Proteste der privilegierten Kasten gegen die Quotenpolitik in Regierungsbehörden und an Universitäten. Die Annahme, dass »Leistung« in einem ahistorischen sozialen Vakuum existiert, und die Vorteile, die sich durch die Vernetzung privilegierter Kasten und die Feindseligkeit des Establishments gegenüber den untergeordneten Kasten ergeben, dürfen nicht in Frage gestellt werden. Tatsächlich jedoch ist »Leistung« zu einem Euphemismus für Nepotismus geworden.

An der Jawaharlal Nehru University (JNU) – die als Bastion progressiver Sozialwissenschaftler und Historiker gilt – sind nur 3,29 Prozent der Fakultät Dalits und 1,44 Prozent Adivasi,[40] obwohl die Quoten 15 und 7,5 Prozent vorsehen. Und das nach angeblich 27 Jahren Quotensystem. Als das Problem 2010 angesprochen wurde, reagierten emeritierte Professoren mit der Behauptung, dass die Durchsetzung der von der Verfassung geforderten Quoten »verhindern würde, dass die JNU eines der erstklassigen Zentren der Exzellenz bleibt«.[41] Sollte das Quotensystem für den Lehrkörper verbindlich eingeführt werden, so argumentierten sie, »werden die gut situierten Dozenten an ausländische oder private Universitäten gehen und die Benachteiligten nicht mehr die Weltklasse-Ausbildung erhalten, die ihnen die JNU bislang voller Stolz geboten hat«.[42] B. N. Mallick, Professor für Biowissenschaften, war weniger zurückhaltend: »Manche Kasten sind genetisch unterernährt und nur wenig kann durch Bildung verbessert werden; und wenn sie gefördert würden, hieße es, Exzellenz und Leistung außer Kraft zu setzen.«[43] Jahr für Jahr organisieren Studenten aus den privilegierten Kasten Massenproteste gegen das Quotensystem in ganz Indien.

Das sind die Nachrichten von der Spitze der Pyramide. Am anderen Ende des Neuen Indiens erklärt uns der Bericht des Sachar-Komitees, dass Dalits und Adivasi nach wie vor am unteren Ende der ökonomischen Pyramide leben, dort, wo sie immer waren, unterhalb der muslimischen Gemeinschaft.[44] Wir wissen, dass Dalits und Adivasi die Mehrheit der Millionen Menschen stellen, die durch Bergwerke, Dämme und andere große Infrastrukturprojekte vertrieben werden. Sie sind die erbärmlich schlecht bezahlten Arbeiter in der Landwirtschaft und die Tagelöhner auf städtischen Baustellen. Ungefähr 70 Prozent der Dalits besitzen kein Land. In Bundesstaaten wie Punjab, Bihar, Haryana und Kerala sind es 90 Prozent.[45]

Es gibt allerdings eine Regierungsabteilung, in der Dalits mit dem Faktor 6 überrepräsentiert sind. Fast 90 Prozent der von der indischen Regierung angestellten sogenannten Sweeper – sie kehren Straßen, steigen in das Abwassersystem hinunter und warten es, putzen Toiletten und verrichten andere niedere Arbeiten – sind Dalits.[46] (Doch auch dieser Bereich soll jetzt privatisiert werden, und das heißt, dass private Firmen Dalits für weniger Geld befristet und ohne Arbeitsplatzgarantie anstellen können.)

Jobs als Hausmeister in Einkaufszentren und Bürogebäuden mit schicken Toiletten, die kein »manuelles Putzen« erfordern, gehen an Nicht-Dalits, dennoch gibt es (offiziell) 1,3 Millionen Personen,[47] überwiegend Frauen, die für ihren Lebensunterhalt weiterhin Körbe mit menschlichen Exkrementen auf dem Kopf tragen und traditionelle Latrinen ausräumen, die ohne Wasser auskommen. Obwohl es gegen das Gesetz ist, ist die Indische Eisenbahn einer der größten Arbeitgeber dieser Putzkräfte. In 14 300 Zügen werden täglich 25 Millionen Passagiere über 65 000 Kilometer transportiert. Ihre Exkremente fallen direkt durch 172 000 Toiletten mit Loch auf die Gleise. Die Scheiße, die sich auf mehrere Tonnen pro Tag belaufen muss, wird ausschließlich in Handarbeit von Dalits entfernt, die weder Handschuhe tragen noch andere schützende Hilfsmittel benutzen.[48] Obwohl das Gesetz, das eine Anstellung als manuelle Putzkraft verbietet, 2012 vom Kabinett und im September 2013 von der

Rajya Sabha verabschiedet wurde, ignoriert es die indische Bahn. Aufgrund der wachsenden Armut und dem Abbau von Regierungsstellen muss ein Teil der Dalits um seine »dauerhafte« Anstellung bei der Regierung als erbliche Latrinenputzer gegen räuberische Eindringlinge kämpfen.

Ein paar wenigen Dalits ist es gelungen, die widrigen Umstände hinter sich zu lassen. Ihre Geschichten sind außergewöhnlich und machen Mut. Dalit-Geschäftsmänner und -frauen haben sich zusammengetan und eine eigene Handelskammer gegründet, die Indische Dalit-Handels- und Industriekammer (Dalit Indian Chamber of Commerce and Industry, DICCI), die von Großunternehmen gepriesen und gefördert wird. Es wird viel darüber in den Medien berichtet, um den Eindruck zu erwecken, dass der Kapitalismus wesenhaft egalitär ist, solange man nur hart genug arbeitet.[49]

Es gab eine Zeit, als ein Kastenhindu seine Kaste verlor und unrein wurde, wenn er den Ozean überquerte. Heute wird das Kastensystem exportiert. Wohin immer Hindus gehen, nehmen sie es mit. Es existiert bei den brutal behandelten Tamilen auf Sri Lanka; es gilt bei den nach oben mobilen indischen Immigranten in der »freien Welt«, in Europa und den USA. Seit zehn Jahren leisten Dalit-Gruppen in Großbritannien Lobbyarbeit, damit Diskriminierung aufgrund von Kastenzugehörigkeit gesetzlich als Form rassistischer Diskriminierung anerkannt wird. Die Lobby der Kastenhindus hat es bislang verhindert.[50]

Die Demokratie hat die Kasten nicht abgeschafft. Sie hat sie zementiert und modernisiert. Deswegen ist es an der Zeit, Ambedkar zu lesen.

Ambedkar war ein produktiver Autor. Im Gegensatz zu den Schriften von Gandhi, Nehru oder Vivekananda springen einem seine Werke in den Regalen von Bibliotheken oder Buchhandlungen nicht ins Auge.

Von seinen vielen Büchern ist *Abschaffung des Kastenwesens* das Radikalste. Es ist kein Text, der sich an Hindu-Fundamentalisten oder Extremisten richtet, sondern an diejenigen, die sich als moderat betrachten, die Ambedkar, »die Besten der Hindus« nannte – und manche Akademiker als »linke Hindus« bezeichnen.[51] Ambedkar vertritt den Standpunkt, dass es ein Widerspruch in sich ist, an die Hindu-Shastras zu glauben und sich selbst zugleich für liberal oder moderat zu halten. Als das Werk veröffentlicht wurde, reagierte der Mann, der oft »der Größte aller Hindus« genannt wird, Mahatma Gandhi, auf seine Provokation.

Diese Debatte fand nicht zum ersten Mal statt. Beide Männer trugen stellvertretend für ihre Generation einen tiefgreifenden sozialen, politischen und philosophischen Konflikt aus, der seit langer Zeit schwelte und bis heute nicht gelöst ist. Ambedkar, der Unberührbare, stand in der Tradition der Antikasten-Intellektuellen, die bis in die Zeit 200 bis 100 v. Chr. zurückgeht. Das Kastenwesen, das seinen Ursprung vermutlich im Purusha Sukta Hymnus[52] im *Rig Veda* (1200 bis 900 v. Chr.) hat, wurde zum ersten Mal nur 1000 Jahre später in Frage gestellt, als die Buddhisten damit brachen und Sanghas gründeten, die jeden aufnahmen, gleichgültig, aus welcher Kaste er stammte. Das Kastensystem jedoch überdauerte und entwickelte sich weiter. In der Mitte des 12. Jahrhunderts widersetzten sich die Veerashaivas, angeführt von Basava, in Südindien dem Kastensystem und wurden besiegt. Vom 14. Jahrhundert an waren die verehrten Bhakti-Dichter-Heiligen – Cokhamela, Ravidas, Kabir, Tukaram, Mira, Janabei – die Intellektuellen, die sich gegen das Kastensystem aussprachen. Im 19. und frühen 20. Jahrhundert folgten im

Westen Indiens Jotiba Phule und sein Satyashodhak Samaj; Pandita Ramabai, vielleicht die erste Feministin Indiens, eine Marathi-Brahmanin, die sich vom Hinduismus abwandte und zum Christentum konvertierte (bis sie sich auch dagegen wandte); Swami Achhutanand Harihar, der die Adi-Hindu-Bewegung anführte, gründete das Bharatiya Achhut Mahasabha (Parlament der indischen Unberührbaren) und gab *Achhut* heraus, die erste Dalit-Zeitschrift; Ayyankali und Sree Narayana Guru erschütterten die alte Ordnung in Malabar und Travancore; der Bilderstürmer Iyothee Thass und seine Sakya-Buddhisten zogen die Herrschaft der Brahmanen bei den Tamilen ins Lächerliche. Zu Ambedkars Zeitgenossen, die sich gegen das Kastensystem einsetzten, gehörten E. V. Ramasamy Naicker, bekannt als »Periyar« in der Madras-Präsidentschaft, Jogendranath Mandal aus Bengalen und Babu Mangoo Ram, der im Punjab die Ad-Dharm-Bewegung gründete und sowohl den Sikhismus als auch den Hinduismus zurückwies. Sie waren Ambedkars Leute.

Gandhi, ein Vaishya, geboren in eine Bania-Familie in Gujarat, war der Letzte in einer langen Tradition von Hindu-Reformern aus privilegierten Kasten und ihrer Organisationen – Raja Ram Mohan Roy, der 1828 den Brahmo Samaj gründete; Swami Dayananda Saraswati, der 1875 den Arya Samaj gründete; Swami Vivekananda, der 1897 die Ramakrishna-Mission gründete, und eine Vielzahl anderer zeitgenössischer Reformorganisationen.[53]

Um die Ambedkar-Gandhi-Debatte in ihrem Kontext zu verstehen, muss man die höchst unterschiedliche politische Entwicklung der beiden Protagonisten nachzuvollziehen. Denn es war keinesfalls nur eine theoretische Debatte zwischen zwei Männern, die unterschiedliche Ansichten vertraten. Jeder repräsentierte Interessengruppen, und ihre

Auseinandersetzung fand im Herzen von Indiens Unabhängigkeitskampf statt. Was sie sagten und taten, hat heute noch immensen Einfluss auf die Politik. Ihre Differenzen waren und sind unüberbrückbar. Beide werden von ihren Anhängern verehrt und bisweilen sogar vergöttlicht. Es gefällt keiner Gefolgschaft, wenn die Geschichte des anderen erzählt wird, auch wenn die beiden untrennbar miteinander verbunden sind. Ambedkar war Gandhis bedeutendster Gegner. Er forderte ihn nicht nur politisch und intellektuell heraus, sondern auch moralisch. Ambedkar aus Gandhis Geschichte, mit der wir alle aufgewachsen sind, zu löschen ergibt ein vollkommen verzerrtes Bild. Ebenso wäre es ein Bärendienst an Ambedkar, über ihn zu schreiben und Gandhi zu ignorieren, denn Gandhi dräute auf vielfältige und ungute Weise über Ambedkars Welt.

Die indische Unabhängigkeitsbewegung war bekanntermaßen exzellent besetzt. Der darüber gedrehte Hollywood-Blockbuster gewann acht Oscars. In Indien vertreiben wir uns die Zeit damit, Meinungsumfragen zu machen und Bücher und Zeitschriften zu publizieren, in denen unsere Gründerväter (Mütter überstehen die Redaktion nicht) in immer neuen Hierarchien und Formationen arrangiert werden. Mahatma Gandhi hat heftige Kritiker, aber er schafft es immer noch an die Spitze der Liste. Damit andere überhaupt eine Chance haben, muss der Vater der Nation ausgesondert, in eine eigene Kategorie abgeschoben werden: Wer ist nach Mahatma Gandhi der größte Inder?[54]

Dr. Ambedkar (der nicht einmal eine Statistenrolle in Richard Attenboroughs *Gandhi* hatte, obwohl der Film von der indischen Regierung mitfinanziert wurde) schafft es fast immer in die letzte Runde. Er wird vor allem gewählt für die

Rolle, die er bei der Erarbeitung der indischen Verfassung spielte und nicht für seine politischen Ansichten und die Leidenschaft, die den Kern seines Lebens und Denkens ausmachten. Man hat deutlich das Gefühl, dass seine Platzierung auf diesen Listen positiver Diskriminierung geschuldet ist, dem Wunsch, sich politisch korrekt zu verhalten. Vorbehalte werden heute noch gemurmelt: »Opportunist« (weil er 1942 bis 1946 als Labour-Mitglied im Exekutivrat des britischen Vizekönigs diente), »Handlanger der Briten« (weil er die Einladung der britischen Regierung, an der ersten Konferenz am runden Tisch 1930 teilzunehmen, akzeptierte, als Kongressmitglieder verhaftet wurden, weil sie die Salzgesetze gebrochen hatten), »Separatist« (weil er eigene Kandidaten für Unberührbare forderte), »antinational« (weil er hinsichtlich der Gründung Pakistans den Plan der Muslimliga befürwortete und vorschlug, Jammu und Kaschmir dreizuteilen).[55]

Ungeachtet der Beschimpfungen ist es, wie wir sehen werden, unmöglich, Ambedkar oder Gandhi schlichte Etiketten wie »proimperialistisch« oder »antiimperialistisch« anzuhängen. Ihr Konflikt verkompliziert und bereichert unser Verständnis von Imperialismus und dem Kampf dagegen.

Die Geschichte hat Gandhi freundlich behandelt. Noch zu Lebzeiten wurde er von Millionen Menschen als Gott verehrt. Gandhis Gottgleichheit wurde zu einem universellen und scheinbar ewigen Phänomen. Die Metapher hat den Menschen nicht nur übertroffen, sie hat ihn komplett neu erfunden. (Weswegen Kritik an Gandhi nicht automatisch auch Kritik an allen Gandhianern sein muss.) Gandhi wurde alles für alle: Obama liebt ihn, ebenso die Occupy-Bewegung. Anarchisten lieben ihn, ebenso das Establishment. Narendra Modi liebt ihn, ebenso Rahul Gandhi. Die Armen lieben ihn und die Reichen auch.

Er ist der Heilige des Status quo.

Gandhis Leben und seine Schriften – 48000 Seiten, als seine gesammelten Werke zu 98 Bänden gebunden – wurden seziert und in die Welt getragen, Ereignis für Ereignis, Satz für Satz, bis kein kohärentes Narrativ mehr übrig war, falls es je existiert hat. Das Problem besteht darin, dass Gandhi alles und sein Gegenteil gesagt hat. Für Rosinenpicker bietet er eine so verwirrende Vielfalt an Rosinen, dass sie sich fragen müssen, ob etwas mit dem Weinstock nicht stimmte.

Da ist zum Beispiel seine bekannte Beschreibung des arkadischen Paradieses in »Die Pyramide vs. der ozeanische Kreis« von 1946:

> Unabhängigkeit beginnt ganz unten. Jedes Dorf wird eine Republik oder ein Panchayat mit allen Befugnissen sein. Daraus folgt, dass sich jedes Dorf selbst versorgen und in der Lage sein muss, seine Angelegenheiten zu regeln und sich gegen die ganze Welt zu verteidigen … In dieser Struktur zahlloser Dörfer wird es sich immer erweiternde, nie hierarchisch ansteigende Kreise geben. Das Leben wird keine Pyramide sein, bei der die Basis die Spitze erhält. Es wird ein ozeanischer Kreis sein, dessen Mittelpunkt der Einzelne ist, immer bereit, für sein Dorf sein Leben zu riskieren … Der äußere Rand wird nicht die Macht haben, den inneren Kreis zu vernichten, sondern wird ihn stärken und seine eigene Stärke aus ihm beziehen.[56]

Da ist seine Billigung des Kastensystems in der Zeitung *Navjivan* 1921. Ambedkar hat es aus dem Gujarati übersetzt (und öfter als einmal darauf hingewiesen, dass Gandhi die Menschen »getäuscht« hat und seine Schriften in Gujarati und Englisch einen produktiven Vergleich lohnten):[57]

> Kaste ist ein anderer Ausdruck für Kontrolle. Kaste setzt dem Vergnügen eine Grenze. Kaste gestattet einer Person nicht, die Kas-

tengrenzen zu überschreiten auf der Suche nach Vergnügen. Darin liegt die Bedeutung der von Kasten auferlegten Beschränkungen wie die Einnahme von Mahlzeiten und Eheschließungen innerhalb der eigenen Kaste … Da ich diese Ansicht vertrete, bin ich gegen alle, die das Kastensystem abschaffen wollen.[58]

Ist das nicht die Antithese zu »sich immer erweiternden, nie hierarchisch ansteigenden Kreisen«?

Es stimmt, dass zwischen diesen Aussagen 25 Jahre liegen. Heißt das, dass Gandhi seine Ansichten zum Kastensystem geändert hat? Ja, extrem langsam. Vom Glauben an das Kastensystem in all seinen Details ging er über zu der Forderung, dass alle 4000 Kasten auf die vier Varnas (Ambedkar nannte sie die »Eltern« des Kastensystems) reduziert werden sollten. Gegen Ende seines Lebens (als seine Ansichten nur Ansichten waren und er nicht länger riskierte, sie in politische Taten umsetzen zu müssen) sprach er sich für Eheschließungen und die gemeinsame Einnahme von Mahlzeiten zwischen den Kasten aus. Manchmal sagte er, dass er zwar an die Varnas glaube, doch die Varna einer Person sollte nach ihrem Verdienst, nicht nach ihrer Geburt bestimmt werden (das war auch die Position des Arya Samaj). Ambedkar wies auf die Absurdität dieser Vorstellung hin: »Wie soll man Menschen, die aufgrund ihrer Geburt, nicht aufgrund ihres Verdienstes, einen hohen Status haben, zwingen, diesen Status aufzugeben? Wie soll man die Menschen zwingen, den Status eines Mannes gemäß seinem Verdienst anzuerkennen, der aufgrund seiner Geburt einen niedrigen Status hat?«[59] Er fragte, wie mit Frauen verfahren werden sollte, ob ihr Status anhand ihres eigenen Verdienstes oder des Verdienstes ihres Mannes festgelegt werden sollte.

Ungeachtet der Geschichten und Anekdoten von Gandhis Anhängern über seine Liebe zu den Unberührbaren und die Hochzeiten von Angehörigen verschiedener Kasten, an denen er teilnahm, hat er in seinem 98-bändigen Werk nirgendwo seinen Glauben an das Chaturvarna, das System der vier Varnas, entschieden und kategorisch widerrufen. Obwohl er dazu neigte, sich öffentlich und privat für den gelegentlichen Kontrollverlust über sein sexuelles Verlangen zu entschuldigen und Vorwürfe zu machen,[60] entschuldigte er sich nie für die extrem schädlichen Dinge, die er hinsichtlich des Kastensystems gesagt und getan hatte.

Aber warum nicht auf das Negative verzichten und sich stattdessen auf das Positive an Gandhi konzentrieren und damit das Beste aus den Menschen herausholen? Es ist eine berechtigte Frage, und vermutlich haben diejenigen, die Schreine für Gandhi gebaut haben, sie für sich beantwortet. Schließlich ist es möglich, die Errungenschaften großer Komponisten, Schriftsteller, Musiker oder Sportler zu bewundern, deren Ansichten unseren eigenen widersprechen. Der Unterschied besteht darin, dass Gandhi weder Komponist noch Schriftsteller, Musiker oder Sportler war. Er hat sich uns als Visionär, Mystiker, Moralist, großer Menschenfreund präsentiert, der ein Empire nur mit Wahrheit und Rechtschaffenheit niedergerungen hat. Wie können wir den gewaltfreien Gandhi, den Gandhi, der gegenüber den Mächtigen die Wahrheit sprach, Gandhi, die Nemesis der Ungerechtigkeit, den sanften Gandhi, den androgynen Gandhi, Gandhi die Mutter, den Gandhi, der (angeblich) die Politik feminisiert und die politische Arena für Frauen geöffnet hat, den Öko-Gandhi, den geistreichen Gandhi, auf den ein paar großartige Einzeiler zurückgehen – wie können wir diesen Gandhi in Einklang bringen mit seinen Ansichten (und Taten) zum Kastenwesen? Wie sollen wir diese moralische Rechtschaffenheit beurteilen, die so bequem auf einem Fundament höchst brutaler institutionalisierter Ungerechtigkeit steht? Reicht es aus zu sagen, Gandhi wäre ein komplizierter Mensch gewesen, und es dabei zu belassen? Zweifellos war Gandhi ein außergewöhnlicher und faszinierender Mann, aber sprach er während des Unabhängigkeitskampfs wirklich die Wahrheit gegenüber den Mächtigen aus? Verbündete er sich wirklich mit den Ärmsten der Armen, den Verletzlichsten seines Volkes?

»Es wäre dumm, sich mit der Tatsache zu trösten, dass der Kongress, nur weil er für die Freiheit Indiens kämpft, auch für die Freiheit des indischen Volkes und für die Niedrigsten der Niedrigen kämpfen würde«, sagte Ambedkar. »Die Frage, ob der Kongress für die Freiheit kämpft, hat sehr wenig Bedeutung im Vergleich mit der Frage, für wessen Freiheit der Kongress kämpft.«[61]

1931, als sich Ambedkar zum ersten Mal mit Gandhi traf, sprach Gandhi ihn auf seine scharfe Kritik am Kongress an (was gleichbedeutend war mit Kritik am Kampf um das Vaterland). »Gandhiji, ich habe kein Vaterland«, lautete Ambedkars berühmte Antwort. »Kein Unberührbarer, der diesen Namen wert ist, wird auf dieses Land stolz sein.«[62]

Die Geschichte hat Ambedkar unfreundlich behandelt. Zuerst hat sie ihn im Zaum gehalten, dann hat sie ihn glorifiziert. Sie hat ihn zum Anführer der indischen Unberührbaren gemacht, zum König des Ghettos. Sie hat seine Schriften versteckt. Sie hat ihm den radikalen Intellekt und die ätzende Unverschämtheit geraubt.

Dennoch haben Ambedkars Anhänger sein Vermächtnis auf kreative Weise am Leben erhalten. Zum Beispiel produzierten sie millionenfach eine Statue von ihm. Die Ambedkar-Statue ist ein radikales und belebtes Objekt.[63] Sie wurde in die Welt geschickt, um den Platz – sowohl den physischen als auch den virtuellen, den öffentlichen wie den privaten – zu beanspruchen, der den Dalits zusteht. Dalits benutzen Ambedkars Statue, um ihre Bürgerrechte durchzusetzen – das Land zu fordern, das ihnen zusteht, das Wasser, das ihnen gehört, öffentliche Güter, zu denen ihnen der Zugang verweigert wird. Die Ambedkar-Statue, die an öffentlichen Orten aufgestellt und bei Demonstrationen hochgehalten wird, trägt immer ein Buch unter dem Arm. Bezeichnenderweise ist es nicht *Die Abschaffung des Kastenwesens* mit seinem befreienden, revolutionären Zorn. Es ist eine Ausgabe der indischen Verfassung, bei deren Erarbeitung Ambedkar eine entscheidende Rolle spielte – das Dokument, das jetzt im Guten wie im Bösen das Leben jedes Inders bestimmt.

Die Verfassung als subversives Objekt zu benutzen, ist eine Sache. Sich von ihr einschränken zu lassen, eine ganz andere. Ambedkars Umstände zwangen ihn, ein Revolutionär zu sein und gleichzeitig einen Fuß in die Tür des Establishments zu stellen, wann immer sich ihm die Chance bot. Sein Genie bestand in der Fähigkeit, diese beiden Aspekte geschickt und sehr wirkungsvoll einzusetzen. Von heute aus gesehen bedeutet das jedoch, dass er ein zweifaches und manchmal verwirrendes Vermächtnis hinterlassen hat: Ambedkar, der Radikale, und Ambedkar, der Vater der indischen Verfassung. Konstitutionalismus kann einer Revolution in die Quere kommen. Und die Dalit-Revolution hat noch nicht stattgefunden. Wir warten noch darauf. Zuvor kann es keine andere Revolution geben, nicht in Indien.

Das soll nicht heißen, dass die Ausarbeitung einer Verfassung kein revolutionärer Akt sein kann. Das ist möglich, das wäre möglich gewesen, und Ambedkar hat sein Bestes dafür getan. Er hat jedoch selbst eingestanden, dass es ihm nicht vollständig gelungen ist.

Während sich Indien auf die Unabhängigkeit zubewegte, machten sich sowohl Ambedkar als auch Gandhi Sorgen um die Minderheiten, insbesondere um die Muslime und die Unberührbaren, aber sie reagierten unterschiedlich auf die bevorstehende Staatsgründung. Gandhi distanzierte sich mehr und mehr von der Aufgabe der Staatenbildung. Für ihn war die Arbeit der Kongresspartei getan. Er wollte, dass sich die Partei auflöste. Er glaubte (zu Recht), dass der Staat Gewalt in konzentrierter und organisierter Form repräsentierte, dass er seine Existenz Gewalt verdankte, weil er kein Mensch war, weil er keine Seele hatte.[64] Nach Gandhis Verständnis lebte *Swaraj* (Selbstbestimmung) im moralischen Herzen seines Volkes, und er machte klar, dass er mit »seinem Volk« nicht nur die Gemeinschaft der Mehrheit meinte:

> Es wurde behauptet, dass der indische Swaraj die Regierung der Mehrheitsgemeinschaft sein wird, d. h. der Hindus. Nichts könnte falscher sein. Würde es stimmen, werde ich es nicht Swaraj nennen und mit all meiner Kraft dagegen kämpfen, denn für mich bedeutet *Hind Swaraj*, dass alle Menschen herrschen, dass Gerechtigkeit herrscht.[65]

Für Ambedkar war »das Volk« keine homogene Kategorie, die im rosigen Schein angeborener Rechtschaffenheit glühte. Er wusste, ungeachtet dessen, was Gandhi sagte, würde unvermeidlich die Mehrheitsgemeinschaft bestimmen, welche Form der Swaraj annähme. Die Aussicht, dass Indiens Unberührbare von der Moral der Hindu-Mehrheit regiert würde, erfüllte ihn mit einer dunklen Vorahnung. Ambedkar wollte deswegen unbedingt – nahezu verzweifelt – ein Mitglied der Verfassunggebenden Versammlung werden, eine Position, die es ihm ermöglichte, die Form und den Geist der Verfassung auf reale und praktische Weise zu beeinflussen.

Dafür stellte er sogar seinen Stolz und seine Befürchtungen hinsichtlich seiner alten Feindin, der Kongresspartei, hintan.

Ambedkars wichtigstes Ziel war es, »konstitutionelle Moralität« zu verankern und zu legalisieren, um die traditionelle Moralität des Kastensystems auszuhebeln. Am 4. November 1948 sagte er vor der Verfassunggebenden Versammlung: »Konstitutionelle Moralität ist kein naturgegebenes Gefühl. Sie muss gepflegt werden. Wir müssen anerkennen, dass unser Volk sie erst erlernen muss. Demokratie in Indien ist nur eine dünne Schicht auf einem Boden, der im Wesen undemokratisch ist.«[66]

Ambedkar war zutiefst enttäuscht vom letzten Entwurf der Verfassung. Dennoch gelang es ihm, bestimmte Rechte und Absicherungen einzubringen, die sie hinsichtlich der benachteiligten Kasten zu einem Dokument machten, das aufgeklärter war als die Gesellschaft, für die sie entworfen wurde. (Für andere wie die Adivasi war sie nur eine Verlängerung der Kolonialzeit. Darauf komme ich später zurück.) Ambedkar betrachtete die Verfassung als unvollendetes Werk. Wie Thomas Jefferson glaubte er, dass die Erde »den Toten und nicht den Lebenden« gehören würde, solange nicht jede Generation das Recht hätte, eine neue Verfassung zu erarbeiten.[67] Das Problem besteht darin, dass die Lebenden nicht notwendigerweise progressiver oder aufgeklärter sind als die Toten. Heute gibt es Kräfte, politische wie ökonomische, die darauf hinarbeiten, die Verfassung auf eine höchst rückwärtsgewandte Weise neu zu schreiben.

Ambedkar war zwar Jurist, hatte aber keine Illusionen, was die Gesetzgebung betraf. Nach der Unabhängigkeit Indiens arbeitete er als Justizminister monatelang am Entwurf des indischen Persönlichkeitsrechts (Hindu Code Bill). Er war überzeugt, dass sich das Kastensystem stabilisierte, indem es die Frauen kontrollierte, und eins seiner Hauptziele war es, das Hindu-Persönlichkeitsrecht gerechter für Frauen zu machen.[68] Das Gesetz, das er vorlegte, ermöglichte Frauen, sich scheiden zu lassen, und stärkte die Besitzrechte von Witwen und Töchtern. Die Verfassunggebende Versammlung verschleppte es vier Jahre lang (1947–1951) und blockierte es dann.[69] Der Präsident, Rajendra Prasad, drohte, die Vorlage nicht zu unterzeichnen. Hindu-Sadhus belagerten das Parlament. Industrielle und Großgrundbesitzer drohten, ihre Unterstützung für die bevorstehenden Wahlen zurückzuziehen.[70] Schließlich trat Ambedkar als Justizminister zurück. In seiner Rücktrittsrede sagte er: »Ungleichheit zwischen den Klassen und Geschlechtern – die Seele der Hindu-Gesellschaft – beizubehalten und weiterhin Gesetze zu verabschieden, die die Wirtschaft betreffen, macht aus unserer Verfassung eine Farce und baut einen Palast auf einem Misthaufen.«[71]

Ambedkar ließ sich in diesem komplizierten facettenreichen Kampf, der von Sektierertum, Obskurantismus und Gaunereien gezeichnet war, in erster Linie von Intelligenz leiten.

Abschaffung des Kastenwesens wird oft (sogar von manchen Anhängern Ambedkars) als Ambedkars Utopie bezeichnet – als sein nicht umsetzbarer, nicht praktikabler Traum. Er hat einen Felsen einen Steilhang hinaufgerollt, heißt es. Wie kann man von einer so gläubigen und abergläubischen Gesellschaft erwarten, dass sie offen wäre für einen so heftigen Angriff auf ihre wichtigsten Glaubensvorstellungen? Schließlich ist der Hinduismus für Millionen von Kastenhindus und Unberührbaren in seiner Praxis ein Lebensstil, der alles durchdringt – Geburt, Tod, Krieg, Ehe, Essen, Musik, Poesie,

Tanz. Er ist ihre Kultur, ihre Identität. Warum sollte man den Hinduismus abschaffen, nur weil in seinen grundlegenden Texten, die die meisten Menschen nicht gelesen haben, das Kastenwesen legitimiert wird?

Ambedkar dreht die Frage um – wie kann man ihn nicht abschaffen? Wie kann man dieses institutionalisierte Unrecht, auch wenn es von göttlicher Seite angeordnet ist, nur hinnehmen?

Es ist sinnlos, Zuflucht in Ausreden zu suchen. Es ist sinnlos, den Leuten zu erzählen, dass in den Shastras nicht steht, was angeblich darin steht, wenn sie grammatisch korrekt gelesen und logisch gedeutet werden. Entscheidend ist, wie die Menschen die Shastras verstehen. Man muss den Standpunkt einnehmen, den Buddha einnahm … Man muss die Shastras nicht nur verwerfen, man muss wie Buddha und Nanak ihre Autorität leugnen. Man muss den Mut haben, den Hindus zu sagen, dass das, was mit ihnen nicht stimmt, ihre Religion ist – die Religion, die ihnen die Heiligkeit der Kaste eingeredet hat. Werdet ihr diesen Mut haben?[72]

Gandhi glaubte, dass Ambedkar das Kind mit dem Bade ausschüttete. Ambedkar hielt das Kind und das Bad für einen einzigen verschmolzenen Organismus.

Nehmen wir an – was nicht heißt, dass wir es jemals akzeptieren würden –, dass *Abschaffung des Kastenwesens* tatsächlich utopisches Denken ist. In diesem Fall müssen wir eingestehen und akzeptieren, wie verarmt und bedauernswert wir als Volk wären, vor allem wenn es diesen Wutausbruch, diesen unverfrorenen Angriff in unserer Mitte nicht gegeben hätte. Ambedkars Zorn gibt uns allen ein bisschen Obdach, ein bisschen Würde.

Ambedkars Utopismus war ein wesentlicher Bestandteil der traditionellen Antikasten-Bewegung. Die Poesie der Bhakti-Bewegung ist voll davon. Im Gegensatz zu Gandhi, der in »Ram Rajya« (Die Herrschaft von Lord Ram) von den nostalgischen mythischen Dorfrepubliken träumt, sangen die subalternen Bhakti-Heiligen von Städten.[73] Sie sangen von Städten an zeitlosen Orten, wo die Unberührbaren frei waren von der allgegenwärtigen Angst, von der unvorstellbaren Entwürdigung und endlosen Plackerei auf dem Land, das anderen gehörte. Bei Ravidas (auch Raidas, Ruhidas, Rohidas) hieß der Ort Be-gham-pura, Stadt ohne Leid, eine Stadt ohne Segregation, wo die Menschen hingehen konnten, wohin immer sie wollten:

> Wo es keinen Kummer und kein Leid gibt
> Weder Angst noch Furcht, Steuern und Vermögen
> Keine Bedrohung, keine Gewalt, keine Erniedrigung …
> Sagt Raidas, der gleichberechtigte Chamar:
> Der mit mir in der Stadt lebt, ist mein Freund.[74]

Bei Tukaram hieß die Stadt Pandharpur, wo alle gleich waren, wo der Vorsteher so hart arbeiten musste wie alle anderen, wo die Menschen tanzten, sangen und frei miteinander verkehrten. Bei Kabir hieß sie Premnagar, die Stadt der Liebe.

Ambedkars Utopie war eine kompromisslose. Es war die Stadt der Gerechtigkeit – weltlicher Gerechtigkeit. Er stellte sich ein aufgeklärtes Indien vor, Prabuddha Bharat, in dem die besten Ideen der europäischen Aufklärung mit dem Gedankengut Buddhas verschmolzen. *Prabuddha Bharat* nannte er die letzte der vier Zeitungen, die er in seinem Leben herausgab.

Gandhis radikale Kritik an der westlichen Moderne beruhte auf einer nostalgischen Beschwörung einzigartig indischen ländlichen Glücks. Ambedkars Kritik an dieser Nostalgie basierte auf der Akzeptanz pragmatischen westlichen Liberalismus und seiner Definitionen von Fortschritt und Glück (der heute eine Krise durchlebt, von der er sich vielleicht nie wieder erholen wird).

Gandhi nannte moderne Städte »Wucherungen«, die »im Augenblick dem bösen Zweck dienen, den Dörfern das Lebensblut auszusaugen«.[75] Für Ambedkar und die meisten Dalits war Gandhis ideales Dorf verständlicherweise »eine Senkgrube der Borniertheit, eine Höhle der Ignoranz, Engstirnigkeit und des Kommunalismus«.[76] Im Streben nach Gerechtigkeit blickte Ambedkar weg von den Dörfern und hin zu Städten, Urbanismus, Modernismus und Industrialisierung – große Städte, große Dämme, große Bewässerungsprojekte. Ironischerweise ist genau das das Modell von »Entwicklung«, das Hunderttausende Menschen heute mit Ungerechtigkeit in Verbindung bringen, ein Modell, das die Umwelt zerstört und die zwangsweise Vertreibung von Millionen Menschen aus ihren Dörfern durch Bergwerke, Dämme und andere große Infrastrukturprojekte bedeutet. Und Gandhi – dessen mythisches Dorf blind gegenüber dem grausamen, ihm inhärenten Unrecht ist – wurde ebenso ironischerweise zum Talisman des Kampfs um Gerechtigkeit.

Obwohl Gandhi sich für die Dorfrepublik einsetzte, erlaubte ihm sein Pragmatismus (manche nennen es auch seine Dualität), die Großindustrie und auch große Dämme zu unterstützen und sich davon unterstützen zu lassen.[77]

Die konkurrierenden Utopien von Gandhi und Ambedkar repräsentierten den klassischen Kampf zwischen Tradition und Moderne. Wenn Utopien »richtig« und »falsch« sein können, dann waren beide richtig und beide schmerzlich falsch. Gandhi war vorausschauend genug, um den Keim der Katastrophe zu sehen, der im Projekt der westlichen Moderne steckte:

> Gott verhüte, dass sich Indien auf westliche Weise industrialisiert. Der Wirtschaftsimperialismus eines kleinen Inselkönigreichs hält die Welt heute in Ketten. Wenn eine Nation von 300 Millionen Menschen sich vergleichbarer ökonomischer Ausbeutung verschreiben würde, würde sie die Erde kahl fressen wie Heuschrecken.[78]

Während sich die Erde erwärmt, Gletscher schmelzen und Wälder verschwinden, erweisen sich Gandhis Worte als prophetisch. Doch sein Horror vor der modernen Zivilisation verleitete ihn, eine mythische indische Vergangenheit zu verklären, die seiner Ansicht nach gerecht und schön war. Ambedkar war sich des Unrechts dieser Vergangenheit schmerzlich bewusst, doch in der Dringlichkeit, mit der er sich davon fortbewegte, übersah er die katastrophalen Gefahren der westlichen Moderne.

Ambedkars und Gandhis so unterschiedliche Utopien sollten jedoch nicht allein an ihrem »Endprodukt« – die Stadt und das Dorf – bemessen werden. Ebenso wichtig ist der Impetus, der diese Utopien antrieb. Wenn Anhänger Ambedkars Kämpfe gegen zeitgenössische Entwicklungsmodelle »ökoromantisch« nennen und Gandhianer Gandhi als Symbol für Gerechtigkeit und moralische Tugendhaftigkeit darstellen, sind das sehr oberflächliche Interpretationen der unterschiedlichen Leidenschaften, die die beiden Männer antrieben.

Den Städten, von denen die Bhakti-Dichter-Heiligen träumten – Be-gham-pura, Pandharpur, Premnagar – war eins gemeinsam. Sie alle existierten an einem Ort und zu einer Zeit, die von den Fesseln des Brahmanismus befreit waren. Brahmanismus war der Begriff, den die Antikasten-

Bewegung dem Begriff Hinduismus vorzog. Mit Brahmanismus meinten sie nicht die Brahmanen als Kaste oder Gemeinschaft. Sie meinten den Dominoeffekt – Ambedkar nannte es »infektiöse Nachahmung« –, den die Kaste, die sich als erste abschloss – die Brahmanen –, in Gang setzte. »Einige schlossen die Tür«, schrieb er, »andere fand sie geschlossen vor.«[79]

Die »infektiöse Nachahmung« lässt exponentiell nach, während sie sich die Leiter des Kastensystems nach unten bewegt, aber sie verschwindet nie ganz. Sie hat ein System der »gestaffelten Ungleichheit« erschaffen, in dem es, wie Ambedkar schreibt, »keine Klasse gibt, die vollständig unterprivilegiert ist außer der am Boden der sozialen Pyramide. Die Privilegien der anderen sind gestaffelt. Selbst der Niedrige ist privilegiert verglichen mit dem noch Niedrigeren. Jede privilegierte Klasse ist daran interessiert, das System aufrechtzuerhalten.«[80]

Das bedeutet, dass der Brahmanismus nicht nur von den Brahmanen gegen die Kshatriyas praktiziert wird oder von den Vaishyas gegen die Shudras oder von den Shudras gegen die Unberührbaren, sondern auch von den Unberührbaren gegen die, denen man sich nicht nähern darf, und von diesen gegen die Unsichtbaren. Das bedeutet, dass jeder etwas Brahmanismus in sich trägt, gleichgültig welcher Kaste er angehört. Es ist das ultimative Kontrollinstrument, bei dem das Konzept der Verunreinigung und Reinheit und die Ausübung sozialer wie physischer Gewalt – ein unverzichtbares Mittel, um eine repressive Hierarchie durchzusetzen – nicht nur nach außen verlegt, sondern in der Vorstellungswelt ausnahmslos aller implantiert werden. Es ist wie ein hochentwickeltes Durchsetzungsnetzwerk, in dem jeder jeden überwacht. Der, dem man sich nicht nähern darf, bewacht den Unsichtbaren, die Malas mögen die Madigas nicht, die

Madigas gehen die Dakkalis an, die ihrerseits die Rellis unterdrücken; die Vanniyars streiten mit den Paraiyars, die wiederum die Arundhatiyars verprügeln.

Brahmanismus macht es unmöglich, eine klare Grenze zwischen Opfern und Tätern zu ziehen, obwohl die Hierarchie des Kastensystems keinerlei Zweifel daran lässt, dass es Opfer und Täter gibt. (Die Grenze zwischen Berührbaren und Unberührbaren ist jedoch eindeutig.) Brahmanismus verhindert soziale und politische Solidarität über Kastengrenzen hinweg. Als ordnendes System ist er genial. »Ein einzelner Funke kann einen Steppenbrand auslösen«, lautete Mao Zedongs berühmte Botschaft an seine Guerilla-Armee. Vielleicht. Aber der Brahmanismus hat uns in Indien ein Labyrinth und keine Steppe beschert. Und der arme kleine Funke wandert verloren in einem Irrgarten aus Brandmauern umher. Brahmanismus, sagte Ambedkar, »ist die vollständige Negierung von Freiheit, Gleichheit und Brüderlichkeit.«[81]

Abschaffung des Kastenwesens ist der Text einer Rede, die Ambedkar 1936 in Lahore vor Hindus aus privilegierten Kasten halten sollte. Die Organisation, die mutig genug gewesen war, ihn einzuladen, war die Jat-Pat-Todak Mandal (Forum zur Auflösung der Kasten), ein »radikaler« Ableger des Arya Samaj. Die meisten ihrer Mitglieder waren Hindu-Reformer aus privilegierten Kasten. Sie wollten den Text der Rede vorher haben, um ihn drucken und verteilen zu können. Als sie ihn lasen und begriffen, dass Ambedkar die Veden und Shastras, den Hinduismus selbst intellektuell angreifen wollte, schrieben sie ihm:

Diejenigen von uns, die die Konferenz ohne widrigen Vorfall enden sehen wollen, hätten gern, dass Sie für den Augenblick zumindest das Wort »Veda« nicht erwähnen würden. Ich überlasse das Ihrem gesunden Menschenverstand. Ich hoffe jedoch, dass Sie am Ende Ihrer Rede klarstellen werden, dass die zum Ausdruck gebrachten Ansichten Ihre eigenen sind und die Verantwortung dafür nicht bei der Mandal liegt.[82]

Ambedkar weigerte sich, seinen Text zu ändern, und die Rede wurde abgesagt. Sein Text hätte allerdings für die Mandal keine große Überraschung sein dürfen. Nur ein paar Monate zuvor, am 13. Oktober 1935, hatte Ambedkar auf der Depressed Classes Conference in Yeola in der Bombay-Präsidentschaft (heute Maharashtra) vor über 10 000 Zuhörern gesagt:

Nur weil wir das Pech haben, uns Hindus zu nennen, werden wir als solche behandelt. Würden wir einem anderen Glauben anhängen, würde uns niemand so behandeln. Wählt jede Religion, die euch Statusgleichheit und Gleichbehandlung verspricht. Wir werden unseren Fehler jetzt berichtigen. Ich hatte das Pech, mit dem Stigma eines Unberührbaren geboren zu sein. Das ist jedoch nicht mein Fehler; aber ich werde nicht als Hindu sterben, denn das ist etwas, das in meiner Macht steht.[83]

Zu diesem historischen Zeitpunkt war die Konversionsdrohung eines Unberührbaren-Anführers von Ambedkars Ansehen die schlimmstmögliche Nachricht für Hindu-Reformer.

Konversion war nichts Neues. Um dem Stigma der Kaste zu entgehen, konvertierten Unberührbare und andere niedere Kasten seit Jahrhunderten. Während der Mogulherrschaft waren Millionen zum Islam konvertiert. Später waren Millionen zum Sikhismus und zum Christentum übergetreten. (Leider übertrumpft auf dem Subkontinent Kastenzugehörigkeit Religionszugehörigkeit. Obwohl es die heiligen Schriften nicht legitimieren, diskriminieren indische Muslime, Sikhs und Christen der Elite untergeordnete Kasten.[84]

In Pakistan, Bangladesch und Nepal gibt es Gemeinschaften unberührbarer Sweeper. Ebenso in Kaschmir. Aber das ist eine andere Geschichte.)

Die massenhafte Konversion unterdrückter Kasten, insbesondere zum Islam, ist der rassistischen Hindu-Geschichtsschreibung immer noch ein Dorn im Auge, weil sie auf einem Goldenen Zeitalter des Hinduismus beharrt, das durch die Grausamkeit und den Vandalismus der muslimischen Herrschaft beendet wurde.[85] Vandalismus und Grausamkeit hat es mit Sicherheit gegeben. Doch sie bedeuteten Unterschiedliches für unterschiedliche Leute. Jotiba Phule (1827–1890), der erste der modernen Intellektuellen, die sich gegen das Kastenwesen aussprachen, schreibt über die Muslimherrschaft und das sogenannten Goldene Zeitalter der Arya Bhats (Brahmanen):

> Die Muslime zerstörten die in Stein gehauenen Bilder der gerissenen Arya Bhats, zwangen sie in die Sklaverei und befreiten die Shudras und Ati-Shudras in großer Anzahl von ihren Fesseln, machten sie zu Muslimen und nahmen sie in die muslimische Religion auf. Nicht nur das, sie erlaubten auch gemeinsames Essen und Eheschließungen mit ihnen und gaben ihnen gleiche Rechte. Sie machten sie so glücklich, wie sie selbst waren, und zwangen die Arya Bhats, das alles mitanzusehen.[86]

Um die Jahrhundertwende hatte Konversion in Indien allerdings völlig andere Implikationen. Neue, bislang unbekannte Überlegungen kamen hinzu. Gegen ein unbeliebtes Regime zu opponieren war nicht mehr nur eine Frage einer Armee, die die Hauptstadt eroberte, den Monarchen stürzte und den Thron bestieg. Die alte Vorstellung eines Reiches wandelte sich zu der neuen Vorstellung eines Nationalstaats. Moderne Staatsführung hieß jetzt, auch die brisante Frage nach dem Recht auf Repräsentation zu stellen: Wer hatte das Recht, das indische Volk zu vertreten? Die Hindus, die Muslime, die Sikhs, die Christen, die privilegierten Kasten, die unterdrückten Kasten, die Bauern, die Arbeiter? Wie sollte sich das »Selbst« in Selbstbestimmung – das »Swa« in Swaraj – zusammensetzen? Wer würde das entscheiden? Plötzlich musste ein Volk, das unglaublich viele Ethnien, Kasten, Stämme und Religionen vereinte – und insgesamt über 1000 Sprachen sprach – in moderne Bürger einer modernen Nation verwandelt werden. Der Prozess der synthetischen Homogenisierung begann den gegenteiligen Effekt zu zeitigen. Noch während sich die moderne indische Nation konstituierte, begann sie sich zu fragmentieren.

In dieser neuen Zeit wurde Demographie lebenswichtig. Die empirische Taxonomie des britischen Zensus hatte die rigide, aber nicht völlig unflexible Hierarchie des Kastensystems gestärkt und gefriergetrocknet, ihre eigenen Vorurteile und Werturteile hinzugefügt und ganze Gemeinschaften als »Kriminelle« und »Krieger« und so weiter klassifiziert. Die unberührbaren Kasten wurden der buchhalterischen Kategorie »Hindu« einverleibt. (Laut Ambedkar gab es 1930 44,5 Millionen Unberührbare.[87] Zur selben Zeit lebten in den USA 8,8 Millionen Afroamerikaner.) Ein massenhafter Exodus von Unberührbaren aus der »Hindu-Familie« wäre eine Katastrophe für die »Hindu«-Mehrheit gewesen. Im ungeteilten Punjab sank der Anteil der Hindus an der Bevölkerung zwischen 1881 und 1941 von 43,8 Prozent auf 29,1 Prozent vor allem aufgrund der Konversion untergeordneter Kasten zum Islam, Sikhismus und Christentum.[88]

Hindu-Reformer beeilten sich, diese Art von Migration zu stoppen. Der Arya Samaj, 1875 in Lahore von Dayananda Saraswati (geborener Mool Shankar, ein Gujarati-Brahmane aus Kathiawar) gegründet, bemühte sich als einer der Ersten. Er predigte gegen die Praxis der Unberührbarkeit und verbot Götzenverehrung. Dayananda Saraswati initiierte 1877 das Shuddhi-Programm, um »die Unreinen zu reinigen«, und seine Anhänger weiteten es zu Beginn des 20. Jahrhunderts auf ganz Nordindien aus.

Swami Vivekananda von der Ramakrishna Math, der Mann, der 1893 berühmt wurde, als er vor dem Parlament der Weltreligionen in Chicago in seiner Sadhu-Robe gesprochen hatte, sagte 1899: »Jeder, der die Gemeinschaft der Hindus verlässt, ist nicht nur einer weniger, sondern ein Feind mehr.«[89] Im Punjab wurde eine Fülle neuer Reformbewegungen gegründet mit dem Ziel, den Hinduismus zu retten, indem sie »die Herzen und Köpfe« der Unberührbaren gewannen: die Shradhananda Dalituddhar Sabha, das All-India Achhutodhar Committee, die Punjab Achhut Udhar Mandal[90] und die Jat-Pat-Todak Mandal, die zum Arya Samaj gehörte.

Wie die Reformer die Wörter »Hindu« und »Hinduismus« gebrauchten, war neu. Bis dahin hatten die Briten und die Moguln sie benutzt, aber die Menschen, die sie damit als Hindus beschrieben, beschrieben sich selbst anders. Bis die Panik wegen der Demographie einsetzte, hatten sie immer ihre Jati betont, ihre Kastenidentität. »Als Erstes und Wichtigstes muss anerkannt werden, dass die Hindu-Gesellschaft ein Mythos ist. Die Bezeichnung Hindu ist eine ausländische Bezeichnung«, sagte Ambedkar.

> Sie wurde den Einheimischen [die östlich des Indus lebten] von den Mohammedanern gegeben, um sich von ihnen zu unterscheiden. Sie taucht in keinem Sanskrit-Werk vor der mohammedanischen Invasion auf. Die Menschen empfanden keine Notwendigkeit für einen gemeinsamen Namen, weil sie nie der Ansicht gewesen waren, sie hätten eine Gemeinschaft dargestellt. Eine Hindu-Gesell-

schaft als solche gibt es nicht. Sie besteht nur aus einer Ansammlung von Kasten.[91]

Als die Reformer begannen, sich selbst und ihre Organisationen mit dem Wort »Hindu« zu beschreiben, hatte das weniger mit Religion als mit dem Versuch zu tun, getrennten Volksgruppen eine einheitliche politische Struktur zu geben. Das erklärt die ständige Bezugnahme auf die »Hindu-Nation« oder das »Hindu-Volk«.[92] Dieser politische Hinduismus wurde später Hindutva genannt.[93]

Das Thema Demographie wurde offen und direkt angesprochen. »In diesem Land beruht die Regierung auf Zahlen«, schrieb der Herausgeber von *Pratap*, einer Zeitung aus Kanpur, am 10. Januar 1921.

Shuddhi ist für Hindus zu einer Frage von Leben oder Tod geworden. Muslime gibt es jetzt schon 70 Millionen. Christen vier Millionen. 220 Millionen Hindus fällt es schwer zu leben wegen 70 Millionen Muslimen. Gott weiß, was passieren wird, wenn ihre Zahl weiter wächst. Es stimmt, dass Shuddhi eigentlich nur für religiöse Zwecke bestimmt ist, aber die Hindus werden auch von weiteren Überlegungen dazu verpflichtet, ihre Brüder aufzunehmen. Wenn die Hindus jetzt nicht aufwachen, ist es vorbei mit ihnen.[94]

Konservative Hindu-Organisationen wie die Hindu Mahasabha machten ernst mit der Rhetorik und begannen wider ihre tief sitzenden Glaubensvorstellungen und die alltägliche Praxis energisch gegen Unberührbarkeit zu argumentieren. Unberührbare mussten davon abgehalten werden, abtrünnig zu werden. Sie mussten assimiliert, ins große Haus geholt, aber in den Dienstbotenquartieren untergebracht werden. Dazu schreibt Ambedkar:

Es stimmt, dass der Hinduismus viel absorbieren kann. Der Rindfleisch essende Hinduismus (oder streng genommen Brahmanismus, die richtige Bezeichnung für den Hinduismus in früheren Zeiten) absorbierte die Theorie der Gewaltfreiheit des Buddhismus und wurde zu einer Religion des Vegetariertums. Aber etwas konnte der Hinduismus noch nie – sich so anpassen, dass es ihm gelang, die Unberührbaren zu absorbieren oder die Unberührbarkeit abzuschaffen.[95]

Zur gleichen Zeit wie die Hindu-Reformer organisierten sich auch Antikasten-Bewegungen angeführt von Unberührbaren. Swami Achhutanand Harihar überreichte dem Prinzen von Wales eine Charta mit 17 Forderungen, darunter Landreform, eigene Schulen für unberührbare Kinder und eigene Kandidaten bei Wahlen. Eine andere weithin bekannte Persönlichkeit war Babu Mangoo Ram. Er war Mitglied der revolutionären, antiimperialistischen Ghadar-Partei, 1913 überwiegend von indischen Migranten in den USA und Kanada gegründet. Ghadar (Revolte) war eine internationale Bewegung von Indern aus dem Punjab, die von dem Aufstand von 1857, auch Erster Unabhängigkeitskrieg genannt, inspiriert waren. Ihr Ziel war es, die Briten im bewaffneten Kampf zu besiegen. (In gewisser Weise war es die erste kommunistische Partei Indiens. Im Gegensatz zum Kongress, dessen Führung aus Städtern aus privilegierten Kasten bestand, war die Ghadar-Partei eng mit der Bauernschaft des Punjab verbunden. Obwohl sie nicht mehr existiert, ist das Andenken an die Partei wichtig für mehrere linke Parteien im Punjab.) Als Babu Mangoo Ram nach zehn Jahren in den USA nach Indien zurückkehrte, erwartete ihn das Kastensystem. Er musste feststellen, dass er wieder unberührbar war.[96] 1926 gründete er die Ad-Dharm-Bewegung mit Ravidas, dem Bhakti-Heiligen als spirituellem Helden. Die

Ad Dharmis erklärten, sie wären weder Sikhs noch Hindus. Viele Unberührbare verließen den Arya Samaj und traten der Ad-Dharm-Bewegung bei.[97] Babu Mangoo Ram wurde später ein Genosse Ambedkars.

Die Aufregung wegen der Demographie sorgte für eine turbulente Politik. Auch andere tödliche Spiele hatten begonnen. Die britische Regierung hatte sich selbst das Recht gegeben, Indien mit imperialer Ermächtigung zu regieren, und ihre Macht konsolidiert, indem sie eng mit der indischen Elite zusammenarbeitete und darauf achtete, den Status quo zu erhalten.[98] Sie hatte einen einst reichen Subkontinent ausgebeutet – oder vielmehr den Reichtum der Elite eines einst reichen Subkontinents. Die britische Regierung hatte Hungersnöte verursacht, bei denen Millionen umgekommen waren, während sie Lebensmittel nach England exportierte.[99] Nichts davon hielt sie ab, auch noch Brände zu schüren, die das Kastensystem und religiöse Spannungen entfachten. 1905 trennte sie Bengalen entlang konfessioneller Grenzen. 1909 verabschiedete sie die Morley-Minto-Reformen, die Muslimen eigene Kandidaten auf Provinz- und Bundesebene zusicherten. Sie begann, die moralische und politische Legitimität aller in Frage zu stellen, die dagegen waren. Wie konnte ein Volk, in dem es etwas so Primitives wie Unberührbarkeit gab, von Unabhängigkeit sprechen? Wie konnte die Kongresspartei, die von einer Elite aus privilegierten Kasten geführt wurde, behaupten, sie würde auch die Muslime repräsentieren? Oder die Unberührbaren? Es waren natürlich bösartige Fragen, da sie von der britischen Regierung kamen, aber auch bösartige Fragen fordern Antworten.

Die Person, die in die immer breiter werdende Bresche sprang, war der wahrscheinlich perfekteste Politiker, den die moderne Welt je gekannt hatte – Mohandas Karamchand Gandhi. Die britische Regierung stürzte sich mit ihrem imperialen Mandat in die Schlacht, Gandhi mit seinem Mahatmatum.

1915 kehrte Gandhi nach 20 Jahren politischer Aktivitäten in Südafrika nach Indien zurück und stürzte sich in den Unabhängigkeitskampf. Seine erste Sorge war es, die unterschiedlichen Wählerschaften zusammenzuführen, damit die Kongresspartei behaupten konnte, die einzige und legitime Repräsentantin der neuen Nation zu sein. Es war eine ungemein schwierige Aufgabe. Die Versuchungen und Widersprüche des Unterfangens, alle – Hindus, Muslime, Christen, Sikhs, privilegierte Kasten, untergeordnete Kasten, Bauern, Fronarbeiter, Landbesitzer, Arbeiter und Industrielle – zu vertreten, wurden aufgesogen von Gandhis Mahatmatum, das jenseitiger Provenienz war.

Wie Shiva im Mythos Gift schluckte, um die Welt in der Geschichte von Samudra Manthan – dem Aufschäumen des Milchozeans – zu retten, stand Gandhi an vorderster Front und versuchte das Gift zu schlucken, das aus den Tiefen aufstieg, während er dabei half, die neue Nation ins Leben zu rufen. Leider war Gandhi nicht Shiva, und das Gift brachte ihn schließlich um. Je größer der Hegemonieanspruch der Kongresspartei wurde, um so gewaltsamer trieben die Dinge auseinander.

Die drei wichtigsten Wählerschaften, die sie gewinnen musste, waren die konservativen Hindus aus privilegierten Kasten, die Unberührbaren und die Muslime.

Für die konservativen Hindus, die natürliche Wählerschaft der Kongresspartei, hatte Gandhi die Utopie des Ram Rajya und die *Bhagavad Gita* parat, sein »spirituelles Nachschlagewerk«. (Die meisten Gandhi-Statuen halten es in der Hand.) Er bezeichnete sich selbst als »Sanatani Hindu«. Sanatan Dharma, das »ewige Gesetz«, versteht sich als der Anfang aller Dinge, als Gefäß, das alles enthält. Spirituell ist es eine großzügige und schöne Idee, der Inbegriff der Toleranz und des Pluralismus. Politisch wird es gegenteilig eingesetzt zu dem sehr kleinlichen Zweck der Assimilation und Kontrolle; alle Religionen – Islam, Buddhismus, Jainismus, Sikhismus, Christentum – sollen möglichst aufgesogen werden. Sie sollen wie kleine Konzerne unter dem Dach einer großen Holdinggesellschaft funktionieren.

Um die zweitgrößte Wählerschaft, die Unberührbaren, zu hofieren, verabschiedete der Kongress 1917 eine Resolution, die die Unberührbarkeit abschaffte. Annie Besant von der Theosophischen Gesellschaft, ein Gründungsmitglied der Kongresspartei, saß der Versammlung vor. Ambedkar nannte die Veranstaltung »ein seltsames Ereignis«.[100] Er veröffentlichte Besants Aufsatz neu, den sie 1909 in der *Indian Review* publiziert hatte und in dem sie sich dafür einsetzte, in den Schulen unberührbare Kinder von den Kindern »reinerer« Kasten zu trennen:

Zurzeit sind ihre Körper stinkend und abstoßend von den Flüssigkeiten und dem stark riechenden Essen, die sie seit Generationen zu sich nehmen; es werden mehrere Generationen reineres Essen und Leben nötig sein, bis ihre Körper dazu geeignet sind, in einem Klassenzimmer mit Kindern zu sitzen, die an exquisite persönliche Sauberkeit gewöhnte Körper haben und mit reinem Essen ernährt wurden. Wir müssen die niedrigen Klassen auf ein ähnliches Niveau der Reinheit anheben, nicht die Sauberen auf das Niveau des Schmutzes hinunterziehen, und bis das getan ist, ist ein enges Zusammensein unerwünscht.[101]

Die dritte große Wählerschaft, die der Kongress ansprechen musste, waren die Muslime (die von den Kasten-Hindus auf der Reinheit-Unreinheit-Skala als *mleccha* – unrein eingestuft wurden; gemeinsames Essen und Trinken war verboten). 1920 beschloss der Kongress, sich mit den konservativen indischen Muslimen zu verbünden, die die panislamische Bewegung gegen die Aufteilung des Osmanischen Reiches nach dem Ersten Weltkrieg anführten. Der Sultan der besiegten Osmanen war der Kalif, das spirituelle Oberhaupt der Sunniten. Sunnitische Muslime betrachteten die Aufteilung des Reiches als Bedrohung des islamischen Kalifats als solches. Angeführt von Gandhi sprang die Kongresspartei in die Bresche und nahm die sogenannte Khilafat-Bewegung in ihre erste nationale Satyagraha auf. Die Satyagraha war geplant worden, um gegen den Rowlett Act von 1919 zu protestieren, der die Notstandsvollmachten der britischen Regierung aus der Kriegszeit verlängerte.

Ob Gandhis Unterstützung der Khilafat-Bewegung nur gewöhnlicher politischer Opportunismus war, ist endlos diskutiert worden. Der Historiker Faisal Devji argumentiert überzeugend, dass Gandhi zu diesem Zeitpunkt mit einem gewissen Internationalismus agierte; als verantwortungsbewusster »imperialer Untertan« (so sah er sich während der Jahre in Südafrika) versuchte er, das Empire moralisch zu verändern und für alle seine Bürger verantwortlich zu machen.[102] Gandhi nannte das Kalifat ein »Ideal« und bat darum, den Kampf der »Nichtkooperation {oder die Kampagne der Nichtzusammenarbeit} als Kampf ›der Religion gegen die Nicht-Religion‹ anzuerkennen«.[103] Damit meinte er, dass der Hinduismus und der Islam ihre Kräfte bündeln sollten, um ein Christentum zu verändern, das nach Gandhi seinen moralischen Kern verlor. Während der ersten Kampagne der

Nichtzusammenarbeit machte Gandhi Religion und religiösen Symbolismus zum zentralen Dogma seiner Politik. Vielleicht glaubte er ein Feuer am Wegesrand zu entzünden, an dem Pilger ihre Seelen wärmen konnten. Doch es wuchs sich zu einer Feuersbrunst aus, die bis heute nicht gelöscht ist.

Indem er sich mit der panislamischen Bewegung solidarisch erklärte, warf Gandhi seinen Turban in einen sehr großen Ring. Obwohl er häufig sein »Hindutum« unterstrich, beanspruchte er mehr zu sein als nur ein Hindu oder ein politischer Führer – er strebte an, der Anführer aller Bürger des britischen Empires zu sein. Gandhis Unterstützung des Kalifats spielte allerdings direkt in die Hände von Hindu-Extremisten, die mittlerweile behaupteten, dass Muslime keine »wahren« Inder seien, weil das Zentrum muslimischer Loyalität außerhalb Indiens lag. Die Allianz der Kongresspartei mit konservativen Muslimen ärgerte sowohl konservative Hindus als auch moderate Muslime.

1922, als die Kampagne der Nichtzusammenarbeit ihren Höhepunkt erreichte, gerieten die Dinge außer Kontrolle. Ein Mob tötete 22 Polizisten und brannte ein Polizeirevier in Chauri Chaura, United Provinces (heute Uttar Pradesh), nieder. Gandhi sah in diesem Gewaltausbruch ein Zeichen dafür, dass die Menschen sich noch nicht zu wahren Satyagrahis entwickelt hatten, dass sie noch nicht bereit waren für Gewaltlosigkeit und Kampagne der Nichtzusammenarbeit. Ohne sich mit anderen Führern zu beraten, rief Gandhi einseitig das Ende der Satyagraha aus. Da die Kampagne der Nichtzusammenarbeit und die Khilafat-Bewegung zusammengehörten, bedeutete das auch das Ende der Khilafat-Bewegung. Wütend über diesen willkürlichen Schritt trennten sich die Führer der Khilafat-Bewegung von der Kongresspartei. Die Lage geriet ins Schlingern.

1925 gründete Dr. K. B. Hedgewar die Rashtriya Swayamsevak Sangh (RSS), eine hindu-nationalistische Organisation. B. S. Moonje, ein früher Ideologe der RSS, reiste 1931 nach Italien und traf sich mit Mussolini. Vom europäischen Faschismus inspiriert, gründete die RSS eigene Sturmtruppen. (Heute geht ihre Mitgliederzahl in die Millionen. Zu den RSS-Mitgliedern gehörten der frühere Premierminister Atal Bihari Vajpayee, der frühere Innenminister L. K. Advani und der viermalige Chief Minister von Gujarat und jetzige Premierminister Narendra Modi.) Als der Zweite Weltkrieg ausbrach, waren Hitler und Mussolini die ideologischen und politischen Vorbilder der RSS (und sie sind es noch heute). Die RSS erklärte, dass Indien eine Nation der Hindus sei und die Muslime in Indien den Juden in Deutschland entsprächen. 1939 schrieb M. S. Golwalkar, der Hedgewar als Anführer der RSS nachgefolgt war, in *Wir oder unsere nationale Identität definiert*, der Bibel der RSS:

> Um die Reinheit seiner Rasse und Kultur zu erhalten, hat Deutschland die Welt schockiert und das Land von der semitischen Rasse gesäubert – den Juden. Rassenstolz hat sich hier in seiner höchsten Form manifestiert … eine gute Lektion, die wir hier in Hindustan lernen und von der wir profitieren sollten.[104]

1940 verabschiedete die Muslimliga, angeführt von M. A. Jinnah, die Pakistan-Resolution.

In einem der wohl gefühllosesten und schändlichsten Akte der Geschichte zog die britische Regierung 1947 hastig und mit weniger Sorgfalt, als sie dem Zerlegen einer Lammkeule hätte angedeihen lassen, eine Grenze durch das Land, die religiöse Gemeinschaften und Familien, Dörfer und Häuser durchschnitt.

Gandhi, der Apostel des Friedens und der Gewaltlosigkeit, musste dabei zusehen, wie die Bewegung, die er gemeint hatte zu führen, sich in völkermörderischer Gewalt auflöste, bei der eine halbe Million Menschen (eine Million laut Stanley Wolpert in *A New History of India*) ihr Leben verlor und fast zwölf Millionen ihre Heimat, ihre Vergangenheit und alles, was sie je gekannt hatten. Während des Horrors der Teilung tat Gandhi alles, um den Wahnsinn und die Mordlust zu beenden. Er reiste tief ins Herz der Gewalt. Er betete, er bettelte, er fastete, aber der Albtraum war entfesselt und nicht mehr zu stoppen. Der Hass verzehrte alles, was sich ihm in den Weg stellte. Er verzweigt sich heute noch im ganzen Land und im Untergrund. Er hat dem Subkontinent eine gefährliche, schwer verwundete Seele hinterlassen.

Während des wahnsinnigen Tötens, während der ethnischen Säuberungen und des Brusttrommelns religiöser Fundamentalisten auf beiden Seiten, verlor die Regierung von Pakistan eines nicht aus dem Blick: Sie erklärte, dass die unberührbaren Sweeper der Gemeinden Teil der »wesentlichen Dienstleistungen« des Landes waren und verweigerte ihnen die Erlaubnis, nach Indien zu ziehen. (Wer sonst sollte im Land der Reinen die Scheiße der Leute wegräumen?) Ambedkar sprach das Thema im Dezember 1947 in einem Brief an Premierminister Jawaharlal Nehru an.[105] Unter großen Mühen konnte Ambedkar zumindest einem Teil der »wesentlichen Dienstleistungen« über die Grenze helfen. Während sich diverse islamistische Sekten gegenseitig abschlachten, weil sie überzeugt sind, die besseren, korrekteren, gläubigeren Muslime zu sein, scheint es auch im heutigen Pakistan kaum Gewissenbisse wegen der vollkommen unislamischen Praxis der Unberührbarkeit zu geben.

Fünf Monate nach der Teilung, im Januar 1948, wurde Gandhi auf dem Rasen vor dem Birla House erschossen, wo er für gewöhnlich lebte, wenn er in Delhi war. Sein Mörder war Nathuram Godse, ein Brahmane und früherer Aktivist der Hindu Mahasabha und der RSS. Godse war, wenn so etwas überhaupt möglich ist, ein respektvoller Mörder. Er bezeugte Gandhi erst seine Ehre für die Arbeit, die er geleistet hatte, um die Menschen »aufzuwecken«, dann erschoss er ihn. Danach blieb er stehen. Er versuchte nicht, zu entkommen oder sich selbst zu erschießen. In seinem Buch *Warum ich Mahatma Gandhi erschoss* schrieb er:

> [Aber] in Indien hatten bereits das Kommunalwahlrecht, getrennte Wahlkreise und Ähnliches die Solidarität der Nation unterminiert, weiteres dieser Art stand bevor und die britische Regierung verfolgte mit größter Beharrlichkeit und ohne jeden Skrupel die unheilvolle Politik kommunaler Bevorzugung. Deswegen hatte Gandhiji es überaus schwer, wie in Südafrika die unbestrittene Führerschaft der Hindus und Muslime zu übernehmen. Aber er war es gewohnt, Anführer aller Inder zu sein. Und die Führerschaft eines geteilten Landes konnte er einfach nicht verstehen. Es schien absurd, dass dieser aufrichtige Geist das Generalsamt in einer Armee antrat, die sich geteilt hatte und gegeneinander antrat.[106]

Gandhis Mörder schien zu glauben, dass er den Mahatma vor sich selbst gerettet hatte. Godse und sein Komplize, Narayan Apte, bestiegen mit einer safrangelben Fahne, einer Karte des ungeteilten Indiens und ironischerweise einer Ausgabe der *Bhagavad Gita*, Gandhis »spirituellem Nachschlagewerk«, den Galgen.

Die *Gita* besteht im Wesentlichen aus Krishnas Ratschlag an Arjuna während der Schlacht im *Mahabharata* (in der Brüder gegen Brüder kämpfen) und ist eine philosophische und theologische Abhandlung über Hingabe und ethisches Verhalten auf dem Schlachtfeld. Ambedkar konnte sich nicht für die *Bhagavad Gita* begeistern. Seiner Ansicht nach war die *Gita* »eine unerhörte Rechtfertigung von Mord«. Er nannte es ein Buch, das »eine philosophische Basis für die Theorie der Chaturvarna liefert, indem es sie mit der Theorie angeborener naturgegebener Eigenschaften der Menschen verbindet.«[107]

Mahatma Gandhi starb als trauriger und besiegter Mann. Ambedkar war erschüttert. Er wollte seinen Gegner bloßgestellt, aber nicht ermordet sehen. Das Land versank in einem Schockzustand.

Aber all das passierte später. Wir sind der Geschichte vorausgeeilt.

Davor hatte sich Gandhis Mahatmatum über 35 Jahre lang gebauscht wie ein Segel im Wind des Unabhängigkeitskampfs. Er entfesselte die Phantasie der Welt. Er ermunterte Hunderttausende zu direkter politischer Aktion. Alle Blicke wandten sich ihm zu, er war die Stimme der Nation. Bei den zweiten Gesprächen am runden Tisch in London 1931 behauptete Gandhi – in vollkommener Gemütsruhe –, dass er ganz Indien repräsentiere. In der ersten öffentlichen Konfrontation mit Ambedkar (wegen Ambedkars Vorschlag, gesonderte Kandidaten für Unberührbare aufzustellen) konnte Gandhi sagen: »Ich beanspruche, die große Masse der Unberührbaren in meiner Person zu vertreten.«[108]

Wie konnte ein Angehöriger der privilegierten Bania-Kaste behaupten, dass er in seiner Person 45 Millionen indische Unberührbare vertrat, wenn er nicht tatsächlich glaubte, ein Mahatma zu sein? Das Mahatmatum stattete Gandhi mit einer Spannbreite aus, die normalen Sterblichen nicht zur Verfügung stand. Es erlaubte ihm, »seine innere Stimme« gefühlvoll, wirkungsvoll und oft einzusetzen. Es ermöglichte ihm, täglich im Rundfunk über seine Hygiene, sein Essen, seine

Verdauung, seine Einläufe und sein Sexleben zu sprechen und die Zuhörer in ein öffentliches Netz lasziver Intimität zu verstricken, das er benutzen und manipulieren konnte, wenn er fastete und andere Akte öffentlicher Selbstbestrafung beging. Es erlaubte ihm, sich ständig selbst zu widersprechen und dann zu sagen: »Mein Ziel ist es nicht, eine frühere Aussage zu einer Frage zu bestätigen, sondern die Wahrheit zu bestätigen, wie sie sich mir in einem bestimmten Moment darstellt. Auf diese Weise bin ich von Wahrheit zu Wahrheit gewachsen.«[109]

Gewöhnliche Politiker bewegen sich von einer politischen Notwendigkeit zur nächsten. Ein Mahatma kann von Wahrheit zu Wahrheit wachsen.

Wie kam es, dass Gandhi Mahatma genannt wurde? Verfügte er von Anfang an über das Mitgefühl und die egalitären Instinkte eines Heiligen? Hat er diese Eigenschaften unterwegs erworben?

In seiner neuen Gandhi-Biographie argumentiert der Historiker Ramachandra Guha, dass die zwei Jahrzehnte, die er in Südafrika arbeitete, Gandhi zu einem Mahatma machten.[110] Seine Heiligsprechung – als er zum ersten Mal öffentlich Mahatma genannt wurde – erfolgte 1915 kurz nach seiner Rückkehr aus Südafrika bei einem Treffen in Gondal nahe seiner Heimatstadt Porbandar in Gujarat.[111] Damals kannten nur wenige in Indien mehr als ein paar lückenhafte, ziemlich unzutreffende Berichte über die Kämpfe, an denen er beteiligt gewesen war. Diese Kämpfe müssen unter die Lupe genommen werden, weil sie seine Ansichten über Kaste, *race* und Imperialismus prägten, gleichgültig ob sie ihn zu einem Mahatma machten oder nicht. Seine Ansichten über *race* deuten seine Ansichten über Kaste bereits an. Was in Südafrika passierte, hat auch heute noch Auswirkungen auf die dortige indische Gemeinde. Glücklicherweise verfügen wir über die eigenen Worte (und Widersprüche) des Mahatma, um die Geschehnisse detailliert schildern zu können.[112] Für Generationen, die mit Gandhi-Hagiographien aufgewachsen sind (darunter ich selbst), ist es nicht nur verwirrend, sondern nahezu verblüffend zu erfahren, was in Südafrika passiert ist.

DER LEUCHTENDE PFAD

Gandhi kam als 24-jähriger, in London ausgebildeter Anwalt im Mai 1893 nach Südafrika. Er hatte eine Stelle als juristischer Berater bei einem reichen muslimischen Kaufmann, der aus Gujarat stammte. Das imperiale Großbritannien festigte gerade seinen Griff auf dem afrikanischen Kontinent. Ein paar Monate nach seiner Ankunft wurde Gandhi unsanft politisch geweckt. Die eine Hälfte der Geschichte ist legendär: Gandhi wurde in Pietermaritzburg aus einem Erster-Klasse-Abteil (»Nur für Weiße«) geworfen. Die zweite Hälfte der Geschichte ist weniger bekannt: Gandhi empörte sich nicht über die Rassentrennung. Er war empört, dass »indische Fahrgäste« – indische Kaufleute, überwiegend Muslime, aber auch Hindus aus privilegierten Kasten –, die nach Südafrika gekommen waren, um Geschäfte zu machen, behandelt wurden wie Schwarzafrikaner. Gandhis Argument war, dass Inder, die als britische Bürger in Natal lebten, ein Anrecht auf Gleichbehandlung auf der Basis von Königin Victorias Proklamation von 1858 hatten, die allen imperialen Bürgern Gleichheit zusicherte.[113]

1894 wurde er Sekretär des Natal Indian Congress (NIC), gegründet und finanziert von wohlhabenden indischen

Kaufleuten und Händlern. Der Mitgliedsbeitrag betrug drei Pfund, eine stattliche Summe, die bedeutete, dass der NIC ein elitärer Club blieb. (Zum Vergleich – zwölf Jahre später rebellierten die Zulus gegen die Briten, weil diese eine nicht bezahlbare Kopfsteuer von einem Pfund gegen sie verhängt hatten.)

Einen der ersten politischen Siege errang der NIC 1895 mit einer »Lösung« des sogenannten »Durban-Postamt-Problems«. Das Postamt hatte nur zwei Eingänge: einen für Schwarze und einen für Weiße. Gandhi wandte sich an die Behörden, die einen dritten Eingang öffnen ließen, so dass Inder nicht mehr denselben Eingang wie die »Kaffer« benutzen mussten.[114] In einem offenen Brief an die Gesetzgebende Versammlung von Natal vom 19. Dezember 1894 schreibt er, dass sowohl die Engländer als auch die Inder »demselben Stamm entspringen, dem indo-arischen«, und zitiert Max Müller, Arthur Schopenhauer und William Jones, um sein Argument zu untermauern. Er beklagt, dass der »Inder hinuntergezogen wird auf das Niveau eines groben Kaffers«.[115] Als Sprecher der indischen Gemeinde achtete Gandhi stets darauf, die gebildeten Inder von den indischen Zwangsarbeitern zu unterscheiden – und sich von ihnen zu distanzieren:

> Ob sie nun Hindus oder Mohammedaner sind, ihnen wurde überhaupt nie nennenswerter moralischer oder religiöser Unterricht zuteil. Sie haben nicht genug gelernt, um sich ohne Hilfe Dritter zu bilden. In dieser Position geben sie der geringsten Versuchung zu lügen nach. Nach einiger Zeit wird Lügen bei ihnen zu einer Gewohnheit und einer Krankheit. Sie lügen ohne Grund, ohne Aussicht, ihre materielle Lage zu verbessern, ja ohne zu wissen, was sie tun. Sie gelangen in einen Zustand, in dem ihre moralischen Fähigkeiten aufgrund von Vernachlässigung vollkommen zusammengebrochen sind.[116]

Die indischen Zwangsarbeiter, deren »moralische Fähigkeiten« zusammengebrochen waren, stammten überwiegend aus untergeordneten Kasten und lebten und arbeiteten wie Sklaven, gefangen auf Zuckerrohrfarmen. Sie wurden ausgepeitscht, ausgehungert, eingesperrt, oft sexuell missbraucht und starben scharenweise.[117]

Gandhi wurde bald zum Sprecher der gebildeten Inder. 1896 reiste er nach Indien, wo er vor großen – und meist empörten – Versammlungen über den Rassismus sprach, dem Inder in Südafrika ausgesetzt waren. Zu dieser Zeit sorgte sich die weiße Regierung zunehmend wegen der rasch anwachsenden indischen Gemeinde. Für sie war Gandhi der Anführer der »Kulis« – ihre Bezeichnung für alle Inder.[118] Auf perverse Weise schloss ihr Rassismus alle ein. Den Unterschied, den hervorzuheben Gandhi sich so mühte, sahen sie nicht.

Als Gandhi im Januar 1897 nach Durban zurückkehrte, waren ihm die Nachrichten über seine Kampagne vorausgegangen. Tausende feindseliger Weißer erwarteten sein Schiff und ließen es nicht anlegen. Nach mehrtätigen Verhandlungen durfte Gandhi von Bord gehen. Auf dem Weg nach Hause wurde er am 12. Januar 1897 angegriffen und geschlagen. Er ertrug den Angriff standhaft und würdig.[119] In einem Interview mit dem *Natal Advertiser* zwei Tage später distanzierte sich Gandhi erneut von den »Kulis«:

> Ich habe nachdrücklich gesagt, in den Broschüren und anderswo, dass die Behandlung der indischen Zwangsarbeiter in Natal nicht schlechter und nicht besser ist als in anderen Teilen der Welt. Ich habe nie versucht nachzuweisen, dass diese Inder grausam behandelt werden.[120]

1899 führten die Briten einen Krieg gegen die niederländischen Siedler um die Bodenschätze in Südafrika. In Kimberley waren 1870 Diamanten entdeckt worden und 1886 Gold in Witwatersrand. Der Zweite Englisch-Burische Krieg, wie er damals genannt wurde, ist heute als Südafrikanischer Krieg oder Krieg des weißen Mannes bekannt. Tausende Schwarzafrikaner und indische Arbeiter wurden auf beiden Seiten in die Armee gezwungen. Die Inder bekamen keine Waffen, verrichteten niedrige Arbeiten und trugen Bahren. Gandhi und eine Gruppe Gujarati-Inder, die es als imperiale Bürger als ihre Pflicht empfanden, meldeten sich freiwillig für die Briten. Gandhi wurde dem Sanitätskorps zugeteilt.

Es war ein brutaler Krieg, in dem die britischen Truppen gegen kleine burische Guerilla-Einheiten kämpften. Die Briten steckten Tausende burischer Farmen in Brand, metzelten Menschen und Vieh nieder. Zehntausende burische Zivilisten, vor allem Frauen und Kinder, kamen in Konzentrationslager, in denen fast 30 000 Menschen starben. Viele verhungerten.[121] Es waren die ersten Konzentrationslager, die Vorläufer von Hitlers Vernichtungslagern. Einige Jahre später schrieb Gandhi in seinen Erinnerungen über den Südafrikanischen Krieg und unterstellte den Gefangenen in den Lagern, eine heitere Form des Satyagraha praktiziert zu haben (was er auch den Juden in Deutschland empfahl):[122]

> Die Burenfrauen verstanden, dass ihre Religion von ihnen forderte zu leiden, um ihre Unabhängigkeit zu bewahren, und deswegen ertrugen sie geduldig und frohen Mutes die Härten … Sie hungerten, sie ertrugen beißende Kälte und sengende Hitze. Manchmal fiel sogar ein von Alkohol berauschter oder von Leidenschaft überwältigter Soldat über die ungeschützten Frauen her. Dennoch schreckten die tapferen Frauen nicht zurück.[123]

Nach dem Krieg versprachen die Briten den Soldaten ein Stück der »Schokolade der Königin« als Belohnung für ihre Tapferkeit. Gandhi schrieb einen Brief an den Kolonialminister mit der Bitte, diese Großzügigkeit auf die führenden Mitglieder des Sanitätskorps auszudehnen, die sich freiwillig gemeldet und ohne Bezahlung gedient hatten. »Die indischen Führer würden es sehr zu schätzen wissen, wenn die Bedingungen, unter denen Ihre Majestät das Geschenk so großzügig verteilt hat, auch für sie gelten würden.«[124] Der Kolonialminister antwortete knapp, dass die Schokolade nur für Unteroffiziere bestimmt sei.

1901, nach dem Ende des Burenkriegs, sprach Gandhi davon, dass es die Aufgabe des Natal Indian Congress war, sich für ein besseres Verständnis zwischen Engländern und Indern einzusetzen. Er freue sich auf eine »imperiale Bruderschaft«, die herzustellen »das Ziel von allen sein sollte, die sich Freunde des Empire nennen.«[125]

Es sollte nicht sein. Den Buren gelang es, Gandhi auszumanövrieren. 1902 unterschrieben sie den Frieden von Vereeniging mit den Briten. Gemäß dem Vertrag wurden die Burenrepubliken Transvaal und Oranje zu Kolonien des britischen Empire unter der Souveränität der britischen Krone. Die britische Regierung ihrerseits gewährte den Buren als Gegenleistung das Recht auf Selbstverwaltung. Die Buren wurden nun die brutalen Stellvertreter der Briten. Jan Smuts, einst ein gefürchteter burischer »Terrorist«, wechselte die Seite und führte schließlich die Britische Armee von Südafrika im Ersten Weltkrieg. Die Weißen schlossen Frieden. Sie teilten die Diamanten, das Gold und das Land zwischen sich auf. Schwarze, Inder und »Farbige« gingen leer aus.

Gandhi ließ sich nicht abschrecken. Ein paar Jahre nach

dem Südafrikanischen Krieg meldete er sich wieder freiwillig zum aktiven Dienst.

1906 führte der Zulu-Häuptling Bambatha kaMancinza sein Volk in einen Aufstand gegen die Briten als Protest gegen die neu erhobene Kopfsteuer von einem Pfund. Die Zulus und die Briten waren alte Feinde und hatten schon früher gegeneinander gekämpft. 1879 hatten die Zulus die Britische Armee besiegt, als diese das Zulu-Königreich angriff, ein Sieg, der die Zulus auf die Weltkarte setzte. Im Lauf der Jahre wurden sie jedoch von ihrem Land vertrieben, weil sie den Feuerwaffen der Briten nicht gewachsen waren. Dennoch weigerten sie sich, auf den Farmen der Weißen zu arbeiten; deswegen wurden Zwangsarbeiter aus Indien geholt. Wieder und wieder hatten die Zulus rebelliert. In der Bambatha-Rebellion kämpften die Zulus nur mit Speeren und Schilden aus Kuhhäuten gegen die moderne Artillerie der Britischen Armee.

Als Nachrichten von der Rebellion bekannt wurden, veröffentlichte Gandhi eine Reihe von Briefen in *Indian Opinion*, einer gujarati-englischen Zeitung, die er 1903 gegründet hatte. (Einer der größten Spender war Sir Ratanji Jamsetji Tata vom Tata-Industrieimperium.) In einem Brief vom 18. November 1905 schrieb Gandhi:

> Während des Burenkriegs, man wird sich daran erinnern, erledigten die Inder als Freiwillige jede Arbeit, die ihnen übertragen wurde, und nur unter großen Schwierigkeiten wurden ihre Dienste als Sanitäter akzeptiert. General Butler hat bestätigt, welche Arbeit das Natal Indian Volunteer Ambulance Corps geleistet hat. Wenn die Regierung nur erkennen würde, was für eine Reserve sie verschwendet, würde sie Gebrauch davon machen und Indern eine gründliche Ausbildung für den Krieg ermöglichen.[126]

Am 14. April 1906 schrieb Gandhi wieder in *Indian Opinion* (übersetzt aus dem Gujarati):

Was ist unsere Pflicht während dieser unheilvollen Zeit in der Kolonie? Es steht uns nicht an zu entscheiden, ob die Revolte der Kaffern [Zulus] berechtigt ist oder nicht. Wir sind in Natal dank der britischen Regierung. Unsere Existenz hängt von ihr ab. Deshalb ist es unsere Pflicht, jede Art von Hilfe zu leisten, die wir leisten können. In der Presse wurde darüber diskutiert, welche Rolle die indische Gemeinde in einem Krieg spielen könnte. Wir haben in den englischen Artikeln dieser Zeitung bereits erklärt, dass die indische Gemeinde bereit ist, ihre Rolle zu übernehmen; und wir glauben, dass das, was im Burenkrieg getan wurde, auch jetzt getan werden sollte.[127]

Die Rebellion wurde schließlich niedergeschlagen, Häuptling Bathamba gefangen genommen und enthauptet. Viertausend Zulus wurden umgebracht, Tausende ausgepeitscht und ins Gefängnis gesteckt. Sogar Winston Churchill, ein Meister des Kriegs, damals stellvertretender Minister für die Kolonien, war beunruhigt über die Gewalt. Er sagte: »Es ist meine Pflicht, den Minister zu warnen, dass diese widerliche Schlächterei aller Wahrscheinlichkeit nach große Missbilligung im Parlament erfahren wird … Das Verhältnis zwischen Schwarzen und Weißen ist im Moment ungefähr 3500 zu acht.«[128]

Gandhi hat nie die Rolle bereut, die er im Krieg des weißen Mannes und im Zulu-Krieg gespielt hat. Er hat sie einfach nur neu erfunden. Jahre später, 1928, hatten sich beide Geschichten in *Satyagraha in Südafrika*,[129] den Memoiren, die er im Zentralgefängnis von Yerawada schrieb, sagen wir, weiterentwickelt. Zu diesem Zeitpunkt hatten die Schachfiguren auf dem Brett ihre Positionen verändert. Gandhi war jetzt gegen die Briten. In dieser neuen Version war die »Wahrheit«

über das Bahrenträger-Korps im Zulu-Krieg zu einer anderen »Wahrheit herangewachsen«:

> Die Zulu-»Rebellion« brach aus, während Versuche unternommen wurden, den Indern in Transvaal weitere Benachteiligungen aufzuerlegen … deswegen bot ich der Regierung an, ein Bahrenträger-Korps für den Dienst an den Truppen zusammenzustellen … Das Korps tat einen Monat aktiven Dienst … Wir mussten die Wunden von mehreren Zulus säubern, die fünf oder sechs Tage lang nicht versorgt worden waren und deshalb schrecklich stanken. Wir mochten die Arbeit. Die Zulus konnten nicht mit uns sprechen, doch ihren Gesten und ihren Blicken nach zu urteilen, schienen sie das Gefühl zu haben, Gott hätte ihnen unsere Hilfe geschickt.[130]

Das im Nachhinein konstruierte Bild der misshandelten, besiegten Zulus – dumme Tiere, die Gottes Missionaren des Friedens Dankbarkeit erwiesen – passt, wie wir sehen werden, überhaupt nicht zu seinen Ansichten über Zulus, die er während dieser Jahre in seiner Zeitung veröffentlichte. In Gandhis neuer Vorstellung vom Zulu-Krieg wird der gebrochene Zulu zur Inspiration für ein weiteres seiner Anliegen: das Zölibat.

> Während ich beim Korps arbeitete, nahmen zwei Ideen, die ich seit langem im Kopf hatte, feste Form an. Erstens, ein Anwärter auf ein Leben, das ausschließlich dem Dienst gewidmet ist, muss ein zölibatäres Leben führen. Zweitens, er muss Armut als ständigen Begleiter durch das Leben akzeptieren. Er darf keine Beschäftigung suchen, die ihn davon abhalten oder davor zurückschrecken lassen würde, die niedrigste Pflicht oder das größte Risiko auf sich zu nehmen.[131]

Gandhis Experimente mit dem Zölibat und der Armut begannen in der Phoenix-Siedlung, einer Kommune, die er 1904 gegründet hatte. Sie wurde auf einem 40 Hektar großen Stück Land im Herzen von Natal errichtet, mitten in den Zuckerrohrfeldern, auf denen indische Zwangsarbeiter arbeiteten. Unter den Mitgliedern der Kommune waren ein paar Europäer und freie Inder, aber keine Schwarzafrikaner.

Im September 1906, nur Monate nach dem Zulu-Krieg, erlitt Gandhi trotz seiner Freundschaftsangebote und Loyalitätsbekundungen eine weitere Niederlage. Die britische Regierung verabschiedete den Transvaal Asiatic Law Amendment Act. Er sollte indische Kaufleute und Händler (die von Weißen als Konkurrenten gesehen wurden) daran hindern, sich in Transvaal niederzulassen.[132] Jeder Inder musste sich registrieren lassen und auf Verlangen einen Ausweis mit Daumenabdruck vorzeigen. Nicht registrierte Personen konnten deportiert werden. Berufung einzulegen war nicht möglich. Plötzlich fand sich eine Gemeinde, deren Anführer von einer »imperialen Bruderschaft« geträumt hatte, auf einem Status wieder, der »niedriger war als der der eingeborenen Rassen Südafrikas und der Farbigen.«[133]

Gandhi führte den Kampf der Inder mutig und an vorderster Front. Zweitausend Menschen verbrannten ihre Ausweise öffentlich; Gandhi wurde gnadenlos angegriffen, verhaftet und ins Gefängnis geworfen. Und dann wurden seine schlimmsten Albträume Wirklichkeit. Der Mann, der es nicht ertrug, denselben Eingang zu einem Postamt wie »Kaffern« zu benutzen, musste sich jetzt eine Gefängniszelle mit ihnen teilen:

> Wir waren alle auf Härten vorbereitet, aber nicht auf diese Erfahrung. Wir verstanden, warum wir nicht mit den Weißen zusammengelegt wurden, aber auf dieselbe Ebene gestellt zu werden wie die Eingeborenen, war zu viel. Da war ich überzeugt, dass wir Inder unsere Kampagne des passiven Widerstands keine Minute zu früh begonnen hatten. Hier war ein weiterer Beweis, dass das unerträg-

liche Gesetz die Inder kastrieren sollte. … Abgesehen davon, ob es eine Degradierung bedeutet oder nicht, muss ich sagen, dass es gefährlich ist. Kaffern sind unzivilisiert – die Häftlinge sogar noch mehr. Sie machen Ärger, sind schmutzig und leben nahezu wie die Tiere.[134]

Ein Jahr später, im 16. von den 20 Jahren, die Gandhi in Südafrika verbrachte, schrieb er »Meine zweite Erfahrung im Gefängnis« in *Indian Opinion* (16. Januar 1909):

Mir wurde eine Pritsche in einer Zelle zugewiesen, in der sich überwiegend kranke Kaffern befanden. Ich verbrachte die Nacht in dieser Zelle in großer Not und Angst. … Ich las die *Bhagavad Gita*, die ich dabeihatte. Ich las die Verse, die eine Bedeutung für meine Situation hatten und meditierte über sie, und so schaffte ich es, mich zu fassen. Der Grund, warum ich mich so unruhig fühlte, war, dass die Kaffern und chinesischen Häftlinge wild waren, mörderisch und zu unmoralischem Verhalten neigten. … Er [der Chinese] wirkte noch schlimmer. Er kam zu meiner Pritsche und betrachtete mich. Ich rührte mich nicht. Dann ging er zu einem Kaffer, der auf einer Pritsche lag. Die beiden tauschten obszöne Witze aus und entblößten gegenseitig ihre Genitalien. … Ich habe eine Kampagne beschlossen, um dafür zu sorgen, dass indische Häftlinge nicht mit Kaffern oder anderen zusammengelegt werden. Wir können die Tatsache nicht ignorieren, dass es zwischen ihnen und uns keine Gemeinsamkeiten gibt. Überdies haben die, die im selben Raum wie sie schlafen wollen, Hintergedanken dafür.[135]

Noch im Gefängnis begann Gandhi die weißen Behörden aufzufordern, unterschiedliche Trakte einzurichten. Er verlangte Rassentrennung in mehrfacher Hinsicht: Er wollte eigene Decken, denn er sorgte sich, dass »eine Decke, die vom schmutzigsten Kaffer benutzt worden war, später womöglich an einen Inder fiel«.[136] Er forderte spezielles Gefängnisessen für Inder – Reis mit Ghee[137] – und weigerte sich, »die Maispampe« zu essen, die die »Kaffern« zu mögen schienen. Zudem verlangte er eigene Toiletten für indische Häftlinge.[138]

Zwanzig Jahre später, 1928, hatte sich die »Wahrheit« über diese Zeit in eine ganz andere Geschichte verwandelt. Als Reaktion auf den Vorschlag, Inder und Afrikaner in Südafrika getrennt auszubilden, schrieb Gandhi:

> Inder haben zu viel gemeinsam mit Afrikanern, um zu erwägen, sich von ihnen zu isolieren. Sie können langfristig in Südafrika nicht existieren ohne die aktive Sympathie und Freundschaft der Afrikaner. Mir ist nicht bekannt, dass eine Mehrheit der Inder sich ihren afrikanischen Brüdern jemals überlegen gefühlt hätte, und es wäre eine Tragödie, könnte so eine Bewegung jemals Fuß fassen unter den indischen Siedlern in Südafrika.[139]

Und 1939, als er anderer Ansicht war als Jawaharlal Nehru, der glaubte, dass Schwarzafrikaner und Inder gegen das weiße Regime in Südafrika zusammenhalten sollten, widersprach sich Gandhi wieder einmal: »So sehr sie auch mit den Bantus sympathisieren, Inder können keine gemeinsame Sache mit ihnen machen.«[140]

Gandhi war ein gebildeter, weitgereister Mann. Er wusste von den Winden, die in anderen Teilen der Welt bliesen. Seine schändlichen Worte über Afrikaner schrieb er zur gleichen Zeit, als W. E. B. Du Bois *Die Seelen der Schwarzen* schrieb: »Man spürt immer dieses Zwei-Sein – ein Amerikaner, ein Neger; zwei Seelen, zwei Gedanken, unversöhnliches Streben; zwei miteinander Krieg führende Ideale in einem dunklen Körper, dessen beharrliche Stärke allein ihn daran hindert, entzweigerissen zu werden.«[141]

Gandhis Versuche, mit einem weißen Kolonialregime zusammenzuarbeiten, fanden zur exakt gleichen Zeit statt, als die Anarchistin Emma Goldman sagte:

Die Zentralisierung der Macht hat ein Gefühl der internationalen Solidarität der unterdrückten Nationen der Welt ins Leben gerufen; eine Solidarität, die eine größere Eintracht zwischen den Interessen eines Arbeiters in Amerika und seinen Brüdern im Ausland postuliert als zwischen einem amerikanischen Bergarbeiter und seinem ausbeuterischen Landsmann; eine Solidarität, die keine ausländische Invasion fürchtet, denn sie führt alle Arbeiter zu dem Punkt, an dem sie zu ihren Herren sagen: »Geh und töte selbst. Wir haben es lange genug für dich getan.«[142]

Pandita Ramabai (1858–1922), Gandhis Zeitgenossin, hatte nicht seine unseligen Instinkte. Obwohl als Brahmanin geboren, wandte sie sich wegen seiner patriarchalen Strukturen und des Kastenwesens vom Hinduismus ab, trat zum Christentum über, stritt auch mit der anglikanischen Kirche und verdiente sich einen Ehrenplatz in der indischen Antikasten-Bewegung. 1886 reiste sie in die USA, wo sie die ehemalige Sklavin Harriet Tubman traf, die sie mehr als jeden anderen bewunderte. Man vergleiche Gandhis Einstellung zu den Afrikanern mit Pandita Ramabais Beschreibung ihres Treffens mit Harriet Tubman:

Harriet arbeitet noch. Sie hat ein eigenes kleines Haus, in dem sie und ihr Mann leben und gemeinsam für ihr Volk arbeiten … Harriet ist sehr groß und stark. Sie umarmte mich wie eine Bärin und schüttelte mir die Hand, bis meine kleine arme Hand weh tat![143]

1873 widmete Jotiba Phule sein Buch *Gulamgiri* (Sklaverei) den

guten Menschen in den Vereinigten Staaten als Geste meiner Bewunderung für ihre großartige, uneigennützige und aufopferungsvolle Hingabe an die Sache der schwarzen Sklaverei, und mit dem sehnlichen Wunsch, dass meine Landsleute ihrem Beispiel folgen und ihre Shudra-Brüder von den Fesseln der Brahmanen-Knechtschaft befreien mögen.[144]

Phule – der sich unter anderem dafür einsetzte, dass Witwen wieder heiraten durften, Mädchen zur Schule gehen konnten, und der eine Schule für Unberührbare gründete – beschrieb, »wie die Sklavenhalter die Sklaven wie Lasttiere behandelten, sie die ganze Zeit traten und schlugen und verhungern ließen« und wie sie »die Sklaven wie Ochsen einspannten und sie unter der sengenden Sonne die Felder pflügen ließen«. Phule glaubte, dass die Shudras und Ati-Shudras Sklaverei besser als jeder andere verstehen würden, weil »sie eine direkte Erfahrung der Sklaverei haben verglichen mit den anderen, die sie nie erlebt haben; die Shudras wurden von den Brahmanen besiegt und versklavt.«[145]

Die Verbindung zwischen Rassismus und Kastensystem wurde über 100 Jahre vor der Konferenz von Durban 2001 hergestellt. Empathie gelingt manchmal etwas, was Bildung nicht gelingt.

Trotz Gandhis Leiden in nicht rassengetrennten südafrikanischen Gefängnissen gewann die Satyagraha gegen das Meldegesetz keine große Zugkraft. Nachdem er mehrere Proteste gegen die Registrierung und die Abnahme von Fingerabdrücken geleitet hatte, verkündete Gandhi plötzlich, dass Inder sich Fingerabdrücke abnehmen lassen würden, aber nur auf freiwilliger Basis. Es war nicht das erste Mal, dass er einen Handel einging, der den Zielen des ursprünglichen Kampfes widersprach.

Um diese Zeit schenkte ihm sein reicher Architektenfreund Hermann Kallenbach 450 Hektar Farmland mit 1000 Obstbäumen bei Johannesburg. Dort gründete er seine zweite Kommune, die Tolstoi-Farm, begann seine Experimente in

Reinheit und Spiritualität und entwickelte sein selbst erdachtes Verfahren zur Durchführung von Satyagraha.

Angesichts von Gandhis Vorschlag, mit den Briten bei der Kolonisierung von Südafrika zusammenzuarbeiten und dem britischen Widerstreben, die Partnerschaft zu akzeptieren, war Satyagraha – den Gegner mit der Kraft von Wahrheit und Liebe anzusprechen – das perfekte politische Instrument. Gandhi wollte keine bestehende Struktur zerstören; er wollte einfach nur als Freund anerkannt werden. Der Intensität seines Widerwillens vor den »groben Kaffern« entsprach die Intensität seiner Zuneigung und Bewunderung für die Briten. Satyagraha schien ein Weg, sie zu beruhigen und zu sagen: »Ihr könnt uns vertrauen. Schaut uns an. Wir würden lieber uns selbst schaden als euch.« (Das soll nicht heißen, dass Satyagraha in bestimmten Situationen nicht eine wirkungsvolle Möglichkeit des politischen Widerstands sein kann und ist. Ich beschreibe nur die Umstände, unter denen Gandhi sein Experiment mit Satyagraha begann.)

Im Wesentlichen drehte sich seine Vorstellung von Satyagraha um eine Lebensweise des Verzichts und der Reinigung. Verzicht führte zwangsläufig zu einer missionarischen Herangehensweise an Politik. Der Stellenwert von Reinheit und Reinigung beruhte natürlich auf dem Kastensystem, auch wenn Gandhi die Regeln auf den Kopf stellte und seine späteren Dienste für Unberührbare einen Prozess der »Selbstreinigung« nannte. Insgesamt war sie eine Mischung aus Büßerhemd-Christentum, seiner eigenen Version von Hinduismus und esoterischem Vegetariertum (das letztlich damit endete, dass er die »Unreinheit« von Dalits, Muslimen und allen anderen Fleischessern – das heißt, der Mehrheit der Inder – verurteilte). Die zweite Zugnummer war *Brahmacharya* – Zölibat. Das Zurückhalten des Samens und völlige sexuelle Abstinenz wurde zur Mindestanforderung an einen »reinen« Satyagrahi. Geißelung des Fleisches, Verweigerung von Vergnügen und Verlangen – und schließlich nahezu fast aller menschlichen Instinkte – wurden zu einem wichtigen Thema. Sogar Essen bekam sein Fett ab: »Essen ist ein so schmutziger Akt wie die Reaktion auf den Ruf der Natur.«[146]

Würde jemand, der am Verhungern ist, Essen als »schmutzigen Akt« bezeichnen?

Gandhi sagte immer wieder, dass er leben wollte wie die Ärmsten der Armen. Die Frage ist, ob Armut simuliert werden kann. Armut heißt schließlich nicht nur, kein Geld oder keinen Besitz zu haben. Armut heißt, keine Macht zu haben. Als Politiker ging es Gandhi darum, Macht anzuhäufen, und das tat er. Satyagraha hätte nicht funktioniert, hätte Gandhi nicht über die Macht eines Stars verfügt. Wenn man mächtig ist, kann man einfach leben, aber man kann nicht arm sein. In Südafrika brauchte es eine Menge Farmland und organischer Obstbäume, um Gandhi in Armut zu halten.

Beim Kampf der Armen und Machtlosen geht es um Forderungen, nicht um Verzicht. Doch Gandhi war wie viele erfolgreiche Missionare ein scharfsinniger Politiker. Er begriff, dass der Verzicht von jemandem, der viel zu verzichten hat, immer die Phantasie der Menschen anregt. (Gandhi verzichtete schließlich auf seinen westlichen Anzug und trug einen Dhoti, um sich wie die Ärmsten der Armen zu kleiden. Der mittellos geborene Unberührbare Ambedkar dagegen, dem verboten war, die Kleidung der privilegierten Kasten zu tragen, leistete Widerstand, indem er einen dreiteiligen Anzug trug.)

Es entbehrt nicht einer gewissen Ironie, dass Gandhi, der die Rituale der Armut auf der Tolstoi-Farm zelebrierte, die Anhäufung von Kapital oder die ungleiche Verteilung des

Reichtums nie in Frage stellte. Er forderte keine besseren Arbeitsbedingungen für die Zwangsarbeiter oder die Rückgabe des Landes an diejenigen, denen es gestohlen worden war. Er kämpfte für das Recht der indischen Kaufleute, ihre Geschäfte nach Transvaal ausweiten und mit den Briten konkurrieren zu dürfen.

Jahrhunderte vor Gandhi und Jahrzehnte nach ihm haben Hindu-Rishis und -Yogis weit mühsamere Akte des Verzichts geleistet. Für gewöhnlich jedoch allein auf einem schneebedeckten Berg oder in einer Höhle in einem windumtosten Felshang. Gandhis Genie bestand darin, dass er seine Suche nach *moksha* an ein sehr weltliches politisches Anliegen band und beides wie ein Theaterstück vor Publikum aufführte. Im Lauf der Jahre weitete er sein seltsames Experiment aus und zog seine Frau und andere Leute mit hinein, die manchmal zu jung waren, um zu begreifen, auf was sie sich einließen. Gegen Ende seines Lebens, als alter Mann in den 70ern, schlief er neben zwei jungen Mädchen, Manu, seiner 17-jährigen Großnichte, und Abha (sie wurden als seine »Gehstöcke« bekannt).[147] Er tat es, so sagte er, um seinen Erfolg in der Niederschlagung seines sexuellen Verlangens zu messen. Lässt man die sehr kontroversen, beunruhigenden Fragen der Zustimmung und des Anstands beiseite, die Frage, welche Wirkung sein Verhalten auf die Mädchen hatte, stellt sich angesichts dieses »Experiments« eine andere nagende, nahezu erschreckende Frage. Dass Gandhi aus den »Ergebnissen« seines Schlafens neben zwei (oder drei oder vier) Frauen schloss, sein heterosexuelles Verlangen besiegt zu haben oder auch nicht, heißt, dass er Frauen nicht als Individuen, sondern als Kategorie betrachtete. Für ihn stand eine sehr kleine Stichprobe, darunter seine Großnichte, für die gesamte Spezies.

Gandhi schrieb ausführlich über die Experimente, die er auf der Tolstoi-Farm durchführte. An einer Stelle beschreibt er, wie er zwischen Jungen und Mädchen schlief, nachdem er »dafür Sorge getragen hatte, die Ordnung der Betten« zu bestimmen, wohlwissend, dass »jede noch so große Sorge im Fall bösen Trachtens vergeblich gewesen wäre«. Dann:

Ich schickte die mutmaßlich frechen Jungen und die unschuldigen Mädchen zur gleichen Zeit zur selben Stelle, um sich zu waschen. Ich hatte den Jugendlichen, die alle mit der Satyagraha-Doktrin vertraut waren, die Pflicht zur Selbstbeherrschung genau erklärt. Ich wusste, und sie wussten es auch, dass ich sie wie eine Mutter liebte. … War es verrückt zuzulassen, dass sie sich zum Waschen trafen, und doch von ihnen zu erwarten, dass sie sich unschuldig benahmen?

Der »Ärger«, den Gandhi wie eine Mutter vorausgesehen hatte – der Spaß, den er ihnen eigentlich vermiesen wollte –, fand statt.

Eines Tages machten sich die jungen Männer über zwei Mädchen lustig, und die Mädchen selbst oder ein Kind berichtete mir davon. Die Nachricht ließ mich zittern. Ich stellte Nachforschungen an und fand heraus, dass es stimmte. Ich machte den jungen Männern Vorhaltungen, doch das war nicht genug. Ich wünschte, dass die beiden Mädchen ein Zeichen an ihrer Person trugen als Warnung für jeden jungen Mann, ihnen keine Blicke zuzuwerfen, und als Lektion für jedes Mädchen, damit ihre Reinheit nicht in Gefahr geriete. Der leidenschaftliche Ravana konnte Sita nicht einmal berühren, während Rama Tausende von Meilen entfernt war. Welches Zeichen sollten die Mädchen tragen, damit sie sich sicher fühlen konnten und zugleich die Blicke eines Sünders abgewendet würden? Diese Frage hielt mich die Nacht über wach.

Am Morgen hatte Gandhi die Lösung gefunden. Er »schlug den Mädchen vorsichtig vor, ihn ihr schönes langes Haar abschneiden zu lassen«. Zuerst wollten sie nicht. Er hielt den Druck aufrecht und gewann die älteren Frauen auf der Farm für sich. Schließlich gaben die Mädchen nach, »und sofort machte sich die Hand, die diesen Vorfall berichtet, daran, ihr Haar abzuschneiden. Anschließend analysierte und erklärte ich mein Vorgehen vor meiner Klasse, mit ausgezeichneten Ergebnissen. Ich habe nie wieder einen Witz gehört.«[148]

Welche Strafe sich der Geist, der auf die Idee gekommen war, den Mädchen die Haare abzuschneiden, für die Jungen ausgedacht hat, wird nicht erwähnt.

Gandhi schaffte Raum für Frauen im Freiheitskampf. Aber diese Frauen mussten tugendhaft sein; sie mussten sozusagen »Zeichen« an ihrer Person tragen, die »die Blicke eines Sünders abwendeten«. Sie mussten gehorsam sein und durften die traditionellen Strukturen des Patriarchats nie in Frage stellen.

Gandhi mag seine »Experimente« genossen und viel daraus gelernt haben. Aber er ist nicht mehr da und hat seinen Anhängern eine freudlose witzlose Welt hinterlassen: kein Verlangen, kein Sex – den er als Gift schlimmer als einen Schlangenbiss beschrieb[149] –, kein Essen, kein Schmuck, keine hübschen Kleider, kein Tanz, keine Gedichte. Und nur sehr wenig Musik. Es stimmt, dass Gandhi die Phantasie von Millionen befeuert hat. Es stimmt auch, dass er mit seinen unmöglichen Standards von »Reinheit« und Rechtschaffenheit als Mindestanforderung für politisches Engagement die politische Phantasie von Millionen beschnitten hat:

> Keuschheit ist eine der schönsten Disziplinen, ohne die der Geist die erforderliche Stärke nicht erreichen kann. Ein Mann, der das Durchhaltevermögen verliert, wird verweichlicht und feige … Es stellen sich mehrere Fragen: Wie soll man seine Frau mit sich neh-

men? Doch die, die an großen Werken beteiligt sein wollen, müssen diese Rätsel lösen.[150]

Die Frage, wie man seinen Mann mit sich nehmen soll, scheint sich nicht gestellt zu haben. Ebenso wenig die Frage, ob Satyagraha zum Beispiel gegen die altehrwürdige Tradition der Vergewaltigung in der Ehe etwas ausrichten kann.

1909 veröffentlichte Gandhi sein erstes und berühmtestes Traktat, *Hind Swaraj.* Er verfasste es in Gujarati und übersetzte es selbst ins Englische. Es gilt als ein Werk originellen Denkens, als Klassiker. Gandhi war bis zum Ende seiner Tage zufrieden damit. *Hind Swaraj* definiert Gandhi auf die gleiche Weise, wie *Abschaffung des Kastenwesens* Ambedkar definiert. Kurz nach der Veröffentlichung wurden in Bombay alle Ausgaben beschlagnahmt, und das Buch wurde verboten, weil es als aufwieglerisch galt. Das Verbot wurde erst 1938 aufgehoben.[151]

Hind Swaraj wurde aufgenommen als Gandhis Reaktion auf indische Sozialisten, ungeduldige junge Nihilisten und Nationalisten, die er in London kennengelernt hatte. Wie die *Bhagavad Gita* (und Jotiba Phules *Gulamgiri*) ist *Hind Swaraj* als Gespräch zwischen zwei Personen geschrieben. Die besten und fundiertesten Passagen handeln davon, wie Hindus und Muslime nach der Swaraj lernen müssten, miteinander auszukommen. Diese Botschaft der Toleranz und Inklusion ist nach wie vor Gandhis wahrer, überdauernder und wichtigster Beitrag zur Idee von Indien.

Doch Gandhi legt (wie viele rechtsgerichtete Hindu-Nationalisten heute)[152] in *Hind Swaraj* die spirituelle Landkarte Indiens – die Karte der heiligen Orte – über die territoriale Karte und benutzt sie, um die Grenzen des Landes zu definieren. Indem er das tut, präsentiert er das Land, bewusst oder unbewusst, als unzweifelhaft hinduistisch. Wie ein guter Gastgeber fährt er fort, »dass ein Land die Fähigkeit zur Assimilation haben muss« und »dass die Hindus, die Mohammedaner, die Parsen und die Christen, die Indien zu ihrem Land gemacht haben, alle Landsleute sind«.[153] Die Jahre in Südafrika – wo die Mehrheit seiner Mandanten und später seiner politischen Wählerschaft reiche muslimische Geschäftsleute waren – scheinen ihn aufmerksamer für die Muslimfrage gemacht zu haben, als er sonst vielleicht gewesen wäre. Für die Sünde der Aufmerksamkeit, diese offenbar unverzeihliche Komplexität, bezahlte er mit dem Leben.

Der Rest von *Hind Swaraj* ist eine schneidende (manche sagen lyrische) Kritik an der Moderne. Wie die Maschinenstürmer klagt er die industrielle Revolution und die moderne Technik an. Er nennt das britische Parlament eine »unfruchtbare Frau« und eine »Prostituierte«. Er verdammt Ärzte, Anwälte und die Eisenbahn und denunziert die westliche Zivilisation als »satanisch«. Es ist kein unbedachtes oder übertriebenes Adjektiv angesichts des Genozids an Millionen Menschen in Amerika, Australien, im Kongo und in Westafrika, der ein unabdingbarer Teil der Kolonisierung war. Doch es war ein bisschen merkwürdig, da Gandhi doch eine »imperiale Bruderschaft« vorgeschlagen hatte. Und noch etwas merkwürdiger, zieht man seinen Respekt vor den Briten und seinen Widerwillen vor dem »groben Kaffer« in Betracht.

»Was ist Zivilisation?«, fragt der »Leser« schließlich den »Herausgeber«. Der Herausgeber verliert sich dann in einer peinlichen chauvinistischen Schwärmerei vom mythologischen Indien. »Ich glaube, dass die Zivilisation, die sich in Indien entwickelt hat, nicht zu überbieten ist.«[154] Es ist verlockend, das ganze Kapitel wiederzugeben, aber ich muss mich mit ein paar entscheidenden Passagen begnügen:

Ein Mensch ist nicht zwangsläufig glücklich, weil er reich ist, oder unglücklich, weil er arm ist. Die Reichen gelten oft als unglücklich und die Armen als glücklich. Millionen werden für immer arm sein … Unsere Vorfahren wussten das und rieten uns ab von Luxus und Vergnügungen. Wir arbeiten heute noch mit dem gleichen Pflug, der schon seit Tausenden Jahren existiert. Wir wohnen in den gleichen Hütten wie in früheren Zeiten, und unsere heimische Bildung ist die gleiche wie früher. Wir kennen kein System lebenszersetzender Konkurrenz. Jeder macht seine Arbeit oder seine Geschäfte. Und bekommt dafür den regulären Lohn. Wir hätten durchaus Maschinen erfinden können, doch unsere Vorväter wussten, dass wir Sklaven werden und unsere moralische Stärke verlieren würden, sollten wir nach diesen Dingen trachten … Eine Nation mit unserer Verfassung ist besser geeignet, andere zu belehren, als von ihnen zu lernen. Diese Nation hatte Gerichte, Anwälte und Ärzte, aber alles in Grenzen … Gerechtigkeit war ziemlich fair.[155]

Gandhis Aufwertung des mythischen Dorfes erfolgte zu einem Zeitpunkt in seinem Leben, an dem er offenbar noch nicht einmal ein indisches Dorf gesehen hatte.[156] Und doch glaubt er frei von Zweifeln und Vorbehalten daran.

Die Menschen lebten unabhängig und gingen ihrer landwirtschaftlichen Arbeit nach. Es war wahre Selbstbestimmung. Und wohin diese verfluchte moderne Zivilisation nicht gelangt ist, ist Indien noch wie früher … Ich würde dir und allen, die sind wie du und das Mutterland lieben, raten, ins Landesinnere zu gehen, das noch nicht von Eisenbahngleisen verschmutzt ist, und mindestens ein halbes Jahr dort zu leben; du wirst patriotisch werden und von Selbstbestimmung sprechen. Jetzt weißt du, was ich unter wahrer Zivilisation verstehe. Diejenigen, die die von mir beschriebenen Umstände verändern wollen, sind Feinde des Landes und Sünder.[157]

Abgesehen von der vagen Anspielung, dass die Menschen ihren traditionellen Berufen oder Geschäften nachgehen, die mit einem »regulären Lohn« vergütet werden, existiert Kaste in Gandhis Schwärmerei nicht. Obwohl er später darauf bestand, dass ihn Unberührbarkeit seit seiner Kindheit beunruhigte,[158] erwähnte Gandhi sie in *Hind Swaraj* kein einziges Mal.

Ungefähr zu der Zeit, als *Hind Swaraj* publiziert wurde, erschienen auch die ersten Gandhi-Biographien: *M. K. Gandhi: A Patriot in South Africa* von Reverend Joseph Doke (ein Pfarrer der Baptistenkirche von Johannesburg) 1909 und 1910 *M. K. Gandhi: A Sketch of his Life and Work* von Henry S. L. Polak, einer der engsten Freunde Gandhis und ein glühender Bewunderer. Sie enthielten die ersten Andeutungen des heraufziehenden Mahatmatums.

1910 vereinigten sich die bislang getrennten britischen Kolonien Natal-, Kap-, Transvaal- und Oranjefluss-Kolonie zur Südafrikanischen Union, ein selbstverwaltetes Herrschaftsgebiet, der britischen Krone unterstellt, mit Louis Botha als erstem Premierminister. Die Rassentrennung wurde strenger.

Zu dieser Zeit, nur drei Jahre bevor er Südafrika verließ, begann Gandhi herablassend zuzugeben, dass die Afrikaner die eigentlichen Bewohner des Landes waren:

> Nur die Neger sind die ursprünglichen Bewohner des Landes. Wir haben ihnen das Land nicht mit Gewalt abgenommen; wir leben hier aufgrund ihres Wohlwollens. Die Weißen dagegen haben das Land gewaltsam besetzt und es sich angeeignet.[159]

Er scheint mittlerweile vergessen zu haben, dass er aktiv kollaboriert hat mit den Weißen in ihren Bemühungen, dass Land gewaltsam zu besetzen, es sich anzueignen und die Afrikaner zu versklaven. Gandhi entschied sich dafür, das Ausmaß der Brutalität zu ignorieren. Glaubte er wirklich, dass es das »Wohlwollen der Schwarzen« war, das den Indern gestattete, ihren Geschäften nachzugehen, und nicht der britische Kolonialismus – trotz seiner rassistischen Gesetze? 1906 während des Zulu-Kriegs hatte er sich weniger schwammig ausgedrückt und gesagt: »Wir sind dank der britischen Machtausübung in Natal. Unsere Existenz hängt davon ab.«

1911 veranlasste das Florieren der indischen Gemeinde die Weißen, ein Gesetz zu verabschieden, dass den Import indischer Arbeitskräfte stoppte.[160] Dann kam 1913 – das Jahr, in dem der erste Band von Marcel Prousts *Auf der Suche nach der verlorenen Zeit* erschien, das Jahr, in dem Rabindranath Tagore den Nobelpreis für Literatur erhielt – in Südafrika ein Jahr des Blutvergießens. Es war das Jahr, in dem die Fundamente für die Apartheid gelegt wurden, das Jahr des Natives Land Act, der der Mehrheit der Bevölkerung Südafrikas das Recht raubte, Land zu besitzen. Es war das Jahr, in dem afrikanische Frauen gegen die Passgesetze demonstrierten, die sie in Townships pferchten und Umzüge zwischen den Provinzen erschwerten, das Jahr, in dem weiße Bergleute und Eisenbahnarbeiter und dann afrikanische Bergleute streikten. Es war das Jahr, in dem indische Arbeiter gegen eine neue Steuer von drei Pfund und gegen ein neues Ehegesetz rebellierten, das bestehende Ehen für illegal und gemeinsame Kinder für unehelich erklärte. Das Jahr, in dem die Steuer von drei Pfund denen auferlegt wurde, die sich aus der Zwangsverpflichtung herausgearbeitet hatten und als freie Bürger in Südafrika leben wollten. Da sie sich die drei Pfund nicht leisten konnten, hätte die Steuer die Arbeiter gezwungen, sich erneut zu verpflichten und sich wieder in die Sklaverei zu begeben.

Zum ersten Mal in 20 Jahren schloss sich Gandhi politisch

den Leuten an, von denen er sich bislang gewissenhaft distanziert hatte. Er schaltete sich ein, um den Streik der indischen Arbeiter »anzuführen«. Sie brauchten keine Führung. Jahre vor, während und nach Gandhi leisteten sie ohne ihn heroisch Widerstand. Man könnte sagen, dass sie von Glück reden konnten, Gandhis Aufmerksamkeit entgangen zu sein, denn sie leisteten nicht nur Widerstand, sie brachen auch das Kastensystem auf die einzige Weise, wie es aufgebrochen werden kann – sie überschritten die Kastengrenzen, heirateten untereinander und bekamen Kinder.

Gandhi reiste von Stadt zu Stadt, sprach vor Bergleuten und Plantagenarbeitern. Der Streik breitete sich von den Zechen auf die Zuckerrohrplantagen aus. Die gewaltlose Satyagraha scheiterte. Es kam zu Aufständen, Brandstiftungen und Blutvergießen. Tausende wurden verhaftet, als sie sich dem neuen Gesetz widersetzten und die Grenze zu Transvaal überschritten. Auch Gandhi wurde verhaftet. Er verlor die Kontrolle über den Streik. Schließlich unterschrieb er eine Übereinkunft mit Jan Smuts. Die Übereinkunft empörte viele in der indischen Gemeinde, die sie als Pyrrhussieg betrachteten. Eine der umstrittensten Klauseln sah vor, dass die Regierung den Indern eine freie Passage zusagte, die auf Dauer nach Indien zurückkehren wollten. Sie bestärkte und formalisierte die Vorstellung, dass sich Inder nur vorübergehend in Südafrika aufhielten und repatriiert werden konnten. (In ihrem Wahlkampfprogramm von 1948 forderte die National Party zu Repatriierung aller Inder auf. Erst 1960, als Südafrika zur Republik wurde, erhielten Inder vollwertige Staatsbürgerrechte.)

P. S. Aiyar, ein alter Gegner Gandhis, warf ihm vor, sich in erster Linie für die Rechte der wohlhabenden Inder aus Gujarat zu engagieren. (Während des Kampfes gegen den ersten Entwurf des Einwanderungsgesetzes im Jahr 1911 baten Gandhi und Henry Polak darum, dass sich sechs indische Bewerber jährlich in Transvaal niederlassen durften, während andere Inder, darunter Aiyar, sich dafür einsetzten, dass alle Inder in alle Provinzen ziehen durften.)[161] Aiyar war Herausgeber des *African Chronicle*, einer Zeitung mit überwiegend tamilischer Leserschaft, die über die schrecklichen Lebens- und Arbeitsbedingungen der Zwangsarbeiter berichtete. Über die Gandhi-Smuts-Abmachung sagte Aiyar, dass Gandhis »kurzlebiger Ruhm und seine Beliebtheit in Indien auf keinen glorreichen Errungenschaften für seine Landsleute beruhen, sondern auf einer Reihe von Misserfolgen, die zu endlosem Elend, Verlust von Wohlstand und Zurücknahme bestehender Rechte geführt haben«. Er fügte hinzu, dass Gandhis Engagement während der vergangenen zwei Jahrzehnte »niemandem einen greifbaren Nutzen gebracht hatte«. Im Gegenteil, Gandhi und seine Bande passiver Widerständler hätten sich selbst zu »einem lächerlichen und verhassten Objekt in der gesamten Gemeinde in Südafrika gemacht«.[162] (Ein Witz unter Schwarzen und Indern lautete: Die Dinge waren gut damals 1893. Gandhi wurde nur *aus* einem Zug geworfen. 1920 durften wir nicht einmal *in* einen Zug steigen.[163])

Eine Verfügung (die nicht schriftlich niedergelegt wurde) der Gandhi-Smuts-Übereinkunft scheint vorgesehen zu haben, dass Gandhi Südafrika hätte verlassen müssen.[164]

Während all seiner Jahre in Südafrika bestand Gandhi darauf, dass Inder eine bessere Behandlung verdienten als Afrikaner. Das Urteil, ob Gandhis politische Aktivitäten der indischen Gemeinde langfristig nützten oder schadeten, ist noch nicht gesprochen. Aber seine beharrlichen Versuche, mit der britischen Regierung zu kollaborieren, machten die indische Gemeinde während des Aufkommens des afrikanischen Nationalismus anfällig. Als indische Aktivisten in den 1950er Jahren dem Freiheitskampf unter afrikanischer Führerschaft beitraten und ihre Freiheit mit der Freiheit des afrikanischen Volkes verbunden sahen, brachen sie mit der Politik Gandhis und setzten sein Vermächtnis nicht fort. Als Inder sich in den 1970er Jahren dem Black Consciousness Movement anschlossen, um eine umfassendere schwarze Identität zu entwickeln, stellten sie Gandhis Politik auf den Kopf. Es waren diese Menschen, von denen viele mit Nelson Mandela und afrikanischen Genossen auf Robben Island im Gefängnis saßen, die die indische Gemeinde in Südafrika vor dem Ruf retteten, ein Volk der Kollaborateure zu sein, und isoliert und des Landes verwiesen zu werden wie die Inder in Uganda 1972.

Dass Gandhi in Südafrika ein Held ist, ist einerseits nicht zu leugnen und andererseits erstaunlich. Eine mögliche Erklärung ist, dass Gandhi als leuchtender Stern des indischen Freiheitskampfes *reimportiert* wurde. Nach Gandhis Weggang wurde die indische Gemeinde in Südafrika, die bereits entwurzelt war, vom Apartheid-Regime weiter isoliert und brutal behandelt. In Gandhis Kultstatus in Indien und in seinen Jahren in Südafrika sahen die südafrikanischen Inder vielleicht eine Verbindung mit ihrer Geschichte und ihrem Heimatland.

Damit Gandhi ein südafrikanischer Held werden konnte, musste er vor seiner Vergangenheit gerettet werden. Das Projekt, seine Geschichte umzuschreiben, begann er selbst, andere Autoren vervollständigten es. Gegen Ende seines Aufenthalts in Südafrika waren die ersten Biographien erschienen, und die Dinge an der Messias-Front entwickelten sich rasch. Der junge Reverend Charles Freer Andrews reiste nach Südafrika und fiel auf die Knie, als er Gandhi im Hafen von Durban traf.[165] Andrews, der zu einem lebenslangen Anhänger Gandhis wurde, war der Ansicht, dass Gandhi, der Führer der »Ärmsten, Niedrigsten und Verlorenen« ein lebender Avatar von Christus sei. Europäer und Amerikaner wetteiferten miteinander, ihn zu ehren.

1915 kehrte Gandhi nach London zurück, wo er etwas viel Besseres erhielt als die Schokolade der Königin. Für seine Dienste für das britische Empire wurde er mit der Kaisar-i-Hind-Goldmedaille für den öffentlichen Dienst geehrt, überreicht von Lord Hardinge of Penshurst. (Er gab sie 1920 vor der ersten Kampagne der Nichtzusammenarbeit zurück.) So geehrt traf er in Indien als Mahatma – große Seele – ein, der gegen Rassismus und Imperialismus gekämpft hatte und für die Rechte der indischen Arbeiter in Südafrika eingetreten war. Er war 46 Jahre alt.

Um die Rückkehr des Helden zu feiern, organisierte G. D. Birla, ein führender indischer Industrieller (und wie Gandhi ein Bania) einen großen Empfang in Kalkutta. Die Birlas führten ein Export-Import-Unternehmen mit Sitz in Kalkutta und Bombay. Sie handelten mit Baumwolle, Weizen und Silber. G. D. Birla war ein wohlhabender Mann, der mit den Hufen scharrte, gekränkt von dem Rassismus, den er persönlich durch die Briten erfahren hatte. Er hatte mehrere Auseinandersetzungen mit der Kolonialregierung hinter sich. Er wurde Gandhis wichtigster Förderer und zahlte ihm eine großzügige monatliche Apanage, um die Kosten für seine Aschrams und die Arbeit für die Kongresspartei zu decken. Es gab noch andere Sponsoren aus der Industrie, doch Gandhis Arrangement mit G. D. Birla hielt für den Rest seiner Tage.[166] Abgesehen von Textilfabriken und anderen Unternehmen besaß G. D. Birla eine Zeitung, die *Hindustan*

Times, bei der Gandhis Sohn Devdas schließlich als Chefredakteur arbeitete.

Der Mahatma, der handgesponnene Khadi und die hölzerne Charkha propagierte, wurde also von einem Fabrikbesitzer gefördert. Der Mann, der gegen Maschinen wetterte, wurde von Industriellen über Wasser gehalten. Dieses Arrangement war der Vorläufer unternehmensfinanzierter NGOs.

Kaum waren die Finanzen geregelt, die Aschrams etabliert und am Laufen, machte sich Gandhi auf seine Mission, die Menschen gegen die britische Regierung in Stellung zu bringen, ohne dabei die alten hierarchischen Strukturen in Frage zu stellen, an die er (und seine Sponsoren) fest glaubten. Er reiste kreuz und quer durchs Land, um es kennenzulernen. Seine erste Satyagraha fand in Champaran, Bihar, 1917 statt. Drei Jahre vor seiner Ankunft dort hatten verarmte landlose Bauern, die auf britischen Indigoplantagen arbeiteten, gegen die Einführung neuer Steuern rebelliert. Gandhi fuhr nach Champaran, richtete einen Aschram ein, von wo aus er den Kampf unterstützte. Die Leute wussten nicht genau, wer er war. Jacques Pouchepadass, der die Champaram-Satyagraha untersucht hat, schreibt: »Gerüchteweise war Gandhi vom Vizekönig oder sogar dem König nach Champaran geschickt worden, um die Raiyats [Bauern] für allen Ärger zu entschädigen, und seine Verfügungen überstimmten angeblich alle örtlichen Offiziellen und die Gerichte.«[167] Gandhi blieb ein Jahr lang in Champaram, und dann ging er. Pouchepadass schreibt: »Es ist eine Tatsache, dass von 1918 an, nach Gandhis Weggang, der Einfluss der Bauern schwand und die dörfliche Oligarchie die Zügel fester in die Hand nahm als je zuvor.«

Die Menschen gegen Ungerechtigkeit aufzuwiegeln, sie zu kontrollieren und von *seiner* Definition von Ungerechtigkeit zu überzeugen, erforderte von Gandhi komplizierte Manöver. Als sich 1921 Bauern (Kisans) gegen die Landbesitzer (Zamindars) in den United Provinces erhoben, schickte ihnen Gandhi eine Botschaft:

Während wir nicht zögern werden, wenn der Moment kommt, den Kisans zu raten, keine Steuern mehr an die Regierung zu zahlen, ist es in keinem Stadium der Nichtkooperation vorgesehen, den Zamindars die Pacht zu nehmen. Die Kisan-Bewegung muss sich darauf beschränken, den Status der Kisans und die Beziehungen zwischen Zamindars und Kisans zu verbessern. Die Kisans sind gut beraten, sich penibel an ihre Vereinbarung mit den Zamindars zu halten, ob diese Vereinbarung nun niedergeschrieben ist oder sich aus Tradition ergibt.[168]

Tradition. Wir müssen nicht raten, was das bedeutet. Es ist das volle Programm.

Obwohl Gandhi über Ungleichheit und Armut sprach, obwohl er manchmal wie ein Sozialist klang, kritisierte oder attackierte er in seinem politischen Leben nie ernsthaft einen indischen Industriellen oder die landbesitzende Aristokratie. Das entsprach seiner Doktrin der Treuhandschaft oder dem, was heute Corporate Social Responsibility (Unternehmerische Sozialverantwortung) genannt wird. In seinem Aufsatz »Gerechte Verteilung« schreibt er darüber: »Der wohlhabende Mann wird seinen Reichtum behalten und davon vernünftigen Gebrauch für seine persönlichen Bedürfnisse machen. Für den Rest wird er als Treuhänder für die Gesellschaft fungieren. Dieses Argument setzt die Ehrlichkeit des Treuhänders voraus.«[169] Um die Idee zu rechtfertigen, dass die Reichen »die Beschützer der Armen« werden, führte er an, »dass die Reichen Wohlstand ohne die Kooperation der Armen in der Gesellschaft nicht anhäufen können«.[170] Und um die armen Mündel der reichen Beschützer zu stärken:

»Würde sich dieses Wissen verbreiten und die Armen erreichen, würden sie stark und lernen, sich mit gewaltfreien Mitteln von den erdrückenden Ungleichheiten zu befreien, die sie an den Rand des Hungertods treiben.«[171] Gandhis Vorstellung von Treuhandschaft sind das nahezu wortwörtliche Echo dessen, was damals amerikanische Kapitalisten – die Räuberbarone – wie J. D. Rockefeller und Andrew Carnegie sagten. Carnegie schreibt in *The Gospel of Wealth* (1889):

Dies ist die Verpflichtung des Mannes von Wohlstand: Erstens, ein Beispiel bescheidenen, schlichten Lebens zu setzen, Zurschaustellung von Extravaganz zu meiden; maßvoll die legitimen Bedürfnisse derjenigen befriedigen, die von ihm abhängig sind; und danach alle überschüssigen Einkünfte, die ihm zufließen, als Treuhandfonds zu betrachten, die er verwalten muss, die er streng verpflichtet ist, zu verwalten auf die Weise, die seinem Urteil nach am besten dazu geeignet ist, die günstigsten Ergebnisse für die Gemeinschaft zu erzielen – der Mann von Wohlstand wird so der reine Vermittler und Treuhänder seiner ärmeren Brüder, in ihren Dienst stellt er seine überlegene Klugheit, seine Erfahrung und seine Fähigkeit zu verwalten und lässt ihnen damit Besseres widerfahren, als sie selbst es tun könnten oder würden.[172]

Die Widersprüche waren nicht von Belang, denn zu diesem Zeitpunkt war Gandhi jenseits von all dem. Er war ein Sanatani Hindu (so beschrieb er sich selbst) und ein Avatar von Christus (so ließ er sich beschreiben). Die Züge, in denen er reiste, wurden von Anhängern gestürmt, die *darshan* (Anblick) suchten. Der Biograph D. G. Tendulkar, der mit ihm reiste, beschreibt das Phänomen als »Massenkonversionen zum neuen Glaubensbekenntnis«.

Der schlichte Glaube bewegte Millionen von Indern, die ihn überall mit Rufen »Mahatma Gandhi ki Jai« begrüßten. Prostituierte aus

Barisal, die Marwar-Händler Kalkuttas, Oriya-Kulis, Schienenleger, Santhal, die ihm khadi chaadars überreichen wollten, alle verlangten nach seiner Aufmerksamkeit … wohin immer er fuhr, er musste die Tyrannei der Liebe erdulden.[173]

In seinem klassischen Aufsatz »Gandhi als Mahatma« beschreibt der Historiker Shahid Amin, wie die Kombination aus schlau von örtlichen Kongressmitgliedern in Umlauf gebrachten Gerüchten, schmeichelhaften – und manchmal frei erfundenen – Zeitungsberichten, gutgläubigen Menschen und Gandhis außergewöhnlichem Charisma eine Massenhysterie aufbaute, die in der Vergötterung Mahatma Gandhis gipfelte. Doch selbst damals waren nicht alle überzeugt. In einem Kommentar in *The Pioneer* vom 23. April 1921 stand: »Die einfachen Menschen im Osten und Süden der United Provinces sind ein fruchtbarer Boden, auf dem der Glauben an die Macht des ›Mahatmaji‹, der für sie schließlich kaum mehr als ein machtvoller Name ist, wachsen kann.« Der Kommentar kritisierte einen Artikel in *Swadesh*, einer Zeitung in Gorakhpur, in dem gerüchteweise von den Wundern berichtet wurde, die Gandhi wirkte: Er hatte aus einem Brunnen duftenden Rauch aufsteigen lassen; ein Heiliger Koran war in einem verschlossenen Raum aufgetaucht; der Büffel eines Ahirs, der sich weigerte, einem im Namen des Mahatma bettelnden Sadhu Geld zu geben, war in einem Feuer verschwunden; ein Brahmane, der sich geweigert hatte, Gandhis Autorität anzuerkennen, war verrückt geworden.[174]

Die Wurzel von Gandhis Mahatmatum war auf nährstoffreiches Wasser gestoßen, in dem Feudalismus auf die Zukunft traf, Wunder mit der Moderne vereinbar waren. Es zog Nahrung daraus und gedieh.

Skeptiker gab es wenige, und die wenigen zählten wenig. Gandhi sprach mittlerweile vor Versammlungen von bis zu 200 000 Menschen. Die Hysterie sprang aufs Ausland über. 1921 rief der unitarische Pfarrer John Haynes Holmes in New York während einer Predigt: »Wer ist der größte Mann der Welt?«, und stellte seiner Gemeinde Gandhi als »den leidenden Christus des 20. Jahrhunderts« vor.[175] Jahre später, 1958, tat Martin Luther King das Gleiche: »Christus gab uns den Geist und die Motivation, Gandhi die Methode.«[176] Sie brachten Gandhi eine neue Anhängerschaft: ein paradoxes Geschenk für einen Mann, der die Afrikaner so fürchtete und verachtete.

Vielleicht weil die westliche christliche Welt so beunruhigt war über den wachsenden Einfluss der russischen Revolution und traumatisiert von den Schrecken des Ersten Weltkriegs, wetteiferten Europäer und Amerikaner miteinander, den lebenden Avatar von Christus zu ehren. Es schien nicht von Bedeutung, dass Jesus im Gegensatz zu Gandhi, der aus einer wohlhabenden Familie stammte (sein Vater war Premierminister des Fürstentums Porbandar), ein Zimmermann aus dem Slums von Jerusalem war, der gegen das römische Reich aufstand, statt sein Freund sein zu wollen. Und er wurde nicht von Großunternehmern unterstützt.

Der einflussreichste von Gandhis Bewunderern war der französische Dramatiker Romain Rolland, der 1915 den Nobelpreis für Literatur gewann. Er hatte Gandhi nie getroffen, als er 1924 die Biographie *Mahatma Gandhi* veröffentlichte. Sie wurde über 100 000 Mal verkauft und in mehrere europäische Sprachen übersetzt.[177] Sie beginnt mit Tagores Anrufung aus den Upanishaden:

Hier ist der Leuchtende, der Schöpfer von allem, Mahatma,
Immer in den Herzen der Menschen verehrt,
Offenbart durch Liebe, Intuition und Gedanken,
Wer immer ihn kennt, wird unsterblich.

Gandhi sagte, dass er in dem Buch eine »echte Vision der Wahrheit« gefunden habe. Er nannte Rolland seinen »selbsternannten Werbeträger« in Europa.[178] 1924 wurde er auf der Namensliste aller Führungskräfte seiner eigenen Organisation, All-India Spinners Association, als Mahatma Gandhi bezeichnet.[179] Schade dann, dass er im ersten Absatz seiner Erwiderung auf *Abschaffung des Kastenwesens* schrieb: »Was immer für ein Etikett er in der Zukunft tragen wird, Dr. Ambedkar ist kein Mann, der zulässt, dass man ihn vergisst.« Als wäre das Aufzeigen der Gräuel des Kastenwesens für Ambedkar nur eine Form der Selbstpropagierung.

Das ist der Mann oder, wenn man so will, der Heilige, mit dem zu streiten sich Doktor Bhimrao Ramji Ambedkar, 1891 in eine unberührbare Mahar-Familie geboren, herausnahm.

DER KAKTUSHAIN

Ambedkars Vater Ramji Sakpal und seine beiden Großväter waren Soldaten in der Britischen Armee. Sie waren Mahars aus der Region Konkan, damals ein Teil der Bombay-Präsidentschaft und eine Brutstätte nationalistischer Politik. Die zwei berühmten Kongressmitglieder, Bal Gangadhar Tilak von der »*garam dal*« (militanten Fraktion) und Gandhis Mentor Gopal Krishna Gokhale von der »*naram dal*« (moderaten Fraktion), waren beide Chitpavan-Brahmanen aus

Konkan. (Es war Tilak, der den berühmten Satz sagte: »Swaraj ist mein Geburtsrecht, und ich werde es erreichen.«)

Die Konkan-Küste war auch die Heimat von Ambedkars politischem Vorfahren Jotiba Phule, der sich Joti Mali nannte, der Gärtner. Phule war aus Satara, der Stadt, in der Ambedkar seine frühe Kindheit verbrachte. Die Mahars galten als unberührbar, doch obwohl sie landlose Arbeiter in der Landwirtschaft waren, standen sie vergleichsweise besser da als andere unberührbare Kasten. Im 17. Jahrhundert dienten sie in der Armee von Shivaji, dem Maratha-König im Westen Indiens. Nach Shivajis Tod dienten sie den Peshwas, einem repressiven Brahmanen-Regime, das sie schrecklich behandelte. (Es waren die Peshwas, die die Mahars zwangen, einen Krug um den Hals und einen Besen an der Hüfte zu tragen.) Nicht willens, diese Art »Treuhandschaft« einzugehen, schwenkten die Mahars zu den Briten über. 1818 schlug ein kleines britisches Regiment von Mahar-Soldaten in der Schlacht von Koregaon die starke Armee des letzten Peshwa-Herrschers, Bajirao II.[180] Daraufhin richteten die Briten ein Mahar-Regiment ein, das noch heute Teil der indischen Armee ist.

Im Lauf der Zeit verließen viele Mahars ihre Dörfer und zogen in die Stadt. Sie arbeiteten in den Baumwollfabriken Bombays und als unorganisierte Gelegenheitsarbeiter. Das Leben in der Stadt erweiterte ihren Horizont und erklärt vielleicht, warum sich die Mahars rascher politisierten als andere unberührbare Gemeinschaften in der Region.

Ambedkar wurde am 14. April 1891 in der Garnisonsstadt Mhow nahe Indore in Zentralindien geboren. Er war das 14. und letzte Kind von Ramji Sakpal und Bhimabai Murbadkar Sakpal. Seine Mutter starb, als er zwei Jahre alt war. Im selben Jahr schied sein Vater aus der Armee aus. Die Familie wurde in der Bakhti-Tradition von Kabir und Tukaram erzogen, doch Ramji Sakpal las mit seinen Kindern auch die großen Hindu-Epen. Als kleiner Junge war Ambedkar skeptisch, was die willkürlichen moralischen Lektionen im Ramayana und Mahabharata betraf. Besonders irritierte ihn die Ermordung und Verstümmelung des »niedrig geborenen« Karna. (Karna war der Sohn von Surya, dem Sonnengott, und der unverheirateten Kunti. Von seiner Mutter verlassen, wurde er von einem rangniedrigen Wagenlenker erzogen. Karna wurde auf Krishnas Rat hin von seinem Halbbruder Arjun getötet, während er auf dem Schlachtfeld ein Wagenrad reparierte.) Ambedkar stritt mit seinem Vater: »Krishna glaubte an Betrug. Sein Leben ist nichts weiter als eine Reihe Betrügereien. Ebenso wenig mag ich Rama.«[181] In einer späteren Aufsatzsammlung mit dem Titel *Rätsel des Hinduismus*, die posthum veröffentlicht wurde, schrieb er über die seiner Ansicht nach unverzeihliche Frauenfeindlichkeit in Ramas und Krishnas aalglatter Ethik.[182]

Ambedkar kannte Ungerechtigkeit und Erniedrigung von Kindesbeinen an. Als Gandhi im Südafrikanischen Krieg diente, war Ambedkar zehn Jahre alt, lebte bei seiner Tante und ging in eine Regierungsschule in Satara. Dank eines neuen britischen Gesetzes[183] *durfte* er in eine Berührbaren-Schule gehen, musste aber abseits von seinen Klassenkameraden auf einem Jutesack sitzen, damit er den Boden des Klassenzimmers nicht verunreinigte. Er litt den ganzen Tag über Durst, weil er das Wasser aus dem Hahn der Berührbaren nicht trinken durfte. Die Barbiere in Satara schnitten ihm nicht das Haar, nicht einmal die Männer, die Büffel und Ziegen scherten. Diese Grausamkeiten wiederholten sich in einer Schule nach der anderen. Seine älteren Brüder durften kein Sanskrit lernen, weil es die Sprache der Veden war, und der Ausschluss vom Wissen ist ein zentrales Dogma des

Kastensystems. (Wenn ein Shudra vorsätzlich die Veden hört, sagt das *Gautama Dharma Sutra*, müssen seine Ohren mit geschmolzenem Zinn oder Harz gefüllt werden.) Viel später, in den 1920er Jahren, studierte Ambedkar Sanskrit (und in den 1940ern Pali) und die den Brahmanen vorbehaltenen Texte – und als er *Abschaffung des Kastenwesens* schrieb, brachte er sein Wissen auf explosive Weise zur Anwendung.

1897 zog die Familie schließlich in einen Chawl in Bombay. 1907 schloss Ambedkar als einziger Unberührbarer an der Elphinstone High School die Schule ab. Für einen Mahar-Jungen hatte er außergewöhnlich viel erreicht. Bald darauf wurde er mit der neunjährigen Ramabai (nicht zu verwechseln mit Pandita Ramabai) in einer Zeremonie verheiratet, die in einer Hütte über einem Abwasserkanal stattfand. Während er am Elphinstone College studierte, stellte ein Förderer ihn Sayajirao Gaekwad vor, dem progressiven Maharadscha von Baroda. Der Maharadscha zahlte ihm ein Stipendium von 25 Rupien im Monat, damit er sein Studium beenden konnte. Gaekwad war einer der wenigen ungewöhnlichen Hindus aus privilegierten Kasten, die sich mit Ambedkar verbündeten oder ihn in Notzeiten und in politischen Konfrontationen unterstützten.

Die Zeiten waren turbulent. Die Morley-Minto-Reformen, die gesonderte Kandidaten für Muslime vorsahen, waren in Kraft. Nationalisten waren empört und betrachteten die Reformen als eine List der Briten, die die Einheit der wachsenden Unabhängigkeitsbewegung unterminieren sollte. Tilak wurde wegen Aufwiegelung verurteilt und nach Mandalay deportiert. 1910 wurde Vinayak Damodar Savarkar, ein junger Gefolgsmann Tilaks, verhaftet, weil er eine bewaffnete Revolte gegen die Morley-Minto-Reformen organisiert hatte. (Im Gefängnis schwenkte Savarkar auf den politischen

Hinduismus um und schrieb 1923 *Hindutva: Wer ist ein Hindu?*)

Nachdem Ambedkar das College abgeschlossen hatte, erhielt er von Sayajirao Gaekwad als einer von drei Studenten ein Stipendium, um sein Studium im Ausland fortzusetzen. 1913 (Gandhis letztes Jahr in Südafrika) wurde der Junge, der auf einem Jutesack auf dem Boden seines Klassenzimmers hatte sitzen müssen, an der Columbia University in New York zugelassen. Unter der Anleitung von John Dewey (berühmt für seinen Liberalismus), Edwin Seligman, James Shotwell, James Harvey Robinson und A. A. Goldenweiser schrieb er hier seinen ersten, bahnbrechenden Aufsatz über das Kastenwesen, »Kasten in Indien: Mechanismus, Genese und Entwicklung«,[184] in dem er argumentierte, dass Kaste nicht mit Ethnie oder Klasse gleichgesetzt werden kann, sondern eine einzigartige soziale Kategorie ist – eine geschlossene endogame Klasse. Zu diesem Zeitpunkt war Ambedkar gerade mal 25 Jahre alt. Er kehrte kurz nach Indien zurück und ging dann nach London, um an der London School of Economics Wirtschaftswissenschaften zu studieren und gleichzeitig einen Abschluss als Jurist am Gray's Inn zu machen – das Jurastudium brach er auf halbem Wege ab, beendete es jedoch später.

1917 kehrte Ambedkar nach Baroda zurück. Er musste dem Maharadscha als Militärsekretär dienen, um sein Stipendium zurückzuzahlen. Sein Empfang in Indien fiel ganz anders aus als der für Gandhi. Keine prachtvollen Zeremonien, keine wohlhabenden Sponsoren. Im Gegenteil: nach Jahren im Ausland, in denen er in Universitätsbibliotheken mit unendlich vielen Büchern studieren und Mahlzeiten an Tischen mit Servietten und Besteck einnehmen konnte, kehrte er nun in das dornenreiche Leben im Kastensystem zurück. Um ihn nicht zu berühren, auch nicht aus Versehen, warfen ihm Angestellte und Boten in seinem Büro die Akten zu. Teppiche wurden aufgerollt, wenn er das Büro betrat oder verließ, damit er sie nicht verunreinigte. Er fand keine Unterkunft in der Stadt: Alle seine Freunde, ob Hindus, Muslime oder Christen, sogar die, die er an der Columbia University gekannt hatte, wandten sich von ihm ab. Schließlich gab er sich als Parse aus und bekam ein Zimmer in einem parsischen Gasthaus. Als die Besitzer herausfanden, dass er ein Unberührbarer war, ließen sie ihn von bewaffneten Männern auf die Straße werfen. »Ich kann mich sogar noch jetzt lebhaft daran erinnern, und ich erinnere mich nie daran ohne Tränen in den Augen«, schrieb Ambedkar. »Damals erfuhr ich zum ersten Mal, dass eine Person, die für einen Hindu unberührbar ist, auch für einen Parsen unberührbar ist.«[185]

Da er in Baroda keine Unterkunft fand, kehrte Ambedkar nach Bombay zurück, wo er erst Privatunterricht erteilte und dann eine Stelle als Professor am Sydenham College bekam.

1917 hofierten Hindu-Reformer die Unberührbaren nahezu verzweifelt. Die Kongresspartei hatte ihre Resolution gegen Unberührbarkeit verabschiedet. Gandhi und Tilak nannten Unberührbarkeit eine »Krankheit«, die dem Hinduismus widersprach. Die erste All-India Depressed Classes Conference (Konferenz der unterdrückten Klassen in Indien) wurde in Bombay abgehalten, den Vorsitz führte Ambedkars Förderer und Mentor, Maharadscha Sayajirao Gaekwad, und mehrere Koryphäen der Zeit nahmen teil, darunter Tilak. Es wurde ein Manifest gegen die Unberührbarkeit verabschiedet, das alle unterschrieben (außer Tilak, der es vermeiden konnte).[186]

Ambedkar blieb diesen Zusammenkünften fern. Er war

skeptisch gegenüber diesen öffentlichen, aber völlig untypischen Bekundungen der Fürsorge für Unberührbare. Er erkannte, dass die privilegierten Kasten in sich wandelnden Zeiten versuchten, die Kontrolle über die Unberührbaren zu konsolidieren. Den Unberührbaren galt zwar seine größte Sorge, sie waren seine Anhänger, seine Gefolgsleute, aber er glaubte, dass nicht nur das Stigma, das Unreinheits-Reinheitsthema, sondern das Kastensystem als solches aufgebrochen werden musste. Unberührbarkeit, so grausam sie war – der Besen an der Hüfte, der Becher um den Hals –, war nur das performative, ritualistische Ende des Kastenwesens. Die wahre Gewalt bestand in der Verweigerung von *Ansprüchen*: auf Land, auf Wohlstand, auf Wissen, auf gleiche Chancen. (Das Kastensystem ist die feudale Version der Doktrin der Treuhänderschaft: Die Ansprüche müssen im Besitz der Anspruchsberechtigten bleiben, die sie als Treuhänder für das öffentliche Wohl einsetzen.)

Wie kann eine so starre Hierarchie aufrechterhalten werden, wenn nicht durch die Androhung entsetzlicher, allgegenwärtiger Gewalt? Wie zwingen Landbesitzer Generationen von Arbeitern dazu, sich Tag und Nacht für Minimallöhne abzurackern? Warum sollte ein unberührbarer Tagelöhner, der nicht einmal davon träumen darf, eines Tages selbst Land zu besitzen, sein Leben zur Verfügung stellen, um das Land zu pflügen, zu säen und zu ernten, wenn nicht aus schierer Todesangst vor der Bestrafung, die den Eigensinnigen erwartet? (Bauern können sich im Gegensatz zu Industriellen keine Streiks leisten. Zur Saatzeit muss gesät werden, zur Erntezeit muss geerntet werden. Der Arbeiter muss bis zur Unterwerfung terrorisiert werden, damit er verfügbar ist, wenn er es sein muss.) Wie wurden afrikanische Sklaven dazu gezwungen, auf amerikanischen Baumwollplantagen zu arbeiten?

Indem sie ausgepeitscht, gelyncht wurden – und wenn das nicht half, wurden sie zur Abschreckung an Bäumen aufgeknüpft. Warum sind die Morde an unbotmäßigen Dalits auch heute nie einfache Morde, sondern rituelles Abschlachten? Warum werden sie immer bei lebendigem Leib verbrannt, vergewaltigt, zerstückelt und nackt vorgeführt? Warum mussten Surekha Bhotmange und ihre Kinder so sterben, wie sie gestorben sind?

Ambedkar gab darauf eine Antwort:

> Warum haben die Menschen das soziale Elend ertragen, in das sie gestoßen wurden? In anderen Ländern der Welt hat es soziale Revolutionen gegeben. Warum es in Indien keine sozialen Revolutionen gegeben hat, ist eine Frage, die mich unablässig beschäftigt. Ich kann nur eine Antwort darauf geben, und die lautet, dass die niedrigen Klassen der Hindus aufgrund des erbärmlichen Kastensystems in vollkommener Unfähigkeit zu direkter Aktion gefangen sind. Sie dürfen keine Waffen tragen, und ohne Waffen können sie nicht rebellieren. Sie waren immer Pflüger – oder vielmehr dazu verurteilt, Pflüger zu sein –, und es war ihnen nie erlaubt, Schwerter aus ihren Pflugscharen zu machen. Sie hatten keine Bajonette, und deswegen konnte jeder, der es wollte, sie zu Boden werfen, und tat es auch. Aufgrund des Kastensystems hatten sie keine Schulbildung. Sie konnten sich keinen Weg zu ihrer Rettung ausdenken oder erfahren. Sie waren dazu verdammt, ganz unten zu leben; und da sie keinen Ausweg wussten und nicht über die Mittel zur Flucht verfügten, fügten sie sich in ewige Knechtschaft, die sie als unentrinnbares Schicksal annahmen.[187]

In ländlichen Gegenden verblasste die Androhung physischer Gewalt manchmal vor dem Gespenst des »sozialen Boykotts«, verhängt von orthodoxen Hindus gegen jeden Unberührbaren, der gegen das System rebellierte. (Das konnte bedeuten, dass jemand gewagt hatte, ein Stück Land zu kaufen, schöne Kleider zu tragen, in der Gegenwart eines

Kastenhindus ein Bidi zu rauchen, die Frechheit zu besitzen und Schuhe zu tragen oder bei einer Hochzeit auf einem Pferd zu reiten. Das Vergehen konnte sogar eine Einstellung, eine Haltung sein, die weniger unterwürfig war, als der Unberührbare zu sein hatte.) Es ist das Gegenteil des Boykotts, den die Bürgerrechtsbewegung in den USA als politisches Instrument einsetzte: Die amerikanischen Schwarzen verfügten zumindest über ein Quäntchen ökonomischer Schlagkraft, um Busse und Geschäfte zu boykottieren, in denen sie diskriminiert wurden. Im ländlichen Indien bedeutet sozialer Boykott durch privilegierte Kasten traditionellerweise *»hukka-pani bandh«* – kein *hukka* (Tabak) und kein *pani* (Wasser) für eine Person, die die Gemeinde verärgert hat. Es ist demnach nicht nur ein sozialer, sondern auch ein ökonomischer Boykott. Für Dalits ist er tödlich. Den »Sündern« wird Arbeit, das Recht auf Wasser und Essen, das Recht, Vorräte anzuschaffen, verweigert. Sie werden vertrieben und dem Hungertod überlassen. Sozialer Boykott wird heute noch als Waffe gegen Dalits in indischen Dörfern eingesetzt. Es ist eine Nichtzusammenarbeit zwischen den Mächtigen und den Machtlosen – eine auf den Kopf gestellte Nichtkooperation.

Um das Kastensystem von der Ökonomie, von den Bedingungen der Versklavung, unter denen die meisten Dalits lebten und arbeiteten, zu lösen und Fragen nach Ansprüchen, Landreform und Umverteilung des Wohlstands zu umgehen, beschränkten die Hindu-Reformer die Problematik des Kastenwesens schlauerweise auf das Thema Unberührbarkeit. Sie nannten sie eine fehlgeleitete religiöse und kulturelle Praxis, die abgeschafft werden musste.

Gandhi beschränkte sie sogar noch weiter auf die »Bhangis« – Müllsammler und Latrinenreiniger, eine überwiegend städtische und deswegen etwas politisierte Gruppe. Aus seiner Kindheit erinnerte er sich an Uka, den Jungen, der die Bäder des Haushalts putzte, und sprach oft davon, wie sehr ihn die Behandlung des Jungen durch die Familie Gandhi bekümmert hatte.[188] Unberührbare auf dem Land – Feldarbeiter, Töpfer, Gerber und ihre Familien – lebten in verstreuten kleinen Gemeinschaften in Hütten am Rand von Dörfern (jenseits der Verunreinigungsgrenze). Unberührbare in der Stadt – Bhangis, Chuhras und Mehtars – Müllarbeiter, wie Gandhi sie nannte, lebten in großer Anzahl zusammen und bildeten eine politische Wählerschaft. Um sie davon abzuhalten, zum Christentum zu konvertieren, benannte Lala Mulk Raj Bhalla, ein Hindu-Reformer aus der Khatri-Kaste im Punjab, sie 1910 kurzerhand in Balmikis um. Gandhi stürzte sich auf die Balmikis und machte sie zu seinem Schaufenster für Unberührbarkeit. Er ließ ihnen missionarische Akte der Güte und Barmherzigkeit zuteilwerden. Er predigte ihnen, ihr Erbe zu lieben und beizubehalten und nie nach etwas anderem als der Freude ihres ererbten Berufs zu streben. Sein ganzes Leben lang schrieb Gandhi viel über »Latrinenreinigung« als religiöse Pflicht. Es schien unwichtig, dass die Menschen im Rest der Welt kein solches Theater um ihre Exkremente machten.

Bei seiner Rede als Präsident der Kathiawar Political Conference in Bhavnagar am 8. Januar 1925 sagte Gandhi:

> Wenn ich überhaupt eine Stelle suchen würde, dann die eines Bhangi. Das Reinigen ist eine heilige Arbeit, die sowohl von einem Brahmanen wie von einen Bhangi getan werden kann, Ersterer tut sie im Wissen, Letzterer ohne Wissen um ihre Heiligkeit. Ich respektiere und ehre beide. Fehlt einer von beiden ist der Hinduismus zwangsläufig vom Aussterben bedroht. Ich mag den Weg des Dienens; deswegen mag ich den Bhangi. Ich habe persönlich nichts

dagegen, gemeinsam mit ihm zu essen, aber ich verlange nicht von euch, dass ihr mit ihm esst oder ihn heiratet. Wie könnte ich euch auch das raten?[189]

Gandhis Aufmerksamkeit für Balmikis, seine Besuche in »Bhangi-Kolonien«, über die ausführlich berichtet wurde, machten sich bezahlt, obwohl er sie herablassend und voller Verachtung behandelte. Als er 1946 eine solche Kolonie besuchte, musste

die Hälfte der Bewohner vor seiner Ankunft ausziehen, ihre Behausungen wurden niedergerissen, und stattdessen wurden kleine ordentliche Hütten errichtet. Vor die Eingänge und Fenster der Hütten wurden Matten gehängt und während Gandhis Besuch mit Wasser besprengt, um das Innere zu kühlen. Der örtliche Tempel wurde geweißt, und Wege mit Ziegeln belegt. In einem Interview mit Margaret Bourke-White, einer Fotojournalistin von *Life*, erklärte einer der Männer, die für Gandhis Besuch verantwortlich waren, Dinanath Tiang von der Birla Company, die Verbesserungen in der Unberührbarensiedlung. »Wir kümmern uns seit 20 Jahren um Gandhis Wohlbefinden.«[190]

In seiner Geschichte der Balmiki-Arbeiter in Delhi schreibt der Wissenschaftler Vijay Prashad über Gandhis inszenierten Besuch in der Balmiki-Kolonie in der Mandir Marg (früher Reading Road) 1946, dass er sich weigerte, mit der Gemeinde zu essen:

»Ihr könnt mir Ziegenmilch bringen«, sagte er, »aber ich werde dafür zahlen. Wenn ihr unbedingt wollt, dass ich euer Essen esse, dann könnt ihr herkommen und hier für mich kochen.« … Ältere Balmiki erzählen sichtlich unbehaglich von Gandhis Scheinheiligkeit. Als ein Dalit Gandhi Nüsse gab, verfütterte er sie an seine Ziege und sagte, dass er sie später zu sich nehmen würde, in der Ziegenmilch. Gandhis Essen, Nüsse und Körner, stammte überwiegend von den

Birlas; er nahm nichts von den Dalits. Radikale Balmikis suchten Zuflucht bei Ambedkar, der Gandhi diesbezüglich offen angriff.[191]

Ambedkar war klar, dass sich die Problematik des Kastenwesens verstärken würde, wenn die Unberührbaren nicht in der Lage wären, sich zu organisieren, zu mobilisieren und zu einer politischen Wählerschaft mit eigenen Kandidaten zu werden. Er glaubte, dass für Unberührbare reservierte Sitze bei den Hindus oder in der Kongresspartei nur gefügige Kandidaten hervorbringen würde – Diener, die wussten, wie sie sich bei ihren Herren einschmeichelten. Er begann, die Idee eigener Kandidaten für Unberührbare zu entwickeln. 1919 legte er dem Southborough-Komitee eine schriftliche Erklärung für eine Wahlreform vor. Die Aufgabe des Komitees war es, territoriale Wahlkreise vorzuschlagen, die auf bestehenden Distrikten und nach Religion getrennten Kandidaten für Muslime, Christen und Sikhs basierten. Es sollten Volksvertreter gewählt werden, die eine Verfassung für ein unabhängiges Indien entwerfen sollten. Der Kongress boykottierte das Komitee. Seinen Kritikern, die ihn einen Kollaborateur und Verräter nannten, entgegnete Ambedkar, dass Selbstbestimmung genauso das Recht der Unberührbaren wie der Brahmanen und es die Pflicht der privilegierten Kasten sei, alles für Chancengleichheit zu tun. In seiner Erklärung argumentierte Ambedkar, dass Unberührbare wie die berührbaren Hindus, Muslime, Christen und Sikhs eine eigene soziale Gruppe darstellten:

Das Recht der Repräsentation und das Recht, ein Staatsamt innezuhaben, sind die zwei wichtigsten Rechte eines Bürgers. Doch für die Unberührbaren liegen diese Rechte aufgrund ihrer Unberührbarkeit jenseits ihrer Reichweite. An manchen Orten haben sie nicht einmal so unbedeutende Rechte wie persönliche Freiheit und persönliche Sicherheit, und Gleichheit vor dem Recht gilt für sie nicht immer. Das sind die Interessen der Unberührbaren. Und wie leicht zu verstehen ist, können sie nur von Unberührbaren vertreten werden. Es sind ganz entschieden ihre ureigenen Interessen, und niemand sonst kann wahrhaft für sie sprechen. … Deswegen liegt es auf der Hand, dass wir Unberührbare finden müssen, die ihre Missstände und Interessen vertreten, und wir müssen sie zweitens in so großer Anzahl finden, dass sie stark genug sind, um Wiedergutmachung zu fordern.[192]

Die britische Regierung beachtete seine Erklärung damals nicht sonderlich, aber vielleicht wurde Ambedkar aufgrund seiner Auslassungen zur ersten Konferenz am runden Tisch zehn Jahre später, 1930, eingeladen.

Ungefähr zu dieser Zeit gründete Ambedkar seine erste Zeitschrift, *Mook Nayak* (Führer der Sprachlosen). Tilaks Zeitung *Kesari* weigerte sich, eine bezahlte Anzeige zu drucken, die das Erscheinen von *Mook Nayak* ankündigte.[193] Der Herausgeber von *Mook Nayak* war P.N. Bhatkar, der erste Mahar, der aufs College gegangen war.[194] Ambedkar schrieb die ersten 13 Leitartikel selbst. Im ersten beschrieb er die Hindu-Gesellschaft mit einer schaurigen Metapher – als einen vielstöckigen Turm ohne Treppenhaus und ohne Eingang. Jeder muss in dem Stockwerk sterben, in dem er geboren wurde.

Unterstützt von Chhatrapati Shahu, dem Maharadscha von Kolhapur, der bekannt war für seine antibrahmanische Einstellung und schon 1902 für eine Quotenregelung in Schulen und Ämtern eingetreten war, organisierten Ambedkar und seine Kollegen im Mai 1920 die erste All-India Depressed Classes Conference in Nagpur. Man kam überein, dass kein unberührbarer Repräsentant, der von einer Hindu-Mehrheit bestimmt wurde, wirklich gegen Chaturvarna kämpfen konnte (oder würde).

Die 1920er Jahre markierten den Beginn einer Ära direkter Aktionen von Unberührbaren für das Recht, Brunnen, Schulen, Gerichte, Ämter und öffentliche Verkehrsmittel benutzen zu können. 1924 kämpften die Ezhavas, die als Shudras bezeichnet wurden, und die Pulayas, Unberührbare, dafür, die öffentlichen Straßen um den Mahadeva-Tempel in Vaikom, 30 Kilometer entfernt von Kottayam, Travancore (heute Kerala), benutzen zu dürfen. Einer der Anführer dieser sogenannten Vaikom Satyagraha war der syrische Christ George Joseph, ein Bewunderer Gandhis. Gandhi seinerseits missbilligte, dass sich ein »Nicht-Hindu« in »interne Angelegenheiten« der Hindus einmischte.[195] (Die gleiche Logik hatte drei Jahre zuvor nicht gegolten, als er die Khilafat-Bewegung »anführte«.) Es widerstrebte ihm zudem, eine ausgewachsene Satyagraha in einem »indisch regierten« Staat zu unterstützen. Im Verlauf der Vaikom Satyagraha wurde George Joseph verhaftet. Er war zutiefst desillusioniert von Gandhis unentschuldbarer Ambivalenz beim Thema Kasten. Als die Spannungen in Vaikom zunahmen, reiste C. Rajagopalachari,[196] Kongressführer und Gandhis erster Stellvertreter, nach Vaikom, um sich ein Bild der Lage zu machen. Am 27. Mai 1924 beruhigte er die besorgten Hindus aus privilegierten Kasten in Vaikom in einer öffentlichen Rede:

> Die Menschen von Vykom [Vaikom] und in allen anderen Orten brauchen keine Angst zu haben, dass Mahatmaji die Kasten abschaffen will. Mahatmaji will das Kastensystem nicht abschaffen, sondern nur die Unberührbarkeit ... Mahatmaji will nicht, dass ihr mit Thiyas oder Pulayas gemeinsam esst. Er will nur, dass wir uns darauf vorbereiten, uns anderen menschlichen Wesen zu nähern oder sie zu berühren, wie wir uns einer Kuh oder einem Pferd nä-

hern und sie berühren … Mahatmaji will, dass ihr die sogenannten Unberührbaren anseht, wie ihr eine Kuh oder einen Hund oder andere harmlose Geschöpfe anseht.[197]

Gandhi selbst kam im Mai 1925 nach Vaikom, um zu schlichten. Er beriet sich mit den Brahmanenpriestern des Tempels – die ihm, der kein Brahmane war, nicht erlaubten, das Allerheiligste zu betreten – und der Königin von Travancore und handelte einen Kompromiss aus: Die Straßen wurden neu angelegt, so dass sie sich nicht mehr in »verunreinigender« Nähe zum Tempel befanden. Der strittige Teil der Straße blieb Christen, Muslimen und den Avarnas (Unberührbaren) weiterhin verschlossen, die den Tempel nach wie vor nicht betreten durften. Gandhi sagte, »er könne seine orthodoxen Freunde nicht zufriedenstellen«, und riet, die Satyagraha aufzugeben,[198] doch die örtlichen Satyagrahis setzten ihren Kampf fort. Zwölf Jahre später, im November 1936, erließ der Maharadscha von Travancore die erste Tempel-Zutritt-Proklamation in Indien.[199]

So wie die »Lösung« des Postamt-Problems in Durban die erste größere politische Aktion Gandhis war, war die Ambedkars die Mahad Satyagraha von 1927.

1923 verabschiedete die Gesetzgebende Versammlung von Bombay (deren Wahl vom Kongress boykottiert worden war) die Bole-Resolution, die es Unberührbaren gestattete, öffentliche Wasserspeicher, Brunnen, Schulen, Gerichte und Apotheken aufzusuchen. In der Kleinstadt Mahad erklärte die Verwaltung, dass sie nichts dagegen habe, wenn Unberührbare den Chavadar-Wasserspeicher benutzten. Die Verabschiedung einer Resolution ist eine Sache, die Umsetzung eine andere. Nach vier Jahren Mobilisierung nahmen die Unberührbaren ihren ganzen Mut zusammen und hielten im Mai 1927 eine zweitägige Konferenz in Mahad ab. Die Konferenz wurde durch Spenden finanziert. In einem nicht veröffentlichten Manuskript zitiert der Wissenschaftler Anand Teltumbde einen der Organisatoren der Mahad Satyagraha, Anant Vinayak Chitre, der erklärt, dass 40 Dörfer jeweils 3 Rupien spendeten und ein Stück über Tukaram, das in Bombay aufgeführt wurde, 23 Rupien einbrachte, also insgesamt 143 Rupien eingenommen wurden. Man vergleiche das mit Gandhis Geldsorgen. Nur ein paar Monate vor der Mahad Satyagraha, am 10. Januar 1927, schrieb Gandhi an seinen Mäzen, den Industriellen G. D. Birla:

> Mein Durst nach Geld ist einfach unstillbar. Ich brauche mindestens 200 000 Rupien – für Khadi, Unberührbarkeit und Ausbildung. Die Milchwirtschaft braucht weitere 50 000. Dann sind da noch die Ausgaben für den Aschram. Keine Arbeit bleibt unvollendet, weil Geld fehlt, doch nach schweren Prüfungen gibt Gott. Das macht mich zufrieden. Sie können geben, wie immer es Ihnen gefällt für die Werke, in die Sie Vertrauen haben.[200]

An der Mahad-Konferenz nahmen ungefähr 3000 Unberührbare und eine Handvoll fortschrittlicher Mitglieder privilegierter Kasten teil. (V. D. Savarkar, wieder auf freiem Fuß, unterstützte die Mahad Satyagraha.) Ambedkar leitete die Konferenz. Am Morgen des zweiten Tages entschieden die Versammelten, zum Chavadar-Speicher zu marschieren und Wasser zu trinken. Die privilegierten Kasten sahen entsetzt zu, wie die Unberührbaren in Viererreihen durch die Stadt gingen und Wasser aus dem Speicher tranken. Nachdem der Schock abgeklungen war, kam der gewaltsame Gegenangriff mit Knüppeln und Stöcken. Zwanzig Unberührbare wurden verletzt. Ambedkar drängte seine Leute, standzuhalten und nicht zurückzuschlagen. Vorsätzlich wurde das Gerücht in Umlauf gebracht, dass die Unberührbaren planten, in den Veereshwar Tempel einzudringen, was der Gewalt eine hysterische Note verlieh. Die Unberührbaren zerstreuten sich. Manche fanden Obdach bei Muslimen. Zu seiner eigenen Sicherheit verbrachte Ambedkar die Nacht auf dem Polizeirevier. Kaum war wieder Ruhe eingekehrt, »reinigten« die Brahmanen den Speicher mit Gebeten und 108 Töpfen Kuhdung, Kuhurin, Milch, Quark und Ghee.[201] Die symbolische Ausübung ihres Rechts stellte die Mahad Satyagrahis nicht zufrieden. Im Juni 1927 erschien in *Bahishkrit Bharat* (Ausgeschlossenes Indien), einer halbmonatlichen Zeitschrift, die Ambedkar gegründet hatte, eine Anzeige, in der die Mitglieder der unterdrückten Klassen, die weiter kämpfen wollten, aufgefordert wurden, sich zu melden. Die orthodoxen Hindus von Mahad wandten sich an einen Richter der Stadt und erwirkten eine einstweilige Verfügung, die den Unberührbaren verbot, den Speicher zu benutzen. Die Unberührbaren beriefen für Dezember eine weitere Versammlung in Mahad ein. Noch war Ambedkar nicht von Gandhi enttäuscht. Gandhi hatte sich positiv über die Haltung der Unberührbaren angesichts der Angriffe der Orthodoxen ausgesprochen, deswegen wurde sein Porträt auf der Bühne aufgestellt.[202]

Zehntausend Personen nahmen an der zweiten Mahad-Konferenz teil. Ambedkar und seine Anhänger verbrannten öffentlich eine Ausgabe von Manusmriti,[203] und Ambedkar hielt eine aufrüttelnde Rede:

Meine Herren, Sie haben sich heute hier anlässlich der Einladung des Satyagraha-Komitees versammelt. Als Vorsitzender dieses Komitees heiße ich Sie alle dankbar willkommen … Der Wasserspeicher von Mahad ist öffentliches Eigentum. Die Kastenhindus

von Mahad sind so vernünftig, dass sie nicht nur selbst Wasser aus dem Speicher holen, sondern Personen aller Religionen erlauben, Wasser zu entnehmen, und demgemäß machen Menschen anderer Religionen, Muslime zum Beispiel, Gebrauch von dieser Erlaubnis. Noch hindern Kastenhindus Spezies, die weniger gelten als Menschen, wie zum Beispiel Vögel und Vieh, am Trinken aus dem Speicher. Darüber hinaus gestatten sie Vieh, das Unberührbaren gehört, aus dem Speicher zu trinken.
Die Kastenhindus von Mahad hindern die Unberührbaren daran, Wasser aus dem Chavadar-Speicher zu trinken, nicht, weil sie annehmen, dass die Berührung der Unberührbaren das Wasser verunreinigen oder verdampfen und verschwinden lassen wird. Ihr Grund ist vielmehr, dass sie mit einer Erlaubnis anerkennen würden, dass Kasten, die von heiligen Traditionen als geringerwertig erklärt werden, ihnen in der Tat gleichgestellt sind.
Wenn wir das Wasser des Chavadar-Speichers trinken, werden wir nicht unsterblich. Wir haben lange Zeit überlebt, ohne es zu trinken. Wir gehen nicht zum Chavadar-Speicher, nur um Wasser zu trinken. Wir gehen zum Speicher, um geltend zu machen, dass auch wir Menschen wie alle anderen sind. Es muss klar werden, dass diese Versammlung einberufen wurde, um die Norm der Gleichheit durchzusetzen …

Immer wieder kehrte Ambedkar zum Thema Gleichstellung zurück. Die Menschen mögen nicht alle gleich sein, sagte er, aber Gleichheit sei das einzig mögliche ordnende Prinzip, weil Klassifizierung und Schichtung der Gesellschaft unerträglich sei.

Um zusammenzufassen, Unberührbarkeit ist keine einfache Sache; sie ist die Mutter unserer Armut und Unterdrückung, und sie hat uns in den erbärmlichen Zustand versetzt, in dem wir uns heute befinden. Wenn wir uns daraus befreien wollen, müssen wir diese Aufgabe auf uns nehmen. Auf andere Weise können wir nicht gerettet werden. Es ist keine Aufgabe, die nur uns zugutekommt, sie kommt auch der Nation zugute.
Sogar das wird nicht genug sein. Die Ungleichheit, die dem Vier-

Kasten-System innewohnt, muss ausgemerzt werden ... Unsere Arbeit ist der Beginn einer sozialen Revolution. Niemand soll sich der Täuschung hingeben und annehmen, es sei eine Ablenkung, um Gemüter zu beruhigen, die sich mit verlockenden Worten begnügen. Die Arbeit wird von starken Gefühlen getragen, sie sind die Kraft, die die Bewegung antreiben. Niemand kann sie jetzt mehr aufhalten. Ich bete zu Gott, dass die soziale Revolution, die heute hier ihren Anfang nimmt, mit friedlichen Mitteln erreicht werden kann. Wir sagen unseren Gegnern: Bitte, seid nicht gegen uns. Legt die orthodoxen Schriften weg. Folgt dem Weg der Gerechtigkeit. Und wir versichern euch, dass wir unser Programm friedlich ausführen werden.[204]

Die Konferenzteilnehmer waren in aggressiver Stimmung und wollten sich über die einstweilige Verfügung hinwegsetzen und zum Wasserspeicher gehen. Ambedkar entschied sich dagegen in der Hoffnung, dass höhere Gerichte, nachdem sie die Angelegenheit gehört hatten, entscheiden würden, dass Unberührbare das Recht hatten, öffentliche Wasserstellen zu benutzen. Obwohl der Oberste Gerichtshof die einstweilige Verfügung schließlich aufhob, fand er einen Weg, ein Urteil zuungunsten der Unberührbaren zu fällen.[205] (Wie der Richter, der nahezu 80 Jahre später das Khairlanji-Urteil schrieb.)

Im selben Monat (Dezember 1927) sprach Gandhi bei der All-India Suppressed Classes Conference in Lahore, wo er ein anderes Evangelium predigte als Ambedkar. Er drängte die Unberührbaren, für ihre Rechte »mit freundlicher Überzeugung und nicht mit Satyagraha zu kämpfen, die zu Duragraha wird, wenn sie die tief verwurzelten Vorurteile der Menschen brutal schockieren will«.[206] Duragraha definierte er als »teuflische Kraft«, das absolute Gegenteil von Satyagraha »Kraft der Seele«.[207]

Ambedkar hat Gandhis Reaktion auf die Mahad Satyagraha nie vergessen. 1945 schrieb er in *Was Gandhi und der Kongress den Unberührbaren angetan haben*:

> Die Unberührbaren hofften auf die moralische Unterstützung von Mr. Gandhi. Ja, sie hatten guten Grund zur Annahme, sie zu bekommen. Denn die Waffe der Satyagraha – deren Quintessenz darin besteht, das Herz des Gegners durch Leiden zu erweichen – war die von Mr. Gandhi geschmiedete Waffe, der damit den Kongress im Kampf um Swaraj gegen die britische Regierung angeführt hatte. Selbstverständlich erwarteten die Unberührbaren die volle Unterstützung von Mr. Gandhi für ihre Satyagraha, deren Ziel es war, gegen die Hindus das Recht zu erkämpfen, Wasser aus öffentlichen Brunnen holen und öffentliche Hindu-Tempel betreten zu dürfen. Mr. Gandhi jedoch verweigerte der Satyagraha seine Unterstützung. Nicht nur verweigerte er seine Unterstützung, er verdammte sie mit harten Worten.[208]

Eigentlich hätte die Richtung, in die sich Ambedkar bewegte, ihn zu einem natürlichen Verbündeten der Kommunistischen Partei Indiens, gegründet 1925, zwei Jahre vor der Mahad Satyagraha, machen müssen. Bolschewismus lag in der Luft. Die Revolution in Russland hatte Kommunisten in der ganzen Welt inspiriert. In der Bombay-Präsidentschaft war S. A. Dange, ein Brahmane aus Maharashtra, Gewerkschaftsführer und organisierte einen großen Teil der Textilarbeiter von Bombay in einer eigenen Gewerkschaft – Indiens erste kommunistische Gewerkschaft –, der Girni-Kamgar-Gewerkschaft mit 70 000 Mitgliedern. Damals stellten Unberührbare einen großen Teil der Arbeiterschaft in den Fabriken, viele von ihnen Mahars, die nur in den schlechter bezahlten Spinnabteilungen beschäftigt wurden, weil in den Abteilungen, in denen gewebt wurde, die Arbeiter die Fäden mit dem Mund halten mussten und der Speichel der Unberührbaren als unrein galt. 1928 rief Dange den ersten größeren Streik der Girni-Kamgar-Gewerkschaft aus. Ambedkar vertrat die Auffassung, dass Gleichstellung und Gleichbehandlung innerhalb der Arbeiterschaft ein vordringliches Thema war. Dange war anderer Meinung, und das führte zu einem langen und bitteren Zerwürfnis.[209]

Jahre später, 1949, schrieb Dange, der als Figur des kommunistischen Pantheon noch immer verehrt wird, ein Buch *Marxismus und die alte indische Kultur: Indien vom primitiven Kommunismus zur Sklaverei*, in dem er argumentierte, dass die alte hinduistische Kultur eine Form primitiven Kommunismus gewesen sei. »Brahman ist die Gemeinschaft arischer Menschen und Yagnya (rituelles Feueropfer) ist ihre Produktionsweise, die primitive Gemeinschaft mit der kollektiven Produktionsweise.« D. D. Kosambi, Mathematiker und marxistischer Historiker schrieb dazu in einer Kritik: »Das ist so höchst unwahrscheinlich, dass es schon lächerlich ist.«[210]

Die Fabriken in Bombay sind geschlossen, die Girni-Kamgar-Gewerkschaft gibt es noch. Fabrikarbeiter kämpfen um Entschädigung und Unterkunft und versuchen zu verhindern, dass auf den Fabrikgeländen Einkaufszentren gebaut werden. Die Kommunistische Partei hat an Einfluss verloren, und die Gewerkschaft wurde von der Shiv Sena übernommen, einer Gruppe militanter Hindu-Chauvinisten aus Maharashtra.

Jahre bevor es zwischen Ambedkar und Dange zu dem Zerwürfnis wegen der Ungleichbehandlung innerhalb der Arbeiterschaft kam, war Gandhi bereits ein etablierter Arbeiterführer. Wie dachte er über die Arbeiterschaft und Streiks?

Gandhi kehrte zu einer Zeit aus Südafrika zurück, als Arbeiterunruhen an der Tagesordnung waren.[211] Der Textilindustrie war es während des Ersten Weltkriegs gut ergangen, was sich jedoch nicht in den Löhnen der Arbeiter widerspiegelte. Im Februar 1918 streikten die Fabrikarbeiter in Ahmedabad. Um die Auseinandersetzung beizulegen, wandte sich Ambalal Sarabhai, der Präsident der Textilfabrikbesitzer in Ahmedabad, an Gandhi, der in Sabarmati, etwas außerhalb von Ahmedabad, einen Aschram eingerichtet hatte. Es war der Beginn von Gandhis lebenslanger Karriere als Organisator von Gewerkschaften. Bis 1920 gelang es ihm, eine Gewerkschaft namens Majoor Mahajan Sangh – Vereinigung der Textilarbeiter und Textilfabrikbesitzer – zu gründen. Der englische Name lautete Textile Labour Union (Textilarbeitergewerkschaft). Anusuyaben, Ambalal Sarabhais Schwester, die Arbeiter organisierte, wurde zur Präsidentin auf Lebenszeit gewählt, und Gandhi wurde zu einem wichtigen Mitglied des beratenden Ausschusses, ebenfalls auf Lebenszeit. Die Gewerkschaft sorgte für Verbesserungen der Hygiene und der Lebensbedingungen der Arbeiter, aber kein einziger Arbeiter wurde jemals in die Führungsgremien gewählt. Kein Arbeiter durfte dabei sein, wenn hinter verschlossenen Türen Streitigkeiten zwischen dem Management und der Gewerkschaft geschlichtet wurden. Die Gewerkschaft wurde aufgeteilt in kleinere beschäftigungsbezogene Gewerkschaften, deren Mitglieder in unterschiedlichen Stadien des Produktionsprozesses tätig waren. Mit anderen Worten die Struktur der Gewerkschaft institutionalisierte das Kastensystem. Laut einem Arbeiter, den der Soziologe Jan Breman interviewte, durften Unberührbare nicht in die allgemeine Kantine, sie bekamen eigenes Trinkwasser und getrennte Unterkünfte.[212]

Gandhi war in der Gewerkschaft der wichtigste Verhandlungspartner und Entscheidungsträger. Als 1921 die Arbeiter drei Tage lang nicht zur Arbeit kamen, war Gandhi außer sich:

Hinduistische und muslimische Arbeiter haben sich selbst entehrt und erniedrigt, indem sie den Fabriken fernblieben. Die Arbeiterschaft kann mich nicht übergehen. Ich glaube, niemand in Indien kann das. Ich versuche, Indien aus der Knechtschaft zu befreien und weigere mich, mich von Arbeitern versklaven zu lassen.[213]

Hier ein Zitat aus einem Bericht der Textilgewerkschaft von 1925. Der Autor ist unbekannt, aber Inhalt und Stil ähneln unbestreitbar dem, was Gandhi über 30 Jahre zuvor über die Zwangsarbeiter in Südafrika gesagt hat:

Sie sind in der Regel nicht mit ausreichender Intelligenz und Moral ausgestattet, um den erniedrigenden Einflüssen zu widerstehen, die sie in einer Stadt wie dieser auf allen Seiten umgeben. So viele von ihnen gehen auf die eine oder andere Weise unter. Eine große Anzahl verliert ihr moralisches Gleichgewicht und lässt sich vom Alkohol versklaven, viele werden körperliche Wracks und sterben an Tuberkulose.[214]

Da Gandhis Hauptsponsor ein Fabrikbesitzer war und seine wichtigsten Gefolgsleute angeblich aus der Arbeiterklasse stammten, entwickelte Gandhi abstruse Thesen zu Kapitalisten und Arbeitern:

Der Fabrikbesitzer mag völlig unrecht haben. Im Kampf zwischen Kapital und Arbeit kann man generell sagen, dass die Kapitalisten meistens unrecht haben. Aber ich weiß, wenn die Arbeiterklasse ihre wahre Stärke erkennt, kann sie tyrannischer werden als das Kapital. Die Fabrikbesitzer müssten unter den von der Arbeiterklasse diktierten Bedingungen arbeiten, wenn Letztere über die Intelligenz von Ersteren verfügen würden. Es ist jedoch klar, dass die Arbeiter nie so intelligent sein werden. … Es wäre selbstmörderisch, sollten sich die Arbeiter auf ihre Zahl oder brachiale Gewalt verlassen. Sie würden der Industrie im Land schaden. Wenn sie sich andererseits für reine Gerechtigkeit entscheiden und dafür persönliches Leid in Kauf nehmen, werden sie nicht nur stets erfolgreich sein, sondern auch ihre Herren reformieren, Industrien entwickeln, und beide, Herren und Arbeiter, werden Mitglieder einer Familie sein.[215]

Gandhi hielt nicht viel von Streiks. Aber seine Ansichten zu den Streiks der Latrinenreiniger, die er 1946 publizierte, waren noch strikter als die zu den Streiks anderer Arbeiter:

Es gibt bestimmte Bereiche, in denen Streiks falsch wären. Missstände bei den Latrinenreinigern gehören in diese Kategorie. Meine Meinung zu den Streiks der Latrinenreiniger gehen zurück auf das Jahr 1897, als ich in Durban war. Dort wurde ein Generalstreik in Betracht gezogen, und es stellte sich die Frage, ob Latrinenreiniger mitmachen sollten. Ich stimmte dagegen. So wie ein Mensch nicht ohne Luft leben kann, kann er auch nicht lange leben, wenn sein Haus und seine Umgebung nicht sauber sind. Die eine oder andere Epidemie wird ausbrechen, vor allem wenn das moderne Abwassersystem außer Kraft gesetzt wird … Ein Bhangi darf seine Arbeit nicht für einen einzigen Tag aufgeben. Es gibt viele andere Wege, um sich Gerechtigkeit zu verschaffen.[216]

Es ist nicht klar, auf welchen »anderen« Wegen man sich Gerechtigkeit verschaffen konnte: Unberührbare, die eine Satyagraha durchführten, begingen Duragraha. Streikende Latrinenreiniger begingen eine Sünde. Alles andere als »freundliche Überzeugung« war nicht hinnehmbar.

Während Arbeiter nicht für faire Löhne streiken sollten, war es für Gandhi vollkommen in Ordnung, sich großzügig von Industriellen unterstützen zu lassen. (Mit dem gleichen Gefühl der Einzigartigkeit schrieb er in seiner Entgegnung auf Ambedkars *Abschaffung des Kastenwesens* als ersten Punkt: »Er [Ambedkar] setzte {für das Buch} einen Preis von 8 Annas fest, ich hätte zu 2 oder höchstens 4 Annas geraten.«)

Die Differenzen zwischen Ambedkar und der neuen kommunistischen Partei waren grundsätzlicher, prinzipieller Art. Die Kommunisten waren Menschen des Buchs, und das Buch war von einem deutschen Juden geschrieben worden, der vom Brahmanismus gehört, ihn aber nie erlebt hatte. Die indischen Kommunisten verfügten demnach nicht über das theoretische Werkzeug für das Kastensystem. Da sie Menschen des Buchs waren, und da das Kastensystem den Shudras und Unberührbaren den Zugang zu Bildung verweigerte, gehörten (und gehören) die Führer der Kommunistischen Partei Indiens und ihrer späteren Ableger zwangsläufig den privilegierten Kasten an und waren überwiegend Brahmanen. Zwar waren ihre Absichten revolutionär, aber es fehlte ihnen nicht nur das theoretische Werkzeug, sondern auch das grundlegende Verständnis für und Empathie mit »den Massen«, die aus den untergeordneten Kasten stammten. Während Ambedkar glaubte, dass Klasse ein wichtiges – und entscheidendes – Prisma war, um die Gesellschaft zu studieren und zu verstehen, glaubte er nicht, dass es das einzige war. Ambedkar war überzeugt, dass der Kapitalismus (im liberalen Wortsinn) *und* der Brahmanismus die Feinde der indischen Arbeiterklasse waren. Vielleicht aufgrund seiner Erfahrung mit dem Textilarbeiterstreik 1928 fragt er in *Abschaffung des Kastenwesens*:

Das Proletariat muss die Macht ergreifen. Die erste Frage, die ich stelle, lautet: Wird sich das indische Proletariat zusammenschließen, um diese Revolution herbeizuführen? … Kann man behaupten, dass das indische Proletariat, arm wie es ist, nur zwischen Reich und Arm unterscheidet? Kann man behaupten, dass die Armen in Indien keinen Unterschied machen zwischen Kaste und Glauben, hoch und niedrig?[217]

Den indischen Kommunisten, die Kaste als eine Art volkstümlichen Dialekt, abgeleitet von der klassischen Sprache der Klassenanalyse, betrachteten und nicht als eine einzigartige, vollentwickelte selbständige Sprache, sagte Ambedkar: »Das Kastensystem bedeutet nicht nur Arbeitsteilung. *Es bedeutet auch eine Spaltung der Arbeiter.*«[218]

Unfähig, die Differenzen mit den Kommunisten auszuräumen und immer noch auf der Suche nach einer politischen Heimat für seine Ideen, entschied Ambedkar, sich selbst eine zu schaffen. 1938 gründete er seine eigene politische Partei, die Independent Labour Party (ILP). Wie der Name andeutet, war das Programm der Partei breitgefächert, offen sozialistisch und nicht auf das Thema Kasten beschränkt. Darin stand, dass »das Prinzip der Staatsverwaltung und des Staatseigentums der Industrie, wann immer nötig, im Interesse des Volkes« ist. Es versprach die Trennung von Exekutive und Judikative. Des Weiteren sollten Kreditbanken für Landerwerb, landwirtschaftliche Kooperativen und Vertriebsgemeinschaften gegründet werden.[219] Obwohl es eine junge Partei war, schnitt die ILP bei den Wahlen von 1937 extrem gut ab, gewann 16 von 18 Sitzen in der Bombay-Präsidentschaft, den Central Provinces und Berar. 1939 erklärte die britische Regierung, ohne sich mit Indern zu beraten, dass Indien sich im Krieg mit Deutschland befände. Aus Protest zog sich die Kongresspartei aus allen Ministerien in den Provinzen zurück, und alle Provinzversammlungen wurden aufgelöst. Das kurze, aber kraftvolle politische Leben der ILP fand ein abruptes Ende.

Verärgert von Ambedkars Unabhängigkeitsbestrebungen denunzierten ihn die Kommunisten als »Opportunisten« und »imperialen Handlanger«. In seinem Buch *History of the Indian Freedom Struggle* schrieb der Brahmane

E. M. S. Namboodiripad, ehemaliger Chief Minister von Kerala und Kopf der ersten demokratisch gewählten, kommunistischen Regierung der Welt über den Konflikt zwischen Ambedkar und der Linken: »Es war ein großer Schlag für den Freiheitskampf. Denn dadurch wurde die Aufmerksamkeit der Menschen vom Ziel voller Unabhängigkeit auf das *profane Thema* des Aufstiegs der Harijans [Unberührbare] abgelenkt.«[220]

Der Riss wurde nicht gekittet und hat beide Seiten tödlich verletzt. In den 1970er Jahren versuchten die Dalit Panthers in Maharashtra die Kluft zu überbrücken. Sie waren die Nachkommen von Ambedkar dem Radikalen (im Gegensatz zu Ambedkar, dem Mitautor der Verfassung). Sie machten das Marathi-Wort »Dalit« – unterdrückt, zerbrochen – in ganz Indien bekannt und benutzten es nicht nur für Unberührbare, sondern für »die arbeitende Bevölkerung, die landlosen und armen Bauern, Frauen und alle die, die im Namen der Religion politisch und ökonomisch ausgebeutet werden«.[221] Das war ein phänomenaler und politisch selbstbewusster Akt der Solidarität. Sie betrachteten die Dalits als eine Nation der Unterdrückten. Ihre Freunde waren »revolutionäre Parteien, die das Kastensystem und die Klassengesellschaft abschaffen wollen« und »linke Parteien, die im wahren Sinn links sind«; und ihre Feinde waren »Landbesitzer, Kapitalisten, Geldverleiher und ihre Lakaien«. Ihr Manifest, wichtige Lektüre für Studenten radikaler Politik, vereinte das Denken von Ambedkar, Phule und Marx. Die Gründer der Dalit Panthers – Namdeo Dhasal, Arum Kamble und Raja Dhale – waren Schriftsteller und Dichter, und ihre Werke führten zu einer Renaissance der Marathi-Literatur.

Es hätte der Anfang der Revolution sein können, die Indien brauchte und auf die es noch immer wartet, aber die

Dalit Panthers verloren rasch die Orientierung und lösten sich auf.

Die Kasten-Klassen-Frage ist keine einfache Frage für politische Parteien. Die Uneinsichtigkeit der Kommunistischen Partei hinsichtlich der Kastenfrage hat sie ihre »natürliche« Wählerschaft gekostet. Die Kommunistische Partei Indiens und ihr Ableger, die Kommunistische Partei Indiens (Marxisten), sind mehr oder weniger zu bürgerlichen Parteien geworden, verstrickt in parlamentarische Politik. Diejenigen, die sich von ihnen Ende der 1960er Jahren getrennt haben, und unabhängige marxistisch-leninistische Parteien in einzelnen Bundesstaaten (kollektiv als »Naxaliten« bezeichnet, benannt nach dem ersten Aufstand im Dorf Naxalbari in Westbengalen) haben versucht, die Kastenfrage anzugehen und gemeinsame Sache mit den Dalits zu machen, aber ohne großen Erfolg. Ihre wenigen Versuche, großen Zamindars Land wegzunehmen und unter den Arbeitern zu verteilen, scheiterten, weil sie nicht zahlreich genug unterstützt wurden und ihnen das militärische Durchsetzungsvermögen fehlte. Da sie die Kastenfrage nicht direkt angegangen sind, sondern nur einen Seitenblick darauf geworfen haben, verloren radikale kommunistische Parteien die Unterstützung einer Wählerschaft, die wahrhaft militant und revolutionär hätte sein können.

Die Dalits wurden zersplittert und gegeneinander ausgespielt. Viele mussten entweder in die offizielle parlamentarische Politik abwandern oder – da der öffentliche Dienst ausgehöhlt ist und ihnen Stellen im privaten Sektor verweigert werden – in die Welt der NGOs, die von der Europäischen Union, der Ford Foundation und anderen Institutionen finanziert werden und auf eine lange eigennützige Geschichte der Entschärfung radikaler Bewegungen und ihrer Nutzbarmachung für den »freien Markt« zurückblicken.[222] Zweifellos haben diese Gelder ein paar Dalits ermöglicht, an den sogenannten besten Universitäten der Welt zu studieren. (Das Studium machte Ambedkar schließlich zu dem, der er war.) Aber auch vom NGO-Kuchen erhalten die Dalits nur einen winzigen Teil. Und innerhalb dieser Institutionen (manche werden wie Gandhi früher großzügig von großen Unternehmen gefördert, um gegen Kastendiskriminierung vorzugehen[223]) werden Dalits bisweilen unfair und übel behandelt.

Auf der Suche nach einem primitiven Kommunismus hätte S. A. Dange besser daran getan, sich die Gemeinschaften der indigenen Adivasi anzuschauen als die alten vedischen Brahmanen und ihre Yagnyas. Auch Gandhi hätte das tun können. Wenn jemand auch nur annäherungsweise in seinem idealen Dorf lebte und leichten Fußes über die Erde schritt, dann die Adivasi. Für sie jedoch hatte Gandhi die gleiche Verachtung übrig wie für die Schwarzafrikaner. Bei einer öffentlichen Versammlung in Bombay 1896 sagte er: »Die Santhal aus Assam werden in Südafrika so nutzlos sein wie die Eingeborenen des Landes selbst.«[224]

Über die Adivasi-Frage stolperte auch Ambedkar. So rasch er auf Angriffe auf seine eigenen Leute reagierte, in einer Passage von *Abschaffung des Kastenwesens* hallt das Echo der Denkweise von Missionaren und liberalen Ideologen wider wie auch eine Spur von Brahmanismus:

Dreizehn Millionen Menschen, die mitten in unserer Zivilisation leben, befinden sich immer noch im Stadium von Wilden und führen ein Leben erblicher Kriminalität … Die Hindus werden diesen wilden Zustand der Ureinwohner wahrscheinlich angeborener Dummheit zuschreiben. Sie werden wahrscheinlich nicht zugeben, dass die Ureinwohner Wilde geblieben sind, weil sie keine Anstren-

gung unternommen haben, sie zu zivilisieren, ihnen medizinische Hilfe zukommen zu lassen, sie zu reformieren, sie zu guten Staatsbürgern zu machen … Die Ureinwohner zu zivilisieren heißt, sie als Gleiche anzunehmen, mit ihnen zu leben und Gefühle für sie als Mitmenschen zu kultivieren – kurz gesagt sie zu lieben …
Die Hindus haben nicht begriffen, dass die Ureinwohner eine potenzielle Gefahr darstellen. Wenn diese Wilden Wilde bleiben, werden sie den Hindus vielleicht keinen Schaden zufügen. Aber wenn Nicht-Hindus sie für sich einnehmen und zu ihrem Glauben bekehren, werden sie die Reihen der Feinde der Hindus verstärken.[225]

Heute sind die Adivasi das Bollwerk gegen den erbarmungslosen Vormarsch des modernen Kapitalismus. Ihre schiere Existenz wirft die radikalsten Fragen zur Moderne und zum »Fortschritt« auf – zu den Vorstellungen, die Ambedkar für einen Ausweg aus dem Kastensystem hielt. Weil er die Adivasi aus der Perspektive des westlichen Liberalismus betrachtete, erscheinen Ambedkars Schriften, die heute noch so relevant sind, plötzlich leider veraltet.

Ambedkars Ansicht über die Adivasi zeugen von einem Mangel an Information und Verständnis. Zunächst einmal hatten Hindu-Prediger wie die Hindu Mahasabha seit 1920 daran gearbeitet, die Adivasi zu »assimilieren« (so wie sie Kasten, die putzen und die Latrinen reinigen mussten, balmikisiert hatten). Stämme wie die Ho, die Oraon, die Kol, die Santhal, die Munda und die Gond wollten nicht »zivilisiert« und »assimiliert« werden. Wieder und wieder hatten sie gegen die Briten, die Zamindars, die Bania-Geldverleiher rebelliert und wütend für ihr Land, ihre Kultur und ihr Erbe gekämpft. Bei diesen Aufständen waren Tausende ums Leben gekommen, aber im Gegensatz zum restlichen Indien wurden sie nie erobert. Bis heute nicht. Heute befinden sie sich auf der bewaffneten, militanten Seite des Kampfes. Sie führen nicht weniger als einen Bürgerkrieg gegen den indischen Staat, der Adivasi-Land für Infrastrukturprojekte und Bergbauunternehmen enteignet hat. Sie sind das Rückgrat des jahrzehntelangen Kampfes gegen die großen Dämme im Narmada-Tal. Sie füllen die Reihen der Volksbefreiungsguerillaarmee der Kommunistischen Partei Indiens (Maoisten), die in Zentralindien gegen die von der Regierung entsandten paramilitärischen Truppen kämpft.

1945 sprach Ambedkar in Bombay über angemessene parlamentarische Repräsentation (»Das religiöse Patt und wie es aufzulösen ist«). Er brachte erneut die Rechte der Adivasi auf und sagte:

> Meine Vorschläge schließen die Adivasi nicht mit ein, obwohl sie zahlreicher sind als die Sikhs, die Anglo-Inder, indische Christen und Parsen … Die Stämme der Ureinwohner haben bislang keine politischen Ziele entwickelt, um ihre politischen Chancen nutzbringend einzusetzen, und sie können leicht zu schieren Instrumenten in den Händen entweder einer Mehrheit oder einer Minderheit werden und dabei das Gleichgewicht stören, ohne sich selbst damit etwas Gutes zu tun.[226]

Auf ähnlich unglückliche Weise beschrieb er manchmal auch andere Gemeinschaften. An einer Stelle in *Abschaffung des Kastenwesens* benutzt er wie die europäischen Faschisten die Sprache der Eugenik: »Physisch gesprochen, sind die Hindus ein C3-Volk. Sie sind eine Rasse der Pygmäen und Zwerge, kleingewachsen und kraftlos.«[227]

Seine Ansichten über die Adivasi hatten ernste Konsequenzen. 1950 machte die indische Verfassung den Staat zum Verwalter von Adivasi-Land und ratifizierte damit die britische Kolonialpolitik. Die Adivasi wurden in ihrer Heimat zu Landbesetzern. Indem man ihnen die traditionellen

Rechte auf Erzeugnisse des Waldes verweigerte, kriminalisierte man ihren Lebensstil. Man gab ihnen zwar das Recht zu wählen, aber man raubte ihnen den Lebensunterhalt und die Würde.[228]

Wie anders klingen die Worte Ambedkars über die Adivasi als Gandhis über die Unberührbaren, als er sagte:

Muslime und Sikhs sind gut organisiert. Die »Unberührbaren« sind es nicht. Sie haben kaum politisches Bewusstsein und werden so schrecklich behandelt, dass ich sie vor sich selbst retten möchte. Wenn sie eigene Kandidaten hätten, müssten sie in den Dörfern, die Bollwerke der Hindu-Orthodoxie sind, ein elendes Leben führen. Die hohe Klasse der Hindus muss Buße tun dafür, dass sie die »Unberührbaren« seit jeher vernachlässigt hat. Diese Buße kann eine aktive Sozialreform sein und die Verbesserung des Schicksals der »Unberührbaren« durch dienende Akte, aber nicht durch eigene Kandidaten.[229]

Gandhi sagte das 1931 während der zweiten Gespräche am runden Tisch in London. Es war das erste öffentliche Aufeinandertreffen von Ambedkar und Gandhi.

DIE KONFRONTATION

Der Kongress hatte die ersten Gespräche am runden Tisch 1930 boykottiert, nominierte für die zweite Konferenz jedoch Gandhi als Repräsentanten. Das Ziel der Gespräche war es, den Rahmen für eine Verfassung auszuarbeiten. Vertreter der Fürstentümer und Minderheiten – Muslime, Sikhs, Christen, Parsen und Unberührbare – waren anwesend. Adivasi waren nicht vertreten. Für die Unberührbaren war es eine historische Chance. Sie waren zum ersten Mal als eigene Gruppe eingeladen. Eins der Komitees, die gebildet wurden, das Minderheitenkomitee, hatte die Aufgabe, nach einer tragfähigen Lösung für das zunehmende Problem religiöser Auseinandersetzungen zu suchen. Es war das potenziell konfliktreichste Komitee, vielleicht übernahm deswegen der britische Premierminister Ramsay MacDonald den Vorsitz.

Diesem Komitee legte Ambedkar sein Memorandum *Entwurf politischer Schutzmaßnahmen für die unterdrückten Klassen in der zukünftigen Verfassung eines unabhängigen Indiens* vor. Im Rahmen liberaler Debatten über Rechte und Bürgerrechte war es für die damalige Zeit ein wahrhaft revolutionäres Dokument. Ambedkar versuchte darin, juristisch festzulegen, was er sozial und politisch erreichen wollte. Dieses Dokument war ein früher Entwurf einiger der Vorstellungen, die er schließlich in der Verfassung für das unabhängige Indien nach 1947 durchsetzen konnte.

Unter »Bedingung Nr. 1: Gleiche Bürgerrechte« steht:

> Die unterdrückten Klassen sind nicht damit einverstanden, sich der erblichen Knechtschaft einer Mehrheitsregierung in ihrem derzeitigen Zustand zu unterwerfen. Bevor eine Mehrheitsregierung eingeführt werden kann, muss ihre Emanzipation vom System der Unberührbarkeit faktisch erreicht werden. Das darf nicht dem Willen der Mehrheit überlassen werden. Die unterdrückten Klassen müssen freie Bürger mit den gleichen Rechten wie alle anderen Bürger des Staates sein.[230]

In dem Memorandum werden weiterhin fundamentale Rechte und Maßnahmen, wie Unberührbare zu schützen sind, aufgeführt. Sie sollten das Recht haben, alle öffentlichen Orte aufzusuchen. Sozialer Boykott wurde ausführlich behandelt, und Ambedkar schlug vor, ihn zum strafbaren Vergehen zu erklären. Unberührbare sollten davor geschützt und Kasten-Hindus für Aufruf zu und Unterstützung von sozialem Boykott bestraft werden. Bedingung Nr. 5 forderte eine Kommission für den Öffentlichen Dienst, die sicherstellen sollte, dass Unberührbare »im Dienst adäquat repräsentiert« sind. Dieser Vorschlag entwickelte sich schließlich zum Quotensystem in Ausbildungsinstitutionen und Regierungsämtern, gegen das privilegierte Kasten in letzter Zeit militant protestieren.[231]

Der ungewöhnlichste Vorschlag in Ambedkars Memorandum war ein System positiver Diskriminierung bei Wahlen. Ambedkar glaubte nicht, dass ein universelles Wahlrecht allein gleiche Rechte für Unberührbare garantieren würde. Da die Unberührbaren in kleinen Siedlungen am Rand von Hindu-Dörfern verstreut im ganzen Land lebten, war Ambedkar klar, dass sie im Rahmen geographisch bestimmter Wahlkreise immer in der Minderheit und nie in der Lage wären, einen Kandidaten ihrer Wahl zu wählen. Er schlug vor, dass die Unberührbaren, die jahrhundertelang verachtet und entwertet worden waren, eigene Kandidaten aufstellen sollten, damit sie sich ohne Einmischung der Hindu-Orthodoxie zu einer politischen Wählerschaft mit eigenen Politkern entwickeln konnten. Um die Verbindung zur allgemeinen Politik nicht zu verlieren, forderte er für sie zusätzlich das Recht, auch für die allgemeinen Kandidaten abstimmen zu können. Sowohl die Aufstellung eigener Kandidaten als auch die doppelte Stimme sollten nur zehn Jahre lang gelten. Obwohl bei den Details keine Einigkeit erzielt wurde, stimmten am Ende der Konferenz alle Delegierten überein, dass die Unberührbaren wie andere Minderheiten eigene Kandidaten haben sollten.[232]

Während der ersten Konferenz am runden Tisch in London war Indien im Aufruhr. Im Januar 1930 hatte der Kongress Poorna Swaraj gefordert – vollständige Unabhängigkeit. Gandhi bewies sein Genie als politischer Organisator und lancierte seine bislang einfallsreichste politische Aktion, die Salz-Satyagraha. Er rief die Inder auf, ans Meer zu marschieren und das britische Salzmonopol zu brechen. Hunderttausende folgten seinem Ruf. Die Gefängnisse waren überfüllt. Neunzigtausend Personen wurden verhaftet. Zwischen Salz und Wasser, zwischen der Satyagraha der Berührbaren und der »Duragraha« der Unberührbaren lag ein klar abgegrenztes Universum – der Politik, der Philosophie und der Moral.

Im März 1931 verabschiedete die Kongresspartei in Karatschi eine Resolution grundlegender Rechte für ein freies Indien.[233] Es war ein nützliches aufgeklärtes Dokument und enthielt einige der Rechte, für die Ambedkar sich stark gemacht hatte. Es legte das Fundament für eine moderne, säkulare und überwiegend sozialistische Gesellschaft. Es enthielt das Recht auf freie Meinungsäußerung, Pressefreiheit, Versammlungs- und Vereinigungsfreiheit, Gleichheit vor dem Recht, Wahlrecht, Schulpflicht, ein garantiertes Grundeinkommen für jeden Bürger und beschränkte Arbeitszeiten. Es betonte den Schutz von Frauen und Bauern, Staatseigentum oder Kontrolle der Schlüsselindustrien, Bergbau und Transport. Vor allem aber schuf es eine Brandmauer zwischen Religion und Staat.

Ungeachtet dieser bewundernswerten Prinzipien der Resolution war die Sicht von unten etwas anders. Die Wahlen zu den Provinzparlamenten von 1930 fanden während der Salz-Satyagraha statt. Der Kongress boykottierte die Wahlen. Um die »ehrenwerten« Hindus in Verlegenheit zu bringen, die sich nicht an den Boykott hielten und als Unabhängige kandidierten, stellte der Kongress Unberührbare als Scheinkandidaten auf – zwei Schuster, einen Barbier, einen Milchmann und einen Latrinenreiniger. Dahinter steckte die Idee, dass kein sich selbst respektierender Hindu aus einer privilegierten Kaste in eine Institution gewählt werden wollte, in der Unberührbare ihm gleichgestellt waren.[234] Das Aufstellen von Unberührbaren als Scheinkandidaten war eine Taktik der Kongresspartei seit den Wahlen von 1920 und wurde bis 1943 fortgesetzt. Ambedkar sagt:

> Wie hinderte der Kongress Hindus daran, als Unabhängige zu kandidieren? Er machte die gesetzgebenden Versammlungen zu einem Objekt der Verachtung. In mehreren Provinzen organisierte der Kongress Demonstrationen, bei denen Plakate mit der Aufschrift »Wer kommt in die Versammlung? Nur Barbiere, Schuster, Töpfer und Latrinenreiniger« getragen wurden. Ein Mann rief die Frage, und die Menge wiederholte die auf dem Plakat stehende Antwort.[235]

Bei den Gesprächen am runden Tisch gerieten Gandhi und Ambedkar aneinander und behaupteten beide, sie wären die wahren Vertreter der Unberührbaren. Die Konferenz zog sich über Wochen hin. Gandhi erklärte sich schließlich einverstanden mit eigenen Kandidaten für Muslime und Sikhs, unterstützte jedoch Ambedkars Forderung nach eigenen Kandidaten für Unberührbare nicht. Er suchte Zuflucht bei der gewohnten Rhetorik: »Es wäre mir lieber, der Hinduismus würde untergehen, als dass die Unberührbarkeit weiter besteht.«[236]

Gandhi weigerte sich anzuerkennen, dass Ambedkar rechtmäßig die Unberührbaren vertrat. Ambedkar gab ebenso wenig nach. Er wurde auch nicht dazu aufgefordert. Unberührbaren-Gruppen aus ganz Indien, darunter Mangoo Ram von der Ad-Dharm-Bewegung, sandten Telegramme, um Ambedkar zu unterstützen. Schließlich sagte Gandhi: »Diejenigen, die von den politischen Rechten der Unberührbaren sprechen, kennen ihr Indien nicht, sie wissen nicht, wie die indische Gesellschaft heutzutage eingerichtet ist, und deshalb möchte ich mit allem mir möglichem Nachdruck sagen, wäre ich auch die einzige Person, die dieser Sache Widerstand leistet, ich würde mit meinem Leben Widerstand leisten.«[237] Nachdem er diese Drohung ausgesprochen hatte, kehrte Gandhi mit dem Schiff nach Indien zurück. Unterwegs schaute er bei Mussolini in Rom vorbei und war beeindruckt von ihm und seiner »Sorge um die Armen, seiner Gegnerschaft zur Super-Urbanisierung, seinen Anstrengungen, einen Ausgleich zwischen Kapital und Arbeit herzustellen«.[238]

Ein Jahr später verkündete Ramsay MacDonald die Entscheidung der britischen Regierung zur Kandidatenfrage. Sie gestand den Unberührbaren eigene Kandidaten für einen Zeitraum von 20 Jahren zu. Zu diesem Zeitpunkt saß Gandhi im Gefängnis von Yerawada, Poona. Aus dem Gefängnis heraus verkündete er, dass er sich zu Tode fasten würde, sollte die Entscheidung nicht widerrufen werden.

Er wartete einen Monat. Als man ihm nicht entgegenkam, begann Gandhi im Gefängnis zu fasten. Das Fasten widersprach seinen eigenen Satyagraha-Prinzipien. Es war nichts weniger als Erpressung, nichts weniger als die manipulative Drohung, öffentlich Selbstmord zu begehen. Die britische Regierung wollte die Entscheidung nur mit der Zustimmung der Unberührbaren rückgängig machen. Das Land drehte sich wie ein Kreisel. Öffentliche Statements wurden abgegeben, Petitionen unterschrieben, Gebete gesprochen, Treffen abgehalten, Einsprüche erhoben. Es war eine absurde Situation: Hindus aus privilegierten Kasten, die sich auf jede nur erdenkliche Weise von Unberührbaren absonderten, die Kontakt mit ihnen als unwürdig empfanden, die ihre Berührung mieden, die getrennte Wasserstellen, Schulen, Straßen, Tempel und Brunnen forderten, behaupteten jetzt, dass Indien balkanisiert würde, wenn Unberührbare eigene Kandidaten hätten. Und Gandhi, der so leidenschaftlich und stimmgewaltig an das System glaubte, das diese Trennung aufrechterhielt, wollte sich zu Tode hungern, um Unberührbaren eigene Kandidaten zu verweigern.

Letztlich wollten die Kasten-Hindus die Macht, den Unberührbaren die Tür vor der Nase zuzuschlagen, aber sie wollten ihnen um keinen Preis die Macht zugestehen, diese Tür selbst zu schließen. Die Herren wussten, dass die Entscheidung Macht bedeutete.

Ambedkar wurde der Bösewicht, der Verräter, der Mann, der Indien aufteilen, der Gandhi umbringen wollte. Politische Schwergewichte der »*garam dal*« (der militanten Fraktion der Kongresspartei) und der »*naram dal*« (der moderaten Fraktion), darunter Tagore, Nehru und C. Rajagopalachari schlugen sich auf Gandhis Seite. Um Gandhi zu beschwichtigen, teilten Hindus aus privilegierten Kasten demonstrativ ihr Essen auf der Straße mit Unberührbaren, und viele Hindu-Tempel öffneten die Türen für sie, wenn auch nur vorübergehend. Hinter diesen Gesten des Entgegenkommens bauten sich Spannungen auf. Mehrere Anführer der Unberührbaren befürchteten, dass Ambedkar verantwortlich gemacht würde, sollte Gandhi sterben, und dies wiederum könnte das Leben unschuldiger Unberührbarer gefährden. Einer von ihnen war M. C. Rajah, der Anführer der Unberührbaren in Madras, der laut einem Augenzeugen der Ereignisse sagte:

Seit Jahrtausenden werden wir als Unberührbare behandelt, geknechtet, beleidigt, verachtet. Der Mahatma riskiert sein Leben für uns, und wenn er stirbt, werden wir die nächsten Jahrtausende genauso daran sein wie jetzt, wenn nicht schlimmer. Das Gefühl, dass wir seinen Tod verschuldet haben, wird so stark sein, dass uns die gesamte Hindu-Gemeinde und die gesamte zivilisierte Welt noch weiter nach unten treten werden. Ich bin nicht länger an deiner Seite. Ich werde an der Konferenz teilnehmen und eine Lösung finden und mich von dir lossagen.[239]

Was konnte Ambedkar tun? Er versuchte es mit seinem üblichen Arsenal an Logik und Vernunft, aber die Lage war bereits zu weit fortgeschritten. Er hatte keine Chance. Nachdem Gandhi vier Tage lang gefastet hatte, besuchte ihn Ambedkar am 24. September 1932 im Gefängnis und unterschrieb den Poona-Pakt. Am nächsten Tag hielt er in Bombay eine öffentliche Rede und sprach untypisch liebenswürdig über Gandhi: »Ich war erstaunt, dass der Mann, der bei den Gesprächen am runden Tisch so von den meinen abweichende Ansichten hatte, sofort zu meiner Rettung herbeieilte und nicht zur Rettung der anderen Seite.«[240]

Nachdem er sich von dem Trauma erholt hatte, schrieb Ambedkar:

Das Fasten hatte nichts Edles. Es war ein schändlicher und schmutziger Akt … Es war die schlimmste Form von Zwang gegen ein hilfloses Volk, um die in der Verfassung vorgesehenen Schutzmaßnahmen aufzugeben, die ihm der Premierminister zugesagt hatte, und zuzustimmen, von der Gnade der Hindus abhängig zu sein. Es war ein niederträchtiger und bösartiger Akt. Wie können die Unberührbaren so einen Mann ehrlich und aufrichtig nennen?[241]

Gemäß dem Pakt sollten die Unberührbaren statt eigener Kandidaten reservierte Sitze in den Parlamenten erhalten.

Die Anzahl der Sitze in den Provinzparlamenten wurde erhöht (von 78 auf 148), aber die Kandidaten, die auch in den von Kasten-Hindus dominierten Wahlkreisen akzeptabel sein mussten, verloren ihren Biss.[242] Onkel Tom hatte gewonnen. Gandhi hatte dafür gesorgt, dass die Führungsetage in den Händen privilegierter Kasten blieb.

In *The New Jim Crow* beschreibt Michelle Alexander,[243] wie in den USA Kriminalisierung und massenhafte Inhaftierung einem außergewöhnlich hohen Prozentsatz von Afroamerikanern das Wahlrecht genommen haben. Auf eine viel hinterhältigere Weise hat in Indien ein scheinbar großzügiges Wahlrecht praktisch die Entrechtung der Dalits sichergestellt.

Was Ambedkar als schändlichen und schmutzigen Akt bezeichnete, war für andere nichts weniger als ein göttliches Wunder. Louis Fischer, Autor der vielleicht am weitesten verbreiteten Gandhi-Biographie, schreibt:

> Das Fasten konnte den über 3000 Jahre alten Fluch der Unberührbarkeit nicht unschädlich machen ... aber nach dem Fasten war die öffentliche Zustimmung zur Unberührbarkeit verwirkt; der Glaube daran war zerstört ... Gandhis »episches Fasten« zerschnitt eine lange Kette, die bis in die Antike zurückreichte und Abermillionen versklavt hatte. Manche Kettenglieder blieben intakt. Viele Wunden, die die Kette verursacht hatte, verheilten nicht. Aber niemand schmiedete neue Glieder, niemand verband die Glieder wieder miteinander. ... Er [der Poona-Pakt] setzte eine religiöse Reformation in Gang, eine psychologische Revolution. Der Hinduismus trieb eine 1000-jährige Krankheit aus. Die Massen reinigten sich in der Praxis ... Hätte Gandhi im Leben nichts anderes getan, als die Struktur der Unberührbarkeit zu zerbrechen, er wäre ein großer Sozialreformer gewesen ... Gandhis Leiden verursachte seinen Bewunderern stellvertretenden Schmerz, die wussten, dass sie Gottes Gesandten auf Erden nicht töten durften. Es wäre böse gewesen, sein Leiden zu verlängern. Es war segensreich, ihn zu retten, indem sie gut waren zu denen, die er »Kinder Gottes« nannte.[244]

Gandhi revidierte seinen Standpunkt bei den Gesprächen am runden Tisch und war willens, Ambedkars Unterschrift als Vertreter der Unberührbaren auf dem Pakt zu akzeptieren. Er selbst unterschrieb ihn nicht, aber die Liste der anderen Unterzeichner ist interessant: G. D. Birla, Gandhis industrieller Gönner; Pandit Madan Mohan Malaviya, ein konservativer Führer der Brahmanen und Gründer der rechtsgerichteten Hindu Mahasabha (bei der Gandhis späterer Mörder, Nathuram Godse, Mitglied war); V. D. Savarkar, angeklagt der Verschwörung zu Gandhis Ermordung, zeitweiliger Präsident der Mahasabha; Palwankar Baloo, ein unberührbarer Kricketspieler aus der Kaste der Chambhar und früher von Ambedkar als sportliches Idol gefeiert, den die Hindu Mahasabha und der Kongress als Gegner Ambedkars aufbauten;[245] und natürlich M. C. Rajah (der viel später seine Zusammenarbeit mit Gandhi, der Hindu Mahasabha und dem Kongress bereute).[246]

»Säkularisten« behaupten, einer der (vielen) Gründe, warum auf Kritik an Gandhi in Indien nicht nur mit Stirnrunzeln reagiert wird, sondern oft auch mit Zensur, sei, dass Hindu-Nationalisten (aus deren Mitte Gandhis Mörder stammten und deren Stern heute in Indien am Aufsteigen ist) diese Kritik aufgreifen und zu ihrem Vorteil wenden würden. Fakt ist, dass zwischen Gandhis Ansicht zum Kastensystem und denen der Hindu-Rechten nie ein großer Unterschied bestand. Aus der Perspektive von Dalits erscheint Gandhis Ermordung wie ein Brudermord und nicht wie der Meuchelmord eines ideologischen Widersachers. Sogar heute noch beruft sich Narendra Modi, der aggressivste Verfechter des Hindu-Nationalismus und seit 2014 Premierminister Indiens, in öffentlichen Reden ohne jegliches Unbehagen auf Gandhi. (Modi berief sich auf Gandhi, um in Gujarat zwei

Gesetze einzuführen, die sich gegen Minderheiten richten – das Anti-Konversionsgesetz von 2003, der sogenannte Gujarat Freedom of Religion Act und 2011 den Zusatz zu dem alten Kuh-Schlacht-Gesetz.[247]) Viele von Modis Verlautbarungen finden im Mahatma Mandir in Gandhinagar statt, einer brandneuen Konferenzhalle, deren Fundament den in speziellen Urnen angelieferten Sand aus allen 18 000 Dörfern in Gujarat enthält. Viele dieser Dörfer praktizieren bis heute entsetzliche Formen der Unberührbarkeit.[248]

Nach dem Poona-Pakt verwandte Gandhi all seine Energie und Leidenschaft auf die Ausrottung der Unberührbarkeit. Als Erstes benannte er die Unberührbaren um und gab ihnen einen gönnerhaften Namen: Harijans. »Hari« ist die Bezeichnung für einen männlichen Gott im Hinduismus, »jan« bedeutet Volk. Harijans sind das Volk Gottes, um sie noch weiter zu infantilisieren, werden sie in der Übersetzung »Kinder Gottes« genannt. Auf diese Weise verankerte Gandhi die Unberührbaren fest im hinduistischen Glauben.[249] Er gründete eine Zeitung mit dem Namen *Harijan*. Er rief eine Harijan Sevak Sangh (Harijan-Einsatzgesellschaft) ins Leben und bestand darauf, dass dort nur Hindus aus privilegierten Kasten Dienst taten, um für ihre früheren Sünden gegen Unberührbare Buße zu tun. Ambedkar sah darin den Plan der Kongresspartei, »die Unberührbaren durch Freundlichkeit umzubringen«.[250]

Gandhi reiste durchs Land und predigte gegen die Unberührbarkeit. Er wurde von Hindus, die noch konservativer waren als er, gestört und angegriffen, aber er ließ sich nicht von seinem Kurs abbringen. Alles, was passierte, wurde eingespannt, um die Unberührbarkeit auszumerzen. Im Januar 1934 gab es in Bihar ein starkes Erdbeben, bei dem fast 20 000 Menschen umkamen. Am 24. Februar schockte Gandhi seine

Kollegen im Kongress, als er in *Harijan* schrieb, das Erdbeben sei die Strafe Gottes für die Praxis der Unberührbarkeit. Nichts davon hielt die Kongresspartei davon ab, weiterhin an einer Tradition festzuhalten, die sie erfunden hatte: Sie stellte 1934 wieder unberührbare Scheinkandidaten für die landesweiten Wahlen auf.[251]

Offenbar konnte sich Gandhi keine andere Rolle für die Unberührbaren vorstellen als die Rolle des Opfers, das versorgt werden musste. Dass sie auch psychologisch fest im Kastensystem verankert waren, dass auch sie aus 1000-jähriger Konditionierung herausgerissen werden mussten, um sich nicht mehr für Untermenschen zu halten, war eine furchterregende Vorstellung für Gandhi. Der Poona-Pakt sollte das politische Erwachen der Unberührbaren entschärfen oder zumindest verzögern.

Gandhis Kampagne rieb allerdings Balsam auf jahrhundertealte Wunden. Vielen Unberührbaren, die daran gewöhnt waren, terrorisiert, gemieden und brutal behandelt zu werden, flößten diese missionarischen Aktivitäten Gefühle der Dankbarkeit und Verehrung ein. Gandhi wusste das. Er war Politiker. Ambedkar war es nicht. Oder zumindest kein sehr guter Politiker. Gandhi wusste, wie man aus Wohltätigkeit ein Event, ein Theaterstück, ein spektakuläres Feuerwerk macht. Während der Doktor nach einer dauerhaften Heilung suchte, reiste der Heilige durchs Land und verteilte Placebos.

Das Hauptanliegen der Harijan Sevak Sangh war es, die privilegierten Kasten davon zu überzeugen, ihre Tempel für die Unberührbaren zu öffnen – obwohl Gandhi selbst nie in den Tempel ging. Ebenso wenig sein Sponsor G. D. Birla, der in einem Interview mit Margaret Bourke-White sagte: »Ehrlich gesagt, wir bauen Tempel, aber wir glauben nicht an Tempel. Wir bauen Tempel, um eine religiöse Mentalität zu verbreiten.«[252] Die ersten Tempel waren schon während Gandhis Fasten für Unberührbare geöffnet worden. Unter dem Druck der Harijan Sevak Sangh zogen Hunderte Tempel nach. (Manche Tempel wie der Guruvayur Tempel in Kerala weigerten sich rundheraus. Gandhi dachte daran zu fasten, überlegte es sich jedoch anders.[253]) Viele fanden allerdings Wege, Unberührbare zu demütigen und es ihnen unmöglich zu machen, einen Tempel auf würdige Weise zu betreten.

1933 wurde ein Tempelzugangsgesetz (Temple Entry Bill) ins Auge gefasst. Gandhi und der Kongress unterstützten es begeistert. Doch als offensichtlich wurde, dass die privilegierten Kasten dagegen waren, machten sie einen Rückzieher.[254]

Ambedkar stand dem Tempelzugangsprogramm skeptisch gegenüber. Er sah, dass es eine ungeheure psychologische Wirkung auf die Unberührbaren hatte, aber er erkannte es als Beginn der »Assimilierung« – der Hinduisierung und Brahmanisierung der Unberührbaren, die sie zu gefestigten Partner ihrer eigenen Erniedrigung machten. Wenn die »Infektion der Imitation« des Brahmanismus Unberührbare schon befallen hatte, obwohl sie jahrhundertlang die Tempel nicht betreten durften, was würde der freie Zugang zu Tempeln mit ihnen anstellen? Am 14. Februar 1933 äußerte sich Ambedkar zum Tempelzugang:

> Die unterdrückten Klassen wünschen eine Religion, die ihnen Gleichheit des sozialen Status ermöglicht … nichts kann hassenswerter und schändlicher sein, als eingestandenes soziales Unrecht mit religiösen Gründen zu rechtfertigen. Die unterdrückten Klassen sind nicht in der Lage, Ungerechtigkeiten, denen sie unterworfen sind, abzuwehren. Aber sie sind entschlossen, keine Religion zu tolerieren, die die Weiterführung dieser Ungerechtigkeiten unterstützt.[255]

Ambedkar wiederholte nur, was ein 14-jähriges unberührbares Mang-Mädchen, Muktabai Salve, lange vor ihm gesagt hatte. Sie war Schülerin in der Schule für unberührbare Kinder, die Jotiba und Savitri Phule in Poona leiteten. 1855 sagte sie: »Die Religion, die nur eine Person privilegiert und dem Rest alles vorenthält, soll von der Erde verschwinden, und möge es uns nie einfallen, stolz auf so eine Religion zu sein.«[256]

Ambedkar wusste aus Erfahrung, dass Christentum, Sikhismus, Islam und Zoroastrismus anfällig für die Praxis der Kastendiskriminierung waren. 1934 wurde diese Erfahrung aufgefrischt. Er besuchte mit Freunden und Kollegen das Fort von Daulatabad im Fürstentum Hyderabad. Staubig und müde von der Reise, machten Ambedkar und seine Freunde halt, um an einem öffentlichen Wasserspeicher zu trinken und sich das Gesicht zu waschen. Sie wurden umzingelt von einem Mob wütender Muslime, die sie »Dheds« (ein pejorativer Ausdruck für Unberührbare) nannten. Sie wurden beleidigt und daran gehindert, das Wasser zu benutzen. »Das beweist«, schrieb Ambedkar in seinen *Autobiographischen Notizen*, »dass eine Person, die für einen Hindu unberührbar ist, auch für einen Mohammedaner unberührbar ist.«[257]

Ein neues spirituelles Zuhause war nirgendwo in Sicht.

Dennoch schwor Ambedkar 1935 bei der Konferenz von Yeola dem Hinduismus ab. 1936 veröffentlichte er den aufrüttelnden (und überbewerteten, wie Gandhi gönnerhaft kommentierte) Text *Abschaffung des Kastenwesens*, in dem er die Gründe für seine Entscheidung darlegte.

Im gleichen Jahr leistete auch Gandhiji einen denkwürdigen Beitrag zur Literatur. Er war jetzt 68 Jahre alt. Er verfasste den klassischen Aufsatz »Der ideale Bhangi«:

Die Pflicht des Brahmanen ist es, für die Reinheit der Seele zu sorgen, dem Bhangi obliegt die Reinheit des gesellschaftlichen Körpers … dennoch hat unsere klägliche indische Gesellschaft den Bhangi als sozialen Paria gebrandmarkt, ihn ganz unten auf der Leiter angesiedelt, misshandelt und tritt ihn, dieses Geschöpf, das von den Resten der Kasteninder leben und sein Dasein auf dem Misthaufen fristen muss.

Wenn wir nur den Status des Bhangi als dem des Brahmanen ebenbürtig anerkannt hätten, wären unsere Dörfer und erst recht ihre Bewohner ein Abbild von Sauberkeit und Ordnung. Ohne zu zögern oder zu zweifeln, erlaube ich es mir deswegen, zu behaupten, dass unsere Gesellschaft erst dann gesund, wohlhabend, friedlich und glücklich sein wird, wenn der unfaire Unterschied zwischen Brahmane und Bhangi aufgehoben ist.

Dann skizziert er, welche Ausbildungsvoraussetzungen, praktischen Fähigkeiten und guten Umgangsformen ein idealer Bhangi haben sollte:

Welche Eigenschaften sollte ein geehrter Diener der Gesellschaft in seiner Person veranschaulichen? Meiner Meinung nach sollte der ideale Bhangi über gründliche Kenntnisse von sanitären Einrichtungen verfügen. Er sollte wissen, wie die richtige Art von Latrine gebaut und auf korrekte Weise gereinigt wird. Er sollte wissen, wie man den Geruch von Exkrementen überwältigt und ausschaltet, und die Desinfektionsmittel kennen, die sie unschädlich machen. Ebenso sollte er wissen, wie man Urin und Fäkalschlamm in Dünger umwandelt. Aber das ist nicht alles. Mein idealer Bhangi kennt die Qualität von Fäkalschlamm und Urin. Er wird sie genau im Auge behalten und Betroffene rechtzeitig warnen.[258]

Im *Manusmriti* steht, dass ein Shudra keinen Reichtum anhäufen soll, auch wenn er dazu in der Lage ist, denn ein Shudra, der Reichtum anhäuft, verärgert den Brahmanen.[259] Gandhi, ein Bania, für den das *Manusmriti* Wucher als göttliche Berufung vorgibt, sagt: »Ein idealer Bhangi, der seinen Lebensunterhalt durch seinen Beruf bestreitet, sieht ihn als seine heilige Pflicht. Mit anderen Worten, er würde nicht im Traum daran denken, Reichtum mit seinem Beruf anzuhäufen.«[260]

Siebzig Jahre später bewies Narendra Modi in seinem Buch *Karmayogi* (das er nach Protesten der Balmiki-Gemeinde zurückzog), dass er ein fleißiger Schüler des Mahatma war:

> Ich glaube nicht, dass sie diese Arbeit nur machen, um leben zu können. Wäre es so gewesen, hätten sie diese Art Arbeit nicht Generation für Generation gemacht … Zu irgendeinem Zeitpunkt muss jemand die Erleuchtung gehabt haben, dass es ihre Pflicht ist, für das Glück der gesamten Gesellschaft und der Götter zu arbeiten; dass sie diese Arbeit, die ihnen die Götter auferlegt haben, tun müssen; und diese Arbeit sollte als interne spirituelle Aktivität noch für Jahrhunderte fortgesetzt werden.[261]

Die Militanten und die Moderaten mögen heutzutage unterschiedlichen politischen Parteien angehören, doch ideologisch sind sie nicht so weit voneinander entfernt, wie wir glauben.

Wie alle anderen Hindu-Reformer war auch Gandhi beunruhigt von Ambedkars Aussage, dass er dem Hinduismus abgeschworen hatte. Er war strikt dagegen, dass Unberührbare die Religion wechselten. Im November 1936 sagte Gandhi in einem heute berühmten Gespräch mit John Mott – einem amerikanischen Evangelikalen und Vorsitzenden des International Missionary Council:

> Es schmerzte mich zu sehen, wie Christen mit Muslimen und Sikhs darum wetteiferten, die Anzahl ihrer Gläubigen zu vergrößern. Es schien mir ein hässlicher Vorgang und eine Travestie der Religion.

Sie hielten sogar geheime Konklave mit Dr. Ambedkar ab. Ich hätte ihre Gebete für die Harijans verstanden und geschätzt, aber sie haben an die appelliert, die nicht intelligent genug sind, um überhaupt zu verstehen, wovon sie sprechen; sie sind sicherlich nicht intelligent genug, um zwischen Jesus und Mohammed und Nanak und so weiter zu unterscheiden … Wenn Christen sich dieser Reformbewegung anschließen wollen, dann ohne die Idee der Konversion.
J. M.: Abgesehen von diesem ungebührlichen Wettbewerb, sollten sie nicht die Heilsbotschaft predigen, damit sie angenommen wird?
G.: Würden Sie, Dr. Mott, einer Kuh die Heilsbotschaft predigen? Nun, manche Unberührbare verstehen weniger als eine Kuh. Ich meine, sie können genauso wenig wie eine Kuh zwischen den relativen Verdiensten des Islams und des Hinduismus und des Christentums unterscheiden. Man kann nur durch die eigene Lebensweise predigen. Die Rose sagt nicht: »Komm und rieche an mir.«[262]

Es stimmt, dass sich Gandhi oft widersprochen hat. Es stimmt auch, dass er bemerkenswert konsequent sein konnte. Über ein halbes Jahrhundert – während seines gesamten Erwachsenenlebens – waren seine Urteile über die Eigenschaften von Schwarzafrikanern, Unberührbaren und die arbeitende Klasse konsequent beleidigend. Seiner Weigerung, den Arbeitern und Unberührbaren zu gestatten, ihre eigenen politischen Organisationen zu bilden und ihre eigenen Vertreter zu wählen (was Ambedkar als fundamentales Bürgerrecht betrachtete), blieb er konsequent treu.[263]

Gandhis politische Instinkte waren von großem Vorteil für die Kongresspartei. Seine Kampagne für den Zugang zu Tempeln ließ die unberührbare Bevölkerung massenhaft zum Kongress überlaufen.

Obwohl Ambedkar einen hervorragenden Intellekt besaß, hatte er kein Gespür für den richtigen Zeitpunkt, es fehlte ihm die Doppelzüngigkeit, die Gerissenheit und die Skrupellosigkeit, die ein guter Politiker braucht. Seine Wählerschaft waren die Ärmsten, die am stärksten Unterdrückten der Gesellschaft. Er hatte keine finanzielle Unterstützung. 1942 machte Ambedkar aus der Independent Labour Party die sich selbst wesentlich stärker einschränkende Scheduled Castes Federation. Der Zeitpunkt war falsch gewählt. Der Unabhängigkeitskampf nahm wieder Fahrt auf. Gandhi hatte die Quit-India-Bewegung ausgerufen. Die Forderung der Muslimliga nach einem eigenen Staat gewann an Zugkraft, und eine Weile lang war die Kastenfrage weniger wichtiger als das Hindu-Muslim-Thema.

Mitte der 1940er Jahre, als die Teilung des Landes drohte, waren die untergeordneten Kasten in mehreren Bundesstaaten vom Hinduismus »assimiliert« worden. Sie nahmen an Versammlungen militanter Hindus teil; in Noakhali in Bengalen zum Beispiel bildeten sie die Bürgerwehr im Vorfeld des von der Teilung verursachten Blutbads.[264]

1947 wurde Pakistan die erste islamische Republik der Welt. Über 60 Jahre später, während der Krieg gegen den Terror in vielen Avataren weitergeht, wendet sich der politische Islam nach innen, verengt und verhärtet sich. Währenddessen expandiert und verbreitert sich der politische Hinduismus. Heutzutage wird sogar die Bhakti-Bewegung als eine Form von populärem Volkshinduismus »assimiliert«.[265] Der moderate Flügel, der sich häufig als »säkularer Nationalismus« verkleidet, hat Jotiba Phule, Pandita Ramabai und sogar Ambedkar, die allesamt den Hinduismus anprangerten, zurück in die »Hindu-Familie« geholt als Persönlichkeiten, auf die Hindus »stolz« sein können.[266] Ambedkar wird auch noch auf eine andere Weise assimiliert – als Gandhis Juniorpartner in ihrem gemeinsamen Kampf gegen die Unberührbarkeit.

Die Angst vor der Demographie hat nicht nachgelassen. Rassistische Hindu-Organisationen wie die Rashtriya

Swayamsevak Sangh und die Shiv Sena arbeiten hart (und erfolgreich) daran, Dalits und Adivasi in die »Hindu-Familie« zu holen. In den Wäldern Zentralindiens, wo ein Krieg um Bodenschätze geführt wird, führen die Vishwa Hindu Parishad (VHP) und die Bajrang Dal (beide Organisationen sind lose mit der RSS verbunden) Massenkonversionsprogramme namens *ghar wapsi* – Heimkehr – durch, um Adivasi zum Hinduismus zu »rekonvertieren«. Hindus aus privilegierten Kasten, die stolz darauf sind, Nachfahren von arischen Invasoren zu sein, überreden indigene autochthone Stammesmitglieder, heimzukehren. Man hat das Gefühl, dass in diesem Teil der Welt Ironie keine literarische Option mehr ist.

Dalits, die in die »Hindu-Familie« zurückgeholt wurden, dienen einem anderen Zweck: Sie müssen als Sündenböcke für Verbrechen, die privilegierte Kasten begehen, herhalten.

2002 ging ein Zugwaggon im Bahnhof Godhra, Gujarat, auf mysteriöse Weise in Flammen auf, und 58 Hindu-Pilger verbrannten. Ohne dass ihre Schuld wirklich nachgewiesen war, wurden ein paar Muslime als Täter verhaftet. Die Muslime galten kollektiv als Schuldige. Während der nächsten Tage führten die VHP und die Bajrang Dal ein Pogrom an, bei dem über 2000 Muslime getötet, Frauen mehrfach vergewaltigt, bei helllichtem Tag lebendig verbrannt und 150 000 Menschen aus ihren Häusern vertrieben wurden.[267] Nach dem Pogrom wurden 287 Personen gemäß dem Gesetz zur Verhinderung von Terrorismus (Prevention of Terrorism Act, POTA) verhaftet. 286 von ihnen waren Muslime, einer war ein Sikh.[268] Die meisten von ihnen sitzen immer noch im Gefängnis.

Wenn Muslime die »Terroristen« waren, wer waren die Mitglieder des Mobs? In seinem Aufsatz »Blut unter Safran: Der Mythos der Dalit-Muslim-Konfrontation« schreibt Raju

Solanki, Dalit und Autor aus Gujarat, der das Muster der Verhaftungen studiert hat, dass von den 1577 »Hindus«, die festgenommen wurden (selbstverständlich nicht nach dem POTA), 747 Dalits waren und 797 Other Backward Classes angehörten. 19 waren Patels, zwei waren Banias, zwei waren Brahmanen, der Rest andere Kasten-Hindus. Muslime wurden in mehreren Städten und Dörfern in Gujarat massakriert. Solanki weist darauf hin, dass kein einziges Massaker in *Bastis* stattfand, in denen Dalits und Muslime zusammen lebten.[269]

Narendra Modi, damals und insgesamt dreimaliger Chief Minister von Gujarat und heute Premierminister Indiens, hat das Pogrom zu verantworten. Obwohl er ein Shudra ist, hat er sich bei der Hindu-Rechten beliebt gemacht, indem er offener und ruchloser gegen Muslime wettert als alle anderen indischen Politiker. Als er in einem Interview gefragt wurde, ob ihm leidtue, was 2002 in Gujarat passiert sei, sagte er: »Ob ich selbst ein Auto fahre oder jemand anders den Wagen steuert und ich hinten sitze, wenn ein Welpe unter die Räder kommt, wird es schmerzlich sein, oder? Natürlich ist es das. Ob ich nun Chief Minister bin oder nicht, ich bin ein Mensch. Wenn irgendwo etwas Schlimmes passiert, ist man selbstverständlich traurig.«[270]

So offen rassistisch in jeder Beziehung die Hindu-Rechte ist, um in der Mainstream-Politik Fuß zu fassen, machen sogar radikale Dalits gemeinsame Sache mit ihr. Mitte der 1990er Jahre trat der bemerkenswerte Dalit-Dichter und einer der Gründer der Dalit Panthers, Namdeo Dhasal der Shiv Sena bei. Bei einer Buchpräsentation 2006 saß Dhasal gemeinsam mit dem Chef der RSS, K. S. Sudarshan, auf dem Podium und lobte die Anstrengungen der RSS um gleiche Rechte.[271]

Es ist leicht, Dhasals Handeln als unverzeihlichen Kompromiss mit Faschisten abzutun. In der parlamentarischen Demokratie mussten die Dalits nach dem Poona-Pakt – oder vielmehr *wegen* des Poona-Pakts – Allianzen eingehen mit Bewegungen, deren Interessen ihren eigenen Zielen widersprechen. Für Dalits ist der Unterschied zwischen der Hindu-Rechten und der Hindu-Linken nicht so groß, wie er anderen erscheinen mag.

Trotz des unseligen Poona-Pakts gab Ambedkar die Idee eigener Kandidaten nicht völlig auf. Leider erlitt seine zweite Partei, die Scheduled Castes Federation, bei den Provinzwahlen 1946 eine Niederlage. Dies bedeutete, dass Ambedkar seinen Sitz im Exekutivrat verlor, der 1946 gebildet worden war. Das war ein harter Schlag, weil Ambedkar seine Position in diesem Gremium unbedingt nutzen wollte, um Mitglied des Komitees zu werden, das die indische Verfassung ausarbeiten sollte. Um von außen Druck auf das Komitee auszuüben, publizierte Ambedkar im März 1947 ein Dokument mit dem Titel *Staaten und Minoritäten* – seinen Verfassungsvorschlag für die »Vereinigten Staaten von Indien« (eine Idee, deren Zeit vielleicht gekommen ist). Glücklicherweise schickte die Muslimliga Jogendranath Mandal, einen Kollegen Ambedkars und Führer der Scheduled Castes Federation in Bengalen als einen ihrer Kandidaten in den Exekutivrat. Mandal sorgte dafür, dass Ambedkar in der Provinz Bengalen in das Verfassungskomitee gewählt wurde. Aber wieder hatte er Pech. Nach der Teilung fiel Ostbengalen an Pakistan, und Ambedkar verlor seinen Posten erneut. In einer Geste des guten Willens und vielleicht weil ansonsten niemand der Aufgabe so gut gewachsen war wie Ambedkar, ernannte der Kongress Ambedkar für das Komitee. Im August 1947 wurde Ambedkar der erste Justizminister und Vorsitzender des Komitees, das die Verfassung entwerfen sollte. Auf der anderen Seite der Grenze wurde Jogendranath Mandal der erste Justizminister Pakistans.[272] Es war erstaunlich, dass trotz des Chaos und der Vorurteile die ersten Justizminister in Indien und Pakistan Dalits waren. Mandal war schließlich so enttäuscht von Pakistan, dass er nach Indien zurückkehrte. Auch Ambedkar war enttäuscht, aber er konnte nirgendwo anders hingehen.

Die indische Verfassung spiegelt die Ansichten der Mitglieder aus privilegierten Kasten stärker wider als Ambedkars. Dennoch fanden mehrere Schutzmaßnahmen für Unberührbare, die er in *Staaten und Minoritäten* skizziert hatte, Eingang. Ambedkars radikalere Vorschläge wie Verstaatlichung von Landwirtschaft und Schlüsselindustrien wurden nicht angenommen. Nach der Arbeit an der Verfassung war Ambedkar mehr als nur ein bisschen unglücklich. Im März 1955 sagte er in der Rajya Sabha (das Oberhaus des indischen Parlaments): »Die Verfassung war ein wunderbarer Tempel, den wir für die Götter gebaut haben, aber bevor sie ihn beziehen konnten, haben die Teufel davon Besitz ergriffen.«[273] 1954 kandidierte Ambedkar ein letztes Mal für die Scheduled Castes Federation und verlor.

Ambedkar war enttäuscht vom Hinduismus mit seinen Hohepriestern, seinen Heiligen und seinen Politikern. Doch aus der Reaktion auf die Öffnung der Tempel erfuhr er, wie sehr die Menschen sich danach sehnen, einer spirituellen Gemeinschaft anzugehören, und wie unzureichend eine Charta der Bürgerrechte und eine Verfassung dieses Bedürfnis erfüllt.

Nach 20 Jahren des Nachdenkens, in denen er den Islam und das Christentum studierte, wandte sich Ambedkar dem Buddhismus zu. Auch das tat er auf seine eigene kantige

Weise. Er misstraute dem klassischen Buddhismus, der Art und Weise, wie buddhistische Philosophie benutzt wurde und wird, um Kriege und unvorstellbare Grausamkeiten zu rechtfertigen. (Ein Beispiel ist die Version des Staatsbuddhismus in Sri Lanka, dem mindestens 40 000 ethnische Tamilen zum Opfer gefallen sind. 300 000 Menschen wurden 2009 vertrieben.[274]) Ambedkars Buddhismus, der »Navayana-Buddhismus«[275] oder der Vierte Weg, unterscheidet zwischen Religion und Dhamma. »Der Zweck der Religion ist, das Entstehen der Welt zu erklären«, sagte Ambedkar und klang dabei wie Karl Marx, »der Zweck von Dhamma ist, die Welt zu rekonstruieren.«[276] Am 14. Oktober 1956, nur wenige Monate vor seinem Tod, legten Ambedkar, Sharda Kabir, seine zweite Frau, die Brahmanin war, und eine halbe Million Anhänger in Nagpur den Eid der Drei Juwelen und Fünf Silas ab und konvertierten zum Buddhismus. Es war sein radikalster Akt. Er markierte seine Abwendung vom westlichen Liberalismus und seiner rein materialistischen Vision einer auf »Rechten« basierenden Gesellschaft, deren Ursprung mit dem Aufstieg des modernen Kapitalismus zusammenfiel.

Ambedkar hatte nicht genug Geld, um sein Werk über den Buddhismus, *Der Buddha und sein Dhamma* drucken zu lassen, bevor er starb.[277]

Er trug Anzüge, ja. Aber er starb verschuldet.

Und was ist mit uns?

Obwohl das Zeitalter, in dem wir leben, Kali Yuga[278] genannt wird, könnte Ram Rajya gleich um die Ecke warten. Die Babri-Moschee aus dem 14. Jahrhundert, angeblich auf dem Geburtsort von Lord Ram erbaut, wurde am 6. Dezember 1992, dem Jahrestag von Ambedkars Tod, von Hindu-Sturmtruppen dem Erdboden gleichgemacht. Wir warten ängstlich darauf, dass an der Stelle ein großer Ram-Tempel errichtet wird. Wie Mahatma Gandhi es sich wünschte, konnte der Reiche all seine Besitztümer (und auch die der anderen) behalten. Chaturvarna regiert unangefochten: Die Brahmanen kontrollieren überwiegend das Wissen; die Vaishyas kontrollieren den Handel. Die Kshatriyas haben schon bessere Tage gesehen, aber sie sind größtenteils noch immer Landbesitzer. Die Shudras leben im Keller des Großen Hauses und halten Eindringlinge im Zaum. Die Adivasi kämpfen um ihr Überleben. Und die Dalits – nun, das haben wir gesehen.

Kann das Kastenwesen abgeschafft werden?

Nicht, wenn wir nicht den Mut aufbringen und die Sterne an unserem Firmament neu arrangieren. Nicht, wenn die, die sich Revolutionäre nennen, keine radikale Kritik des Brahmanismus entwickeln. Nicht, wenn die, die den Brahmanismus verstehen, ihre Kritik am Kapitalismus nicht verschärfen.

Und nicht, wenn wir Babasaheb Ambedkar nicht lesen. Wenn schon nicht in den Klassenzimmern, dann außerhalb davon. Bis dahin werden wir, wie er es nannte, »die kranken Männer« und Frauen von Hindustan bleiben, die offenbar nicht gesund werden wollen.

Mein aufrührerisches Herz

An einem milden Februarabend, als mir bewusst war, dass es nicht gut lief, tat ich, was ich nur selten tue. Ich setzte Kopfhörer auf und schaltete den Fernseher ein. Obwohl ich die Serie der jüngsten Ereignisse – Morde und Lynchmorde, Polizeirazzien auf Universitätsgeländen, Festnahmen von Studenten und erzwungenes Flaggenschwenken –, nicht kommentiert hatte, wusste ich, dass mein Name noch immer auf der Liste der schlimmsten »Antinationalen« stand.

An diesem Abend begann ich mir Sorgen zu machen, dass ich zusätzlich zur Anklage wegen Missachtung des Gerichts (wegen »Einmischung in die Rechtsprechung«, »Beschimpfung der indischen Regierung, der Regierungen der Bundesstaaten, des Polizeiapparats und der Gerichte« und »einer nachweislich ruppigen, unverschämten und rüpelhaften Haltung«[1]), die mir bereits drohte, auch noch angeklagt werden würde, den Tod des ewig empörten Nachrichtenmoderators von Times Now verursacht zu haben. Ich glaubte, er würde einen Schlaganfall erleiden, als er mit dem Finger die Luft durchbohrte, meinen Namen ausspuckte und der Vermutung Ausdruck verlieh, dass ich Teil einer undurchsichtigen Intrige sei, die hinter den aktuellen »antinationalen« Aktivitäten im Land stecke. Mein Verbrechen besteht ihm zufolge darin, über den Freiheitskampf in Kaschmir geschrieben und die Hinrichtung von Mohammad Afzal Guru kritisiert zu haben, mit den maoistischen Guerillas (»Terroristen« in

TV-Sprache) durch die Wälder von Bastar marschiert zu sein, ihren bewaffneten Aufstand mit meinen Vorbehalten gegen das von Indien bevorzugte Modell der »Entwicklung« in Verbindung gebracht *und* – nach einer wütenden höhnischen Pause – sogar die Atomtests des Landes hinterfragt zu haben.

Es ist richtig, dass meine Ansichten zu diesen Sachverhalten von denen des Establishments abweichen. In besseren Zeiten galt das als kritischer Standpunkt oder alternative Weltsicht. Dieser Tage wird es in Indien Aufruhr genannt.

Der Gnade einer zunehmend skrupellosen, demokratisch gewählten Regierung ausgeliefert, fragte ich mich, ob ich nicht manche meiner Ansichten überdenken sollte. Ich erinnerte mich zum Beispiel an eine Rede, die ich 2004 kurz vor der Bush-Kerry-Wahl bei der jährlichen Konferenz des Amerikanischen Soziologenverbands gehalten und dabei scherzhaft gesagt hatte, dass die Wahl zwischen den Demokraten und den Republikanern – oder ihren Äquivalenten in Indien, der Kongresspartei und der Bharatiya Janata Partei (BJP) – mit der Entscheidung zwischen »Tide« und »Ivory Snow« zu vergleichen sei, zwei Waschpulversorten, die beide derselben Firma gehören. Kann ich angesichts dessen, was derzeit geschieht, diesen Glauben wirklich beibehalten?

Wenn es um Pogrome gegen nicht hinduistische Glaubensgemeinschaften geht oder darum wegzuschauen, wenn Dalits abgeschlachtet werden, oder darum, dafür zu sorgen, dass die Macht und der Reichtum in den Händen einer winzigen Minderheit dominierender Kasten bleiben, oder darum, Reformen im Schlepptau provozierter religiöser Konflikte einzuschmuggeln, oder darum, Bücher zu verbieten, dann gibt es kaum Unterschiede zwischen dem Kongress und der BJP. (Wenn es um die Gräuel geht, die in Gegenden wie Kaschmir, Nagaland oder Manipur verübt wurden, dann sind sich alle

Parteien im Parlament, darunter die zwei größeren linken Parteien, einig in ihrer unmoralischen Haltung.)

Ist es angesichts dieser Erfolgsbilanz von Bedeutung, dass sich die Ideologien der Kongresspartei und der BJP grundlegend unterscheiden? Wie immer seine Praxis aussieht, der Kongress *behauptet*, eine säkulare liberale Demokratie zu vertreten, während die BJP den Säkularismus verhöhnt und an ein Indien glaubt, das im Wesentlichen ein »Hindu Rashtra« – eine Hindu-Nation ist. Heuchelei à la Kongress ist eine ernste Sache. Sie ist schlau – sie beschlägt die Spiegel, und wir tappen blind herum. Doch die Bigotterie laut und stolz zu verkünden, sie wie die BJP ans Tageslicht zu zerren, ist eine Herausforderung für die sozialen, juristischen und moralischen Fundamente, auf denen das moderne Indien (angeblich) steht. Es wäre ein Irrtum anzunehmen, dass das, was heute passiert, die übliche Verhaltensweise prinzipienloser, blutrünstiger politischer Parteien ist.

Auch wenn die Idee von Indien als Hindu Rashtra ständig mit einer Aura des Uralten umgeben wird, ist sie doch erstaunlich jung. Und sie hat ironischerweise mehr mit repräsentativer Demokratie zu tun als mit Religion. Die Menschen, die sich heute Hindus nennen, identifizierten sich historisch gesehen über ihre *jati*, ihre Kaste. Als Gemeinschaft funktionierten sie als lockere Koalition endogamer Kasten, die in einer strikten Hierarchie organisiert sind. (Entgegen all dem Gerede von Einheit und Nationalismus überschreiten auch heute nur 5 Prozent aller Eheschließungen in Indien Kastengrenzen. Und junge Leute laufen Gefahr, dafür noch immer mit dem Leben zu bezahlen.) Da jede Kaste die jeweils unter ihr befindlichen dominieren kann, wurden alle bis auf die ganz unten dazu verlockt, sich als Teil des Systems zu betrachten. *Brahmanvaad* – Brahmanismus – ist das Wort, mit dem die Antikasten-Bewegung traditionellerweise diese Taxonomie beschreibt. Obwohl der Begriff an Aktualität verloren hat (und oft fälschlicherweise angenommen wird, dass sich Brahmanvaad lediglich auf die Gepflogenheiten und Glaubenssätze der Brahmanen als Kastengruppe bezieht), ist er eine präzisere Bezeichnung als »Hinduismus« für dieses soziale und religiöse Arrangement, weil er so alt ist wie das Kastenwesen selbst und Jahrhunderte älter als die Idee des Hinduismus.

Das ist eine brisante Behauptung, deswegen will ich bei Bhimrao Ambedkar Zuflucht suchen. »Zuvorderst und ganz entscheidend muss anerkannt werden«, schrieb er 1936 in *Abschaffung des Kastenwesens*, »dass die Hindu-Gesellschaft ein Mythos ist. Die Bezeichnung Hindu ist eine ausländische. Sie wurde den Einheimischen [die östlich des Indus lebten] von den Mohammedanern gegeben, um sich von ihnen zu unterscheiden.«[2]

Wann und warum also begannen die Menschen, die östlich des Indus lebten, sich selbst Hindus zu nennen? Gegen Ende des 19. Jahrhunderts ersetzte die Politik der repräsentativen Staatsführung (paradoxerweise von der imperialen britischen Regierung in ihrer Kolonie eingeführt) allmählich die Politik von Kaisern und Königen. Die Briten bestimmten die Grenzen des modernen Nationalstaats namens Indien, teilten das Territorium in Wahlbezirke auf und führten gewählte Körperschaften in der lokalen Selbstverwaltung ein. Schrittweise wurden aus Untertanen Bürger, aus Bürgern wurden Wähler, und Wähler bildeten Wählerschaften, die sich aus komplizierten Netzwerken alter und neuer Zugehörigkeiten, Bündnissen und Loyalitäten zusammensetzten. Von Anbeginn ihrer Existenz kämpfte die neue Nation gegen ihre Herrscher. Aber es ging nicht mehr darum, einen

Herrscher militärisch zu besiegen und den Thron zu besteigen. Die neuen Herrscher, wer immer sie sein mochten, mussten legitime Vertreter des Volkes sein. Die Politik der repräsentativen Staatsführung schuf eine neue Angst: Wer konnte mit Fug und Recht behaupten, die Ziele des Freiheitskampfes zu vertreten? Welche Wählerschaft würde die Mehrheit stellen?

Das war der Beginn dessen, was wir heute »Votebank«-Politik nennen – das heißt, ein wie immer gearteter Wählerblock unterstützt konsequent einen Kandidaten. Demographie wurde zur Obsession. Es war zwingend erforderlich, dass sich die Menschen, die sich bislang nur über ihren Kastennamen identifizierten, unter einem einzigen Banner zusammenschlossen, um die Mehrheit zu bilden. Von da an nannten sie sich Hindus. Es war eine Möglichkeit, aus einer unglaublich diversen Gesellschaft eine politische Mehrheit zu schmieden. »Hindu« bezeichnete eher eine politische Wählerschaft als eine Religionsgemeinschaft, und zwar eine, die sich so klar umrissen definieren konnte wie andere Wählerschaften – Muslime, Sikhs, Christen. Hindu-Nationalisten wie auch die offiziell »säkulare« Kongresspartei setzten ihre Ansprüche über die »Hindu-Stimmen« durch.

Ungefähr zu dieser Zeit begann eine verwirrende Kontroverse um die Menschen, die bislang »Unberührbare« oder »Kastenlose« gewesen waren, die einerseits nicht in das offizielle Kastensystem integriert waren, andererseits jedoch in eigene unterschiedliche, streng hierarchisch angeordnete Kasten aufgeteilt waren. Um das politische Chaos, in dem wir derzeit leben und in dessen Zentrum der Selbstmord des Dalit-Doktoranden Rohith Vemula steht, auch nur annähernd zu begreifen, ist es wichtig, die Kontroverse zu Beginn des 20. Jahrhunderts zu verstehen.

Um der Geisel des Kastenwesens zu entgehen, waren während der vorangegangenen Jahrhunderte Millionen Unberührbare (ich benutze das Wort nur, weil auch Ambedkar es benutzt) zum Buddhismus, zum Islam, zum Sikhismus und zum Christentum konvertiert. In der Vergangenheit hatten diese Konversionen den privilegierten Kasten keine Angst eingejagt. Als jedoch die Demographie die Bühne betrat, wurde dieser Aderlass zum Anlass akuter Sorge. Menschen, die gemieden und grausam unterdrückt worden waren, wurden auf einmal zu einem Bevölkerungsteil, der die Masse der Hindu-Wählerschaft beträchtlich vergrößern konnte. Sie mussten umworben und der Hindu-Gemeinde zugeführt werden.

Das war der Beginn der Hindu-Missionierung. Was wir heute als *ghar wapsi* oder »Heimkehr« kennen, war eine Zeremonie, die sich die herrschenden Kasten einfallen ließen, um die Unberührbaren und Adivasi, die sie als »unrein« betrachteten, zu »reinigen«. Die Idee war (und ist), diese alten und autochthonen Völker davon zu überzeugen, dass sie früher Hindus waren, und dass der Hinduismus die indigene Religion des Subkontinents ist.

Es waren nicht nur Hindu-Nationalisten der privilegierten Kasten, die versuchten, die Unberührbaren politisch zu vereinnahmen, während sie gleichzeitig das Kastensystem aufrechterhielten. Ihre Kontrahenten in der Kongresspartei taten das Gleiche. Das war die Ursache für das legendäre Patt zwischen Bhimrao Ambedkar und Mohandas Gandhi, und ist nach wie vor der Grund für die erhebliche Unruhe in der indischen Politik. Um die Vorstellung eines Hindu Rashtra dauerhaft abzusichern, muss die BJP auch heute noch eine Mehrheit der Dalits davon überzeugen, einen Glauben anzunehmen, der sie stigmatisiert und demütigt. Sie war erstaunlich erfolgreich und hat es sogar geschafft, ein paar militante Ambedkar-Anhänger unter den Dalits für sich zu rekrutieren. Es ist dieses Paradox, das die aktuelle Politik so weißglühend, so leicht entflammbar und so unvorhersehbar macht.

Seit ihrer Gründung 1925 sieht es die Rashtriya Swayamsevak Sangh (RSS), die ideologische Dachgesellschaft des Hindu-Nationalismus (und der BJP), als ihre Aufgabe, zahllose Kasten, Religionsgemeinschaften, Stämme und Ethnien dazu zu bringen, ihre Identität aufzugeben und sich hinter dem Banner des Hindu Rashtra zu scharen. Was ein bisschen so ist, als würde man versuchen, aus einer stürmischen See eine gigantische unwandelbare Steinstatue von Bharat Mata – das Ideal von Mutter Indien der Hindu-Rechten – zu meißeln. Wasser in Stein zu verwandeln mag kein erreichbares Ziel sein, doch die langjährigen Versuche der RSS haben die See verschmutzt und ihre Fauna und Flora auf nicht wiedergutzumachende Weise geschädigt. Ihre ruinöse Ideologie – bekannt als Hindutva und inspiriert von Personen wie Benito Mussolini und Adolf Hitler – propagiert öffentlich nazi-artige Säuberungsaktionen gegen indische Muslime. Gemäß der RSS-Doktrin (theoretisch ausgearbeitet von M. S. Golwalkar, dem zweiten *sarsanghchalak* oder höchsten Führer) sind die drei Hauptfeinde, die dem Hindu Rashtra im Weg stehen, Muslime, Christen und Kommunisten. Und während die RSS ihrem Ziel entgegeneilt, mag alles, was um uns herum geschieht, zwar chaotisch wirken, doch es verläuft streng nach Vorschrift.

Seit kurzem setzt die RSS Nationalismus mit Hindu-Nationalismus gleich. Sie benutzt die Begriffe wechselweise, als würden sie dasselbe bedeuten. Selbstverständlich kehrt sie die Tatsache unter den Teppich, dass Nationalismus keine

Rolle im Kampf gegen den britischen Kolonialismus spielte. Doch während die RSS den Kampf, eine britische Kolonie in eine unabhängige Nation zu verwandeln, anderen überließ, hat sie sich seitdem mehr als jede andere politische oder kulturelle Organisation dafür eingesetzt, diese unabhängige Nation in eine Hindu-Nation umzuwandeln. Vor der Gründung der BJP 1980 war die Bharatiya Jana Sangh der politische Arm der RSS. Der Einfluss der RSS geht jedoch über Parteigrenzen hinaus, und in der Vergangenheit wurde ihre schemenhafte Präsenz sogar in den ruchloseren und gewaltsameren Aktivitäten der Kongresspartei sichtbar. Die RSS verfügt heute über ein Netzwerk Zehntausender *shakas* (Zweige) und Hunderttausender Mitglieder. Sie hat eigene Gewerkschaften, eigene Bildungsinstitutionen gegründet, in denen Millionen Schüler indoktriniert werden, eine Lehrerorganisation, eine Abteilung für Frauen, eine für Medien und Öffentlichkeitsarbeit, Organisationen, die sich um das Wohlergehen der Adivasi kümmern, eigene medizinische Versorgungseinrichtungen, einen eigenen traurigen Stall von Historikern (die ihre eigene phantastische Version der Geschichte schreiben) und natürlich eine eigene Armee von Trollen in den sozialen Medien. Ihre Schwesterunternehmen, die Bajrang Dal und die Vishwa Hindu Parishad, stellen die Sturmtruppen, die organisierte Attacken auf alle die ausführen, deren Ansichten sie als Bedrohung betrachten. Abgesehen von der Gründung eigener Organisationen (die zusammen mit der BJP die Sangh Parivar bilden – die Safran-Familie) hat die RSS geduldig daran gearbeitet, ihre Schachfiguren in öffentlichen und staatlichen Institutionen zu platzieren: in Regierungsgremien, in Universitäten, in der Bürokratie und, ganz entscheidend, in den Geheimdiensten.

Dass sich diese Weitsicht und harte Arbeit eines Tages auszahlen würde, war ausgemachte Sache. Dennoch waren Phantasie und Ruchlosigkeit nötig, um es so weit zu bringen. Die meisten von uns kennen die Geschichte, aber angesichts des Gedächtnisverlustes, der uns aufgezwungen wird, ist es sachdienlich, eine Chronologie der jüngeren Vergangenheit zu erstellen. Wer weiß, Dinge, die nichts miteinander zu tun zu haben scheinen, stehen im Rückblick vielleicht doch in einem Zusammenhang. Und umgekehrt. Ich bitte demnach um Entschuldigung, wenn ich in dem Versuch, ein Muster zu dechiffrieren, möglicherweise bekanntes Territorium erkunde.

Der Aufstieg zur Macht begann mit der Ram-Janmabhumi-Bewegung. 1990 bereiste L. K. Advani, ein führender BJP-Politiker und Mitglied der RSS, das ganze Land in einem klimatisierten *rath* – Streitwagen – und rief die »Hindus« auf, sich zu erheben und einen Tempel auf der heiligen Geburtsstätte von Lord Ram zu bauen. Der Geburtsort sei, so wurde den Leuten erzählt, genau die Stelle, auf der seit dem 16. Jahrhundert die Babri-Moschee in der Stadt Ayodhya stehe. 1992, nur zwei Jahre nach seiner *rath yatra*, stand Advani daneben und sah zu, wie ein organisierter Mob die Babri-Moschee in Schutt und Asche legte. Es folgten Aufstände, Massaker und Bombenattentate. Das Land war so polarisiert wie seit der Teilung 1949 nicht mehr. 1998 bildete die BJP (die 1984 nur zwei Abgeordnete im Parlament gestellt hatte) eine Koalitionsregierung.

Als Erstes erfüllte die BJP einen von der RSS langgehegten Wunsch und führte eine Reihe Atomtests durch. Die RSS, die dreimal verboten worden war (nach der Ermordung Gandhis, während des Notstands und nach der Zerstörung der

Babri-Moschee), war jetzt endlich in einer Position, in der sie die Regierungspolitik diktieren konnte. Wir können es das Jahr des Aufstiegs nennen.

Es war nicht das erste Mal, dass Indien Atomtests durchführte, aber die Prahlerei von 1998 war etwas anderes. Es war wie eine Initiation. Die »Hindu-Bombe« sollte die bevorstehende Etablierung des Hindu Rashtra ankündigen. Innerhalb von Tagen reagierte Pakistan (das vorn lag, da es sich bereits 1956 zur Islamischen Republik erklärt hatte) mit der »Muslim-Bombe«. Und jetzt sitzen wir fest zwischen diesen zwei herumstolzierenden Gockeln, die über Atomwaffen verfügen und dazu erzogen wurden, sich gegenseitig zu hassen, die Minderheiten in ihrer Bevölkerung als Geiseln halten, und sich gegenseitig in einer Horrorshow von religiösem Chauvinismus nachäffen und zu übertreffen suchen. Und sie haben Kaschmir als Zankapfel.

Die Atomtests veränderten den Ton der öffentlichen Debatte in Indien. Sie machten sie schärfer und, so könnte man sagen, sie bewaffneten sie. In den nächsten Monaten wurden wir mit Hindu-Nationalismus zwangsernährt. Damals wie heute zirkulierten Artikel, die ein mächtiges, alles eroberndes Hindu Rashtra vorhersagten – ein wiederauflebendes Indien, das »über seine früheren Unterdrücker hereinbrechen und sie vollständig vernichten würde«. So absurd es war, der Besitz von Atomwaffen ließ Gedanken wie diesen realisierbar erscheinen. Er ermöglichte sie erst.

Man musste kein Visionär sein, um vorauszusehen, was passieren würde.

Im Jahr des Aufstiegs, 1998, wurden Christen (im wesentlichen Dalits und Adivasi), die verletzlichsten Feinde der Hindutva, auf brutale Weise verfolgt. Swami Aseemanand (der als Hauptangeklagter für das Bombenattentat auf den

Samjhauta-Express Zug 2007 landesweit Schlagzeilen machen sollte), der Anführer des religiösen Flügels des Vanvasi-Kalyan-Aschrams, der der RSS angegliedert ist, wurde in den entlegenen bewaldeten Distrikt Dang im westlichen Gujarat geschickt, um dort ein Hauptquartier einzurichten. Die gewaltsamen Angriffe begannen am 24. Dezember. In einer Woche wurden über 20 Kirchen in der Region niedergebrannt oder auf andere Weise zerstört von Mobs, die Tausende zählten und von der Hindu Dharma Jagran Manch angeführt wurden, einer Organisation, die der Vishwa Hindu Parishad und der Bajrang Dal nahestand. Bald wurde der Distrikt Dang zu einem wichtigen Zentrum von *ghar wapsi*. Zehntausende Adivasi wurden zum Hinduismus »heimgeführt«. Die Gewalt breitete sich auf andere Bundesstaaten aus.

Im Distrikt Keonjhar in Orissa wurde ein christlicher Missionar aus Australien, Graham Staines, der seit 35 Jahren in Indien arbeitete, zusammen mit seinen zwei Söhnen im Alter von sechs und zehn Jahren bei lebendigem Leib verbrannt. Der Mann, der den Angriff leitete, war Dara Singh, ein Aktivist der Bajrang Dal.

Im März 2000 absolvierte US-Präsident Bill Clinton einen offiziellen Staatsbesuch in Indien und anschließend in Pakistan. Noch nicht einmal ein Jahr war seit dem Krieg im Distrikt Kargil in Ladakh vergangen, in dem Indien die pakistanische Armee zurückgedrängt hatte, nachdem diese in einem aggressiven und provokanten Schritt Soldaten über die Demarkationslinie geschickt hatte, um einen strategisch wichtigen Posten zu besetzen. Der indischen Regierung war sehr daran gelegen, dass die internationale Gemeinschaft Pakistan als »terroristischen Staat« einstufte. Am 20. April, am Abend bevor Clinton ankommen sollte, wurden in Chittisinghpora, einem Dorf im Süden Kaschmirs, 35 Sikhs kaltblütig erschossen. Die Mörder waren angeblich Militante aus Pakistan, die Uniformen der indischen Armee getragen hatten. Es war das erste Mal, dass Militante in Kaschmir Sikhs ins Visier genommen hatten. Fünf Tage später behaupteten die Special Operations Group (SOG) und die Rashtriya Rifles, fünf der militanten Täter aufgespürt und getötet zu haben. Die verbrannten, entstellten Leichen der toten Männer steckten in neuen, nicht verbrannten Armeeuniformen. Es stellte sich heraus, dass sie Bewohner des Dorfs waren, die von der Armee entführt und in einem inszenierten Encounter getötet worden waren.

Im Oktober 2001, nur Wochen nach den Anschlägen vom 11. September in den USA, setzte die BJP Narendra Modi als Chief Minister in Gujarat ein. Damals war Modi mehr oder weniger unbekannt. Seine wichtigste politische Qualifikation bestand darin, dass er ein langjähriges und loyales Mitglied der RSS war.

Am Morgen des 13. Dezember 2001, als das Parlament in Delhi tagte, fuhren fünf Männer in einem weißen Ambassador, beladen mit einer selbstgebauten Bombe, durch das Tor des Parlaments. Offenbar kamen sie an der Sicherheitskontrolle vorbei, weil sie einen gefälschten Sticker des Innenministeriums auf die Windschutzscheibe geklebt hatten, auf dessen Rückseite stand:

INDIEN IST EIN SEHR SCHLECHTES LAND UND WIR HASSEN INDIEN WIR WOLLEN INDIEN VERNICHTEN UND MIT DER GNADE GOTTES WERDEN WIR ES TUN GOTT IST MIT UNS UND WIR WERDEN UNSER BESTES VERSUCHEN. DIESER EDIOT WAJPAI UND ADVANI WIR WERDEN SIE TÖTEN. SIE HABEN VIELE UNSCHULDIGE LEUTE GETÖTET UND SIE SIND SEHR BÖSE PERSONEN IHR BRUDER BUSH IST AUCH EINE SEHR BÖSE

PERSON ER WIRD NÄCHSTES ZIEL SEIN ER IST AUCH MÖRDER VON UNSCHULDIGEN LEUTEN ER MUSS STERBEN UND WIR WERDEN ES TUN.

Als die Männer schließlich gestoppt wurden, sprangen sie aus dem Wagen und eröffneten das Feuer. Im folgenden Schusswechsel starben alle Angreifer, acht Sicherheitsleute und ein Gärtner. Der damalige Premierminister Atal Bihari Vajpayee (ebenfalls Mitglied der RSS) hatte erst am Tag zuvor die Sorge geäußert, dass das Parlament angegriffen werden könnte. L. K. Advani, der Innenminister, verglich den Angriff mit den Attentaten vom 11. September. Er sagte, die Männer hätten »wie Pakistaner ausgesehen«. Vierzehn Jahre später wissen wir immer noch nicht, wer sie wirklich waren. Sie müssen erst noch identifiziert werden.

Nach wenigen Tagen, am 16. Dezember, verkündete die Antiterrorismuseinheit der Polizei von Delhi, dass sie den Fall geknackt habe. Sie behauptete, dass der Anschlag eine gemeinsame Operation von zwei terroristischen Vereinigungen in Pakistan gewesen sei, der Lashkar-e-Taiba und der Jaish-e-Mohammed. Drei Männer aus Kaschmir, S. A. R. Geelani, Shaukat Hussain Guru und Mohammad Afzal Guru, wurden verhaftet. Auch Shaukats Frau, Afsan Guru, wurde festgenommen. Der Drahtzieher auf der indischen Seite, erklärte die Polizei den Medien, sei Geelani gewesen, ein junger Professor für Arabisch an der Universität von Delhi. (Er wurde später vom Gericht freigesprochen.) Aufgrund dieser Geheimdienstinformationen stoppte die indische Regierung am 21. Dezember alle Flug-, Zug- und Busverbindungen nach Pakistan, entzog Überflugrechte und rief den Botschafter zurück. Über eine halbe Million Soldaten wurde an die Grenze geschickt, wo sie mehrere Monate in höchster Alarmbereitschaft blieben. Ausländische Botschaften evakuierten aus

Angst vor einem (Atom-)Krieg ihr Personal und sprachen Reisewarnungen aus.

Während indische und pakistanische Truppen sich an der Grenze gegenüberstanden und die religiöse Polarisierung einen neuen Höchststand erreichte, verbrannten am 27. Februar 2002 58 *kar sevaks* – Hindu-Pilger – bei lebendigem Leib auf der Rückreise von Ayodhya in ihrem Zugwaggon knapp außerhalb des Bahnhofs von Godhra, Gujarat. Die Polizei von Gujarat erklärte, dass ein wütender Mob örtlicher Muslime eine Brandbombe in den Wagon geworfen habe. (Später hieß es in dem Bericht des staatlichen forensischen Labors, dass dem nicht so gewesen war.) L. K. Advani sagte, dass vielleicht auch »Elemente von außerhalb« beteiligt gewesen seien. Die bis zur Unkenntlichkeit verbrannten Leichen der *kar sevaks* wurden nach Ahmedabad gebracht, wo die Öffentlichkeit ihnen Respekt zollen konnte.

Was als Nächstes geschah, ist bekannt. (Und vergessen, weil uns die Fanatiker von gestern als die Moderaten von heute verkauft werden.) Kurz gefasst: Im Februar und März 2002 brannte Gujarat, und die Polizei schaute zu. In Städten und Dörfern ermordeten organisierte Hindutva-Mobs am helllichtem Tag 2000 Muslime. Frauen wurden vergewaltigt und lebendig verbrannt. Kinder wurden mit Schwertern geschlachtet. Männer wurden zerstückelt. Ganze Ortsteile wurden niedergebrannt. Zehntausende Muslime wurden aus ihren Häusern und in Flüchtlingslager getrieben. Das Morden dauerte mehrere Wochen.

Es hatte schon früher ebenso abscheuliche und unverzeihliche Pogrome in Indien gegeben, bei denen wesentlich mehr Menschen ums Leben gekommen waren: das Massaker an Muslimen 1983 in Nellie, Assam, unter einer vom Kongress geführten Landesregierung (die Anzahl der Toten wird offiziell auf 2000, inoffiziell auf mehr als das Doppelte geschätzt); das vom Kongress angeführte Massaker an nahezu 3000 Sikhs nach der Ermordung von Indira Gandhi 1984 in Delhi (das Rajiv Gandhi, der später Premierminister wurde, mit dem Satz »Wenn ein großer Baum fällt, erbebt die Erde« rechtfertigte); die Ermordung Hunderter Muslime durch die Shiv Sena 1993 in Mumbai nach der Zerstörung der Babri-Moschee. Auch bei diesen Pogromen wurden die Mörder geschützt und gingen straffrei aus.

Doch das Massaker 2002 in Gujarat ereignete sich in Zeiten der Massenmedien. Die ideologische Untermauerung wurde kämpferisch präsentiert und das Massaker auf eine Weise gerechtfertigt, die sich von der Vergangenheit absetzte. Es war eine Weiterführung des Alten und ein Neuanfang. Wir, die Öffentlichkeit, wurden mit unzweideutigen Worten in Kenntnis gesetzt.

Die Ära der Verstellung war vorbei.

Das Pogrom in Gujarat passte gut zum internationalen Klima der Islamophobie. Der Krieg gegen den Terror war erklärt worden. Bomben waren auf Afghanistan gefallen. Der Irak war bereits auf dem Radarschirm. Nur Monate nach dem Massaker wurden in Gujarat Neuwahlen angesetzt. Modi gewann mit links. Während seiner ersten Amtszeit sah man ein paar am Pogrom von 2002 Beteiligte vor laufender Kamera damit prahlen, wie sie Menschen zerhackt, verbrannt und aufgespießt hatten. Es wurde in nationalen Nachrichtensendungen übertragen. Es schien Modis Beliebtheit in Gujarat nur zu steigern, wo er auch die nächsten zwei Wahlen gewann, sich die Unterstützung großer Unternehmen sicherte und zwölf Jahre Chief Minister blieb.

Während Modi immer stärker wurde, strauchelte seine Partei auf nationaler Ebene. Ihr »India Shining«-Wahlkampf für die Nationalwahlen 2004 wurde als grausamer Witz verstanden, und der Kongress erlebte ein erstaunliches Comeback. Die BJP kam in Delhi in den nächsten zehn Jahren nicht mehr an die Macht.

Die RSS erwies sich als Organisation, die angesichts von Widrigkeiten gedeiht. Das Klima war »verunreinigt«. Zwischen 2003 und 2009 kamen bei Terroranschlägen von angeblich islamistischen Gruppen auf Züge, Busse, Marktplätze, Moscheen und Tempel zahllose unschuldige Menschen ums Leben. Die schlimmsten von allen waren die Anschläge im Mumbai 2008, als Militante von Lashkar-e-Taiba aus Pakistan 164 Menschen erschossen und über 300 verletzten.

Nicht alle Anschläge haben sich so abgespielt, wie es dargestellt wurde. Hier eine Auswahl, eine unvollständige Liste dieser Ereignisse: Am 15. Juni 2004 wurden eine junge Frau namens Ishrat Jahan und drei muslimische Männer von Polizisten in Gujarat erschossen, die behaupteten, sie wären Agenten der Lashkar-e-Taiba mit dem Auftrag, Modi zu ermorden. Das Central Bureau of Investigation (CBI) hat festgestellt, dass ein Encounter inszeniert, alle vier Opfer festgenommen und anschließend kaltblütig umgebracht worden waren. Am 23. November 2005 wurde ein muslimisches Paar, Sohrabuddin Sheikh und seine Frau Kausar Bi, von der Polizei in Gujarat aus einem Linienbus geholt.

Drei Tage später wurde berichtet, dass Sheikh bei einem »Encounter« mit der Polizei in Ahmedabad ums Leben gekommen war. Die Polizei behauptete, dass er für Lashkar-e-Taiba gearbeitet habe und verdächtigt würde, Modi ermorden zu wollen. Kausar Bi wurde zwei Tage später umgebracht. Ein Zeuge der Tötung Sheikhs, Tulsiram Prajapati, wurde ein Jahr später bei einem Gefecht mit der Polizei erschossen. Mehreren hochrangigen Polizeibeamten in Gujarat wird deswegen der Prozess gemacht. (Einer von ihnen, P. P. Pandey, wurde gerade zum Generalinspekteur der Polizei in Gujarat ernannt.) Am 18. Februar 2007 wurde ein Bombenanschlag auf den Samjhauta-Express verübt, einen »Freundschaftszug«, der zweimal in der Woche zwischen Delhi und Attari in Pakistan verkehrt. Achtundsechzig Personen kamen um, die meisten von ihnen Pakistaner. Im September 2008 explodierten drei Bomben in den Städten Malegaon und Modassa. Mehrere festgenommene Verdächtige, darunter Swami Aseemanand vom Vanvasi-Kalyan-Aschram, waren Mitglieder der RSS. (Hemant Karkare, der Polizeibeamte, der die Antiterrorismuseinheit in Maharashtra leitete und die Ermittlungen durchführte, wurde 2008 bei den Anschlägen in Mumbai erschossen. Für die Geschichte in der Geschichte siehe *Who Killed Karkare?* von S. M. Mushrif, einem pensionierten Generalinspekteur der Polizei von Maharashtra.)

Es gab weiterhin auch Anschläge auf Christen. Die meisten Opfer forderte der Angriff in Kandhamal, Orissa, 2008. Neunzig Christen (alle Dalits) wurden ermordet und über 50 000 Menschen vertrieben. Tragischerweise bestand der Mob, der sie angriff, aus frisch »hinduisierten« Adivasi, die den Milizen der Sangh Parivar hatten beitreten müssen. Kandhamals Christen sind weiterhin bedroht, und die meisten können nicht in ihre Häuser zurückkehren. Auch in anderen Bundesstaaten wie Chhattisgarh und Jharkand leben Christen in ständiger Gefahr.

2013 gab die BJP bekannt, dass Modi ihr Kandidat für das Amt des Premierministers bei den Wahlen 2014 sein würde. Während des Wahlkampfs wurde er gefragt, ob er bedaure, was unter seiner Aufsicht 2002 in Gujarat geschehen war. »Ob ich selbst ein Auto fahre oder jemand anders den Wagen steuert und ich hinten sitze«, sagte er zu einem Journalisten von Reuters, »wenn ein Welpe unter die Räder kommt, wird es schmerzlich sein, oder? Natürlich ist es das. Ob ich Chief Minister bin oder nicht, ich bin ein Mensch. Wenn irgendwo etwas Schlimmes passiert, ist man selbstverständlich traurig.«

Die Medien legten das Gujarat-Pogrom pflichtbewusst als Schnee von gestern ab. Der Wahlkampf lief gut. Modi durfte sich als Architekt des »Gujarat-Modells« neu erfinden – angeblich ein Beispiel für dynamische wirtschaftliche Entwicklung. Er wurde der Lieblingskandidat der indischen Unternehmen – die Verkörperung des neues Indiens, Architekt eines ökonomischen Wunders, das nur darauf wartete zu geschehen. Seine Wahl sprengte die Bank und kostete laut Wahlkommission 115 Millionen US-Dollar.

Aber hinter der Werbekampagne und den 3-D-Dioramas hat sich nicht allzu viel verändert. In einem Distrikt namens Muzaffarnagar in Uttar Pradesh wurde die erprobte und bewährte Version des *wahren* Gujarat-Modells als Wahlkampfstrategie wiederbelebt. Technologie spielte eine wichtige Rolle. (Ein wiederkehrendes Thema.) Es begann mit einer Auseinandersetzung über den damals sogenannten »Liebesdschihad« – ein Konzept, das die alte Angst vor der Demographie bediente. Den Hindus wurde eingeredet, dass der muslimische »Liebesdschihad« Hindu-Mädchen romantische Fallen stellen und sie dazu überreden würde, zum Islam überzutreten. Im August 2013 wurde ein Muslim-Junge, der angeblich ein Hindu-Mädchen geneckt hatte, von zwei Jats umgebracht. Aus Rache wurden zwei Jats getötet. Auf Facebook und über Handynetzwerke begann ein Video zu zirkulieren, in dem ein offenbar muslimischer Mob einen Mann zu Tode prügelte. Tatsächlich hatte sich der Vorfall in Sialkot, Pakistan, ereignet. Doch es wurde behauptet, das Video dokumentiere, wie ein Hindu-Junge von zwei Muslimen erschlagen wird. Von dem Video provoziert, griffen Hindu-Bauern der Jats mit Schwertern und Gewehren die örtlichen Muslime an, mit denen sie seit Jahrhunderten zusammenlebten und -arbeiteten. Zwischen August und September 2013 wurden nach amtlichen Schätzungen 62 Menschen getötet – 42 Muslime und 20 Hindus.

Inoffizielle Schätzungen beziffern die getöteten Muslime auf über 200.[3] Zehntausende Muslime wurden von ihrem Land vertrieben und suchten Zuflucht in Flüchtlingslagern. Und selbstverständlich wurden viele Frauen vergewaltigt.

Kurz vor den landesweiten Wahlen im April 2014 sprach Amit Shah, damals Generalsekretär der BJP und heute der Präsident der Partei (er war in Zusammenhang mit dem Fall von Sohrabuddin Sheikh verhaftet und von einem Sondergericht wieder auf freien Fuß gesetzt worden) vor einer Versammlung von Jats in einem Distrikt nahe Muzaffarnargar. »In Uttar Pradesh, besonders im Westen von UP geht es bei der Wahl um die Ehre«, sagte er. »Bei der Wahl geht es darum, Rache zu nehmen für die Beleidigung. Es geht darum, denen einen Lektion zu erteilen, die Unrecht begangen haben.« Wieder zahlte sich die Strategie aus. Die BJP gewann in Uttar Pradesh – dem Bundesstaat, der die meisten Sitze im Parlament stellt.

Dagegen schien eine Reihe von wirklich fortschrittlichen Gesetzen, die die Regierung der Kongresspartei verabschiedet hatte – wie zum Beispiel das Gesetz, das ein Recht auf Information einräumt, oder das Gesetz, das Arbeit in ländlichen Regionen garantiert und den Ärmsten der Armen etwas Erleichterung verschafft –, nicht zu zählen. Nach zehn Jahren ohne Regierungsbeteiligung gewann die BJP eine deutliche absolute Mehrheit. Narendra Modi wurde Premierminister der größten Demokratie der Welt. Da Optik alles war, flog er zur Vereidigung von Ahmedabad nach Delhi in einem Privatjet, der der Adani Group gehörte. Der Sieg war so eindeutig, die Feierlichkeiten waren so aggressiv, dass die Einführung des Hindu Rashtra nur Wochen entfernt schien.

Modis Aufstieg zur Macht erfolgte in einer Zeit, als der Rest der Welt im Chaos versank. In Afghanistan, Irak, Libyen, Somalia, Südsudan und Syrien herrschte Bürgerkrieg. Der arabische Frühling war vorbei. Die Terrormiliz IS, das makabre Produkt des Kriegs gegen den Terror, die die Taliban und al-Qaida nahezu moderat erscheinen lässt, war auf dem Vormarsch. In Europa hatte die Flüchtlingskrise begonnen. Pakistan steckte in ernsten Schwierigkeiten. Im Gegensatz dazu wirkte Indien wie eine warme, kuschlige, unbändige, bollywoodhafte, marktfreundliche Demokratie, die *funktioniert.* Aber das war die Perspektive von außen.

Kaum war er vereidigt, begann der neue Premierminister die Art von Paranoia an den Tag zu legen, wie man sie von einem Mann erwartet, der viele Feinde hat und seiner eigenen Organisation nicht traut. Als Erstes entmachtete er eine BJP-Fraktion, die von L. K. Advani geführt wurde, von dem er sich jetzt bedroht fühlte. Er maßte sich in vielen Fällen an, die Entscheidungsgewalt der Regierung an sich zu reißen, und machte sich dann auf eine schwindelerregende Welttournee (die noch nicht zu Ende ist) mit ein paar Boxenstopps in Indien.

Modis persönlicher Ehrgeiz, sein Wunsch, als globaler Führer gesehen zu werden, begann bald die Organisation zu überschatten, die ihn groß gemacht hatte und Selbstherrlichkeit nicht gut aufnimmt. Im Januar 2015 begrüßte er den US-Präsidenten Barack Obama in einem Anzug, der 11 500 britische Pfund gekostet hatte und in dessen Nadelstreifen sein Name eingewebt war: arendradamodardasmodinarendradamodardasmodi. Das war eindeutig ein Mann, der in sich selbst verliebt war – keine Arbeitsbiene mehr, kein bescheidener Diener mehr. Es schien, als würde er die Leitern, auf denen er in die Wolken aufgestiegen war, wegtreten.

Der ModiModi-Anzug wurde schließlich versteigert und von einem Bewunderer für fast 450 000 Pfund gekauft. Unterdessen wurde er Gegenstand von Karikaturen und wirklich lautem Humor in den sozialen Medien. Über einen Mann, der gefürchtet worden war, wurde zum ersten Mal gelacht. Einen Monat nach dem Anzug-Desaster erlebte Modi seinen ersten größeren Schock. Bei der Wahl im Bundesstaat Delhi im Februar 2015 gewann die neue Partei Aam Aadmi 67 von 70 Sitzen, obwohl Modi im Wahlkampf unermüdlich aufgetreten war. Es war die erste Wahl seit 2002, die Modi verlor. Plötzlich wirkte der neue Führer gebrechlich und unsicher.

Dennoch führten im Rest des Landes Verbrecher, Bürgerwehren und Mörder ihre blutigen Geschäfte weiter, da sie sich der politischen Rückendeckung der Leute sicher waren, die sie an die Macht gebracht hatten. Im Februar 2015 wurde Govind Pansare, Schriftsteller und prominentes Mitglied der Kommunistischen Partei Indiens, in Kolhapur, Maharashtra, erschossen. Am 30. August wurde M. M. Kalburgi, ein bekannter Aufklärer und Wissenschaftler, vor seinem Haus in Dharwad, Karnataka, ermordet. Beide Männer waren mehrmals von extrem rechten Hindu-Organisationen bedroht und aufgefordert worden, nicht mehr zu schreiben.

Im September 2015 versammelte sich ein Mob vor dem Haus einer muslimischen Familie in Dadri, einem Dorf nahe Delhi, und behauptete, sie hätte Rindfleisch gegessen (ein Verstoß gegen das Verbot, Kühe zu schlachten, das in Uttar Pradesh so wie auch in mehreren anderen Bundesstaaten eingeführt worden war). Die Familie bestritt es. Der Mob weigerte sich, ihr zu glauben. Mohammad Akhlaq wurde aus seinem Haus gezerrt und zu Tode geprügelt. Die Gangster der Neuen Ordnung machten keinerlei Anstalten, sich zu entschuldigen. Als die Apparatschiks der Sangh Parivar nach dem Mord mit der Presse über »illegales Schlachten« sprachen, bezogen sie sich auf die fiktive Kuh. Als sie von »Beweisen für eine forensische Untersuchung« sprachen, meinten sie das Fleisch im Kühlschrank der Familie, nicht die Leiche des gelynchten Mannes. Das Fleisch aus Akhlaqs Haus war kein Rindfleisch. Aber was soll's?

Tagelang schwieg der stets twitternde Premierminister. Unter Druck äußerte er eine schwache, laue Ermahnung. Seitdem wurden aufgrund ähnlicher Gerüchte andere Menschen fast totgeschlagen oder sogar gehängt. Da ihre Peiniger vollkommen straffrei ausgehen, wissen Muslime jetzt, dass eine kleine Auseinandersetzung Auslöser eines ausgewachsenen Massakers sein kann. Ein ganzer Bevölkerungsteil soll die Schultern hochziehen und in Angst leben. Und das ist, wie wir wissen, kein plausibler Vorschlag. Wir sprechen von annähernd 170 Millionen Menschen.

Dann plötzlich, als es kaum mehr Hoffnung zu geben schien, geschah etwas Außergewöhnliches. Trotzdem oder vielleicht *weil* die große Mehrheit der BJP im Parlament die Opposition dezimiert hatte, entstand eine neue Art Aufstand. Gewöhnliche Leute zeigten Unbehagen angesichts dieser Vorfälle. Daraus wurde schnell ein starrsinniger Widerstand. Als Protest gegen die Ermordung Akhlaqs, Kalburgis und Pansares sowie Narendra Dabholkars, einem Aufklärer und Autor, der 2013 in Pune umgebracht worden war, gaben mehrere bekannte Schriftsteller und Filmemacher einer nach dem anderen die

Preise zurück, mit denen sie ausgezeichnet worden waren. Bis Ende 2015 hatten sich Dutzende an dieser Aktion beteiligt. Die Rückgabe der Preise – bald Preis-*wapsi* genannt, ein ironischer Bezug zu *ghar wapsi* – war eine nicht geplante, spontane und doch überaus politische Geste von Künstlern und Intellektuellen, die keiner speziellen Gruppierung angehörten oder einer bestimmten Ideologie anhingen oder auch nur in den meisten Dingen einer Meinung waren. Es war eine machtvolle, beispiellose Aktion, für die es vermutlich keine historische Parallele gibt. Es war Politik aus heiterem Himmel.

Die internationale Presse berichtete ausführlich über Preis-*wapsi*. Und weil die Aktion so spontan war und keiner wie auch immer gearteten Verschwörung zugeschrieben werden konnte, brachte sie die Regierung in Rage. Und als wäre das nicht genug, erlitt die BJP ungefähr zur gleichen Zeit, im November 2015, eine weitere Wahlniederlage, dieses Mal in Bihar, gegen zwei gewiefte Politiker alter Schule – Nitish Kumar und Lalu Prasad Yadav. Lalu ist ein wackerer Feind der Sangh Parivar und war 1990 einer der wenigen Politiker, der den Mut aufbrachte und L. K. Advani verhaften ließ, als die *rath yatra* durch Bihar zog. Der Verlust von Bihar war für Modi, der im Wahlkampf wochenlang dort aufgetreten war, sowohl eine persönliche als auch eine politische Demütigung. Die BJP kam schnell zu dem Schluss, dass eine Zusammenarbeit zwischen ihren politischen Gegnern und »antinationalen« Intellektuellen stattgefunden haben musste.

Dieser demütigende Rückschlag schärfte die instinktive Abneigung der BJP gegen Intellektuelle, ist sie doch eine Partei, die zwar massenhaft Trolle produzieren kann, aber keinen einzigen echten Denker in ihren Reihen hat. Unsere derzeitigen Herrscher wollten nicht bloß andere Meinungen unterdrücken, sondern das Denken selbst – die Intelligenz. Da kam es nicht überraschend, dass ein paar der besten Universitäten Indiens Hauptziele der Attacken auf unseren kollektiven IQ waren.

Den ersten Ärger gab es im Mai 2015, als die Verwaltung des Indischen Instituts für Technologie in Chennai einer Studentenorganisation namens Ambedkar Periyar Study Circle (APSC) die Zulassung »aberkannte«. Ihre Mitglieder sind Dalits und Ambedkar-Anhänger, scharfe Kritiker sowohl der Hindutva als auch der neoliberalen Wirtschaftspolitik und der rasanten Korporatisierung und Privatisierung, die eine höhere Bildung für Arme unerreichbar macht. Der Erlass, der den APSC verbot, warf ihm vor, Dalit- und Adivasi-Studenten »aufzuwiegeln«, sie zu »Protesten gegen die Regierung« und zum Hass auf den »Premierminister und Hindus« anzustacheln.[4]

Warum wurde eine winzige Studentenorganisation mit nur ein paar Dutzend Mitgliedern als Bedrohung empfunden? Weil der APSC, indem er Zusammenhänge zwischen Kaste, Kapitalismus und Religion herstellte, verbotenes Gelände betrat – die Art Gelände, das auch der südafrikanische Antiapartheidsaktivist Steve Biko und der US-amerikanische Bürgerrechtskämpfer Martin Luther King betreten hatten, wofür sie mit dem Leben bezahlten. Die Aberkennung der APSC-Zulassung führte zu öffentlichen Protesten und wurde rasch zurückgenommen, doch der APSC leidet weiter unter Schikanen und Behinderung seiner Aktivitäten.

Die nächste Konfrontation fand in Indiens bekanntester Filmhochschule statt, dem Film and Television Institute of India (FTII) in Pune, in deren Direktorium Kumpane der BJP und der RSS saßen. Unter diesen »angesehenen Männern« war einer bis vor kurzem Präsident des Akhil Bharatiya Vidyarthi Parishad (ABVP), der Studentenorganisation der RSS, in Maharashtra gewesen. Ein anderer war ein Filmemacher, der einen Dokumentarfilm mit dem Titel *Narendra Modi: Eine Geschichte außergewöhnlicher Führerschaft* gedreht hatte. Ein Schauspieler namens Gajendra Chauhan wurde zum Vorsitzenden des Direktoriums ernannt. Abgesehen von seiner Loyalität der BJP gegenüber bestand seine Qualifikation aus der nicht einmal mittelmäßigen Verkörperung von Yudhishthira in einer Fernsehversion des Mahabharata. (Je weniger über seine restliche Schauspielerkarriere gesagt wird, umso besser. Er ist auf YouTube zu sehen.)

Die Studenten riefen einen Streik aus und verlangten eine Erklärung, warum ihnen ein Vorsitzender ohne jegliche Qualifikation für den Job aufgezwungen worden war. Sie forderten die Entlassung Chauhans. Ihre eigentliche Angst war, dass die Regierung einen Coup vorbereitete, indem sie das Direktorium mit ihren Kohorten besetzte, um (zum zigsten Mal) zu versuchen, die FTII zu privatisieren und zu einer weiteren Institution für die Reichen und Privilegierten zu machen.

Der Streik dauerte 140 Tage. Die Studenten wurden von Hindutva-Aktivisten von außerhalb des Campus angegriffen, jedoch von Gewerkschaften, Bürgerinitiativen, Filmemachern, Künstlern, Intellektuellen und Studenten aus dem ganzen Land unterstützt. Die Regierung weigerte sich, nachzugeben. Der Streik wurde schließlich abgebrochen, doch die Unzufriedenheit zog weiter in eine größere Arena.

Seit mehreren Jahren ist die Universität von Hyderabad (UOH) ein spannungsgeladener Ort, vor allem was die Dalit-Politik angeht. Zu den vielen auf dem Campus aktiven Studentengruppierungen gehört die Ambedkar Students Association (ASA). Wie der APSC in Chennai stellte auch die ASA ein paar tiefschürfende und verstörende Fragen. Aus naheliegenden Gründen war ihr Hauptgegner auf dem Campus der ABVP, Auge und Ohr der RSS und sein Agent provocateur an fast allen Universitäten des Landes. Als im August die ASA gegen die Hinrichtung von Yakub Memon – verurteilt für die Anschläge in Mumbai 1993, die auf das von der Shiv Sena angeführten Pogrom gegen Muslime folgten – protestierte und Ambedkars Ansichten zur Todesstrafe zitierte, nannte der ABVP sie »antinational«. Nach der Vorführung des Dokumentarfilms *Muzaffarnagar Baaqi Hain* (Muzaffarnagar gibt es noch), die die ASA auf dem Campus organisiert hatte, kam es zu einer direkten Konfrontation zwischen den zwei Gruppen. Fünf Studenten – alle Dalits und Mitglieder der ASA – wurden exmatrikuliert und mussten ihre Wohnheime verlassen. Junge Dalits, die mit der muslimischen Gemeinde sympathisierten, wollte die Sangh Parivar nicht zulassen, wenn sie es verhindern konnte.

Sie waren die Ersten in ihren Familien, die studierten, ihre Eltern hatten ihr Leben lang gerackert und gespart, um ihren Kindern eine Ausbildung zu ermöglichen. Für Menschen aus der Mittelklasse, die die Ausbildung ihrer Kinder als garantiert hinnehmen, ist es schwer vorstellbar, was es heißt, eine so mühevoll aufrechterhaltene Hoffnung so herzlos zerstört zu sehen.

Einer der fünf exmatrikulierten Studenten war Rohith Vemula, ein Doktorand. Er war der Sohn einer armen alleinerziehenden Mutter und hatte keine Möglichkeit, sich ohne sein Stipendium allein durchzubringen. In seiner Verzweiflung erhängte er sich am 17. Januar 2016. Er hinterließ einen so außergewöhnlich eindringlichen und ergreifenden Abschiedsbrief, dass seine Worte ein Pulverfass angestauter Wut in Brand setzten.

Rohith schrieb:

Ich wollte immer Schriftsteller werden. Ein Schriftsteller der Wissenschaft wie Carl Sagan.
Ich liebte die Naturwissenschaften, die Sterne, die Natur, aber ich liebte auch die Menschen, ohne zu begreifen, dass die Menschen sich seit langem von der Natur losgesagt haben. Unsere Gefühle sind gebraucht. Unsere Liebe ist konstruiert. Unser Glauben eingefärbt. Unsere Originalität erhält Wert nur durch unechte Kunst. Es ist wahrhaft schwer geworden zu lieben, ohne verletzt zu werden.
Der Wert eines Menschen wurde reduziert auf seine unmittelbare Identität und seine nächstliegende Möglichkeit. Auf eine Stimme. Auf eine Zahl. Auf ein Ding. Nie wurde ein Mensch als Intellekt behandelt. Als glorreiches Ding, das aus Sternenstaub besteht. Auf jedem Gebiet, im Lernen, auf der Straße, in der Politik, im Sterben und im Leben.
Ich schreibe diese Art Brief zum ersten Mal. Mein erster letzter Brief. Vergebt mir, wenn das, was ich schreibe, keinen Sinn ergibt. Vielleicht habe ich mich getäuscht, die ganze Zeit, beim Verstehen der Welt. Beim Verstehen von Liebe, Schmerz, Leben, Tod … Meine Geburt ist mein fatales Unglück. Ich kann mich nicht von der Einsamkeit meiner Kindheit erholen. Das nicht geschätzte Kind aus meiner Vergangenheit.[5]

Man stelle sich das vor. Wir leben in einer Kultur, in der ein Mann wie Rohith Vemula ausgeschlossen und wie ein Unberührbarer behandelt wird. Einer Kultur, die ihn mundtot macht und dazu bringt, sich selbst zu töten. Rohith war ein Dalit, ein Ambedkar-Anhänger, ein Marxist (der von der indischen Linken enttäuscht war), ein Student der Naturwissenschaft, ein hoffnungsvoller Autor und ein erfahrener politischer Aktivist. Und vor allem war er wie jeder von uns ein Mensch mit einzigartigen Freuden und Sorgen. Wir werden nie erfahren, welche letzte geheime Traurigkeit ihn veranlasste, sich das Leben zu nehmen. Aber vielleicht ist das auch gut so. Wir müssen uns mit seinem Abschiedsbrief begnügen.

Was ihn revolutionär macht ist vielleicht nicht auf der

Stelle ersichtlich. Trotz allem, was Rohith angetan wurde, schreibt er von Leid, aber er sieht sich nicht als Opfer. Obwohl alles, was wir über ihn wissen, darauf hindeutet, dass er leidenschaftlich für seine Identität und seine Politik kämpfte, ließ er sich nicht in eine Schublade sperren und von den Etiketten definieren, die andere ihm angeheftet hatten. Obwohl er die Last einer jahrhundertealten Unterdrückung und kulturellen Konditionierung trug, nimmt sich – erkämpft sich – Rohith das Recht, großartig zu sein, davon zu träumen, aus Sternenstaub zu bestehen, als Gleicher geliebt zu werden, wie es allen Männern und Frauen möglich sein sollte.

Rohith war nur der Letzte von vielen Dalit-Studenten, die sich in diesem Jahr das Leben nahmen. Seine Geschichte fand Widerhall bei Tausenden von Dalits an Universitäten im ganzen Land – bei Studenten, die von den mittelalterlichen Schrecken des Kastensystems, der Segregation, der Diskriminierung und des Unrechts traumatisiert waren und die ihnen in die modernsten Universitäten, in die bedeutendsten medizinischen und technischen Hochschulen, in ihre Wohnheime, Mensen und Vorlesungssäle folgten. (Ungefähr die Hälfte aller Dalit-Studenten schließen ihr Studium nicht ab. Weniger als 3 Prozent aller Dalits haben einen Hochschulabschluss.) Sie sahen Rohith Vemulas Selbstmord als das, was er war – als eine Form institutionalisierten Mords. Sein Selbstmord – und seine eindringliche Prosa – ließ die Menschen innehalten und wütend über das kriminelle Arrangement, bekannt als Kastensystem, nachdenken, diesen uralten Motor, der noch immer die moderne indische Gesellschaft antreibt.

Der Zorn über Vemulas Selbstmord war und ist ein aufständischer Moment für eine bislang marginalisierte, radikale politische Vision. Ambedkar-Anhänger, marxistische

Ambedkar-Anhänger und eine Koalition linker Parteien und sozialer Gruppen marschierten gemeinsam. Sich der Tatsache bewusst, dass dieser zusammengewürfelte Haufen, wenn man ihm gestattete, sich zu konsolidieren, zu einer ernsten Bedrohung werden könnte, machte sich die BJP daran, sie zu entschärfen. Ihre ungeschickte unverschämte Reaktion – die Behauptung, Rohith Vemula sei kein Dalit gewesen – ging nach hinten los und brachte die Partei ins Schleudern.

Die Aufmerksamkeit musste abgelenkt werden. Eine andere Krise war dringend erforderlich. Die Zielfernrohre schwenkten um. Das Ziel war vor einiger Zeit schon markiert worden.

Der Jawaharlal-Nehru-Universität (JNU), lange bekannt als »Bastion der Linken«, war der Hauptartikel der Novemberausgabe 2015 von *Panchajanya* gewidmet, der Wochenzeitung der RSS. Er beschrieb die JNU als Höhle der Naxaliten, eines »riesigen antinationalen Blocks, der Indien desintegrieren will«. Die Naxaliten waren seit langem ein Problem für die Sangh Parivar – Feind Nummer drei in ihren Schriften. Doch jetzt hatte sie offenbar ein anderes, besorgniserregenderes Problem.

Im Lauf der letzten Jahre hat sich die Zusammensetzung der Studierendenschaft der JNU dramatisch verändert. Anfänglich eine kleine Minderheit stellen Studenten mit benachteiligtem Hintergrund – Dalits, Adivasi und die vielen Kasten und Unterkasten, die heute in die geräumige Kategorie Other Backward Classes (OBC) fallen, früher Shudras genannt – heute fast die Hälfte aller Studenten. Dadurch hat sich die Campuspolitik radikal geändert. Mehr als die Linken an der JNU sind es die lauter werdenden Stimmen dieser Studenten, die der Parivar Sorgen bereiten. Sie sind überwiegend Anhänger Ambedkars, des Adivasi-Helden Birsa Munda, der gegen die Briten kämpfte und 1900 im Gefängnis starb, und des radikalen Denkers und Reformers Jotirao Phule, der ein Shudra war und sich *mali* (Gärtner) nannte. Phule schwor dem Hinduismus ab, ja er prangerte ihn an – am schärfsten in seinem Buch *Gulamgiri* (Sklaverei) von 1873. In vielen seiner Prosaschriften und Gedichten dekonstruierte Phule Hindu-Mythen, um nachzuweisen, dass sie tatsächlich historisch begründete Geschichten sind, die die Idee einer arischen Eroberung einer indigenen drawidischen Kultur glorifizieren. Phule beschreibt, wie Drawiden dämonisiert und zu *asuras* (Dämonen, böse Geister) degradiert wurden, während die Arier in einen göttlichen Stand erhoben wurden. Er definiert Hinduismus als koloniales Narrativ.

Im Jahr 2012 beging eine Organisation von Dalit- und OBC-Studenten der JNU zum ersten Mal den von ihnen sogenannten Mahishasur-Märtyrertag. Mahishasur, so glauben Hindus, ist ein mythisches Wesen, halb Mensch, halb Dämon, das von der Göttin Durga im Kampf besiegt wurde – ein Sieg, der jedes Jahr an Durga Puja gefeiert wird. Die jungen Studenten dagegen behaupten, dass Mahishasur ein drawidischer König war, verehrt von den Stämmen der Asur, Santhal, Gond und Bhil in Westbengalen und Jharkand. Die Studenten erklärten, dass sie an dem Tag, an dem Mahishasur zum Märtyrer wurde, nicht feiern, sondern trauern würden. Eine andere Gruppe, die sich »Neue Materialisten« nannte, veranstaltete an diesem Tag ein »kostenloses Foodfestival«, bei dem Rind- und Schweinefleisch serviert wurde mit der Begründung, dass es sich dabei um die traditionelle Nahrung der unterdrückten Kasten und Stämme Indiens handele.

OBC machen die Mehrheit der indischen Bevölkerung aus und sind für jede größere politische Partei lebenswichtig. Aus diesem Grund tat Modi im Wahlkampf 2014 alles, um die

Tatsache, dass er ein OBC ist, in den Vordergrund zu rücken. (Die meisten Menschen halten »Modi« für den Nachnamen eines Bania / Händlers.) OBC wurden von den herrschenden Kasten traditionellerweise als Schergen benutzt, um Dalits in Schach zu halten (so wie Dalits bei Angriffen auf Muslime als Fußvolk benutzt und Adivasi gegen Dalits ausgespielt werden – wie 2008 in Kandhamal). Die Anzeichen, dass Teile der OBC aus dem Hinduismus ausscherten, brachten die höchst wachsamen Frühwarnsysteme der RSS zum Schrillen.

Und wäre das nicht schon Ärger genug, war ein vorsichtiges Gespräch (oder vielleicht auch nur eine Auseinandersetzung als Vorspiel zu einem Gespräch) zwischen ein paar jungen Kommunisten – die die Fehler der größeren kommunistischen Parteien Indiens in der Vergangenheit zu begreifen schienen – und den Anhängern von Birsa Munda, Ambedkar und Phule in Gang gekommen. Diese Gruppierungen hatten eine schwierige Vergangenheit und allen nur erdenklichen Grund, einander mit Argwohn zu begegnen. Solange sich alle diese Wählerschaften feindlich gegenüberstanden, stellten sie keine Bedrohung für die Sangh Parivar dar.

Der RSS war klar, dass sie die Vorgänge an der JNU stoppen musste, oder sie würden eines Tages zu einer intellektuellen und existenziellen Gefahr für die fundamentalen Prinzipien und die Politik der Hindutva werden. Wie das? Weil so eine Allianz, wenn auch nur konzeptuell, die Möglichkeit einer Gegenmobilisierung, einer Rücknahme des Hindutva-Projekts beinhaltet. Sie fasst eine völlig andere Koalition von Kasten ins Auge, die sich von unten aufbaut, statt von oben organisiert und dominiert zu werden: Dalit-Bahujanismus statt Brahmanismus. Eine mächtige Bewegung, zeitgemäß und doch verwurzelt in Indiens einzigartigem sozialen und kulturellen Kontext, in der Menschen wie Ambedkar, Jotirao Phule, Savitribai Phule, Periyar, Ayyankali, Birsa Munda, Bhagat Singh, Marx und Lenin die Sterne der Konstellation sind. Eine Bewegung, die das Patriachat, den Kapitalismus und Imperialismus herausfordert, die von einer kasten- und klassenlosen Gesellschaft träumt, deren Dichter Dichter des Volkes wären, darunter Kabir, Tukaram, Ravidas, Pash, Gaddar, Lal Singh Dil und Faiz. Eine Bewegung von Adivasi-Dalit-Bahujans, so wie sie sich die »Dalit Panther« vorgestellt haben (die in den 1970er Jahren »Dalit« verstanden als »Mitglieder der schwächeren Teile der Bevölkerung, Kasten und Stämme, Neo-Buddhisten, die arbeitende Bevölkerung, die landlosen und armen Bauern, Frauen und alle die, die politisch, ökonomisch und im Namen der Religion ausgebeutet werden«).[6] Eine Bewegung, zu deren Mitgliedern auch die Angehörigen privilegierter Kasten zählen würden, sollten sie ihre Privilegien nicht länger beanspruchen wollen. Eine geistig großzügige Bewegung, die alle aufnimmt, die an Gerechtigkeit glauben, gleichgültig welcher Religion oder Glaubensgemeinschaft sie angehören.

Kein Wunder also, dass im *Panchajanya*-Artikel stand, die JNU sei eine Institution, in der »die unschuldige Hindu-Jugend geködert wird, nachdem sie mit falschen Behauptungen über das Varna-System, das ein integraler Bestandteil der Hindu-Gesellschaft ist, gefüttert wurde«. Die RSS machte sich nicht wirklich Sorgen um den Zerfall Indiens, sondern um den Zerfall der Hindutva. Und nicht wegen einer neuen politischen Partei, sondern wegen einer neuen Denkweise. Hätte sich eine politische Allianz tatsächlich gebildet, hätten ihre Anführer getötet oder ins Gefängnis gesteckt werden können. Oder gekauft wie zahllose *swamis, sufis, maulanas* oder andere Scharlatane. Aber was macht man mit einer Idee, die herumschwebt wie Rauch?

Man versucht, sie an der Quelle auszumerzen.

Die Kampflinien hätten nicht deutlicher markiert sein können. Es sollte eine Schlacht werden zwischen denen, die von Gleichheit träumen, und denen, die an die Institutionalisierung von Ungleichheit glauben. Rohith Vemulas Selbstmord verlieh dem Gespräch, das an der JNU begonnen hatte, mehr Brisanz, mehr Dringlichkeit und mehr Realität. Und wahrscheinlich führte er dazu, dass deshalb ein bereits geplanter Anschlag vorgezogen wurde.

Der Hinterhalt wurde um einen eigensinnigen alten Geist gelegt, der sich weigert zu verschwinden. Je mehr sie sich bemühen, ihn zu vertreiben, umso hartnäckiger verfolgt er sie.

Der dritte Jahrestag von Mohammad Afzal Gurus Hinrichtung fiel auf den 9. Februar 2016. Obwohl Afzal nicht der direkten Beteiligung an dem Angriff auf das indische Parlament angeklagt war, wurde er vom Gericht in Delhi wegen Beteiligung an einer Verschwörung dreimal zu lebenslang und zweimal zum Tode verurteilt.

Im August 2005 bestätigte der Oberste Gerichtshof das Urteil mit der notorischen Begründung:

> Wie bei den meisten Fällen von Verschwörung gibt es und kann es keine direkten Beweise für eine kriminelle Verschwörung geben … Das Attentat, das viele Opfer forderte, hat die ganze Nation erschüttert, und das kollektive Gewissen der Gesellschaft wird sich nur beruhigen lassen, wenn der Täter zur Höchststrafe verurteilt wird.[7]

Die Kontroverse um den Angriff auf das Parlament, das Urteil des Obersten Gerichtshofes und Afzals unerwartete heimliche Hinrichtung ist nicht neu. Mehrere Bücher und Aufsätze zu dem Thema wurden von Wissenschaftlern, Journalisten, Anwälten und Schriftstellern (darunter von mir) veröffentlicht. Manche von uns glauben, dass wichtige Fragen zu dem Attentat nicht beantwortet wurden, dass Afzal hereingelegt wurde und sein Prozess nicht fair war. Andere glauben, dass die Art und Weise seiner Hinrichtung ein Justizirrtum war.

Nach dem Urteil des Obersten Gerichtshofes blieb Afzal jahrelang in Einzelhaft im Tihar-Gefängnis. Die BJP, die während dieser Jahre nicht an der Macht war, forderte mehrmals und aggressiv, dass er aus der Todeszelle geholt und gehängt würde. Es war das zentrale Thema des Wahlkampfes der BJP, der Slogan lautete: »*Desh abhi sharminda hai, Afzal abhi zinda hai.*« (Das Land lässt beschämt den Kopf hängen, weil Afzal noch am Leben ist.)

Als sich der Wahltermin 2014 näherte, ließ die Kongress-Regierung – aufgrund mehrerer Korruptionsskandale und voller Angst, dass die BJP sie im Wettkampf um den Nationalismus übertreffen würde, ein Kampf, den der Kongress immer verlieren wird – Afzal eines Morgens aus seiner Zelle holen und hängen. Seine Familie wurde nicht informiert, ganz zu schweigen davon, dass ihr ein letzter Besuch gestattet wurde. Aus Angst, dass sein Grab zu einer Gedenkstätte und einem Sammlungspunkt für den Kampf in Kaschmir würde, wurde er im Tihar-Gefängnis neben Maqbool Butt begraben, dem Separatisten aus Kaschmir, der 1984 gehängt worden war. (P. Chidambaram, der zwischen 2008 und 2012 Innenminister der Kongress-Regierung war, sagt heute, dass Afzals Fall »vielleicht nicht korrekt entschieden« worden sei. In meiner Schule gab es ein Sprichwort: Bedauern erweckt einen Menschen nicht wieder zum Leben.)

Seitdem wird am Jahrestag von Afzal Gurus Hinrichtung im Kaschmirtal protestiert. Abgesehen von den Nationalisten verlangt sogar die pro-indische Peoples Democratic Party, derzeit Koalitionspartnerin der BJP im Bundesstaat Jammu und Kaschmir, dass Afzals sterbliche Überreste seiner Familie übergeben und angemessen bestattet werden.

Ein paar Tage vor dem dritten Jahrestag seines Todes tauchten auf dem Campus der JNU Flugblätter auf, in denen die Studenten zu einem kulturellen Abend »gegen das brahmanische ›kollektive Gewissen‹, gegen die Justizmorde an Afzal Guru und Maqbool Butt« und »in Solidarität mit dem Kampf der Kaschmiri für ihr demokratisches Recht auf Selbstbestimmung« eingeladen wurden.

Es war nicht das erste Mal, dass sich Studenten der JNU trafen, um über diese Themen zu diskutieren. Nur dass sich in diesem Jahr Rohith Vemula drei Wochen vor dem 9. Februar das Leben genommen hatte. Die Atmosphäre war politisch aufgeladen. Wieder einmal war der ABVP der Handlanger. Er beschwerte sich bei der Universitätsverwaltung und forderte die Polizei von Delhi auf, die sogenannte »antinationale Aktivität« zu unterbinden. Eine Kameracrew von Zee TV war vor Ort, um die Veranstaltung zu filmen. Der erste Teil des Films zeigt zwei Gruppen von Studenten, die sich auf dem JNU-Campus gegenüberstehen und Slogans rufen. Als Antwort auf das »*Bharat Mata ki Jai!*« (Sieg für Mutter Indien!) des ABVP begann die andere Gruppe, die meisten davon Kaschmiris, manche von ihnen maskiert, zu intonieren, was Kaschmiris tagtäglich bei jedem Protest auf der Straße und bei jeder Beerdigung eines Militanten intonieren:

Hum kya chahatey?
Azadi!
Chheen ke lengey –
Azadi!
(Was fordern wir?
Freiheit!

Wir werden sie uns nehmen –
Freiheit!)

Es waren auch ein paar weniger bekannte Parolen zu hören:

Bandook ke dum pe!
Azadi!
(Mit der Waffe, wenn es sein muss!
Freiheit!)

Kashmir ki azadi tak, Bharat ki barbaadi tak,
Jung ladengey! Jung ladengey!
(Bis Kaschmir frei ist, bis Indien zerstört ist,
wird es Krieg geben! Wird es Krieg geben!)

Und:

Pakistan Zindabad!
(Lang lebe Pakistan!)

Aus den Aufnahmen von Zee TV war nicht ersichtlich, wer die Studenten, die die Slogans riefen, tatsächlich waren. Natürlich ärgerte es die Zuschauer, doch es ging nicht darum, die Leute gegen Kaschmir oder unbekannte Studenten aufzubringen, die aussahen und klangen wie Kaschmiris, und hätte keinem politischen Zweck gedient. Insbesondere nicht, da die Verhandlungen der BJP mit der Peoples Democratic Party über die Bildung einer neuen Regierung in Jammu und Kaschmir in schwieriges Fahrwasser geraten waren. (Dieses Problem wurde in der Folge gelöst.) Im Hinterhalt für die JNU war Kaschmir der Auslöser. Das wahre Ziel war (und ist) es, die JNU anzuschwärzen, um sie letztendlich zu schließen.

Es war ein leicht zu lösendes Problem. Die Tonspur der Konfrontation wurde auf das Video einer anderen Versammlung gelegt, die zwei Tage später stattfand und von Kanhaiya Kumar, dem Präsidenten der Studentenvereinigung der JNU, abgehalten wurde. Kanhaiya ist Mitglied der All India Students Federation, der Studentenorganisation der Kommunistischen Partei Indiens. Bei der Veranstaltung, bei der er sprach, war der Refrain »Azadi!« der gleiche, nur die Slogans, die gerufen wurden, waren völlig andere. Sie forderten Freiheit von Armut, vom Kastenwesen, vom Kapitalismus, von den Manusmriti, vom Brahmanismus. Es ging um ein ganz anderes Programm.

Das manipulierte Video sahen Millionen in den großen Nachrichtensendern, darunter Zee TV, Times Now und News X. Es war schändlich, unprofessionell und möglicherweise kriminell. Die Ausstrahlung löste einen kollektiven Wahnsinn aus. Zuerst wurden Kanhaiya Kumar und dann zwei Wochen später zwei Studenten, denen vorgeworfen wurde, die Versammlung für Afzal Guru organsiert zu haben, Umar Khalid und Anirban Bhattacharya, früher Mitglieder der linksgerichteten Union demokratischer Studenten, verhaftet und der Volksverhetzung angeklagt. Überall in Delhi wurden Plakate aufgehängt, auf denen ein Kopfgeld für die Ergreifung dieser Studenten ausgesetzt wurde. Auf einem Poster wurde sogar Geld für Kanhaiya Kumars Zunge geboten.

Die Kaschmiri-Studenten, die in den Aufnahmen von Zee TV Slogans riefen, wurden nicht identifiziert. Doch sie taten nur, was Tausende täglich in Kaschmir tun. Kann es unterschiedliche Standards für das Rufen von Slogans in Delhi und Srinagar geben? Vielleicht ja, wenn man wie viele Kaschmiris davon ausgeht, dass ganz Kaschmir ein riesiges Gefängnis ist und man die bereits Eingesperrten nicht mehr verhaften kann. Wie auch immer, haben diese studentischen Slogans der gewaltigen Atommacht und Hindu-Nation wirklich einen tödlichen Schlag versetzt?

Die Sache eskalierte auf immer lächerlichere Weise. Aufgrund eines Witzes auf einem falschen Twitter-Account (»Hafeez Muhamad Saeed«) verkündete der Innenminister Rajnath Singh, dass der Protest an der JNU von Hafiz Saeed, dem Anführer der Lashkar-e-Taiba und Indiens Äquivalent von Osama bin Laden, unterstützt würde. In Fernsehsendern wurde nahegelegt, dass Umar Khalid, ein selbsterklärter Marxist-Leninist, ein Terrorist der Jaish-e-Mohammed sei. (Der schlagende Beweis war in diesem Fall der Name Umar.)

Smriti Irani, die unaufhaltsame Ministerin für die Entwicklung menschlicher Ressourcen, zuständig für höhere Bildung, erklärte, dass die Nation keine Beleidigung von Mutter Indien tolerieren würde. Der safrangewandete Yogi Adityanath, ein Parlamentsabgeordneter der BJP aus Gorakhpur, sagte: »Die JNU ist zu einem Schandfleck in unserem Bildungswesen geworden und sollte im Interesse der Nation geschlossen werden.« Ein anderer selbsternannter Mann Gottes und safrangewandeter BJP-Abgeordneter, Sakshi Maharaj, nannte die Studenten »Verräter«, die »gehängt werden sollten, statt lebenslang im Gefängnis zu logieren, oder sie sollten von einer Polizeikugel getroffen werden«.[8] Gyandev Ahuja, BJP-Abgeordneter im Parlament von Rajasthan und Empiriker sondergleichen, setzte die Welt davon in Kenntnis, dass »täglich über 10 000 Zigarettenkippen und 4000 Beedis auf dem Campus der JNU gefunden werden. 50 000 kleine und große Knochenstücke werden von denen zurückgelassen, die sich nicht-vegetarisch ernähren. Sie schlagen sich den Bauch mit Fleisch voll … die Antinationalen. 2000 Chips- und *namkeen*-Tüten werden gefunden, und auch 3000 benutzte

Kondome – die Untaten, die sie dort mit unseren Schwestern und Töchtern begehen. Und auch 500 Abtreibungsspritzen werden gefunden.« Mit anderen Worten: die JNU-Studenten sind Fleisch fressende, Bier trinkende, Chips kauende, Zigaretten rauchende, sexbesessene Antinationale. (Klingt das so schrecklich?)

Der Premierminister schwieg.

Die Studenten der JNU und UOH hatten dagegen viel zu sagen. Die Proteste breiteten sich auf die Straße und dann auf Universitäten in anderen Teilen des Landes aus. An dem Tag, als Kanhaiya Kumar vor dem Richter erscheinen sollte, befand sich die Kriegszone im Gerichtssaal. Zwei Tage nacheinander verprügelten Anwälte, die sich unter einer übergroßen Indienfahne versteckten und offen zur BJP bekannten, Studenten, Professoren, Journalisten und schließlich Kanhaiya Kumar selbst. Sie bedrohten und beschimpften ein Komitee ranghoher Anwälte, das der Oberste Gerichtshof einberufen hatte, um sich der Sache anzunehmen. Die Polizei stand daneben und schaute zu. Der Polizeipräsident von Delhi nannte es ein kleines Handgemenge. Die Anwälte gaben der Presse gegenüber damit an, wie sie Kanhaiya »verdroschen« und gezwungen hatten »*Bharat Mata ki Jai*« zu sagen. Ein paar Tage lang sah es so aus, als ob jede Institution im Land angesichts dieses irrwitzigen Angriffs hilflos sei.

Die RSS hat jetzt erklärt, dass jeder, der sich weigert, *Bharat Mata ki Jai* zu rufen, ein Antinationaler ist. Der Yoga- und Gesundheitstycoon Baba Ramdev verkündete, dass er jeden enthaupten würde, der sich weigerte, es zu sagen – wäre es nicht gegen das Gesetz.

Was hätten diese Menschen Ambedkar angetan? Als er 1931 von Gandhi auf seine scharfe Kritik an der Kongresspartei – die als Kritik am Kampf der Partei für ein unabhängiges Heimatland verstanden wurde –, angesprochen wurde, erwiderte Ambedkar: »Gandhiji, ich habe kein Heimatland. Kein Unberührbarer, der etwas auf sich hält, ist stolz auf dieses Land.« Hätten sie ihn der Volksverhetzung angeklagt? (Aber vermutlich ist viel schlimmer, was die Sangh Parivar tut: Ambedkar-Bilder mit Girlanden zu behängen und zu behaupten, dass er – der Mann, der den Hinduismus ein »wahrhaftiges Horrorkabinett« genannt hat – einer der Gründerväter der Hindu Rashtra sei.)

Die andere Taktik, die die BJP und ihre Medienpartner anwenden, um die Leute zum Schweigen zu bringen, ist eine absurde falsche Gegenüberstellung – tapfere Soldaten versus böse Antinationale. Im Februar, als die Krise an der JNU auf ihrem Höhepunkt war, kamen bei einem Lawinenabgang auf dem Siachen-Gletscher zehn indische Soldaten ums Leben, deren Leichen für ein militärisches Begräbnis heimgeflogen wurden. Tage- und nächtelang legten hysterische Fernsehmoderatoren und ihre Gäste den toten Männern ihre eigenen Worte in den Mund und pfropften den Leichen, die sich nicht wehren konnten, ihre dummen Ideologien auf. Natürlich versäumten sie zu erwähnen, dass die meisten indischen Soldaten arme Leute auf der Suche nach einem Lebensunterhalt sind. (Die patriotischen Reichen fordern selbstverständlich nicht, selbst eingezogen zu werden, damit sie und ihre Kinder als gewöhnliche Soldaten dienen können.)

Sie vergessen auch, ihren Zuschauern zu erklären, dass Soldaten nicht nur am Siachen-Gletscher oder an den indischen Grenzen stationiert sind. Seit der Unabhängigkeit 1947 ist nicht ein Tag vergangen, an dem die indische Armee oder andere Sicherheitskräfte nicht innerhalb der indischen Grenzen gegen ihr »eigenes« Volk eingesetzt wurden – in

Kaschmir, Nagaland, Manipur, Mizoram, Assam, Junagadh, Hyderabad, Goa, Punjab, Telangana, Westbengalen und jetzt in Chhattisgarh, Odisha und Jharkhand.

Zehntausende haben bei Konflikten in diesen Orten ihr Leben verloren. Eine noch größere Zahl wurde brutal gefoltert, viele von ihnen verkrüppelt. In Kaschmir gibt es dokumentierte Fälle von Massenvergewaltigungen, in denen die Angeklagten vom Armed Forces Special Powers Act geschützt werden, als wäre Vergewaltigung ein notwendiger und unvermeidlicher Teil des Kriegs.[9] Das aggressive Beharren auf nicht hinterfragter Soldatenverehrung sogar seitens selbsterklärter »Liberaler« ist ein krankes gefährliches Spiel, das sich eine zynische Oligarchie ausgedacht hat. Es hilft weder Soldaten noch Zivilisten. Und wenn man sich die Liste der Orte in Indien genau anschaut, wo Sicherheitskräfte eingesetzt werden, kommt eine erstaunliche Tatsache ans Licht – die Bevölkerung an diesen Orten besteht überwiegend aus Muslimen, Christen, Adivasi, Sikhs und Dalits. Wir werden aufgefordert, gehorsam und gedankenlos einen von hohen Kasten dominierten Hindu-Staat gutzuheißen, der sein Territorium mit militärischer Macht zusammenhält.

Was wäre, wenn manche von uns davon träumen, eine Gesellschaft zu erschaffen, zu der man *gern* gehört? Was, wenn manche von uns davon träumen, in einer Gesellschaft zu leben, der anzugehören die Menschen nicht *gezwungen* werden? Was, wenn manche von uns keine kolonialistischen, imperialistischen Träume haben? Was, wenn manche von uns stattdessen von Gerechtigkeit träumen? Ist das eine Straftat?

Worum geht es also bei dieser neuen Runde von Fahnenschwingen und Brusttrommeln wirklich? Was will man damit verbergen?

Das Übliche: eine einbrechende Wirtschaft und eine erbärmliche Nichteinhaltung von Wahlversprechen, die die BJP verführbaren Wählern und ihren Sponsoren aus der Industrie gegeben hat. Während des Wahlkampfs zündete Modi seine Kerze an beiden Enden an. Er versprach armen Dorfbewohnern, dass auf wundersame Weise 17 000 Pfund auf ihrem Bankkonto auftauchen würden, käme er an die Macht. Er wollte die illegalen Milliarden nach Hause holen, die reiche Inder in Steueroasen geparkt hatten, und sie an die Armen verteilen. Wie viel von diesem Schwarzgeld wurde zurückgeholt? Nicht viel. Wie viel davon wurde verteilt? Ungefähr null Komma null null, wie viel immer das in Rupien ist. Firmen warteten gierig auf ein neues Gesetz, den Land Acquisition Act, der es ihnen einfacher machen würde, Land von Bauern zu erwerben. Das Gesetz schaffte es nicht über das Oberhaus hinaus. Auf dem Land vertiefte sich die Krise der Landwirtschaft. Während großen Unternehmen Milliarden Pfund an Krediten nachgelassen wurden, nehmen sich weiterhin Tausende Kleinbauern, die in der Schuldenfalle sitzen – Schulden, die nie nachgelassen werden – das Leben. 2015 begingen allein im Staat Maharashtra 3200 Bauen Selbstmord. Auch ihr Tod ist eine Form von institutionalisiertem Mord – so wie der Selbstmord von Rohith Vemula.

Was die neue Regierung statt der Erfüllung ihrer vulgären Wahlversprechen zu bieten hat, ist der Deal, der normalerweise nur an der Safranbörse gehandelt wird: Tausche deine Hoffnung auf einen anständigen Lebensunterhalt ein gegen das aufregende Leben permanenter Hysterie. Ein Leben, in dem du deinen Nachbarn hassen darfst, und wenn die Lage wirklich schlimm wird, und wenn du das wirklich willst, tu dich mit Freunden zusammen und schlage sie oder ihn tot.

Die künstlich heraufbeschworene Krise an der JNU hat unsere Aufmerksamkeit höchst erfolgreich von einer schrecklichen Tragödie abgelenkt, die über die verletzlichsten Menschen in unserem Land hereingebrochen ist. Der Krieg um Bodenschätze in Bastar, Chhattisgarh, gewinnt wieder an Fahrt. Operation Green Hunt – der Versuch der vorherigen Regierung, den Wald von seinen lästigen Bewohnern zu befreien, um ihn an Bergbau- und Infrastrukturunternehmen zu übergeben – war nicht sehr erfolgreich. Viele der zahllosen Absichtserklärungen, die die Regierung mit privaten Firmen bezüglich dieses Territoriums unterzeichnet hat, wurden nicht umgesetzt. Die Menschen von Bastar, die zu dem Ärmsten der Welt gehören, haben die finanzstärksten Firmen jahrelang aufgehalten.

In Vorbereitung auf die noch nicht benannte Operation Green Hunt II sitzen wieder Tausende Adivasi im Gefängnis und werden beschuldigt, Maoisten zu sein.

Der Wald wird gesäubert von Zeugen – Journalisten, Aktivisten, Anwälten, Wissenschaftlern. Jeder, der die klare Frontbeschreibung Staat versus »maoistische Terroristen« in Zweifel zieht, schwebt in großer Gefahr. Die außergewöhnliche Adivasi-Lehrerin und Aktivistin Soni Sori, die 2011 verhaftet wurde, nach ihrer Freilassung 2014 ihre politische Arbeit jedoch sofort wieder aufnahm, wurde vor kurzem angegriffen. Ihr Gesicht wurde mit einer Substanz beschmiert, die ihre Haut verbrannte. Sie ist wieder in Bastar aktiv. Mit einem verbrannten Gesicht.

Die Jagdalpur-Rechtshilfegruppe, ein kleines Team von Anwältinnen, die inhaftierten Adivasi Rechtsbeistand anboten, und Malini Subramaniam, deren investigative Berichte aus Bastar die örtliche Polizei in Verlegenheit brachten, wurden zwangsweise ausgewiesen. Lingaram Kodopi, Bastars erster Adivasi-Journalist, der grauenhaft gefoltert wurde und drei Jahre inhaftiert war, wird bedroht und hat verzweifelt angekündigt, sich umzubringen, wenn die Einschüchterungsversuche nicht aufhören. Vier Lokaljournalisten wurden unter fadenscheinigen Vorwänden festgenommen, darunter einer, der auf WhatsApp Kommentare gegen die Polizei postete. Das Dorf, in dem Bela Bhatia, eine Forscherin, lebt, wurde von Mobs heimgesucht, die Parolen gegen sie schrien und ihre Vermieter bedrohten. Paramilitärische Truppen und Bürgerwehren, die sich darauf verlassen können, straffrei auszugehen, stürmen wie während der Operation Green Hunt I Dörfer und terrorisieren die Bewohner, zwingen sie, ihre Häuser zu verlassen und in den Wald zu fliehen. Entsetzliche Geschichten von Vergewaltigung, Belästigung, Plünderung und Raub erreichen uns. Die indische Luftwaffe hat begonnen, Luft-Boden-Angriffe mit Hubschraubern »zu üben«.

Jeder, der die Übernahme von Adivasi-Land durch private Unternehmen kritisiert, wird als antinationaler »Sympathisant« der verbotenen Maoisten beschimpft. Auch Sympathie ist ein Verbrechen. In Fernsehstudios werden Gäste, die eine Spur Intelligenz in die Debatten einzubringen versuchen, niedergeschrien und gezwungen, der Nation ihre Loyalität zu demonstrieren. Es ist ein Krieg gegen Menschen, die sich kaum eine Mahlzeit am Tag leisten können. Unter welche besondere Sorte Nationalismus fällt das? Worauf genau sollen wir stolz sein?

Unsere Lumpennationalisten begreifen offenbar nicht, dass sie umso unsicherer klingen, je nachdrücklicher sie darauf bestehen, dass leere Slogans gerufen werden, je öfter sie die Leute dazu zwingen, »*Bharat Mata ki Jai*« zu sagen und Kaschmir zum »integralen Bestandteil Indiens« zu erklären. Dem Nationalismus, der uns aufoktroyiert wird, geht es mehr um den Hass auf ein anderes Land – Pakistan – als um die

Liebe zu unserem eigenen. Es geht darum, Territorium zu sichern, und nicht darum, Land und Leute zu lieben. Paradoxerweise sind es die sogenannten Antinationalen, die von sterbenden Flüssen und der Schändung von Wäldern sprechen. Sie sind es, die sich Sorgen wegen der Vergiftung des Bodens und sinkender Pegelstände machen. Die »Nationalisten« dagegen sprechen von Abbau, Eindämmung, Rodung, Sprengung und Verkauf. Das Verhökern von Bodenschätzen an multinationale Konzerne ist für sie eine patriotische Pflicht. Sie haben die indische Fahne privatisiert und das Mikrophon an sich gerissen.

Die drei verhafteten JNU-Studenten sind auf Kaution frei. Die Richterin, die in Kanhaiya Kumars Fall entschied, verbreitete allerdings mehr Angst als Erleichterung: »Wann immer sich eine Infektion in einem Körperteil ausbreitet, bemüht man sich um Heilung, indem man Antibiotika einnehmen lässt, und wenn das nicht wirkt, kommt eine zweite Behandlung hinzu. Manchmal erfordert sie auch einen chirurgischen Eingriff. Wenn die Infektion jedoch zu Wundbrand führt, bleibt als letzte Lösung nur noch die Amputation.«[10] *Amputation*? Was meinte sie damit?

Kaum war er auf freiem Fuß, hielt Kanhaiya Kumar auf dem JNU-Campus vor Tausenden Studenten seine jetzt berühmte Rede. Es ist nicht wichtig, ob man allem zustimmt, was er sagte. Ich tue es nicht. Doch es war der Geist, in dem er sprach, der so mitreißend war. Er zerriss das Sargtuch der Angst und Niedergeschlagenheit, das sich wie ein Nebel auf uns gelegt hatte. Über Nacht wurden Kanhaiya *und* sein freches Publikum von Millionen ins Herz geschlossen. Das Gleiche gilt für die anderen beiden Studenten, Umar Khalid und Anirban Bhattacharya. Menschen auf der ganzen Welt haben den Slogan gehört, den die BJP beerdigen wollte. »*Jai*

Bhim! Lal salaam!« (Gruß dir, Bhimrao Ambedkar! Ein roter Gruß!)

Und mit dieser Parole kamen der Geist von Rohith Vemula und der Geist der JNU solidarisch zusammen. Es ist ein fragiles, unsicheres Zusammenkommen, das wahrscheinlich ein unglückliches Ende finden wird – wenn es nicht schon ein Ende gefunden hat –, in die Enge getrieben von den etablierten Parteien, NGOs und seinen eigenen inneren Widersprüchen. Weder »die Linke« noch Ambedkar-Anhänger noch die OBC sind in sich auch nur annähernd homogen. Wie auch immer, die Linke ist im Allgemeinen konzeptuell überwiegend blind für das Kastenwesen und perpetuiert es, indem sie es nicht wahrnimmt. (Die bemerkenswerte Ausnahme sind die Schriften der verstorbenen Anuradha Ghandy.) Das heißt, dass die vielen Dalits und OBC, die nach links tendieren, bittere Erfahrungen gemacht haben und jetzt entschlossen sind, sich von der Linken zu isolieren, womit sie unfreiwillig die Kastenunterschiede vertiefen und ein System stärken, das sich durch den Ausschluss jeder Form von Solidarität aufrechterhält.

Alle diese alten Wunden werden wieder aufbrechen, wir werden uns gegenseitig zerfleischen und mit Argumenten und Vorwürfen in den Wahnsinn treiben. Aber auch nachdem dieser Moment vorbei sein wird, werden die radikalen Ideen, die aus der Konfrontation mit den Agenten der Hindutva hervorgingen, wahrscheinlich nicht vergessen werden. Sie werden bleiben, und darauf kann aufgebaut werden. Es muss so sein, denn sie sind unsere einzige Hoffnung.

Es wird bereits über die wahre Bedeutung, die wahre Politik hinter dem Refrain »Azadi« debattiert. Hat Kanhaiya den Slogan von den Kaschmiris geklaut? Hat er. (Und woher haben ihn die Kaschmiris? Von den Feministinnen oder

der Französischen Revolution vielleicht.) Wird der Slogan verwässert? Auf jeden Fall in den Ohren derer, die ihn in Kaschmir intonieren. Wird er vertieft? Ja, auch das. Denn für Freiheit vom Patriarchat, vom Kapitalismus oder vom Brahminvaad zu kämpfen ist so radikal wie jeder Kampf um nationale Selbstbestimmung.

Während wir über die wahre tiefe Bedeutung von Freiheit reden, wollen sich vielleicht diejenigen, die so schockiert sind über die Ereignisse der letzten Monate in Delhi, fragen, warum sie so ungerührt bleiben, wenn doch an anderen Orten viel Schlimmeres passiert. Warum ist es in Ordnung, dass wir Azadi für unsere Universitäten fordern, während der Alltag gewöhnlicher Menschen in Kaschmir, Nagaland und Manipur von der Armee kontrolliert wird und ihre Verkehrsstaus von uniformierten Männern reguliert werden, die AK 47 schwingen? Warum fällt es den meisten Indern so leicht zu akzeptieren, dass im Verlauf nur eines Sommers 112 junge Menschen auf den Straßen Kaschmirs getötet werden?

Warum sind uns Kanhaiya und Rohith Vemula so wichtig, während uns Studenten wie Shaista Hameed und Danish Farooq gleichgültig sind, die in Kaschmir am Tag vor Beginn der Hetzkampagne gegen die JNU erschossen wurden? »Azadi« ist ein großes Wort und auch ein schönes. Wir müssen es uns geistig einverleiben, nicht nur damit spielen. Es geht nicht um eine wie auch immer geartete edle Gesinnung, gemäß der wir alle Seite an Seite die Kämpfe aller ausfechten und den Schmerz aller mit der gleichen Intensität spüren. Ich will damit nur sagen, dass wir alle gemeinsam im Treibsand moralischer Verderbtheit versinken werden, wenn wir nicht gegenseitig unsere Sehnsucht nach Azadi anerkennen, wenn wir Unrecht nicht verdammen, wenn es uns ins Gesicht springt.

Letztlich ist das Ergebnis der Bemühungen der BJP, dass sie Studenten, Intellektuellen und sogar Teilen der Mainstream-Medien vor Augen geführt haben, wie uns ihr Manifest des Hasses auseinandertreibt. Nicht alle lassen sich das länger gefallen. Afzals Geist macht sich auf den Weg zu anderen Universitäten.

Wie oft bei diesen Geschehnissen beansprucht jede involvierte Seite den Sieg für sich. Nach Einschätzung der BJP war die Polarisierung der Wähler in »Nationalisten« und »Antinationale« erfolgreich und brachte ihr beträchtlichen politischen Gewinn ein. Weit davon entfernt, sich zerknirscht zu geben, hat sie im Gegenteil alle Knöpfe voll aufgedreht.

Kanhaiya, Umar und Anirban schweben in Gefahr, von skrupellosen Mördern umgebracht zu werden, die die Approbation des Führungsstabs der Sangh Parivar suchen. Gegen 35 Studenten der FTII (jeder fünfte) wurde Strafanzeige gestellt. Sie sind gegen Kaution auf freiem Fuß, müssen sich jedoch regelmäßig bei der Polizei melden. Appa Rao Podile, der gehasste Vizekanzler der UOH, der im Januar wegen der Umstände, die zu Rohith Vemulas Selbstmord führten, suspendiert und angezeigt wurde, ist wieder auf dem Campus, was die Studenten in Rage bringt. Als sie protestierten, kam die Polizei auf das Gelände, schlug brutal zu, verhaftete 25 Studenten und zwei Fakultätsmitglieder und hielt sie tagelang fest. Der Campus wird jetzt von der Polizei abgeriegelt – ironischerweise von der Polizei des Bundesstaats Telangana, für dessen Schaffung die Studenten so lange und hart gekämpft haben. Auch die festgenommenen Studenten der UOH wurden angezeigt. Sie brauchen Anwälte und Geld, um sie zu bezahlen. Auch wenn sie letztlich freigesprochen werden, kann die Schikane ihr Leben zerstören.

Es sind nicht nur Studenten. Im ganzen Land werden

Anwälte, Aktivisten, Autoren und Filmemacher – jeder, der die Regierung kritisiert – verhaftet, eingesperrt oder in fadenscheinige Verfahren verwickelt. Wir können mit ernsthaften Schwierigkeiten rechnen, mit allem möglichen Ärger, bei den Wahlen in den Bundesstaaten – vor allem 2017 in Uttar Pradesh – und den Nationalwahlen 2019. Wir müssen uns auf Terroranschläge unter falscher Flagge einstellen und womöglich sogar auf einen »begrenzten« Krieg mit Pakistan, wie er optimistisch genannt wird. Bei einer öffentlichen Versammlung am 29. Februar in Agra wurden Muslime vor einem »letzten Gefecht« gewarnt. Eine aufgewiegelte, 5000 Mann starke Menge schrie: »*Jis Hindu ka khoon na khaule, khoon nahin woh pani hai.*« (Jeder Hindu, dessen Blut nicht kocht, hat Wasser in den Adern, nicht Blut.)

Ungeachtet dessen, wer in den nächsten Jahren Wahlen gewinnen wird, kann diese Art Gift bekämpft werden, wenn sie einmal in den Blutstrom gelangt ist? Kann sich irgendeine Gesellschaft selbst heilen, nachdem ihr Gewebe auf diese Weise zerrissen und zerschnitten wurde?

Was im Moment passiert ist eine systematische Anstrengung, Chaos zu schaffen, der Versuch, eine Situation herbeizuführen, in der die in der indischen Verfassung niedergeschriebenen Bürgerrechte außer Kraft gesetzt werden können. Die RSS hat die Verfassung nie anerkannt. Jetzt endlich hat sie eine Position erreicht, in der sie über die Macht verfügt, sie zu unterwandern. Sie wartet auf eine Gelegenheit. Womöglich sind wir Zeugen für die Vorbereitung eines Staatsstreichs – kein militärischer Putsch, dennoch ein Coup. Es ist nur noch eine Frage der Zeit, bevor Indien offiziell aufhören wird, eine säkulare demokratische Republik zu sein. Vielleicht werden wir eines Tages sehnsüchtig auf eine Ära manipulierter Videos und falscher Twitteraccounts zurückblicken.

Unsere Wälder sind voller Soldaten, und unsere Universitäten sind voller Polizisten. Die neuen Richtlinien der Bewilligungskommission für Universitäten sehen hohe Grenzmauern mit Stacheldraht für einen Campus, bewaffnete Wächter am Eingang, Polizeireviere, biometrische Tests und Sicherheitskameras vor. Smriti Irani hat verfügt, dass alle staatlichen Universitäten die indische Fahne an einem über 60 Meter hohen Mast hissen, damit Studenten sie »verehren« können. (Wer bekommt den Vertrag?) Sie hat zudem angekündigt, die Armee einzuspannen, um den Studenten Patriotismus einzutrichtern.

In Kaschmir sichert die Präsenz einer geschätzt halben Million Soldaten, dass die Region ein integraler Bestandteil Indiens ist, was immer seine Bevölkerung will oder auch nicht. Doch jetzt, da Soldaten und Stacheldraht und erzwungene Verehrung der Fahne auch bei uns eingeführt wurden, sieht es mehr und mehr danach aus, als würde Indien ein integraler Bestandteil Kaschmirs.

Als Symbole von Ländern sind Fahnen machtvolle Objekte, wert, betrachtet zu werden. Aber was ist mit Menschen wie Rohith Vemula, deren Vorstellungskraft seit Jahrtausenden über die Idee eines Landes weit hinausgeht? Die Erde ist viereinhalb Milliarden Jahre alt. Der Mensch ist vor ungefähr 200 000 Jahren aufgetaucht. Was wir »menschliche Zivilisation« nennen, ist ein paar Tausend Jahre, Indien als Staat in seinen jetzigen Grenzen noch nicht einmal 80 Jahre alt. Uns könnte ein bisschen Perspektive nur guttun.

Eine Fahne *verehren*? Meine Seele ist entweder zu modern oder zu alt dafür.

Ich bin mir nicht sicher, was zutrifft.

Vielleicht beides.

Anhang

Glossar

Adivasi: Stammesangehörige; Ureinwohner Indiens.

Adivasi Mahila Sangathan (AMS): Frauenorganisation; Vorläuferorganisation der Krantikari Adivasi Mahila Sangathan.

Armed Forces Special Powers Act (AFSPA): Gesetz von 1958, das den Streitkräften in »Unruhegebieten« besondere Befugnisse überträgt: Festnahmen ohne Haftbefehl und im Zweifelsfall mit Gewalt; (auch tödlicher) Schusswaffengebrauch; Eindringen und Durchsuchen von Häusern. Die Streitkräfte können juristisch nicht verfolgt werden und bleiben straffrei.

Arthashastra: Lehrbuch der altindischen Staatstheorie (wahrscheinlich zwischen 320 und 185 v. Chr. entstanden).

Babri-Moschee (Babri Masjid): 1992 von fundamentalistischen Hindus zerstörte Moschee in Ayodhya. Das Oberste Gericht entschied 2019, dass auf dem Gelände ein hinduistischer Tempel gebaut werden darf. Im August 2020 wurde mit dem Bau des Ram-Janmabhumi-Tempels begonnen.

Bahujan Samaj Party (BSP): 1984 als Interessenvertretung der Dalits und anderer Minderheiten gegründete Partei.

Bajrang Dal: Militante, hindu-fundamentalistische Organisation, benannt nach dem Hindu-Gott Hanuman. Verbündet mit der BJP und der VHP; Mitglieder der Bajrang Dal waren maßgeblich an der Zerstörung der Babri-Moschee 1992 beteiligt.

Bhagavad Gita: Gesang des Erhabenen. Eine der zentralen Schriften des Hinduismus.

Bharatiya Janata Partei (BJP): Rechtsgerichtete hindu-nationalistische Partei. Wörtlich: Partei des indischen Volkes, gegründet 1980. Vorläuferin der BJP war die Bharatiya Jana Sangh.

Bombay-Präsidentschaft: Provinz Britisch-Indiens.

Border Security Force (BSF): Grenzpolizei

Central Bureau of Investigation (CBI): Der Bundesregierung unterstellte, wichtigste polizeiliche Ermittlungsbehörde Indiens in Strafrechts- und nationalen Sicherheitsangelegenheiten.

Central Reserve Police Force (CRPF): Größte bewaffnete Polizeieinheit Indiens. Ihre Hauptaufgabe besteht darin, die Bundesstaaten / Unionsterritorien bei Polizeieinsätzen zur Aufrechterhaltung von Recht und Ordnung und zur Aufstandsbekämpfung zu unterstützen.

Charkha: Handspindel.

Chaturvarna: Kastensystem.

Chawl: Mietshaus für Arme.

Chetna Natya Manch (CNM): Kulturorganisation der CPI-M.

Chief Minister: Regierungschef der indischen Bundesstaaten.

Communist Party of India (Maoist) (CPI-Maoist): Zusammenschluss der People's War Group (PWG) mit anderen Splittergruppen der CPI (ML): der Party Unity (PU) und dem Maoist Communist Centre (MCC) – das überwiegend in Bihar und Jharkhand operierte.

Crore: indische Zähleinheit, entspricht 10 Millionen (oder 100 lakh).

Dalit: Wörtlich: die Geschundenen. Unterste Gruppen der hinduistischen Gesellschaft. Frühere Bezeichnung: Unberührbare, Kastenlose.

Dandakaranya (DK): Region im Osten Indiens (in den Bundesstaaten Chhattisgarh, Odisha, Telangana und Andhra Pradesh).

Dharna: Hungerstreik.

Disturbed Areas Act: Gesetz von 1976, das es ermöglicht, bestimmte Regionen zu Unruhegebieten zu erklären, und das der Polizei und Gerichten in diesen Gebieten Sonderrechte verleiht.

Durga Puja: Bengalische Version von Dussehra, ein religiöses Hindu-Fest.

Encounter-Killing: Wörtlich: Begegnungs-Mord. Ist ein von der indischen Polizei, der Armee und paramilitärischen Einheiten benutzter Begriff, um die von ihnen nach eigenem Gutdünken (d. h. ohne gerichtliche Anordnung und somit außerhalb des Gesetzes) getöteten »Militanten« oder »Verdächtigen« zu erklären. Encounter werden auch manipuliert, indem den Getöteten z. B. Waffen untergeschoben werden.

Fabindia: Indisches Label, dass Kleidung und Einrichtungsgegenstände verkauft, die im ländlichen Indien in Handarbeit gefertigt werden.

Ghar wapsi: Wörtlich: Heimkehr. Aktivitäten radikaler Hindu-Organisationen zur Bekehrung von Christen und Muslimen zum Hinduismus.

Goonda: Angeheuerte Schläger und Kriminelle.

Hanuman, Sita und Rama: Helden aus dem altindischen Epos Ramayana; gehören heute zu den populärsten Gestalten des Hinduismus.

High Energy Emulsion Explosive: Emulsionssprengstoff.

Hindu Rashtra: Wörtlich: Hindu-Nation; Slogan der rechtsgerichteten Hindutva-Bewegung.

Hindutva: Ideologie, die die »Hindu-Identität« stärken und einen Hindu-Staat schaffen will. Sie wird unterstützt von der VHP, Bajrang Dal, Shiv Sena und anderen religiös orientierten Parteien.

Hurriyat: (urdu: Freiheit); eigentlich All Parties Hurriyat Conference (APHC); aus 26 politischen, sozialen und religiösen Gruppierungen 1993 in Kaschmir gebildet.

Improvised Explosive Device (IED): Selbstgebaute Sprengsätze.

India Shining: Politischer Slogan, der sich auf den ökonomischen Optimismus bezieht. Im Wahlkampf 2004 von der damals regierenden BJP eingesetzt.

Indischer Nationalkongress: auch Kongress oder Kongrespartei. Der Indische Nationalkongress (Indian National Congress) wurde 1885 gegründet.

Indo-Tibetan Border Police (ITBP): Indo-Tibetische Grenzpolizei.

Inter-Services Intelligence (ISI): Geheimdienst des pakistanischen Militärs.

J & K: Jammu und Kaschmir, indischer Bundesstaat.

Janatana Sarkars: Volksregierungen.

Jan Natya Manch (JNM): Volkstheaterfront; linke Kulturorganisation, die Straßentheater macht.

Jat-Pat-Todak Mandal: Forum zur Auflösung der Kasten.

Jats: Volk im Nordwesen Indiens.

Jhilli: Plastikplane.

Jim-Crow-Gesetze: Rassentrennungsgesetze in den USA zwischen 1865 und den 1960er Jahren.

Jowar: Sorghum.

Kabir: Indischer Dichter und Mystiker aus dem 15. Jahrhundert.

Kandhamal: Gewaltorgie gegen Christen nach der Ermordung eines Hindu-Mönchs im August 2008 in Orissa.

Khadi: Kleidung, Stoffe.

Khichdi: Gericht aus Reis, Linsen und weiteren Zutaten.

Kongress → Indischer Nationalkongress.

Krantikari Adivasi Mahila Sangathan (KAMS): Frauenorganisation.

Lafanga: Schurke, Landstreicher.

Lakh: Indische Zähleinheit; entspricht der Zahl 100 000.

Lal Chowk: Wörtlich: Roter Platz. Der wichtigste öffentliche Platz in Srinagar, Kaschmir.

Liberation Tigers of Tamil Eelam (LTTE): Befreiungstiger; separatistische Guerillagruppe der Tamilen in Sri Lanka.

Line of Control (LoC): 740 km lange militärische Grenz- und Kontrolllinie zwischen Indien und Pakistan in der Provinz Kaschmir.

Lokayukta: Antikorruptionsorganisation in den indischen

Bundesstaaten, die vor allem Korruption in der Regierung und im öffentlichen Dienst aufdeckt.

Lok Sabha: gewähltes Unterhaus des indischen Parlaments, wörtlich: Haus des Volkes.

Madras-Präsidentschaft: Provinz Britisch-Indiens.

Maharadscha Hari Singh: (1895–1961) letzter regierender Maharadscha des Fürstentums Jammu und Kaschmir. 1947 hatte Kaschmir die Wahl, Pakistan oder Indien beizutreten. Hari Singh wollte unabhängig bleiben und spielte Indien und Pakistan gegeneinander aus, rief jedoch Indien zu Hilfe, als pakistanische Stammesangehörige im Oktober 1947 in Kaschmir einfielen. Indien stellte als Bedingung für die Hilfe den Beitritt des Fürstentums zur Republik Indien.

Mandir: Tempel.

Manusmriti: Von Lehrern überlieferte Texte über das angemessene Verhalten, zwischen 200 v. Chr. und 200 n. Chr. entstanden.

Mohalla: Viertel, Nachbarschaft.

Moksha: Erlösung, Befreiung aus dem Kreislauf der Wiedergeburten.

Mukhi (Pl.: Muhkia): Dorfoberhaupt.

Muslim-Conference: Eigentlich All Jammu & Kashmir Muslim Conference (AJKMC); eine der zwei großen Parteien in dem von Pakistan kontrollierten Teil von Kaschmir.

Namashkar Guruji: Begrüßungsformel für einen spirituellen Lehrer.

Narmada Bachao Andolan (NBA): Bewegung zur Rettung des Narmada-Tals.

National Conference: Eigentlich Jammu & Kashmir National Conference (JKNC), politische Partei in Jammu & Kaschmir; gegründet 1932.

Naxaliten: Maoistische Bewegung. Der Name stammt von einem Aufstand einer Splittergruppe der Kommunistischen Partei Indiens (Marxisten) im Dorf Naxalbari, Westbengalen, 1967.

Orissa: Ostindischer Bundesstaat, seit 2011 offiziell Odisha.

Paise: Währungseinheit: 100 Paise = 1 Rupie.

Panchayat: Dorfrat.

Parse: Mitglied der zoroastrischen Gemeinde Indiens.

People's Democratic Party: Politische Partei in Jammu und Kaschmir; gegründet 1999.

People's Liberation Guerrilla Army (PLGA): Bewaffneter Arm der Communist Party of India (Maoist) – CPI-M.

People's War Group (PWG): Splittergruppe der ehemaligen Communist Party of India (Marxist-Leninist) / CPI (ML).

Prasad: Opferspeisen, die den Göttern dargebracht und dann an die Gläubigen verteilt werden. Ihnen werden spirituelle Kräfte zugeschrieben.

Prevention of Terrorism Act (POTA): Antiterrorismusgesetz von 2002; von der Regierung der United Progressive Alliance (UPA), angeführt von der Kongresspartei. 2004 wieder aufgehoben, weil sie ihn für zu drakonisch und kontraproduktiv hielt und behauptete, er wäre zu oft missbraucht worden. Sie erließ dann 2008 ein noch schärferes Antiterrorgesetz in Form von Zusätzen zum bereits drakonischen Unlawful Activities Prevention Act, der die Einschränkung von Grundfreiheiten wie z. B. Meinungs- und Versammlungsfreiheit ermöglicht.

Public Safety Act: Ermöglicht aus Gründen der Staatssicherheit Vorbeugehaft, Haft ohne Verfahren bis zu zwei Jahren.

Quit-India-Bewegung: Von Gandhi 1942 gegründete Unabhängigkeitsbewegung.

Rajya Sabha: Oberhaus des indischen Parlaments; wörtlich: Rat der Staaten, mit max. 250 Mitgliedern, zwölf Mitglieder werden vom Staatspräsidenten ernannt, der Rest wird von den Parlamenten der Bundesstaaten und Unionsterritorien gewählt.

Rashtriya Swayamsevak Sangh (RSS): Rechte Hindu-Organisation mit eindeutig formulierter antimuslimischer Ausrichtung und nationalistischer Hindutva-Gesinnung, gegründet 1925. Die RSS ist das ideologische Rückgrat der Bharatiya Janata Partei (BJP). Wörtlich: nationale Selbsthilfegruppe.

Rath Yatra: Die Fahrt des Triumphwagens; ein langer Zug, angeführt von einem geschmückten und verzierten Bus; zum ersten Mal 1990 von L. K. Advani durchgeführt, um die »Hindu-Gesinnung zu mobilisieren« mit dem Ziel, in Ayodhya einen Ram-Tempel zu errichten. Sie gipfelte in weitverbreiteten Gewalttätigkeiten in Nordindien.

Roti: Traditionelles ungesäuertes Fladenbrot.

Sadhu: Mönche, Asketen, heilige Männer.

Salwa Judum: 2005 in Chhattisgarh gegen die Naxaliten gegründete Bürgermiliz von Adivasi, die bald vom Staat finanziert wurde.

Samudra Manthan: Aufschäumen des Milchozeans. In der indischen Mythologie ist der Milchozean das äußerste

Meer, das den Kosmos umgibt. Thema des Mythos vom Aufschäumen des Milchozeans ist die Suche nach dem Unsterblichkeitstrank.

Sangh Parivar: Wörtlich: Familiengruppen. Eng vernetzte, rechtsgerichtete, fundamentalistische Hindu-Organisationen; dazu gehören die Bajrang Dal, BJP, RSS und VHP.

Satyagraha: Festhalten an der Wahrheit. Gandhis Strategie der gewaltlosen Durchsetzung des als wahr Erkannten.

Scheich Abdullah: (1905–1982) Führer der National Conference, der größten politischen Partei Kaschmirs und erster Chief Minister von Jammu und Kaschmir nach dem Beitritt des Fürstentums zu Indien.

Shiv Sena: Rechtsgerichtete, chauvinistische Hindu-Partei im Bundesstaat Maharashtra.

Special Operations Group (SOG): Elitetruppe der Polizei, die in Kaschmir gegen die Aufständischen eingesetzt wird.

Special Police Officer (SPO): Sonderpolizist.

Tehsildar: Steuerbeamter.

Tihar-Gefängnis: Größter Gefängniskomplex Südostasiens im Ort Tihar, westlich von Delhi.

Tika: Ein von Hindus auf der Stirn getragenes Segenszeichen.

Tovar: Gelbe Straucherbsen.

Tukaram: Indischer Dichter und Mystiker aus dem 17. Jahrhundert.

United Progressive Alliance (UPA): Allianz und Koalition mehrerer politischer Parteien unter Führung der Kongresspartei.

Unlawful Activities Prevention Act: Ermächtigt die Regierung im Interesse der Souveränität und Integrität Indiens, Grundrechte einzuschränken (Recht auf freie Meinungsäußerung, Versammlungsfreiheit, Recht, Vereine und Gewerkschaften zu gründen).

Vastu: Lehre vom richtigen Bauen und Wohnen.

Vishwa Hindu Parishad (VHP): Welthindurat, eine der großen hindu-nationalistischen Parteien; selbsternannter Führer der Hindus und Mitglied der Sangh Parivar.

Yantra: Mystisches hinduistisches Diagramm, das die verschiedenen Ebenen der göttlichen Energie symbolisiert.

Zamindar: Landbesitzer.

Zindabad: (urdu) Lang lebe.

Anmerkungen

Vorwort

1 Nikhil Agarwal, »Sardar Patel's Statue of Unity inaugurated World's tallest statue is an engineering marvel«, *Mint*, 1. November 2018 (www.livemint.com/Companies/z9KNZfDJBIFtkYn207pRVN/Sardar-Patels-Statue-of-Unity-inauguration-today-Worlds-t.html).

Das Ende des Vorstellbaren

1 Raj Chengappa, »The Bomb Makers«, *India Today*, 22. Juni 1998.
2 Pradeep Thakur, »India Protected Against Nuclear War«, *The Pioneer*, 24. April 1998, Interview mit dem Leiter der Health, Environment and Safety Group, Bhabha Atomic Research Centre (BARC), Mumbai.
3 Vgl. Chandan Mitra, »Explosion of Self-esteem«, *The Pioneer*, 12. Mai 1998; Shekhar Gupta, »Road to Resurgence«, *The Indian Express*, 12. Mai 1998; »A Moment of Pride«, *The Hindustan Times*, Leitartikel, 12. Mai 1998.
4 Bal Thackeray, zitiert in »Voices«, *India Today*, 25. Mai 1998.
5 Bemerkungen von George Fernandes, dem indischen Verteidigungsminister, in einem Interview mit Home TV, zitiert in »Pakistan Lags in Number and Potency: George«, *The Pioneer*, 1. Juni 1998; »Pakistan Tests No Match for Ours: Fernandes«, *The Hindu*, 1. Juni 1998.
6 Kaveree Bamzai, »Pakistan TV Will be Banned, Says Naqvi«, *The Indian Express*, 3. Juli 1998.
7 »Delhi Government Wants Churches Struck Off List of Religious Places«, *The Indian Express*, 3. Juli 1998; »High on Hubris«, *Times of India*, 4. Juli 1998.
8 »Text of Vajpayee's Letter to Clinton«, *The Hindu*, 14. Mai 1998.
9 »HDI Ranking for Developing Countries«, *Human Development Report 1997* (New York: UNDP, 1997), S. 45.

10 Sonia Gandhi, die Ehefrau des später ermordeten Premierministers Rajiv Gandhi und von 1998 bis 2004 Vorsitzende der Kongresspartei, war gebürtige Italienerin. {Anm. der Lektorin}

Der größere gemeinsame Nenner

1 C. V. J. Sharma (Hg.), *Modern Temples of India: Selected Speeches of Jawaharlal Nehru at Irrigation and Power Projects* (Delhi: Central Board of Irrigation and Power, 1989), S. 40–49.

2 Patrick McCully, *Silenced Rivers: The Ecology and Politics of Large Dams* (Hyderabad: Orient Longman, 1998), S. 80.

3 Aus (ungeschnittenem) Filmmaterial über die Vertriebenen des Bargi-Damms, von Anurag Singh und Jharana Jhaveri, Jan Madhyam, New Delhi 1995.

4 Sharma (Hg.), *Modern Temples of India*, S. 52–56. In einer Ansprache zur 29. Jahreskonferenz des Central Board of Irrigation and Power am 17. November 1958 sagte Nehru: »Ich glaube allerdings seit einiger Zeit, dass wir an einer Krankheit leiden, die man ›Krankheit des Gigantismus‹ nennen könnte. Wir wollen zeigen, dass wir große Dämme bauen und große Dinge tun können. Das ist für die Entwicklung Indiens eine gefährliche Perspektive … die Vorstellung des Großen – großer Unternehmungen und großer Taten, um zu zeigen, dass wir große Dinge tun können – ist überhaupt keine gute Perspektive.« Und weiter: »Die kleinen Bewässerungsprojekte, die kleinen Industrien und kleinen Anlagen zur Stromerzeugung werden das Gesicht des Landes weit mehr verändern als ein halbes Dutzend großer Projekte an einem halben Dutzend Orte.«

5 Centre for Science and Environment (CSE), *Dying Wisdom: Rise, Fall and Potential of India's Traditional Water Harvesting Systems* (New Delhi: CSE, 1997), S. 399; Madhav Gadgil und Ramachandra Guha, *Ecology and Equity* (New Delhi: Penguin India, 1995), S. 39.

6 Indian Water Resources Society, *Five Decades of Water Resources Development in India*, 1998, S. 7.

7 World Resource Institute, *World Resources 1998–99* (Oxford: Oxford University Press, 1998), S. 251.

8 McCully, *Silenced Rivers*, S. 26–29. Siehe auch *The Ecologist Asia*, Bd. 6, Nr. 5 (Sept. / Okt. 1998), S. 50–51, zu Auszügen aus einer Rede von US-Innenminister Bruce Babbit vom August 1998.

9 Außer McCully, *Silenced Rivers* siehe auch CSE, *State of India's Environment*, 1999, 1985 und 1982; Nicholas Hildyard und Edward

Goldsmith, *The Social and Environmental Impacts of Large Dams* (Cornwall, UK: Wadebridge Ecological Centre, 1984); Satyajit Singh, *Taming the Waters: The Political Economy of Large Dams* (New Delhi: Oxford University Press, 1997); *India: Irrigation Sector Review of the World Bank*, 1991; IUCN, *Large Dams: Learning from the Past, Looking at the Future* (IUCN, 1997).

10 Mihir Shah et al., *India's Drylands: Tribal Societies and Development through Environmental Regeneration* (New Delhi: Oxford University Press, 1998), S. 51–103.

11 Ann Danaiya Usher, *Dams as Aid: A Political Anatomy of Nordic Development Thinking* (London / New York: Routledge, 1997).

12 Unter Zugrundelegung der Preise von 1996 / 97 wären das 2200 Milliarden Rupien.

13 Government of India (GOI), *Ninth Five Year Plan 1997–2002*, New Delhi 1999, Bd. 2, S. 478.

14 D. K. Mishra und R. Rangachari, »The Embankment Trap« und »Some Disturbing Questions«, in: *Seminar 478* (Juni 1999), S. 40–48 bzw. 62–63; CSE, *Floods, Floodplains and Environmental Myths*, 1991.

15 Mihir Shah et al., *India's Drylands*, S. 51–103.

16 Singh, *Taming the Waters*, S. 188 ff.; vgl. auch die aktuellen Vertriebenenzahlen der indischen Regierung.

17 Auf einer Tagung in New Delhi am 21. Januar 1999, organisiert vom Bundesministerium für ländliche Gebiete und Beschäftigung. Diskutiert wurden die geplante »National Resettlement & Rehabilitation Policy« und die Ergänzung des geplanten Land Acquisition Act.

18 Der im November 1999 veröffentlichte Bericht der World Commission on Dams (WCD) schätzt die Anzahl der von den großen Dämmen in Indien entwurzelten Menschen auf 25 Millionen. Die India Country Study, ein Teil des WCD-Berichts, stellt fest, dass sie sogar 56 Millionen betragen könnte.

19 Bradford Morse und Thomas Berger, *Sardar Sarovar: The Report of the Independent Review* (Ottawa: Resource Futures International, 1992), S. 62.

20 GOI, 28. und 29. *Report of the Commissioner for Scheduled Castes and Scheduled Tribes*, New Delhi 1988 / 89.

21 *Indian Express* vom 10. April 1999, Titelseite.

22 GOI, *Ninth Five Year Plan 1997–2002*, 1999, Bd. 2, S. 437.

23 In der India Country Study des WCD-Berichts von 1999 ist von 10 Prozent die Rede.

24 Siddharth Dube, *Words Like Freedom* (New Delhi: Harper Collins, 1998); CMIE (Centre for Monitoring the Indian Economy), 1996. Siehe auch *World Bank Poverty Update,* zitiert in *Business Line* vom 4. Juni 1999.

25 Die Zahlen beziehen sich auf Hungertote in Orissa, 2001.

26 National Human Rights Commission, *Report of the Visit of the Official Team of the NHRC to the Scarcity Affected Areas of Orissa,* Dezember 1996.

27 GOI, *Award of the Narmada Water Disputes Tribunal,* 1978 / 79.

28 GOI, *Report of the FMG-2 on SSP,* 1995; vgl. dazu verschiedene eidesstattliche Erklärungen der indischen Zentralregierung und der Regierung des Bundesstaates Madhya Pradesh vor dem Obersten Gerichtshof in den Jahren 1991 bis 1998.

29 Central Water Commission, *Monthly Observed Flows of the Narmada at Garudeshwar* (New Delhi: Hydrology Studies Organisation, Central Water Commission, 1992).

30 *Written Submission on Behalf of Union of India,* Februar 1999, S. 7, Absatz 1.7.

31 *Tigerlink News,* Bd. 5, Nr. 2, Juni 1999, S. 28.

32 *World Bank Annual Reports 1993–98.*

33 McCully, *Silenced Rivers,* S. 274.

34 Ebd., S. 21. Die Weltbank begann mit der Finanzierung chinesischer Staudämme 1984. Seit dieser Zeit hat sie Kredite in Höhe von 3,4 Milliarden US-Dollar (Inflation nicht berücksichtigt) zur Finanzierung von 13 großen Dämmen bewilligt, die die Umsiedlung von 360 000 Menschen zur Folge haben werden. Das Kernstück bei der Finanzierung chinesischer Staudämme durch die Weltbank ist der Xiaolangdi-Damm am Gelben Fluss, dem allein 181 000 Menschen weichen müssen.

35 Ebd., S. 278.

36 J. Vidal und N. Cumming-Bruce, »The Curse of Pergau«, in: *The Economist,* 5. März 1994; »Dam Price Jumped 81 Million Pounds Days After Deal«, in: *The Guardian,* London, 19. Januar 1994; »Whitehall Must Not Escape Scot Free«, in: *The Guardian,* London, 12. Februar 1994; zitiert in McCully, *Silenced Rivers,* S. 291.

37 McCully, *Silenced Rivers,* S. 62.

38 Siehe etwa Sardar Sarovar Narmada Nigam Ltd., *Planning for Prosperity,* 1989; Babubhai J. Patel, *Progressing amidst Challenges,* 1992; C. C. Patel, *SSP, What it is and What it is not,* 1991; P. A. Raj, *Facts: Sardar Sarovar Project,* Ausgaben von 1989, 1990 und 1991.

39 Ebd.; siehe auch Rahul Ram, *Muddy Waters: A Critical Assessment* *of the Benefits of the Sardar Sarovar Project* (New Delhi: Kalpavriks, 1993).

40 Morse und Berger, *Sardar Sarovar*, S. 319. Laut offizieller Statistik (Narmada Control Authority, *Benefits to Saurashtra and Kutch Areas in Gujarat,* Indore 1992) sollen 948 Dörfer in Kutch und 4877 Dörfer in Saurashtra durch das Sardar-Sarovar-Projekt mit Trinkwasser versorgt werden. Nach der Volkszählung von 1981 gibt es allerdings nur 887 bewohnte Dörfer in Kutch und 4727 Dörfer in Saurashtra. Die Planer haben die Namen der Dörfer einfach von einer Landkarte abgelesen, einschließlich der Namen von 211 verlassenen Dörfern! Zitiert in Ram, *Muddy Waters.*

41 Siehe dazu die Protokolle der verschiedenen Sitzungen der Untergruppen zu Wiedereingliederung und Umsiedlung der Narmada Control Authority 1998/99. Vergleiche auch Morse und Berger, *Sardar Sarovar*, S. 51.

42 Ram, *Muddy Waters*, S. 34.

43 Siehe zum Beispiel die Eingabe der NBA beim Obersten Gerichtshof 1994.

44 Sardar Sarovar Narmada Nigam Ltd., *Planning for Prosperity,* Government of Gujarat 1989.

45 S. Dharmadhikary, »Hydropower at Sardar Sarovar: Is it Necessary, Justified and Affordable?«, in: W. F. Fisher (Hg.), *Towards Sustainable Development? Struggling Over India's Narmada River* (Armonk, NY: M. F. Sharpe, 1995), S. 141.

46 McCully, *Silenced Rivers*, S. 87.

47 Ebd., S. 185.

48 Weltbank, *Resettlement and Development: The Bankwide Review of Projects Involving Resettlement 1986–1993* (Washigton D. C., 1994).

49 Weltbank, *Resettlement and Rehabilitation of India: A Status Update of Projects Involving Involuntary Resettlement II* (Washington D. C., 1994).

50 Ebd.

51 Morse und Berger, *Sardar Sarovar*, Brief an den Präsidenten, S. XII, XXIV und XXV.

52 Ebd., S. XXV.

53 Zu den Minimalbedingungen gehört die Erfassung der sozialen und ökologischen Folgen. Zu Einzelheiten siehe L. Udall, »*The International Narmada Campaign*«, in: Fisher (Hg.), *Towards Sustainable Development?*; McCully, »Cracks in the Dam: The World Bank in India«, in: *Multinational Monitor,* Dezember 1992.

54 Siehe Brief der indischen Regierung an die Weltbank vom 29. März 1993; Pressemitteilung der Weltbank vom 30. März 1993, abgedruckt im Campaign Information Package of International Rivers Network, *Narmada Valley Development Project,* Bd. 1, August 1998.

55 Am 14. November 1992 wartete vor dem Taj Mahal Hotel in Bombay, in dem Weltbankpräsident Lewis Preston abgestiegen war, eine Gruppe von Betroffenen; siehe Lawyers Committee for Human Rights, *Unacceptable Means: India's Sardar Sarovar Project and Violation of Human Rights: Oct. 1992–Feb. 1993,* April 1993, S. 10 ff.

56 In der Nacht des 20. März 1994 wurde das Büro der NBA in Baroda von Schlägern überfallen. Einziger Grund war das (falsche) Gerücht, ein Mitglied der FMG-Kommission konferiere drinnen mit Mitgliedern der NBA. Einige NBA-Aktivisten wurden misshandelt, zahlreiche NBA-Dokumente verbrannt und vernichtet.

57 Ministry of Water Resources, GOI, *Report of the Five Member Group on Sardar Sarovar Project,* 1994.

58 In der Eingabe 319 von 1994 wurde argumentiert, das Sardar-Sarovar-Projekt verletze fundamentale Rechte der von ihm Betroffenen; es sei aus sozialen, ökologischen, technischen (darunter seismischen und hydrologischen), finanziellen und ökonomischen Gründen nicht durchführbar. Es wurde eine umfassende Neubewertung des Projekts gefordert, bis zu deren Fertigstellung die Bauarbeiten am Projekt ruhen sollten.

59 *Frontline,* 27. Januar 1995; *Sunday,* 21. Januar 1995.

60 Im Januar 1995 nahm der Oberste Gerichtshof die Aussage des Counsel for the Union of India zu Protokoll, dass ohne entsprechende vorherige Benachrichtigung des Gerichts die Bauarbeiten am Sardar-Sarovar-Damm nicht fortgesetzt würden. Am 4. Mai 1995 erlaubte das Gericht die Anbringung von »Höckern« auf dem Damm, die aus Gründen der Sicherheit für notwendig gehalten wurden. Dabei bekräftigte das Gericht jedoch seine Anordnung vom Januar 1995, dass die Bauarbeiten ohne seine ausdrückliche Genehmigung nicht wieder aufgenommen werden dürften.

61 *Report of the Narmada Water Disputes Tribunal With its Decision,* Bd. II (1979), S. 102; zitiert in Morse und Berger, *Sardar Sarovar,* S. 250.

62 Morse und Berger, *Sardar Sarovar,* S. 323–329.

63 P. A. Raj, *Facts: Sardar Sarovar Project,* Sardar Sarovar Narmada Nigam Ltd., Gujarat 1989, 1990 und 1991.

64 Medha Patkar, »The Struggle for Participation and Justice: A Historical Narrative«, in: Fisher (Hg.), *Towards Sustainable Development?*, S. 159–178; S. Parasuraman, »The Anti Dam Movement and Rehabilitation Policy«, in: Jean Dreze et al., *The Dam and the Nation* (Oxford: Oxford University Press, 1997), S. 26–65; Protokolle verschiedener Sitzungen der Untergruppen der Narmada Control Authority zu Umsiedlung und Wiedereingliederung.

65 Das erfuhr ich bei meinem Besuch im Tal im März 1999 von Dorfbewohnern in Mokhdi, die aus ihren neuen Dörfern zurückgekehrt waren.

66 *Kaise Jeebo Re,* Dokumentarfilm von Anurag Singh und Jharana Jhaveri, Jan Madyam 1997; siehe auch ungeschnittenes Filmmaterial aus dem Archiv der NBA.

67 Brief an die *Independent Review* von einem Bewohner der Umsiedlungskolonie Parveta, zitiert in Morse und Berger, *Sardar Sarovar*, S. 159–160.

68 Der sogenannte *Narmada Manavadhikar Yatra* (Narmada-Menschenrechtsmarsch) reiste vom Narmada-Tal über Mumbai nach Delhi und traf am 7. April 1999 in Delhi ein.

69 So erzählte es mir Mohanbhai Tadvi im März 1999 in Kevadia Colony.

70 Morse und Berger, *Sardar Sarovar*, S. 89–94; NBA-Interviews, März 1999.

71 NBA-Interviews, März 1999.

72 Morse und Berger, *Sardar Sarovar*, S. 277–294.

73 McCully, *Silenced Rivers*, S. 46–49.

74 Siehe dazu Weltbank, *India Irrigation Sector Review,* 1991; A. Vaidyanathan, *Food, Agriculture and Water (*Madras: MIDS, 1994); McCully, *Silenced Rivers*, S. 182–207.

75 Weltbank, *India Irrigation Sector Review,* 1991, Bd. 2, S. 7.

76 Zitiert in McCully, *Silenced Rivers*, S. 187.

77 Shaheen Rafi Khan, *The Kalabagh Controversy* (Islamabad: Sustainable Development Policy Institute, 1998); E. Goldsmith, »Learning to Live with Nature: The Lessons of Traditional Irrigation«, in: *The Ecologist,* Bd. 6, Nr. 5 (Sept. / Okt. 1998).

78 Mihir Shah et al., *India's Drylands,* S. 51; ebenfalls Goldsmith, »Learning to Live with Nature: The Lessons of Traditional Irrigation«.

79 Operations Research Group (ORG), *Critical Zones in Narmada Command – Problems and Prospects,* Baroda 1981; ORG, *Regionalisation of Narmada Command,* Gandhinagar 1982; Weltbank,

Staff Appraisal Report, India, Narmada River Development – Gujarat, Water Delivery and Drainage Project, Bericht Nr. 5108-IN, 1985; Core Consultants, *Main Report: Narmada Mahi Doab Drainage Study,* in Auftrag gegeben von der Narmada Planning Group, Regierung von Gujarat, 1982.

80 Robert Wade, »Greening the Bank: The Struggle over the Environment, 1970–1995«, in: Devesh Kapur et al. (Hg.), *The World Bank: Its First Half Century* (Washington D. C.: Brookings Institution Press, 1997), S. 661–662.

81 Rafi Khan, *The Kalabagh Controversy.*

82 CES Water Resources Development and Management Consultancy Pvt. Ltd., *Pre-Feasibility Level Drainage Study for SSP Command Beyond River Mahi* (New Delhi: CES Water Resources Development and Management Consultancy for government of Gujarat 1992).

83 Rahul Ram, »The Best-laid Plans …«, in: *Frontline,* 14. Juli 1995, S. 78.

84 Core Consultants, *Main Report*, S. 66.

85 Ebd.

86 Siehe etwa GOI, *Report of the FMG,* 1995, oder Ram, »The Best-laid Plans …«

87 Das sogenannte »Economic Regeneration Programme«, das Gelder für die finanzschwache Sardar Sarovar Narmada Nigam Ltd. beschaffen soll. Im Rahmen dieses Programms wird Land entlang des Hauptkanals im Narmada-Projekt erworben und für Touristeneinrichtungen, Hotels, Wasser- und Erlebnisparks sowie Gartenrestaurants etc. verkauft. Vgl. *The Times of India* (Ahmedabad), 17. Mai 1998.

88 Weltbank, *India Irrigation Sector Review,* 1991.

89 Eingaben im Namen des Antragstellers (NBA) beim Obersten Gerichtshof, Januar 1999, S. 63; *The Times of India* (Ahmedabad), 23. Mai 1999.

90 Ismail Serageldin, *Water Supply, Sanitation and Environmental Sustainability* (Washington, D. C.: Weltbank, 1994), S. 4.

91 Morse und Berger, *Sardar Sarovar*, S. XXIII.

92 Ebd., S. 317 ff.

93 McCully, *Silenced Rivers*, S. 167.

Die Algebra grenzenloser Gerechtigkeit

1 Fox News, 17. September 2001.

2 Marc Levine, »New Suspect Arrested, But Doubts Grow Over Terrorists' Identities«, Agence France-Presse, 21. September 2001.

3 Präsident George W. Bush, Rede vor dem Kongress, »The September 11, 2001, Terrorist Attacks on the United States«, Federal News Service, 20. September 2001.

4 Vgl. Elsa Brenner, »Hoping to Fill the Need for Office Space«, *New York Times* (Westchester Weekly Edition), 23. September 2001, S. 3; Andrian Kreye, »Business as usual in New York«, *Süddeutsche Zeitung,* 9. Januar 2002, S. 8.

5 Leslie Stahl, »Punishing Saddam«, produced by Catherine Olian, CBS, 60 Min., 12. Mai 1996.

6 Vgl. Tamim Ansary, »Bomb Afghanistan Back To Stone Age? It's Been Done«, *Providence Journal,* 22. September 2001, S. B7.

7 Thomas E. Ricks, »Land Mines, Aging Missiles Pose Threat«, *Washington Post,* 25. September 2001, S. A15. Vgl. auch Danna Harman, »Digging up Angola's Deadly Litter«, *Christian Science Monitor,* 27. Juli 2001, S. 6.

8 Vgl. Barry Bearak, »Misery Hangs Over Afghanistan After Years of War and Drought«, *New York Times,* 24. September 2001, S. B3; Rajiv Chandrasekaran und Pamela Constable, »Panicked Afghans Flee to Border area«, *Washington Post,* 23. September 2001, S. A30; Catherine Solyom, »Exhibit a Glimpse Into Refugee Life«, *The Gazette* (Montreal), 21. September 2001, S. A13; Raymond Whitaker, »Pakistan Fears for Seven Million Refugees as Winter Looms«, *The Independent* (London), 27. September 2001, S. 4.

9 BBC, »Aid Shortage Adds to Afghan Woes«, 22. September 2001 (http://news.bbc.co.uk/2/hi/south_asia/1556117.stm).

10 Vgl. Ansary, »Bomb Afghanistan Back To Stone Age? It's Been Done«, S. B7.

11 Vgl. Paul Leavitt, »Maps of Afghanistan Now in Short supply«, *USA Today,* 18. September 2001, S. 13A.

12 *Washington Post,* 7. Februar 1985, zitiert in Raja Anwar, *The Tragedy of Afghanistan: A First-Hand Account,* üb. Khalid Hasan (New York/London: Verso, 1988), S. 232; »Inside the Taliban: U. S. Helped Cultivate the Repressive Regime Sheltering bin Laden«, *Seattle Times,* 19. September 2001, S. A3; Andrew Duffy, »Geographic Warriors«, *Ottawa Citizen,* 23. September 2001, S. C4.

13 Zur Rolle der CIA siehe Steve Coll, »Anatomy of a Victory: CIA's Covert Afghan War«, *Washington Post,* 19. Juli 1992, S. A1; Steve Coll, »In CIA's Covert Afghan War, Where to Draw the Line Was Key«, *Washington Post,* 20. Juli 1992, S. A1; Tim Weiner, »Blowback From the Afghan Battlefield«, *New York Times Magazine,* 13. März 1994, S. 6:53; Ahmed Rashid, »The Making of a Terrorist«, *Straits Times* (Singapur), 23. September 2001, S. 26.

14 Vgl. Scott Baldauf, »Afghans Try Opium-Free Economy«, *Christian Science Monitor,* 3. April 2001, S. 1.

15 Vgl. David Kline, »Asia's ›Golden Crescent‹ Heroin Floods the West«, *Christian Science Monitor,* 9. November 1982, S. 1; David Kline, »Heroin's Trail from Poppy Fields to the West«, *Christian Science Monitor,* 10. November 1982, S. 1; Rahul Bedi, »The Assassins and Drug Dealers Now Helping US Intelligence«, *Daily Telegraph* (London), 26. September 2001, S. 10.

16 Vgl. Peter Popham, »Taliban Monster That Was Launched by the US«, *The Independent* (London), 17. September 2001, S. 4.

17 Vgl. Suzanne Goldenberg, »Mullah Keeps Taliban on a Narrow Path«, *Guardian* (London), 17. August 1998, S. 12.

18 Vgl. David K. Willis, »Pakistan Seeks Help from Abroad to Stern Heroin Flow«, *Christian Science Monitor,* 28. Februar 1984, S. 11.

19 Vgl. Farhan Bokhari, »Pakistan: Living in Shadow of Debt Mountain«, *Financial Times* (London), 6. März 2001, Survey: Pakistan, S. 4.

20 Vgl. Douglas Frantz, »Sentiment in Pakistani Town Is Ardently Pro-Taliban«, *New York Times,* 27. September 2001, S. Bl; Bedi, »The Assassins and Drug Dealers Now Helping US Intelligence«, S. 10.

21 Vgl. Edward Luce, »Pakistan Nervousness Grows as Action Nears«, *Financial Times* (London), 27. September 2001, S. 6.

22 Vgl. Angus Donald und Khozem Merchant, »Concern at India's Support for US«, *Financial Times* (London), 21. September 2001, S. 14.

23 Vgl. Jeff Greenfield und David Ensor, »America's New War: Weapons of Terror«, CNN, *Greenfield at Large,* 24. September 2001.

24 Jim Drinkard, »Bush Vows to ›Rid the World of Evildoers‹«, *USA Today,* 17. September 2001, S. 1A.

25 Verteidigungsminister Donald Rumsfeld, Special Defense Briefing, »Developments Concerning Attacks on the Pentagon and the World Trade Center Last Week«, Federal News Service, 20. September 2001.

26 Vgl. Robert Fisk, »This Is Not a War on Terror, It's a Fight Against America's Enemies«, *The Independent* (London), 25. September 2001, S. 4.

27 George Monbiot, »The Need for Dissent«, *Guardian* (London), 18. September 2001, S. 17.

28 Vgl. Michael Slackman, »Terrorism Case Illustrates Difficulty of Drawing Tangible Ties to Al Qaeda«, *Los Angeles Times,* 22. September 2001, S. A1.

29 Vgl. Tim Russert, »Secretary of State Colin Powell Discusses America's Preparedness for the War on Terrorism«, NBC, *Meet the Press,* 23. September 2001.

30 Vgl. T. Christian Miller, »A Growing Global Chorus Calls for Proof«, *Los Angeles Times,* 24. September 2001, S. A10; Dan Rather, »President Bush's Address to Congress and the Nation«, CBS, *CBS News Special Report,* 20. September 2001.

31 Vgl. Nityanand Jayaraman und Peter Popham, »Work Halts at Indian Unilever Factory After Poisoning Alert«, *The Independent* (London), 11. März 2001, S. 19.

32 Vgl. Jack Hitt, »Battlefield: Space«, *New York Times Magazine,* 5. August 2001, S. 6:30.

33 Vgl. Colin Nickerson und Indira A. R. Lakshmanan, »America Prepares the Global Dimension«, *Boston Globe,* 27. September 2001, S. A1; Barbara Crossette, »Taliban's Ban On Poppy A Success, U. S. Aides Say«, *New York Times,* 20. Mai 2001, S. 1:7; Christopher Hitchens, »Against Rationalization«, *The Nation* 273:10 (8. Oktober 2001), S. 8.

34 Präsident George W. Bush, Rede vor dem Kongress, »The September 11, 2001, Terrorist Attacks on the United States«.

Über das Recht aller Bürger auf freie Meinungsäußerung

1 Siehe Nadja Vancauwenberghe und Maurice Frank, »New Media: If You Take a Bribe, We'll Nail You«, in: *The Guardian,* 4. Juni 2001; »Egg on Congress' Face«, in: *The Statesman,* 10. April 2001; »Chief Justice Turns Down Request for Sitting Judge for Arms Scandal Inquiry«, in: BBC Summary of World Broadcasts, 20. März 2001; »CJI Refuses to Spare Sitting Judge«, in: *The Times of India,* 20. März 2001.

2 Siehe PTI, »Ex-SC Judge to Hold Probe«, in: *The Tribune,* 19. März 2001 (www.tribuneindia.com/2001/20010320/main3.htm).

September

1 John Berger, *Ways of Seeing* (New York: Penguin Books, 1991), S. 123.

2 Vgl. Damon Johnston, »U. S. Hits Back Inspirations«, *The Advertiser,* 22. September 2001, S. 7.

3 Vgl. John Pomfret, »Chinese Working Overtime to Sew U. S. Flags«, *Washington Post,* 20. September 2001, S. A14.

4 Vgl. David E. Sanger, »Bin Laden Is Wanted in Attacks, ›Dead or Alive‹, President Says«, *New York Times,* 18. September 2001, S. A1; John F. Burns, »10-Month Afghan Mystery: Is bin Laden Dead or Alive?«, *New York Times,* 30. September 2002, S. A1.

5 Vgl. Datenbank von Associated Press zu denjenigen, deren Tod bestätigt wurde oder die im Anschluss an die Terrorangriffe vom 11. September 2001 für tot oder vermisst erklärt wurden.

6 Zitiert in Seymour M. Hersh, *The Price of Power: Kissinger in the Nixon White House* (New York: Summit Books, 1983), S. 265.

7 Vgl. Pilar Aguilera und Ricardo Fredes (Hg.), *Chile: The Other September 11* (New York: Ocean, 2002); Amnesty International, »The Case of Augusto Pinochet« (https://www.amnesty.org/en/wp-content/uploads/2021/06/eur450211998en.pdf).

8 Clifford Krauss, »Britain Arrests Pinochet to Face Charges by Spain«, *New York Times,* 18. Oktober 1998, S. 1:1; National Security Archive, »Chile: 16,000 Secret U. S. Documents Declassified«, Presseveröffentlichung, 13. November 2000 (http://www.gwu.edu/~nsarchiv/news/20001113/); ausgewählte Dokumente auf der Website des National Security Archive (https://nsarchive.gwu.edu/project/chile-documentation-project).

9 Kissinger sagte dies am 8. Juni 1976 bei einem Treffen der Organisation Amerikanischer Staaten (OAS) in Santiago, Chile, zu Pinochet; vgl. Lucy Kosimar, »Kissinger Covered Up Chile Torture«, *The Observer,* 28. Februar 1999, S. 3.

10 Neben anderen Darstellungen vgl. Eduardo Galeano, *Open Veins of Latin America: Five Centuries of the Pillage of a Continent,* 2. Aufl. (New York: Monthly Review Press 1998); Noam Chomsky, *Turning the Tide: U. S. Intervention in Central America and the Struggle for Peace,* 2. Aufl. (Boston: South End, 1985); Noam Chomsky, *The Culture of Terrorism* (Boston: South End, 1983); Gabriel Kolko, *Confronting the Third World: United States Foreign Policy, 1945–1980* (New York: Pantheon, 1988).

11 In einem Werbefeldzug nannte die SOA sich am 17. Januar 2001 in »Western Hemisphere Institute for Security Cooperation« (WHISC) um; vgl. Jack Nelson-Pallmeyer, *School of Assassins: Guns, Greed, and Globalization,* 2. Aufl. (New York: Orbis Books, 2001); Michael Gormley, »Army School Faces Critics Who Call It Training Ground for Assassins«, Associated Press, 2. Mai 1998; School of the Americas Watch (http://www.soaw.org).

12 Über diese Interventionen vgl. u. a.: Noam Chomsky, *American Power and the New Mandarins,* 2. Aufl. (New York: New Press 2002); Noam Chomsky, *At War With Asia* (New York: Vintage Books, 1970); Howard Zinn, *Vietnam: The Logic Of Withdrawal,* 2. Aufl. (Cambridge, MA: South End, 2002).

13 Vgl. Samih K. Farsoun und Christina E. Zacharia, *Palestine and the Palestinians* (Boulder, CO: Westview, 1997), S. 10.

14 Die Balfour-Deklaration ist enthalten ebd., Anhang 2, S. 320.

15 Zitiert in Noam Chomsky, *Fateful Triangle: The United States, Israel, and the Palestinians,* 2. Aufl. (Cambridge MA: South End, 2000), S. 90.

16 Zitiert in Perry Anderson, »Scurrying Towards Bethlehem«, *New Left Review* 10, 2. Serie (Juli / August 2001), Fußnote 5.

17 Zitiert in Farsoun und Zacharia, *Palestine and the Palestinians,* S. 10 und 243.

18 Ebd., S. 111 und 123.

19 Ebd., S. 116.

20 Vgl. Chomsky, *Fateful Triangle,* S. 103–107, 118–132 und 156–160.

21 Von 1987 bis 2002 wurden allein mehr als 2000 Palästinenser getötet; vgl. B'Tselem (The Israeli Information Center for Human Rights in the Occupied Territories), »Palestinians Killed in the Occupied Territories« (https://www.btselem.org/statistics).

22 Vgl. Naseer H. Aruri, *Dishonest Broker: The United States, Israel, and the Palestinians* (Cambridge MA: South End 2003); Noam Chomsky, *World Orders Old and New,* 2. Aufl. (New York: Columbia University Press, 1996).

23 Vgl. Nick Anderson, »House Panel Increases Aid for Israel, Palestinians«, *Los Angeles Times,* 10. Mai 2002, S. A1; Aruri, *Dishonest Broker,* Anhang 1 und Anhang 2; Anthony Arnove und Ahmed Shawki, »Foreword«, in: Lance Selfa *(Hg.), The Struggle for Palestine* (Chicago: Haymarket Books, 2002), S. xxv.

24 Artikel 27 der Charta der Islamischen Widerstandsbewegung (Hamas), zitiert in Farsoun und Zacharia, *Palestine and the Palestinians,* Anhang 13, S. 339.

25 George W. Bush, »Text of Bush's Speech: ›It Is Iraq Against the World‹«, *Los Angeles Times,* 12. September 1990, S. A7.

26 Vgl. Glenn Frankel, »Iraq Long Avoided Censure on Rights«, *Washington Post,* 22. September 1990, S. A1.

27 Vgl. Christopher Dickey und Evan Thomas, »How Saddam Happened«, *Newsweek,* 23. September 2002, S. 35–37.

28 Vgl. Anthony Arnove, »Introduction«, in: Anthony Arnove (Hg.), *Iraq Under Siege: The Deadly Impact of Sanctions and War,* 2. Aufl. (Cambridge MA: South End Press, 2002), S. 20.

29 Vgl. ebd., S. 221–222.

30 Vgl. ebd., S. 17, 205.

31 Vgl. Thomas J. Nagy, »The Secret Behind the Sanctions: How the US Intentionally Destroyed Iraq's Water Supply«, *The Progressive* 65:9 (September 2001).

32 Vgl. Arnove, *Iraq Under Siege,* S. 121 und 185–203; vgl. auch Nicholas D. Kristof, »The Stones of Baghdad«, *New York Times,* 4. Oktober 2002, S. A27.

33 Leslie Stahl, »Punishing Saddam«, produziert von Catherine Olian, CBS, *60 Minuten,* 12. Mai 1996.

34 Elisabeth Bumiller, »Bush Aides Set Strategy to Sell Policy on Iraq«, *New York Times,* 7. September 2002, S. A1.

35 Richard Perle, »Why the West Must Strike First Against Saddam Hussein«, *Daily Telegraph* (London), 9. August 2002, S. 22.

36 Vgl. Alan Simpson und Glen Rangwala, »The Dishonest Case for a War on Iraq«, 27. September 2002 (https://grassrootspeace.org/counter-dossier.html); Glen Rangwala, »Notes Further to the Counter-Dossier«, 29. September 2002.

37 George Bush, »Bush's Remarks on U.S. Military Strikes in Afghanistan«, *New York Times,* 8. Oktober 2001, S. B6.

38 Vgl. Paul Watson, »Afghanistan Aims to Revive Pipeline Plans«, *Los Angeles Times,* 30. Mai 2002, S. A1; Ilene R. Prusher, Scott Baldauf und Edward Girardet, »Afghan Power Brokers«, *Christian Science Monitor,* 10. Juni 2002, S. 1.

39 Vgl. Lisa Fingeret u. a., »Markets Worry That Conflict Could Spread in Area That Holds Two-Thirds of World Reserves«, *Financial Times* (London), 2. April 2002, S. 1.

40 Thomas L. Friedman, »Craziness Pays«, *New York Times,* 24. Februar 1998, S. A21.

41 Thomas L. Friedman, *The Lexus and the Olive Tree: Understanding Globalization* (New York: Farrar, Straus and Giroux, 1999), S. 373.

42 Statistiken aus Joseph E. Stiglitz, *Globalization and Its Discontents* (New York: W. W. Norton, 2002), S. 5; Noam Chomsky, *Rogue States: The Rule of Law in World Affairs* (Cambridge MA: South End, 2000), S. 214; Noreena Hertz, »Why Consumer Power Is Not Enough«, *New Statesman,* 30. April 2001.

43 Zu den vielen Verträgen und internationalen Abkommen, welche die Vereinigten Staaten nicht unterzeichnet bzw. ratifiziert, ignoriert, verletzt oder gebrochen haben, zählen: die UN-Konvention über ökonomische, soziale und kulturelle Rechte (1966); die UN-Konvention über die Rechte des Kindes (CRC); die UN-Konvention gegen die Diskriminierung von Frauen (CEDAW); das Statut des Internationalen Strafgerichtshofes (ICC); der Raketenabwehrvertrag mit Russland (1972); der Vertrag über das umfassende Verbot von Nuklearversuchen (CTBT); das Kyoto-Protokoll zur Reduktion der Treibhausgasemissionen.

44 Vgl. David Cole und James X. Dempsey, *Terrorism and the Constitution: Sacrificing Civil Liberties in the Name of National Security* (New York: New Press, 2002).

45 Luke Harding, »Exclusive Mullah Omar ›Back in Afghanistan‹«, *Guardian* (London), 30. August 2002, S. 12.

46 Vgl. Human Rights Watch, »Opportunism in the Face of Tragedy: Repression in the Name of Anti-Terrorism« (https://www.hrw.org/legacy/campaigns/september11/opportunismwatch.htm).

Die Einsamkeit des Noam Chomsky

1 R. W. Apple, Jr., »Bush Appears in Trouble Despite Two Big Advantages«, *New York Times,* 4. August 1988, S. A1. Bush machte diese Bemerkung im Rahmen einer Weigerung, sich für den Abschuss einer iranischen Passagiermaschine zu entschuldigen, bei dem 290 Passagiere ums Leben kamen; vgl. Lewis Lapham, *Theatre of War* (New York: New Press, 2002), S. 126.

2 Chomsky würde als Erster darauf hinweisen, dass zu den Pionieren unter den Medienwissenschaftlern auch sein Koautor Edward Herman sowie Ben Bagdikian (dessen 1983 erschienenes klassisches Werk *The Media Monopoly* das Verbot von Chomskys und Hermans Buch *Counter-Revolutionary Violence: Bloodbaths in Fact and Propaganda* schildert) und Herbert Schiller gehören.

3 Paul Betts, »Ciampi Calls for Review of Media Laws«, *Financial Times* (London), 24. Juli 2002, S. 8. Einen Überblick über Berlusconis Medienteilhaberschaften bietet Ketupa.net Media Profiles.

4 Vgl. Sabin Russell, »U. S. Push for Cheap Cipro Haunts AIDS Drug Dispute«, *San Francisco Chronicle,* 8. November 2001, S. A13; Frank Swoboda und Martha McNeil Hamilton, »Congress Passes $15 Billion Airline Bailout«, *Washington Post,* 22. September 2001, S. A1.

5 Präsident George W. Bush, »President Bush's Address on Terrorism Before a Joint Meeting of Congress«, *New York Times,* 21. September 2001, S. B4.

6 Dan Eggen, »Ashcroft Invokes Religion in U. S. War on Terrorism«, *Washington Post,* 20. Februar 2002, S. A2.

7 Präsident George W. Bush, »Bush's Remarks on U. S. Military Strikes in Afghanistan«, *New York Times,* 8. Oktober 2001, S. B6.

8 Präsident George W. Bush, Ansprache im FBI-Hauptquartier in Washington, D. C., 10. Oktober 2001, Federal Document Clearinghouse.

9 Vgl. Howard Zinn, *A Peoples History of the United States: 1492 – Present,* 20. Jubiläumsausgabe (New York: HarperCollins, 2001).

10 Bob Marley und N. G. Williams (*aka* King Sporty), »Buffalo Soldier«.

11 Noam Chomsky, »The Manufacture of Consent«, in: James Peck (Hg.), *The Chomsky Reader* (New York: Pantheon, 1987).

12 Vgl. Jim Miller, »Report from the Inferno«, *Newsweek,* 7. September 1981; Review of the Committee for the Compilation of Materials on Damage Caused by Atomic Bombs in Hiroshima and Nagasaki, *Hiroshima and Nagasaki: The Physical, Medical, and Social Effect of the Atomic Bombings* (New York: Basic, 1981).

13 David E. Sanger, »Bush to Formalize a Defense Policy of Hitting First«, *New York Times,* 17. Juni 2002, S. A1; David E. Sanger, »Bush Renews Pledge to Strike First to Counter Terror Threats«, *New York Times,* 20. Juli 2002, S. A3; vgl. auch *The National Security Strategy of the United States of America,* 20. September 2002 (https://georgewbush-whitehouse.archives.gov/nsc/nss/2002/).

14 Vgl. Terence O'Malley, »The Afghan Memory Holds Little Room for Trust in US«, *Irish Times,* 15. Oktober 2001, S. 16.

15 Vgl. Anthony Arnove (Hrsg.), *Iraq Under Siege: The Deadly Impact of Sanctions and War,* 2. Aufl. (Cambridge MA: South End Press, 2002).

16 Vgl. Noam Chomsky, »Memories«, Rezension von *In Retrospect* von Robert McNamara, New York 1995; in: *Z Magazine,* Juli-August 1995 (https://chomsky.info/199508__/).

17 »Myth and Reality in Bloody Battle for the Skies«, *Guardian* (London), 13. Oktober 1998, S. 15.
18 Bill Keller, »Moscow Says Afghan Role Was Illegal and Immoral«, *New York Times*, 24. Oktober 1989, S. A1.
19 Noam Chomsky, »Afghanistan and South Vietnam«, in: *The Chomsky Reader*, S. 225.
20 Samuel P. Huntington, »The Bases of Accommodation«, *Foreign Affairs* 46:4 (1968): 642–656, zitiert in Noam Chomsky, *At War with Asia* (New York: Vintage Books, 1970), S. 87.
21 Samuel P. Huntington, »The Clash of Civilizations?«, *Foreign Affairs* 72:3 (Sommer 1993), S. 22–49.
22 Samuel P. Huntington, »The Bases of Accommodation«, zitiert in Noam Chomsky, *At War with Asia*, S. 87.
23 T. D. Allman, »The Blind Bombers«, *Far Eastern Economic Review* 75:5 (29. Januar 1972): 18–20, zitiert in Noam Chomsky, *For Reasons of State* (New York: The New Press, 2003), S. 72.
24 Chomsky, *For Reasons of State*, S. 72, Chomsky, *At War with Asia*, S. 87; Lapham, *Theatre of War*, S. 145.
25 T. D. Allman, »The War in Laos: Plain Facts«, *Far Eastern Economic Review* 75:2 (8. Januar 1972): 16, zitiert in Chomsky, *For Reasons of State*, S. 173–174.
26 Chomsky, *For Reasons of State*, S. 18; vgl. auch Noam Chomsky, »The Pentagon Papers as Propaganda and as History«, in Noam Chomsky und Howard Zinn (Hrsg.), *The Pentagon Papers: The Defense Department History of the United States Decisionmaking on Vietnam: The Senator Gravel Edition: Critical Essays* (Boston: Beacon, 1971–72), Bd. 5, S. 79–201.
27 Chomsky, *For Reasons of State*, S. 67 und 70.
28 William Pfaff, *Condemned to Freedom: The Breakdown of Liberal Society* (New York: Random House 1971), S. 75–77, zitiert nach Chomsky, *For Reasons of State*, S. 94.
29 Pfaff, *Condemned to Freedom*, S. 75–77; Chomsky, *For Reasons of State*, S. 94–95.
30 *The Pentagon Papers*, Bd. 4, S. 43, zitiert nach Chomsky, *For Reasons of State*, S. 67.
31 Philip Jones Griffiths, *Vietnam Inc.*, 2. Aufl. (New York: Phaidon, 2001), S. 210, aus der 1. Aufl., zitiert in Chomsky, *For Reasons of State*, S. 3–4.
32 Noam Chomsky, Interview mit James Peck, in *The Chomsky Reader*, S. 14.

Azadi

1 Vgl. Yaroslav Trofimov, »A New Tack in Kashmir«, *Wall Street Journal*, 15. Dezember 2008. S. A1.

2 Vgl. Human Rights Watch, India's Secret Army in Kashmir: New Patterns of Abuse Emerge in the Conflict (Washington, D. C., Mai 1996); Berichte der International Crisis Group (www.crisisgroup.org) und Amnesty International (www.amnesty.org).

3 Vgl. Sonia Jabbar, »Politics of Pilgrimage«, *Hindustan Times*, 29. Juni 2008.

4 Vgl. Gautam Navlakha, »State Cultivation of the Amarnath Yatra«, *Economic and Political Weekly*, Mumbai, 26. Juli 2008; ders., »Jammu and Kashmir: Pilgrim's Progress Causes Regression«, *Economic and Political Weekly*, Mumbai, 8. Juli 2008.

5 Vgl. Indo-Asian News Service, »Amid Amarnath Land Row, Pilgrimage Keeps its Peace«, *Hindustan Times*, 14. August 2008; ders., »Muslims Holding Makeshift Kitchens for Stranded Amarnath Pilgrims«, *Hindustan Times*, 1. Juli 2008.

6 Vgl. Andrew Buncombe, »Kashmir Tries to Defuse Shrine Riots by Revoking Deal«, *The Independent* (London), 2. Juli 2008, S. 26.

7 Vgl. Indo-Asian News Service, »Amid Amarnath Land Row«, *Hindustan Times*, 4. August 2008.

8 Vgl. »On Punjab-J&K [Jammu and Kashmir] Border, Parivar Pitches Tent, Calls the Shots«, *Indian Express*, 6. August 2008; Indo-Asian News Service, »Land Row Makes Kashmir Economy Bleed«, *Hindustan Times*, 7. August 2008.

9 Vgl. »›No Highway Blockade, It's Only Propaganda‹«, *Times of India*, 17. August 2008; »Gov[ernmen]t Counters Blockade Propaganda with Bulletins«, *Economic Times* (Indien), 14. August 2008; Karan Thapar, »Jammu Discriminated and Kashmir Favoured: Jaitley«, CNN-IBN, 24. August 2008.

10 Vgl. »Hawk Geelani Says He's ›Sole‹ Azadi Leader, Then Apologises«, *Indian Express*, 19. August 2008; Interview mit Rediff, »›I Do Not Want to Be Compared with Osama [bin Laden]‹«, *Rediff News*, 25. August 2008.

11 Vgl. Aijaz Hussain, »Kashmiri Muslims March in Call for Freedom«, Associated Press, 17. August 2008; »Indian Kashmir Separatists Announce Protests to Continue Till Demands Are Met«, BBC Monitoring South Asia, 17. August 2008.

12 Vgl. »Protestors March to UN Office in Kashmir Capital Srinagar«, Deutsche Presse-Agentur, 18. August 2008.

Der Krieg des Herrn Chidambaram

1 Forbes, »The World's Billionaires: # 230 Anil Agarwal«, *Forbes.com*, 8. März 2007; Peter Popham, »Indian Villages Pay a High Price as Commodity Boom Comes to Rural Orissa«, *The Independent*, London, 4. August 2006; »The Vedanta Affair – the Nub of the CEC's Report Is the Issue of Forest Land«, *The Telegraph*, Indien, 27. November 2005 (www.telegraphindia.com/1051127/asp/opinion/story_5528395.asp).

2 Press Trust of India, »Naxalism Biggest Internal Security Challenge: PM«, 13. April 2006 (www.hindustantimes.com/Naxalism-biggest-challenge-PM/Article1–86531.asp).

3 Manmohan Singh, »Full Text of Manmohan Singh's Speech at CMs Meet«, *IBN Live*, 6. Januar 2009 (ibnlive.in.com/news/full-text-oh-manmohan-singhs-speech-at-cms-meet/82035-3.html).

4 Jawed Naqvi, »Singh Sees ›Vital Interest‹ in Peace with Pakistan«, *Dawn*, 9. Juni 2009 (dawn.com/wps/wcm/connect/dawn-content-library/dawn/news/world/04-india-pm-willing-meet-pakistan-qs-08).

5 Rahul Pandita, »We Shall Certainly Defeat the Government«, *Open*, 27. Oktober 2009 (www.openthemagazine.com/article/nation/we-shall-certainly-defeat-the-government).

6 *Development Challenges in Extremist Affected Areas*, Bericht einer Expertengruppe der Planungskommission (New Delhi, Government of India, 2008), S. 59 – 60.

7 R. K. Vij, »5000 Hardcore Maoists with Armed Militia in Chhattisgarh«, Interview mit Archana Masih, Rediff News, 8. April 2010 (news.rediff.com/report/2010/apr/08/chhattisgarh-igp-on-the-naxalites.htm).

8 Sanhati, *Update*, Ausgabe 18, 560. Siehe auch das Flugblatt des Chhattisgarh Visthapan Virodhi Manch (Chhattisgarh Anti-Räumungsplattform), Raipur, Indien, 6. Oktober 2009 (https://radicalnotes.org/2009/10/30/raipur-rally-against-displacement-oct-6–2009/).

9 »India, Pak Unite to Block Anti-Lanka Move at UN«, IndianExpress.com, 29. Mai 2009 (https://indianexpress.com/article/news-archive/india-pak-uniteto-block-antilanka-move-at-un/).

10 Aussage von Richter P. B. Sawant bei der Anhörung der Citizens Initiative for Peace, Speakers Hall, Constitution Club, New Delhi, 20. Oktober 2009.

11 Aussage von Haragopal bei der Anhörung der Citizens Initiative for Peace, Speakers Hall, Constitution Club, New Delhi, 20. Oktober 2009.

12 Projektbericht der ITM EEC, Batch 20, Group 6, Pankaj Tiwary et al., *Where Is the Land Going? A Study on Land Grabbing with Reference to Reliance Maha Mumbai SEZ*, 2009 (www.scribd.com/doc/26213514/Batch20-Group-6-Macro-Economics-Project-Report).

13 Felix Padel / Samarendra Das, *Out of this Earth: East India Adivasis and the Aluminum Cartel*, Orient Black Swan, New Delhi 2010; United Nations Human Development Report 2009 (http://hdr.undp.org/sites/default/files/reports/269/hdr_2009_en_complete.pdf).

14 P. Sainath, »Mass Media: Masses of Money?«, *India Together*, 25. Dezember 2009 (www.indiatogether.org/2009/dec/psa-masses.htm).

15 Paranjoy Guha Thakurta, »Fix-Ed Case«, *Tehelka*, 14. November 2009; »Chidambaram Faces Flak on Vedanta Links«, *Business Standard*, 9. August 2006 (www.business-standard.com/india/news/chidambarm-faces-flak-on-vedanta-links/257339/).

16 Manoj Mitta, »Petitioners Didn't Have Say on Kapadia Presence«, *Times of India*, 13. Oktober 2009.

17 Man Mohan, »College That Trains Cops to Take on Naxalites«, *Tribune Online* (Chandigarh, Indien), 20. Juli 2009.

18 Ashok Mitra, »The Phantom Enemy«, *The Telegraph* (Indien), 23. Oktober 2009.

Unterwegs mit Kameraden

1 Vgl. *Der Gott der kleinen Dinge* {Anm. der Lektorin}.

Kapitalismus – Eine Gespenstergeschichte

1 »Mukesh Ambani Tops for the Third Year as India's Richest«, *Forbes Asia*, Pressemeldung, 30. September 2010.

2 Vikas Bajaj, »For Wealthy Indian Family, Palatial House Is No Home«, *New York Times*, 18. Oktober 2011.

3 Karl Marx und Friedrich Engels, *Manifest der Kommunistischen Partei* (Köln, 1850 / 51), S. 7–8.

4 P. Sainath, »Farm Suicides Rise in Maharashtra, State Still Leads the List«, *The Hindu*, 3. Juli 2012.

5 National Commission for Enterprises in the Unorganised Sector (NCEUS), *Report on Conditions of Work and Promotion of Livelihoods in the Unorganised Sector,* Government of India, August 2007 (https://ruralindiaonline.org/resources/report-on-conditions-ofwork-and-promotion-of-livelihoods-in-the-unorganised-sector/). Die vom Staat finanzierte Studie konstatiert (S. 1): »Am Ende des letzten Jahrhunderts führte der Aufschwung der Wirtschaft zu einer gewissen Euphorie … die Mehrheit der Menschen … wurde von dieser Euphorie nicht berührt. Ende 2004–05 lebten etwa 836 Millionen oder 77 Prozent der Bevölkerung von weniger als 20 Rupien pro Tag und bildeten den größten Teil der indischen Schattenwirtschaft.«

6 Im März 2013 belief sich Mukesh Ambanis Vermögen laut eines Profils in *Forbes* auf 21,5 Milliarden US-Dollar (www.forbes.com/profile/mukesh-ambani/).

7 »RIL Buys 95 % Stake in Infotel Broadband«, *Times of India,* 11. Juni 2010.

8 Depali Gupta, »Mukesh Ambani-Owned Infotel Broadband to Set Up over 1,000,000 Towers for 4G Operations«, *Economic Times,* 23. August 2012.

9 Brinda Karat, »Of Mines, Minerals, and Tribal Rights«, *The Hindu*, 15. Mai 2012.

10 Vgl. Michael Levien, »The Land Question: Special Economic Zones and the Political Economy of Dispossession in India«, *Journal of Peasant Studies* 39, Nummer 3–4 (2012), S. 933–969.

11 S. Sakthivel und Pinaki Joddar, »Unorganised Sector Workforce in India: Trends, Patterns, and Social Security Coverage«, *Economic and Political Weekly*, 27. Mai 2006, S. 2107–2114.

12 »India Approves Increase in Royalties on Mineral Mining«, *Wall Street Journal*, 12. August 2009.

13 Aus einem Bericht des Ministry of Rural Development von 2009 mit dem Titel »State Agrarian Relations and Unfinished Task of Land Reforms«, der von der indischen Regierung in Auftrag gegeben wurde: »Der neue Ansatz kam mit der *Salwa Judum* auf. … Seine ersten Finanziers waren Tata und Essar … 640 Dörfer wurden laut offizieller Statistik identifiziert, niedergebrannt und mit Waffengewalt und dem Segen des Staates ausgeplündert. Dreihundertfünfzigtausend Stammesangehörige, die Hälfte der Gesamtbevölkerung des Distrikts Dantewada, wurden vertrieben, ihre Frauen vergewaltigt, ihre Töchter getötet und ihre Jugendlichen verstümmelt. Diejenigen, die nicht in den Dschungel fliehen konnten, wurden in Flüchtlingslagern zusammengepfercht, die von der *Salwa Judum* unterhalten und verwaltet werden. Andere verstecken sich noch immer in den Wäldern oder sind in die nahe gelegenen Stammesgebiete in Maharashtra, Andhra Pradesh und Orissa ausgewichen. 640 Dörfer sind leer. Dörfer, die auf Tonnen von Eisenerzvorkommen sitzen, sind praktisch entvölkert und für den Meistbietenden verfügbar. Die neuesten Informationen, die kursieren, besagen, dass sowohl Essar Steel als auch Tata Steel bereit sind, das entvölkerte Land zu übernehmen und die Minen zu betreiben.« (S. 161; der Bericht ist verfügbar unter: https://dolr.gov.in/sites/default/files/Committee%20Report.pdf).

14 P. Pradhan, »Police Firing at Kalinganagar«. Bericht der People's Union for Civil Liberties (PUCL), Orissa, April 2006.

15 Ebd.

16 Sudha Ramachandran, »India's War on Maoists under Attack«, *Asia Times Online*, 26. Mai 2010.

17 »Anti-Naxal Operations: Gov't to Deploy 10,000 CRPF Troopers«, *Zeenews.com*, 30. Oktober 2012; »Chhattisgarh HM Wants Army to Tackle Naxalism«, *webindia*, 15. November 2012; Soumittra S. Bose, »Naxals Gear up to Take on the Indian Army«, *Times of India*, 2. Juni 2012.

18 Siehe Human Rights Watch, »Getting Away with Murder: 50 Years of the Armed Forces Special Powers Act (AFSPA)«, August 2008. Der Bericht konstatiert, dass die Möglichkeit des AFSPA, »aufgrund eines Verdachts« zu handeln, zu Tausenden von Verschwundenen in Jammu und Kaschmir geführt hat. Viele der Verschwundenen werden in »nicht gekennzeichneten Gräbern vermutet, von denen die Sicherheitskräfte behaupten, dass es sich um die Gräber von nicht identifizierten Kämpfern handelt. Menschenrechtsgruppen fordern seit langem eine unabhängige Untersuchung und forensische Tests, um die Identitäten der Toten in den Gräbern festzustellen, doch die Regierung hat auf diese Forderung noch nicht reagiert« (S. 16).

19 J. Balaji, »Soni Sori Case: HRW Wants PM to Order Impartial Probe on Torture«. *The Hindu*, 8. März 2011. Obwohl Soni Sori in sechs von acht Anklagepunkten freigesprochen wurde, befindet sie sich weiterhin in einem Gefängnis in Chhattisgarh. Vgl. Suvojit Bagchi, »Soni Sori Acquitted in a Case of Attack on Congress Leader«, *The Hindu*, 1. Mai 2013.

20 Aman Sethi, »High Court Stays Clearance for DB Power Coal Mine in Chhattisgarh«, *The Hindu*, 12. Dezember 2001.

21 Sanjib Kr Baruah, »Dam Wrong«, *Hindustan Times*, 2. September 2010.

22 »Kashmir Power Cut Protest Turns Deadly«, *Al Jazeera*, 3. Januar 2012.

23 »Report Raised Fears about Proximity of Kalpasar Dam and Mithivirdi N-Project«, *Indian Express*, 3. Mai 2013.

24 Vinod K. Jose, »The Emperor Uncrowned: The Rise of Narendra Modi«, *Caravan Magazine*, 1. März 2012.

25 Siehe www.investindholera.com/DMICprojects.html.

26 Maj. Gen. Dhruv Katoch et al., »Perception Management of the Indian Army«, Centre for Land Warfare Studies Seminar, Delhi, 12. Februar 2012.

27 Lydia Polgreen, »High Ideals and Corruption Dominate Think Festival Agenda«, *New York Times*, 1. November 2011. Während Tehelka 2006 eine Konferenz namens »Summit of the Powerless« veranstaltete, um einen Diskurs über den Naxalitenaufstand und Selbstmorde von Farmern anzustoßen, war das Think Fest von 2011, das vom selben Magazin veranstaltet wurde, eine »glanzvolle und glamouröse Feier« mit Gästen wie Thomas Friedman und Indiens »Minenbaronen sowie Immobilienmagnaten«. Veranstaltet wurde es »in einem Fünfsterne-Ressort …, das mutmaßlich im Besitz von Männern war, die in Verbindung mit den 2G-Telekommunikations-Betrugsfällen im Gefängnis saßen und auf ihre Anklage warteten.«

28 Raman Kirpal, »How Goa's Illegal Ore Miners Are in League with CM Kamat«, *First Post Politics*, 5. September 2011.

29 Purnima S. Tripathi, »Battle of Bastar«, *Frontline* 29, Nr. 8 (April / Mai 2012).

30 »PIL on India Role in ›Genocide‹«, *Telegraph India*, 21. März 2013; Peter Cobus, »Indian Kashmir to ID Bodies from Unmarked Graves«, *Voice of America*, 26. September 2011.

31 Jaipur Sun, »Jaipur Lit Fest: Oprah Winfrey Charms Chaotic India«, *Indian Express*, 22. Januar 2012.

32 Gerard Colby, *Thy Will Be Done: Conquest of the Amazon; Nelson Rockefeller and Evangelism in the Age of Oil* (New York: Harper Collins, 1996).

33 »Introduction: The Rockefellers«, *American Experience*, Corporation for Public Broadcasting (http://www.pbs.org/wgbh/americanexperience/features/introduction/rockefellers-introduction/). »Aufgrund des rücksichtslosen Kriegs, den Rockefeller führte, um seine Konkurrenten zu vernichten, galt er für die meisten Amerikaner als die Verkörperung eines ungerechten und grausamen Wirtschaftssystems. Und dennoch führte er ein tugendhaftes Leben. ›Ich glaube, die Fähigkeit, Vermögen zu erwirtschaften, ist ein Geschenk Gottes‹, sagte Rockefeller einst. ›Es ist meine Bestimmung, Geld und noch mehr Geld zu verdienen und das verdiente Geld zum Wohle meiner Mitbürger einzusetzen.‹«

34 Pablo Neruda, »Die Standard Oil Co.« Übers.v. Erich Arendt. In: *Die Gedichte: Band 1.* Hg. Karsten Garscha (München: Luchterhand, 2009), S. 496–498.

35 Für eine genaue Betrachtung des Engagements der Gates-Stiftung bei der Privatisierung von Bildung verbunden mit drastischen Kürzungen staatlicher Ausgaben siehe Jeff Bale und Sara Knopp, »Obama's Neoliberal Agenda for Public Education«, in: Dies., *Education and Capitalism: Struggles for Learning and Liberation* (Chicago: Haymarket Books, 2012).

36 Joan Roelofs, »The Third Sector as a Protective Layer for Capitalism«, *Monthly Review* 47, Nr. 4 (September 1995), S. 16.

37 Joan Roelofs, *Foundations and Public Policy: The Mask of Pluralism* (Albany, NY: SUNY Press, 2003).

38 Eric Toussaint, *Your Money or Your Life: The Tyranny of Global Finance* (Chicago: Haymarket Books, 2005).

39 Roelofs, »The Third Sector as a Protective Layer for Capitalism«.

40 Ebd.

41 Ebd.

42 Ebd.

43 Erika Kinetz, »Small Loans Add Up to Lethal Debts«, *The Hindu*, 25. Februar 2012.

44 David Ransom, »Ford Country: Building an Elite in Indonesia«, in: *The Trojan Horse: A Radical Look at Foreign Aid*, (Hg.) Steve Weissman, zusammen mit Mitgliedern des Pacific Studies Center und dem North American Congress on Latin America (Palo Alto, CA: Ramparts, 1975), S. 93–116.

45 Juan Gabriel Valde›s, *Pinochet's Economists: The Chicago School of Economics in Chile* (New York: Cambridge University Press, 1995).

46 Rajander Singh Negi, »Magsaysay Award: Asian Nobel, Not So Noble«, *Economic and Political Weekly* 43, Nr. 34 (2008), S. 14–16.

47 Narayan Lakshman, »World Bank Needs Anti-Graft Policies«, *The Hindu*, 1. September 2011. Navin Girishankar, einer der Hauptautoren der Studie der Independent Evaluation Group (IEG) der Weltbank, sagte in einem Gespräch mit *The Hindu*, dass »einerseits die Nachfrage nach guter Regierungsführung gefördert werden muss, indem die Regierung durch größere Transparenz und eine offenere Politik besser auf Druck reagiert. … Die indischen Erfahrungen, einschließlich der Lokpal Bill, könnten mit dieser Art von Strategie übereinstimmen.«

48 »World Bank Announces Winners of Award for Outstanding Public Service«, 15. April 2008 (http://africa.gm/north-america/united-states/washington-dc/article/2008/4/17/world-bank-announces-winners-of-award-for-outstandingpublic-service).

49 Siehe Roelofs, »Third Sector as a Protective Layer for Capitalism«.

50 Press Trust of India, »Infosys to Bid for UID Projects, Sees No Conflict of Interest«, *Indian Express*, 27. Juni 2009.

51 Justin Gillis, »Bill Gates Calls for More Accountability on Food Programs«, *New York Times*, 23. Februar 2012.

52 Robert Arnove (Hg.), *Philanthropy and Cultural Imperialism: The Foundations at Home and Abroad* (Boston: G. K. Hall, 1980). In dem Essay »American Philanthropy and the Social Sciences« beschreibt Donald Fisher die Rolle amerikanischer Stiftungen in der Herausbildung politischer Gesinnungen durch ihren weltweiten Einfluss auf universitäre Disziplinen.

53 Siehe Foundation Center, »Foundation Stats«, 2014.

54 Siehe Roelofs, *Foundations and Public Policy*.

55 Manning Marable, *Race, Reform, and Rebellion: The Second Reconstruction and Beyond in Black America, 1945–2006* (Jackson: University of Mississippi Press, 2007).

56 Devin Fergus, *Liberalism, Black Power, and the Making of American Politics, 1965–1980* (Athens: University of Georgia Press, 2009).

57 Das Verteidigungsministerium verlinkt auf eine Website des King Center und spielt weiterhin eine aktive Rolle bei der Art und Weise, wie die USA Kings Vermächtnis zelebrieren. – Das Armed Forces Chaplains Board ist ein Komitee zur Beratung des Verteidigungsministeriums in religiösen Fragen und aus religiöser Sicht. (Anm.d. Übers.)

58 Siehe Roelofs, »Third Sector as a Protective Layer for Capitalism«.

59 P. Vaidyanathan Iyer, »Dalit Inc. Ready to Show Business Can Beat Caste«, *Indian Express*, 15. Dezember 2011.

60 Auch die ORF war direkt an Modis Aufstieg beteiligt: Über Modis Teilnahme an einer von Google veranstalteten Konferenz sagte ein ORF-Mitarbeiter: »Er versucht, sich als moderner Mensch darzustellen, der sich für Entwicklungsfragen interessiert, und diese Konferenz bietet ihm eine Plattform, um Menschen der jüngeren Generation zu erreichen – das, was wir das aufstrebende Indien nennen.« Siehe Neha Thirani Bagri, »Google Hosts Narendra Modi at Tech Summit«, *New York Times*, 20. März 2013.

61 Siehe »Raytheon Aligns with Indian Companies to Pursue Emerging Opportunities«, *Raytheon.com*, 13. November 2007.

62 Marx und Engels, *Manifest der Kommunistischen Partei*, S. 40–41.

Ein perfekter Tag für die Demokratie

1 Joshi/Ashok Kumar, »Afzal Guru Hanged in Secrecy, Buried in Tihar Jail«, *The Hindu*, 9. Februar 2013. Sogar die Staatsanwälte, die die Todesstrafe für ihn gefordert hatten, verdammten die heimliche Hinrichtung als »Menschenrechtsverletzung«. Siehe Manoj Mitta, »Afzal Guru's Secret Hanging a Human Rights Violation: Prosecutor«, *Times of India*, 13. Februar 2013.

2 Ebd.

3 Sumegha Gulati, »SAR Geelani, Iftikar among Those Placed under Detention«, *The Indian Express*, 10. Februar 2013. Während des Prozesses wurde Geelani als Drahtzieher des Anschlags von 2001 dargestellt; er wurde schließlich freigesprochen.

4 Mohammad Ali, »Muslim Groups See Political Motives«, *The Hindu*, 11. Februar 2013.

Der Doktor und der Heilige

1 *Der Doktor und der Heilige* wurde ursprünglich als Einleitung zur kommentierten Ausgabe von Dr. B. R. Ambedkars legendärem Text *Annihilation of Caste* (*Abschaffung des Kastenwesens*) geschrieben, der 2014 in Indien von Navayana und anschließend von Verso Books in den USA und Großbritannien publiziert wurde.

Abschaffung des Kastenwesens ist der Text einer Rede, die Dr. Ambedkar, einer der größten Intellektuellen Indiens, zwar schrieb, jedoch nie hielt. Die Jat-Pat-Todak Mandal, die reformistische Hindu-Organisation, die ihn eingeladen hatte, vor ihren Mitgliedern, ausnahmslos Angehörige der »oberen Kasten«, zu sprechen, lud ihn wieder aus, nachdem sie ein Vorausexemplar der Rede gelesen und begriffen hatte, dass es sich um einen Frontalangriff auf den Hinduismus handelte. Ambedkar veröffentlichte daraufhin *Abschaffung des Kastenwesens* als Broschüre, die seitdem immer wieder überwiegend von kleinen Dalit-Verlagen publiziert, über informelle Netzwerke vertrieben und bis heute millionenfach verkauft wurde.B. R. Ambedkar ist demnach der indische Autor, der sich bei weitem am besten verkauft und am beliebtesten ist.

Bald nach Veröffentlichung von *Abschaffung des Kastenwesens* erhob niemand anderes als Mohandas Gandhi, der bekannteste Inder überhaupt, Einwände dagegen. Es folgte eine öffentliche Debatte der beiden Männer über dieses Thema, das damals wie heute das vielleicht für Indien kritischste ist.

Dennoch und aus Gründen, die jedem Leser von *Abschaffung des Kastenwesens* sofort einleuchten, gehört der Text weder in Schulen noch in Universitäten zum Lehrplan. In Buchhandlungen ist er nicht erhältlich. Bislang wurde er auch nicht mit der wissenschaftlichen Aufmerksamkeit kommentiert, die er verdient. Mit anderen Worten: Die Personen, an die sich Ambedkar wenden wollte – die »moderaten«, reformistischen Ideen zugänglichen Hindus der »oberen Kasten« (obwohl Ambedkar andererseits »moderat« und »Hindu« als Widerspruch in sich betrachtete) –, konnten eine Art verlegerische »Diskriminierung« durchsetzen, die selbstverständlich dazu beiträgt, die schändliche Praxis des Kastenwesens, Indiens ureigene Version von sozialer Apartheid, aus dem internationalen Diskurs herauszuhalten.

Der Doktor und der Heilige betrachtet das Kastenwesen durch das Prisma der Gegenwart und der Vergangenheit. Um Gandhis Position zum Kastensystem in seiner Auseinandersetzung mit Ambedkar in einem Kontext zu verorten, verfolge ich seine Geschichte zurück bis zu seinem »politischen Erwachen« in Südafrika, das heute der Stoff von Legenden und Folklore ist. Ich muss zugeben, dass ich verwirrt und entsetzt bin über das Ausmaß und die Verlogenheit der Mythen, die diese Geschichte vernebeln. Das liegt nicht so sehr an Gandhi als vielmehr an den Mythenschreibern.

Mir wurde vorgeworfen, dass ich Gandhi in einer Einleitung zu Ambedkars Arbeit übermäßige Aufmerksamkeit widme. Ich bin schuldig im Sinne der Anklage. Doch angesichts des bedeutenden, nahezu gottgleichen Status, den Gandhi in der Vorstellung der modernen Welt, insbesondere der westlichen Welt innehat, meinte ich, dass Ambedkars Wut nicht vollständig verstanden werden kann, wenn Gandhis unglaublich einflussreiche und meiner Ansicht nach unentschuldbare Position zu Kastenwesen und Hautfarbe nicht genau unter die Lupe genommen wird. Und die Praxis des Wegschauens, der Blindheit gegenüber dem grau-

samen, institutionalisierten Unrecht im Herzen des Landes, das sich gern als die größte Demokratie der Welt bezeichnet, könnte ungehindert und reibungslos fortgesetzt werden.
Bei der Recherche für diesen Essay habe ich mich überwiegend auf Ambedkars und Gandhis eigene (umfangreiche) Schriften gestützt.

2 Hinsichtlich der Geschehnisse in Khairlanji stütze ich mich auf Anand Teltumbde, *The Persistence of Caste: The Khairlanji Murders and India's Hidden Apartheid* (New Delhi / Navayana / London: Zed Books, 2010). Für einen der ersten umfassenden Berichte zu dem Vorfall siehe Sabrina Buckwalter, »Just Another Rape Story«, *Sunday Times of India*, 29. Oktober 2006.

3 Für eine Analyse des Urteils siehe S. Anand, »Understanding the Khairlanji Verdict«, *The Hindu*, 5. Oktober 2008.

4 Am 11. Juli 1996 ermordete die Ranveer Sena, eine feudale Miliz, deren Mitglieder aus privilegierten Kasten stammen, 21 besitzlose Arbeiter im Dorf Bathani Tola in Bihar. 2012 sprach das Oberste Gericht in Patna alle Angeklagten frei. Am 1. Dezember 1997 massakrierte die Ranveer Sena 58 Dalits im Dorf Laxmanpur Bathe, ebenfalls in Bihar. Im April 2010 wurden alle 26 Angeklagten verurteilt, zehn von ihnen zu einer lebenslänglichen Haftstrafe und 16 zum Tode. Im Oktober 2013 hob das Oberste Gericht in Patna alle 26 Urteile auf mit der Begründung, dass die Staatsanwaltschaft keine Beweise vorgelegt habe, die eine Bestrafung rechtfertigten.

5 Gegen Dalits und Angehörige niederer Kasten wurden schwerste Verbrechen begangen: 1968 wurden in Keezhvenmani, Tamil Nadu, 44 Dalits bei lebendigem Leib verbrannt; 1977 wurden im Dorf Belchi, Bihar, 14 Dalits lebend verbrannt; 1978 wurden auf Marichjhapi, einer Insel im Mangrovenwald der Sundarbans, Westbengalen, Hunderte Dalit-Flüchtlinge aus Bangladesch bei einer von der linken Regierung angeordneten Vertreibung massakriert; 1984 wurden in Karamchedu, Andhra Pradesh, sechs Dalits ermordet, drei Dalit-Frauen vergewaltigt und viele weitere verletzt; 1991 wurden in Chunduru, Andhra Pradesh, neun Dalits abgeschlachtet und die Leichen in einen Kanal geworfen; 1997 wurden in Melavalavu, Tamil Nadu, der gewählte Dalit-Anführer des Dorf-Panchayat und fünf weitere Dalits ermordet; 2000 wurden in Kambalapalli, Karnataka, sechs Dalits lebendig verbrannt; 2002 wurden in Jhajjar, Haryana, fünf Dalits vor einem Polizeirevier gelyncht. Siehe auch die Dokumentation von Human Rights

Watch, *Broken People. Caste Violence Against Indias's »Untouchables«* (New York / Washington / London / Brussels 1999) und den Navsarjan-Bericht: Navsarjan Trust and Robert F. Kennedy Center for Justice & Human Rights, *Understanding Untouchability: A Comprehensive Study of Practices and Conditions in 1589 Villages*, o. J. (www.indianet.nl/pdf/UnderstandingUntouchability.pdf).

6 Babasaheb Ambedkar: *Writings and Speeches* (nachfolgend BAWS) 9, S. 296. Alle Zitate aus B. R. Ambedkars Veröffentlichungen (abgesehen von *Annihilation of Caste*) stammen aus der Serie BAWS, publiziert vom Bildungsministerium der Regierung von Maharashtra. Alle Zitate aus *Annihilation of Caste* (nachfolgend AoC) stammen aus der Navayana-Ausgabe (New Delhi 2014).

7 Rupa Viswanath schreibt in »A Textbook Case of Exclusion«, *The Indian Express*, 20. Juli 2012: »Während sich ›Dalit‹ auf alle die Inder bezieht, die traditionell als ›ausgestoßen‹ und ›unberührbar‹ gelten, ist ›SC‹ eine moderne regierungsamtliche Kategorie, die christliche und muslimische Dalits explizit ausnimmt.« Der Verfassungszusatz, der klärt, wer aus Gründen des konstitutionellen und juristischen Schutzes zu den SC gehört, ist eindeutig: »Eine Person, die weder Hindu, Sikh noch Buddhist ist, kann nicht Angehörige einer Scheduled Caste sein.« Wenn auch Christen und Muslime zu den SC gerechnet würden, läge ihr Anteil an der indischen Bevölkerung weit über den offiziellen 17 Prozent des Zensus von 2011.

8 Am 16. Dezember 2012 wurde eine Frau in einem Bus in Neu Delhi Opfer einer brutalen Folterung und Massenvergewaltigung. Sie starb am 29. Dezember. Das Verbrechen hatte tagelange Massenproteste zur Folge. Ungewöhnlich war, dass sich viele Menschen aus der Mittelschicht daran beteiligten. Aufgrund der Proteste wurde das Gesetz gegen Vergewaltigung strenger gefasst. Siehe Jason Burke, »Delhi Rape: How India's Other Half Lives«, *The Guardian*, 13. September 2013.

9 National Crime Records Bureau (NCRB), *Crime in India 2011, Statistics* (New Delhi 2012), S. 423–424.

10 Privilegierte Kasten bestrafen Dalits, indem sie sie zwingen, menschliche Exkremente zu essen, was allerdings oft nicht angezeigt wird. Im Dorf Thinniyam im Distrikt Tiruchi, Tamil Nadu, wurden am 22. Mai 2002 zwei Dalits, Murugesan und Ramasami, dazu gezwungen, sich gegenseitig mit Exkrementen zu füttern, und mit heißen Eisen gebrandmarkt, weil sie öffentlich erklärt hatten, dass sie vom Bürgermeister betrogen worden waren. Siehe

S. Viswanathan, *Dalits in Dravidian Land: Frontline Reports on Anti-Dalit Violence in Tamil Nadu (1995–2004)*, (Chennai: Navayana, 2005). Im Gesetz zur Verhinderung von Verbrechen an Gelisteten Kasten und Stämmen von 1989 steht: »In letzter Zeit ist eine beunruhigende Zunahme bestimmter Vergehen zu konstatieren, wie eine Person einer Gelisteten Kaste zu zwingen, ungenießbare Substanzen wie menschliche Exkremente zu essen, und Angriffe auf und Massentötungen von hilflosen Mitgliedern Gelisteter Kasten oder Stämme und Vergewaltigungen von Frauen, die Gelisteten Kasten oder Stämmen angehören.«

11 Gemäß den Vorgaben ihres Glaubens sollen sich Sikhs nicht ans Kastensystem halten. Diejenigen aus unberührbaren Kasten, die zum Sikhismus übergetreten sind, werden jedoch weiterhin wie Unberührbare behandelt. Wie das Kastenwesen den Sikhismus beeinflusst siehe Mark Juergensmeyer, *Religious Rebels in the Punjab: The Ad Dharm Challenge to Caste* (New Delhi: Navayana, 1982 / 2009).

12 BAWS 1, S. 222.

13 Siehe zum Beispiel Madhu Kishwar, »Caste System: Society's Bold Mould«, *Tehelka*, 11. Februar 2006: »Das vielgeschmähte Kastensystem hat eine bedeutende Rolle dabei gespielt, die indische Demokratie stark zu machen, indem die Menschen den zentralisierten autoritären Machtstrukturen Widerstand leisten können, die während der Kolonialzeit implementiert und auch nach der Unabhängigkeit beibehalten wurden.«

14 Siehe Andre Béteille, »Race and caste«, *The Hindu*, 10. März 2001. Dipankar Gupta, ehemaliger Professor für Soziologie an der Jawaharlal Nehru University, war 2007 Mitglied der offiziellen indischen Delegation, die sich der Forderung der Dalits widersetzte, Diskriminierung aufgrund von Kaste mit Diskriminierung aufgrund von Ethnie gleichzusetzen. In einem Aufsatz von 2007 argumentiert Gupta: »Die Behauptung, dass Kaste eine Form rassistischer Diskriminierung ist, ist nicht nur ein akademisches Fehlurteil, sondern hat auch bedauerliche politische Konsequenzen.« Siehe seine Aufsätze »Caste, Race and Politics«, *Seminar*, Dezember 2001, und »Why Caste Discrimination Is Not Racial Discrimination«, *Seminar*, April 2007. Für einen Querschnitt von Meinungen zur Kaste-Ethnie-Diskussion im UN-Ausschuss zur Beseitigung der Rassendiskriminierung siehe S. K. Thorat und Umakant et al. (Hg.), *Caste, Race, and Discrimination: Discourses in International Context* (New Delhi: Rawat, 2004), die

Argumente und Gegenargumente einer Reihe von Wissenschaftlern dokumentieren, darunter die von Gail Omvedt und Kancha Ilaiah. Siehe auch Balmurli Natarajan und Paul Greenough (Hg.), *Against Stigma: Studies in Caste, Race, and Justice Since Durban* (Hyderabad: Orient Blackswan, 2009).

15 Für eine Antwort auf Béteille und Gupta siehe Gerald D. Berreman in Natarajan und Greenough (Hg.), *Against Stigma: Studies in Caste, Race, and Justice Since Durban*, S. 54–55. Berreman schreibt: »›Wissenschaftlich unsinnig‹ ist Professor Béteilles falsches Verständnis von ›Ethnie‹. ›Bösartig‹ ist sein Insistieren darauf, dass das indische System vorherbestimmter sozialer Ungleichheit ausgenommen werden sollte von den Bestimmungen einer UN-Konvention, deren einziger Zweck darin besteht, die Menschenrechtserklärung um das Recht auf Freiheit von allen Formen der Diskriminierung und Intoleranz zu erweitern – und die Indien wie fast alle anderen Nationen unterschrieben hat.«

16 Siehe https://idsn.org/americans-declare-empathy-with-dalits-at-us-congress-event/

17 Bhagwan Das, *Thus Spoke Ambedkar, Vol. 1: A Stake in the Nation* (New Delhi: Navayana, 2010), S. 25.

18 Eheschließungen zwischen den Kasten und innerhalb der Gotras (Familienverbände) sind im Namen der »Ehre« verboten; in extremen Fällen wird das Paar oder einer der Partner getötet. Für einen Bericht über den Fall von Ilavarasan und Divya aus Tamil Nadu siehe Meena Kandasamy, »How Real-Life Tamil Love Stories End«, *Outlook*, 22. Juli 2013; siehe auch Chander Suta Dogra, *Manoj and Babli: A Hate* Story (Penguin Books, 2013); siehe auch Aniruddha Ghosal, »Day after Their Killing, Village Goes Quiet«, *The Indian Express*, 20. September 2013, und Prem Chowdhry, *Contentious Marriages, Eloping Couples: Gender, Caste and Patriarchy in Northern India* (New Delhi: Oxford University Press, 2007).

19 2009 veröffentlichten der Navsarjan Trust in Ahmedabad und das Robert F. Kennedy Center for Justice and Human Rights einen gemeinsamen Bericht, »Understanding Untouchability« (www.indianet.nl/pdf/UnderstandingUntouchability.pdf). Darin wurden 99 Formen von Unberührbarkeit in 1589 Dörfern in Gujarat aufgelistet. Unberührbarkeit wurde unter acht Gesichtspunkten untersucht: 1. Trinkwasser; 2. Essen und Getränke; 3. Religion; 4. Kastenbasierte Arbeit; 5. Berührung; 6. Zugang zu öffentlichen Einrichtungen und Institutionen; 7. Verbote und soziale Sanktionen; 8. Diskriminierung in privaten Bereichen. Die Ergebnisse waren schockierend. In 98,4 % der untersuchten Dörfer war eine Heirat zwischen Kasten verboten; in 97,6 % der Dörfer war es Dalits verboten, Töpfe oder andere Utensilien zu berühren, die Nicht-Dalits gehörten; in 98,1 % der Dörfer konnte ein Dalit kein Haus in einer Nicht-Dalit Gegend mieten; in 97,2 % der Dörfer durften religiöse Anführer der Dalits keine religiösen Zeremonien in Nicht-Dalit-Gegenden vollführen; in 67 % der Dörfer wurde Dalit-Mitgliedern des Dorfrats entweder kein Tee angeboten, oder sie mussten aus sogenannten »Dalit-Tassen« trinken.

20 AoC 17.7.

21 CWMG 15, S. 160–161. Alle Zitate von Gandhi stammen, so nicht anders angegeben, aus *The Collected Works of Mahatma Gandhi* (CWMG) (New Delhi: Government of India, Publications Division, 1999).

22 CWMG 15, S. 160–161.

23 Zitiert nach BAWS 9, S. 276.

24 Siehe den UNI-Bericht vom 20. November 2009: »India's 100 Richest Are 25 Pc of GDP«.

25 In einem Bericht von Reuters (10. August 2007), der auf »Conditions of Work and Promotions of Livelihoods in the Unorganised Sector« der National Commission for Enterprises in the Unorganised Sector basiert, steht: 77 % der Inder – ungefähr 836 Millionen – leben von weniger als einem halben US-Dollar pro Tag in einer der heißesten Ökonomien der Welt.« Siehe www.reuters.com/article/idUSDEL218894.

26 S. Gurumurthy, Mitbegründer der rechtsgerichteten Swadeshi Jagaran Manch, beschreibt, wie Kaste und Kapitalismus koexistieren können: »Die Kaste ist ein sehr starkes Band. Individuen sind mit ihren Familien verwandt, und die Kasten verbinden die Familien. Die Kaste transzendiert die örtlichen Grenzen und vernetzt die Menschen darüber hinaus. Das hat die Unruhen verhindert, die der Industrialismus in westlichen Staaten verursacht hat und die zu ungezügeltem Individualismus und akuter Vereinzelung geführt haben.« Das Kastensystem habe sich »in den modernen Zeiten wirtschaftlich dem Markt und politisch der Demokratie verpflichtet, um sich neu zu erfinden. Es wurde zu einer großartigen Quelle des Unternehmertums.« Siehe »Is Caste an Economic Development Vehicle?«, *The Hindu*, 19. Januar 2009 (www.thehindu.com/todays-paper/tp-opinion/Is-caste-an-economic-development-vehicle/article16354348.ece).

27 Siehe »Forbes: India's Billionaire Wealth Much above Country's Fiscal Deficit«, *The Indian Express*, 5. März 2013 (http://indianexpress.com/article/news-archive/web/forbes-indias-billionaire-wealth-much-above-countrys-fiscal-deficit/).

28 J. H. Hutton, *Census of India 1931* (Delhi: Government of India, 1935).

29 David Hardiman, *Feeding the Baniya: Peasants and Usurers in Western India* (New Delhi: Oxford University Press, 1996), S. 15.

30 Siehe »Brahmins in India«, *Outlook*, 4. Juni 2007. Trotz des Rückgangs waren 2007 50 Brahmanen in der Lok Sabha vertreten – 9,17 % aller Abgeordneten. Die Daten von *Outlook* basieren auf vier Untersuchungen des Centre for the Study of Developing Societies, Delhi, zwischen 2004 und 2007.

31 BAWS 9, S. 207.

32 Siehe Khushwant Singh, »Brahmin Power«, *Sunday*, 29. Dezember 1990. Singhs Zahlen beruhen auf Informationen, die ihm einer seiner Leser zur Verfügung gestellt hat.

33 BAWS 9, S. 200.

34 Die Politik der reservierten Plätze wurde in Indien zum ersten Mal während der Kolonialzeit eingeführt. Für einen historischen Abriss siehe Bhagwan Das, »Moments in a History of Reservations«, *Economic & Political Weekly*, 28. Oktober 2000, S. 3381–3384.

35 *Selected Educational Statistics* 2004–05, xxii (New Delhi: Ministry of Human Resource Development; www.educationforallinindia.com/SES2004-05.pdf).

36 Unter dem neuen ökonomischen Regime werden Schulbildung, Gesundheitswesen, wichtige Dienstleistungen und andere öffentliche Institutionen rapide privatisiert. Staatliche Arbeitsplätze wurden abgebaut. Für eine Bevölkerung von 1,2 Milliarden Menschen gibt es (2011) insgesamt 29 Millionen Stellen im regulierten Sektor. Davon entfallen 11,4 Millionen auf den privaten Sektor. Siehe *Economic Survey 2010–11*, A52 (www.indiabudget.gov.in/budget2011-2012/survey.asp).

37 Siehe Ajay Navarias Erzählung »Yes Sir« in: *Unclaimed Terrain*, übersetzt von Laura Brueck (New Delhi: Navayana, 2013).

38 National Commission for Scheduled Castes and Scheduled Tribes (NCSCST), Fourth Report, Neu Delhi 1998, S. 180–181.

39 Prabhu Chawla, »Courting Controversy«, *India Today*, 29. Januar 1999. Die zitierten Juristen sind Anil Divan und Fali S. Nariman. Später bekam Indien einen Dalit-Richter am Höchsten Gericht, K. G. Balakrishnan (2007–10).

40 S. Santhosh und Joshil K. Abraham, »Caste Injustice in Jawaharlal Nehru University«, *Economic & Political Weekly*, 26. Juni 2010, S. 27–29.

41 Ebd., S. 27.

42 Die Mitteilung an den Vizekanzler der JNU war unter anderem unterschrieben von Yoginder K. Alagh, T. K. Oommen und Bipan Chandra. Alagh ist Wirtschaftswissenschaftler und ehemaliger Parlamentsabgeordneter (Rajya Sabha), ehemaliger Bundesminister und regelmäßiger Zeitungskolumnist. Oommen war Präsident der International Sociological Association (1990–94) und hat das Buch *Classes, Citizenship and Inequality: Emerging Perspectives (New Delhi: Dorling Kindersley, 2010)* publiziert. Chandra ist ein marxistischer Historiker, ehemaliger Präsident des Indian History Congress und ehemaliger Vorsitzender des Centre for Historical Studies, JNU.

43 Anuradha Raman, »Standard Deviation«, *Outlook*, 26. April 2010.

44 Das Justice Rajinder Sachar Committee wurde am 9. März 2005 von Premierminister Manmohan Singh ernannt, um den sozialen, ökonomischen und Ausbildungsstatus der Muslime in Indien zu untersuchen; der 403 Seiten dicke Bericht stand am 30. November 2006 auf der Tagesordnung des Parlaments. Der Bericht stellt fest, dass das Kastensystem auch die indischen Muslime betrifft. Teltumbde *The Persistence of Caste*, S. 16, schreibt: »Gemäß den Daten des Sachar Committee können die Anteile der SC und ST auf 19,7 und 8,5 Prozent der indischen Bevölkerung geschätzt werden.«

45 Der Ökonom Sukhadeo Thorat schreibt in *Dalits in India: Search for a Common Destiny* (New Delhi: Sage, 2009), S. 56: »Fast 70 Prozent der SC-Haushalte besitzen entweder überhaupt kein Land oder weniger als 0,4 ha. Ein sehr kleiner Teil (weniger als 6 Prozent) besitzt mittlere oder große Bauernhöfe. Düsterer sieht es in Bihar, Haryana, Kerala und Punjab aus, wo über 90 Prozent der Dalit-Haushalte vernachlässigenswert wenig oder gar kein Land besitzen.« Ein anderer Forschungsbericht zitiert Daten der Planning Commission und stellt fest, dass die Mehrheit der SC (77 Prozent) kein Land, kein produktives Eigentum oder Chancen auf eine dauerhafte Anstellung haben. Gemäß dem Agricultural Census 1990–91 steht in dem Bericht: »Ungefähr 87 Prozent der Landbesitzer aus den Scheduled Castes und 65 Prozent aus den Scheduled Tribes gehören der Kategorie der Kleinbauern an.« Siehe B. B. Mohanty, »Land Distribution among Scheduled

Castes and Tribes«, *Economic & Political Weekly*, 6. Oktober 2001, S. 1357–1368.

46 NCSCST, Fourth Report 1998, S. 176.

47 »13 Lakh Dalits Still Engaged in Manual Scavenging: Thorat«, *The New Indian Express*, 8. Oktober 2013 (www.newindianexpress.com/cities/hyderabad/2013/oct/08/13-lakh-Dalits-still-engaged-in-manual-scavenging-Thorat-524134.html). Siehe auch die Berichte auf der Website des International Dalit Solidarity Network (http://idsn.org/?s=manual+scavenging).

48 Daten von Indian Railway und Agrima Bhasin, »The Railways in Denial«, *Infochange News and Features*, Februar 2013.

49 Siehe das Interview von Milind Kamble, Vorsitzender des DICCI, und Chandra Bhan Prasad, Mentor des DICCI, in *The Indian Express*, 11. Juni 2013: »Der Kapitalismus verändert das Kastensystem viel schneller als jeder Mensch. Dalits sollten den Kapitalismus als Kreuzzug gegen das Kastenwesen betrachten.« Siehe http://indianexpress.com/article/news-archive/web/capitalism-is-changing-caste-much-faster-than-any-human-being-dalits-should-look-at-capitalism-as-a-crusader-against-caste/. Für eine Analyse, wie Dalits in den ländlichen Bezirken Azamgarh und Bulandshahar, Uttar Pradesh, von Indiens Politik der Liberalisierung und Globalisierung profitiert haben, siehe Devesh Kapur et al., »Rethinking Inequality: Dalits in Uttar Pradesh in the Market Reform Era«, *Economic & Political Weekly*, 28. August 2010, S. 39–49. Siehe auch Milind Khandekar, *Dalit Millionaires: 15 Inspiring Stories* (New Delhi: Penguin, 2013). Für eine Kritik des »wenig aussagekräftigen Spektakels der Dalit-Millionäre« siehe Gopal Guru, »Rise of the ›Dalit Millionaire‹: A Low Intensity Spectacle«, *Economic & Political* Weekly, 15. Dezember 2012, S. 41–49.

50 Sam Jones, »Anti-caste Discrimination Reforms Blocked, Say Critics«, *The Guardian*, 29. Juli 2013 (www.theguardian.com/uk-news/2013/jul/29/anti-caste-discrimination-reforms).

51 Ruth Vanita, »Whatever Happened to the Hindu Left«, *Seminar*, April 2002.

52 Sukta 90 in Buch X des *Rig Veda* erzählt den Schöpfungsmythos. Es beschreibt die Opferung des Purusha (Urmenschen), aus dessen Körper die vier Varnas und das gesamte Universum entstanden. Als die Götter Purusha aufteilten, wurde sein Mund zu den Brahmanen, seine Arme zu den Kshatriyas, die Oberschenkel zu den Vaishyas, und die Shudras entsprangen seinen Füßen. Siehe Wendy Doninger (Üb.), *The Rig Veda* (New Delhi: Penguin,

2005). Manche Wissenschaftler glauben, dass der Sukta viel später in das *Rig Veda* eingefügt wurde.

53 Susan Bayly weist nach, dass Gandhis Kastenpolitik mit den Ansichten moderner Hindu-»Reformer« aus privilegierten Kasten übereinstimmt. Siehe Susan Bayly, »Hindu Modernisers and the ›Public‹ Arena. Indigenous Critiques of Caste in Colonial India«, in William Radice (Hg.), *Vivekananda and the Modernisation of Hinduism* (New Delhi: Oxford University Press, 1998), S. 93–137.

54 2012 publizierte das Nachrichtenmagazin *Outlook* das Ergebnis einer derartigen Meinungsumfrage. Die Frage lautete: »Wer ist nach dem Mahatma der größte Inder?« Ambedkar kam auf den ersten Platz, woraufhin ihm *Outlook* am 20. August 2012 eine gesamte Ausgabe widmete.

55 Siehe B. R. Ambedkar, *Pakistan or the Partition of India* (1945), zuerst unter dem Titel *Thoughts on Pakistan* publiziert (1940), heute in BAWS 8.

56 Anthony Parel, *»Hind Swaraj« and Other Writings* (Cambridge: University Press, 1997), S. 188–189.

57 In einem Interview mit dem BBC-Radio sagte Ambedkar 1955: »Eine vergleichende Analyse von Gandhis Schriften in Gujarati und Englisch wird zeigen, wie Gandhi die Menschen getäuscht hat.« Siehe https://www.youtube.com/watch?v=ZJs-BJoSzbo.

58 BAWS 9, S. 276.

59 AoC 16.2.

60 Siehe Kathryn Tidrick, *Gandhi: A Political and Spiritual Life* (London: I. B. Tauris, 2006), S. 281, 283–284. Am 2. Mai 1938 schrieb Gandhi, nachdem er im Alter von 64 Jahren ejakuliert hatte, in einem Brief an Amritlal Nanavati: »Wo ist mein Platz, und wie kann eine Person, die der Leidenschaft unterworfen ist, Gewaltfreiheit und Wahrheit repräsentieren?« (CWMD 73, S. 139).

61 BAWS 9, S. 202.

62 Dhananjay Keer, *Dr. Ambedkar: Life and Mission* (Bombay: Popular Prakashan, 1990 [1954]) S. 167.

63 Für eine Analyse des der Ambedkar-Statue inhärenten Radikalismus in Uttar Pradesh siehe Nicolas Jaoul, »Learning the Use of Symbolic Means: Dalits, Ambedkar Statues, and the State in Uttar Pradesh«, *Contributions to Indian Sociology* 40, no. 2 (2006), S. 204: »Wenn Dalit-Dörfler, deren Rechte und Würde regelmäßig verletzt werden, die Statue des Dalit-Staatsmannes aufstellen, der eine rote Krawatte und die Verfassung trägt, drückt das ihre Würde, ihren Stolz auf gleichberechtigte Staatsbürgerschaft und die praktische Anerkennung des Ausmaßes aus, in dem eine Durchsetzung der Gesetze ihr Leben positiv verändern würde.«

64 »Der Staat repräsentiert Gewalt in konzentrierter und organisierter Form. Das Individuum hat eine Seele, aber der Staat ist eine seelenlose Maschine, er kann der Gewalt nie entwöhnt werden, der er seine Existenz verdankt. Deswegen ziehe ich die Doktrin der Treuhandverwaltung vor.«, *Hindustan Times*, 17. Oktober 1935; CWMG 65, S. 318.

65 *Young India*, 16. April 1931; CWMG 51, S. 354.

66 Das, *Thus Spoke Ambedkar*, S. 175.

67 Jefferson schreibt das am 6. September 1789 in einem Brief an James Madison (http://press-pubs.uchicago.edu/founders/documents/v1ch2s23.html).

68 Ambedkar argumentiert in seinem Aufsatz »Castes in India« von 1916, dass Frauen das Einfallstor des Kastensystems sind und Kinderehen, aufgezwungene Witwenschaft und *sati* (Verbrennung der Witwe auf dem Scheiterhaufen des verstorbenen Ehemannes) Methoden sind, die Sexualität der Frauen zu kontrollieren. Für eine Analyse von Ambedkars Schriften zu diesem Thema siehe Sharmila Rege, *Against the Madness of Manu: B. R. Ambedkar's Writings on Brahmanical Patriarchy* (New Delhi: Navayana, 2013).

69 Für eine Diskussion der Hindu Code Bill, ihre Verästelungen und Sabotage siehe Rege, *Against the Madness of Manu: B. R. Ambedkar's Writings on Brahmanical Patriarchy*, S. 191–244. Rege weist nach, dass die Vorlage vom 11. April 1947, als sie in die verfassunggebende Versammlung eingebracht wurde, bis September 1951 nie ernst genommen wurde. Ambedkar trat am 10. Oktober 1951 zurück. Der Hindu Marriage Act, der Hindu-Frauen das Recht auf eine Scheidung garantiert, wurde schließlich 1955 verabschiedet. Der Special Marriage Act, verabschiedet 1954, erlaubt Ehen zwischen unterschiedlichen Kasten und Religionen.

70 Rege, *Against the Madness of Manu: B. R. Ambedkar's Writings on Brahmanical Patriarchy*, S. 200.

71 Ebd., S. 241. Ambedkars Enttäuschung über Indiens neue Gesetzgebung reichte tief. Am 2. September 1953 erklärte er in der Rajya Sabha: »Sir, meine Freunde behaupten, ich hätte die Verfassung entworfen. Aber ich bin jederzeit bereit, sie als Erster wieder zu verbrennen. Ich will sie nicht. Sie garantiert nicht allen die gleichen Rechte. Wenn unser Volk sich weiterentwickeln will, darf es nicht vergessen, dass es Mehrheiten und Minderheiten gibt; und man kann die Minderheiten nicht einfach ignorieren, indem man sagt: ›Oh, nein, wenn ich dich anerkenne, schade ich der Demokratie.‹« (Keer, *Dr. Ambedkar: Life and Mission*, S. 499).

72 AoC 20.12.

73 Gail Omvedt, *Seeking Begumpura: The Social Vision of Anticaste Intellectuals* (New Delhi: Navayana, 2008), S. 19.

74 Unveröffentlichte Übersetzung von Joel Lee, der Autorin zur Verfügung gestellt.

75 *Young India*, 17. März 1927; CWMG 38, S. 210.

76 Ambedkar sagte das in seiner Rede als Vorsitzender des Komitees, das die Verfassung entwerfen sollte, vor der Verfassunggebenden Versammlung am 4. November 1948. Siehe Das, *Thus Spoke Ambedkar*, S. 176.

77 Für eine Analyse von Gandhis Beziehungen zu indischen Kapitalisten siehe Leah Renold, »Gandhi: Patron Saint of the Industrialist«, *Sagar: South Asia Graduate Research Journal* 1, no. 1 (1994), S. 16–38. Gandhis Ansicht zu großen Staudämmen findet sich in einem Brief vom 5. April 1924, in dem er Dorfbewohnern, die vom Bau des Mulshi-Damms (gebaut von den Tatas, um Strom für ihre Fabriken in Bombay zu erzeugen) vertrieben werden sollten, riet, ihren Protest aufzugeben (CWMG 27, S. 168):
Soweit ich weiß, hat die große Mehrheit die Kompensationszahlungen akzeptiert, und die wenigen, die es nicht getan haben, sind vielleicht nicht einmal auffindbar.
Der Damm ist halb fertig, und der Weiterbau kann auf Dauer nicht verhindert werden. Die Bewegung scheint kein Ideal zu haben.
Der Anführer glaubt nicht durch und durch an Gewaltfreiheit. Dieser Mangel ist fatal für den Erfolg.
Fünfundsiebzig Jahre später begründete das Höchste Gericht Indiens mit einer ähnlichen Logik sein berüchtigtes Urteil zum Weiterbau des von der Weltbank finanzierten Sardar-Sarovar-Damms am Narmada-Fluss, als es gegen Zehntausende von Ortsansässigen entschied, die gegen ihre Zwangsumsiedlung protestierten.

78 *Young India*, 20. Dezember 1928; CWMG 43, S. 412. Siehe auch Gandhis *Hind Swaraj* (1909) in Parel, *»Hind Swaraj« and Other Writings*.

79 Rege, *Against the Madness of Manu: B. R. Ambedkar's Writings on Brahmanical Patriarchy*, S. 100.

80 BAWS 5, S. 102.

81 In Das, *Thus Spoke Ambedkar*, S. 51.

82 AoC, Vorwort zur Ausgabe von 1937.

83 Zitiert in Eleanor Zelliot, *Ambedkar's World: The Making of Babasaheb and the Dalit Movement* (New Delhi: Navayana, 2013), S. 147.

84 Hier zum Beispiel Ismat Chugtai, eine muslimische Schriftstellerin, gefeiert für ihre fortschrittlichen feministischen Ansichten, wie sie eine unberührbare Fegerin in ihrer Kurzgeschichte »A Pair of Hands« (in: *A Chugtai Collection*, übers. von Tahira Naqvi und Syeda S. Hameed [New Delhi: Women Unlimited, 2003], S. 164) beschreibt: »Sie hieß Gori, die Nichtsnutzige, und sie war dunkel, dunkel wie eine glänzende Pfanne, auf der ein Roti gebraten worden war, die zu putzen der sorglose Koch jedoch vergessen hatte. Sie hatte eine Knollennase, ein breites Kinn und schien aus einer Familie zu stammen, in der das Zähneputzen eine lang aufgegebene Gewohnheit war. Das Schielen ihres linken Auges war auffällig, obwohl ihre Augen dick schwarz umrandet waren; schwer vorstellbar, wie sie trotz ihres schielenden Auges Pfeile werfen konnte, die ihr Ziel nie verfehlten. Ihre Taille war nicht schlank; sie war dick geworden, hatte rasch an Umfang zugenommen dank all der Almosen, die sie aß. Auch ihre Füße waren nicht zierlich, sie erinnerten an die Hufe einer Kuh, und sie hinterließ stets einen vulgären Geruch nach Senföl. Ihre Stimme jedoch war angenehm.«

85 1981 konvertierten alle Dalits des Dorfs Meenakshipuram – umbenannt in Rahmat Nagar – im Tirunelveli-Distrikt in Tamil Nadu zum Islam. Daraufhin begannen rassistische Hindu-Gruppen wie die VHP und die RSS zusammen mit dem Sankaracharya von Kanchipuram »proaktiv« darauf hinzuarbeiten, die Dalits in den Hinduismus zu »integrieren«. Eine neue chauvinistische »Tamil Hindu«-Gruppe namens Hindu Munnani wurde gebildet. Achtzehn Jahre später suchte P. Sainath das Dorf Meenakshipuram erneut auf und schrieb zwei Berichte (»One People, Many Identities«, *The Hindu*, 31. Januar 1999, und »After Meenakshipuram: Caste, Not Cash, Led to Conversions«, *The Hindu*, 7. Februar 1999). Für einen ähnlichen Fall in Koothirambakkam, ebenfalls in Tamil Nadu, siehe S. Anand, »Meenakshipuram Redux«, *Outlook*, 21. Oktober 2002.

86 Zitiert in Omvedt, *Seeking Begumpura: The Social Vision of Anticaste Intellectuals*, S. 177.

87 Die von Ambedkar zitierte Zahl stammt aus dem Bericht der Simon Commission von 1930. Als 1932 das Lothian Committee nach Indien kam, sagte Ambedkar: »Die Hindus waren in provokativer

Stimmung und akzeptierten die Zahlen der Simon Commission nicht als wahre Zahl der Unberührbaren in Indien.« Er fährt fort, dass »das der Tatsache geschuldet ist, dass den Hindus inzwischen die Gefahr klar geworden ist, die es darstellt, die Existenz von Unberührbaren zuzugeben. Denn das heißt, dass ein Teil der Repräsentation der Hindus den Unberührbaren übertragen werden muss.« Siehe BAWS 5, S. 7–8.

88 Siehe Anmerkung 69 in 9.4. dieser AoC-Ausgabe.

89 Interview mit dem Herausgeber der Zeitschrift *Prabuddha Bharata* in der Ausgabe vom April 1899. Auf die Frage, in welcher Kaste sich die befänden, die zum Hinduismus »rekonvertierten«, sagte Vivekananda ebd.: »Zurückkehrende Konvertiten … werden natürlich eine eigene Kaste sein. Und neue Gläubige ebenso. Sie werden sich erinnern – so war es schon im Fall des Vaishnavismus. Konvertiten aus unterschiedlichen Kasten und Fremde können sich alle unter dieser Flagge zusammenschließen und eine eigene Kaste bilden – und noch dazu eine sehr ehrenwerte. Von Ramanuja bis zu Chaitanya aus Bengalen haben alle großen Viashnava-Lehrer das getan.« Siehe www.ramakrishnavivekananda.info/vivekananda/volume_5/interviews/on_the_bounds_of_hinduism.htm.

90 Die Namen der Organisation lauten übersetzt: Forum zur Erhebung der Dalits; das All-India-Komitee zur Erhebung der Unberührbaren; die Punjab-Gesellschaft zur Erhebung der Unberührbaren.

91 AoC 6.2.

92 Bayly, »Hindu Modernisers and the ›Public‹ Arena. Indigenous Critiques of Caste in Colonial India«.

93 Der Begriff wurde geprägt von V. D. Savarkar (1883–1966), einem der wichtigsten Verfechter des modernen rechten Hindu-Nationalismus, in seinem Pamphlet *Essentials of Hindutva* (später umbenannt in *Hindutva: Who Is a Hindu?* [Nagpur: V. V. Kelkar, 1923]). Als Autor der ersten Ausgabe des Werks 1923 firmierte er unter dem Pseudonym »A Maratha«. Für eine kritische Einführung in die Hindutva siehe Jyotrimaya Sharma, *Hindutva: Exploring the Idea of Hindu Nationalism* (Delhi: Harper Collins, 2005).

94 Zitiert in Vijay Prashad, »The Untouchable Question«, *Economic & Political Weekly*, 2. März 1996, S. 554–555.

95 BAWS 9, S. 195.

96 Ein paar Hindu-Mitglieder aus privilegierten Kasten der Ghadar-Partei wandten sich später dem Hindu-Nationalismus zu und wurden vedische Missionare. Zu Bhai Parmanand, einem Gründungsmitglied der Ghadar-Partei, der später ein Hindutva-Ideologe wurde, siehe Anmerkung 11 im Vorwort zu AoC.

97 Für eine Monographie der Ad-Dharm-Bewegung siehe Juergensmeyer, *Religious Rebels in the Punjab*.

98 Rupa Viswanath, *The Pariah Problem: Caste, Religion, and the Social in Modern India* (New York: Columbia University Press, 2014) beschreibt ausführlich die Allianz der Kolonialregierung mit den landbesitzenden Kasten gegen die landlosen Dalits im Kontext der Madras-Präsidentschaft.

99 Mike Davis, *Late Victorian Holocausts: El Niño Famines and the Making of the Third World* (New York: Verso, 2002), S. 7.

100 BAWS 9, S. 1.

101 Ebd., S. 3.

102 Siehe Faisal Devji, *The Impossible Indian: Gandhi and the Temptation of Violence* (Boston: First Harvard University Press, 2012), Kap. 3 (»In Praise of Prejudice«), insb. S. 47–48.

103 Zitiert aus *Young India*, 23. März 1921, in Devji, *The Impossible Indian*, S. 81.

104 M. S. Golwalkar, *We, or Our Nationhood Defined* (Nagpur: Bharat, 1939), S. 55–56.

105 BAWS 17, Teil 1, S. 369–374.

106 Nathuram Godse, *Why I Assassinated Mahatma Gandhi* (New Delhi: Surya Bharti Prakashan, 1998), S. 43.

107 BAWS 3, S. 361.

108 Zitiert in BAWS 9, S. 68.

109 *Harijan*, 30. September 1939, in CWMG 76, S. 356.

110 Siehe Ramachandra Guha, *India before Gandhi* (New Delhi: Penguin, 2013).

111 Tidrick, *Gandhi: A Political and Spiritual Life*, S. 106.

112 Für Gandhis Schriften über seine Jahre in Südafrika (1893–1914) siehe G. B. Singh, *Gandhi: Behind the Mask of Divinity* (New York: Prometheus Books, 2004).

113 Maureen Swan, *Gandhi: The South African Experience* (Johannesburg: Ravan Press, 1985), S. 52.

114 Kaffer ist ursprünglich ein arabisches Wort und bedeutet »der versteckt oder bedeckt« – eine Beschreibung von Bauern, die Samen in die Erde stecken. Nach dem Aufkommen des Islams bedeutete es »Ungläubiger« oder »Häretiker«, diejenigen, die »die Wahrheit (Islam) begruben«. Es wurde zuerst auf nicht muslimische Schwarze angewandt, auf die arabische Händler an der

Swahili-Küste stießen. Portugiesische Seefahrer übernahmen den Ausdruck und gaben ihn an die Briten, Franzosen und Holländer weiter. In Südafrika wurde er zu einer rassistischen Beleidigung, mit der Weiße und Afrikaaner (und Inder wie Gandhi) einheimische Afrikaner beschrieben. Heutzutage ist es in Südafrika eine justiziable Beleidigung, jemanden einen Kaffer zu nennen.

115 CWMG 1, S. 192–193.

116 Ebd., S. 200.

117 Für eine Geschichte der Zwangsarbeiter in Südafrika siehe Ashwin Desai und Goolam Vahed, *Inside Indian Indenture: A South African Story, 1860–1914* (Cape Town: HSRC Press, 2010).

118 Zwischen den frühen 1890er Jahren und 1913 verdreifachte sich die indische Bevölkerung in Südafrika von 40 000 auf 135 000 (Guha, *India before Gandhi*, S. 463).

119 Ebd., S. 115.

120 CWMG 2, S. 6.

121 Adam Hochschild, *To End All Wars: A Story of Loyalty and Rebellion, 1914–1918* (London: Houghton Mifflin Harcourt, 2011), S. 33–34.

122 Während des Zweiten Weltkriegs riet er den Juden, »die Seelenstärke zu Hilfe zu rufen, die von Gewaltlosigkeit rührt« und versicherte ihnen, dass sich Herr Hitler »vor ihrem Mut verneigen« würde (*Harijan*, 17. Dezember 1938, in CWMG 74, S. 298). Er drängte die Briten, »ohne Waffen gegen die Nazis zu kämpfen« (*Harijan*, 6. Juli 1940, in CWMG 78, S. 387).

123 CWMG 34, S. 18.

124 CWMG 2, S. 339–340.

125 *The Natal Advertiser*, 16. Oktober 1901, in CWMG 2, S. 421.

126 CWMG 5, S. 11.

127 Ebd., S. 179.

128 Jeff Guy, *The Maphumulo Uprising: War, Law, and Ritual in the Zulu Rebellion* (Scotsville, South Africa: University of KwaZulu-Natal Press, 2005), S. 212.

129 Laut einer Anmerkung auf der ersten Seite des 34. Bandes der CWMG, »begann Gandhiji die Geschichte der Satyagraha in Südafrika auf Gujarati am 26. November 1923 zu schreiben, als er im Yeravada Central Jail war; siehe Gefängnistagebuch 1923. Als er am 5. Februar 1924 entlassen wurde, hatte er 30 Kapitel vollendet. … Die englische Übersetzung von Valji G. Desai, die Gandhiji gesehen und gebilligt hatte, wurde von S. Ganesan, Madras, 1928 veröffentlicht.«

130 CWMG 34, S. 82–83.

131 Ebd., S. 84.

132 Von insgesamt 135 000 Indern lebten nur 10 000, überwiegend Händler, in Transvaal. Der Rest hatte sich in Natal niedergelassen (Guha, *India before Gandhi*, S. 463).

133 CWMG 5, S. 337.

134 *Indian Opinion*, 7. März 1908, in CWMG 8, S. 198–199.

135 CWMG 9, S. 256–257.

136 *Indian Opinion*, 23. Januar 1909, in CWMG 9, S. 274.

137 In einem Brief vom 18. Mai 1899 an den Kolonialminister schrieb Gandhi: »Ein Inder wird glauben, dass er für ein Vergehen bestraft wird, wenn er Öl statt Ghee bekommt.« Siehe CWMG 2, S. 266. Bei einer anderen Gelegenheit: »Die Regeln hier sehen kein Fett oder Ghee für Inder vor. Beim Arzt wurde deswegen Beschwerde eingereicht, und er hat versprochen, der Sache nachzugehen. Es gibt demnach Anlass zur Hoffnung, dass Ghee miteinbezogen wird.« Siehe: *Indian Opinion*, 17. Oktober 1908, in CWMG 9, S. 197.

138 *Indian Opinion*, 23. Januar 1909, in CWMG 9, S. 270.

139 *Young India*, 5. April 1928, in CWMG 41, S. 365.

140 Joseph Lelyveld, *Great Soul: Mahatma Gandhi and His Struggle with India* (New York: Alfred A. Knopf, 2011), S. 74.

141 Zitiert in Howard Zinn und Anthony Arnove, *Voices of a People's History of the United States* (New York: Seven Stories Press, 2004), S. 265.

142 Ebd., S. 270.

143 Zitiert in Omvedt, *Seeking Begumpura: The Social Vision of Anticaste Intellectuals*, S. 219.

144 In G. P. Deshpande (Hg.), *Selected Writings of Jotirao Phule* (New Delhi: LeftWord, 2002), S. 25.

145 Ebd., S. 38–40.

146 Zitiert in Ambedkar, »What Congress and Gandhi Have Done to the Untouchables«, in BAWS 9, S. 276.

147 Siehe Jad Adams, *Gandhi: Naked Ambition* (London: Quercus, 2011), S. 263–265. Siehe auch Rita Banerji, *Sex and Power: Defining History, Shaping Societies* (New Delhi: Penguin, 2008), insb. S. 265–281.

148 CWMG 34, S. 201–202.

149 *Hind Swaraj* in Parel, *»Hind Swaraj« and Other Writings*, S. 106.

150 Ebd., S. 97.

151 Siehe Gandhis Vorwort zur englischen Übersetzung von *Hind Swaraj* in Parel, *»Hind Swaraj« and Other Writings*, S. 5.

152 Savarkar, ein militanter Hindutva-Ideologe, sagte, ein wahrer Inder sei einer, dessen *pitrabhoomi* (Vaterland) und *punyabhoomi* (heiliges Land) Indien ist – nicht irgendein anderes Land. Siehe *Hindutva: Who Is a Hindu?*, S. 105.

153 Parel, »*Hind Swaraj*« *and Other Writings*, S. 47–51.

154 Ebd., S. 66.

155 Ebd., S. 68–69.

156 Ramachandra Guha (*India before Gandhi*, S. 383) schreibt: »Gandhi schrieb *Hind Swaraj* 1909, zu einer Zeit, als er Indien kaum kannte. Bis 1888, als er als 19-Jähriger nach London reiste, hatte er nur in Städten in seinem heimischen Kathiawar gelebt. Es gibt keine Hinweise darauf, dass er durch das Land gereist ist, und er kannte keinen anderen Teil von Indien.«

157 Parel, »*Hind Swaraj*« *and Other Writings*, S. 69–70.

158 Gandhi sagte das 1932 im Zusammenhang mit einer Debatte über gesonderte Kandidaten für Unberührbare, in einem Brief an Sir Samuel Hoare, Staatssekretär für Indien. Zitiert in BAWS 9, S. 78.

159 *Indian Opinion*, 22. Oktober 1910; CWMG 11, S. 143–144. Zitiert auch in Guha, *India before Gandhi*, S. 395.

160 Ebd., S. 463.

161 Ebd., S. 406.

162 Aiyar zitiert in Lelyveld, *Great Soul: Mahatma Gandhi and His Struggle with India*, S. 21.

163 Persönliches Gespräch mit Ashwin Desai, Professor für Soziologie an der Universität Johannesburg.

164 Lelyveld, *Great Soul: Mahatma Gandhi and His Struggle with India*, S. 130.

165 Tidrick, *Gandhi: A Political and Spiritual Life*, S. 188.

166 Siehe Renold, »Gandhi: Patron Saint of the Industrialist«. Siehe auch Louis Fischer, *A Week with Gandhi* (New Delhi: Sloan and Pearce, 1942), zitiert in Ambedkar (BAWS 9, S. 208): »Ich sagte, dass ich mehrere Fragen zur Kongresspartei hätte. Ich erinnerte mich, dass hochrangige Briten mir erzählt hatten, die Kongresspartei sei in den Händen von Großunternehmern und Gandhi würde unterstützt von Fabrikbesitzern in Bombay, die ihm so viel Geld gaben, wie er wollte. ›Wie viel Wahrheit steckt in diesen Behauptungen?‹, fragte ich. ›Leider sind sie wahr‹, sagte er nur. … ›Welcher Anteil des Budgets des Kongresses‹, fragte ich, ›wird von reichen Indern gedeckt?‹ ›Praktisch das gesamte Budget‹, sagte er. ›In diesem Aschram könnten wir zum Beispiel viel ärmlicher leben und weniger Geld ausgeben. Aber das tun wir nicht, und das Geld stammt von unseren reichen Freunden.‹«

167 Zitiert in Shahid Amin, »Gandhi as Mahatma: Gorakhpur District, Eastern UP, 1921–2«, in *Selected Subaltern Studies*, hg. von Ranajit Guha und Gayatri Spivak (New Delhi: Oxford University Press, 1998), S. 293.

168 *Young India*, 18. August 1921; CWMG 23, S. 158.

169 *Harijan*, 25. August 1940; CWMG 79, S. 133–134.

170 Ebd., S. 135.

171 Ebd.

172 Andrew Carnegie, *The Gospel of Wealth*, North American Review, no. 391, 1889 (www.swarthmore.edu/SocSci/rbannis1/AIH19th/Carnegie.html).

173 Zitiert in Amin, »Gandhi as Mahatma: Gorakhpur District, Eastern UP, 1921–2«, S. 290–291.

174 Ebd., S. 291–292.

175 Tidrick, *Gandhi: A Political and Spiritual Life*, S. 191.

176 Zitiert in Singh, *Gandhi: Behind the Mask of Divinity*, S. 124.

177 Tidrick, *Gandhi: A Political and Spiritual Life*, S. 192.

178 Ebd., S. 194.

179 Ebd., S. 195.

180 Zelliot, *Ambedkar's World: The Making of Babasaheb and the Dalit Movement*, S. 48.

181 Das stammt aus einem unveröffentlichten Vorwort zu Ambedkars *The Buddha and His Dhamma* (1956). Es erschien zuerst in einem Buch mit Ambedkars Vorworten, *Rare* Prefaces, publiziert von Bhagwan Das (Jullundur: Bheem Patrika, 1980). Eleanor Zelliot publizierte es später auf der Website der Columbia University, die Ambedkars Leben und Werk gewidmet ist: www.columbia.edu/itc/mealac/pritchett/00ambedkar/ambedkar_buddha/00_pref_unpub.html.

182 BAWS 4, S. 323–343.

183 Am 20 Mai 1857 erließ das Bildungsministerium einen Erlass, nach dem »keinem Jungen aufgrund seiner Kaste der Zugang zu einem Regierungscollege oder einer Regierungsschule verweigert werden darf«, siehe Geetha Nambissan, »Equality in Education: The Schooling of Dalit Children in India«, in *Dalits and the State*. Hg. Ghanshyam Shah (New Delhi: Concept, 2002), S. 81.

184 Für eine kommentierte Ausgabe dieses Aufsatzes siehe Rege, *Against the Madness of Manu: B. R. Ambedkar's Writings on Brahmanical Patriarchy*. Auch enthalten in BAWS 1.

185 In *B. R. Ambedkar, Ambedkar: Autobiographical Notes, Hg.* Ravikumar *(Pondicherry: Navayana, 2003)*, S. 19.

186 Keer, *Dr. Ambedkar: Life and Mission*, S. 36–37.

187 AoC 17.5.

188 Prashad, »The Untouchable Question««, S. 552. In seiner Rede bei der Suppressed Classes Conference in Ahmedabad am 13. April 1921 sprach Gandhi zum ersten Mal ausführlich über Uka (*Young India* berichtete am 27. April und 4. Mai 1921 darüber; zitiert in CWMG 23, S. 41–47). Bakha, der Protagonist von Mulk Raj Anands Kultroman *Der Unberührbare* (1935) ist angeblich von Uka inspiriert. Gemäß dem Forscher Lingaraja Gandhi (»Mulk Raj Anand: Quest for So Many Freedoms«, *Deccan Herald*, 3. Oktober 2004) zeigte Anand Gandhi sein Manuskript, der seinerseits Änderungen vorschlug. Anand sagt: »Ich habe Gandhiji meinen Roman vorgelesen, und er schlug vor, dass ich ihn um 100 Seiten kürzen sollte, vor allem die Passagen, in denen Bakha nachdenkt und träumt und brütet wie ein Bloomsbury-Intellektueller.« Lingaraja Gandhi schreibt weiter: »In seinem Entwurf ließ Anand Bhaka lang und blumig sprechen. Gandhi erklärte, dass Unberührbare nicht so reden, ja, sie sagen insgesamt nur sehr wenig. Der Roman wurde unter Gandhis Anleitung einer Metamorphose unterzogen.«

189 *Navijan*, 18. Januar 1925; CWMG 30, S. 71. Im Bericht von Gandhis Sekretär Mahadev Desai lautet die Übersetzung dieser Rede aus dem Gujarati anders: »Die Stellung, nach der ich mich wirklich sehne, ist die eines Bhangi. Wie heilig ist doch die Arbeit des Reinigens! Diese Arbeit kann nur von einem Brahmanen oder einem Bhangi verrichtet werden. Der Brahmane tut sie in Weisheit, der Bhangi in Unwissenheit. Ich respektiere und liebe sie beide. Sollte einer von beiden aus dem Hinduismus verschwinden, würde der Hinduismus selbst verschwinden. Und weil mir seva-dharma (Pflicht zu dienen) am Herzen liegt, liegt mit der Bhangi am Herzen. Ich kann sogar essen, wenn ein Bhangi an meiner Seite sitzt, aber ich verlange nicht von euch, euch anzupassen und mit ihnen zu essen oder sie zu heiraten.« Zitiert in Gita Ramaswamy, »Mohandas Gandhi on Manual Scavenging«, in *India Stinking: Manual Scavengers in Andhra Pradesh and Their Work* (Chennai: Navayana, 2005), S. 86.

190 Renold, »Gandhi: Patron Saint of the Industrialist«, S. 19–20. Symbolische Besuche bei Dalits, über die in den Medien ausführlich berichtet wird, sind zu einer Tradition der Kongresspartei geworden. Im Januar 2009 verbrachte der Vizepräsident der Kongresspartei, Rahul Gandhi, zusammen mit dem britischen Außenminister David Miliband einen Abend in der Hütte einer Dalit-Familie im Dorf Simra, Uttar Pradesh. Siehe dazu Anand Teltumbde, »Aerocasteics of Rahul Gandhi«, *Economic & Political Weekly*, 2. November 2013, S. 10 – 11.

191 Vijay Prashad, *Untouchable Freedom: A Social History of a Dalit Community* (New Delhi: Oxford University Press, 2001), S. 139.

192 BAWS 1, S. 256.

193 Keer, *Dr. Ambedkar: Life and Mission*, S. 41.

194 Zelliot, *Ambedkar's World: The Making of Babasaheb and the Dalit Movement*, S. 91.

195 Siehe George Gheverghese Joseph, *George Joseph: The Life and Times of a Kerala Christian Nationalist* (Hyderabad: Orient Longman, 2003), S. 166. Gandhi war dagegen, dass Sikhs eine kostenlose öffentliche Küche für die Satyagrahis von Vaikom eingerichtet hatten und schrieb in *Young India* (8. Mai 1924): »Ich fürchte, die Vaikom-Satyagraha überschreitet Grenzen. Hoffentlich werden die Sikhs die Küche schließen und die Kampagne wird sich auf Hindus beschränken.« Siehe CWMG 27, S. 362.

196 Chakravarti Rajagopalachari, ein tamilischer Brahmane, liebevoll Rajaji genannt, war ein enger Freund und Vertrauter Gandhis. 1933 heiratete seine Tochter Leela Gandhis Sohn Devdas. Rajagopalachari diente später als Generalgouverneur in Indien. 1947 wurde er zum ersten Gouverneur von Westbengalen und 1955 erhielt er die Bharat Ratna, Indiens höchste zivile Auszeichnung.

197 Zitiert in Joseph, *George Joseph: The Life and Times of a Kerala Christian Nationalist*, S. 168.

198 *Young India*, 14. August 1924; CWMG 28, S. 486.

199 Joseph, *George Joseph: The Life and Times of a Kerala Christian Nationalist*, S. 169.

200 G. D. Birla, *In the Shadow of the Mahatma: A Personal Memoir* (Calcutta: Orient Longman, 1953), S. 43.

201 Keer, *Dr. Ambedkar: Life and Mission*, S. 79.

202 Bei einer Depressed Classes Conference 1925 sagte Ambedkar: »Wenn man von allen mit Füßen getreten wird, ist sogar die Sympathie von Mahatma Gandhi von nicht geringer Bedeutung.« Zitiert in Christophe Jaffrelot, *Dr. Ambedkar and Untouchability: Analysing and Fighting Caste* (New Delhi: Permanent Black, 2005), S. 63. Gandhi kam am 3. März 1927 nach Mahad, 14 Tage vor der ersten Satyagraha, aber im Gegensatz zu Vaikom intervenierte er nicht. Für einen Bericht über die zweite Mahad-Satyagraha, bei der eine Ausgabe des *Manusmriti* verbrannt wurde, siehe K. Jamnadas, »Manusmriti Dahan Din«, *Round Table India*, 14. Juli 2010 (roundtableindia.co.in).

203 Laut Anand Teltumbdes veröffentlichtem Manuskript über die beiden Mahad-Konferenzen wurde die Resolution Nr. 2, die eine »zeremonielle Verbrennung« des *Manusmriti* vorsah, von G. N. Sahasrabuddhe vorgeschlagen, einem Brahmanen, der auch bei den Ereignissen im März eine wichtige Rolle spielte; sie wurde unterstützt von P. N. Rajbhoj, einem Chambhar-Anführer. Laut Teltumbde »gab es große Anstrengungen, ein paar fortschrittliche Leute aus nicht unberührbaren Gemeinschaften zur Konferenz zu holen, aber es blieben nur zwei Männer übrig. Einer war Gangadhar Nilkanth Sahasrabuddhe, ein Aktivist der Social Service League und Anführer der Kooperationsbewegung, der der Agarkari-Brahmanen-Kaste angehörte, und der andere war Vinayak alias Bhai Chitre, ein Chandraseniya Kayastha Prabhu.« In den 1940er Jahren wurde Sahasrabuddhe der Herausgeber von *Janata* – einer weiteren Zeitung Ambedkars.

204 Arjun Dangle (Hg.), *Poisoned Bread: Translations from Modern Marathi Dalit Literature* (Hyderabad: Orient Longman, 1992), S. 231–233.

205 Keer, *Dr. Ambedkar: Life and Mission*, S. 170.

206 Zitiert in Prashad, »The Untouchable Question«, S. 555.

207 Gandhi skizzierte den Unterschied zwischen Satyagraha und Duragraha in einer Rede am 3. November 1917: »Es gibt zwei Wege, ein Ziel zu erreichen: Satyagraha und Duragraha. In unseren heiligen Schriften werden sie als göttliche und teuflische Handlungsweise beschrieben.« Er gab ein Beispiel für Duragraha: »Der schreckliche Krieg, der in Europa herrscht.« Und: »Der Mann, der dem Weg der Duragraha folgt, wird ungeduldig und will den sogenannten Feind töten. Das kann nur zu einem Ergebnis führen. Der Hass wird größer.« Siehe CWMG 16, S. 126–128.

208 BAWS 9, S. 247.

209 Zum Zerwürfnis mit der Girni-Kamgar-Gewerkschaft siehe Anand Teltumbde, »It's Not Red vs. Blue«, *Outlook*, 20. August 2012. Wie Dange und die Kommunistische Partei bei den Nationalwahlen 1952 für Ambedkars Niederlage im Wahlkreis Bombay City North sorgten, siehe S. Anand, »Between Red and Blue«, *Outlook*, 16. April 2012, und Rajnarayan Chandavarkar, *History, Culture and the Indian City: Essays* (Cambridge: Cambridge University Press,

2009), S. 161, der schreibt: »Die Entscheidung der Sozialisten und Kommunisten, keinen Pakt für die Wahl zu schließen, ganz zu schweigen von der Weigerung, sich gegen den Kongress mit Ambedkars Scheduled Castes Federation zusammenzutun, führte zum Verlust des Sitzes in Bombay Central. Dange von der CPI, Asoka Mehta von den Sozialisten und Ambedkar traten gegeneinander an und stürzten gemeinsam. Bezeichnenderweise wies Dange seine Anhänger in Central Bombay an, ihre Wahlzettel ungültig zu machen, statt für Ambedkar zu stimmen. Ambedkar verlor und machte für seine Niederlage die Kommunisten verantwortlich. Obwohl die Kommunisten den Sitz in Central Bombay nicht gewinnen konnten, war ihre Macht in Girangaon, darunter die Dalit-Wähler, ausreichend, um das Ergebnis entscheidend zu beeinflussen. Der Wahlkampf sorgte für anhaltende Bitterkeit. Dinoo Ranadive erinnert sich: ›Die Differenzen zwischen den Dalits und den Kommunisten wurden so heftig, dass es den Kommunisten sogar heute noch schwerfällt, sich an die Republikaner oder einen Teil der Dalit-Wähler zu wenden.‹« Republikaner meint hier die Republikanische Partei Indiens (RPI), deren Gründung Ambedkar kurz vor seinem Tod im Dezember 1956 geplant hatte. Sie wurde erst im September 1957 von seinen Anhängern gegründet, doch heute gibt es mehr als ein Dutzend Splitterfraktionen der RPI.

210 D. D. Kosambi, »Marxism and Ancient Indian Culture«, *Annals of the Bhandarkar Oriental Research Institute* 26 (1948), S. 274.

211 Für einen Bericht dazu siehe Jan Breman, *The Making and Unmaking of an Industrial Working Class* (Amsterdam: Amsterdam University Press, 2004), insb. Kapitel 2 (»The Formalization of Collective Action: Mahatma Gandhi as a Union Leader«), S. 40–68.

212 Ebd., S. 57.

213 Shankerlal Banker zitiert ebd., S. 47.

214 Jahresbericht der Textilarbeitergewerkschaft, 1925, zitiert ebd., S. 51.

215 *Navijan*, 8. Februar 1920; zitiert in BAWS 9, S. 280.

216 *Harijan*, 21. April 1946; CWMG 90, S. 255–256.

217 AoC 3.10 und 3.11.

218 AoC 4.1, Hervorhebung im Original.

219 Zelliot, *Ambedkar's World: The Making of Babasaheb and the Dalit Movement*, S. 178.

220 E. M. S. Namboodiripad, *History of the Indian Freedom Struggle* (Trivandrum: Social Scientist Press, 1986), S. 492, Hervorhebung von Arundhati Roy.

221 Der Text des Manifests ist abgedruckt in K. Satyanarayana und Susie Tharu, *The Exercise of Freedom: An Introduction to Dalit Writing* (New Delhi: Navayana, 2013), S. 62.

222 Für eine kritische Analyse der Zusammenarbeit von NGOs und Dalit-Bewegungen, die auf die Geschichte kolonialer und missionarischer Aktivitäten in Indien rekurriert, siehe Anand Teltumbde, »Dangerous Sedative«, *Himal*, April 2010: »Nicht überraschend ist, dass Dalits in indischen NGOs auf der Feldebene arbeiten. Dalit-Jungen und -Mädchen leisten soziale Dienste für ihre Gemeinschaften, wie es Ambedkar von ausgebildeten Dalits erwartete, und Dalit-Gemeinden nehmen diese Personen in günstigem Licht wahr – in günstigerem Licht jedenfalls als Dalit-Politiker, die sich oft nur in reiner Rhetorik ergehen. Die NGOs wurden so zu einem wichtigen Arbeitgeber für viele Dalits, die Sozialwissenschaften studieren und normalerweise einen Abschluss in Sozialarbeit machen. Da seit den neoliberalen Reformen Mitte der 1980er Jahre und später die Aussichten auf eine Stelle im öffentlichen Dienst geschwunden sind, haben die NGOs als Arbeitgeber an Bedeutung gewonnen.«

223 Siehe zum Beispiel die Liste der NGOs, die mit dem multinationalen Bergbauunternehmen Vedanta zusammenarbeiten, dem Landraub und mehrere Verletzungen von Umweltbestimmungen und Rechten der Adivasi vorgeworfen werden: www.vedantaresources.com/Pages/AssociationsPartnerships.aspx.

224 Rede am 26. September 1896 bei einer öffentlichen Versammlung in Bombay, wo er sagte, dass er »100 000 britische Inder, die derzeit in Südafrika leben« repräsentiere. Siehe CWMG 1, S. 407.

225 AoC 8.2–4.

226 BAWS 1, S. 375.

227 AoC 5.8.

228 Es gibt mehrere Zusätze zur Verfassung, die für die Adivasi in Zentralindien (5. Zusatz) und im Nordosten Indiens (6. Zusatz) gelten. Wie der Politikwissenschaftler Uday Chandra in einem Artikel (»Liberalism and Its Other: The Politics of Primitivism in Colonial and Postcolonial Indian Law«, *Law & Society Review* 47, no. 1, 2013, S. 155) schreibt: »Der 5. und der 6. Zusatz zur Verfassung perpetuieren die Sprache und die Logik der teilweise und ganz ausgeschlossenen Regionen, wie sie im Government of India Act (1935) definiert sind … In den Gebieten des 5. Zusatzes, verstreut über die östlichen, westlichen und zentralindischen Staaten, üben die Gouverneure Sondervollmachten aus, um

Bundes- oder Ländergesetze auszusetzen oder zu modifizieren, um die Übertragung von Land von oder an Stammesmitglieder zu unterbinden oder zu regulieren, um kommerzielle Aktivitäten zu regulieren, insbesondere von Nicht-Stammesmitgliedern, und Stammesbeiräte einzusetzen, um die Ländergesetzgebung zu ergänzen. Im Prinzip behält sich New Delhi das Recht vor, direkt in die Verwaltung der von den Zusätzen betroffenen Gebiete einzugreifen und die gewählten Vertreter der Bundesstaaten und Gemeinden zu umgehen. In den Gebieten des 6. Zusatzes, verstreut in den sieben Staaten im Nordosten, die aus der Kolonialprovinz Assam gebildet wurden, stehen die Gouverneure den Distrikt- und Regionalräten in den autonomen Distrikten und Regionen vor, um sicherzustellen, dass Bundes- und Ländergesetze nicht gegen diese ausgenommenen Verwaltungszonen verstoßen.«

229 Zitiert in BAWS 9, S. 70.

230 Ebd., S. 42.

231 Als Premierminister einer nicht von der Kongresspartei geleiteten, sondern von der Janata Dal geführten Regierung vom Dezember 1989 bis November 1990 entschied Vishwanath Pratap Singh (1931–2008), die Empfehlungen der Mandal-Kommission umzusetzen, die eine Quote für benachteiligte Klassen im öffentlichen Sektor vorsah, um Diskriminierung aufgrund von Kastenzugehörigkeit zu überwinden. Die Kommission, benannt nach dem Parlamentarier B. P. Mandal, der sie leitete, war 1979 von einer Regierung unter der Janata-Partei eingesetzt worden, angeführt von Morarji Desai, aber die im Bericht von 1980 ausgesprochenen Empfehlungen – die Quoten im öffentlichen Dienst sollten nicht auf Dalits und Adivasi beschränkt bleiben, 27 Prozent sollten anderen benachteiligten Klassen (Other Backward Classes, OBCs) zugesprochen werden – waren zehn Jahre lang nicht umgesetzt worden. Nach der Umsetzung 1990 gingen die privilegierten Kasten auf die Straße. Sie fegten symbolisch die Straßen, gaben vor, Schuhe zu putzen und andere »verunreinigende« Tätigkeiten auszuführen, um anzudeuten, dass die Quotenpolitik die privilegierten Kasten dazu zwang, niedere Arbeiten zu erledigen, statt zu Ärzten, Ingenieuren, Anwälten und Volkswirten ausgebildet zu werden. Ein paar Männer versuchten, sich öffentlich selbst zu verbrennen, der Bekannteste davon war 1990 Rajiv Goswami, Student an der Universität von Delhi. Ähnliche Proteste gab es 2006, als die vom Kongress geführte United Progressive Alliance versuchte, die Quoten für OBCs auf Institutionen höherer Bildung auszuweiten.

232 BAWS 9, S. 40.

233 Siehe Visalakshi Menon, *From Movement to Government: The Congress in the United Provinces, 1937–42* (New Delhi: Sage, 2003), S. 52–53.

234 Als Ambedkar 1945 Gandhi und den Kongress anklagte, nannte er die Namen dieser Scheinkandidaten in den Fußnoten: Guru Gosain Agamdas und Babraj Jaiwar waren die Schuster; Chunnu war der Milchmann, Arjun Lal der Barbier, Bansi Lal Chaudhari der Latrinenreiniger (BAWS 9, S. 210).

235 Ebd.

236 Ebd., S. 68.

237 Ebd., S. 69.

238 Tidrick, *Gandhi: A Political and Spiritual Life*, S. 255.

239 Bericht von Kodanda Rao, Mitglied der Servants of India Society, zitiert in Jaffrelot, *Dr. Ambedkar and Untouchability: Analysing and Fighting Caste*, S. 66.

240 In Pyarelal Nayar, *The Epic Fast* (Ahmedabad: Navajivan, 1932), S. 188.

241 BAWS 9, S. 259.

242 Ambedkar sah es folgendermaßen: »Die Erhöhung der Anzahl der Sitze für die Unberührbaren ist überhaupt keine Erhöhung und kein Ausgleich für den Verlust eigener Kandidaten und der doppelten Stimme.« Siehe BAWS 9, S. 90. Ambedkar selbst verlor zweimal bei Wahlen nach 1947. Es dauerte über ein halbes Jahrhundert, bis Kanshi Ram, Gründer der Dalit-Partei Bahujan Samaj Party (BSP) und seine Protégée Mayawati in der parlamentarischen Demokratie erfolgreich waren. Und das *trotz* des Poona Pact. Kanshi Ram hatte jahrelang daran gearbeitet, Allianzen mit anderen untergeordneten Kasten zu schmieden, um diesen Sieg möglich zu machen. Für diesen Erfolg brauchte die BSP die besondere Demographie von Uttar Pradesh und die Unterstützung vieler OBCs. Es ist weiterhin nahezu unmöglich, dass ein Dalit-Kandidat bei einer Wahl einen nicht reservierten Sitz gewinnt – sogar in Uttar Pradesh.

243 Siehe Michelle Alexander, *The New Jim Crow: Mass Incarceration in the Age of Colorblindness* (New York: New Press, 2010).

244 Louis Fischer, *The Life of Mahatma Gandhi* (New Delhi: HarperCollins, 1997 [1951]), S. 400–403.

245 Eleanor Zelliot schreibt: »Ambedkar hatte 20 Jahre zuvor die *Man-*

patra (Willkommensgruß oder wörtlich ›Ehrenbrief‹) für Baloo Babaji Palwankar, bekannt als P. Baloo, anlässlich seiner Rückkehr von einer Krickettour durch England geschrieben und eine Rolle bei P. Baloos Aufstellung als Kandidat der Unterdrückten Klassen für die Stadtverwaltung von Bombay zu Beginn der 1920er Jahre gespielt.« Siehe *Ambedkar's World: The Making of Babasaheb and the Dalit Movement*, S. 254. Baloo unterstützte Gandhi während der Gespräche am runden Tisch, und er unterstützte die Position der Hindu Mahasabha. Bald nach dem Poona Pact, im Oktober 1933, kandidierte Baloo für die Hindu Mahasabha bei den Wahlen zur Stadtverwaltung von Bombay, verlor jedoch. In dem Versuch, die Stimmen der Unberührbaren zu spalten, stellte der Kongress 1937 Baloo gegen Ambedkar auf, der für die Independant Labour Party antrat. Ambedkar gewann knapp.

246 Für einen Überblick über Rajahs Laufbahn und seine Unterstützung von Ambedkar 1938 und 1942 siehe Anmerkung 5 in 1.5 von »A Vindication of Caste by Mahatma Gandhi« in AoC.

247 Der Gujarat Freedom of Religion Act verpflichtet eine Person, die zu einer anderen Religion konvertieren will, zuvor die Erlaubnis eines Distriktrichters einzuholen. Für den Text des Gesetzes siehe: www.lawsofindia.org/statelaw/2224/TheGujaratFreedomofReligionAct2003.html. Ein Zusatz wurde vom Gouverneur von Gujarat, Nawal Kishore Sharma, zur Überarbeitung ans Parlament zurückverwiesen und anschließend von der Regierung verworfen. Eine Klausel des Zusatzes sah vor, dass Jainismus und Buddhismus zum Hinduismus gerechnet würden. Der Gouverneur kritisierte, dass der Zusatzartikel 25 der indischen Verfassung widersprechen würde. Siehe: http://archive.indianexpress.com/news/gujarat-withdraws-freddomof-religion-amendment-bill/282818/1. Für ein Video, in dem Modi sich auf M. K. Gandhi beruft, wenn es um Konversion geht, siehe: www.youtube.com/watch?v=wr6q1drP558. Der Gujarat Animal Preservation (Amendment) Act, 2011, macht den »Transport von Tieren zum Zweck der Schlachtung« strafbar und erweitert das ursprüngliche Gesetz, das das Schlachten von Kühen unter Strafe stellte. Der Zusatz erhöht die Strafe von früher sechs Monaten auf sieben Jahre Gefängnis. An Janmashtami (Krishnas Geburtstag) 2012 grüßte Narendra Modi die Inder mit folgenden Worten: »Mahatma Gandhi und Acharya Vinoba Bhave setzten sich unermüdlich für den Schutz der Mutter Kuh ein, aber diese Regierung hat ihre Lehren verworfen.« Gandhi sagte: »Jeder, der nicht bereit ist, sein

Leben zu geben, um eine Kuh zu retten, ist kein Hindu.« Siehe Interview mit *Goseva* am 8. September 1933; CWMG 61, S. 372. 1924 sagte er: »Wenn ich eine Kuh sehe, sehe ich kein Tier zum Essen, sie ist ein Gedicht des Erbarmens für mich, und ich verehre sie und werde ihre Verehrung gegen die ganze Welt verteidigen.« Siehe *Bombay Chronicle*, 30. Dezember 1924; CWMG 29, S. 476.

248 Siehe zum Beispiel timesofindia.indiatimes.com/topic/mahatma-mandir.

249 Für eine Geschichte der Begriffe Harijan, Dalit und Scheduled Caste siehe Anmerkung 8 im Vorwort von AoC.

250 BAWS 9, S. 126.

251 Ebd., S. 210.

252 Renold, »Gandhi: Patron Saint of the Industrialist«, S. 25.

253 Tidrick, *Gandhi: A Political and Spiritual Life*, S. 261.

254 BAWS 9, S. 125.

255 Ebd., S. 111.

256 Susie Tharu und K. Lalita (Hg.), *Women Writing in India, Vol. 1: 600 B. C. to the Early Twentieth Century* (New Delhi: Oxford University Press, 1997), S. 215.

257 Ambedkar, *Ambedkar: Autobiographical Notes*, S. 25.

258 M. K. Gandhi, »The Ideal Banghi« (https://raiot.in/the-ideal-bhangi/).

259 *Manusmriti* X, S. 123. Siehe Wendy Doniger und Brian K. Smith (Üb.), *The Laws of Manu* (New Delhi: Penguin Books, 1991).

260 *Harijan*, 28. November 1936; CWMG 70, S. 126–128.

261 Das berichtet der Kolumnist Rajiv Shah in seinem Blog in *Times of India* am 1. Dezember 2012, siehe: blogs.timesofindia.indiatimes.com/true-lies/modi-s-spiritual-potion-to-woo-karmayogis/. Shah behauptet, dass 5000 Exemplare von *Karmayogi* mit Geldern aus dem öffentlichen Sektor und der Gujarat State Petroleum Corporation gedruckt wurden, und dass ihm später das Informationsministerium von Gujarat mitteilte, es habe das Buch auf Anweisung Modis aus dem Verkehr gezogen. Zwei Jahre später sagte Modi vor ungefähr 9000 Safai Karmacharis (Müll- und Abfallentsorger): »Ein Priester reinigt jeden Tag den Tempel vor den Gebeten, ihr reinigt die Stadt wie einen Tempel. Ihr und der Priester verrichtet die gleiche Arbeit.« Siehe Shah vom 23. Januar 2013: blogs.timesofindia.indiatimes.com/true-lies/modi-s-postal-ballot-confusion/.

262 CWMG 70, S. 76–77.

263 Siehe »A Note on the Poona Pact« in B. R. Ambedkar, *Annihila-*

tion of Caste: The Annotated Critical Edition (New York: Verso, 2014), S. 357–376.

264 Dilip Menon, *The Blindness of Insight: Essays on Caste in Modern India* (Pondicherry: Navayana, 2006), S. 20.

265 Diese Assimilation fand ihren Weg in die Verfassung. In Erläuterung II von Artikel 25 (2)(b) der Verfassung wurden zum ersten Mal im unabhängigen Indien Buddhisten, Sikhs und Jains als »Hindus« kategorisiert, wenn auch »nur«, um »allen Klassen und Abteilungen von Hindus Sozialhilfe und Reformen zur Verfügung zu stellen und ihnen öffentliche religiöse Institutionen zu öffnen«. Später kodifizierte das Persönlichkeitsrecht (Eheschließungen, Erbfolge) diese Position, da es auch für Buddhisten, Sikhs und Jains gilt. Gemäß dem indischen Gesetz wird ein Atheist automatisch als Hindu klassifiziert. Die Gerichte senden gemischte Signale aus, erkennen einerseits den »unabhängigen Charakter« dieser Religionen an, bestätigen andererseits, dass Jains und Sikhs zur größeren Gemeinschaft der Hindus gehören. Für Buddhisten, Jains und Sikhs ist der Kampf um Anerkennung noch nicht beendet.

266 Siehe Ramachandra Guha, »What Hindus Can and Should be Proud Of«, *The Hindu*, 23. Juli 2013.

267 Während NGOs und Medienberichte von 2000 Toten sprechen (siehe Anupuma Katakam, »A Decade of Shame«, *Frontline*, 9. März 2012), sagte der damalige Innenminister Shriprakash Jaiswal (von der Kongresspartei) am 11. Mai 2005 vor dem Parlament, dass 790 Muslime und 254 Hindus bei den Unruhen um Leben kamen; 2548 wurden verletzt und 233 Personen vermisst. Siehe: »Gujarat riot death toll revealed«, BBC News, 11. Mai 2005 (news.bbc.co.uk/2/hi/south_asia/4536199.stm).

268 »Peoples Tribunal Highlights Misuse of POTA«, *The Hindu*, 18. März 2004. Siehe auch: »Human Rights Watch Asks Centre to Repeal POTA«, Press Trust of India, 8. September 2002.

269 Siehe »Blood Under Saffron: The Myth of Dalit-Muslim Confrontation«, *Round Table India*, 23. Juli 2013 (roundtableindia.co.in/index.php?option=com_content&view=article&id=6774:blood-under-saffron-the-myth-of-dalit-muslim-confrontation&catid=119:feature&Itemid=132).

270 Siehe Ross Colvin und Sruthi Gottipati, »Interview with BJP Leader Narendra Modi«, Reuters, 12. Juli 2013 (www.reuters.com/article/india-modi-gujarat-bjp-idINDEE96B00Y20130712).

271 Siehe »Dalit Leader Buries the Hatchet with RSS«, *Times of In-*

dia, 31. August 2006 (timesofindia.indiatimes.com/india/Dalit-leader-buries-the-hatchetwith-RSS/articleshow/1945000.cms).

272 Siehe Zelliot, *Ambedkar's World: The Making of Babasaheb and the Dalit Movement*, insb. Kapitel 5, »Political Development, 1935–56«. Für einen Bericht zu Jogendranath Mandals Leben und Werk siehe Dwaipayan Sen, »A Politics Subsumed«, *Himal*, April 2010.

273 PTI News Service, 20. März 1955, zitiert in Zelliot, *Ambedkar's World: The Making of Babasaheb and the Dalit Movement*, S. 193.

274 Siehe Gordon Weiss, *The Cage: The Fight for Sri Lanka and the Last Days of the Tamil Tigers* (London: The Bodley Head, 2011).

275 Für eine Analyse, wie Ambedkars Buddhismus versucht, die Welt zu rekonstruieren, siehe Surendra Jondhale und Johannes Beltz, *Reconstructing the World: B. R. Ambedkar and Buddhism in India* (New Delhi: Oxford University Press, 2004). Für eine alternative Geschichte des Buddhismus in Indien siehe Gail Omvedt, *Buddhism in India: Challenging Brahmanism and Caste* (New Delhi: Sage, 2003).

276 BAWS 11, S. 322.

277 BAWS 17, Teil 2, S. 444–445. Am 14. September 1956 schrieb Ambedkar einen Brief an Premierminister Nehru: »Die Kosten für den Druck sind sehr hoch und belaufen sich auf 20 000 Rupien. Das übersteigt mein Budget, und deswegen werbe ich um Unterstützung, wo ich nur kann. Ich frage mich, ob die Regierung von Indien 500 Exemplare kaufen würde, um sie an die Bibliotheken und die Wissenschaftler zu verteilen, die sie im Lauf dieses Jahres zu den Feierlichkeiten zum 2500. Geburtstag des Buddhas einladen wird.« Nehru half ihm nicht. Das Buch wurde posthum veröffentlicht.

278 Brahmanischer Hinduismus glaubt an kosmische Zeit, die keinen Anfang und kein Ende hat und zwischen Zyklen der Schöpfung und Zerstörung alterniert. Jedes Mahayuga besteht aus vier Yuga – Krta oder Satya Yuga (das Goldene Zeitalter), gefolgt von Treta, Dwapara und Kali. Jedes Zeitalter ist kürzer und angeblich degenerierter und verwahrloster als das vorhergehende. Im Kali Yuga wird das *varnashrama dharma* missachtet – die Shudras und Unberührbaren reißen die Macht an sich –, Chaos regiert und endet in vollständiger Zerstörung. Über das Kali Yuga sagt die *Bhagavad Gita* (IX, 32): »Wenn sie an mich nur halten sich – stammen sie auch aus schlechtem Schoß, Frauen, Viashyas und Shudras, so sie Zuflucht bei mir suchen, werden höchste Freiheit finden.«

Siehe Bibek Debroy (Üb.), *The Bhagavad Gita* (New Delhi: Penguin, 2005), S. 137.

Mein aufrührerisches Herz

1 Dr. Gokarakonda Naga Saibaba s / o Satayanarayana Murthy v. State of Maharasthra, Criminal Application No. 785 (2015).

2 B. R. Ambedkar, *The Annihilation of Caste*, hg. von S. Anand (London: Verso, 2014), S. 241–242.

3 Supreme Court of India: Mohd. Haroon & Ors vs. Union of India & Anr, Writ Petition (Criminal) No. 155 of 2013, S. 2.

4 Sruthisagar Yamunan, »IIT-Madras Derecognises Student Group«, *The Hindu*, 28. Mai 2015 (www.thehindu.com/news/national/tamil-nadu/iitmadras-derecognises-student-group/article7256712.ece).

5 »My Birth Is My Fatal Accident: Full Text of Dalit Student Rohith's Suicide Letter«, *The Indian Express*, 29. Januar 2016 (indianexpress.com/article/india/india-news-india/dalit-student-suicide-full-text-of-suicide-letter-hyderabad/).

6 Dalit Panthers, »Dalit Panthers Manifesto« (Bombay 1973), zitiert in: Barbara R. Joshi (Hg.), *Untouchable!: Voices of the Dalit Liberation Movement* (London: Zed Books, 1986), S. 145. Siehe auch »Der Doktor und der Heilige« in diesem Band.

7 »The Case against Afzal«, *The Hindu*, 10. Februar 2013 (www.thehindu.com/news/national/the-case-against-afzal/article4397845.ece).

8 Mohammad Ali, »BJP MP Sakshi Maharaj Courts Controversy over JNU Unrest«, *The Hindu*, 15. Februar 2016 (www.thehindu.com/news/national/other-states/BJP-MP-Sakshi-Maharaj-courts-controversy-over-JNU-unrest/article14079416.ece); Abhinav Malhotra, »Sakshi Maharaj demands strict action against those behind JNU incident«, *The Times of India*, 14. Februar 2016 (timesofindia.indiatimes.com/city/kanpur/sakshi-maharaj-demands-strict-action-against-those-behind-JNU-incident/articleshow/50979831.cms).

9 Samreena Mushtaq, Essar Batool, Natasha Rather, Munaza Rashid, Ifrah Butt, *Do You Remember Kunan Poshpura? The Story of a Mass Rape* (New Delhi: Zubaan Books, 2016).

10 »From the Delhi HC Order Granting Bail to Kanhaiya: ›Those Shouting Anti-National Slogans May Not Be Able to Withstand Siachen for an Hour‹«, *The Indian Express*, 3. März 2016 (indianexpress.com/article/india/india-news-india/jnu-row-from-thehigh-court-order-granting-bail-to-kanhaiya-those-shouting-anti-national-slogans-may-not-be-able-to-withstand-siachen-for-an-hour/).

Nachweise

Vorwort
Erstmals veröffentlicht in Arundhati Roy: My Seditious Heart. Collected Nonfiction, Haymarket Books, 2019.
Übersetzt von Anette Grube.

Das Ende des Vorstellbaren
Erstmals veröffentlicht in *Outlook* und *Frontline*, 27. Juli 1998.
Deutsche Erstveröffentichung in: Arundhati Roy: Das Ende der Illusion. Politische Einmischungen, Karl Blessing Verlag, 1999.
Übersetzt von Wolfram Ströle.

Der größere gemeinsame Nenner
Erstmals veröffentlicht in *Outlook* und *Frontline*, 4. Juni 1999.
Deutsche Erstveröffentichung unter dem Titel »… dann ertrinken wir eben: Der Widerstand gegen das Narmada-Stauprojekt« in: Arundhati Roy: Das Ende der Illusion. Politische Einmischungen, Karl Blessing Verlag, 1999.
Übersetzt von Wolfram Ströle.

Die Algebra grenzenloser Gerechtigkeit
Erstmals veröffenticht in der Frankfurter Allgemeinen Zeitung vom 28. September 2001 und im Guardian am 29. September 2001, in Outlook am 8. Oktober 2001.
Deutsche Erstveröffentlichung unter dem Titel »Die Wut ist der Schlüssel«.
Übersetzt von Matthias Fienbork.

Über das Recht aller Bürger auf freie Meinungsäußerung
Affidavit (was einem tatsächlichen Eid entspricht), eingereicht in New Dehli am 16. April 2001.
Übersetzt von Helmut Dierlamm.

September
Vortrag von Arundhati Roy am 18. September 2002 am Lensic Performing Arts Center (gesponsert von der Lannan Foundation, Santa Fe, www.lannan.org). Erstmals veröffentlicht am 26. September 2002 in *The Guardian*.
Übersetzt von Elvira Willems.

Die Einsamkeit des Noam Chomsky
Erstmals veröffentlicht als Einleitung in: Noam Chomsky: For Reasons of State, Neuauflage, New Press, 2003.
Übersetzt von Marie-Luise Bezzenberger.

Azadi
Erstmals veröffentlicht am 22. August 2008 in *The Guardian* (London) und am 1. September 2008 in der Zeitschrift *Outlook* (Indien).
Deutsche Erstveröffentlichung in: Arundhati Roy: Aus der Werkstatt der Demokratie, Essays, S. Fischer Verlag, 2010.
Übersetzt von Anette Grube.

Der Krieg des Herrn Chidambaram
Erstmals veröffentlicht in Outlook am 9. November 2009.
Übersetzt von Anette Grube.

Unterwegs mit Kameraden
Erstmals veröffentlicht in der Zeitschrift *Outlook* (Indien) am 29. März 2010.
Deutsche Erstveröffentlichung hg. von Einar Schlereth unter dem Titel »Wanderung mit den Genossen: Mit den Guerillas im Dschungel Zentralindiens« 2011 im Zambon Verlag, Frankfurt.
Übersetzt von Anette Grube.

Kapitalismus. Eine Gespenstergeschichte
Erstmals veröffentlicht am 26. März 2012 in der Zeitschrift *Outlook* (Indien).
Deutsche Erstveröffentlichung in: Neue Rundschau 2015 / 3.
Übersetzt von Jan Wilm.

Ein perfekter Tag für die Demokratie
Erstmals veröffentlicht am 10. Februar 2013 in *The Hindu*.
Übersetzt von Anette Grube.

Der Doktor und der Heilige
Erstmals veröffentlicht als Einleitung in B. R. Ambedkar, Annihilation of Caste: The Annotated Critical Edition, Navayana, 2014.
Übersetzt von Anette Grube.

Mein aufrührerisches Herz
Erstmals veröffentlicht als Vorwort in Arundhati Roy, The End of Imagination (Chicago: Haymarket Books, 2016) und in *Caravan*, 30. April 2016.
Übersetzt von Anette Grube.

Arundhati Roy
Der Gott der kleinen Dinge
Roman

Arundhati Roys Weltbestseller: eine tragisch-schöne Erzählung aus Indien

Die kleinen Dinge, das sind der Streifen auf einem Wespenflügel, die geballte Faust auf einer Motorhaube. Die großen Dinge dagegen lauern unausgesprochen im Innern. Das wissen die siebenjährigen Zwillinge Rahel und Estha, und sie wissen auch, dass sich alles an einem einzigen Tag verändern kann.

Vor dem Hintergrund der politischen Umbrüche Indiens erzählt Arundhati Roy voller Sprachmagie die schillernde Geschichte einer Familie, die an einer verbotenen Liebe zerbricht.

Aus dem Englischen
von Anette Grube
448 Seiten, broschiert

Weitere Informationen finden Sie auf
www.fischerverlage.de

AZ 596-29952/1

Arundhati Roy
Das Ministerium des äußersten Glücks
Roman

»Ein ebenso emotional bewegender wie politisch engagierter Roman.« *Denis Scheck, druckfrisch*

In ihrem lange herbeigesehnten Roman erzählt Arundhati Roy, wie ein Land auseinanderbricht, aber ihre Helden durch Großherzigkeit, Widerstand und Liebe Zuflucht finden. Erzählt mit einem Flüstern, einem Schrei, mit Freudentränen und manchmal mit einem bitteren Lachen, ist dieser Roman zugleich Liebeserklärung und Provokation.

Aus dem Englischen von Anette Grube
560 Seiten, broschiert

Arundhati Roy

Azadi heißt Freiheit

Essays

Ob sie als Erzählerin in ihren Romanen andere Universen entwirft oder in ihren Essays unsere Welt schonungslos hinterfragt: Kompromisslos kritisiert Arundhati Roy im Namen der Freiheit die Gesellschaften, die in Ost wie West immer nationalistischer agieren. Schonungslos untersucht sie Umweltzerstörung, Ausbeutung und Überwachung. Aber die Pandemie muss nicht der Endpunkt dieses Weltvernichtungsprogramms sein: Denn was wäre, wenn Corona ein Portal wäre, an dem wir uns entscheiden müssen, was wir zurücklassen und was wir mit uns nehmen? Die Pandemie könnte eine Wende bedeuten. Der unnachgiebige Blick der Aktivistin Arundhati Roy kann uns Hoffnung schenken.

Aus dem Englischen von Jan Wilm
256 Seiten, gebunden

Weitere Informationen finden Sie auf
www.fischerverlage.de

AZ 10-397113/1